Kohlhammer

Sauter/Vàmos

Landesbauordnung für Baden-Württemberg

mit Rechtsverordnungen, Verwaltungsvorschriften,
Bekanntmachungen und Fundstellenverzeichnis

Kurzkommentierung

bearbeitet von

Dipl.-Arch. Angelika Vàmos
Leitende Ministerialrätin

begründet von

Dr. Helmut Sauter
Ministerialdirigent a. D.

früher fortgeführt von

Paul Holch
Ministerialrat a. D.

Hans-Jürgen Krohn
Ltd. Ministerialrat a. D.

Lutz Bergemann
Ministerialrat a. D.

20., überarbeitete Auflage

Verlag W. Kohlhammer

20., überarbeitete Auflage 2016

Print:
ISBN 978-3-17-028838-6

E-Book-Formate:
pdf: ISBN 978-3-17-028839-3
epub: ISBN 978-3-17-028840-9
mobi: ISBN 978-3-17-028841-6

Vorwort zur 20. Auflage

Der Kurzkommentar zur LBO Baden-Württemberg wurde im Jahr 1964, nach Inkrafttreten der ersten baden-württembergischen Landesbauordnung, von dem damals im Innenministerium tätigen Ministerialdirigenten Dr. H. Sauter begründet und in der Folge von mehreren Autoren, Paul Holch, Hans-Jürgen Krohn und Lutz Bergemann, weitergeführt. Nach der Neufassung der LBO im Jahre 1996 war auf Grund der durchgreifenden Änderungen des damals neuen Gesetzes eine reine Fortschreibung des Werkes nicht mehr möglich. Ausgehend von dem tragfähigen Konzept wurde daher eine Neugestaltung der Kurzkommentierung mit der 17. Auflage vorgenommen. Nunmehr liegt die 20. aktualisierte Auflage vor. Sie berücksichtigt die zum 1. März 2015 in Kraft getretenen Änderungen der Landesbauordnung und ihrer Folgeverordnungen. Wie bisher fasst das Werk in Kurzform das für das Bauen in Baden-Württemberg erforderliche baurechtliche „Handwerkszeug" zusammen. Die Landesbauordnung wird mit einer Vielzahl von Erläuterungen, Definitionen und Querverweisen sowie Hinweisen auf andere beim Bauen zu beachtende Vorschriften stichwortartig kommentiert. Daneben finden sich alle praktisch relevanten Rechtsvorschriften sowie die wichtigsten Verwaltungsvorschriften, Bekanntmachungen und Hinweise zum Bauordnungsrecht Baden- Württembergs. Es bleibt zu hoffen, dass auch dieser Kurzkommentar den am Bau beteiligten Architekten und sonstigen Entwurfsverfassern, Bauausführenden und Verantwortlichen der Baurechtsbehörden, aber auch Bauherren und darüber hinaus an der Thematik interessierten Berufsständen und Studierenden den Zugang zu den gesetzlichen Regelungen und den Einstieg in Auslegungsfragen erleichtert.

Im Juli 2015   Die Verfasserin

Inhaltsverzeichnis

Inhaltsverzeichnis

Inhaltsverzeichnis

Inhaltsverzeichnis

Zusammenstellung nach Sachgebieten

---

[*] Fundstellenangabe

Zusammenstellung nach Sachgebieten

---

* Fundstellenangabe

Abkürzungsverzeichnis

Soweit nicht bereits im Inhaltsverzeichnis verwendet.

a. F.	alte Fassung
ArbStättV	Arbeitsstättenverordnung
ARGEBAU	Arbeitsgemeinschaft der für das Bau-, Wohnungs- und zuständigen Minister der Länder
AufzV	Aufzugsverordnung
BauGB	Baugesetzbuch
BauNVO	Baunutzungsverordnung
BGBl.	Bundesgesetzblatt
BImSchG	Bundes-Immissionsschutzgesetz
B-Plan	Bebauungsplan
BRS	Baurechtssammlung Thiel/Gelzer
BVerfG	Bundesverfassungsgericht
BVerfGE	Entscheidungssammlung des Bundesverfassungsgerichts
BVerwG	Bundesverwaltungsgericht
BVerwGE	Entscheidungssammlung des Bundesverwaltungsgerichts
DVGW	Deutscher Verein des Gas- und Wasserfachs
DIBt	Deutsches Institut für Bautechnik
DSchG	Denkmalschutzgesetz
EG	Europäische Gemeinschaft
EnergWG	Energiewirtschaftsgesetz
FStrG	Bundesfernstraßengesetz
GABl.	Gemeinsames Amtsblatt für Baden-Württemberg
GBl.	Gesetzblatt für Baden-Württemberg
GebVerz	Gebührenverzeichnis
GebVO	Gebührenverordnung
GF	Grundfläche
GFZ	Geschossflächenzahl
GRZ	Grundflächenzahl
i. d. F.	in der Fassung
i. d. R.	in der Regel
i. S. v.	im Sinne von
i. V. m.	in Verbindung mit
LuftVG	Luftverkehrsgesetz
LVG	Landesverwaltungsgesetz
LVwVfG	Landesverwaltungsverfahrensgesetz
LVwVG	Landesverwaltungsvollstreckungsgesetz
LVwZG	Landesverwaltungszustellungsgesetz
NatSchG	Naturschutzgesetz
OWiG	Ordnungswidrigkeitengesetz

Abkürzungsverzeichnis

RP	Regierungspräsidium
s.	siehe
S.	Satz
StGB	Strafgesetzbuch
StrG	Straßengesetz Baden-Württemberg
VbF	Verordnung über brennbare Flüssigkeiten
VDE	Verein Deutscher Elektroingenieure
VDI	Verein Deutscher Ingenieure
VGH	Verwaltungsgerichtshof
vgl.	vergleiche
VwGO	Verwaltungsgerichtsordnung
VwV	Verwaltungsvorschrift
WG	Wassergesetz
WHG	Wasserhaushaltsgesetz
WaStrG	Bundeswasserstraßengesetz
z. Z.	zur Zeit

Paragraphenangaben
In den Anmerkungen zur LBO sind Paragraphen ohne Gesetzesangaben immer
Paragraphen der LBO.

Bezugsquellen

Bundesgesetzblatt (BGBl.)	Bundesanzeiger Verlag GmbH, Postfach 13 20, 3003 Bonn Tel. 02 28/3 82 08-0, Telefax 02 28/38 2 08-36 Mail: bgbl@bundesanzeiger.de
Gesetzblatt für Baden-Württemberg (GBl.)	Versandstelle des Gesetzblattes, Staatsanzeiger für Baden-Württemberg GmbH, Postfach 10 43 63, 70038 Stuttgart Tel. 07 11/6 66 01-32, Telefax 07 11/6 66 01-34 Mail: kundenservice@staatsanzeiger.de
Gemeinsames Amtsblatt (GABl.)	Staatsanzeiger für Baden-Württemberg GmbH, Postfach 10 43 63, 70038 Stuttgart Tel. 07 11/6 66 01-30, 31 Telefax 07 11/6 66 01-34 Mail: kundenservice@staatsanzeiger.de
DIN-Normen	Beuth-Verlag GmbH, 10772 Berlin Tel. 0 30/26 01-2260, Telefax 0 30/26 01-12 60 Mail: kundenservice@beuth.de

Einführung

I. Grundlagen des Bauordnungsrechts in Baden-Württemberg

1. Gesetzgebungskompetenz

Das Bundesverfassungsgericht ist in seinem Rechtsgutachten vom 16.6.1954 (BVerfGE 3, 407), das die Rechtslage für eine Neuregelung und Vereinheitlichung des Baurechts in der damals noch jungen Bundesrepublik klären sollte, zu dem Ergebnis gelangt, dass dem Bund keine allgemeine Gesetzgebungskompetenz für das gesamte Baurecht zusteht, dass er jedoch auf Grund von Art. 74 Nr. 18 GG (Grundstücksverkehr, Bodenrecht, Wohnungs- und Siedlungswesen) für die unter dem Begriff „Städtebaurecht" zusammengefassten Rechtsgebiete der städtebaulichen Planung und des Bauordnungsrechts (Umlegung, Erschließung, Grenzregelung, Enteignung) das Recht zur **konkurrierenden Gesetzgebung** hat. Von diesem Recht hat der Bund mit dem Erlass des Bundesbaugesetzes, erstmals vom 23. Juni 1960 (BGBl. I S. 341), heute – als Baugesetzbuch (BauGB) – in der Fassung vom 23. September 2004 (BGBl. I S. 2414), zuletzt geändert durch Gesetz vom 20. November 2014 (BGBl. I S. 1748), in dem die genannten Materien abschließend geregelt sind, Gebrauch gemacht. Sache der Länder war es dann, als Teil des allgemeinen Sicherheitsrechts das Bauordnungsrecht, für das früher der Begriff „Baupolizeirecht" verwendet wurde, zu regeln. Es umfasst alle diejenigen Vorschriften, welche die Gewährleistung der öffentlichen Sicherheit und Ordnung zum Gegenstand haben. Nach dem o. g. Gutachten des Bundesverfassungsgerichts steht dem Bund das Recht zum Erlass von einzelnen, speziell das Wohnungswesen betreffenden bauordnungsrechtlichen Vorschriften zu, soweit sie sich auf Wohngebäude beziehen. Von diesem Recht hat der Bund jedoch bislang keinen Gebrauch gemacht.

2. Musterbauordnung der ARGEBAU

Da sich die Tätigkeit von Architekten, Bauhandwerkern und Bauunternehmen meist nicht auf das Gebiet eines einzelnen Bundeslandes beschränkt, das Schutzinteresse der Bürger sich von Land zu Land nicht unterscheiden kann und auch die Bautechnik, insbesondere die Produktion und Verwendung von Baustoffen und Bauteilen sowie die Anwendung von Bauarten, nicht länderspezifisch ist, war und ist es erforderlich, das Bauordnungsrecht trotz länderbedingter Unterschiede so einheitlich wie möglich zu gestalten, um der Gefahr der Rechtsunsicherheit und Rechtsungleichheit vorzubeugen. Zu diesem Zweck wurde im Zusammenwirken von Bund und Ländern eine Musterbauordnung erarbeitet, die von einem Gremium (Fachkommission Bauaufsicht) der Arbeitsgemeinschaft der für das Bauwesen der Länder zuständigen Minister (ARGEBAU) ständig den sich entwickelnden Aufgaben und Bedürfnissen der Länder und heute insbesondere den Aufgaben, die aus den Zielen und Veränderungen im europäischen Wirtschaftsraum erwachsen, entsprechend fortgeschrieben wird. Auf diesem Muster und davon ausgehenden speziellen Musterverordnungen für spezielle Themen (z. B. Mustergaragenverordnung, Musterversammlungsstättenverordnung, Musterverkaufsstättenverordnung) beruht weitgehend die Landesbauordnung mit Folgeverordnungen von Baden-Württemberg wie auch die der anderen Bundesländer.

II. Aufgaben der Baurechtsbehörden nach der LBO

1. Gefahrenabwehr

Die „Baupolizei" hatte von jeher die Aufgabe, den Einzelnen und das Gemeinwesen vor drohender Verletzung von Recht oder Ordnung bei der Errichtung, Änderung, Nutzungsänderung oder beim Abbruch baulicher Anlagen zu schützen und rechts- bzw. ordnungswidrige Zustände zu beseitigen. An dieser Aufgabenstellung hält die LBO mit der Generalklausel des § 3 Abs. 1 Satz 1 fest. Danach sind bauliche Anlagen sowie Grundstücke, andere Anlagen und Einrichtungen i. S. v. § 1 Abs. 1 Satz 2 so anzuordnen und zu errichten, dass die öffentliche Sicherheit und Ordnung, insbesondere Leben, Gesundheit oder die natürlichen Lebensgrundlagen, nicht bedroht werden und dass sie ihrem Zweck entsprechend ohne Missstände benutzbar sind. Diese Grundnorm, oder auch „Generalklausel", des Bauordnungsrechts wird ergänzt durch zahlreiche Einzelvorschriften. Sie konkretisieren die Forderungen, die im Einzelfall zur Gewährleistung der baulichen Sicherheit und Ordnung unerlässlich sind; grundsätzlich insbesondere in den §§ 11 bis 16, spezieller in den §§ 26 bis 38.

2. Sozial- und Wohlfahrtsaufgaben

Bereits seit Beginn des 20. Jh. wurden die Sicherheitsaufgaben der Baurechtsbehörden („Baupolizei") durch Aufgaben der Wohlfahrt erweitert. Bei der rechtlichen Neuordnung in den frühen Jahren der Bundesrepublik trat hinzu, dass das Grundgesetz die Beachtung sozialer Gesichtspunkte fordert. Diesem Anliegen trägt eine Reihe von Vorschriften Rechnung; z. B. über die gärtnerische Anlegung von unbebauten Flächen bebauter Grundstücke und das Anlegen von Kinderspielplätzen (§ 9), zu Gemeinschaftsanlagen (§ 40), zur Mindestausstattung und Beschaffenheit von Aufenthaltsräumen und Wohnungen (§§ 34 bis 36) oder auch, nach der Novelle im Jahr 1996 von besonderer Bedeutung, Regelungen zu Gunsten behinderter und alter Menschen (§ 3 Abs. 4, § 39). Die sozialen Erfordernisse müssen heute in die „öffentliche Ordnung", d. h. diejenigen Ordnungsnormen einbezogen werden, die in einem Sozialstaat zur Wahrung eines störungsarmen Zusammenlebens der Menschen unerlässlich sind.

3. Baugestaltung

Zu den Aufgaben der Baurechtsbehörden gehört in gewissem Umfang auch die Wahrung von Belangen der Baugestaltung. Bei der Fassung der die Baugestaltung regelnden Vorschriften (§ 11) hat sich der Gesetzgeber von jeher und bis heute unverändert von einem in dieser Hinsicht richtungweisenden Urteil des Bundesverwaltungsgerichts vom 28.6.1955 (BVerwGE 2, 172) leiten lassen. Danach ist der Zweck dieser Vorschriften dahingehend begrenzt, dass nicht bereits jede Störung der architektonischen Harmonie, also die bloße „Unschönheit", sondern nur die Verunstaltung verhindert werden soll. Bei dieser Beurteilung ist nicht auf einen ästhetisch besonders empfindsamen oder geschulten Betrachter abzustellen, sondern auf den so genannten „gebildeten Durchschnittsbetrachter". Daraus ergibt sich, dass der Handlungsspielraum für die Baurechtsbehörden zur Baugestaltung rechtlich relativ begrenzt ist. Allerdings werden die Baurechtsbehörden auch insoweit im Sinne der Baugestaltung tätig, als sie für den Vollzug gestalterischer Festsetzungen, die Gemeinden im Rahmen örtlicher Bauvorschriften nach § 74 Abs. 1 treffen können, zuständig sind.

4. Vollzug der städtebaulichen Planung

Die Festsetzungen zu Art und Maß der baulichen Nutzung, bebaubaren Grundstücksflächen, Baugrenzen, Bauweise u. Ä. für die einzelnen Baugebiete in Bebauungsplänen (vgl. § 9 BauGB – Teil V 1) gehören zum städtebaulichen Planungsrecht. Der Vollzug der Planung, d. h. die Sicherstellung, dass einzelne Bauvorhaben diesen planungsrechtlichen Festsetzungen entsprechen, ist Aufgabe des Bauordnungsrechts und obliegt im Rahmen des Baugenehmigungsverfahrens den Baurechtsbehörden (vgl. §§ 29 bis 36 BauGB – Teil V 1 –; § 74). In Gebieten, für die im B-Plan keine Aussage über Art und Maß der baulichen Nutzung getroffen ist, entscheiden die Baurechtsbehörden – sofern die Gemeinde nicht selbst Baurechtsbehörde ist im Einvernehmen mit der jeweiligen Gemeinde – darüber, ob sich ein geplantes Bauvorhaben in diesem Sinne „einfügt" (vgl. § 34 BauGB – Teil V 1).

5. Vollzug baulicher Vorschriften in anderen Gesetzen

Neben dem Baugesetzbuch und der Landesbauordnung stellen noch weitere Gesetze oder aus diesen folgende Verordnungen Anforderungen an die Errichtung, Änderung, Nutzungsänderung oder den Abbruch baulicher Anlagen (z. B. Straßengesetz, Denkmalschutzgesetz, Bodenschutzgesetz, Wassergesetze, Naturschutzgesetze, Bundes-Immissionsschutzgesetz, Gewerbeordnung u. a.). Soweit sich aus diesen die Zuständigkeit der Baurechtsbehörden ergibt, haben diese die Einhaltung der entsprechenden Anforderungen durchzusetzen.

III. Die Landesbauordnung

1. Regelungen im Gesetz

Die LBO enthält solche Vorschriften, die aller Voraussicht nach für einen längeren Zeitraum Bestand haben können. Maß- und Zahlenangaben sind daher auf das unbedingt Erforderliche (z. B. bei Abstandsvorschriften) beschränkt, auf technische Normen wird nicht Bezug genommen, spezielle technische -Bauvorschriften sind Ausführungsvorschriften (vgl. LBOAVO – Teil II 1) oder Spezialregelungen (z. B. Garagenverordnung, Verkaufsstättenverordnung (vgl. Teil II 7 bzw. 8) vorbehalten.

2. Rechtsverordnungen und Verwaltungsvorschriften

Auf Grund von Ermächtigungsnormen des Gesetzes (§ 73) wurden zur Regelung spezieller Sachverhalte und zum baurechtlichen Verfahren eine Reihe von Rechtsverordnungen erlassen (vgl. Teil II). Von allgemeiner Bedeutung sind insbesondere:
– Allgemeine Ausführungsverordnung zur LBO   (LBOAVO),
– Verfahrensverordnung   (LBOVVO),

Einführung

- Bauprüfverordnung (BauprüfVO),
- Garagenverordnung (GaVO),
- Feuerungsverordnung (FeuVO),
- Verkaufsstättenverordnung (VkVO),
- Versammlungsstättenverordnung (VStättVO).

Im Interesse eines einheitlichen Vollzuges der Rechtsvorschriften kann die zuständige oberste Baurechtsbehörde (derzeit Ministerium für Verkehr und Infrastruktur) Verwaltungsvorschriften erlassen (Art. 61 Abs. 2 Landesverfassung i. V. m. § 4 Abs. 2 Nr. 2 LVG), die Auslegungshilfen zu bestimmten Rechtsvorschriften bieten bzw. Anweisungen zum Vollzug enthalten. Diese Verwaltungsvorschriften (vgl. Teil III) binden zunächst nur die Verwaltung, d. h. die Baurechtsbehörde, in ihrem Handeln, haben jedoch durchaus praktische Auswirkungen auf das einzelne Bauvorhaben hinsichtlich der Herstellung (z. B. VwV Stellplätze – vgl. Teil III 2) oder der Überwachung (z. B. VwV Brandverhütungsschau – vgl. Teil III 5).

3. Landesbauordnung seit 1.1.1996

Seit Inkrafttreten der ersten Landesbauordnung für Baden-Württemberg, am 6. April 1964, wird dieses Gesetz in Abständen durch Änderungen, die jeweils durch veränderte gesellschaftliche Aufgabenstellungen, Entwicklung der Bauproduktion und Änderungen im Verständnis staatlicher und privater Verantwortung begründet sind, fortgeschrieben. Unmittelbarer Anlass der Novelle im Jahr 1995, die die Neufassung der Landesbauordnung mit Inkrafttreten zum 1.1.1996 zur Folge hatte, war die Verpflichtung, Regelungen der EG-Bauproduktenrichtlinie in Landesrecht umzusetzen. Ziel der EG-Bauproduktenrichtlinie war die Schaffung eines gemeinsamen Marktes für Bauprodukte und der Abbau von Handelshemmnissen im europäischen Wirtschaftsraum. Die Umsetzung der Bestimmungen der EG-Bauproduktenrichtlinie erfolgte, soweit Landesrecht betroffen ist, in den §§ 17 bis 25 der seit 1.1.1996 gültigen Landesbauordnung. Daneben fanden zahlreiche Regelungen zur Erleichterung des Wohnungsbaus, z. B. Reduzierung der Abstandsflächen und der Zahl der notwendigen Stellplätze, Erweiterung der Ausnahmetatbestände zu Gunsten der Schaffung zusätzlichen Wohnraumes, zur Beschleunigung und Vereinfachung baurechtlicher Verfahren (Fristenregelung in § 54) und insbesondere die Einführung des Kenntnisgabeverfahrens (§ 51) Eingang. Ein besonderer Schwerpunkt lag durchgängig bei der Rücknahme staatlicher Überwachung und Stärkung der Eigenverantwortung der Bauherren. Besonders gut abzulesen war dies an der Erweiterung des Katalogs der verfahrensfreien Vorhaben (Anhang zu § 50), die gänzlich ohne baurechtliches Verfahren, aber unter der Voraussetzung der eigenverantwortlichen Beachtung der baurechtlichen Vorschriften errichtet werden dürfen. Die wichtigste Änderung unter diesem Vorzeichen war aber zweifellos die Einführung des Kenntnisgabeverfahrens nach § 51, das für alle Wohngebäude bis zur Hochhausgrenze in Gebieten mit qualifizierten Bebauungsplänen eingeführt wurde. In diesem Verfahren wurde die im Genehmigungsverfahren vorgesehene Prüfung des Vorhabens auf Übereinstimmung mit den baurechtlichen Vorschriften ersetzt durch eine Reihe von Bestätigungen von Plan- sowie Lageplanverfassern und Bauherren, dass das jeweilige Vorhaben in Übereinstimmung mit den öffentlich-rechtlichen Vorschriften steht (vgl. Erläuterungen zu § 51). Schließlich entsprach es der gesellschaftspolitischen Entwicklung, dass sowohl verstärkt umweltpolitische Zielsetzungen in die bauordnungsrechtlichen Bestimmungen eingingen (vgl. § 9 Abs. 1, § 33 Abs. 5, § 56 Abs. 2 Satz 1, § 74 Abs. 3 Satz 1 Nr. 2, § 37), als auch besonders weit gehende Regelungen im Interesse einer umfassenderen Integration behinderter und älterer Menschen in allen Lebensbereichen (vgl. § 39 und Erläuterungen) aufgenommen wurden.

4. Landesbauordnung seit 1.3.2010

Nach fast 15 Jahren, in denen die Landesbauordnung bis auf kleinere Änderungen weitgehend unverändert blieb, war eine Fortschreibung im Sinne weiterer verfahrensmäßiger Erleichterung und Flexibilisierung sowie Anpassungen an aktuelle Entwicklungen und Erfordernisse beim Bauen erforderlich.

Zu den wesentlichen Inhalten der Änderung der Landesbauordnung zum 1. März 2010 gehörte dementsprechend die Einführung eines vereinfachten Genehmigungsverfahrens (§ 52 LBO) als drittes Verfahren neben dem Kenntnisgabeverfahren (§ 51 LBO) und dem umfassenden Genehmigungsverfahren. Das vereinfachte Genehmigungsverfahren hat denselben Anwendungsbereich wie das Kenntnisgabeverfahren. Es werden hier aber die planungsrechtliche Zulässigkeit und die Einhaltung der bauordnungsrechtlichen Abstandsvorschriften geprüft. Der Bauherr hat eine Wahlmöglichkeit bekommen. Im Unterschied zur LBO 1996 ist seither die Anwendung des Kenntnisgabeverfahrens auch bei Vorlage der Voraussetzungen dafür nicht mehr vorrangig. Der Bauherr kann in diesem Fall sowohl das Kenntnisgabeverfahren als auch das vereinfachte Genehmigungsverfahren als auch das „normale" Baugenehmigungsverfahren wählen – mit steigendem Prüfumfang hinsichtlich der Rechtmäßigkeit des Bauvorhabens.

Eine wichtige Neuerung der Landesbauordnung 2010 war die Einführung der Möglichkeit des Ersetzens eines rechtswidrig versagten Einvernehmens der Gemeinde nach § 36 Abs. 2 Satz 3 BauGB (§ 54 Abs. 4 LBO). Bis dahin war die Baugenehmigungsbehörde auch dann an der Erteilung einer Baugenehmigung gehindert, wenn die Gemeinde ihr nach § 36 BauGB erforderliches Einvernehmen rechtswidrig, d. h. aus anderen als den in § 36 Abs. 2 BauGB genannten Gründen, versagt hat. Dem Bauherrn blieb dann in der Regel nur der aufwändige Weg der Klage. § 54 Abs. 4 LBO eröffnet der zuständigen Baugenehmigungsbehörde nun den Weg, das erforderliche Einvernehmen zu ersetzen und damit den Weg zur Baugenehmigung frei zu machen.

Außerdem bestimmte die LBO nach der Änderung 2010 nochmals kürzere Fristen für die Anhörung der Fachbehörden und sonstiger Träger öffentlicher Belange im Genehmigungsverfahren und bezog neben den unmittelbaren Angrenzern wie bisher, auch die Nachbarn eines Baugrundstückes fakultativ in die Angrenzerbeteiligung mit ein, mit der Folge, dass auch für diese beteiligten Nachbarn die materielle Präklusion gilt. Das heißt, auch diese beteiligten Nachbarn sind mit ihren Einwendungen ausgeschlossen, wenn sie diese nicht fristgerecht geltend gemacht haben.

Materiell-rechtlich hat die LBO nach der Änderung im Jahr 2010 insbesondere das Brandschutzkonzept der Musterbauordnung übernommen. Wesentlich war dabei, dass im Unterschied zu den bisherigen Regelungen die Anforderungen des Brandschutzes nunmehr auf 5 definierte Gebäudeklassen (§ 2 Abs. 4 LBO) bezogen werden. Darüber hinaus wurden Änderungen im Abstandsflächenrecht (z. B. Wegfall des nicht nachbarschützenden Teils der Abstandsflächen in

§ 5 Abs. 7 LBO) und Änderungen im Katalog der verfahrensfreien Vorhaben vorgenommen. Neben Erweiterungen des Katalogs wurde z. B. die Verfahrensfreiheit für gebäudeunabhängige Solaranlagen auf eine bestimmte Größe begrenzt.

5. **Landesbauordnung seit 1.3.2015**

Die jüngste größere Gesetzesänderung hatte vor allem die Weiterentwicklung der Landesbauordnung nach sozialen und ökologischen Kriterien zum Ziel. Daher gehören weitergehende Anforderungen an die Zugänglichkeit und barrierefreie Nutzbarkeit von Wohnungen (nunmehr bereits bei Gebäuden mit mehr als zwei Wohnungen barrierefreie Erreichbarkeit und Nutzbarkeit der Wohnungen eines Geschosses, § 35 Abs. 1) und Verpflichtungen zur Schaffung von Abstellflächen für Kinderwagen und Gehhilfen ebenso zu den Neuerungen wie Anforderungen hinsichtlich einer ausreichenden Anzahl von Fahrradabstellplätzen sowohl bei Wohngebäuden als auch bei sonstigen Anlagen und sogar die Möglichkeit, bei anderen als Wohngebäuden einen Teil der notwendigen KFZ-Stellplätze durch Fahrradstellplätze zu ersetzen (§ 37 Abs. 1 und 2). Die Nutzung erneuerbarer Energien, wie beispielsweise Solar- und Photovoltaikanlagen, wird nunmehr durch eine Reihe von Erleichterungen begünstigt, wie z. B. Erweiterung der Verfahrensfreiheit von Solaranlagen auf Gebäuden (Anhang zu § 50 Abs. 1), die Ausweitung der Abweichungsmöglichkeit von bauordnungsrechtlichen Vorschriften (§ 56 Abs. 2) oder auch die Beschränkung der Möglichkeiten kommunaler Gestaltungssatzungen, die der Nutzung erneuerbarer Energien entgegenstehen könnten (§ 74 Abs. 1). Zum Kanon der ökologisch motivierten Änderungen gehören außerdem verstärkte Einsatzmöglichkeiten von Holz für tragende, aussteifende oder raumabschließende Bauteile (§ 26 Abs. 3) und die Verbesserung des Brandschutzes bei der Tierhaltung (§ 15 Abs. 8) sowie Verpflichtungen zur Begrünung von baulichen Anlagen (§ 9 Abs. 1). In verfahrensrechtlicher Hinsicht ist insbesondere auf die vorgenommene Einschränkung der Anwendungsmöglichkeit des Kenntnisgabeverfahrens hinzuweisen. Während es seither möglich war, auch bei Vorhaben im Kenntnisgabeverfahren über gesonderte Anträge auf Abweichung oder Befreiung in einzelnen Fällen von Vorgaben eines Bebauungsplanes oder bauordnungsrechtlichen Vorschriften abzuweichen, ist künftig in solchen Fällen zumindest das vereinfachte Genehmigungsverfahren durchzuführen. Schließlich hat die jüngste Novelle mit verschiedenen Klarstellungen im Hinblick auf Begrifflichkeiten zu Fragen aus der praktischen Anwendung des Gesetzes reagiert (z. B. §§ 2, 5, 52) sowie Anpassungen an geänderte EU-rechtliche Bestimmungen, wie die Einführung der unmittelbar geltenden EU-Bauproduktenverordnung und Aufhebung der früher noch in Landesrecht umzusetzende EU-Bauproduktenrichtlinie vorgenommen (§ 17 Abs. 1 und Abs. 7).

6. **Gliederung der Landesbauordnung**

Die Landesbauordnung gliedert sich in 3 Hauptteile.
1. Die materiell-rechtlichen Vorschriften (Erster bis Sechster Teil, §§ 1–40)
   – Allgemeine Vorschriften
   – Das Grundstück und seine Bebauung
   – Allgemeine Anforderungen an die Bauausführung

- Bauprodukte und Bauarten
- Der Bau und seine Teile
- Einzelne Räume, Wohnungen und besondere Anlagen
2. Die verfahrensrechtlichen Vorschriften (Siebenter und Achter Teil, §§ 41–72)
   - Am Bau Beteiligte, Baurechtsbehörden
   - Verwaltungsverfahren, Baulasten
3. Die sonstigen Vorschriften (Neunter Teil, §§ 73–79)
   Dazu u. a.
   - Ermächtigungen für Rechtsvorschriften
   - Örtliche Bauvorschriften
   - Ordnungswidrigkeiten
   - Übergangsvorschriften, Inkrafttreten

I Landesbauordnung für Baden-Württemberg (LBO)

In der Fassung vom 5. März 2010 (GBl. S. 357, ber. S. 416), zuletzt geändert durch Gesetz vom 11. November 2014 (GBl. S. 501)

Erster Teil   Allgemeine Vorschriften

§ 1   Anwendungsbereich[1]

(1) Dieses Gesetz gilt für bauliche Anlagen[2] und Bauprodukte. Es gilt auch für Grundstücke, andere Anlagen und Einrichtungen, an die in diesem Gesetz oder in Vorschriften auf Grund dieses Gesetzes Anforderungen gestellt werden. Es gilt ferner für Anlagen nach Absatz 2, soweit an sie Anforderungen auf Grund von § 74 gestellt werden.[3]

(2) Dieses Gesetz gilt
1. **bei öffentlichen Verkehrsanlagen[4] nur für Gebäude[5],**
2. **bei den der Aufsicht der Wasserbehörden[6] unterliegenden Anlagen nur für Gebäude, Überbrückungen, Abwasseranlagen, Wasserbehälter, Pumpwerke, Schachtbrunnen, ortsfeste Behälter für Treibstoffe, Öle und andere wassergefährdende Stoffe sowie für Abwasserleitungen auf Baugrundstücken,**
3. **bei den der Aufsicht der Bergbehörden[7] unterliegenden Anlagen nur für oberirdische Gebäude,**
4. **bei Leitungen aller Art nur für solche auf Baugrundstücken. Es gilt nicht für Kräne und Krananlagen.**

Anmerkungen
1 Unabhängig von den verfahrensrechtlichen Vorschriften über die Baugenehmigung, Kenntnisgabe oder Verfahrensfreiheit sind auf alle baulichen Anlagen sowie auf Grundstücke, andere Anlagen und Einrichtungen, an die in der Bauordnung Anforderungen gestellt werden, die materiell-rechtlichen Vorschriften der Bauordnung anzuwenden. Ausgenommen sind lediglich die in Absatz 2 von der Anwendung der LBO ausdrücklich ausgenommenen Gegenstände.
2 Begriffe vgl. § 2.
3 Anforderungen nach § 74 (Örtliche Bauvorschriften) gelten auch für die in Abs. 2 vom Geltungsbereich der LBO ausgenommenen Gegenstände.
4 Dem öffentlichen Verkehr dienend (nach FStrG, StrG, WaStrG, LuftVG, LEisenbG.

5 Für diese dem Gesetz unterliegenden Anlagen gilt ggf. § 38 (Sonderbauten).
6 Vgl. Wasserhaushaltsgesetz (WHG), Wassergesetz für Baden-Württemberg (WG).
7 Vgl. Bundesberggesetz (BBergG).

§ 2   Begriffe[1]

(1) Bauliche Anlagen sind unmittelbar mit dem Erdboden verbundene, aus Bauprodukten[2] hergestellte Anlagen. Eine Verbindung mit dem Erdboden besteht auch dann, wenn die Anlage durch eigene Schwere[3] auf dem Boden ruht oder wenn die Anlage nach ihrem Verwendungszweck dazu bestimmt ist, überwiegend ortsfest benutzt zu werden[4]. Als bauliche Anlagen gelten auch
1. Aufschüttungen und Abgrabungen,[5]
2. Ausstellungs, Abstell- und Lagerplätze,[6]
3. Camping-, Wochenend- und Zeltplätze,[7]
4. Sport- und Spielflächen,
5. Freizeit- und Vergnügungsparks
6. Stellplätze.[8]

(2) Gebäude sind selbstständig benutzbare, überdeckte bauliche Anlagen, die von Menschen betreten werden können und geeignet sind, dem Schutz von Menschen, Tieren oder Sachen zu dienen.[9]

(3) Wohngebäude sind Gebäude, die überwiegend der Wohnnutzung[10] **dienen und außer Wohnungen allenfalls Räume für die Berufsausübung freiberuflich oder in ähnlicher Art Tätiger**[11] **sowie die zugehörigen Garagen und Nebenräume enthalten.**[12]

(4) Gebäude werden in folgende Gebäudeklassen[13] **eingeteilt:**
1. **Gebäudeklasse 1:**
   Freistehende Gebäude[14] **mit einer Höhe bis zu 7 m und nicht mehr als zwei Nutzungseinheiten von insgesamt nicht mehr als 400 m² und freistehende land- oder forstwirtschaftlich**[15] **genutzte Gebäude,**
2. **Gebäudeklasse 2:**
   Gebäude mit einer Höhe bis zu 7 m und nicht mehr als zwei Nutzungseinheiten mit insgesamt nicht mehr als 400 m²,
3. **Gebäudeklasse 3:**
   Sonstige Gebäude mit einer Höhe bis zu 7 m,
4. **Gebäudeklasse 4:**
   Sonstige Gebäude mit einer Höhe bis zu 13 m und Nutzungseinheiten mit jeweils nicht mehr als 400 m²,
5. **Gebäudeklasse 5:**
   Sonstige Gebäude einschließlich unterirdischer Gebäude.
Höhe im Sinne des Satzes 1 ist das Maß der Fußbodenoberkante des höchstgelegenen Geschosses, in dem ein Aufenthaltsraum[16] **möglich ist, über der Geländeoberfläche im Mittel. Grundflächen von Nutzungseinheiten im Sinne dieses Gesetzes sind die Brutto-Grundflächen**[17]**; bei der Berechnung der Brutto-Grundflächen nach Satz 1 bleiben Flächen in Kellergeschossen außer Betracht.**

(5) Geschosse[18] **sind oberirdische Geschosse, wenn ihre Deckenoberkanten im Mittel**[19] **mehr als 1,4 m über die Geländeoberfläche hinausragen; im Übrigen sind sie Kellergeschosse. Hohlräume zwischen der obersten Decke und**

der Bedachung, in denen Aufenthaltsräume nicht möglich sind, sind keine Geschosse.

(6) Vollgeschosse sind Geschosse, die mehr als 1,4 m über die im Mittel gemessene Geländeoberfläche[19] hinausragen und, von Oberkante Fußboden bis Oberkante Fußboden der darüberliegenden Decke oder bis Oberkante Dachhaut des darüberliegenden Daches gemessen,[20] mindestens 2,3 m hoch sind. Die im Mittel gemessene Geländeoberfläche ergibt sich aus dem arithmetischen Mittel der Höhenlage der Geländeoberfläche an den Gebäudeecken. Keine Vollgeschosse sind
1. Geschosse, die ausschließlich der Unterbringung von haustechnischen Anlagen und Feuerungsanlagen dienen,[21]
2. oberste Geschosse,[22] bei denen die Höhe von 2,3 m über weniger als drei Viertel der Grundfläche des darunter liegenden Geschosses vorhanden ist.[23]
Hohlräume zwischen der obersten Decke und dem Dach, deren lichte Höhe geringer ist, als sie für Aufenthaltsräume nach § 34 Abs. 1 erforderlich ist,[24] sowie offene Emporen bis zu einer Grundfläche von 20 m² bleiben außer Betracht.[25]

(7) Aufenthaltsräume sind Räume, die zum nicht nur vorübergehenden Aufenthalt von Menschen bestimmt oder geeignet sind.[26]

(8) Stellplätze sind Flächen, die dem Abstellen von Kraftfahrzeugen und Fahrrädern außerhalb der öffentlichen Verkehrsflächen dienen. Garagen[27] sind Gebäude oder Gebäudeteile zum Abstellen von Kraftfahrzeugen. Ausstellungs-, Verkaufs-, Werk- und Lagerräume sind keine Stellplätze und Garagen.

(9) Anlagen der Außenwerbung (Werbeanlagen) sind alle örtlich gebundenen Einrichtungen, die der Ankündigung oder Anpreisung oder als Hinweis auf Gewerbe oder Beruf dienen und vom öffentlichen Verkehrsraum aus sichtbar sind. Hierzu gehören vor allem Schilder, Beschriftungen, Bemalungen, Lichtwerbungen, Schaukästen sowie für Anschläge oder Lichtwerbung bestimmte Säulen, Tafeln und Flächen.[28] Keine Werbeanlagen im Sinne dieses Gesetzes[29] sind
1. Werbeanlagen, die im Zusammenhang mit allgemeinen Wahlen oder Abstimmungen angebracht oder aufgestellt werden, während der Dauer des Wahlkampfes,
2. Werbeanlagen in Form von Anschlägen,
3. Werbeanlagen an Baustellen, soweit sie sich auf das Vorhaben beziehen,
4. Lichtwerbungen an Säulen, Tafeln oder Flächen, die allgemein dafür baurechtlich genehmigt sind,
5. Auslagen und Dekorationen in Schaufenstern und Schaukästen,
6. Werbemittel an Verkaufsstellen für Zeitungen und Zeitschriften.

(10) Bauprodukte[30] sind
1. Baustoffe,[31] Bauteile[32] und Anlagen,[33] die dazu bestimmt sind, in bauliche Anlagen dauerhaft eingebaut zu werden,
2. aus Baustoffen und Bauteilen vorgefertigte Anlagen,[34] die hergestellt werden, um mit dem Erdboden verbunden zu werden, wie Fertighäuser, Fertiggaragen und Silos.

(11) Bauart ist das Zusammenfügen von Bauprodukten zu baulichen Anlagen oder Teilen von baulichen Anlagen.[35]

(12) Feuerstätten sind Anlagen oder Einrichtungen, die in oder an Gebäuden ortsfest benutzt werden und dazu bestimmt sind, durch Verbrennung Wärme zu erzeugen.

(13) Es stehen gleich
1. der Errichtung das Herstellen, Aufstellen, Anbringen, Einbauen, Einrichten, Instandhalten, Ändern und die Nutzungsänderung,
2. dem Abbruch das Beseitigen,
soweit nichts anderes bestimmt ist.[36]
(14) Maßgebend sind in den Absätzen 4, 5 und 6 Satz 1 und 3 die Rohbaumaße.

Anmerkungen
1 In § 2 werden Begriffe gesetzlich bestimmt, die in der LBO wiederholt verwendet werden und deren Definition zum Verständnis der Vorschriften erforderlich ist.
2 Vgl. Abs. 10.
3 Gemeint ist eine solche Schwere, die eine verfestigte Beziehung der Anlage zum Boden schafft, z. B. ortsfeste Behälter, Verkaufsstände – nicht aber auf dem Erdboden abgestellte mobile Gegenstände, wie Tische oder Bänke.
4 Z. B. derart benutzte Wohn- oder Verkaufswagen; diese auch genehmigungspflichtig, ausgenommen verfahrensfreie Wohnwagen auf hierfür genehmigten Campingplätzen (Anhang zu § 50 Abs. 1 Nr. 8 a).
5 Alle künstlichen Veränderungen der Erdoberfläche, auch Ausschachtungen (§ 29 BauGB), Aufschüttungen und Abgrabungen begrenzt verfahrensfrei (Anhang zu § 50 Abs. 1 Nr. 11 e).
6 Begrenzt verfahrensfrei (Anhang zu § 50 Abs. 1 Nr. 11 h).
7 Camping- und Zeltplätze genehmigungspflichtig, Anforderungen vgl. Campingplatzverordnung (**Teil II 15**).
8 Stellplätze vgl. § 37, begrenzt verfahrensfrei (Anhang zu § 50 Abs. 1 Nr. 11 b).
9 Selbstständig benutzbar" setzt eine funktional abgeschlossene Einheit voraus, ohne Inanspruchnahme von Anlageteilen (z. B. Eingänge, Treppenräume), die gleichzeitig anderen Anlagen dienen. Gebäude können ganz oder nur teilweise gegen das Freie abgegrenzt sein (Wände oder auch Stützen, Brüstungen – „fiktive Wand" – abstandsflächenrelevant), Überdeckungen nur auf Mittelstützen (z. B. bei Tankstellen, Bahnhöfen) gelten nicht als Gebäude (aber als bauliche Anlage). Betretbarkeit setzt geeignete Zugänge und eine ausreichende lichte Höhe (aufrechte Bewegung von Menschen) voraus. Bei der Schutzeignung kommt es nicht darauf an, ob die bauliche Anlage auch zum Schutz von Menschen, Tieren oder Sachen bestimmt ist. Kleine Gebäude in begrenztem Umfang verfahrensfrei (Anhang zu § 50 Abs. 1 Nr. 1).
10 Wohnnutzung und mit dieser verbundene Nebenräume und Garagen müssen mehr als 50 % der Gesamtnutzfläche des Gebäudes umfassen.
11 Zielt auf die wohnartige Nutzung solcher Räume (z. B. durch selbstständige Ärzte, Architekten, Anwälte oder auch Versicherungsvertreter, Heilpraktiker, Masseure u. Ä.).
12 Definition von Bedeutung für § 51 Abs. 1 Nr. 1 – Kenntnisgabeverfahren an Stelle eines Baugenehmigungsverfahrens möglich.
13 Einordnung in Gebäudeklassen als Grundlage für Brandschutzanforderungen (LBOAVO – **Teil II 1**) und Prüfverzicht (LBOVVO – **Teil II 2**).
14 Z. B. freistehende Ein- und Zweifamilienhäuser, ein Gebäude mit angebauter Garage gilt noch als „freistehend".
15 Begriff Landwirtschaft vgl. § 201 BauGB.

16 Aufenthaltsraum vgl. § 34.

17 Brutto-Grundflächen entsprechend DIN 277.

18 Geschossbegriff insbesondere für Brandschutzanforderungen nach LBO-AVO (**Teil II** 1) von Bedeutung.

19 Gedachte Ebene, Geländeveränderungen zwischen den Gebäudehöhen an den Gebäudeecken bleiben unberücksichtigt.

20 Ausschlaggebend ist das Rohbaumaß, vgl. Abs. 13.

21 Z. B. Be- und Entlüftungsanlagen, Wasserversorgungsanlagen, Aufzugsmaschinerie u. Ä.

22 Unabhängig davon, ob dieses Geschoss im Dachraum liegt.

23 Grundfläche des darunter liegenden Geschosses ist die gesamte Fläche dieses Geschosses, einschließlich der Fläche der Außenwände, aber ohne Terrassen, Balkone, Loggien. Die maßgebliche Höhe des obersten Geschosses wird zwischen Oberkante Fußboden und Oberkante Dachhaut gemessen.

24 Dann auch kein Geschoss (vgl. Abs. 5 S. 2)

25 Unabhängig davon, ob sie ein oberstes Geschoss bilden. Eine offene Empore liegt vor, wenn sich auf ihr keine abgeschlossenen Räume befinden.

26 Auch Arbeitsräume (vgl. Arbeitsstättenverordnung), Anforderungen an Aufenthaltsräume vgl. § 34.

27 Anforderungen an Garagen vgl. Garagenverordnung (**Teil II** 7).

28 Werbeanlagen begrenzt genehmigungsfrei (vgl. Anhang zu § 50 Nr. 9).

29 Diese Werbeanlagen liegen nicht im Anwendungsbereich der LBO, Anforderungen können sich aber aus dem Bauplanungsrecht (z. B. § 14 Abs. 1 BauNVO)Verkehrsrecht oder dem Denkmalschutzrecht (z. B. §§ 7, 8, 15, 19 DSchG) ergeben.

30 Begriff entspricht der EG-Bauproduktenrichtlinie und dem Bauproduktengesetz – wichtig für §§ 17–25.

31 Ungeformte und geformte Stoffe, die für die Herstellung von Bauten bestimmt sind, z. B. Sand, Kies, Schotter, Zement, Kalk, Gips, Beton, Stahl, Holz sowie Werksteine, Wand- und Bodenplatten, Stahlträger, Holzbalken.

32 Aus Baustoffen hergestellte Gegenstände, die allein oder zusammen mit Baustoffen für die Herstellung baulicher Anlagen verwendet werden, z. B. Wände, Decken, Dächer, Treppen, Fenster, Türen, Fertigbauteile.

33 Nach der Protokollerklärung zu Art. 1 Abs. 2 Bauproduktenrichtlinie z. B. Anlagen und ihre Teile für Heizung, Klima, Lüftung, Sanitär- und Elektroversorgung.

34 Müssen wie bauliche Anlagen mit dem Erdboden verbunden sein (s. Abs. 1), z. B. Fertighäuser, Fertiggaragen, Silos.

35 Betrifft die konstruktive Art des Zusammenfügens von Baustoffen und/oder Bauteilen, vgl. Regelungen in §§ 21, 22, 75.

36 Im Einzelfall kann in einer Vorschrift etwas anderes bestimmt sein, z. B. § 37 Abs. 1 u. 2, § 50.

§ 3   Allgemeine Anforderungen[1]

(1) Bauliche Anlagen sowie Grundstücke, andere Anlagen und Einrichtungen im Sinne von § 1 Abs. 1 Satz 2 sind so anzuordnen und zu errichten, dass die öffentliche Sicherheit oder Ordnung, insbesondere Leben, Gesundheit oder

die natürlichen Lebensgrundlagen, nicht bedroht[2] werden und dass sie ihrem Zweck entsprechend ohne Missstände benutzbar sind. Für den Abbruch baulicher Anlagen gilt dies entsprechend.

(2) [3] Bauprodukte dürfen nur verwendet werden, wenn bei ihrer Verwendung[4] die baulichen Anlagen bei ordnungsgemäßer Instandhaltung während einer dem Zweck entsprechenden angemessenen Zeitdauer[5] die Anforderungen der Vorschriften dieses Gesetzes oder auf Grund dieses Gesetzes[6] erfüllen und gebrauchstauglich sind.

(3) Die obersten Baurechtsbehörden können im gegenseitigen Einvernehmen Regeln der Technik,[7] die der Erfüllung der Anforderungen des Absatzes 1 dienen, als technische Baubestimmungen bekannt machen.[8] Bei der Bekanntmachung kann hinsichtlich des Inhalts der Baubestimmungen auf die Fundstelle verwiesen werden. Die technischen Baubestimmungen sind einzuhalten. Von ihnen darf abgewichen werden, wenn den Anforderungen des Absatzes 1 auf andere Weise ebenso wirksam entsprochen wird;[9] § 17 Abs. 3 und § 21 bleiben unberührt.

(4) In die Planung von Gebäuden sind die Belange von Personen mit kleinen Kindern, Menschen mit Behinderung und alten Menschen nach Möglichkeit[10] einzubeziehen.

(5) Bauprodukte und Bauarten, die in Vorschriften anderer Vertragsstaaten des Abkommens vom 2. Mai 1992 über den europäischen Wirtschaftsraum (Abl. EG Nr. L 1 S. 3) genannten technischen Anforderungen entsprechen, dürfen verwendet werden, wenn das geforderte Schutzniveau in Bezug auf Sicherheit, Gesundheit, Umweltschutz und Gebrauchstauglichkeit gleichermaßen dauerhaft erreicht wird.

Anmerkungen

1 § 3 enthält die für das Bauordnungsrecht maßgebende Grundnorm. Diese wird durch allgemeine Einzelanforderungen (§§ 12–16, 26–40) und besondere Anforderungen (LBOAVO – Teil II 1 –, technische Baubestimmungen nach Abs. 3) näher bestimmt.

2 Setzt eine konkrete Gefährdung voraus, d. h. dass in absehbarer Zeit der Eintritt eines Schadens hinreichend wahrscheinlich ist (BVerwG Urt. v. 25.2.1969, DVBl. 1969, 586).

3 Generalklausel bezüglich der Verwendung von Bauprodukten bei der Errichtung baulicher Anlagen, materielle Anforderungen ergeben sich im Einzelnen aus §§ 13–16 LBO, LBOAVO, GaVO, FeuVO sowie den technischen Baubestimmungen.

4 Verwendung im Rahmen der Errichtung und den dieser nach § 2 Abs. 12 gleichgestellten Tätigkeiten.

5 Die angemessene Zeitdauer ergibt sich aus der bei einer bestimmten baulichen Anlage nach der allgemeinen Verkehrsauffassung vorausgesetzten üblichen Lebensdauer, z. B. bei Massivbauten 50 bis 100 Jahre.

6 Z. B. LBOAVO, FeuVO, GaVO, VerkaufsstättenVO, technische Baubestimmungen.

7 Z. B. DIN-Normen, VDI-Richtlinien, VDE-Bestimmungen, Richtlinien der ARGEBAU.

8 Erfolgt durch Bekanntmachung im GABl. (vgl. GABl. 2010, S. 506, die jeweils aktuelle Fassung der Liste der Technischen Baubestimmungen kann unter www.um.baden-wuertemberg.de (Umwelt/Berg- und Baurechtsbehörde/Bautechnik und Bauökologie/Technische Baubestimmungen) eingesehen werden).

9 Abweichungen von den technischen Baubestimmungen erfordern keine behördliche Entscheidung nach § 56 LBO.

10 Verbindlich ist dagegen eine barrierefreie Planung für Anlagen nach § 39 LBO.

Zweiter Teil Das Grundstück und seine Bebauung

§ 4 Bebauung der Grundstücke

(1) Gebäude dürfen nur errichtet werden, wenn das Grundstück[1] in angemessener Breite an einer befahrbaren öffentlichen Verkehrsfläche[2] liegt oder eine befahrbare, öffentlich-rechtlich gesicherte[3] Zufahrt zu einer befahrbaren öffentlichen Verkehrsfläche hat; bei Wohnwegen kann auf die Befahrbarkeit verzichtet werden, wenn keine Bedenken wegen des Brandschutzes bestehen.[4]

(2) Die Errichtung eines Gebäudes auf mehreren Grundstücken ist zulässig, wenn durch Baulast gesichert ist, dass keine Verhältnisse eintreten können, die den Vorschriften dieses Gesetzes oder den auf Grund dieses Gesetzes erlassenen Vorschriften zuwiderlaufen.[5]

(3) Bauliche Anlagen mit Feuerstätten müssen von Wäldern,[6] Mooren und Heiden mindestens 30 m entfernt sein;[7] die gleiche Entfernung ist mit Gebäuden von Wäldern sowie mit Wäldern von Gebäuden einzuhalten. Dies gilt nicht für Gebäude, die nach Festsetzungen des Bebauungsplans mit einem geringeren Abstand als nach Satz 1 zulässig sind, sowie für bauliche Änderungen rechtmäßig bestehender baulicher Anlagen. Ausnahmen können zugelassen werden. Größere Abstände können verlangt werden, soweit dies wegen des Brandschutzes oder zur Sicherheit der Gebäude erforderlich ist.[8]

Anmerkungen

1 Buchgrundstück, im Grundbuch unter einer selbstständigen Nummer eingetragen.

2 Verkehrsfläche muss dem öffentlichen Verkehr gewidmet sein und z. B. für Feuerwehr und Krankenwagen befahrbar sein.

3 Durch Baulast, aber auch Fahrrecht nach § 9 Abs. 1 Nr. 21 BauGB.

4 Z. B. wenn Heranfahren von Feuerwehrfahrzeugen an die Gebäude nicht erforderlich ist, Länge nicht befahrbarer Wege begrenzt durch erforderliche Gewährleistung wirkungsvoller Lösch- und Rettungsarbeiten.

5 Vgl. § 8 LBO, § 19 BauGB (Teil V 1).

6 Wald nach § 2 BadWürttWaldG: jede mit Forstpflanzen bestockte Grundfläche.

7 Die Regelung hat nachbarschützenden Charakter zugunsten des Eigentümers des Waldes.

8 Z. B. bei baulichen Anlagen mit erhöhter Brandgefahr oder Wäldern mit Baumhöhen von mehr als 30 m.

§ 5 Abstandsflächen[1]

(1) Vor den Außenwänden[2] von baulichen Anlagen[3] müssen Abstandsflächen liegen,[4] die von oberirdischen baulichen Anlagen freizuhalten sind. Eine Ab-

standsfläche ist nicht erforderlich vor Außenwänden an Grundstücksgrenzen, wenn nach planungsrechtlichen Vorschriften

1. an die Grenze gebaut werden muss,[5] es sei denn, die vorhandene Bebauung erfordert eine Abstandsfläche, oder

2. an die Grenze gebaut werden darf und öffentlich-rechtlich gesichert ist,[6] dass auf dem Nachbargrundstück ebenfalls an die Grenze gebaut wird.

Die öffentlich-rechtliche Sicherung ist nicht erforderlich, wenn nach den Festsetzungen einer abweichenden Bauweise unabhängig von der Bebauung auf dem Nachbargrundstück an die Grenze gebaut werden darf.[7]

(2) Die Abstandsflächen müssen auf dem Grundstück selbst liegen.[8] Sie dürfen auch auf öffentlichen Verkehrsflächen, öffentlichen Grünflächen und öffentlichen Wasserflächen liegen, bei beidseitig anbaubaren Flächen jedoch nur bis zu deren Mitte.

(3) Die Abstandsflächen dürfen sich nicht überdecken.[9] Dies gilt nicht für Abstandsflächen von Außenwänden, die in einem Winkel von mehr als 75° zueinander stehen.[10]

(4) Die Tiefe der Abstandsfläche bemisst sich nach der Wandhöhe; sie wird senkrecht zur jeweiligen Wand gemessen. Als Wandhöhe gilt das Maß vom Schnittpunkt der Wand mit der Geländeoberfläche[11] bis zum Schnittpunkt der Wand mit der Dachhaut[12] oder bis zum oberen Abschluss der Wand. Ergeben sich bei einer Wand durch die Geländeoberfläche unterschiedliche Höhen, ist die im Mittel gemessene Wandhöhe maßgebend. Sie ergibt sich aus dem arithmetischen Mittel der Höhenlage an den Eckpunkten der baulichen Anlage; liegen bei einer Wand die Schnittpunkte mit der Dachhaut oder die oberen Abschlüsse verschieden hoch, gilt dies für den jeweiligen Wandabschnitt.[13] Maßgebend ist die tatsächliche Geländeoberfläche nach Ausführung des Bauvorhabens, soweit sie nicht zur Verringerung der Abstandsflächen[14] angelegt wird oder wurde.

(5) Auf die Wandhöhe werden angerechnet

1. die Höhe von Dächern oder Dachaufbauten mit einer Neigung von mehr als 70° voll und von mehr als 45° zu einem Viertel,

2. die Höhe einer Giebelfläche[15] zur Hälfte des Verhältnisses, in dem ihre tatsächliche Fläche zur gedachten Gesamtfläche einer rechteckigen Wand mit denselben Maximalabmessungen steht; die Giebelfläche beginnt an der Horizontalen durch den untersten Schnittpunkt der Wand mit der Dachhaut,

3. bei Windenergieanlagen nur die Höhe bis zur Rotorachse, wobei die Tiefe der Abstandsfläche mindestens der Länge des Rotorradius entsprechen muss.

(6) Bei der Bemessung der Abstandsflächen bleiben außer Betracht

1. untergeordnete Bauteile wie Gesimse, Dachvorsprünge, Eingangs- und Terrassenüberdachungen, wenn sie nicht mehr als 1,5 m vor die Außenwand vortreten,

2. Vorbauten wie Wände, Erker Balkone, Tür- und Fenstervorbauten, wenn sie nicht breiter als 5 m sind; nicht mehr als 1,5 m vortreten[16] und von Nachbargrenzen mindestens 2 m entfernt[17] bleiben.

Außerdem bleibt die nachträgliche Wärmedämmung eines bestehenden Gebäudes außer Betracht, wenn sie nicht mehr als 0,25 m vor die Außenwand tritt[18].

(7) Die Tiefe der Abstandsflächen beträgt

1. allgemein 0,4 der Wandhöhe,

2. in Kerngebieten,[19] Dorfgebieten und in besonderen Wohngebieten 0,2 der Wandhöhe,

3. **in Gewerbegebieten und in Industriegebieten sowie in Sondergebieten, die nicht der Erholung dienen, 0,125 der Wandhöhe.**
Sie darf jedoch 2,5 m, bei Wänden bis 5 m Breite 2 m nicht unterschreiten.[20]

Anmerkungen

1 Abstandsflächen sollen eine ausreichende Belüftung und Belichtung der Gebäude und unbebauten Grundstücksteile sicherstellen, dienen in diesem Zusammenhang auch dem nachbarlichen Wohnfrieden. Ziel der Abstandsflächen ist nicht der vorbeugende bauliche Brandschutz, sie haben jedoch Auswirkungen auf diesen (vgl. § 6 LBOAVO – **Teil II 1**).

2 Auch „fiktive" Außenwände zwischen Überdachung und Stützen lösen Abstandsflächen aus.

3 Begriff vgl. § 2 Abs. 1.

4 Vorstellbar wie die abgeklappten Seiten einer Schachtel.

5 Z. B. planungsrechtliche Festsetzungen einer geschlossenen Bauweise, offene Bauweise mit Doppelhausbebauung, abweichende Bauweise mit einseitigem Grenzanbau, Festsetzung der zu überbauenden Fläche durch Baulinie.

6 Lässt die planungsrechtliche Festsetzung nur die Möglichkeit des Grenzbaus zu, muss über Baulast gesichert sein, dass vom Nachbargrundstück ebenfalls an die Grenze gebaut wird. Verlangt ist aber nicht der vollständige bzw. deckungsgleiche Anbau, möglich ist auch der versetzte Anbau oder der Grenzbau ohne Berührung des Nachbargebäudes.

7 Lässt die planungsrechtliche Festsetzung die Wahlmöglichkeit, lässt auch die bauordnungsrechtliche Regelung beide Möglichkeiten offen – Planungsrecht hat insoweit Vorrang vor den Abstandsvorschriften.

8 Vgl. aber § 7 LBO.

9 Der Abstand zweier gegenüberliegender Gebäude muss daher mindestens der Summe ihrer Abstandsflächen entsprechen.

10 Da aber Abstandsflächen von baulichen Anlagen freizuhalten sind, ergibt sich bei Anbau ein Winkel von mindestens 90°.

11 Geländeoberfläche wie in den Planvorlagen vorgesehen, nicht der natürliche Geländeverlauf.

12 Dachhaut ist die äußerste Schicht des Daches (z. B. Ziegel, Dachpappe, Blech), bei der Außenseite der Wand können Putzschichten üblicher Stärke (ca. 2 cm) vernachlässigt werden.

13 Eine abschnittsweise Ermittlung der Wandhöhe erfolgt nur dann, wenn unterschiedliche Höhen sowohl beim unteren als auch beim oberen Schnittpunkt der Wand auftreten.

14 Z. B. gezielte Aufschüttungen, um die maßgebliche Wandhöhe für die Abstandsflächenberechnung zu reduzieren.

15 Eine Giebelfläche liegt dann vor, wenn mindestens eine Seite durchgehend von einer Dachfläche begrenzt wird.

16 Jedoch zum Vortreten vor Baugrenze oder Baulinie vgl. § 23 Abs. 2 u. 3 BauNVO (**Teil V 1**).

17 Dann auch keine besonderen Brandschutzvorkehrungen, vgl. § 6 Abs. 2 Nr. 1 und § 6 Abs. 5 LBOAVO (**Teil II 1**).

18 Entspricht dem Maß, das nach dem Nachbarschaftsrecht auch der Nachbar bei Übergreifen einer nachträglichen Wärmedämmung auf sein Grundstück dulden muss.

19 Gebietskategorien vgl. §§ 4a, 5, 7, 8, 9, 11 BauNVO (**Teil V 1**).

20 Die Abstandstiefen sind nachbarschützend.

§ 6   Abstandsflächen in Sonderfällen[1]

(1) In den Abstandsflächen baulicher Anlagen sowie ohne eigene Abstandsflächen sind zulässig:
1. **Gebäude oder Gebäudeteile, die eine Wandhöhe von nicht mehr als 1 m haben,**
2. **Garagen, Gewächshäuser und Gebäude ohne Aufenthaltsräume[2] mit einer Wandhöhe[3] bis 3 m und einer Wandfläche[4] bis 25 m², **
3. **bauliche Anlagen, die keine Gebäude sind, soweit sie nicht höher als 2,5 m sind oder ihre Wandfläche nicht mehr als 25 m² beträgt,**
4. **landwirtschaftliche Gewächshäuser[5], die nicht unter Nummer 2 fallen, soweit sie mindestens 1 m Abstand zu Nachbargrenzen einhalten.**
Für die Ermittlung der Wandhöhe nach Satz 1 Nr. 2 ist der höchste Punkt der Geländeoberfläche zugrunde zu legen. Die Grenzbebauung im Falle des Satzes 1 Nr. 2 darf entlang den einzelnen Nachbargrenzen 9 m und insgesamt 15 m nicht überschreiten[6].

(2) Werden mit Gebäuden oder Gebäudeteilen nach Absatz 1 dennoch Abstandsflächen eingehalten, so müssen sie gegenüber Nachbargrenzen eine Tiefe von mindestens 0,5 m haben.[7]

(3) Geringere Tiefen der Abstandsflächen sind zuzulassen, wenn
1. **in überwiegend bebauten Gebieten die Gestaltung des Straßenbildes oder besondere örtliche Verhältnisse dies erfordern[8] oder**
2. **Beleuchtung mit Tageslicht sowie Belüftung in ausreichendem Maße gewährleistet bleiben, Gründe des Brandschutzes nicht entgegenstehen[9] und nachbarliche Belange nicht erheblich beeinträchtigt werden[10].**
In den Fällen der Nummer 1 können geringere Tiefen der Abstandsflächen auch verlangt werden.

Anmerkungen

1 Neben den aufgeführten können sich Sonderregelungen auch aus örtlichen Bauvorschriften (vgl. § 74 Abs. 1 Nr. 6) oder besonderen Anforderungen aus § 38 Abs. 1 Nr. 1 ergeben; zu beachten auch § 4 Abs. 3 („Waldabstand").

2 Erfasst auch Gebäude, die der örtlichen Versorgung dienen oder sich auf öffentlichen Verkehrsflächen befinden.

3 Ermittlung der Wandhöhe nach § 5 Abs. 4 S. 1 und 2, jedoch abweichend von § 5 Abs. 4 S. 3 ist hier nicht von der im Mittel gemessenen Geländeoberfläche auszugehen, Anrechnung von Dach- und Giebelflächen nach § 5 Abs. 5 Nr. 1 und 2.

4 Bei der Ermittlung der Wandfläche ist der tatsächliche Geländeverlauf im Schnitt mit der Wand maßgebend.

5 Begriff der Landwirtschaft entsprechend § 201 BauGB (**Teil V 1**). Dazu u. a. Ackerbau, Wiesen- und Weidewirtschaft einschließlich Pensionstierhaltung auf überwiegend eigener Futtergrundlage, gartenbauliche Erzeu-

gung, Erwerbsobstbau, berufsmäßige Imkerei, berufsmäßige Binnenfischerei. (Im Unterschied dazu Gewächshäuser in Ziff. 2, auch gewerblicher Zweck dort nicht erforderlich.)

6 Angerechnet wird nur die Länge von nach Abs. 1 Nr. 2 privilegierter Grenzbebauung, angerechnet wird nicht die Grenzbebauung gegenüber anderen Grundstücksgrenzen, z.B. öffentlichen Verkehrsflächen.

7 Ziel ist die Vermeidung so genannter „Schmutzwinkel". Privilegierte Grenzbauten dürfen nicht nur unmittelbar an der Grenze errichtet werden.

8 Öffentliches Interesse an der Einhaltung geringerer Abstände muss gegeben sein, z.B. an der Wahrung alter Ortsbilder.

9 Gründe des Brandschutzes können insbesondere dann entgegenstehen, wenn auf dem Nachbargrundstück oder dem Baugrundstück bereits Vorbelastungen durch Verletzung von Brandschutzanforderungen vorhanden sind, nicht durch Unterschreitung der Abstandsflächen allein, da bei geringeren Abständen besondere Brandschutzanforderungen der LBOAVO (Teil II 1) wirksam werden (§ 7 Abs. 1 LBOAVO).

10 Keine erhebliche Beeinträchtigung z.B. zu erwarten, wenn auf dem betroffenen nachbarlichen Grundstück eine Bebauung aus rechtlichen oder tatsächlichen Gründen (z.B. planungsrechtliches Bauverbot, Zufahrt, Wasserlauf) nicht möglich ist.

§ 7 Übernahme von Abständen und Abstandsflächen auf Nachbargrundstücke[1]

Soweit nach diesem Gesetz oder nach Vorschriften auf Grund dieses Gesetzes Abstände und Abstandsflächen auf dem Grundstück selbst liegen müssen, dürfen sie sich ganz oder teilweise auf andere Grundstücke erstrecken, wenn durch Baulast gesichert ist, dass sie nicht überbaut werden und auf die auf diesen Grundstücken erforderlichen Abstandsflächen nicht angerechnet werden.[2] Vorschriften, nach denen in den Abstandsflächen bauliche Anlagen zulässig sind oder ausnahmsweise zugelassen werden können, bleiben unberührt.[3]

Anmerkungen

1 Nach dieser Vorschrift kann zugelassen werden, dass der Nachbar sein Grundstück mit der Einhaltung von Abständen und Abstandsflächen (insbesondere nach §§ 5 und 6) belastet, zu Gunsten des an sich Abstandspflichtigen eine Baulast (vgl. § 71) übernimmt. Abstandsbaulast bedeutet eine fiktive Verschiebung der Grundstücksgrenze. Für abstandspflichtige bauliche Anlagen des Nachbarn tritt die Baulastgrenze an die Stelle der Grundstücksgrenze.

2 Mit Baulast belegte Bauflächen können für auf dem Nachbargrundstück erforderliche Abstandsflächen nicht herangezogen werden.

3 In den Baulastflächen sind Anlagen nach § 6 Abs. 1 zulässig.

§ 8 Teilung von Grundstücken

(1) Durch die Teilung eines Grundstücks, das bebaut oder dessen Bebauung genehmigt ist, dürfen keine Verhältnisse geschaffen werden, die Vorschriften dieses Gesetzes oder auf Grund dieses Gesetzes widersprechen.

(2) Die geplante Teilung eines Grundstücks nach Absatz 1 ist der unteren Baurechtsbehörde zwei Wochen vorher anzuzeigen. § 19 Absatz 1 BauGB[1] gilt entsprechend. Soll bei der Teilung von Vorschriften dieses Gesetzes oder auf Grund dieses Gesetzes abgewichen werden, ist § 56 entsprechend anzuwenden.[2]

Anmerkungen

1 Als Teilung gilt nach § 19 Abs. 1 BauGB die Erklärung des Eigentümers gegenüber dem Grundbuchamt o. Ä., dass ein Grundstücksteil als selbstständiges Grundstück eingetragen werden soll, maßgeblich für den Fristlauf.

2 Abweichungen nach § 56 Abs. 1 und 2 sind zuzulassen, wenn mit den öffentlichen Belangen vereinbar.

§ 9 Nichtüberbaute Flächen der bebauten Grundstücke, Kinderspielplätze[1]

(1) Die nichtüberbauten Flächen[2] der bebauten Grundstücke müssen Grünflächen sein, soweit diese Flächen nicht für eine andere zulässige Verwendung[3] benötigt werden. Ist eine Begrünung oder Bepflanzung der Grundstücke nicht oder nur sehr eingeschränkt möglich, so sind die baulichen Anlagen zu begrünen, soweit ihre Beschaffenheit, Konstruktion und Gestaltung es zulassen[4] und die Maßnahme wirtschaftlich zumutbar ist.

(2) Bei der Errichtung von Gebäuden mit mehr als zwei Wohnungen, die jeweils mindestens zwei Aufenthaltsräume[5] haben, ist auf dem Baugrundstück oder in unmittelbarer Nähe auf einem anderen geeigneten Grundstück, dessen dauerhafte Nutzung für diesen Zweck öffentlich-rechtlich gesichert sein muss, ein ausreichend großer Spielplatz für Kleinkinder anzulegen. Dies gilt nicht, wenn in unmittelbarer Nähe eine Gemeinschaftsanlage geschaffen wird oder vorhanden ist oder wenn die Art[6] der Wohnungen oder die Lage[7] der Gebäude dies nicht erfordern. Die Kinderspielplätze müssen stufenlos erreichbar[8] sein; § 39 Abs. 3 Satz 1 gilt entsprechend. Die Art, Größe und Ausstattung der Kinderspielplätze bestimmt sich nach der Zahl und Größe der Wohnungen auf dem Grundstück.[9] Für bestehende Gebäude nach Satz 1 kann die Anlage von Kinderspielplätzen verlangt werden, wenn hierfür geeignete nichtüberbaute Flächen auf dem Grundstück vorhanden sind oder ohne wesentliche Änderung oder Abbruch baulicher Anlagen geschaffen werden können.

Anmerkungen

1 Sozialbestimmung der LBO aus Gründen der Gesundheit, des Umweltschutzes und der Gestaltung – kein Nachbarschutz.

2 Alle Flächen, die nicht mit Gebäuden überbaut sind.

3 Z. B. erforderliche (Stellplätze) oder auch nur zulässige Nebenanlagen.

4 Z. B. Dachform, Tragfähigkeit der Dachkonstruktion, Brand-, Feuchtigkeits- und Korrosionsschutz sind zu berücksichtigen.

5 Zu Aufenthaltsräumen vgl. § 7 Abs. 2, Küchen sind i. d. R. keine Aufenthaltsräume, wenn sie kleiner als 10 m² sind.

6 Z. B. Altenwohnungen.

7 Z. B. in Ortsrandlage, im Außenbereich.

8 Bezieht sich nur auf die Zuwegung im Gelände, ab Haustür.
9 Zu Lage, Größe, Eignung vgl. § 1 LBOAVO (Altersgruppe bis 6 Jahre).

§ 10 Höhenlage[1] des Grundstücks

Bei der Errichtung baulicher Anlagen[2] kann verlangt werden, dass die Oberfläche des Grundstücks[3] erhalten oder ihre Höhenlage verändert wird, um
1. eine Verunstaltung des Straßen, Orts- oder Landschaftsbildes zu vermeiden oder zu beseitigen,
2. die Oberfläche des Grundstücks der Höhe der Verkehrsfläche oder der Höhe der Nachbargrundstücke anzugleichen oder
3. überschüssigen Bodenaushub zu vermeiden.

Anmerkungen
1 Festsetzung der Höhenlage (auch des Gebäudes).
2 Verlangen der Behörde nur bei Errichtung und den nach § 2 Abs. 12 der Errichtung gleichgestellten Maßnahmen.
3 Maßgebliche Geländeoberfläche: geplante tatsächliche Geländeoberfläche nach Ausführung des Bauvorhabens entsprechend § 5 Abs. 4 Satz 5.

Dritter Teil Allgemeine Anforderungen an die Bauausführung

§ 11 Gestaltung

(1) Bauliche Anlagen[1] sind mit ihrer Umgebung so in Einklang zu bringen, dass sie das Straßen, Orts- oder Landschaftsbild[2] nicht verunstalten[3] oder deren beabsichtigte Gestaltung nicht beeinträchtigen. Auf Kultur- und Naturdenkmale[2] und auf erhaltenswerte Eigenarten der Umgebung ist Rücksicht zu nehmen.

(2) Bauliche Anlagen sind so zu gestalten, dass sie nach Form, Maßstab, Werkstoff, Farbe und Verhältnis der Baumassen und Bauteile zueinander nicht verunstaltet wirken.[4]

(3) Die Absätze 1 und 2 gelten entsprechend für
1. Werbeanlagen,[5] die keine baulichen Anlagen sind,
2. Automaten, die vom öffentlichen Verkehrsraum aus sichtbar sind,
3. andere Anlagen und Grundstücke im Sinne von § 1 Abs. 1 Satz 2.

(4) In reinen Wohngebieten, allgemeinen Wohngebieten und Kleinsiedlungsgebieten[6] sind nur für Anschläge bestimmte Werbeanlagen sowie Werbeanlagen an der Stätte der Leistung[7] zulässig.

Anmerkungen
1 Vgl. § 2 Abs. 1.
2 Vgl. auch §§ 10 ff. Naturschutzgesetz, §§ 6, 8, 15, 19 Denkmalschutzgesetz (Teil V 4). Kulturdenkmal: nach § 2 Abs. 1 DSchG Sachen und Sachgesamtheiten, an deren Erhaltung aus wissenschaftlichen, künstlerischen oder heimatgeschichtlichen Gründen ein öffentliches Interesse besteht.
3 Begriff der „Verunstaltung" nach ständiger Rechtsprechung (z. B. BVerwG v. 19.12.1963, BVerwGE 17, 322; VGH Baden-Württemberg v. 26.6.1981,

BRS 38 Nr. 140) stellt auf den so genannten „gebildeten Durchschnittsbetrachter" ab und dessen Empfinden von „störend, belastend, Unlust erre-
gend".

4   Bauliche Anlage wirkt verunstaltet (nach Rechtsprechung, vgl. Anm. 3),
    wenn sich der so genannte gebildete Durchschnittsbetrachter in seinem äs-
    thetischen Empfinden nicht nur beeinträchtigt, sondern verletzt fühlt.

5   Beschränkungen für Werbeanlagen auch aus § 74 Abs. 1 Nr. 2, § 20 Abs. 1
    NatSchG (**Teil V 4**), § 22 StrG (**Teil V 3**), § 33 Abs. 1 StVO.

6   §§ 2, 3, 4 BauNVO (**Teil V 1**).

7   Ort, an dem der beworbene Gegenstand/Dienstleistung hergestellt bzw. an-
    geboten, gelagert oder verwaltet wird.

§ 12   Baustelle

**(1) Baustellen sind so einzurichten,[1] dass die baulichen Anlagen ordnungsge-
mäß errichtet oder abgebrochen werden können und Gefahren[2] oder vermeidbare erhebliche Belästigungen[3] nicht entstehen.[4]**

**(2) Bei der Ausführung genehmigungspflichtiger Vorhaben hat der Bauherr an
der Baustelle den von der Baurechtsbehörde nach § 59 Abs. 1 erteilten Baufreigabeschein anzubringen. Der Bauherr hat in den Baufreigabeschein[5] Namen, Anschrift und Rufnummer der Unternehmer für die Rohbauarbeiten spätestens bei Baubeginn einzutragen; dies gilt nicht, wenn an der Baustelle ein
besonderes Schild angebracht ist, das diese Angaben enthält. Der Baufreigabeschein muss dauerhaft, leicht lesbar und von der öffentlichen Verkehrsfläche aus sichtbar angebracht sein.**

**(3) Bei Vorhaben im Kenntnisgabeverfahren hat der Bauherr spätestens bei
Baubeginn an der Baustelle dauerhaft, leicht lesbar und von der öffentlichen
Verkehrsfläche sichtbar anzugeben:[6]**
1. die Bezeichnung des Vorhabens,
2. den Namen und die Anschrift des Entwurfsverfassers und des Bauleiters,
**3. den Namen, die Anschrift und die Rufnummer der Unternehmer für die
    Rohbauarbeiten.**

**(4) Bäume, Hecken und sonstige Bepflanzungen, die auf Grund anderer
Rechtsvorschriften zu erhalten sind,[7] müssen während der Bauausführung geschützt werden.**

Anmerkungen

1   Zu beachtende Sicherheitsbestimmungen u. a.: § 32 Abs. 1 StVO (Verkehrs-
    gefährdung), DIN 4420 Teil 1 u. 2 (Gerüste), VDI Richtlinie 2058 (Beurtei-
    lung von Arbeitslärm in der Nachbarschaft), § 22 Abs. 1 BImSchG (**Teil
    V 7**) (Geräusche bei Baumaschinen), VO über Sicherheit und Gesundheits-
    schutz auf Baustellen, Betriebssicherheitsverordnung (**Teil V 9**).

2   Situation, die die Wahrscheinlichkeit eines Schadenseintritts in sich birgt
    (vgl. Anm. 2 zu § 3).

3   Erhebliche Belästigungen sind Störungen des körperlichen oder seelischen
    Wohlbefindens, die dem Nachbarn oder der Allgemeinheit nicht zugemutet
    werden können, abhängig von Umständen des Einzelfalles. Vermeidbarkeit
    ist gegeben, wenn es nach dem Stand der Technik Möglichkeiten gibt, die

Belästigungen zu verhindern oder auf ein Mindestmaß zu beschränken (§ 3 Abs. 6 BImSchG – **Teil V 7**).
4 Verantwortliche: Unternehmer (§ 44 Abs. 1), Bauleiter (§ 45 Abs. 1 Satz 2), Bauherr, sofern Arbeiten selbst durchgeführt werden (§ 42 Abs. 2).
5 = „Roter Punkt" (vgl. § 59 Abs. 1).
6 Entspricht „Rotem Punkt" im Genehmigungsverfahren.
7 Z. B. § 9 Abs. 1 Nr. 25 BauGB (**Teil V 1**), Naturschutzbestimmungen, NachbarrechtsG (**Teil V 11**).

§ 13 Standsicherheit[1]

(1) Bauliche Anlagen müssen sowohl im ganzen[2] als auch in ihren einzelnen Teilen[3] sowie für sich allein[4] standsicher[5] sein. Die Standsicherheit muss auch während der Errichtung[6] sowie bei der Durchführung von Abbrucharbeiten gewährleistet sein. Die Standsicherheit anderer baulicher Anlagen und die Tragfähigkeit des Baugrundes der Nachbargrundstücke dürfen nicht gefährdet werden.

(2) Die Verwendung gemeinsamer Bauteile[7] für mehrere bauliche Anlagen ist zulässig, wenn durch Baulast und technisch gesichert ist, dass die gemeinsamen Bauteile beim Abbruch einer der aneinanderstoßenden baulichen Anlagen stehen bleiben können.

Anmerkungen
1 Vorschrift konkretisiert § 3, zentrale Vorschrift der Gefahrenabwehr, nachbarschützend. Nachweis der Standsicherheit nach baurechtlichem Verfahren: im Kenntnisgabeverfahren bautechnische Bestätigung (§ 1 Abs. 1 Nr. 4 LBOVVO, § 10 LBOVVO), im Baugenehmigungsverfahren Standsicherheitsnachweis (§ 2 Abs. 1 Nr. 5 LBOVVO, § 9 LBOVVO – **Teil II 2**). Prüfung der Standsicherheit im Rahmen der bautechnischen Prüfung (§ 17 LBOVVO), Verzicht auf bautechnische Prüfung vgl. § 18 LBOVVO (**Teil II 2**)
2 Fähigkeit, Nutzlasten, Wind- und Schneelasten aufzunehmen und sicher in den Baugrund abzutragen.
3 Fähigkeit der einzelnen Bauteile, wie Stützen, Decken, Wände, der jeweiligen Belastung standzuhalten.
4 Keine Abhängigkeit in statischer Hinsicht von anderen baulichen Anlagen (z. B. aneinander gebaute Anlagen), soweit nicht Voraussetzungen des Abs. 2 gegeben sind.
5 Konkretisierung der Anforderung in den nach § 3 Abs. 3 bekannt gemachten technischen Baubestimmungen (Liste der technischen Baubestimmungen).
6 Im Verantwortungsbereich des Unternehmers, z. B. behelfsmäßige Aussteifungen, Ausschalungsfristen.
7 Z. B. gemeinsame Brandwand, gemeinsame Gründung – gemeint sind nur für die Standsicherheit bedeutsame Bauteile, nicht Leitungen oder gemeinsame technische Anlagen. Zu beachten auch privatrechtliche Vorschriften des Nachbarrechtsgesetzes, § 7a (Gründungstiefe), § 7b (Grenzwände) (**Teil V 11**).

§ 14   Schutz baulicher Anlagen[1]

(1) Geräusche, Erschütterungen oder Schwingungen, die von ortsfesten Einrichtungen[2] in einer baulichen Anlage ausgehen, sind so zu dämmen, dass Gefahren sowie erhebliche Nachteile oder Belästigungen[3] nicht entstehen. Gebäude müssen einen ihrer Nutzung entsprechenden Schallschutz[4] haben.

(2) Bauliche Anlagen müssen so angeordnet, beschaffen und gebrauchstauglich sein, dass durch Wasser, Feuchtigkeit, pflanzliche und tierische Schädlinge sowie andere chemische, physikalische oder biologische Einflüsse Gefahren oder unzumutbare Belästigungen bei sachgerechtem Gebrauch nicht entstehen.

(3) Gebäude müssen einen ihrer Nutzung und den klimatischen Verhältnissen entsprechenden Wärmeschutz[5] haben.

Anmerkungen

1   Konkretisierung zu § 3, nachbarschützend. Nachweis im Rahmen der bautechnischen Nachweise (§ 9 LBOVVO)/Baugenehmigungsverfahren bzw. durch Bautechnische Bestätigung (§ 10 LBOVVO)/Kenntnisgabeverfahren, vgl. Teil II 2.

2   Einrichtungen = Anlagen oder Geräte; ortsfest = nach ihrem Zweck überwiegend ortsfest genutzt, feste Verbindung mit dem Ort der Aufstellung nicht erforderlich.

3   Zu „Gefahr" vgl. Anm. 2 zu § 3. „Nachteile": Einschränkungen des persönlichen Lebensraumes, Vermögenseinschränkungen. „Belästigung": Störungen des körperlichen oder seelischen Wohlbefindens ohne Schäden für die Gesundheit. „Erheblich": wenn die Grenze des Zumutbaren überschritten wird. Maß des Zumutbaren abhängig von Verhältnissen des Einzelfalles (z. B. Charakter der Umgebung, Art und Maß der baulichen Nutzung, Dauer und Intensität der Einwirkung der Störung, Ortsüblichkeit).

4   Maßgeblich technische Baubestimmung DIN 4109 – Schallschutz im Hochbau (vgl. LTB – Liste der Technischen Baubestimmungen, s. Anm. 8 zu § 3). Weitere Schallschutzbestimmungen: DIN 18005/VDI-Richtlinie 2718 – Schallschutz im Städtebau – Hinweise für die Planung; Bundes-Immissionsschutzgesetz (Teil V 7); § 4, §§ 22, 23, § 41 ff.; Verkehrswege-Schallschutzmaßnahmenverordnung – 24. BImSchV (Teil V 7); Gesetz zum Schutz gegen Fluglärm (Teil V 7).

5   Maßgebend insbesondere Energieeinsparverordnung – EnEV in der jeweils geltenden Fassung (Teil II 13).

§ 15   Brandschutz[1]

(1) Bauliche Anlagen sind so anzuordnen[2] und zu errichten,[3] dass der Entstehung eines Brandes und der Ausbreitung von Feuer und Rauch (Brandausbreitung) vorgebeugt wird und bei einem Brand die Rettung von Menschen und Tieren[4] sowie wirksame Löscharbeiten möglich sind.[5]

(2) Bauliche Anlagen, die besonders blitzgefährdet sind[6] oder bei denen Blitzschlag zu schweren Folgen führen kann,[7] sind mit dauernd wirksamen Blitzschutzanlagen zu versehen.

(3) Jede Nutzungseinheit[8] muss in jedem Geschoss mit Aufenthaltsräumen[9] über mindestens zwei voneinander unabhängige Rettungswege erreichbar

sein; beide Rettungswege dürfen jedoch innerhalb eines Geschosses über denselben notwendigen Flur[10] führen.

(4) Der erste Rettungsweg muss in Nutzungseinheiten, die nicht zu ebener Erde liegen, über eine notwendige Treppe[10] oder eine flache Rampe führen. Der erste Rettungsweg für einen Aufenthaltsraum darf nicht über einen Raum mit erhöhter Brandgefahr[11] führen.

(5) Der zweite Rettungsweg kann eine weitere notwendige Treppe[12] oder eine mit Rettungsgeräten der Feuerwehr erreichbare Stelle[13] der Nutzungseinheit sein. Ein zweiter Rettungsweg ist nicht erforderlich, wenn die Rettung über einen sicher erreichbaren Treppenraum möglich ist, in den Feuer und Rauch nicht eindringen können (Sicherheitstreppenraum)[14].

(6) Zur Durchführung wirksamer Lösch- und Rettungsarbeiten durch die Feuerwehr müssen geeignete und von öffentlichen Verkehrsflächen erreichbare Aufstell- und Bewegungsflächen für die erforderlichen Rettungsgeräte vorhanden sein.[15]

(7) Aufenthaltsräume, in denen bestimmungsgemäß Personen schlafen, sowie Rettungswege von solchen Aufenthaltsräumen in derselben Nutzungseinheit sind jeweils mit mindestens einem Rauchmelder auszustatten. Die Rauchmelder müssen so eingebaut oder angebracht werden, dass Brandgeruch frühzeitig erkannt und gemeldet wird. Eigentümerinnen und Eigentümer bereits bestehender Gebäude sind verpflichtet, diese bis zum 31. Dezember 2014 entsprechend auszustatten. Die Sicherstellung der Bereitschaft obliegt den unmittelbaren Besitzern[16], es sei denn, der Eigentümer übernimmt die Verpflichtung selbst.

(8) Gebäude zur Haltung von Tieren müssen über angemessene Einrichtungen[17] zur Rettung der Tiere im Brandfall verfügen.

Anmerkungen

1 § 15 = Generalklausel für den Brandschutz, näher ausgeführt in §§ 26 ff. und LBOAVO (Teil II 1) sowie Sonderbauverordnungen (z. B. Garagenverordnung (Teil II 7), Verkaufsstättenverordnung (Teil II 8), Versammlungsstättenverordnung (Teil II 9). Konkretisierende Anforderungen gehenden allgemeinen Anforderungen des § 15 vor. Vorschrift ist nachbarschützend.

2 Zugänglichkeit im Brandfall vgl. § 4 Abs. 1, Abstände vgl. § 5 Abs. 7.

3 Vgl. § 2 Abs. 12, Brandverhalten von Baustoffen und Bauteilen vgl. Teil 1 Anhang 3.

4 Maßnahmen des vorbeugenden baulichen Brandschutzes dienen nicht dem Sachschutz.

5 Anordnung, Bauart und Ausbildung von Treppen, Treppenräumen, Fluren, Ausgängen vgl. § 28 sowie §§ 7, 10, 11, 12 LBOAVO (Teil II 1). Zugänglichkeit und Aufstellflächen für die Feuerwehr vgl. § 2 LBOAVO.

6 Z. B. Hochhäuser, einzeln stehende Gehöfte.

7 Z. B. besonders brandgefährdete Gewerbebetriebe, Anlagen für größere Menschenansammlungen (Verkaufsstätten, Versammlungsstätten).

8 Z. B. Wohnung, Praxis, Gewerbebetrieb.

9 Aufenthaltsräume vgl. § 34.

10 Besondere Anforderungen an Rettungswege vgl. § 28, § 10 LBOAVO (Teil II 1).

11 Räume mit erhöhter Brandgefahr: z. B. Heizräume, Scheunen; im gewerblichen Bereich z. B. Holzverarbeitungsräume, Lackierräume, Labor etc.
12 Weitere notwendige Treppe kann verlangt werden (nach § 38 Abs. 1 Nr. 6), wenn nach der Art der Nutzung eine Rettung von Personen über Rettungsgeräte der Feuerwehr auszuschließen ist (z. B. Krankenhäuser, Altenheime, Behindertenheime u. Ä.).
13 Z. B. Fenster, Balkon. Rettungsgeräte der Feuerwehr: vierteilige Steckleiter (bis ca. 8 m Höhe), dreiteilige Schiebeleiter (bis ca. 13 m Höhe), Drehleiter (bis ca. 22 m Höhe).
14 Zur Ausbildung des Sicherheitstreppenraumes vgl. § 11 Abs. 8 LBOAVO (**Teil II 1**).
15 Vgl. § 2 LBOAVO (**Teil II 1**).
16 Z. B. Mieter bei Mietwohnungen.
17 Festlegung „angemessener Einrichtungen" nach Erfordernis des Einzelfalls, können baulicher, technischer oder organisatorischer Art sein; z. B. Alarmanlagen zur Früherkennung, Rettungsvorkehrungen und -pläne für die Tiere.

§ 16   Verkehrssicherheit

(1) Bauliche Anlagen sowie die dem Verkehr dienenden, nichtüberbauten Flächen[1] von bebauten Grundstücken müssen verkehrssicher[2] sein.

(2) Die Sicherheit und Leichtigkeit des öffentlichen Verkehrs[3] darf durch bauliche Anlagen nicht gefährdet werden.[4]

(3) Umwehrungen müssen so beschaffen und angeordnet sein, dass sie Abstürze verhindern und das Überklettern erschweren.[4]

Anmerkungen
1 Alle zum Begehen oder Befahren bestimmten Flächen, befestigte und unbefestigte.
2 Gestaltung so, dass Gefährdung für die Nutzer nicht entsteht – z. B. Rutschsicherheit, Vermeidung von Stolperstellen, Absturzgefahren (dazu § 3 LBOAVO – Teil II 1).
3 Straßen, auch Fußgängerverkehr, Luft, Bahn, Fernmeldeverkehr.
4 Weder durch bauliche Anlagen selbst (z. B. Vorbauten, Türen, Tore, Einfriedungen), noch durch Betrieb der Anlage (z. B. durch besonders hohes Verkehrsaufkommen, Emissionen).
5 Einzelheiten vgl. § 3 LBOAVO – Teil II 1.

Vierter Teil   Bauprodukte und Bauarten

§ 17   Bauprodukte

(1) Bauprodukte[1] dürfen für die Errichtung baulicher Anlagen[2] nur verwendet werden, wenn sie für den Verwendungszweck
1. von den nach Absatz 2 bekannt gemachten[3] technischen Regeln nicht oder nicht wesentlich abweichen (geregelte Bauprodukte)[4] oder nach Absatz 3 zulässig sind[5] und wenn sie auf Grund des Übereinstimmungsnachweises nach § 22 das Übereinstimmungszeichen (Ü-Zeichen) tragen[6] oder

2. nach den Vorschriften
   a) der Verordnung (EU) Nr. 305/2011 des Europäischen Parlaments und des Rates vom 9. März 2011 zur Festlegung harmonisierter Bedingungen für die Vermarktung von Bauprodukten und zur Aufhebung der Richtlinie 89/106/EWG des Rates (EU-Bauproduktenverordnung[7]) (ABl.L 88 vom 4. April 2011, S. 5, ber. ABl.L 103 vom 12. April 2013, S. 10)
   b) anderer unmittelbar geltender Vorschriften der Europäischen Union oder
   c) zur Umsetzung von Richtlinien der Europäischen Union, soweit diese die Grundanforderungen an Bauwerke nach Anhang I der EU- Bauproduktenverordnung berücksichtigen,

in den Verkehr gebracht und gehandelt werden dürfen, insbesondere die CE-Kennzeichnung (Artikel 8 und 9 der EU-Bauproduktenverordnung) tragen und dieses Zeichen die nach Absatz 7 Nummer 1 festgelegten Leistungsstufen oder -klassen ausweist oder die Leistung des Bauprodukts angibt. Sonstige Bauprodukte,[8] die von allgemein anerkannten Regeln der Technik nicht abweichen, dürfen auch verwendet werden, wenn diese Regeln nicht in der Bauregelliste A nach Absatz 2 bekannt gemacht sind. Sonstige Bauprodukte,[8] die von allgemein anerkannten Regeln der Technik abweichen, bedürfen keines Nachweises ihrer Verwendbarkeit nach Absatz 3.

(2) Das Deutsche Institut für Bautechnik macht im Einvernehmen mit der obersten Baurechtsbehörde für Bauprodukte, für die nicht nur die Vorschriften nach Absatz 1 Satz 1 Nr. 2 maßgebend sind, in der Bauregelliste A die technischen Regeln bekannt,[3] die zur Erfüllung der in diesem Gesetz und in Vorschriften auf Grund dieses Gesetzes an bauliche Anlagen gestellten Anforderungen erforderlich sind. Diese technischen Regeln gelten als technische Baubestimmungen im Sinne des § 3 Abs. 3.

(3) Bauprodukte, für die technische Regeln in der Bauregelliste A nach Absatz 2 bekannt gemacht worden sind und die von diesen wesentlich abweichen[9] oder für die es technische Baubestimmungen oder allgemein anerkannte Regeln der Technik nicht gibt[10] (nicht geregelte Bauprodukte), müssen
1. eine allgemeine bauaufsichtliche Zulassung (§ 18),
2. ein allgemeines bauaufsichtliches Prüfzeugnis (§ 19) oder
3. eine Zustimmung im Einzelfall (§ 20)
haben. Ausgenommen sind Bauprodukte, die für die Erfüllung der Anforderungen dieses Gesetzes oder auf Grund dieses Gesetzes nur eine untergeordnete Bedeutung haben und die das Deutsche Institut für Bautechnik im Einvernehmen mit der obersten Baurechtsbehörde in einer Liste C bekannt gemacht hat.

(4) Die oberste Baurechtsbehörde kann durch Rechtsverordnung vorschreiben, dass für bestimmte Bauprodukte, auch soweit sie Anforderungen nach anderen Rechtsvorschriften unterliegen, hinsichtlich dieser Anforderungen bestimmte Nachweise der Verwendbarkeit und bestimmte Übereinstimmungsnachweise nach Maßgabe der §§ 17 bis 20 und 22 bis 25 zu führen sind, wenn die anderen Rechtsvorschriften diese Nachweise verlangen oder zulassen.

(5) Bei Bauprodukten nach Absatz 1 Satz 1 Nr. 1, deren Herstellung in außergewöhnlichem Maß von der Sachkunde und Erfahrung der damit betrauten Personen oder von einer Ausstattung mit besonderen Vorrichtungen abhängt, kann in der allgemeinen bauaufsichtlichen Zulassung, in der Zustimmung im Einzelfall oder durch Rechtsverordnung der obersten Baurechtsbehörde vorgeschrieben werden, dass der Hersteller über solche Fachkräfte und Vorrichtungen verfügt und den Nachweis hierüber gegenüber einer Prüfstelle nach § 25 zu erbringen hat. In der Rechtsverordnung können Mindestanforderungen an die Ausbildung,

die durch Prüfung nachzuweisende Befähigung und die Ausbildungsstätten einschließlich der Anerkennungsvoraussetzungen gestellt werden.

(6) Für Bauprodukte, die wegen ihrer besonderen Eigenschaften oder ihres
besonderen Verwendungszweckes einer außergewöhnlichen Sorgfalt bei Einbau, Transport, Instandhaltung oder Reinigung bedürfen, kann in der allgemeinen bauaufsichtlichen Zulassung, in der Zustimmung im Einzelfall oder durch
Rechtsverordnung der obersten Baurechtsbehörde die Überwachung dieser
Tätigkeiten durch eine Überwachungsstelle nach § 25 vorgeschrieben werden.

(7) Das Deutsche Institut für Bautechnik kann im Einvernehmen mit der obersten Baurechtsbehörde in der Bauregelliste B
1. festlegen, welche Leistungsstufen oder -klassen nach Artikel 27 der EU-
   Bauproduktenverordnung oder nach Vorschriften zur Umsetzung der
   Richtlinien der Europäischen Union Bauprodukte nach Absatz 1 Nummer 2
   erfüllen müssen, und
2. bekannt machen, inwieweit Vorschriften zur Umsetzung von Richtlinien
   der Europäischen Union die Grundanforderungen an Bauwerke nach Anhang I der EU-Bauproduktenverordnung nicht berücksichtigen.[11]

Anmerkungen
1 Zum Begriff vgl. § 2 Abs. 10.
2 Solcher Anlagen, die in den Anwendungsbereich der LBO nach § 1 fallen.
3 Bauregelliste A, veröffentlicht in den Mitteilungen des DIBt, Ernst & Sohn
   Verlag für Architektur und technische Wissenschaften GmbH Berlin, Rotherstr. 21, 10245 Berlin, www.ernst-und-sohn.de.
4 Für geregelte Bauprodukte nur Übereinstimmungsnachweis (§ 22) erforderlich.
5 = sog. nicht geregelte Bauprodukte: Verwendbarkeitsnachweis (allgemeine
   baurechtliche Zulassung, allgemeines baurechtliches Prüfzeugnis oder Zustimmung im Einzelfall – §§ 18, 19, 20) und Übereinstimmungsnachweis
   (§ 22) erforderlich.
6 Bei Zuwiderhandlung gegen § 17 Abs. 1 Nr. 1: Ordnungswidrigkeit nach
   § 75 Abs. 1 Nr. 2.
7 Vgl. Bauproduktengesetz (BauPG) (Teil V 15).
8 Keine Verwendbarkeits- und Übereinstimmungsnachweise erforderlich.
9 Bauregelliste A Teil 1 legt fest, ob im Falle der Abweichung eine allgemeine
   baurechtliche Zulassung (Z) oder ein allgemeines baurechtliches Prüfzeugnis (P) erforderlich ist.
10 Diese Bauprodukte bedürfen grundsätzlich einer allgemeinen baurechtlichen Zulassung (§ 18). Ausnahme: In Bauregelliste A Teil 2 ist Prüfzeugnis
   (§ 19) vorgesehen oder das Bauprodukt soll nur im Einzelfall verwendet
   werden (Zustimmung im Einzelfall nach § 20).
11 Die Erfüllung dieser Anforderungen ist zusätzlich durch Verwendbarkeits-
   und Übereinstimmungsnachweise nach LBO nachzuweisen.

§ 18   Allgemeine bauaufsichtliche Zulassung

(1) Das Deutsche Institut für Bautechnik erteilt auf Antrag[1] eine allgemeine
bauaufsichtliche Zulassung für nicht geregelte Bauprodukte,[2] wenn deren Verwendbarkeit im Sinne des § 3 Abs. 2 nachgewiesen ist.

(2) Die zur Begründung des Antrags erforderlichen Unterlagen sind beizufügen. Soweit erforderlich, sind Probestücke vom Antragsteller zur Verfügung zu stellen oder durch Sachverständige, die das Deutsche Institut für Bautechnik bestimmen kann, zu entnehmen oder Probeausführungen unter Aufsicht der Sachverständigen herzustellen. Der Antrag kann zurückgewiesen werden, wenn die Unterlagen unvollständig sind oder erhebliche Mängel aufweisen.

(3) Das Deutsche Institut für Bautechnik kann für die Durchführung der Prüfung die sachverständige Stelle und für Probeausführungen die Ausführungsstelle und Ausführungszeit vorschreiben.[3]

(4) Die allgemeine bauaufsichtliche Zulassung wird widerruflich und für eine bestimmte Frist erteilt, die in der Regel fünf Jahre beträgt. Die Zulassung kann mit Nebenbestimmungen erteilt werden. Sie kann auf schriftlichen Antrag in der Regel um fünf Jahre verlängert werden; § 62 Abs. 2 Satz 2 gilt entsprechend.

(5) Die Zulassung wird unbeschadet der Rechte Dritter erteilt. Das Deutsche Institut für Bautechnik macht die von ihm erteilten allgemeinen bauaufsichtlichen Zulassungen nach Gegenstand und wesentlichem Inhalt öffentlich bekannt.[4] Allgemeine bauaufsichtliche Zulassungen nach dem Recht anderer Bundesländer gelten auch im Land Baden-Württemberg.[5]

Anmerkungen
1 Deutsches Institut für Bautechnik, Kolonnenstraße 30, 10829 Berlin.
2 Vgl. § 17 Abs. 3 und Anm. 5 zu § 17, für Bauarten gilt § 18 entsprechend.
3 Liste der anerkannten Prüfstellen wird in den Mitteilungen des DIBt bekannt gemacht, vgl. Mitteilungen vom 19. Juni 2014 Liste wird fortgeschrieben; zu beziehen über Verlag Ernst & Sohn, Rotherstr. 21, 10245 Berlin, www.ernst-und-sohn.de, www.dibt.de.
4 Mitteilungen des DIBt, vgl. Anm. 3.
5 Zulassungen nach baden-württembergischem Recht gelten auch im gesamten Bundesgebiet, da alle Bundesländer eine dem § 18 Abs. 5 Satz 3 vergleichbare Regelung haben.

§ 19 Allgemeines bauaufsichtliches Prüfzeugnis

(1) Bauprodukte,[1]
1. deren Verwendung nicht der Erfüllung erheblicher Anforderungen an die Sicherheit baulicher Anlagen dient oder
2. die nach allgemein anerkannten Prüfverfahren beurteilt werden,
bedürfen anstelle einer allgemeinen bauaufsichtlichen Zulassung nur eines allgemeinen bauaufsichtlichen Prüfzeugnisses. Das Deutsche Institut für Bautechnik macht dies mit der Angabe der maßgebenden technischen Regeln und, soweit es keine allgemein anerkannten Regeln der Technik gibt, mit der Bezeichnung der Bauprodukte im Einvernehmen mit der Obersten Baurechtsbehörde in der Bauregelliste A bekannt.

(2) Ein allgemeines bauaufsichtliches Prüfzeugnis wird von einer Prüfstelle[3] nach § 25 Abs. 1 Satz 1 Nummer 1 für nicht geregelte Bauprodukte nach Absatz 1 erteilt, wenn deren Verwendbarkeit im Sinne des § 3 Abs. 2 nachgewiesen ist. § 18 Abs. 2 bis 5 gilt entsprechend.
Die Anerkennungsbehörde für Stellen nach § 25 Satz 1 Nummer 1 sowie § 73 Absatz 6 Satz 1 Nummer 2 und Satz 2 kann allgemeine bauaufsichtliche Prüf-

zeugnisse zurücknehmen oder widerrufen; §§ 48 und 49 des Landesverwaltungsverfahrensgesetzes finden Anwendung.

Anmerkungen

1 Nicht geregelte Bauprodukte, vgl. § 17 Abs. 3 und Anm. 5 zu § 17.
2 Vgl. Bauregelliste A Teil 2, darüber hinaus in Bauregelliste A Teil 1 festgelegt, in welchen Fällen bei Abweichungen ein Prüfzeugnis genügt (vgl. Anm. 8 und 9 zu § 17).
3 Verzeichnis der anerkannten Prüfstellen wird vom DIBt geführt.

§ 20 Nachweis der Verwendbarkeit von Bauprodukten im Einzelfall

Mit Zustimmung der obersten Baurechtsbehörde dürfen im Einzelfall
1. Bauprodukte, die nach Vorschriften zur Umsetzung von Richtlinien der Europäischen Union in Verkehr gebracht und gehandelt werden dürfen, hinsichtlich der nicht berücksichtigten Grundanforderungen an Bauwerke im Sinne des § 17 Absatz 7 Nummer 2,
2. Bauprodukte, die auf der Grundlage von unmittelbar geltendem Recht der Europäischen Union in Verkehr gebracht und gehandelt werden dürfen, hinsichtlich der nicht berücksichtigten Grundanforderungen an Bauwerke im Sinne des § 17 Absatz 7 Nummer 2,

nicht geregelte Bauprodukte verwendet werden, wenn ihre Verwendbarkeit im Sinne des § 3 Abs. 2 nachgewiesen ist.
Die Zustimmung kann auch für mehrere vergleichbare Fälle erteilt werden. Die oberste Baurechtsbehörde kann im Einzelfall oder allgemein erklären, dass ihre Zustimmung nicht erforderlich ist, wenn
1. Gefahren im Sinne des § 3 Absatz 1 nicht zu erwarten sind und
2. dies der EU-Bauproduktenverordnung nicht widerspricht.

Anmerkungen

1 Zustimmungsbefugnis wurde nach § 73 Abs. 6 Satz 1 Nr. 1 mit Verordnung des Wirtschaftsministeriums vom 12.11.1996 (GBl. S. 506) auf Landesgewerbeamt – Landesstelle für Bautechnik – übertragen.
2 Z. B. als Übergangsregelung bis zur Erteilung einer Zulassung in noch zu erprobenden Fällen.
3 Nachweis ist von demjenigen zu führen, der die Bauprodukte verwenden bzw. die Bauarten anwenden will, kann durch Gutachten von Materialprüfungsanstalt, sonstigen sachverständigen Stellen oder auf dem jeweiligen Gebiet erfahrenen Sachverständigen erfolgen.

§ 21 Bauarten

(1) Bauarten,[1] die von technischen Baubestimmungen wesentlich abweichen oder für die es allgemein anerkannte Regeln der Technik nicht gibt (nicht geregelte Bauarten), dürfen bei der Errichtung baulicher Anlagen nur angewendet werden, wenn für sie
1. eine allgemeine bauaufsichtliche Zulassung[2] oder
2. eine Zustimmung im Einzelfall[3]
erteilt worden ist[4]. An Stelle einer allgemeinen bauaufsichtlichen Zulassung genügt ein allgemeines bauaufsichtliches Prüfzeugnis, wenn die Bauart nicht

der Erfüllung erheblicher Anforderungen an die Sicherheit baulicher Anlagen dient oder nach allgemein anerkannten Prüfverfahren beurteilt wird. Das Deutsche Institut für Bautechnik macht diese Bauarten mit der Angabe der maßgebenden technischen Regeln und, soweit es keine allgemein anerkannten Regeln der Technik gibt, mit der Bezeichnung der Bauarten im Einvernehmen mit der obersten Baurechtsbehörde in der Bauregelliste A bekannt. § 17 Abs. 5 und 6 sowie §§ 18, 19 Abs. 2 und § 20 gelten entsprechend. Wenn Gefahren im Sinne des § 3 Abs. 1 nicht zu erwarten sind, kann die oberste Baurechtsbehörde im Einzelfall oder für genau begrenzte Fälle allgemeinfestlegen, dass eine allgemeine bauaufsichtliche Zulassung, ein allgemeines bauaufsichtliches Prüfzeugnis oder eine Zustimmung im Einzelfall nicht erforderlich ist.

(2) Die oberste Baurechtsbehörde kann durch Rechtsverordnung vorschreiben, dass für bestimmte Bauarten, auch soweit sie Anforderungen nach anderen Rechtsvorschriften unterliegen, Absatz 1 ganz oder teilweise anwendbar ist, wenn die anderen Rechtsvorschriften dies verlangen oder zulassen.

Anmerkungen

1 Begriff vgl. § 2 Abs. 11.

2 Zuständig für die Erteilung ist das Deutsche Institut für Bautechnik (DIBt), vgl. § 18 Anm. 1.

3 Zuständig für die Erteilung ist das RP Tübingen – Landesstelle für Bautechnik, Konrad-Adenauer-Str. 20, 72072 Tübingen.

4 Zuwiderhandlung gegen § 21 Abs. 1 = Ordnungswidrigkeit nach § 75 Abs. 1 Nr. 3.

§ 22 Übereinstimmungsnachweis

(1) Bauprodukte[1] bedürfen einer Bestätigung ihrer Übereinstimmung mit den technischen Regeln nach § 17 Abs. 2, den allgemeinen bauaufsichtlichen Zulassungen, den allgemeinen bauaufsichtlichen Prüfzeugnissen oder den Zustimmungen im Einzelfall; als Übereinstimmung gilt auch eine Abweichung, die nicht wesentlich ist.

(2) Die Bestätigung der Übereinstimmung erfolgt durch
1. Übereinstimmungserklärung des Herstellers (§ 23) oder
2. Übereinstimmungszertifikat (§ 24).[2]
Die Bestätigung durch Übereinstimmungszertifikat kann in der allgemeinen bauaufsichtlichen Zulassung, in der Zustimmung im Einzelfall oder in der Bauregelliste A vorgeschrieben werden, wenn dies zum Nachweis einer ordnungsgemäßen Herstellung erforderlich ist. Bauprodukte, die nicht in Serie hergestellt werden, bedürfen der Übereinstimmungserklärung des Herstellers nach § 23 Abs. 1, sofern nichts anderes bestimmt ist. Die oberste Baurechtsbehörde kann im Einzelfall die Verwendung von Bauprodukten ohne das erforderliche Übereinstimmungs-zertifikat zulassen, wenn nachgewiesen ist, dass diese Bauprodukte den technischen Regeln, Zulassungen, Prüfzeugnissen oder Zustimmungen nach Absatz 1 entsprechen.

(3) Für Bauarten gelten die Absätze 1 und 2 entsprechend.[3]

(4) Die Übereinstimmungserklärung und die Erklärung, dass ein Übereinstimmungszertifikat erteilt ist, hat der Hersteller durch Kennzeichnung der Bauprodukte mit dem Übereinstimmungszeichen (Ü-Zeichen)[4] unter Hinweis auf den Verwendungszweck abzugeben.[5]

(5) Das Ü-Zeichen ist auf dem Bauprodukt, auf einem Beipackzettel oder auf seiner Verpackung oder, wenn dies Schwierigkeiten bereitet, auf dem Lieferschein oder einer Anlage zum Lieferschein anzubringen.

(6) Ü-Zeichen aus anderen Bundesländern und aus anderen Staaten gelten auch im Land Baden-Württemberg.

Anmerkungen
1 Geregelte und nicht geregelte.
2 Durch eine anerkannte Zertifizierungsstelle nach § 25 Abs. 1 Nr. 3.
3 Bei Bauarten entfällt die Kennzeichnung mit dem Ü-Zeichen.
4 Zu Form, Größe und notwendigen Angaben auf dem Ü-Zeichen, vgl. Übereinstimmungszeichenverordnung (ÜZVO) (Teil II 4).
5 Zuwiderhandlung gegen § 22 Abs. 4 ist Ordnungswidrigkeit nach § 75 Abs. 1 Nr. 1.

§ 23 Übereinstimmungserklärung des Herstellers

(1) Der Hersteller darf eine Übereinstimmungserklärung nur abgeben, wenn er durch werkseigene Produktionskontrolle[1] sichergestellt hat, dass das von ihm hergestellte Bauprodukt den maßgebenden technischen Regeln, der allgemeinen bauaufsichtlichen Zulassung, dem allgemeinen bauaufsichtlichen Prüfzeugnis oder der Zustimmung im Einzelfall entspricht.[2]

(2) In den technischen Regeln nach § 17 Abs. 2, in der Bauregelliste A, in den allgemeinen bauaufsichtlichen Zulassungen, in den allgemeinen bauaufsichtlichen Prüfzeugnissen oder in den Zustimmungen im Einzelfall kann eine Prüfung der Bauprodukte durch eine Prüfstelle[3] vor Abgabe der Übereinstimmungserklärung vorgeschrieben werden, wenn dies zur Sicherung einer ordnungsgemäßen Herstellung erforderlich ist. In diesen Fällen hat die Prüfstelle das Bauprodukt daraufhin zu überprüfen, ob es den maßgebenden technischen Regeln, der allgemeinen baurechtlichen Zulassung, dem allgemeinen bauaufsichtlichen Prüfzeugnis oder der Zustimmung im Einzelfall entspricht.[4]

Anmerkungen
1 Sog. Eigenüberwachung, Voraussetzung jeder Übereinstimmungserklärung, erfolgt in der Eigenverantwortung des Herstellers; Überwachung und Prüfung auf Einhaltung maßgeblicher Spezifikationen des Bauprodukts.
2 § 23 Abs. 1 = Übereinstimmungserklärung des Herstellers ohne Einschaltung einer anerkannten Prüfstelle (ÜH).
3 Anerkannte Prüfstelle nach § 25 Abs. 1 Nr. 2.
4 § 23 Abs. 2 = Übereinstimmungserklärung des Herstellers nach Erstprüfung durch eine anerkannte Prüfstelle (ÜHP).

§ 24 Übereinstimmungszertifikat

(1) Ein Übereinstimmungszertifikat ist von einer Zertifizierungsstelle nach § 25[1] zu erteilen, wenn das Bauprodukt
1. den maßgebenden technischen Regeln, der allgemeinen bauaufsichtlichen Zulassung, dem allgemeinen bauaufsichtlichen Prüfzeugnis oder der Zustimmung im Einzelfall entspricht und

2. einer werkseigenen Produktionskontrolle[2] sowie einer Fremdüberwachung nach Maßgabe des Absatzes 2 unterliegt.[3]

(2) Die Fremdüberwachung ist von Überwachungsstellen nach § 25[4] durchzuführen. Die Fremdüberwachung hat regelmäßig zu überprüfen, ob das Bauprodukt den maßgebenden technischen Regeln, der allgemeinen bauaufsichtlichen Zulassung, dem allgemeinen bauaufsichtlichen Prüfzeugnis oder der Zustimmung im Einzelfall entspricht.

Anmerkungen
1   Vgl. § 25 Abs. 1 Nr. 3.
2   Vgl. § 23 Anm. 1.
3   Eigen- und Fremdüberwachung erforderlich.
4   § 25 Abs. 1 Nr. 4.

§ 25   Prüf, Zertifizierungs- und Überwachungsstellen[1]

Die oberste Baurechtsbehörde kann eine natürliche oder juristische Person als
1. Prüfstelle für die Erteilung allgemeiner bauaufsichtlicher Prüfzeugnisse (§ 19 Abs. 2),
2. Prüfstelle für die Überprüfung von Bauprodukten vor Bestätigung der Übereinstimmung (§ 23 Abs. 2),
3. Zertifizierungsstelle (§ 24 Abs. 1),
4. Überwachungsstelle für die Fremdüberwachung (§ 24 Abs. 2),
5. Überwachungsstelle für die Überwachung nach § 17 Abs. 6 oder
6. Prüfstelle für die Überprüfung nach § 17 Abs. 5
anerkennen[2], wenn sie oder die bei ihr Beschäftigten nach ihrer Ausbildung, Fachkenntnis, persönlichen Zuverlässigkeit, ihrer Unparteilichkeit und ihren Leistungen die Gewähr dafür bieten, dass diese Aufgaben den öffentlich-rechtlichen Vorschriften entsprechend wahrgenommen werden, und wenn sie über die erforderlichen Vorrichtungen verfügen. Satz 1 ist entsprechend auf Behörden anzuwenden, wenn sie ausreichend mit geeigneten Fachkräften besetzt und mit den erforderlichen Vorrichtungen ausgestattet sind. Die Anerkennung von Prüf, Zertifizierungs- und Überwachungsstellen anderer Bundesländer gilt auch im Land Baden-Württemberg.

Anmerkungen
1   Vgl. Verzeichnis des DIBt über die anerkannten Prüf, Zertifizierungs- und Überwachungsstellen, vgl. § 18 Anm. 3.
2   Vgl. Verordnung über die Anerkennung als Prüf, Überwachungs- oder Zertifizierungsstelle nach Bauordnungsrecht (PÜZ-Anerkennungsverordnung – PÜZAVO) (Teil II 5).

Fünfter Teil   Der Bau und seine Teile

§ 26   Allgemeine Anforderungen an das Brandverhalten von Baustoffen und Bauteilen[1]

(1) Baustoffe werden nach den Anforderungen an ihr Brandverhalten[2] unterschieden[3] in

1. nichtbrennbare,[4]
2. schwerentflammbare,[5]
3. normalentflammbare.[5]
Baustoffe, die nicht mindestens normalentflammbar sind (leichtentflammbare Baustoffe), dürfen nicht verwendet werden; dies gilt nicht, wenn sie in Verbindung mit anderen Baustoffen nicht leichtentflammbar sind.[6]

(2) Bauteile werden nach den Anforderungen an ihre Feuerwiderstandsfähigkeit[7] unterschieden in
1. feuerbeständige[8],
2. hochfeuerhemmende[8],
3. feuerhemmende[8];
die Feuerwiderstandsfähigkeit bezieht sich bei tragenden und aussteifenden Bauteilen auf deren Standfestigkeit im Brandfall, bei raumabschließenden Bauteilen auf deren Widerstand gegen die Brandausbreitung. Bauteile werden zusätzlich nach dem Brandverhalten ihrer Baustoffe unterschieden in
1. Bauteile aus nichtbrennbaren Baustoffen,
2. Bauteile, deren tragende und aussteifende Teile aus nichtbrennbaren Baustoffen bestehen und die bei raumabschließenden Bauteilen zusätzlich eine in Bauteilebene durchgehende Schicht aus nichtbrennbaren Baustoffen haben,
3. Bauteile, deren tragende und aussteifende Teile aus brennbaren Baustoffen bestehen und die allseitig eine brandschutztechnisch wirksame Bekleidung aus nichtbrennbaren Baustoffen (Brandschutzbekleidung) und Dämmstoffe aus nichtbrennbaren Baustoffen haben,[9]
4. Bauteile aus brennbaren Baustoffen.
Soweit in diesem Gesetz oder in Vorschriften auf Grund dieses Gesetztes nicht anderes bestimmt ist, müssen
1. Bauteile, die feuerbeständig sein müssen, mindestens den Anforderungen des Satzes 2 Nr. 2,[10]
2. Bauteile, die hochfeuerhemmend sein müssen, mindestens den Anforderungen des Satzes 2 Nr. 3[11]
entsprechen.[12.]

(3) Abweichend von Absatz 2 Satz 3 sind tragende oder aussteifende sowie raumabschließende Bauteile, die hochfeuerhemmend oder feuerbeständig sein müssen, aus brennbaren Baustoffen zulässig[13], wenn die geforderte Feuerwiderstandsdauer nachgewiesen wird und die Bauteile so hergestellt und eingebaut werden, dass Feuer und Rauch nicht über Grenzen von Brand- oder Rauchschutzbereichen, insbesondere Geschosstrennungen, hinweg übertragen werden können.

Anmerkungen
1 Vgl. Anhang 3 Brandschutz nach LBO Baden-Württemberg.
2 Anforderungen an Baustoffe hinsichtlich Entflammbarkeit, Brandfortleitungseigenschaft und Rauchentwicklung.
3 Anforderungen vgl. DIN 4104, DIN EN 13501.
4 Dazu gehören Baustoffe ohne brennbare Bestandteile (Baustoffklasse A 1) sowie Baustoffe mit brennbaren Bestandteilen (Baustoffklasse A 2). Als Baustoffe der jeweiligen A-Klasse gelten die in DIN 4102 Teil 4 aufgeführten und geprüften Materialien oder solche, die in einem Überein-stimmungsverfahren nach § 22 den Nachweis für die jeweiligen Klasse erbracht haben.

5 Schwerentflammbare (Baustoffklasse B 1) und normalentflammbare (Baustoffklasse B 2) Baustoffe gehören zu den brennbaren Baustoffen. Sie unterscheiden sich nach ihrer Entflammbarkeit. Einteilung der Baustoffe in die jeweilige B-Klasse nach Kriterien der DIN 1402 Teil 1 und den dort vorgeschriebenen Prüfverfahren.

6 Z. B. Papier/Tapete (Baustoffklasse B 3) kann aufgebracht auf der Wand die Eigenschaft der Leichtentflammbarkeit verlieren.

7 Anforderungen an Bauteile hinsichtlich Erhalt ihrer Funktionsfähigkeit (tragende oder raumabschließende Funktion) für eine ausreichende Zeit. Die für die Feuerwiderstandsklasse von Bauteilen entscheidende Feuerwiderstandsdauer in Minuten richtet sich nach dem in einem Normbrand nach DIN 1402 erzielten Ergebnis.

8 Feuerbeständig (F90): Feuerwiderstand 90 Minuten, hochfeuerhemmend (F 60): Feuerwiderstand 60 Minuten, feuerhemmend (F 30): Feuerwiderstand 30 Minuten.

9 Betrifft Holzbauweise, vgl. Richtlinie über brandschutztechnische Anforderungen an hochfeuerhemmende Bauteile in Holzbauweise – HFH HolzR (Teil IV 7).

10 = F 90 AB, Bauteil besteht in den für die Funktionen wesentlichen Teilen aus nichtbrennbaren Baustoffen.

11 Z. B. Holzbauweise F 60 BA.

12 Keine Mindestanforderungen an die Baustoffeigenschaften feuerhemmender Bauteile.

13 Danach auch tragende und aussteifende Bauteile in F 60 oder F 90 allein aus Holz, ohne nichtbrennbare Brandschutzbekleidung möglich.

§ 27 Anforderungen an tragende, aussteifende und raumabschließende Bauteile[1]

(1) Tragende und aussteifende Wände und Stützen[2] müssen im Brandfall ausreichend lang standsicher sein.

(2) Außenwände und Außenwandteile[2] wie Brüstungen und Schürzen sind so auszubilden, dass eine Brandausbreitung auf und in diesen Bauteilen ausreichend lang begrenzt ist.[3]

(3) Trennwände[3] müssen als raumabschließende Bauteile von Räumen oder Nutzungseinheiten innerhalb von Geschossen ausreichend lang widerstandsfähig gegen die Brandausbreitung sein.[5]

(4) Brandwände[4] müssen als raumabschließende Bauteile zum Abschluss von Gebäuden (Gebäudeabschlusswand) oder zur Unterteilung von Gebäuden in Brandabschnitte (innere Brandwand) ausreichend lang die Brandausbreitung auf andere Gebäude oder Brandabschnitte verhindern.

(5) Decken[2] und ihre Anschlüsse müssen als tragende und raumabschließende Bauteile zwischen Geschossen im Brandfall ausreichend lang standsicher und widerstandsfähig gegen die Brandausbreitung sein.

(6) Bedachungen[2] müssen gegen die Brandbeanspruchung von außen durch Flugfeuer und strahlende Wärme ausreichend lang widerstandsfähig sein (harte Bedachung).[5]

Anmerkungen

1 Allgemeine Brandschutzvorschrift für Wände, Decken, Stützen, Dächer –
   wird inhaltlich näher bestimmt durch §§ 4–9 LBOAVO (Teil II 1), § 27
   kann nur herangezogen werden, wenn keine Spezialvorschrift der LBOAVO
   oder auf Grund der LBO (Sonderbauverordnungen) greift. Vgl. auch § 6
   GaVO (Teil II 7), §§ 3–5,7,8 VkVO (Teil II 8), §§ 3, 4 VStättVO.
2 Einzelanforderungen: Tragende Wände und Stützen – § 4 LBOAVO; Außenwände – § 5 LBOAVO; Trennwände – § 6 LBOAVO. Vgl. Teil II 1.
   Grundlage: DIN 4102 – Brandverhalten von Baustoffen und Bauteilen,
   s. Anm. 8 zu § 3. Vgl. „Brandschutz nach LBO Baden-Württemberg" Teil
   I Anhang 3.
3 Einzelanforderungen § 6 LBOAVO, vgl. Teil II 1.
4 Einzelanforderungen an Brandwände: § 7 LBOAVO, DIN 4102 Teil 3.
5 „Harte Bedachung" vgl. DIN 4102 Teil 7 – Bedachungen; Begriffe, Anforderungen, Prüfungen.

§ 28   Anforderungen an Bauteile in Rettungswegen

**(1) Jedes nicht zu ebener Erde liegende Geschoss und der benutzbare Dach-
raum eines Gebäudes müssen über mindestens eine Treppe[1] zugänglich sein
(notwendige Treppe). Statt notwendiger Treppen[2] sind Rampen mit flacher
Neigung zulässig. Die nutzbare Breite der Treppenläufe und Treppenabsätze
notwendiger Treppen[3] muss für den größten zu erwartenden Verkehr ausreichen[4].**

**(2) Jede notwendige Treppe muss zur Sicherstellung der Rettungswege aus
den Geschossen ins Freie in einem eigenen, durchgehendem Treppenraum
liegen (notwendiger Treppenraum[5]). Der Ausgang muss mindestens so breit
sein wie die zugehörigen notwendigen Treppen. Notwendige Treppenräume
müssen so angeordnet und ausgebildet sein, dass. die Nutzung der notwendigen Treppen im Brandfall ausreichend lang möglich ist.[6] Notwendige Treppen
sind ohne eigenen Treppenraum zulässig**
1. in Gebäuden der Gebäudeklassen 1 und 2,[7]
**2. für die Verbindung von höchstens zwei Geschossen innerhalb derselben
   Nutzungseinheit von insgesamt nicht mehr als 200 m², wenn in jedem Geschoss ein anderer Rettungsweg erreicht werden kann,**
**3. als Außentreppe, wenn ihre Nutzung ausreichend sicher ist und im Brand-
   fall nicht gefährdet werden kann.**

**(3) Flure, über die Rettungswege aus Aufenthaltsräumen oder Nutzungseinhei-
ten mit Aufenthaltsräumen zu Ausgängen in notwendige Treppenräume oder
ins Freie führen (notwendige Flure), müssen so angeordnet und ausgebildet
sein, dass die Nutzung im Brandfall ausreichend lang möglich ist[8].**

**(4) Türen und Fenster, die bei einem Brand der Rettung von Menschen dienen
oder der Ausbreitung von Feuer und Rauch entgegenwirken, müssen so beschaffen und angeordnet sein, dass sie den Erfordernissen des Brandschutzes genügen.[9]**

Anmerkungen

1 Treppe = Folge von mindestens 3 Stufen.
2 Einzelanforderungen vgl. § 10 LBOAVO (Teil II 1).

3 An (für Erschließung und Rettung im Brandfall) notwendige Treppen werden hinsichtlich Beschaffenheit und Lage besondere Anforderungen gestellt. Für zusätzliche („nicht notwendige") Treppen genügen die allgemeinen Anforderungen an die Verkehrssicherheit (vgl. dazu DIN 18065 – Treppen, Hauptmaße) sowie § 10 Abs. 4 und 5 LBOAVO (Teil II 1).

4 Vgl. § 10 Abs. 4 LBOAVO; DIN 18065 – Treppen, Hauptmaße.

5 Hat die Aufgabe, die notwendige Treppe vor Feuer und Rauch zu schützen und im Gefahrenfall zur Personenrettung und für den Löschangriff der Feuerwehr ausreichend lange funktionsfähig zu halten, daher besondere Anforderungen an Lage und Beschaffenheit, vgl. § 7 Abs. 2 LBOAVO; § 11 LBOAVO (Teil II 1). Neue höchstzulässige Entfernung: von jeder Stelle eines Aufenthaltsraumes oder eines Kellergeschosses zu Ausgang in notwendigen Treppenraum oder ins Freie: 35 m (§ 11 Abs. 1 LBOAVO).

6 Vgl. § 11 Abs. 3–7 LBOAVO (Teil II 1).

7 Vgl. § 2 Abs. 4.

8 Einzelanforderungen § 12 Abs. 2–6 LBOAVO.

9 Einzelanforderungen §§ 11–13 LBOAVO, bei Sonderbauverordnungen in § 9 Abs. 3 und § 10 GaVO (Teil II 7), §§ 14 und 15 VkVO (Teil II 8), §§ 25 und 26 VStättVO (Teil II 9).
Technische Baubestimmungen für Rauchschutztüren und Feuerschutzabschlüsse in DIN 18095 Teil 1 bzw. DIN 4102 Teil 5 in Bauregelliste A (vgl. Anm. 3 zu § 17).

§ 29 Aufzugsanlagen

(1) Aufzugsanlagen[1] müssen betriebssicher und brandsicher sein.[2] Sie sind so zu errichten und anzuordnen, dass die Brandweiterleitung ausreichend lange verhindert wird und bei ihrer Benutzung Gefahren oder unzumutbare Belästigungen nicht entstehen.[2]

(2) Gebäude mit einer Höhe nach § 2 Abs. 4 Satz 2 von mehr als 13 m müssen Aufzüge in ausreichender Zahl haben, von denen einer auch zur Aufnahme von Rollstühlen, Krankentragen und Lasten geeignet sein muss.[3] Zur Aufnahme von Rollstühlen bestimmte Aufzüge müssen von Menschen mit Behinderung ohne fremde Hilfe zweckentsprechend genutzt werden können[4].

Anmerkungen

1 Dienen der Verkehrserschließung in Gebäuden und sind nicht Bestandteil der Rettungswege, da im Brandfall mit Ausnahme von Feuerwehraufzügen nicht zu benutzen.

2 Einzelanforderungen in § 14 LBOAVO (Teil II 1) sowie in den nach § 18 Abs. 1 LBOAVO zu beachtenden gewerberechtlichen Vorschriften der Betriebssicherheitsverordnung.

3 Vgl. § 14 Abs. 5 LBOAVO (Teil II 1).

4 Erforderlich insbesondere bei Anlagen nach § 39 Abs. 1 und 2 LBO.

5 Einzelanforderungen zu diesen Aufzügen in den i. S. v. § 3 Abs. 3 LBO als technische Baubestimmung bekannt gemachten Normen DIN 18024 Teil 2 und DIN 18025 Teil 1 und 2 (vgl. LTB – s. Anm. 8 zu § 3).

§ 30   Lüftungsanlagen

Lüftungsanlagen, raumlufttechnische Anlagen und Warmluftheizungen müssen betriebssicher und brandsicher sein; sie dürfen den ordnungsgemäßen Betrieb von Feuerungsanlagen nicht beeinträchtigen.[1]

Anmerkungen

1 Zur Vermeidung der Gefahr des Feuerüberschlages zwischen den Geschossen, Einzelanforderungen vgl. § 15 LBOAVO (Teil II 1), Lüftungsanlagenrichtlinie (Teil IV 6).

§ 31   Leitungsanlagen

Leitungen, Installationsschächte und -kanäle müssen brandsicher sein. Sie sind so zu errichten und anzuordnen, dass die Brandweiterleitung ausreichend lange verhindert wird.[1]

Anmerkungen

1 Einzelanforderungen in § 16 LBOAVO (Teil II 1), Leitungsanlagenrichtlinie (Teil IV 6).

§ 32   Feuerungsanlagen, sonstige Anlagen zur Wärmeerzeugung, Brennstoffversorgung[1]

(1) Feuerstätten[2] und Abgasanlagen (Feuerungsanlagen) müssen betriebssicher und brandsicher[4] sein.[7]

(2) Feuerstätten dürfen in Räumen nur aufgestellt werden[3], wenn nach Art der Feuerstätte und nach Lage, Größe, baulicher Beschaffenheit und Nutzung der Räume Gefahren nicht entstehen.

(3) Abgase von Feuerstätten sind durch Abgasleitungen, Schornsteine und Verbindungsstücke (Abgasanlagen)[4] so abzuführen, dass keine Gefahren oder unzumutbaren Belästigungen entstehen. Abgasanlagen[5] sind in solcher Zahl und Lage und so herzustellen, dass die Feuerstätten des Gebäudes ordnungsgemäß angeschlossen werden können. Sie müssen leicht gereinigt werden können.

(4) Behälter und Rohrleitungen für brennbare Gase und Flüssigkeiten müssen betriebssicher und brandsicher sein. Diese Behälter sowie feste Brennstoffe sind so aufzustellen oder zu lagern, dass keine Gefahren oder unzumutbaren Belästigungen entstehen[6].

(5) Für die Aufstellung von ortsfesten Verbrennungsmotoren, Blockheizkraftwerken, Brennstoffzellen und Verdichtern sowie die Ableitung ihrer Verbrennungsgase gelten die Absätze 1 bis 3 entsprechend.

Anmerkungen

1 Einzelanforderungen in der Feuerungsverordnung (FeuVO) (Teil II 6).

2 = ortsfeste Einrichtungen, in denen feste, flüssige oder gasförmige Brennstoffe in solcher Menge verbrannt werden, dass die dabei entstehenden Verbrennungsgase nach Menge oder Art Feuergefahr oder Gesundheitsschädigungen hervorrufen können und deshalb ins Freie abgeführt werden müssen, z. B. Herde, Öfen, Heizkessel, Räucherkammern. Keine Feuerstät-

ten sind Heiz- und Kochgeräte, die dazu bestimmt sind, an verschiedenen Aufstellorten betrieben zu werden und während des Betriebes nicht an Schornsteine angeschlossen zu werden.

3 Anforderungen an Aufstellräume von Feuerstätten für flüssige und gasförmige Brennstoffe und an Heizräume vgl. §§ 5 und 6 FeuVO (Teil II 6).

4 = Leitungen, die Abgase von Feuerstätten in Schornsteine leiten; z. B. Abgasrohre, Abgaskanäle, Abgasfänge.

5 Einzelanforderungen ergeben sich aus der FeuVO, vgl. Anm. 1, für Schornsteine dazu aus DIN 18160 Teil 1 – Hausschornsteine; Anforderungen, Planung und Ausführung. Reinigungsöffnungen in Wohnräumen und Schlafzimmern sind unzulässig (DIN 18160 Teil 1, Abschnitt 7.9.3).

6 Vgl. §§ 12–14 FeuVO (Teil II 6).

§ 33 Wasserversorgungs- und Wasserentsorgungsanlagen, Anlagen für Abfallstoffe und Reststoffe

(1) Bauliche Anlagen dürfen nur errichtet werden, wenn die einwandfreie Beseitigung des Abwassers[1] und des Niederschlagswassers[2] dauernd gesichert ist.[3] Das Abwasser ist entsprechend den §§ 55 und 56 des Wasserhaushaltsgesetzes und § 46 des Wassergesetzes für Baden-Württemberg zu entsorgen.

(2) Wasserversorgungsanlagen, Anlagen zur Beseitigung des Abwassers und des Niederschlagswassers sowie Anlagen zur vorübergehenden Aufbewahrung von Abfällen und Reststoffen müssen betriebssicher sein.[4] Sie sind so herzustellen und anzuordnen, dass Gefahren sowie erhebliche Nachteile oder Belästigungen, insbesondere durch Geruch oder Geräusch, nicht entstehen.[5]

Anmerkungen

1 Gilt als gesichert, wenn Einleitung in öffentliche Kanalisation mit zentraler Kläranlage technisch und rechtlich möglich ist. Gemeinden können in Abwassersatzungen Einschränkungen bestimmen.

2 Kann durch Einleitung in öffentliche Kanalisation oder Gewässer entsorgt werden oder auch auf dem Grundstück versickern.

3 Technische und rechtliche Sicherung erforderlich, bei Einleitung in Gewässer oder ins Grundwasser Erlaubnis nach §§ 2, 3, 7, 7a, 8 WHG (Teil V 6).

4 Vgl. § 17 Abs. 2 LBOAVO (Teil II 1).

5 Vgl. § 17 Abs. 3 LBOAVO (Teil II 1) sowie DIN 1986 – Grundstücksentwässerungsanlagen, DIN 4261 – Kleinkläranlagen.

Sechster Teil Einzelne Räume, Wohnungen und besondere- Anlagen

§ 34 Aufenthaltsräume[1]

(1) Die lichte Höhe[2] von Aufenthaltsräumen muss mindestens betragen:
1. 2,2 m über mindestens der Hälfte ihrer Grundfläche, wenn die Aufenthaltsräume ganz oder überwiegend im Dachraum[3] liegen; dabei bleiben Raumteile mit einer lichten Höhe bis 1,5 m außer Betracht,
2. 2,3 m in allen anderen Fällen.

(2) Aufenthaltsräume müssen ausreichend belüftet werden können; sie müssen unmittelbar ins Freie führende Fenster von solcher Zahl, Lage, Größe und Beschaffenheit haben, dass die Räume ausreichend mit Tageslicht beleuchtet werden können (notwendige Fenster). Das Rohbaumaß der Fensteröffnungen muss mindestens ein Zehntel der Grundfläche des Raumes betragen; Raumteile mit einer lichten Höhe bis 1,5 m bleiben außer Betracht. Ein geringeres Rohbaumaß ist bei geneigten Fenstern sowie bei Oberlichtern zulässig, wenn die ausreichende Beleuchtung mit Tageslicht gewährleistet bleibt.

(3) Aufenthaltsräume, deren Fußboden unter der Geländeoberfläche liegt, sind zulässig, wenn das Gelände mit einer Neigung von höchstens 45° an die Außenwände vor notwendigen Fenstern anschließt. Die Oberkante der Brüstung notwendiger Fenster muss mindestens 1,3 m unter der Decke liegen.[4]

(4) Verglaste Vorbauten und Loggien sind vor notwendigen Fenstern zulässig, wenn eine ausreichende Beleuchtung mit Tageslicht gewährleistet bleibt.

(5) Bei Aufenthaltsräumen, die nicht dem Wohnen dienen, sind Abweichungen von den Anforderungen der Absätze 2 und 3 zuzulassen, wenn Nachteile nicht zu befürchten sind oder durch besondere Einrichtungen ausgeglichen werden können.[5]

Anmerkungen
1   Begriff vgl. § 2 Abs. 7.
2   Gemessen zwischen Oberkante Fertigfußboden und Unterkante Decke bzw. Unterkante Dach.
3   Dachraum beginnt am Schnittpunkt zwischen Außenwand und Dachhaut, umfasst den von Dachflächen umschlossenen Bereich.
4   Die Höhenlage des Fußbodens ist dagegen unerheblich.
5   Zu beachten bei Arbeitsstätten aber § 6 Abs. 1 ArbStättVO (**Teil V 9**).

§ 35   Wohnungen[1]

(1) In Wohngebäuden mit mehr als zwei Wohnungen müssen die Wohnungen eines Geschosses barrierefrei[2] erreichbar sein. In diesen Wohnungen müssen die Wohn- und Schlafräume, eine Toilette, ein Bad und die Küche oder Kochnische barrierefrei nutzbar und mit dem Rollstuhl zugänglich sein. Die Sätze 1 und 2 gelten nicht, soweit die Anforderungen insbesondere wegen schwieriger Geländeverhältnisse, wegen des Einbaus eines sonst nicht erforderlichen Aufzugs oder wegen ungünstiger vorhandener Bebauung nur mit unverhältnismäßigem Mehraufwand erfüllt werden können.

(2) Jede Wohnung muss eine Küche[3] oder Kochnische haben. Fensterlose Küchen oder Kochnischen sind zulässig, wenn sie für sich lüftbar sind.

(3) Jede Wohnung muss einen eigenen Wasserzähler haben. Dies gilt nicht bei Nutzungsänderungen, wenn die Anforderungen nach Satz 1 nur mit unverhältnismäßigem Aufwand erfüllt werden kann.

(4) Für jede Wohnung sind zwei geeignete wettergeschützte Fahrrad-Stellplätze herzustellen (notwendige Fahrrad-Stellplätze), es sei denn, diese sind nach Art, Größe oder Lage der Wohnung nicht oder nicht in dieser Anzahl erforderlich. In Gebäuden mit mehr als zwei Wohnungen müssen zur gemeinschaftlichen Benutzung zur Verfügung stehen

1. möglichst ebenerdig zugängliche oder durch Rampen oder Aufzüge leicht erreichbare Flächen[4] zum Abstellen von Kinderwagen und Gehhilfen,
2. Flächen[4] zum Wäschetrocknen.

(5) Für jede Wohnung muss ein Abstellraum[5] zur Verfügung stehen.

Anmerkungen

1 Begriff nach DIN 283 Bl. 1: Summe der Räume, welche die Führung eines Haushaltes ermöglichen, darunter stets eine Küche oder ein Raum mit Kochgelegenheit. Zu einer Wohnung gehören außerdem Wasserversorgung, Ausguss und Toilette. Die Eigenschaft als Wohnung geht nicht dadurch verloren, dass einzelne Räume vorübergehend oder dauerhaft zu beruflichen oder gewerblichen Zwecken benutzt werden.

2 Anforderungen nach DIN 18025 Teil 1+2, bekannt gemacht als Technische Baubestimmungen in der Liste der Technischen Baubestimmungen (LTB) – s. Anm. 8 zu § 3.

3 Küchen mit mindestens 12 qm Grundfläche sind nach DIN 283 Bl.1 – Wohnungen; Begriffe – Aufenthaltsräume, mit Folge für erforderliche lichte Höhe (vgl. § 34 Abs. 1) und Belichtung/Belüftung (vgl. § 34 Abs. 2).

4 Müssen keine abgeschlossenen Räume sein.

5 Lage (z. B. Wohnung, UG, Dach) sowie Größe sind nicht geregelt, Richtwert 6 qm für Wohnung mit 3 bis 4 Aufenthaltsräumen.

§ 36 Toilettenräume und Bäder

(1) Jede Nutzungseinheit muss mindestens eine Toilette[1] haben.

(2) Toilettenräume und Bäder müssen eine ausreichende Lüftung haben.[2]

Anmerkungen

1 Lage (in separaten Räumen oder in Bädern) und Größe nicht bestimmt, bei barrierefreien Toiletten nach § 39 vgl. DIN 18024 Teil 2, DIN 18025 Teil 1 und 2 (LTB – s. Anm. 8 zu § 3). Abwasserentsorgung vgl. § 33 Abs. 1. Bei Sonderbauten kann die Zahl der erforderlichen Toiletten nach § 38 Abs. 1 Nr. 18 bestimmt werden.

2 Vgl. DIN 18017 Teil 1 – Lüftung von Bädern und Spülaborten ohne Außenfenster durch Schächte und Kanäle ohne Motorkraft; Einzelschachtanlagen – sowie DIN 18017 Teil 3 – Lüftung von Bädern und Spülaborten ohne Außenfenster mit Ventilatoren.

§ 37 Stellplätze für Kraftfahrzeuge und Fahrräder, Garagen[1]

(1) Bei der Errichtung von Gebäuden mit Wohnungen ist für jede Wohnung[2] ein[3] geeigneter[4] Stellplatz für Kraftfahrzeuge herzustellen (notwendiger Kfz-Stellplatz). Bei der Errichtung sonstiger baulicher Anlagen und anderer Anlagen, bei denen ein Zu- und Abfahrtsverkehr zu erwarten ist, sind notwendige Kfz-Stellplätze in solcher Zahl[5] herzustellen, dass sie für die ordnungsgemäße Nutzung der Anlagen unter Berücksichtigung des öffentlichen Personennahverkehrs[6] ausreichen. Statt notwendiger Kfz-Stellplätze ist die Herstellung notwendiger Garagen zulässig; nach Maßgabe des Absatzes 8 können Garagen[7] auch verlangt werden. Bis zu einem Viertel der notwendigen Kfz-Stellplätze

nach Satz 2 kann durch die Schaffung von Fahrrad-Stellplätzen ersetzt werden. Dabei sind für einen Kfz-Stellplatz vier Fahrrad-Stellplätze herzustellen; eine Anrechnung der so geschaffenen Fahrrad-Stellplätze auf die Verpflichtung nach Absatz 2 erfolgt nicht.

(2) Bei der Errichtung baulicher Anlagen, bei denen ein Zu- und Abfahrtsverkehr mit Fahrrädern zu erwarten ist, sind notwendige Fahrrad-Stellplätze in solcher Zahl herzustellen, dass sie für die ordnungsgemäße Nutzung der Anlagen ausreichen[8]. Notwendige Fahrrad-Stellplätze müssen eine wirksame Diebstahlsicherung ermöglichen und von der öffentlichen Verkehrsfläche ebenerdig, durch Rampen oder durch Aufzüge zugänglich sein.

(3) Bei Änderungen oder Nutzungsänderungen von Anlagen sind Stellplätze oder Garagen in solcher Zahl herzustellen, dass die infolge der Änderung zusätzlich zu erwartenden Kraftfahrzeuge und Fahrräder aufgenommen werden können.[9] Eine Abweichung von dieser Verpflichtung ist zuzulassen bei der Teilung von Wohnungen sowie bei Vorhaben zur Schaffung von zusätzlichem Wohnraum durch Ausbau, Anbau, Nutzungsänderung, Aufstockung oder Änderung des Daches, wenn die Baugenehmigung oder Kenntnisgabe[10] für das Gebäude mindestens fünf Jahre zurückliegt und die Herstellung auf dem Baugrundstück nicht oder nur unter großen Schwierigkeiten möglich ist.[11]

(4) Die Baurechtsbehörde kann zulassen, dass notwendige Stellplätze oder Garagen erst innerhalb eines angemessenen Zeitraums nach Fertigstellung der Anlage hergestellt werden.[12] Sie hat die Herstellung auszusetzen,[13] solange und soweit nachweislich[14] ein Bedarf an Stellplätzen oder Garagen nicht besteht und die für die Herstellung erforderlichen Flächen für diesen Zweck durch Baulast[15] gesichert sind.

(5) Die notwendigen Stellplätze oder Garagen sind herzustellen
1. auf dem Baugrundstück,[16]
2. auf einem anderen Grundstück in zumutbarer Entfernung[17] oder
3. mit Zustimmung der Gemeinde auf einem Grundstück in der Gemeinde.[18]
Die Herstellung auf einem anderen als dem Baugrundstück muss für diesen Zweck durch Baulast[19] gesichert sein. Die Baurechtsbehörde kann, wenn Gründe des Verkehrs dies erfordern, mit Zustimmung der Gemeinde bestimmen, ob die Stellplätze oder Garagen auf dem Baugrundstück oder auf einem anderen Grundstück herzustellen sind.[20]

(6) Lassen sich notwendige KfZ-Stellplätze oder Garagen nach Absatz 5 nicht oder nur unter großen Schwierigkeiten herstellen,[21] so kann die Baurechtsbehörde mit Zustimmung der Gemeinde zur Erfüllung der Stellplatzverpflichtung zulassen, dass der Bauherr einen Geldbetrag an die Gemeinde zahlt.[22] Der Geldbetrag muss von der Gemeinde innerhalb eines angemessenen Zeitraums verwendet werden für
1. die Herstellung öffentlicher Parkeinrichtungen, insbesondere an Haltestellen des öffentlichen Personennahverkehrs, oder privater Stellplätze zur Entlastung der öffentlichen Verkehrsflächen,
2. die Modernisierung und Instandhaltung öffentlicher Parkeinrichtungen,
3. die Herstellung von Parkeinrichtungen für die gemeinschaftliche Nutzung von Kaftfahrzeugen[23] oder
4. bauliche Anlagen, andere Anlagen oder Einrichtungen, die den Bedarf an Parkeinrichtungen verringern, wie Einrichtungen des öffentlichen Personennahverkehrs oder für den Fahrradverkehr.
Die Gemeinde legt die Höhe des Geldbetrages fest.[24]

(7) Absatz 6 gilt nicht für notwendige KfZ-Stellplätze oder Garagen von Wohnungen. Eine Abweichung von der Verpflichtung nach Absatz 1 Satz 1 ist zuzulassen, soweit die Herstellung

1. bei Ausschöpfung aller Möglichkeiten, auch unter Berücksichtigung Platz sparender Bauarten der KfZ-Stellplätze oder Garagen, unmöglich oder unzumutbar ist oder
2. auf dem Baugrundstück auf Grund öffentlich-rechtlicher Vorschriften ausgeschlossen ist.[25]

(8) Kfz-Stellplätze und Garagen müssen so angeordnet und hergestellt werden, dass die Anlage von Kinderspielplätzen nach § 9 Abs. 2 nicht gehindert wird.[26] Die Nutzung der Kfz-Stellplätze und Garagen darf die Gesundheit nicht schädigen; sie darf auch das Spielen auf Kinderspielplätzen, das Wohnen und das Arbeiten, die Ruhe und die Erholung in der Umgebung durch Lärm, Abgase oder Gerüche nicht erheblich[27] stören.

(9) Das Abstellen von Wohnwagen und anderen Kraftfahrzeuganhängern in Garagen ist zulässig.

Anmerkungen

1 Neben den bauordnungsrechtlichen Regelungen zur Stellplatzverpflichtung sind planungsrechtliche Vorschriften zu beachten, vgl. §§ 12, 15, 21a, 23 Abs. 5 BauNVO (**Teil V 1**).

2 Zu Altenwohnungen vgl. VwV Stellplätze (**Teil III 2**) zu § 37 Abs. 1.

3 Ein Stellplatz, unabhängig von der Größe der Wohnung, aber Möglichkeit der Erhöhung der Zahl notwendiger Stellplätze pro Wohnung durch die Kommune, nach § 74 Abs. 2 Nr. 2, vgl. Anm. dort.

4 Funktionsgerechte Nutzung ohne Missstände muss gewährleistet sein (z. B. verkehrssichere Erschließung, Nutzung in rechtlicher und tatsächlicher Hinsicht gewährleistet), zu Abmessungen vgl. § 4 GaVO – **Teil II 7**.

5 Vgl. VwV Stellplätze (**Teil III 2**) zu § 37 Abs. 1 Ziff. 1 sowie Anhang Tab. B zu VwV Stellplätze.

6 Die Anbindung des Standortes an das ÖPNV-Netz muss bei der Ermittlung der Zahl der notwendigen Stellplätze berücksichtigt werden; vgl. VwV Stellplätze (**Teil III 2**) zu § 37 Abs. 1 Ziff. 1.

7 Anforderungen an Garagen vgl. GaVO (**Teil II 7**).

8 Vgl. VwV Stellplätze, Richtzahlen in Anhang 2 (**Teil III 2**).

9 Maßgeblich ist der gegenüber der früheren Nutzung zusätzliche Bedarf, unabhängig davon, die ob für die frühere Nutzung erforderliche Zahl der Stellplätze tatsächlich vorhanden ist (= Bestandsschutz, gilt aber dann nicht, wenn zum Errichtungszeitpunkt baurechtlich erforderlich, aber nicht hergestellt). Bei der Berechnung des zusätzlichen Bedarfs ist von den Richtzahlen der VwV Stellplätze (**Teil III 2**) unter Berücksichtigung der ÖPNV-Verhältnisse auszugehen. Stellplätze, die nach Vergleichsberechnung unter Berücksichtigung der aktuellen Rechtslage (nur 1 STP/Wohnung, Beachtung ÖPNV) nicht mehr „notwendige" STP der alten baulichen Anlage wären, sondern „zusätzliche" STP, können auf die Zahl der zusätzlich erforderlichen STP angerechnet werden.

10 Maßgebender Zeitpunkt ist der der Vorlage der vollständigen Bauvorlagen bei der Gemeinde, bestätigt nach § 53 Abs. 3 Nr. 1.

11 Vgl. VwV Stellplätze (**Teil III 2**) zu § 37 Abs. 3.

12 Entscheidung im Ermessen der Baurechtsbehörde, z. B. für einen Zeitraum, in dem nachweisbar noch kein Bedarf an STP besteht, Zeitraum muss eindeutig terminiert werden.

13 Rechtsanspruch des Bauherrn auf Aussetzung der Verpflichtung zur Herstellung, z. B. wenn von den Nutzern der Anlage keine Fahrzeuge gehalten werden oder wenn der durch die Anlage ausgelöste Stellplatzbedarf durch andere Maßnahmen nachweislich reduziert wird, z. B. „Job-Ticket"-Lösungen; vgl. VwV Stellplätze (**Teil III 2**) zu § 37 Abs. 4.

14 Die Nachweispflicht obliegt dem Bauherrn, Baurechtsbehörde kann dem Begünstigten eine periodische Nachweispflicht auferlegen.

15 Vgl. § 71, Voraussetzung für die Aussetzung der Pflicht zur Herstellung, gewährleistet die Realisierbarkeit der Stellplatzverpflichtung, sobald Bedarf auftritt.

16 Baugrundstück = Buchgrundstück, im Grundbuch unter selbstständiger Nummer geführt.

17 „Zumutbare Entfernung" abhängig von Nutzung und örtlichen Verhältnissen, z. B. im Wohngebiet max. 300 m, bei STP für Arbeitnehmer gewerblicher Betriebe an Standorten mit großem Einzugsbereich auch größere Distanzen.

18 Auch außerhalb der „zumutbaren Entfernung" nach Ziff. 2, eröffnet der Gemeinde einen eigenverantwortlichen Entscheidungsspielraum hinsichtlich der Lokalisierung von Stellplätzen im Gemeindegebiet, Zustimmung muss gegenüber der Baurechtsbehörde erklärt werden.

19 Erforderlich auch, wenn Bauherr selbst Eigentümer des anderen Grundstücks ist, zur dauerhaften Sicherung des Bestandes und der Verfügbarkeit der Stellplätze zu Gunsten der stellplatzpflichtigen Anlage.

20 Vgl. VwV Stellplätze (**Teil III 2**) zu § 37 Abs. 4.

21 Z. B. weil Festsetzungen eines Bebauungsplanes entgegenstehen, topografische oder Erschließungsschwierigkeiten bestehen.

22 Durch die Zahlung dieser Ablösegebühr wird die Stellplatzverpflichtung vollständig erfüllt, kein Ausnahme- oder Befreiungstatbestand, nur möglich bei Stellplatzverpflichtung „sonstiger Anlagen" nach Abs. 1 Satz 2.

23 Stellplatzablösung auch zugunsten von Carsharing-Stellplätzen.

24 Orientiert an den allgemeinen Herstellungskosten für Stellplätze und Garagen im Gemeindegebiet, unter dem Grundsatz der Gleichbehandlung.

25 Vgl. VwV Stellplätze (**Teil III 2**) zu § 37 Abs. 6.

26 Vgl. § 1 LBOAVO (**Teil II 1**).

27 Nachbarschützende Vorschrift, „erheblich stören" i. S. v. „erhebliche Belästigung für die Allgemeinheit oder die Nachbarschaft" des § 3 Abs. 1 BImschG (**Teil V 7**). Stellplätze und Garagen gehören zu den immissionsschutzrechtlich nicht genehmigungspflichtigen Anlagen, die nach § 22 BImSchG so zu betreiben sind, dass nach dem Stand der Technik vermeidbare schädliche Umwelteinwirkungen unterbleiben und unvermeidbare schädliche Umwelteinwirkungen auf ein Mindestmaß beschränkt werden.

§ 38   Sonderbauten[1]

(1) An Sonderbauten können zur Verwirklichung der allgemeinen Anforderungen nach § 3 Abs. 1 besondere Anforderungen im Einzelfall gestellt werden;

Erleichterungen können zugelassen werden, soweit es der Einhaltung von Vorschriften wegen der besonderen Art oder Nutzung baulicher Anlagen oder Räume oder wegen besonderer Anforderungen nicht bedarf.[1] Die besonderen Anforderungen und Erleichterungen können insbesondere[2] betreffen

1. die Abstände von Nachbargrenzen, von anderen baulichen Anlagen auf dem Grundstück, von öffentlichen Verkehrsflächen und von oberirdischen Gewässern,
2. die Anordnung der baulichen Anlagen auf dem Grundstück,
3. die Öffnungen nach öffentlichen Verkehrsflächen und nach angrenzenden Grundstücken,
4. die Bauart und Anordnung aller für die Standsicherheit, Verkehrssicherheit, den Brandschutz, Schallschutz oder Gesundheitsschutz wesentlichen Bauteile und die Verwendung von Baustoffen,
5. die Feuerungsanlagen und Heizräume,
6. die Zahl, Anordnung und Herstellung der Treppen, Treppenräume, Flure, Aufzüge, Ausgänge und Rettungswege,
7. die zulässige Benutzerzahl, Anordnung und Zahl der zulässigen Sitze und Stehplätze bei Versammlungsstätten, Tribünen und Fliegenden Bauten,[3]
8. die Lüftung und Rauchableitung,
9. die Beleuchtung und Energieversorgung,
10. die Wasserversorgung,
11. die Aufbewahrung und Beseitigung von Abwässern und die vorübergehende Aufbewahrung von Abfällen zur Beseitigung und zur Verwertung,
12. die Stellplätze und Garagen sowie ihre Zu- und Abfahrten,
13. die Anlage von Fahrradabstellplätzen,
14. die Anlage von Grünstreifen, Baum- und anderen Pflanzungen sowie die Begrünung oder Beseitigung von Halden und Gruben,
15. die Wasserdurchlässigkeit befestigter Flächen,
16. den Betrieb und die Nutzung einschließlich des organisatorischen Brandschutzes und der Bestellung und der Qualifikation eines Brandschutzbeauftragten,
17. Brandschutzanlagen, einrichtungen und vorkehrungen einschließlich der Löschwasserrückhaltung,
18. die Zahl der Toiletten für Besucher.

(2) Sonderbauten sind Anlagen und Räume besonderer Art oder Nutzung, die insbesondere einen der nachfolgenden Tatbestände erfüllen:
1. Hochhäuser (Gebäude mit einer Höhe nach $ 2 Abs. 4 Satz 2 von mehr als 22 m),
2. Verkaufsstätten, deren Verkaufsräume und Ladenstraßen eine Grundfläche von insgesamt mehr als 400 m² haben,[4]
3. bauliche Anlagen und Räume, die überwiegend für gewerbliche Betriebe bestimmt sind mit einer Grundfläche von insgesamt mehr als 400 m²,
4. Büro- und Verwaltungsgebäude mit einer Grundfläche von insgesamt mehr als 400 m²,
5. Schulen, Hochschulen und ähnliche Einrichtungen,
6. Einrichtungen zur Betreuung, Unterbringung oder Pflege von Kindern, Menschen mit Behinderung oder alten Menschen, ausgenommen Tageseinrichtungen für Kinder und Kindertagespflege für nicht mehr als acht Kinder,
7. Versammlungsstätten und Sportstätten,[5]
8. Krankenhäuser und ähnliche Einrichtungen,
9. bauliche Anlagen mit erhöhter Brand, Explosions, Strahlen- oder Verkehrsgefahr,

10. bauliche Anlagen und Räume, bei denen im Brandfall mit einer Gefährdung der Umwelt gerechnet werden muss,
11. Fliegende Bauten,[6]
12. Camping-, Wochenend- und Zeltplätze,[7]
13. Gemeinschaftsunterkünfte und Beherbergungsstätten mit mehr als 12 Betten,
14. Freizeit- und Vergnügungsparks,
15. Gaststätten mit mehr als 40 Gastplätzen,
16. Spielhallen,
17. Justizvollzugsanstalten und bauliche Anlagen für den Maßregelvollzug,
18. Regallager mit einer Oberkante Lagerguthöhe von mehr als 7,50 m,
19. bauliche Anlagen mit einer Höhe von mehr als 30 m,
20. Gebäude mit mehr als 1600 m² Grundfläche des Geschosses mit der größten Ausdehnung, ausgenommen Wohngebäude.

(3) Als Nachweis dafür, dass diese Anforderungen erfüllt sind, können Bescheinigungen[8] verlangt werden, die bei den Abnahmen vorzulegen sind; ferner können Nachprüfungen und deren Wiederholung in bestimmten Zeitabständen verlangt werden.[9]

Anmerkungen

1   Die materiellen Anforderungen der §§ 4–37 sind vorrangig auf den allgemeinen Wohnungsbau und vergleichbare Anlagen gerichtet. § 38 erlaubt, für spezielle bauliche Anlagen individuelle Anforderungen im Einzelfall oder im Rahmen von Sonderbauverordnungen auf Grund von § 73 Abs. 1 Nr. 2 zu stellen, wie auch Erleichterungen von allgemeinen materiellen Anforderungen zu gewähren.
2   Aufzählung nicht abschließend.
3   Vgl. § 69.
4   Vgl. Verkaufsstättenverordnung (VkVO) (Teil II 8).
5   Vgl. Versammlungsstättenverordnung (VStättVO) (Teil II 9).
6   Vgl. „Verwaltungsvorschrift des Wirtschaftsministeriums über Ausführungsgenehmigungen für Fliegende Bauten" (FliegBautenVwV) (Teil III 3).
7   Vgl. Campingplatzverordnung (CampingplatzVO) (Teil II 15).
8   I.d.R. durch Sachverständige.
9   Für bestimmte Anlagen auch geregelt, z. B. in GaVO, VkVO, VStättVO (Teil II).

§ 39   Barrierefreie Anlagen

(1) Bauliche Anlagen sowie andere Anlagen, die überwiegend von Menschen mit Behinderung oder alten Menschen genutzt werden, wie
1. Einrichtungen zur Frühförderung behinderter Kinder, Sonderschulen, Tages- und Begegnungsstätten, Einrichtungen zur Berufsbildung, Werkstätten, Wohnungen und Heime für behinderte Menschen,
2. Altentagesstätten, Altenbegegnungsstätten, Altenwohnungen, Altenwohnheime, Altenheime und Altenpflegeheime
sind so herzustellen, dass sie von diesen Personen zweckentsprechend ohne fremde Hilfe genutzt werden können (barrierefreie Anlagen).[1]

(2) Die Anforderungen nach Absatz 1 gelten auch für[2]
1. Gebäude der öffentlichen Verwaltung und Gerichte,
2. Schalter- und Abfertigungsräume der Verkehrs- und Versorgungsbetriebe, der Post- und Telekommunikationsbetriebe sowie der Kreditinstitute,
3. Kirchen und andere Anlagen für den Gottesdienst,
4. Versammlungsstätten,
5. Museen und öffentliche Bibliotheken,
6. Sport, Spiel- und Erholungsanlagen, Schwimmbäder,
7. Camping- und Zeltplätze mit mehr als 50 Standplätzen,
8. Jugend- und Freizeitstätten,
9. Messe, Kongress- und Ausstellungsbauten,
10. Krankenhäuser, Kureinrichtungen und Sozialeinrichtungen,
11. Bildungs- und Ausbildungsstätten aller Art, wie Schulen, Hochschulen, Volkshochschulen,
12. Kindertageseinrichtungen und Kinderheime,
13. öffentliche Bedürfnisanstalten,
14. Bürogebäude,
15. Verkaufsstätten und Ladenpassagen,
16. Beherbergungsbetriebe,
17. Gaststätten,
18. Praxen der Heilberufe und der Heilhilfsberufe,
19. Nutzungseinheiten, die in den Nummern 1 bis 18 nicht aufgeführt sind und nicht Wohnzwecken dienen, soweit sie eine Nutzfläche von mehr als 1200 m² haben,[3]
20. allgemein zugängliche Großgaragen sowie Stellplätze und Garagen für Anlagen nach Absatz 1 und Absatz 2 Nr. 1 bis 19.

(3) Bei Anlagen nach Absatz 2 können im Einzelfall Ausnahmen zugelassen werden, soweit die Anforderungen nur mit einem unverhältnismäßigen Mehraufwand erfüllt werden können.[4] Bei Schulen und Kindertageseinrichtungen dürfen Ausnahmen nach Satz 1 nur bei Nutzungsänderungen und baulichen Änderungen zugelassen werden.[5]

Anmerkungen

1 Die konkreten materiellen Anforderungen, die diese Grundsatzanforderungen ausfüllen, ergeben sich aus den in der Liste der Technischen Baubestimmungen (LTB) – (vgl. Anm. 8 zu § 3) – bekannt gemachten Normen DIN 18024 Teil 2 („Bauliche Maßnahmen für Behinderte und alte Menschen im öffentlichen Bereich – Öffentlich zugängige Gebäude und Arbeitsstätten, Planungsgrundlagen") – vgl. LTB Ziff. 7.2 – und DIN 18025 Teil 1 und 2 („Barrierefreie Wohnungen – Wohnungen für Rollstuhlfahrer" bzw. „Barrierefreie Wohnungen – Wohnungen für andere Behinderte") – vgl. LTB, Ziff. 7.3.

2 Abs. 2 enthält einen abschließenden Katalog. Die Barrierefreiheit muss bei den aufgeführten Anlagen grundsätzlich im Gebäude insgesamt, nicht nur in den der Öffentlichkeit zugänglichen Bereichen gewährleistet sein (Berücksichtigung potenzieller Arbeitsplätze für Behinderte).

3 Erfasst außer Wohnungen alle Nutzungsarten, soweit deren Geschosse die entsprechende Nutzfläche haben – insbesondere bei gewerblichen Betrieben zu beachten.

4 Erfordert Einzelfallprüfung, Orientierungswert für zumutbare Mehrkosten: bis ca. 20 % der Normalkosten.

§ 40   Gemeinschaftsanlagen[1]

(1) Die Herstellung, die Instandhaltung und die Verwaltung von Gemeinschaftsanlagen für die in einem Bebauungsplan Flächen festgesetzt sind, obliegen den Eigentümern oder Erbbauberechtigten der Grundstücke, für die diese Anlagen bestimmt sind, sowie den Bauherrn.

(2) Die Gemeinschaftsanlage muss hergestellt werden, sobald und soweit dies erforderlich ist. Die Baurechtsbehörde kann durch schriftliche Anordnung den Zeitpunkt für die Herstellung bestimmen.

Anmerkungen
1   Gemeinschaftsanlagen nach § 40 sind private Anlagen (z. B. Stellplätze, Garagen, Kinderspielplätze, Anlagen für Abfall- und Wertstoffbehälter); setzt Festsetzung im Bebauungsplan nach § 9 Abs. 1 Nr. 22 BauGB (Teil V 1) voraus.

Siebenter Teil   Am Bau Beteiligte, Baurechtsbehörden

§ 41   Grundsatz[1]

Bei der Errichtung oder dem Abbruch einer baulichen Anlage[2] sind der Bauherr und- im Rahmen ihres Wirkungskreises die anderen nach den §§ 43 bis 45 am Bau- Beteiligten dafür verantwortlich,[3] dass die öffentlich-rechtlichen Vorschriften und die auf Grund dieser Vorschriften erlassenen Anordnungen eingehalten werden.

Anmerkungen
1   In den §§ 41–45 wird die öffentlich-rechtliche Verantwortlichkeit der am Bau Beteiligten (Bauherr, Planverfasser, Unternehmer und Bauleiter) geregelt. Die strafrechtliche und zivilrechtliche Verantwortlichkeit wird durch baurechtliche Vorschriften nicht unmittelbar berührt.
2   Betrifft alle baulichen Anlagen – genehmigungspflichtige (§ 49), kenntnisgabepflichtige (§ 51) und verfahrensfreie (§ 50).
3   Gegenüber der Baurechtsbehörde.

§ 42   Bauherr[1]

(1) Der Bauherr hat zur Vorbereitung, Überwachung und Ausführung eines genehmigungspflichtigen oder kenntnisgabepflichtigen Bauvorhabens einen geeigneten Entwurfsverfasser, geeignete Unternehmer und nach Maßgabe des Absatzes 3 einen geeigneten Bauleiter[2] zu bestellen. Dem Bauherrn obliegen die nach den öffentlich-rechtlichen Vorschriften erforderlichen Anzeigen an die Baurechtsbehörde.[3]

(2) Bei Bauarbeiten, die unter Einhaltung des Gesetzes zur Bekämpfung der Schwarzarbeit in Selbst, Nachbarschafts- oder Gefälligkeitshilfe ausgeführt werden, ist die Bestellung von Unternehmern nicht erforderlich, wenn genügend Fachkräfte mit der nötigen Sachkunde, Erfahrung und Zuverlässigkeit mitwirken.[4] §§ 43 und 45 bleiben unberührt. Kenntnisgabepflichtige Abbrucharbeiten dürfen nicht in Selbst, Nachbarschafts- oder Gefälligkeitshilfe ausgeführt werden.

(3) Bei der Errichtung von Gebäuden[5] mit Aufenthaltsräumen und bei Bauvorhaben, die technisch besonders schwierig oder besonders umfangreich sind[6], kann die Baurechtsbehörde die Bestellung[7] eines Bauleiters[2] verlangen.

(4) Genügt eine vom Bauherrn bestellte Person nicht den Anforderungen der §§ 43 bis 45, so kann die Baurechtsbehörde vor und während der Bauausführung verlangen, dass sie durch eine geeignete Person ersetzt wird oder dass geeignete Sachverständige herangezogen werden. Die Baurechtsbehörde kann die Bauarbeiten einstellen, bis geeignete Personen oder Sachverständige bestellt sind.[8]

(5) Die Baurechtsbehörde kann verlangen, dass ihr für bestimmte Arbeiten die Unternehmer benannt werden.

(6) Wechselt der Bauherr, so hat der neue Bauherr dies der Baurechtsbehörde unverzüglich mitzuteilen.

(7) Treten bei einem Vorhaben mehrere Personen als Bauherr auf, so müssen sie auf Verlangen der Baurechtsbehörde einen Vertreter[9] bestellen, der ihr gegenüber die dem Bauherrn nach den öffentlich-rechtlichen Vorschriften obliegenden Verpflichtungen zu erfüllen hat. § 18 Abs. 1 Sätze 2 und 3 und Abs. 2 des Landesverwaltungsverfahrensgesetzes findet Anwendung.[10]

Anmerkungen

1 Begriff „Bauherr": Derjenige/diejenige, in dessen Auftrag und auf dessen Rechnung eine Baumaßnahme durchgeführt wird; nicht notwendigerweise der Eigentümer des Baugrundstücks; können natürliche und juristische Personen sein. § 42 regelt die wesentlichen Pflichten des Bauherrn, weitere ergeben sich aus § 12 Abs. 3, § 66 Abs. 3 Satz 2.

2 Vgl. § 45.

3 „Anzeige" umfasst auch Anträge, Mitteilungen wie Bauantrag (§ 52), Kenntnisgabe (§ 51), Antrag auf Bauvorbescheid (§ 57), Antrag auf Teilbaugenehmigung, gesonderte Anträge auf Abweichung, Ausnahme oder Befreiung (§ 51 Abs. 5), Mitteilung des Baubeginns (§ 59 Abs. 2), Mitteilung der Unternehmer (§ 42 Abs. 5), Mitteilung des Wechsels der Bauherrschaft (§ 42 Abs. 6), Anzeige über Beginn und Ende bestimmter Bauarbeiten (§ 66 Abs. 1).

4 Kriterium für das Vorliegen einer Selbst, Nachbarschafts- oder Gefälligkeitshilfe ist die Unentgeltlichkeit der erbrachten Leistungen.

5 Zum Begriff vgl. § 2 Abs. 2 Anm. 9.

6 Beurteilung liegt im Ermessen der Baurechtsbehörde.

7 Benennung des Bauleiters bei genehmigungspflichtigen Vorhaben nach § 2 Abs. 1 Satz 1 Nr. 6 LBOVVO (Teil II 2), bei kenntnisgabepflichtigen Vorhaben nach § 1 Abs. 1 Nr. 6 LBOVVO (Teil II 2).

8 Baurechtsbehörde ist nicht verpflichtet, die Eignung der bestellten Personen zu prüfen, muss aber einschreiten, sofern sie Anhaltspunkte für mangelnde Eignung hat.

9 Die Vertretenen bleiben Bauherren mit der entsprechenden Verantwortlichkeit.

10 Vgl. Landesverwaltungsverfahrensgesetz (LVwVfG) (Teil V 14); regelt, dass die Behörde einen Vertreter auch von Amts wegen bestellen kann (§ 18 Abs. 1 Satz 2 LVwVfG) und dass Vertreter nur natürliche Personen sein können (§ 18 Abs. 1 Satz 3 LVwVfG).

§ 43   Entwurfsverfasser[1]

(1) Der Entwurfsverfasser ist dafür verantwortlich, dass sein Entwurf den öffentlich-rechtlichen Vorschriften entspricht. Zum Entwurf gehören die Bauvorlagen[2] und die Ausführungsplanung; der Bauherr kann mit der Ausführungsplanung einen anderen Entwurfsverfasser beauftragen.

(2) Hat der Entwurfsverfasser auf einzelnen Fachgebieten nicht die erforderliche Sachkunde und Erfahrung, so hat er den Bauherrn zu veranlassen, geeignete Fachplaner zu bestellen. Diese sind für ihre Beiträge verantwortlich. Der Entwurfsverfasser bleibt dafür verantwortlich, dass die Beiträge der Fachplaner entsprechend den öffentlich-rechtlichen Vorschriften aufeinander abgestimmt werden.

(3) Für die Errichtung von Gebäuden,[3] die der Baugenehmigung oder der Kenntnisgabe bedürfen, darf als Entwurfsverfasser für die Bauvorlagen nur bestellt werden, wer
1. die Berufsbezeichnung „Architektin" oder „Architekt" führen darf,[4]
2. die Berufsbezeichnung „Innenarchitektin" oder „Innenarchitekt" führen darf, jedoch nur für die Gestaltung von Innenräumen und die damit verbundenen baulichen Änderungen von Gebäuden,
3. in die von der Ingenieurkammer Baden-Württemberg geführte Liste der Entwurfsverfasser der Fachrichtung Bauingenieurwesen eingetragen ist; Eintragungen anderer Länder gelten auch im Land Baden-Württemberg.

(4) Für die Errichtung von
1. Wohngebäuden[5] mit einem Vollgeschoss[6] bis zu 150 m² Grundfläche,[7]
2. eingeschossigen gewerblichen Gebäuden bis zu 250 m² Grundfläche und bis zu 5 m Wandhöhe,[8] gemessen von der Geländeoberfläche bis zum Schnittpunkt von Außenwand und Dachhaut,
3. land- oder forstwirtschaftlich genutzten Gebäuden[9] bis zu zwei Vollgeschossen und bis zu 250 m² Grundfläche
dürfen auch Angehörige der Fachrichtung Architektur, Innenarchitektur, Hochbau oder Bauingenieurwesen, die an einer Hochschule, Fachhochschule oder gleichrangigen Bildungseinrichtung das Studium erfolgreich abgeschlossen haben, staatlich geprüfte Technikerinnen oder Techniker der Fachrichtung Bautechnik sowie Personen, die in einem anderen Mitgliedstaat der Europäischen Union oder einem nach dem Recht der Europäischen Gemeinschaften gleichgestellten Staat eine gleichwertige Ausbildung abgeschlossen haben,[10] als Entwurfsverfasser bestellt werden. Das Gleiche gilt für Personen, die die Meisterprüfung des Maurer, Betonbauer, Stahlbetonbauer- oder Zimmererhandwerks abgelegt haben und für Personen, die diesen, mit Ausnahme von § 7 b der Handwerksordnung, handwerksrechtlich gleichgestellt sind.

(5) Die Absätze 3 und 4 gelten nicht für
1. Vorhaben, die nur auf Grund örtlicher Bauvorschriften kenntnisgabepflichtig sind,
2. Vorhaben, die von Beschäftigten im öffentlichen Dienst für ihren Dienstherrn geplant werden, wenn die Beschäftigten
    a) eine Berufsausbildung nach § 4 des Architektengesetzes haben oder
    b) die Eintragungsvoraussetzungen nach Absatz 6 erfüllen,
3. Garagen bis zu 100 m² Nutzfläche,
4. Behelfsbauten und untergeordnete Gebäude.

(6) In die Liste der Entwurfsverfasser ist auf Antrag von der Ingenieurkammer Baden-Württemberg einzutragen, wer

1. einen berufsqualifizierenden Hochschulabschluss eines Studiums der Fachrichtung Hochbau (Artikel 49 Abs. 1 der Richtlinie 2005/36/EG des Europäischen Parlaments und des Rates vom 7. September 2005 über die Anerkennung von Berufsqualifikationen, ABl. L 255 vom 30. September 2005, S. 22) oder des Bauingenieurwesens nachweist und
2. danach mindestens zwei Jahre auf dem Gebiet der Entwurfsplanung von Gebäuden praktisch tätig gewesen ist.

Dem Antrag sind die zur Beurteilung erforderlichen Unterlagen beizufügen. Die Ingenieurkammer bestätigt unverzüglich den Eingang der Unterlagen und teilt gegebenenfalls mit, welche Unterlagen fehlen. Die Eingangsbestätigung muss folgende Angaben enthalten:
1. die in Satz 5 genannte Frist,
2. die verfügbaren Rechtsbehelfe,
3. die Erklärung, dass der Antrag als genehmigt gilt, wenn über ihn nicht rechtzeitig entschieden wird und
4. im Fall der Nachforderung von Unterlagen die Mitteilung, dass die Frist nach Satz 5 erst beginnt, wenn die Unterlagen vollständig sind.

Über den Antrag ist innerhalb von drei Monaten nach Vorlage der vollständigen Unterlagen zu entscheiden; die Ingenieurkammer kann die Frist gegenüber dem Antragsteller einmal um bis zu zwei Monate verlängern. Die Fristverlängerung und deren Ende sind ausreichend zu begründen und dem Antragsteller vor Ablauf der ursprünglichen Frist mitzuteilen. Der Antrag gilt als genehmigt, wenn über ihn nicht innerhalb der nach Satz 5 maßgeblichen Frist entschieden worden ist.

(7) Personen, die in einem anderen Mitgliedstaat der Europäischen Union oder nach dem Recht der Europäischen Gemeinschaften gleichgestellten Staat als Bauvorlageberechtigte niedergelassen sind, sind ohne Eintragung in die Liste nach Absatz 3 Nr. 3 bauvorlageberechtigt, wenn sie
1. eine vergleichbare Berechtigung besitzen und
2. dafür dem Absatz 6 Satz 1 vergleichbare Anforderungen erfüllen mussten.

Sie haben das erstmalige Tätigwerden als Bauvorlageberechtigter vorher der Ingenieurkammer Baden-Württemberg anzuzeigen und dabei
1. eine Bescheinigung darüber, dass sie in einem Mitgliedstaat der Europäischen Union oder einem nach dem Recht der Europäischen Gemeinschaften gleichgestellten Staat rechtmäßig als Bauvorlageberechtigte niedergelassen sind und ihnen die Ausübung dieser Tätigkeiten zum Zeitpunkt der Vorlage der Bescheinigung nicht, auch nicht vorübergehend, untersagt ist, und
2. einen Nachweis darüber, dass sie im Staat ihrer Niederlassung für die Tätigkeit als Bauvorlageberechtigter mindestens die Voraussetzungen des Absatzes 6 Satz 1 erfüllen mussten,

vorzulegen; sie sind in einem Verzeichnis zu führen. Die Ingenieurkammer hat auf Antrag zu bestätigen, dass die Anzeige nach Satz 2 erfolgt ist; sie kann das Tätigwerden als Bauvorlageberechtigter untersagen und die Eintragung in dem Verzeichnis nach Satz 2 löschen, wenn die Voraussetzungen des Satzes 1 nicht erfüllt sind.

(8) Personen, die in einem anderen Mitgliedstaat der Europäischen Union oder einem nach dem Recht der Europäischen Gemeinschaften gleichgestellten Staat als Bauvorlageberechtigte niedergelassen sind, ohne im Sinne des Absatzes 7 Satz 1 Nr. 2 vergleichbar zu sein, sind bauvorlageberechtigt, wenn ihnen die Ingenieurkammer bescheinigt hat, dass die Anforderungen des Absatzes 6 Satz 1 Nr. 1 und 2 erfüllen; sie sind in einem Verzeichnis zu führen. Die

Bescheinigung wird auf Antrag erteilt. Absatz 6 Satz 2 bis 7 ist entsprechend anzuwenden.

(9) Anzeigen und Bescheinigungen nach den Absätzen 7 und 8 sind nicht erforderlich, wenn bereits in einem anderen Land eine Anzeige erfolgt ist oder eine Bescheinigung erteilt wurde; eine weitere Eintragung in die von der Ingenieurkammer geführten Verzeichnisse erfolgt nicht. Verfahren nach den Absätzen 6 bis 8 können über einen Einheitlichen Ansprechpartner[11] für das Land Baden-Württemberg abgewickelt werden; §§ 71a bis 71e des Landesverwaltungsverfahrensgesetzes in der jeweils geltenden Fassung finden Anwendung.

(10) Die oberste Baurechtsbehörde kann Entwurfsverfassern und Fachplanern nach Absatz 2 das Verfassen von Bauvorlagen ganz oder teilweise untersagen, wenn diese wiederholt und unter grober Verletzung ihrer Pflichten nach Absatz 1 und 2 bei der Erstellung von Bauvorlagen bauplanungsrechtliche oder bauordnungsrechtliche Vorschriften nicht beachtet haben.

Anmerkungen
1 Entwurfsverfasser: wer technische Unterlagen für den Bauantrag oder das Kenntnisgabeverfahren (Bauvorlagen) oder für die Bauausführung (Ausführungsplanung) fertigt. Vgl. **Teil I Anhang 1.**
2 Vgl. § 53 Abs. 1, §§ 1und 2 LBOVVO (**Teil II 2**).
3 Zum Begriff „Gebäude" vgl. § 2 Abs. 2 Anm. 9. Für bauliche Anlagen, die keine Gebäude sind, besteht die Einschränkung der Bauvorlageberechtigung (vgl. **Teil I Anhang 1**) nicht.
4 Vgl. § 2 Abs. 1 und § 8 Architektengesetz (**Teil V 10**).
5 Vgl. § 2 Abs. 3.
6 Vgl. § 2 Abs. 6.
7 Berechnung der Gebäudegrundfläche nach den Rohbaumaßen des Erdgeschosses, vgl. DIN 277, Abschnitt 1.3.
8 Berechnung analog § 5 Abs. 4.
9 Muss einem landwirtschaftlichen Betrieb dienen, gemeint sind Betriebsgebäude = Ställe, Scheunen, Schuppen, Gewächshäuser, Büro, Wohngebäude die einem land- oder forstwirtschaftlichen Betrieb dienen nur, soweit sie Abs. 4 Nr. 1 entsprechen.
10 Dient der Umsetzung der Richtlinie 2006/123/EG des Europäischen Parlaments und des Rates vom 12. Dezember 2006 über Dienstleistungen im Binnenmarkt (Dienstleistungsrichtlinie).
11 In Baden-Württemberg die Kammern (z. B. IHK, Handwerkskammer, Ingenieurkammer, Architektenkammer), die Land- und Stadtkreise.

§ 44   Unternehmer[1]

(1) Jeder Unternehmer ist dafür verantwortlich, dass seine Arbeiten[2] den öffentlich-rechtlichen Vorschriften entsprechend ausgeführt[3] und insoweit auf die Arbeiten anderer Unternehmer abgestimmt werden. Er hat insoweit für die ordnungsgemäße Einrichtung und den sicheren Betrieb der Baustelle, insbesondere die Tauglichkeit und Betriebssicherheit der Geräte und der anderen Baustelleneinrichtungen sowie die Einhaltung der Arbeitsschutzbestimmungen zu sorgen. Er hat die erforderlichen Nachweise[4] über die Brauch-

barkeit der Bauprodukte und Bauarten zu erbringen und auf der Baustelle bereitzuhalten.

(2) Hat der Unternehmer für einzelne Arbeiten nicht die erforderliche Sachkunde und Erfahrung, so hat er den Bauherrn zu veranlassen, geeignete Fachkräfte zu bestellen. Diese sind für ihre Arbeiten verantwortlich. Der Unternehmer bleibt dafür verantwortlich, dass die Arbeiten der Fachkräfte entsprechend den öffentlich-rechtlichen Vorschriften aufeinander abgestimmt werden.

(3) Der Unternehmer und die Fachkräfte nach Absatz 2 haben auf Verlangen der Baurechtsbehörde für Bauarbeiten, bei denen die Sicherheit der baulichen Anlagen in außergewöhnlichem Maße von einer besonderen Sachkenntnis und Erfahrung oder von einer Ausstattung mit besonderen Einrichtungen abhängt,[5] nachzuweisen, dass sie für diese Bauarbeiten geeignet sind und über die erforderlichen Einrichtungen verfügen.

Anmerkungen

1 Dem Unternehmer i. S. der LBO obliegen öffentlich-rechtliche Pflichten gegenüber der Baurechtsbehörde. Unberührt davon bleiben die Rechtsbeziehungen zum Bauherrn.

2 In dem mit dem Bauherrn privatrechtlich vereinbarten Umfang.

3 Verantwortung besteht nur in Bezug auf die Ausführung der Arbeiten, nicht hinsichtlich der Übereinstimmung der Anlage mit materiellem Baurecht. U. ist nicht verpflichtet, Ausführungspläne im Hinblick auf die Einhaltung materieller Bauvorschriften zu prüfen.

4 Vgl. § 17 ff., z. B. Ü-Zeichen, CE-Zeichen, allgemeine baurechtliche Zulassung, allgemeines baurechtliches Prüfzeugnis.

5 Insbesondere Arbeiten, für die besondere Eignungsnachweise gefordert werden (z. B. im Zusammenhang mit DIN 1052 – Holzbauwerke, DIN 4227 – Spannbeton, DIN 4113 – Aluminium im Hochbau), Abbrucharbeiten.

§ 45 Bauleiter[1]

(1) Der Bauleiter hat darüber zu wachen, dass die Bauausführung den öffentlich-rechtlichen Vorschriften und den Entwürfen des Entwurfsverfassers entspricht. Er hat im Rahmen dieser Aufgabe auf den sicheren bautechnischen Betrieb der Baustelle, insbesondere auf das gefahrlose Ineinandergreifen der Arbeiten der Unternehmer zu achten;[2] die Verantwortlichkeit der Unternehmer bleibt unberührt.[3] Verstöße, denen nicht abgeholfen wird, hat er unverzüglich der Baurechtsbehörde mitzuteilen.[4]

(2) Hat der Bauleiter nicht für alle ihm obliegenden Aufgaben die erforderliche Sachkunde und Erfahrung, hat er den Bauherrn zu veranlassen, geeignete Fachbauleiter zu bestellen. Diese treten insoweit an die Stelle des Bauleiters. Der Bauleiter bleibt für das ordnungsgemäße Ineinandergreifen seiner Tätigkeiten mit denen der Fachbauleiter verantwortlich.

Anmerkungen

1 Zum Erfordernis vgl. § 42 Abs. 3, muss natürliche Person sein – keine juristische Person oder Gesellschaften möglich.

2 Bei Zuwiderhandlung Ordnungswidrigkeit nach § 75 Abs. 1 Nr. 7.

3 Vgl. § 44.

4   Überwachungsfunktion, Verantwortlichkeit gegenüber der Baurechtsbe-
    hörde. Zur Verantwortung des Bauleiters vgl. auch § 15 Abs. 1 Nr. 8 HOAI
    (Teil V 12).

§ 46   Aufbau und Besetzung der Baurechtsbehörden

(1) Baurechtsbehörden sind
1. hinsichtlich der Regelungsgegenstände der §§ 13, 14, 17 bis 25, 48 Ab-
    satz 4 sowie des § 68 das Umweltministerium und im Übrigen das Ministe-
    rium für Verkehr und Infrastruktur als oberste Baurechtsbehörde[1],
2. die Regierungspräsidien[2] als höhere Baurechtsbehörden,
3. die unteren Verwaltungsbehörden[3] und die in Absatz 2 genannten Gemein-
    den und Verwaltungsgemeinschaften als untere Baurechtsbehörden.
(2) Untere Baurechtsbehörden sind
1. Gemeinden[4] und
2. Verwaltungsgemeinschaften,[4]
wenn sie die Voraussetzungen des Absatzes 4 erfüllen und die höhere Baurechtsbehörde auf Antrag die Erfüllung dieser Voraussetzungen feststellt. Die
Zuständigkeit und der Zeitpunkt des Aufgabenübergangs sind im Gesetzes-
blatt bekanntzumachen.
(3) Die Zuständigkeit erlischt im Falle des Absatzes 2 durch Erklärung der Gemeinde oder der Verwaltungsgemeinschaft gegenüber der höheren Baurechtsbehörde. Sie erlischt ferner, wenn die in Absatz 2 Satz 1 genannten Voraussetzungen nicht mehr erfüllt sind und die höhere Baurechtsbehörde dies feststellt.[5]
Das Erlöschen und sein Zeitpunkt ist im Gesetzblatt bekannt zu machen.
(4) Die Baurechtsbehörden sind für ihre Aufgaben ausreichend mit geeigneten
Fachkräften zu besetzen. Jeder unteren Baurechtsbehörde muss mindestens
ein Bauverständiger angehören, der das Studium der Fachrichtung Architektur
oder Bauingenieurwesen an einer deutschen Universität oder Fachhochschule
oder eine gleichwertige Ausbildung an einer ausländischen Hochschule oder
gleichrangigen Lehreinrichtung erfolgreich abgeschlossen hat; die höhere
Baurechtsbehörde kann von der Anforderung an die Ausbildung Ausnahmen[6]
zulassen. Die Fachkräfte zur Beratung und Unterstützung der Landratsämter
als Baurechtsbehörden sind vom Landkreis zu stellen.

Anmerkungen
1   Oberste Baurechtsbehörde ist immer das/die Ministerium/Ministerien, in
    dessen/deren Ressortzuständigkeit das Bauplanungs- und das Bauord-
    nungsrecht fällt, derzeit für Fragen der Bautechnik das Umweltministerium,
    ansonsten das Ministerium für Verkehr und Infrastruktur.
2   Regierungspräsidien sind zugleich Widerspruchsbehörde i. S. des § 73
    Abs. 1 Nr. 1 VwGO (Teil V 14) und Aufsichtsbehörde der unteren Bau-
    rechtsbehörden i. S. der § 20 ff. LVG (Teil V 14).
3   In den Landkreisen die Landratsämter und die Bürgermeisterämter der gro-
    ßen Kreisstädte, in den Stadtkreisen die Gemeinden, Verwaltungsgemein-
    schaften nach § 14 LVG (Teil V 14).
4   Gemeinden und Verwaltungsgemeinschaften, die keine unteren Verwal-
    tungsbehörden sind.
5   Insbesondere wenn die Baurechtsbehörde nicht mehr mit den erforderli-
    chen Fachkräften nach Abs. 4 besetzt ist.

6   Z. B. bei Nachweis eines Studiums in einer anderweitigen einschlägigen Fachrichtung wie z. b. Vermessungswesen sowie entsprechender Erfahrung im technischen Aufgabenbereich einer Baurechtsbehörde.

§ 47   Aufgaben und Befugnisse der Baurechtsbehörden

(1) [1] Die Baurechtsbehörden haben darauf zu achten, dass die baurechtlichen Vorschriften sowie die anderen öffentlich-rechtlichen Vorschriften über die Errichtung und den Abbruch von Anlagen und Einrichtungen im Sinne des § 1 eingehalten und die auf Grund dieser Vorschriften erlassenen Anordnungen befolgt werden. Sie haben zur Wahrnehmung dieser Aufgaben diejenigen Maßnahmen zu treffen, die nach pflichtgemäßem Ermessen[2] erforderlich sind.

(2) Die Baurechtsbehörden können zur Erfüllung ihrer Aufgaben Sachverständige heranziehen.[3]

(3) Die mit dem Vollzug dieses Gesetzes beauftragten Personen sind berechtigt, in Ausübung ihres Amtes Grundstücke und bauliche Anlagen einschließlich der Wohnungen zu betreten.[4] Das Grundrecht der Unverletzlichkeit der Wohnung (Artikel 13 des Grundgesetzes) wird insoweit eingeschränkt.

(4) Die den Gemeinden und den Verwaltungsgemeinschaften nach § 46 Abs. 2 übertragenen Aufgaben der unteren Baurechtsbehörde sind Pflichtaufgaben nach Weisung. Für die Erhebung von Gebühren und Auslagen gilt das Kommunalabgabengesetz. Abweichend hiervon gelten für die Erhebung von Gebühren und Auslagen für bautechnische Prüfungen die für die staatlichen Behörden maßgebenden Vorschriften.

(5) Die für die Fachaufsicht zuständigen Behörden[5] können den nachgeordneten Baurechtsbehörden unbeschränkt Weisungen erteilen. Leistet eine Baurechtsbehörde einer ihr erteilten Weisung innerhalb der gesetzten Frist keine Folge, so kann an ihrer Stelle jede Fachaufsichtsbehörde die erforderlichen Maßnahmen auf Kosten des Kostenträgers der Baurechtsbehörde treffen.[6] § 129 Abs. 5 der Gemeindeordnung gilt entsprechend.

Anmerkungen

1   Abs. 1 = formal-rechtliche Generalklausel des baurechtlichen Verfahrens, dieser gehen spezielle Ermächtigungsgrundlagen für das baurechtliche Handeln vor (z. B. §§ 57, 58 Abs. 1, 61, 64, 65, 66, 70, 76).

2   Baurechtsbehörde hat ein Entschließungsermessen (ob gehandelt wird) und ein Auswahlermessen (wie gehandelt wird) = Opportunitätsprinzip. Pflichtgemäßes Ermessen: darf nur in einer dem Zweck des Gesetzes entsprechenden Weise ausgeübt werden, in den Grenzen des Gleichbehandlungsgebotes sowie des Verhältnismäßigkeitsgebotes.

3   Diese werden aber nur gutachterlich tätig, die Entscheidung verbleibt bei der Baurechtsbehörde.

4   = Allgemeines Betretungsrecht; spezielles Betretungsrecht vgl. § 66 Abs. 3 Satz 1.

5   Regierungspräsidien als höhere Baurechtsbehörden gegenüber den unteren Baurechtsbehörden, derzeit das Ministerium für Verkehr und Infrastruktur als oberste Baurechtsbehörde gegenüber Regierungspräsidien und unteren Baurechtsbehörden.

6   = Selbsteintrittsrecht der Fachaufsichtsbehörden.

§ 48 Sachliche Zuständigkeit[1]

(1) Sachlich zuständig ist die untere Baurechtsbehörde, soweit nichts anderes bestimmt ist.

(2) An Stelle einer Gemeinde als Baurechtsbehörde ist die nächsthöhere Baurechtsbehörde,[2] bei den in § 46 Abs. 2 genannten Gemeinden die untere Verwaltungsbehörde[3] zuständig, wenn es sich um ein Vorhaben der Gemeinde selbst handelt, gegen das Einwendungen erhoben werden, sowie bei einem Vorhaben, gegen das die Gemeinde als Beteiligte Einwendungen erhoben hat; an Stelle einer Verwaltungsgemeinschaft als Baurechtsbehörde ist in diesen Fällen bei Vorhaben sowie bei Einwendungen der Verwaltungsgemeinschaft oder einer Gemeinde, die der Verwaltungsgemeinschaft angehört, die in § 28 Abs. 2 Nr. 1 oder 2 des Gesetzes über kommunale Zusammenarbeit genannte Behörde zuständig. Für die Behandlung des Bauantrags, die Bauüberwachung und die Bauabnahme gilt Absatz 1.

(3) Die Erlaubnis nach den auf Grund des § 34 des Produktsicherheitsgesetzes erlassenen Vorschriften schließt eine Genehmigung oder Zustimmung nach diesem Gesetz ein. Die für die Erlaubnis zuständige Behörde entscheidet im Benehmen[4] mit der Baurechtsbehörde der gleichen Verwaltungsstufe; die Bauüberwachung nach § 66 und die Bauabnahme obliegen der Baurechtsbehörde.

(4) Bei Anlagen nach § 7 des Atomgesetzes schließt die atomrechtliche Genehmigung eine Genehmigung oder Zustimmung nach diesem Gesetz ein. Im Übrigen ist die oberste Baurechtsbehörde sachlich zuständig für alle baulichen Anlagen auf dem Betriebsgelände, soweit sie nicht im Einzelfall die Zuständigkeit einer nachgeordneten Baurechtsbehörde überträgt.

Anmerkungen

1 Bestimmt, welche Baurechtsbehörde zum Gesetzesvollzug befugt ist. Die örtliche Zuständigkeit bestimmt sich nach § 3 LVwVfG (Teil V 14).
2 Regierungspräsidien.
3 Landratsämter.
4 = Nach Anhörung.

Achter Teil Verwaltungsverfahren, Baulasten

§ 49 Genehmigungspflichtige Vorhaben[1]

Die Errichtung[2] und der Abbruch[3] baulicher Anlagen sowie der in § 50 aufgeführten anderen Anlagen und Einrichtungen bedürfen der Baugenehmigung, soweit in §§ 50, 51,69 oder 70 nichts anderes bestimmt ist.

Anmerkungen

1 Das Gesetz unterscheidet
 a) genehmigungspflichtige Vorhaben (§ 49, § 52),
 b) zustimmungspflichtige Vorhaben (§ 70),
 c) kenntnisgabepflichtige Vorhaben (§ 51),
 d) verfahrensfreie Vorhaben (§ 50).
2 Der Errichtung gleichgestellt sind nach § 2 Abs. 12 insbesondere das Ändern und die Nutzungsänderung. Vgl. insoweit auch die Ausnahmen von

der Genehmigungspflicht nach §§ 50 Abs. 1 und 2 und 51 Abs. 1 i. V. m. der Gleichstellungsklausel des § 2 Abs. 12.

3 Der Abbruch von Anlagen und Einrichtungen bedarf eines Kenntnisgabeverfahrens nach § 51 Abs. 3 mit Ausnahme der Fälle des § 50 Abs. 3. Für die Beseitigung eines Kulturdenkmals ist nach § 8 Denkmalschutzgesetz eine denkmalschutzrechtliche Genehmigung erforderlich. Dies gilt auch für die Beseitigung baulicher Anlagen in der Umgebung eines eingetragenen Kulturdenkmals nach § 15 Abs. 3 DSchG.

§ 50 Verfahrensfreie Vorhaben

(1) Die Errichtung[1] der Anlagen und Einrichtungen, die im Anhang[2] aufgeführt sind, ist verfahrensfrei.[3]

(2) Die Nutzungsänderung ist verfahrensfrei, wenn
1. **für die neue Nutzung keine anderen oder weitergehenden Anforderungen gelten als für die bisherige Nutzung oder**
2. **durch die neue Nutzung zusätzlicher Wohnraum in Wohngebäuden[4] nach Gebäudeklasse 1 bis 3[5] im Innenbereich[6] geschaffen wird.**

(3) Der Abbruch ist verfahrensfrei bei
1. **Anlagen nach Absatz 1,**
2. **freistehenden Gebäuden der Gebäudeklassen 1 und 3[5]**
3. **sonstigen Anlagen, die keine Gebäude[7] sind, mit einer Höhe bis zu 10 m.**

(4) Instandhaltungsarbeiten sind verfahrensfrei.

(5) Verfahrensfreie Vorhaben müssen ebenso wie genehmigungspflichtige Vorhaben den öffentlich-rechtlichen Vorschriften entsprechen.[8] § 57 findet entsprechende Anwendung.[9]

Anmerkungen
1 Zum Begriff vgl. § 2 Abs. 12.
2 Vgl. Anhang zu § 50 Abs. 1, hier abgedruckt ab Seite 60.
3 Aber: Einführung einer Kenntnisgabepflicht für verfahrensfreie Vorhaben möglich durch örtliche Bauvorschrift nach § 74 Abs. 1 Nr. 6.
4 Begriff vgl. § 2 Abs. 3.
5 Begriff vgl. § 2 Abs. 4.
6 = Im Zusammenhang bebaute Ortsteile bzw. Geltungsbereich eines Bebauungsplanes (§ 34 bzw. § 30 BauGB – **Teil V 1**).
7 Begriff vgl. § 2 Abs. 2.
8 Insbesondere auch den materiell-rechtlichen Anforderungen des Bauordnungsrechts; wird von diesen abgewichen, muss Antrag auf Abweichung, Ausnahme oder Befreiung nach § 56 Abs. 6 gestellt werden.

Anhang
(zu § 50 Abs. 1)

Verfahrensfreie Vorhaben

1. **Gebäude, Gebäudeteile[1]**

a) Gebäude ohne Aufenthaltsräume,[2] Toiletten oder Feuerstätten, wenn die Gebäude weder Verkaufs- noch Ausstellungszwecken[3] dienen, im Innenbereich bis 40 m³, im Außenbereich bis 20 m³ Brutto-Rauminhalt,
b) Garagen einschließlich überdachter Stellplätze mit einer mittleren Wandhöhe bis zu 3 m und einer Grundfläche bis zu 30 m², außer im Außenbereich,[4]
c) Gebäude ohne Aufenthaltsräume,[2] Toiletten oder Feuerstätten, die einem land- oder forstwirtschaftlichen Betrieb[5] dienen und ausschließlich zur Unterbringung von Ernteerzeugnissen oder Geräten oder zum vorübergehenden Schutz von Menschen und Tieren bestimmt sind, bis 100 m² Grundfläche und einer mittleren traufseitigen Wandhöhe bis zu 5 m,
d) Gewächshäuser bis zu 5 m Höhe, im Außenbereich[4] nur landwirtschaftliche[5] Gewächshäuser,
e) Wochenendhäuser in Wochenendhausgebieten,[6]
f) Gartenhäuser in Gartenhausgebieten,[6]
g) Gartenlauben in Kleingartenanlagen im Sinne des § 1 Abs. 1 des Bundeskleingartengesetzes,[6]
h) Fahrgastunterstände, die dem öffentlichen Personennahverkehr oder der Schülerbeförderung dienen,
i) Schutzhütten und Grillhütten für Wanderer, wenn die Hütten jedermann zugänglich sind und keine Aufenthaltsräume[2] haben,
j) Gebäude für die Wasserwirtschaft oder für die öffentliche Versorgung mit Wasser, Elektrizität,[7] Gas, Öl oder Wärme im Innenbereich[8] bis 30 m² Grundfläche und bis 5 m Höhe, im Außenbereich[4] bis 20 m² Grundfläche und bis 3 m Höhe,
k) Vorbauten[9] ohne Aufenthaltsräume[2] im Innenbereich[8] bis 40 m³ Brutto-Rauminhalt,
l) Terrassenüberdachungen im Innenbereich[8] bis 30 m² Grundfläche,
m) Balkonverglasungen sowie Balkonüberdachungen bis 30 m² Grundfläche;

2. **tragende und nichttragende Bauteile**

a) Die Änderung tragender oder aussteifender Bauteile[10] innerhalb von Wohngebäuden der Gebäudeklassen 1 und 2[11],
b) nichttragende und nichtaussteifende Bauteile innerhalb von baulichen Anlagen,[13]
c) Öffnungen in Außenwänden und Dächern von Wohngebäuden[12] und Wohnungen,
d) Außenwandbekleidungen einschließlich Maßnahmen der Wärmedämmung, ausgenommen bei Hochhäusern,[13] Verblendungen und Verputz baulicher Anlagen[14],
e) Bedachungen[15] einschließlich Maßnahmen der Wärmedämmung, ausgenommen bei Hochhäusern.
f) sonstige unwesentliche[16] Änderungen an oder in Anlagen oder Einrichtungen;

3. **Feuerungs- und andere Energieerzeugungsanlagen**

a) Feuerungsanlagen[17] sowie ortsfeste Blockheizkraftwerke und Verbrennungsmotoren in Gebäuden mit der Maßgabe, dass dem bevollmächtigten Bezirksschorn-

steinfeger mindestens zehn Tage vor Beginn der Ausführung die erforderlichen technischen Angaben vorgelegt werden und er vor der Inbetriebnahme die Brandsicherheit und die sichere Abführung der Verbrennungsgase bescheinigt,
b) Blockheizkraftwerke in Gebäuden sowie Wärmepumpen,
c) Anlagen zur photovoltaischen und thermischen Solarnutzung auf oder an Gebäuden sowie eine damit verbundene Änderung der Nutzung[18] oder der äußeren Gestalt der Gebäude; gebäudeunabhängige Anlagen nur bis 3 m Höhe und einer Gesamtlänge bis zu 9 m,
d) Windenergieanlagen bis 10 m Höhe;[19]

4.   Anlagen der Ver- und Entsorgung

a) Leitungen aller Art,[20]
b) Abwasserbehandlungsanlagen für häusliches Schmutzwasser,[21]
c) Anlagen zur Verteilung von Wärme bei Warmwasser- und Niederdruckdampfheizungen,
d) bauliche Anlagen, die dem Fernmeldewesen[22], der öffentlichen Versorgung mit Elektrizität, Gas, Öl oder Wärme dienen, bis 30 m² Grundfläche und 5 m Höhe, ausgenommen Gebäude,[23]
e) bauliche Anlagen, die der Aufsicht der Wasserbehörden unterliegen oder die Abfallentsorgungsanlagen sind, ausgenommen Gebäude[24,]
f) Be- und Entwässerungsanlagen auf land- oder forstwirtschaftlich genutzten Flächen;

5.   Masten, Antennen und ähnliche bauliche Anlagen

a) Masten und Unterstützungen für
   – Fernsprechleitungen,
   – Leitungen zur Versorgung mit Elektrizität,
   – Seilbahnen,
   – Leitungen sonstiger Verkehrsmittel,
   – Sirenen,
   – Fahnen,
   – Einrichtungen der Brauchtumspflege[25],
b) Flutlichtmasten mit einer Höhe bis 10 m,
c) Antennen einschließlich der Masten bis 10 m Höhe[26] und zugehöriger Versorgungseinheiten bis 10 m³ Brutto-Rauminhalt sowie, soweit sie in, auf oder an einer bestehenden baulichen Anlage errichtet werden, die damit verbundenen Nutzungsänderungen oder bauliche Änderung der Anlage; für Mobilfunkanlagen gilt dies mit der Maßgabe, dass deren Errichtung mindestens acht Wochen vorher der Gemeinde angezeigt wird[27]
d) Signalhochbauten der Landesvermessung,[28]
e) Blitzschutzanlagen;

6.   Behälter, Wasserbecken, Fahrsilos

a) Behälter für verflüssigte Gase mit einem Fassungsvermögen von weniger als 3 t, für nicht verflüssigte Gase mit einem Brutto-Rauminhalt bis zu 6 m³,
b) Gärfutterbehälter bis 6 m Höhe und Schnitzelgruben,

c) Behälter[29] für wassergefährdende[30] Stoffe mit einem Brutto-Rauminhalt bis zu 10 m³,
d) sonstige drucklose Behälter mit einem Brutto-Rauminhalt bis zu 50 m³ und 3 m Höhe,
e) Wasserbecken[8] bis 100 m³ Beckeninhalt, im Außenbereich nur, wenn sie einer land- oder forstwirtschaftlichen Nutzung dienen,
f) landwirtschaftliche Fahrsilos, Kompost- und ähnliche Anlagen;

7. **Einfriedungen, Stützmauern**

a) Einfriedungen im Innenbereich,[8]
b) offene Einfriedungen ohne Fundamente und Sockel im Außenbereich,[4] die einem land- oder forstwirtschaftlichen[5] Betrieb dienen,
c) Stützmauern bis 2 m Höhe;

8. **bauliche Anlagen zur Freizeitgestaltung**

a) Wohnwagen, Zelte und bauliche Anlagen, die keine Gebäude sind, auf Camping, Zelt- und Wochenendplätzen,
b) Anlagen, die der Gartennutzung, der Gartengestaltung oder der zweckentsprechenden Einrichtung von Gärten dienen, ausgenommen Gebäude[1] und Einfriedungen,
c) Pergolen, im Außenbereich jedoch nur bis 10 m² Grundfläche,
d) Anlagen die der zweckentsprechenden Einrichtung von Spiel, Abenteuerspiel, Ballspiel- und Sportplätzen, Reit- und Wanderwegen, Trimm- und Lehrpfaden dienen, ausgenommen Gebäude und Tribünen,
e) Sprungtürme, Sprungschanzen und Rutschbahnen bis 10 m Höhe,
f) luftgetragene Schwimmbeckenüberdachungen bis 100 m² Grundfläche im Innenbereich;

9. **Werbeanlagen, Automaten**

a) Werbeanlagen[31] im Innenbereich[8] bis 1 m² Ansichtsfläche,
b) Werbeanlagen in durch Bebauungsplan festgesetzten Gewerbe, Industrie- und vergleichbaren Sondergebieten an der Stätte der Leistung[29] bis zu 10 m Höhe über der Geländeoberfläche,
c) vorübergehend angebrachte oder aufgestellte Werbeanlagen im Innenbereich[8] an der Stätte der Leistung[32] oder für zeitlich begrenzte Veranstaltungen,
d) Automaten;

10. **vorübergehend aufgestellte oder genutzte Anlagen**

a) Gerüste,
b) Baustelleneinrichtungen einschließlich der Lagerhallen, Schutzhallen und Unterkünfte,[33]

---

1 Gebäude können jedoch nach Nummer 1 bis 9 verfahrensfrei sein.

c) Behelfsbauten, die der Landesverteidigung, dem Katastrophenschutz, der Unfallhilfe oder der Unterbringung Obdachloser dienen und nur vorübergehend aufgestellt werden,

d) Verkaufsstände und andere baulichen Anlagen auf Straßenfesten, Volksfesten und Märkten, ausgenommen Fliegende Bauten,

e) Toilettenwagen,

f) bauliche Anlagen, die für höchstens drei Monate auf genehmigten Messe- oder Ausstellungsgeländen errichtet werden, ausgenommen Fliegende Bauten;

11.   sonstige bauliche Anlagen und Teile baulicher Anlagen

a) private Verkehrsanlagen[34] einschließlich Überbrückungen und Untertunnelungen mit nicht mehr als 5 m lichte Weite oder Durchmesser,

b) Stellplätze bis 50 m² Nutzfläche je Grundstück[35] im Innenbereich,[8]

c) Fahrradabstellanlagen,

d) Regale mit einer Höhe bis zu 7,50 m Oberkante Lagergut

e) selbstständige[36] Aufschüttungen und Abgrabungen bis 2 m Höhe oder Tiefe, im Außenbereich nur, wenn die Aufschüttungen und Abgrabungen nicht mehr als 500 m² Fläche haben,

f) Denkmale[37] und Skulpturen sowie Grabsteine, Grabkreuze und Feldkreuze,

g) Brunnenanlagen,

h) Ausstellungs, Abstell- und Lagerplätze im Innenbereich[8] bis 100 m² Nutzfläche,

i) unbefestigte Lager- und Abstellplätze bis 500 m² Nutzfläche, die einem land- oder forstwirtschaftlichen Betrieb[5] dienen;

12.   nicht aufgeführte Anlagen

a) sonstige untergeordnete oder unbedeutende[38] bauliche Anlagen,

b) Anlagen und Einrichtungen, die mit den in den Nummern 1 bis 11 aufgeführten Anlagen und Einrichtungen vergleichbar sind.

Anmerkungen

1 Begriff vgl. § 2 Abs. 2.

2 Begriff vgl. § 2 Abs. 7.

3 Aber: Verkaufs- und Ausstellungsstände ggf. nach Ziff. f) verfahrensfrei, sofern keine Fliegende Bauten nach § 69.

4 Außenbereich i. S. v. § 35 BauGB = außerhalb eines qualifizierten Bebauungsplanes und außerhalb der im Zusammenhang bebauten Ortsteile.

5 Zum Begriff Landwirtschaft vgl. Anm. 5 zu § 6 Abs. 3.

6 Voraussetzung ist Festsetzung mit entsprechender Zweckbestimmung in einem Bebauungsplan.

7 Z. B. Transformatoren, Verteilerstationen.

8 Vgl. Anm. 6 zu § 50 Abs. 2.

9 Vgl. § 5 Abs. 6 Nr. 2.

10 Anforderungen vgl. § 27 und § 4 LBOAVO (**Teil II 1**).

11 = innerhalb von Wohngebäuden/Wohnungen, Veränderungen an den Außenwänden sind nicht erfasst.

12 Begriff vgl. § 2 Abs. 3.

13 Vgl. § 39 Abs. 2 Nr. 1.

14 Auch Aufbringen von Wärmedämmung auf die Außenwand.

15 Gilt nicht für Änderungen der Dachform (z. B. Sattel- statt Flachdach, Dachaufbauten wie Gauben) jedoch auch für Bedachungen, die zur Erhöhung des Gebäudes führen, wie Aufsparrendämmungen.

16 Bauliche Änderungen sind nur dann unwesentlich, wenn der Bestand des Gebäudes unter Wahrung seines bisherigen Nutzungszwecks im Wesentlichen erhalten bleibt (VGH, Urteil v. 13.3.1974 – III 124/73 –).

17 Feuerstätten und Abgasanlagen wie Schornsteine, Abgasleitungen und Verbindungsstücke vgl. § 32.

18 Gewerbliche Nutzung von Dachflächen für Solaranlagen (Nutzung durch andere als die Eigentümer) führt zur Nutzungsänderung, z. B. von Wohngebäuden, auch dies jedoch verfahrensfrei.

19 Ohne bewegliche Maschinenteile wie Rotor.

20 Z. B. Wasser- und Abwasserleitungen.

21 Insbesondere Kleinkläranlagen, vgl. dazu § 17 LBOAVO (**Teil II 1**).

22 Telegrafen, Fernsprech- und Funkanlagen.

23 Entsprechende Gebäude sind aber nach Ziff. 1 j) des Anhangs verfahrensfrei.

24 Vgl. hierzu § 1 Abs. 2 Nr. 2 sowie Ziff. 1 j) des Anhangs.

25 Z. B. Maibaum, Weihnachtsdekoration.

26 Gemessen wird die Eigenhöhe von Mast und Antenne, bei Antennen auf Gebäuden (Gebäudeaufsetzer) vom Fußpunkt der Antenne aus.

27 Grund: Gemeinden sollen in die Lage versetzt werden, ihrer Informationspflicht nach Gemeindeordnung gegenüber den Bürgerinnen und Bürgern rechtzeitig vor Errichtung der Anlagen nachzukommen.

28 „Trigonometrische Punkte".

29 Betrifft ortsfeste Behälter, da nur diese im Geltungsbereich der LBO.

30 Vgl. § 19g Abs. 5 Wasserhaushaltsgesetz (**Teil V 6**); baurechtliche Verfahrensfreiheit befreit nicht von umweltrechtlichen Anforderungen, vgl. auch Betriebssicherheitsverordnung (**Teil V 9**).

31 Begriff vgl. § 2 Abs. 9.

32 Vgl. Anm. 7 zu § 11 Abs. 4.

33 Zum vorübergehenden Aufenthalt von auf der Baustelle Beschäftigten.

34 Werden private Verkehrsanlagen zusammen mit genehmigungspflichtigen Anlagen, z. B. Gebäuden, errichtet, unterfallen sie auch der Genehmigungspflicht.

35 = bis 4 Stellplätze je Grundstück.

36 Nur solche, die eigene Funktion und Zweckbestimmung haben (VGH, Urteil v. 7.8.1986 – 8 S 1575/86 –), Aufschüttungen und Abgrabungen als Teile eines Gesamtvorhabens (z. B. Wohngebäude) teilen das rechtliche Schicksal des Gesamtvorhabens – Baugrube für Wohngebäude ist nicht verfahrensfrei.

37 = keine Kulturdenkmale i. S. v. § 2 Denkmalschutzgesetz (**Teil V 4**), stattdessen Erinnerungs- und Mahnmale (VGH, Urteil v. 1.2.1993, BRS 55, 546).

38 Untergeordnet oder unbedeutend ist eine Anlage dann nicht mehr, wenn sie die mit dem Bauordnungsrecht verfolgten Zielsetzungen erheblich berühren kann (VGH, Urteil v. 10.10.1988, BauR 1989, 70).

§ 51 Kenntnisgabeverfahren[1]

(1) Das Kenntnisgabeverfahren kann durchgeführt werden bei der Errichtung[2] von
1. Wohngebäuden,[3]
2. sonstigen Gebäuden der Gebäudeklassen 1 bis 3[4], ausgenommen Gaststätten,
3. sonstigen baulichen Anlagen, die keine Gebäude sind,
4. Nebengebäuden und Nebenanlagen[5] zu Bauvorhaben nach den Nummern 1 bis 3,
ausgenommen Sonderbauten[6], soweit die Vorhaben nicht bereits nach § 50 verfahrensfrei sind und die Voraussetzungen des Absatzes 2 vorliegen.

(2) Die Vorhaben nach Absatz 1 müssen liegen
1. innerhalb des Geltungsbereichs eines Bebauungsplans im Sinne des § 30 Abs. 1 BauGB, der nach dem 29. Juni 1961 rechtsverbindlich geworden ist, oder im Geltungsbereich eines Bebauungsplans im Sinne der §§ 12, 30 Abs. 2 BauGB und
2. außerhalb des Geltungsbereichs einer Veränderungssperre[7] im Sinne des § 14 BauGB.
Sie dürfen den Festsetzungen eines Bebauungsplanes nicht widersprechen.[8]

(3) Beim Abbruch von Anlagen und Einrichtungen wird das Kenntnisgabeverfahren durchgeführt, soweit die Vorhaben nicht bereits nach § 50 Abs. 3 verfahrensfrei sind.

(4) Kenntnisgabepflichtige Vorhaben müssen ebenso wie genehmigungspflichtige Vorhaben den öffentlich-rechtlichen Vorschriften entsprechen.

(5) Der Bauherr kann beantragen, dass bei Vorhaben, die Absatz 1 oder 3 entsprechen, ein Baugenehmigungsverfahren durchgeführt wird.

Anmerkungen
1 Verwaltungsverfahren mit stark eingeschränkter Prüfpflicht der Baurechtsbehörde, Einhaltung der öffentlich-rechtlichen Vorschriften in der Verantwortung von Bauherrn und Entwurfsverfasser, Baubeginn nicht nach legalisierender behördlicher Entscheidung, sondern nach Fristablauf – es sei denn, Hinderung durch Mitteilung der Gemeinde nach § 53 Abs. 6 oder Untersagungsverfügung der Baurechtsbehörde nach § 47 Abs. 1. Prüfverzicht, jedoch kein Prüfverbot, insbesondere bei Vorliegen von Anhaltspunkten für Verstöße gegen öffentlich-rechtliche Vorschriften. Das Kenntnisgabeverfahren ist nicht verpflichtend. Auch wenn die Voraussetzungen dafür vorliegen, kann der Bauherr das Baugenehmigungsverfahren oder das vereinfachte Baugenehmigungsverfahren nach § 52 wählen.
2 Vgl. § 2 Abs. 12.
3 Vgl. § 2 Anm. 10–12.
4 Vgl. § 2 Abs. 4 Nr. 1–3.
5 I. S. v. § 14 BauNVO (Teil V 1), z. B. Garagen, Stellplätze, Einfriedungen.
6 Vgl. § 38.
7 Tritt eine Veränderungssperre in Kraft, bevor die Frist nach § 59 Abs. 4 S. 1 abläuft, ist ein Vorhaben auch dann unzulässig, wenn das Kenntnisgabeverfahren bereits eingeleitet war
8 Sofern Abweichungen, Ausnahmen oder Befreiungen vom Bebauungsplan erforderlich werden, ist das vereinfachte Baugenehmigungsverfahren nach § 52 angezeigt.

§ 52   Vereinfachtes Baugenehmigungsverfahren[1]

(1) Das vereinfachte Baugenehmigungsverfahren kann bei Bauvorhaben nach § 51 Abs. 1 durchgeführt werden.

(2) Im vereinfachten Baugenehmigungsverfahren prüft die Baurechtsbehörde
1. die Übereinstimmung[2] mit den Vorschriften über die Zulässigkeit der baulichen Anlagen nach den §§ 14 und 29 bis 38 BauGB,
2. die Übereinstimmung mit den §§ 5 bis 7,[3]
3. andere öffentlich-rechtliche Vorschriften außerhalb dieses Gesetzes und außerhalb von Vorschriften aufgrund dieses Gesetzes[4],
   a) soweit in diesen Anforderungen an eine Baugenehmigung[5] gestellt werden oder
   b) soweit es sich um Vorhaben im Außenbereich handelt, im Umfang des § 58 Abs. 1 Satz 2.

(3) Auch soweit Absatz 2 keine Prüfung vorsieht, müssen Bauvorhaben im vereinfachten Verfahren den öffentlich-rechtlichen Vorschriften entsprechen.

(4) Über Abweichungen, Ausnahmen und Befreiungen von Vorschriften nach diesem Gesetz oder auf Grund dieses Gesetzes, die nach Absatz 2 nicht geprüft werden, entscheidet die Baurechtbehörde auf besonderen Antrag[6] im Rahmen des vereinfachten Baugenehmigungsverfahrens.

Anmerkungen

1 Verfahren mit eingeschränktem Prüfumfang. Der Anwendungsbereich entspricht hinsichtlich der Art der baulichen Anlagen dem des Kenntnisgabeverfahrens. Voraussetzung ist hier aber nicht die Lage im Geltungsbereich eines qualifizierten Bebauungsplanes nach § 30 Abs. 1 BauGB (also auch im unbeplanten Innenbereich nach § 34 BauGB oder im Geltungsbereich eines einfachen Bebauungsplanes möglich).

2 Insbesondere mit den planungsrechtlichen Festsetzungen eines Bebauungsplanes bzw. mit den Zulässigkeitsvoraussetzungen der §§ 34 und 35 BauGB.

3 Abstandsflächen.

4 = Fachrechte wie z. B. Naturschutz, Denkmalschutz, Wasserrecht etc.

5 Meint Anforderungen aus Fachrecht (z. B. Umweltschutzrecht, Naturschutzrecht, Wasserrecht, Denkmalschutzrecht) an die bauliche Anlage, die im Rahmen der Baugenehmigung mit geprüft werden müssen; z. B. wenn die Baugenehmigung andere erforderliche Zustimmungen, Genehmigungen, oder sonstige fachrechtliche Entscheidungen mit einschließt.

6 Zeitgleich mit den Bauvorlagen nach § 53 Abs. 1 oder später bei der Gemeinde einzureichen, muss in den Bauvorlagen nachvollziehbar und prüfbar sein.

§ 53   Bauvorlagen[1] und Bauantrag

(1) Alle für die Durchführung des Baugenehmigungsverfahrens oder des Kenntnisgabeverfahrens erforderlichen Unterlagen[1] (Bauvorlagen) und Anträge[2] auf Abweichungen, Ausnahmen und Befreiungen sind bei der Gemeinde[3] einzureichen. Bei genehmigungspflichtigen Vorhaben ist zusammen mit den Bauvorlagen der schriftliche Antrag auf Baugenehmigung (Bauantrag) einzureichen.

(2) Der Bauantrag ist vom Bauherrn[4] und vom Entwurfsverfasser, die Bauvorlagen sind vom Entwurfsverfasser zu unterschreiben. Die von den Fachplanern nach § 43 Abs. 2 erstellten Bauvorlagen müssen von diesen unterschrieben werden.

(3) Die Gemeinde hat den Bauantrag, wenn sie nicht selbst Baurechtsbehörde ist, unter Zurückbehaltung einer Ausfertigung innerhalb von drei Arbeitstagen[5] an die Baurechtsbehörde weiterzuleiten.[6]

(4) Zum Bauantrag wird die Gemeinde gehört,[7] wenn sie nicht selbst Baurechtsbehörde ist.[8] Soweit es für die Behandlung des Bauantrags notwendig ist, sollen die Stellen[9] gehört werden, deren Aufgabenbereich berührt wird. Ist die Beteiligung einer Stelle nur erforderlich, um das Vorliegen von fachtechnischen Voraussetzungen in öffentlich-rechtlichen Vorschriften zu prüfen, kann die Baurechtsbehörde mit Einverständnis des Bauherrn und auf dessen Kosten dies durch Sachverständige prüfen lassen. Sie kann vom Bauherrn die Bestätigung eines Sachverständigen verlangen, dass die fachtechnischen Voraussetzungen vorliegen.

(5) Im Kenntnisgabeverfahren hat die Gemeinde innerhalb von fünf Arbeitstagen[5]
1. dem Bauherrn den Zeitpunkt des Eingangs der vollständigen[10] Bauvorlagen schriftlich zu bestätigen und
2. die Bauvorlagen, wenn sie nicht selbst Baurechtsbehörde ist, unter Zurückbehaltung einer Ausfertigung[11] an die Baurechtsbehörde weiterzuleiten.

(6) Absatz 5 gilt nicht, wenn die Gemeinde feststellt, dass
1. die Bauvorlagen unvollständig[12] sind,
2. die Erschließung[13] des Vorhabens nicht gesichert[14] ist,
3. eine hindernde Baulast[15] bestehtoder
4. das Vorhaben in einem förmlich festgelegten Sanierungsgebiet im Sinne des § 142 BauGB, in einem förmlich festgelegten städtebaulichen Entwicklungsbereich im Sinne des § 165 BauGB oder in einem förmlich festgelegten Gebiet im Sinne des § 171 d oder des § 172 BauGB liegt und die hierfür erforderlichen Genehmigungen nicht beantragt[16] worden sind.
Die Gemeinde hat dies dem Bauherrn innerhalb von fünf Arbeitstagen[15] mitzuteilen.

Anmerkungen
1 Vgl. LBOVVO (Teil II 2).
2 Antragsteller ist der Bauherr.
3 Bei der Gemeinde, in deren Gebiet das Grundstück liegt, auch wenn sie nicht selbst Baurechtsbehörde ist.
4 Vgl. § 42.
5 Eingangstag nicht mitgerechnet, Frist endet mit Ablauf des letzten Tages (gemäß § 31 Abs. 1 LVwVfG nach § 187 bzw. § 188 BGB). Sonntage, Sonnabende, staatliche Feiertage werden nicht angerechnet.
6 Beinhaltet keine sachliche Prüfung.
7 Zeitpunkt ergibt sich aus § 54 Abs. 2 Nr. 2.
8 Ist sie selbst Baurechtsbehörde, richtet sich eine eventuelle Beteiligung des Gemeinderates nach Kommunalverfassungsrecht. In jedem Fall verbleibt aber die Entscheidung über den Bauantrag bei der Baurechtsbehörde.
9 Z.B. Behörden wie Landratsamt, Gewerbeaufsichtsamt, Straßenbauamt, Naturschutzbehörde, Umweltschutzbehörde, Denkmalschutzbehörde, aber

auch Institutionen wie Energie- und Wasserversorgungsunternehmen, Deutsche Bahn AG, Post und Telekom.

10 Vollständigkeitsprüfung nach § 1 Abs. 3 LBOVVO (Teil II 2) durch die Gemeinde.

11 Anzahl der Ausfertigungen nach § 1 Abs. 2 LBOVVO (Teil II 2).

12 Die Gemeinde soll dem Bauherrn mit der Mitteilung der Unvollständigkeit die erforderlichen Ergänzungen nennen (allgemeine Beratungspflicht nach § 25 LVwVfG – Teil V 14).

13 Erschließung i. S. der §§ 30 ff. BauGB (Ver- und Entsorgung, Verkehrserschließung).

14 Bereits vorhanden oder bis zur Inbetriebnahme der baulichen Anlage hergestellt.

15 Vgl. §§ 71, 72.

16 Erforderlich, aber auch ausreichend ist hier die Antragstellung, die entsprechenden Genehmigungen (gesonderte Verwaltungsentscheidungen) müssen erst zu Baubeginn vorliegen.

§ 54   Fristen[1] im Genehmigungsverfahren, gemeindliches Einvernehmen[2]

(1) Die Baurechtsbehörde hat innerhalb von zehn Arbeitstagen[3] nach Eingang den Bauantrag[4] und die Bauvorlagen[4] auf Vollständigkeit[5] zu überprüfen. Sind sie unvollständig oder weisen sie sonstige erhebliche Mängel[6] auf, hat die Baurechtsbehörde dem Bauherrn unverzüglich mitzuteilen, welche Ergänzungen erforderlich sind und dass ohne Behebung der Mängel innerhalb der dem Bauherrn gesetzten, angemessenen Frist[7] der Bauantrag zurückgewiesen werden kann.

(2) Sobald der Bauantrag und die Bauvorlagen vollständig sind, hat die Baurechtsbehörde unverzüglich
1. dem Bauherrn ihren Eingang und den nach Absatz 5 ermittelten Zeitpunkt der Entscheidung[8], jeweils mit Datumsangabe, schriftlich mitzuteilen,
2. die Gemeinde und die berührten Stellen nach § 53 Abs. 4 zu hören.

(3) Für die Abgabe der Stellungnahmen setzt die Baurechtsbehörde der Gemeinde und den berührten Stellen eine angemessene Frist;[9] sie darf höchstens einen Monat betragen. Äußern sich die Gemeinde oder die berührten Stellen nicht fristgemäß, kann die Baurechtsbehörde davon ausgehen, dass keine Bedenken bestehen.[10] Bedarf nach Landesrecht die Erteilung der Baugenehmigung des Einvernehmens oder der Zustimmung einer anderen Stelle,[11] so gilt diese als erteilt,[12] wenn sie nicht innerhalb eines Monats nach Eingang des Ersuchens unter Angabe der Gründe verweigert wird.

(4) Hat eine Gemeinde ihr nach § 14 Abs. 2 Satz 2, § 22 Abs. 5 Satz 1, § 36 Abs. 1 Satz 1 und 2 BauGB erforderliches Einvernehmen rechtswidrig[13] versagt, hat die zuständige Genehmigungsbehörde das fehlende Einvernehmen nach Maßgabe der Sätze 2 bis 7 zu ersetzen[14]. § 121 der Gemeindeordnung findet keine Anwendung.[15] Die Genehmigung gilt zugleich als Ersatzvornahme. Sie ist insoweit zu begründen. Widerspruch und Anfechtungsklage haben auch insoweit keine aufschiebende Wirkung[16], als die Genehmigung als Ersatzvornahme gilt. Die Gemeinde ist vor der Erteilung der Genehmigung anzuhören. Dabei ist ihr Gelegenheit zu geben, binnen angemessener Frist erneut über das gemeindliche Einvernehmen zu entscheiden.

(5) Die Baurechtsbehörde hat über den Bauantrag innerhalb von zwei Monaten, im vereinfachten Baugenehmigungsverfahren und in den Fällen, des § 56 Abs. 6 sowie des § 57 Abs. 1 innerhalb eines Monats zu entscheiden. Die Frist nach Satz 1 beginnt, sobald die vollständigen Bauvorlagen[17] und alle für die Entscheidung notwendigen Stellungnahmen und Mitwirkungen vorliegen, spätestens jedoch nach Ablauf der Fristen nach Absatz 3 und nach § 36 Abs. 2 Satz 2 BauGB sowie nach § 12 Abs. 2 Sätze 2 und 3 des Luftverkehrsgesetzes[18].

(6) Die Fristen nach Absatz 3 dürfen nur ausnahmsweise bis zu einem Monat verlängert werden.

Anmerkungen

1 Einhaltung der Fristen ist Amtspflicht der Baurechtsbehörde. Verletzung durch Nichteinhaltung kann zur Schadensersatzpflicht nach § 839 BGB i. V. m. Art. 34 GG führen.

2 = Voraussetzung für die Genehmigungen der Baurechtsbehörde nach §§ 14, 22 und 36 BauGB. Die Regelung des § 54 Abs. 4 behandelt die Ersetzung des erforderlichen Einvernehmens der Gemeinde durch die zuständige Baurechtsbehörde in den Fällen, in denen die Gemeinde nicht selbst Baurechtsbehörde ist.

3 Vgl. § 53 Anm. 5.

4 Vgl. § 52 und § 2 LBOVVO (Teil II 2).

5 Dazu gehören neben der Art der nach LBOVVO geforderten Unterlagen auch die Anzahl (§ 2 Abs. 2 LBOVVO) sowie vorgesehene Unterschriften nach § 53 Abs. 2.

6 Neben der Unvollständigkeit können Mängel am Inhalt der Bauvorlagen, z. B. unzureichende oder widersprüchliche Darstellungen und Aussagen, dazu führen, dass über den Bauantrag nicht entschieden werden kann. Ein Mangel ist auch, wenn nicht die nach der VwV LBO-Vordrucke (Teil III 1) vorgesehenen Vordrucke verwendet wurden (vgl. § 3 Abs. 2 LBOVVO – Teil II 2).

7 Die Frist soll, gemessen an den erforderlichen Ergänzungen, für den Bauherrn ausreichend sein. Sie ist keine Ausschlussfrist und kann nach § 31 Abs. 7 LVwVfG (Teil V 14) verlängert werden. Die Frist muss vom Bauherrn nicht ausgeschöpft werden. Sobald die erforderlichen Ergänzungen bei der Baurechtsbehörde vorliegen, hat er Anspruch auf Weiterführung des Verfahrens nach Abs. 2.

8 Abhängig von der den berührten Stellen und der Gemeinde gesetzten Frist.

9 Soll dem Umfang und der Schwierigkeit der Beurteilung des Vorhabens entsprechen.

10 Nach Fristablauf eingehende Stellungnahmen dürfen gleichwohl nicht unbeachtet bleiben; sie haben jedoch keinen Einfluss auf den Entscheidungszeitpunkt.

11 Z. B. der beim Zusammentreffen einer baurechtlichen mit einer denkmalrechtlichen Entscheidung erforderliche Mitwirkungsakt der Zustimmung nach § 8 DSchG (Teil V 4).

12 = Einvernehmens- oder Zustimmungsfiktion.

13 Die Gemeinde darf ihr Einvernehmen nur aus städtebaulichen Gründen i. S. der §§ 31, 33, 34 und 35 BauGB (Teil V 1) versagen. Liegen solche Gründe nicht vor, bzw. wird das erforderliche Einvernehmen aus anderen Gründen versagt, ist dies rechtswidrig.

14 Die Genehmigungsbehörde hat bei der rechtswidrigen Versagung des gemeindlichen Einvernehmens kein Ermessen sondern muss das Einvernehmen ersetzen (vgl. BGH, Urteile vom 16.9.2010 – III ZR 29/10 und vom 25.10.2012 – III ZR 29/12).

15 Das Einvernehmen kann durch die Baurechtsbehörde ersetzt werden, ohne dass formal eine Beanstandung des versagten Einvernehmens nach Kommunalrecht erfolgen muss.

16 Die Gemeinde, deren versagtes Einvernehmen ersetzt wurde, kann Rechtsmittel gegen die Entscheidung der Baurechtsbehörde einlegen, diese haben jedoch keine aufschiebende Wirkung.

17 Auch zusätzlich verlangte Bauvorlagen nach § 2 Abs. 3 Nr. 1 LBOVVO, nicht aber Bauvorlagen nach § 2 Abs. 1 Nr. 4–6 LBOVVO (Teil II 2).

18 Für Vorhaben in Bauschutzbereichen in der Nähe von Flughäfen, für die eine Zustimmung der Luftfahrtbehörden erforderlich ist. In diesen Fällen gilt die Zustimmung als erteilt, wenn die Luftfahrtbehörde nicht innerhalb von zwei Monaten nach Eingang des Zustimmungsersuchens die Zustimmung verweigert hat. Erst nach Ablauf dieser Frist beginnt die Frist nach § 54 Abs. 5 Satz 1 zu laufen.

§ 55   Nachbarbeteiligung[1]

(1) Die Gemeinde benachrichtigt[2] die Eigentümer angrenzender Grundstücke (Angrenzer) innerhalb von fünf Arbeitstagen ab dem Eingang der vollständigen Bauvorlagen von dem Bauvorhaben. Die Benachrichtigung ist nicht erforderlich bei Angrenzern, die
1. eine schriftliche Zustimmungserklärung[3] abgegeben oder die Bauvorlagen unterschrieben haben oder
2. durch das Vorhaben offensichtlich nicht berührt[4] werden.
Die Gemeinde kann[5] auch sonstige Eigentümer benachbarter Grundstücke (sonstige Nachbarn), deren öffentlich-rechtlich geschützte nachbarliche Belange berührt sein können, innerhalb der Frist des Satzes 1 benachrichtigen. Bei Eigentümergemeinschaften nach dem Wohnungseigentumsgesetz genügt die Benachrichtigung des Verwalters.

(2) Einwendungen[6] sind innerhalb von vier Wochen nach Zustellung[7] der Benachrichtigung bei der Gemeinde schriftlich oder zur Niederschrift vorzubringen. Die vom Bauantrag durch Zustellung benachrichtigten Angrenzer und sonstigen Nachbarn werden mit allen Einwendungen ausgeschlossen, die im Rahmen der Beteiligung nicht fristgemäß geltend gemacht worden sind und sich auf von der Baurechtsbehörde zu prüfende öffentlich-rechtliche Vorschriften beziehen (materielle Präklusion).[8] Auf diese Rechtsfolge ist in der Benachrichtigung hinzuweisen. Die Gemeinde leitet die bei ihr eingegangenen Einwendungen zusammen mit ihrer Stellungnahme innerhalb der Frist des § 54 Abs. 3 an die Baurechtsbehörde weiter.

(3) Bei Vorhaben im Kenntnisgabeverfahren gilt Absatz 1 entsprechend. Bedenken[9] können innerhalb von zwei Wochen nach Zugang der Benachrichtigung bei der Gemeinde vorgebracht werden. Die Gemeinde hat sie unverzüglich an die Baurechtsbehörde weiterzuleiten. Für die Behandlung der Bedenken gilt § 47 Abs. 1.[10] Die Angrenzer und sonstige Nachbarn werden über das Ergebnis unterrichtet.[11]

Anmerkungen

1 „Nachbar" allgemein: Person, die durch Eigentum oder eigentumsähnliche Rechte in Beziehung zu einem Grundstück steht, das durch Einwirkungen, die von einem (fremden) Bauvorhaben ausgehen, beeinträchtigt werden kann. Angrenzer = unmittelbar an das Baugrundstück angrenzender Nachbar. Begriff des Nachbarn bedeutsam für die Zulässigkeit und Begründung einer Nachbarklage gegen eine erteilte Baugenehmigung, bei der der Nachbar eine Verletzung seiner subjektiv-öffentlichen Rechte (durch Verletzung nachbarschützender Vorschriften durch das Bauvorhaben) geltend machen kann. Subjektiv-öffentliche Rechte liegen nur dann vor, wenn öffentlich-rechtliche Vorschriften zumindest auch zum Schutz von Individualinteressen von Personen erlassen wurden. Nachbarschützende Vorschriften der LBO sind z. B.: §§ 5, 6, 12 Abs. 1, 13, 14, 15, 26 Abs. 2, 27 Abs. 1 und 2, 33 Abs. 2, 55.

2 Die Gemeinde hat lediglich die Pflicht der (schriftlichen) Benachrichtigung, nicht der Anhörung. Die benachrichtigten Angrenzer haben das Recht, den Bauantrag und die Bauvorlagen bei der Gemeinde einzusehen.

3 Bedeutet gleichzeitig Verzicht auf Widerspruch und Anfechtungsklage gegenüber einer zu erteilenden Baugenehmigung.

4 Z. B. bei inneren Umbaumaßnahmen ohne Außenwirkung.

5 Die Entscheidung über die Benachrichtigung sonstiger Nachbarn steht im pflichtgemäßen Ermessen der Baurechtsbehörde. Einwendungen können auch nicht benachrichtigte Nachbarn erheben.

6 Einwendungen müssen hinreichend substantiiert sein, zumindest muss dargelegt werden, welches subjektiv-öffentliche Recht der Einwender als verletzt sieht. Privatrechtliche Einwendungen können nicht berücksichtigt werden, da eine Baugenehmigung privater Rechte Dritter nicht berührt (vgl. § 58 Abs. 3).

7 Förmliche Zustellung nach LVwZG (**Teil V 14**). Zwei-Wochen-Frist regelt sich nach § 31 Abs. 1 LVwVfG (**Teil V 14**). Bei schuldlosem Versäumen der Zwei-Wochen-Frist ist Wiedereinsetzung in den vorigen Stand nach § 32 LVwVfG möglich.

8 Materielle Präklusion: benachrichtigte Angrenzer und Nachbarn, die sich nicht innerhalb der vorgesehenen Frist äußern, verlieren sowohl ihren Anspruch auf Behandlung (später vorgebrachter) Einwendungen als auch auf Widerspruch und Anfechtungsklage gegenüber einer späteren Baugenehmigung. M. P. dient der Beschleunigung des Genehmigungsverfahrens und der Bestandskraft einer erteilten Baugenehmigung.

9 Begriff „Bedenken" unterschiedlich zum Begriff „Einwendungen" im Genehmigungsverfahren: Keine Präklusionswirkung bei Versäumnis der Zwei-Wochen-Frist, aber auch keine Hemmung des Fristablaufes bis zum Baubeginn, sofern nicht die Baurechtsbehörde auf Grund beachtlicher Bedenken eine Untersagung des Baubeginns nach § 47 Abs. 1 verfügt.

10 Stichhaltigkeitsprüfung durch die Baurechtsbehörde, ggf. genauere Prüfung der Bauvorlagen und weitere Erhebungen, bei Feststellung beachtlicher Bedenken evtl. Untersagung des Baubeginns nach § 47 Abs. 1.

11 Unterrichtung ist keine anfechtbare Verwaltungsentscheidung. Der Nachbar kann sich jedoch gegen die Nichtbeachtung seiner Bedenken mit Antrag

auf eine Verfügung der Untersagung des Baubeginns nach § 47 Abs. 1 bzw., bei bereits erfolgtem Baubeginn, auf Baueinstellung des Bauvorhabens nach § 64 an die Baurechtsbehörde wenden. Gegen die Abweisung eines solchen Antrages kann der Nachbar sich mit Verpflichtungsklage beim Verwaltungsgericht wehren. Auf Grund der kurzen Fristen im Kenntnisgabeverfahren (vgl. § 59 Abs. 4) muss der Nachbar u. U. beim Verwaltungsgericht vorläufigen Rechtsschutz nach § 123 VwGO geltend machen.

§ 56   Abweichungen, Ausnahmen und Befreiungen

(1) Abweichungen von technischen Bauvorschriften[1] sind zuzulassen, wenn auf andere Weise dem Zweck dieser Vorschriften nachweislich entsprochen[2] wird.

(2) Ferner sind Abweichungen von den Vorschriften in den §§ 4 bis 37 dieses Gesetzes oder auf Grund dieses Gesetzes zuzulassen[3]
1. **zur Modernisierung[4] von Wohnungen und Wohngebäuden, Teilung von Wohnungen oder Schaffung von zusätzlichem Wohnraum durch Ausbau, Anbau, Nutzungsänderung, Aufstockung oder Änderung des Daches, wenn die Baugenehmigung oder die Kenntnisgabe für die Errichtung des Gebäudes mindestens fünf Jahre zurückliegt,[5]**
2. **zur Erhaltung und weiteren Nutzung von Kulturdenkmalen,[6]**
3. **zur Verwirklichung von Vorhaben zur Energieeinsparung und zur Nutzung erneuerbarer Energien,[7]**
4. **zur praktischen Erprobung neuer Bau- und Wohnformen im Wohnungsbau,**
wenn die Abweichungen mit den öffentlichen Belangen vereinbar[8] sind.

(3) Ausnahmen,[9] die in diesem Gesetz oder in Vorschriften auf Grund dieses Gesetzes vorgesehen sind, können zugelassen werden, wenn sie mit den öffentlichen Belangen vereinbar[8] sind und die für die Ausnahmen festgelegten Voraussetzungen vorliegen.

(4) Ferner können Ausnahmen von den Vorschriften in den §§ 4 bis 37 dieses Gesetzes oder auf Grund dieses Gesetzes zugelassen werden
1. **bei Gemeinschaftsunterkünften,[10] die der vorübergehenden Unterbringung oder dem vorübergehenden Wohnen dienen,[11]**
2. **bei baulichen Anlagen, die nach der Art ihrer Ausführung für eine dauernde Nutzung nicht geeignet sind und die für eine begrenzte Zeit aufgestellt werden (Behelfsbauten),**
3. **bei kleinen, Nebenzwecken dienenden Gebäuden ohne Feuerstätten, wie Geschirrhütten,**
4. **bei freistehenden anderen Gebäuden, die allenfalls für einen zeitlich begrenzten Aufenthalt bestimmt sind, wie Gartenhäuser, Wochenendhäuser oder Schutzhütten.**

(5) Von den Vorschriften in den §§ 4 bis 39 dieses Gesetzes oder auf Grund dieses Gesetzes kann Befreiung[12] erteilt werden, wenn
1. **Gründe des allgemeinen Wohls[13] die Abweichung erfordern oder**
2. **die Einhaltung der Vorschrift im Einzelfall zu einer offenbar nicht beabsichtigten Härte[14] führen würde**
und die Abweichung auch unter Würdigung nachbarlicher Interessen mit den öffentlichen Belangen vereinbar[15] ist. Gründe des allgemeinen Wohls liegen auch bei Vorhaben zur Deckung dringenden Wohnbedarfs vor. Bei diesen Vor-

haben kann auch in mehreren vergleichbaren Fällen eine Befreiung erteilt werden.

(6) Ist für verfahrensfreie Vorhaben[16] eine Abweichung, Ausnahme oder Befreiung erforderlich, so ist diese schriftlich besonders zu beantragen.[17] § 54 Abs. 4 findet entsprechende Anwendung.[18]

Anmerkungen

1 Abweichungen von konkretisierenden technischen Einzelanforderungen der LBO oder auf Grund der LBO (LBOAVO, Sonderbauverordnungen). Abweichungen von Regeln der Technik, die als technische Baubestimmungen nach § 3 bekannt gemacht wurden, nach § 3 Abs. 3 Satz 4.

2 Nachweis ggf. durch Sachverständigengutachten, Beweislast beim Bauherrn.

3 Kein Ermessen der Baurechtsbehörde; sofern die Voraussetzungen nach einer der Ziffern 1–4 sowie Vereinbarkeit mit den öffentlichen Belangen gegeben sind, Rechtsanspruch des Bauherrn.

4 Maßnahmen zur Verbesserung des Wohnwertes, z. B. Verbesserung des Grundrisses, der sanitären Einrichtungen, des Wärme- und Schallschutzes, der Energie- und Wasserversorgung. Zum Begriff vgl. auch §§ 136 ff., 177 BauGB (**Teil V 1**).

5 Zur Verhinderung der Umgehung von grundsätzlichen Anforderungen.

6 Kulturdenkmal: Sachen, Sachgesamtheiten und Teile von Sachen, an deren Erhaltung aus wissenschaftlichen, künstlerischen oder heimatgeschichtlichen Gründen ein öffentliches Interesse besteht (vgl. § 2 Denkmalschutzgesetz – **Teil V 4**).

7 Insbesondere Maßnahmen zur Verringerung des Heizwärmebedarfs, wie Einbau solarthermischer Anlagen, Wärmepumpen, Be- und Entlüftungsanlagen, Wärmedämmsysteme.

8 Nur dann gegeben, wenn das Schutzgut der betreffenden Vorschrift nicht oder nur unwesentlich verletzt wird. Öffentliche Belange: alle Interessen, die durch die betreffende Norm geschützt werden sollen, z. B. öffentliche Sicherheit und Ordnung, Brandschutz, Nachbarschutz, städtebauliche Ziele.

9 = Abweichungen von Bauvorschriften, in denen Ausnahmen unter bestimmten Voraussetzungen vorgesehen sind oder für bestimmte Arten baulicher Anlagen (vgl. Abs. 4). Sie beinhalten immer einen Ermessensspielraum (vgl. § 47 Anm. 2) der Baurechtsbehörde und sind auf atypische Sonderfälle beschränkt.

10 Gekennzeichnet durch die gemeinsame Nutzung von Unterkunftsräumen und/oder Nebenräumen durch nicht zu einem gemeinsamen Haushalt gehörende Bewohner.

11 Dienen der vorübergehenden Unterbringung, wenn Bewohner auf behördliche Anordnung eingewiesen werden, ohne das Merkmal der Freiwilligkeit und einer auf Dauer angelegten Haushaltsführung (z. B. Asylbewerberunterkünfte); dienen dem vorübergehenden Wohnen, wenn auf Dauer angelegte und eigengestaltete Haushaltsführung, Freiwilligkeit des Aufenthalts (z. B. Übergangswohnheime für Spätaussiedler).

12 = Abweichung von einer zwingenden materiellen Bauvorschrift im Einzelfall bei Erfüllung der Voraussetzungen des Abs. 5. Beschränkt auf atypische

Sonderfälle, denen die Regelung, von der befreit wird, auf Grund ihres Verallgemeinerungsgrades nicht gerecht werden kann. Liegt im Ermessen (vgl. § 47 Anm. 2) der Baurechtsbehörde.

13 Öffentliches Interesse, z. B. an der Herstellung sozialer, kultureller oder sicherheitsrelevanter baulicher Anlagen.

14 Liegt i. d. R. nur dann vor, wenn das Baugrundstück unter Einhaltung der Vorschrift nicht oder nur unter unzumutbaren Schwierigkeiten oder Einschränkungen bebaut werden könnte, die Einhaltung der Vorschrift somit zu einem ungerechtfertigten und unbeabsichtigten Ergebnis führen würde. Abhängig von der objektiven Situation des Grundstücks, nicht von den subjektiven Verhältnissen des Bauherrn.

15 Die nachbarlichen Belange müssen in die Abwägung zwischen dem Interesse des Bauherrn an der Befreiung von der Vorschrift und dem öffentlichen Interesse an der Einhaltung der Vorschrift eingestellt werden, jedoch nur, soweit von nachbarschützenden Vorschriften befreit werden soll.

16 Vorhaben nach § 50 Abs. 1.

17 Gilt auch für Vorhaben im Kenntnisgabeverfahren (vgl. § 51 Abs. 5), einzureichen bei der Gemeinde.

18 Für erforderliche Befreiungen aus bauplanungsrechtlichen Gründen gilt die Ersetzungsregelung des § 54 Abs. 4 bei rechtswidrig versagtem Einvernehmen der Gemeinde.

§ 57 Bauvorbescheid

(1) Vor Einreichen des Bauantrags kann auf schriftlichen Antrag des Bauherrn ein schriftlicher Bescheid zu einzelnen Fragen des Vorhabens erteilt werden (Bauvorbescheid). Der Bauvorbescheid[1] gilt drei Jahre.[2]

(2) § 53 Abs. 1 bis 4, §§ 54, 55 Abs. 1 und 2, § 58 Abs. 1 bis 3 sowie § 62 Abs. 2 gelten entsprechend.

Anmerkungen

1 Der Bauvorbescheid ist eine für die spätere Baugenehmigung wesentliche Vorabentscheidung, ist jedoch keine Genehmigung und gibt das Vorhaben weder ganz noch teilweise zum Bau frei. Durch den Bauvorbescheid bindet sich die Behörde hinsichtlich ihrer späteren Entscheidung, jedoch nur hinsichtlich der in diesem Verfahren geprüften Einzelfragen. Rechtsmittelfähige Verwaltungsentscheidung.

2 Frist beginnt mit Zustellung an den Antragsteller, Widerspruch und Klage hemmen die Frist. Antrag auf Verlängerung ist vor Fristablauf möglich.

§ 58 Baugenehmigung

(1) Die Baugenehmigung ist zu erteilen,[1] wenn dem genehmigungspflichtigen Vorhaben keine von der Baurechtsbehörde zu prüfenden öffentlich-rechtlichen Vorschriften[2] entgegenstehen.[3] Soweit nicht § 52 Anwendung findet, sind alle öffentlich-rechtlichen Vorschriften zu prüfen, die Anforderungen an das Bauvorhaben enthalten und über deren Einhaltung nicht eine andere Behörde in einem gesonderten Verfahren durch Verwaltungsakt entscheidet. Die

Baugenehmigung bedarf der Schriftform;[4] § 3a des Landesverwaltungsverfahrensgesetzes findet keine Anwendung. Erleichterungen, Abweichungen, Ausnahmen und Befreiungen sind ausdrücklich auszusprechen. Die Baugenehmigung ist nur insoweit zu begründen, als sie Abweichungen, Ausnahmen oder Befreiungen von nachbarschützenden Vorschriften enthält und der Nachbar Einwendungen erhoben hat.[5] Eine Ausfertigung der mit Genehmigungsvermerk versehenen Bauvorlagen ist dem Antragsteller mit der Baugenehmigung zuzustellen.[6] Eine Ausfertigung der Baugenehmigung ist auch Angrenzern und sonstigen Nachbarn zuzustellen, deren Einwendungen gegen das Vorhaben nicht entsprochen wird;[7] auszunehmen sind solche Angaben, die wegen berechtigter Interessen der Beteiligten geheim zu halten sind.

(2) Die Baugenehmigung gilt auch für und gegen den Rechtsnachfolger des Bauherrn.

(3) Die Baugenehmigung wird unbeschadet privater Rechte Dritter erteilt.[8]

(4) Behelfsbauten dürfen nur befristet[9] oder widerruflich[10] genehmigt werden. Nach Ablauf der gesetzten Frist oder nach Widerruf ist die Anlage ohne Entschädigung zu beseitigen und ein ordnungsgemäßer Zustand herzustellen.

(5) Die Gemeinde ist, wenn sie nicht Baurechtsbehörde ist, von jeder Baugenehmigung durch Übersendung einer Abschrift des Bescheides und der Pläne zu unterrichten.

(6) Auch nach Erteilung der Baugenehmigung können Anforderungen[11] gestellt werden, um Gefahren[12] für Leben oder Gesundheit oder bei der Genehmigung nicht voraussehbare Gefahren oder erhebliche Nachteile oder Belästigungen von der Allgemeinheit oder den Benutzern der baulichen Anlagen abzuwenden. Bei Gefahr im Verzug kann bis zur Erfüllung dieser Anforderungen die Benutzung der baulichen Anlage eingeschränkt oder untersagt werden.

Anmerkungen

1 Rechtsanspruch auf Erteilung, wenn das Bauvorhaben keinen von der Baurechtsbehörde zu prüfenden öffentlich-rechtlichen Vorschriften widerspricht.

2 = alle Vorschriften des öffentlichen Rechts, die Anforderungen an das Bauvorhaben stellen: z. B. planungsrechtliche und bauordnungsrechtliche Vorschriften, aber auch Vorschriften des Gewerberechts, Natur- und Denkmalschutzrechts, Immissionsschutzrechts u. s. w. Gesetzlich vorgesehene Mitwirkungsentscheidungen anderer Behörden oder Stellen (z. B. Einvernehmen der Gemeinde nach §§ 31 und 36 BauGB) müssen vorliegen.

3 Die Baugenehmigung stellt fest, dass dem Bauvorhaben zum Genehmigungszeitpunkt keine öffentlich-rechtlichen Vorschriften entgegenstehen; ändert sich die Rechtslage nach diesem Zeitpunkt, hat dies keinen Einfluss auf die Gültigkeit.

4 Schriftform nach § 37 Abs. 3 LVwVfG (Teil V 14).

5 Hat der Nachbar keine Einwendungen erhoben oder wurde von nicht nachbarschützenden Vorschriften (vgl. § 55 Abs. 1) befreit, besteht keine Begründungspflicht.

6 Zustellung nach Landesverwaltungszustellungsgesetz (LVwZG) (Teil V 14). Baugenehmigung wird mit Zustellung wirksam. Beginn der Wider-

spruchsfrist (nach § 70 Abs. 1 VwGO – **Teil V 14**) für den Bauherrn gegenüber eventl. Auflagen, die mit der Genehmigung erteilt wurden (Widerspruch nach § 68 ff. VwGO – **Teil V 14**). Für die Abweisung eines Bauantrages ist keine formelle Zustellung erforderlich, die Widerspruchsfrist beginnt mit Bekanntgabe. Gegenüber der Abweisung eines Bauantrages sind Widerspruch und Verpflichtungsklage (§ 42 VwGO – **Teil V 14**) zulässig. Der Widerspruch und Anfechtungsklage des Nachbarn haben jedoch nach § 212 BauGB (**Teil V 1**) keine aufschiebende Wirkung.

7 Erforderlich, da mit Zustellung die Widerspruchsfrist des Nachbarn gegen die Baugenehmigung beginnt. Der Nachbar hat die Möglichkeit, gegen die Baugenehmigung mit Widerspruch (Widerspruch nach § 68 ff. VwGO – **Teil V 14**) und Anfechtungsklage (§ 42 VwGO – **Teil V 14**) vorzugehen.

8 Die Baugenehmigung hat keinen Einfluss auf privatrechtliche Verhältnisse. Private Rechte Dritter, z. B. nach dem Nachbarrechtsgesetz, oder vertragliche Vereinbarungen können der Realisierung eines Vorhabens deshalb trotz bestandskräftiger Baugenehmigung entgegenstehen.

9 Frist wird mit Baugenehmigung gesetzt, diese erlischt mit Ablauf der Frist.

10 Baugenehmigung mit Widerrufsvorbehalt erfordert eine formale Widerrufserklärung, Baugenehmigung erlischt mit Wirksamwerden des Widerrufs. Für einen Widerruf sind sachliche, sich aus dem Baurecht oder sonstigen, mit dem Bauvorhaben zu beachtenden, öffentlich-rechtlichen Vorschriften ergebenden Gründe erforderlich – persönliche Verhältnisse des Bauherrn dürfen nicht berücksichtigt werden.

11 Auflagenvorbehalt, der den formellen Bestandsschutz der Baugenehmigung einschränkt.

12 Die Gefahr muss hinreichend konkret und wahrscheinlich sein, z. B. Einsturz- oder Brandgefahr, Austritt gesundheitsgefährdender Emissionen.

§ 59   Baubeginn

(1) Mit der Ausführung genehmigungspflichtiger Vorhaben darf erst nach Erteilung des Baufreigabescheins[1] begonnen werden. Der Baufreigabeschein ist zu erteilen, wenn die in der Baugenehmigung für den Baubeginn enthaltenen Auflagen und Bedingungen[2] erfüllt sind. Enthält die Baugenehmigung keine solchen Auflagen oder Bedingungen,[2] so ist der Baufreigabeschein mit der Baugenehmigung zu erteilen. Der Baufreigabeschein muss die Bezeichnung des Bauvorhabens und die Namen und Anschriften des Entwurfsverfassers und des Bauleiters enthalten und ist dem Bauherrn zuzustellen.

(2) Der Bauherr hat den Baubeginn genehmigungspflichtiger Vorhaben und die Wiederaufnahme der Bauarbeiten nach einer Unterbrechung von mehr als sechs Monaten vorher der Baurechtsbehörde schriftlich mitzuteilen.

(3) Vor Baubeginn müssen bei genehmigungspflichtigen Vorhaben Grundriss[3] und Höhenlage[4] der baulichen Anlage auf dem Baugrundstück festgelegt[5] sein. Die Baurechtsbehörde kann verlangen, dass diese Festlegungen durch einen Sachverständigen[6] vorgenommen werden.

(4) Bei Vorhaben im Kenntnisgabeverfahren[7] darf mit der Ausführung begonnen werden

1. bei Vorhaben, denen die Angrenzer[8] schriftlich zugestimmt haben, zwei Wochen,
2. bei sonstigen Vorhaben ein Monat

nach Eingang der vollständigen Bauvorlagen bei der Gemeinde,[9] es sei denn, der Bauherr erhält eine Mitteilung nach § 53 Abs. 6 oder der Baubeginn wird nach § 47 Abs. 1 untersagt[10] oder vorläufig auf Grund von § 15 Abs. 1 Satz 2 BauGB untersagt.[11]

(5) Bei Vorhaben im Kenntnisgabeverfahren hat der Bauherr vor Baubeginn

1. die bautechnischen Nachweise[12] von einem Sachverständigen prüfen zu lassen, soweit nichts anderes bestimmt ist;[13] die Prüfung muss vor Baubeginn, spätestens jedoch vor Ausführung der jeweiligen Bauabschnitte[14] abgeschlossen sein,
2. Grundriss[3] und Höhenlage[4] von Gebäuden auf dem Baugrundstück durch einen Sachverständigen festlegen zu lassen, soweit nichts anderes bestimmt ist,
3. dem bevollmächtigten Bezirksschornsteinfeger technische Angaben über Feuerungsanlagen sowie über ortsfeste Blockheizkraftwerke und Verbrennungsmotoren in Gebäuden vorzulegen.

(6) Bei Vorhaben im Kenntnisgabeverfahren innerhalb eines förmlich festgelegten Sanierungsgebietes im Sinne des § 142 BauGB, eines förmlich festgelegten städtebaulichen Entwicklungsbereiches im Sinne des § 165 BauGB oder eines förmlich festgelegten Gebiets im Sinne des § 171d oder § 172 BauGB müssen vor Baubeginn die hierfür erforderlichen Genehmigungen vorliegen.

Anmerkungen

1 = Sog. „Roter Punkt", Anbringung an der Baustelle erforderlich, vgl. § 12 Abs. 3.

2 Insbesondere erforderliche bautechnische Nachweise, Prüfungen und Bestätigungen.

3 Gemeint ist die äußere Begrenzung des Baukörpers in seinen wesentlichen Teilen.

4 Muss den Darstellungen des Lageplanes nach § 4 Abs. 4 Nr. 5 LBOVVO (Teil II 2) entsprechen.

5 Muss dauerhaft für die Zeit der Bauausführung markiert sein (i. d. R. Schnurgerüst).

6 Gemeint sind Sachverständige i. S. v. § 5 Abs. 2 LBOVVO (Teil II 2).

7 Vgl. § 51.

8 Vgl. § 55 Anm. 1.

9 Vgl. § 53 Abs. 3.

10 In den Fällen, in denen die Baurechtsbehörde Anhaltspunkte dafür hat, dass mit dem Vorhaben gegen öffentlich-rechtliche Vorschriften verstoßen wird.

11 Vorläufige Untersagung der Baugenehmigung aus städtebaulichen Gründen, wenn das Vorhaben einer beabsichtigten städtebaulichen Planung der Gemeinde bei Vorliegen der Voraussetzungen der §§ 14 und 15 BauGB entgegenstehen kann.

12 Standsicherheitsnachweis, Schallschutznachweis (vgl. § 9 LBOVVO – Teil II 2).

13 Soweit nicht Prüfverzicht nach § 18 LBOVVO (Teil II 2).

14 Bei Prüfung in einzelnen Bauabschnitten (vgl. § 17 Abs. 2 LBOVVO – Teil
    II 2).

§ 60   Sicherheitsleistung

**(1) Die Baurechtsbehörde kann die Leistung einer Sicherheit verlangen, soweit
sie erforderlich ist, um die Erfüllung von Auflagen oder sonstigen Verpflichtungen[1] zu sichern.**

**(2) Auf Sicherheitsleistungen[2] sind die §§ 232, 234 bis 240 des Bürgerlichen
Gesetzbuchs anzuwenden.**

Anmerkungen
1   Müssen baurechtlich bedeutsame Verpflichtungen sein, z. B. aus Baulast
    (vgl. § 71).
2   Art und Höhe ergeben sich aus § 232 BGB, z. b. Hinterlegung von Geld
    oder Wertpapieren, Bestellung eines Pfandrechtes, einer Hypothek oder
    Grundschuld, Stellung eines Bürgen.

§ 61   Teilbaugenehmigung[1]

**(1) Ist ein Bauantrag eingereicht, so kann der Beginn der Bauarbeiten für die
Baugrube und für einzelne Bauteile oder Bauabschnitte auf schriftlichen Antrag schon vor Erteilung der Baugenehmigung schriftlich zugelassen werden,
wenn nach dem Stand der Prüfung des Bauantrags gegen die Teilausführung
keine Bedenken bestehen (Teilbaugenehmigung). §§ 54, 58 Abs. 1 bis 5 sowie
§ 59 Abs. 1 bis 3 gelten entsprechend.[2]**

**(2) In der Baugenehmigung können für die bereits genehmigten Teile des Vor-
habens, auch wenn sie schon ausgeführt sind, zusätzliche Anforderungen gestellt werden, wenn sich bei der weiteren Prüfung der Bauvorlagen ergibt, dass
die zusätzlichen Anforderungen nach § 3 Abs. 1 Satz 1 erforderlich sind.[3]**

Anmerkungen
1   Zur Ermöglichung eines früheren Baubeginns, damit Beschleunigung der
    Bauausführung. Bindungswirkung gegenüber der noch ausstehenden Bau-
    genehmigung für das Gesamtvorhaben nur insoweit, als bereits geprüfte
    Teile des Vorhabens Gegenstand der Genehmigung sind (vergleichbar Bau-
    vorbescheid nach § 57).
2   Daraus folgt, dass ein wirksamer Bauantrag mit vollständigen Bauvorlagen
    vorliegen sowie die Beteiligung von Angrenzern nach § 55 und berührter
    Stellen und Behörden nach § 53 Abs. 4 erfolgt sein muss. Erforderliche
    förmliche Mitwirkungshandlungen, wie die Zustimmung von Fachbehör-
    den, der höheren Verwaltungsbehörde oder das Einvernehmen der Ge-
    meinde, müssen vorliegen.
3   Zusätzliche Anforderungen können i. d. R. aber nicht die Beseitigung be-
    reits ausgeführter Teile zum Inhalt haben bzw. den Bestand der Teilbauge-
    nehmigung in Frage stellen. Ergibt sich bei abschließender Prüfung des Vor-
    habens, dass die Teilbaugenehmigung wegen Verstoßes der damit
    genehmigten Teile des Vorhabens gegen öffentlich-rechtliche Vorschriften

nicht rechtmäßig war, kommt eine Rücknahme nach § 48 LVwVfG (Teil V 14) in Betracht.

§ 62 Geltungsdauer der Baugenehmigung

(1) Die Baugenehmigung und die Teilbaugenehmigung erlöschen, wenn nicht innerhalb von drei Jahren[1] nach Erteilung der Genehmigung mit der Bauausführung begonnen[2] oder wenn sie nach diesem Zeitraum ein Jahr unterbrochen[3] worden ist.

(2) Die Frist nach Absatz 1 kann auf schriftlichen Antrag jeweils[4] bis zu drei Jahren schriftlich verlängert[5] werden. Die Frist kann auch rückwirkend verlängert werden, wenn der Antrag vor Fristablauf bei der Baurechtsbehörde eingegangen ist.

Anmerkungen

1 Drei-Jahres-Frist beginnt mit wirksamer Zustellung (vgl. § 58 Abs. 1, Berechnung der Frist nach § 31 Abs. 1 LVwVfG – Teil V 14). Die Frist wird unterbrochen durch Umstände, die nicht vom Bauherrn zu vertreten sind (höhere Gewalt, hoheitlicher Eingriff/Baueinstellung). Drei-Jahres-Frist beginnt nach solcher Unterbrechung neu zu laufen.

2 Als Beginn gilt Zeitpunkt, zu dem Arbeiten, die unmittelbar der Verwirklichung des Vorhabens dienen, aufgenommen werden („erster Spatenstich"). Vorbereitende Arbeiten, wie Einrichten der Baustelle, Lagern von Baustoffen und Gerät, Abholzen von Bäumen, gelten nicht als Baubeginn.

3 Die Unterbrechung (Aussetzung, Einstellung der Bauarbeiten) muss vom Bauherrn zu vertreten sein, bei Unterbrechung durch hoheitlichen Eingriff kein Fristablauf.

4 = Verlängerungen sind grundsätzlich unbeschränkt möglich.

5 Bei Verlängerung werden die materiell-rechtlichen Voraussetzungen ebenso geprüft wie bei Neuerteilung der Baugenehmigung. Ausschlaggebend ist die Rechtslage zum Genehmigungszeitpunkt des Verlängerungsantrages, bedarf der Schriftform.

§ 63 Verbot unrechtmäßig gekennzeichneter Bauprodukte

Sind Bauprodukte[1] entgegen § 22 mit dem Ü-Zeichen gekennzeichnet, so kann[2] die Baurechtsbehörde die Verwendung dieser Bauprodukte untersagen und deren Kennzeichnung entwerten oder beseitigen lassen.

Anmerkungen
1 Zum Begriff vgl. § 2 Abs. 10.
2 Ermessensentscheidung der Baurechtsbehörde.

§ 64 Einstellung von Arbeiten

**(1) Werden Anlagen im Widerspruch zu öffentlich-rechtlichen Vorschriften errichtet oder abgebrochen, so kann die Baurechtsbehörde die Einstellung der Arbeiten anordnen.[1] Dies gilt insbesondere,[2] wenn
1. die Ausführung eines Vorhabens entgegen § 59 begonnen wurde,**

2. das Vorhaben ohne die erforderlichen Bauabnahmen (§ 67) oder Nachweise (§ 66 Abs. 2 und 4) oder über die Teilbaugenehmigung (§ 61) hinaus fortgesetzt wurde,
3. bei der Ausführung eines Vorhabens
   a) von der erteilten Baugenehmigung oder Zustimmung
   b) im Kenntnisgabeverfahren von den eingereichten Bauvorlagen abgewichen wird, es sei denn die Abweichung ist nach § 50 verfahrensfrei.
4. Bauprodukte verwendet werden, die entgegen § 17 Abs. 1 kein CE-Zeichen oder Ü-Zeichen tragen oder unberechtigt damit gekennzeichnet sind.
Widerspruch und Anfechtungsklage gegen die Anordnung der Einstellung der Arbeiten haben keine aufschiebende Wirkung.

(2) Werden Arbeiten trotz schriftlich oder mündlich verfügter Einstellung fortgesetzt, so kann die Baurechtsbehörde die Baustelle versiegeln³ und die an der Baustelle vorhandenen Baustoffe, Bauteile, Baugeräte, Baumaschinen und Bauhilfsmittel in amtlichen Gewahrsam nehmen.

Anmerkungen
1 Dabei besteht grundsätzlich ein öffentliches Interesse an der sofortigen Vollziehung der Baueinstellung (§ 80 Abs. 2 Nr. 4 VwGO – Teil V 14). Anordnung kann sich auch nur auf Teile der baulichen Anlage beziehen. Einstellungsanordnung kann schriftlich oder mündlich erfolgen (§ 37 LVwVfG – Teil V 14).
2 Nicht abschließend. Gründe für eine Baueinstellung liegen auch vor, wenn Rechtsmittel mit aufschiebender Wirkung gegen die Baugenehmigung eingelegt wurden (Widerspruch, Anfechtungsklage bei anderen als Wohngebäuden).
3 Versiegelung muss im öffentlichen Interesse oder im überwiegenden Interesse eines Beteiligten geboten sein. Fortsetzung der Bauarbeiten trotz Versiegelung ist Straftatbestand nach § 136 StGB. Form der Versiegelung ist nicht vorgeschrieben, ausreichend ist auch ein Anschlag an der Baustelle.

§ 65   Abbruchsanordnung¹ und Nutzungsuntersagung

Der teilweise oder vollständige Abbruch einer Anlage, die im Widerspruch zu öffentlich-rechtlichen Vorschriften errichtet wurde, kann² angeordnet werden, wenn nicht auf andere Weise rechtmäßige Zustände hergestellt werden können. Werden Anlagen im Widerspruch zu öffentlich-rechtlichen Vorschriften genutzt, so kann diese Nutzung untersagt werden.

Anmerkungen
1 Voraussetzung für eine Abbruchsanordnung ist bei genehmigungspflichtigen Vorhaben materielle und formelle Rechtswidrigkeit, bei Vorhaben nach Kenntnisgabeverfahren und verfahrensfreien Vorhaben materielle Rechtswidrigkeit.
2 Ermessensentscheidung der Baurechtsbehörde, wenn nicht auf anderem Wege rechtmäßige Zustände hergestellt werden können. Grundsätze der Verhältnismäßigkeit, des geringstmöglichen Eingriffs, der Gleichheit und der Verwirkung sind zu beachten. Kann im Einzelfall zur Duldung einer rechtswidrigen oder teilrechtswidrigen Anlage führen.

§ 66 Bauüberwachung

(1) Die Baurechtsbehörde kann[1] die Ordnungsmäßigkeit der Bauausführung und die ordnungsgemäße Erfüllung der Pflichten der am Bau Beteiligten nach den §§ 42 bis 45 überprüfen. Sie kann verlangen, dass Beginn und Beendigung bestimmter Bauarbeiten angezeigt werden.

(2) Die Ordnungsmäßigkeit der Bauausführung umfasst auch die Tauglichkeit[2] der Gerüste und Absteifungen sowie die Bestimmungen zum Schutze der allgemeinen Sicherheit. Auf Verlangen der Baurechtsbehörde hat der Bauherr die Verwendbarkeit der Bauprodukte[3] nachzuweisen. Die Baurechtsbehörde und die von ihr Beauftragten können Proben von Bauprodukten, soweit erforderlich auch aus fertigen Bauteilen, entnehmen und prüfen oder prüfen lassen.[4]

(3) Den mit der Überwachung beauftragten Personen ist jederzeit Zutritt zu Baustellen und Betriebsstätten sowie Einblick in Genehmigungen und Zulassungen, Prüfzeugnisse, Übereinstimmungserklärungen, Übereinstimmungszertifikate, Überwachungsnachweise, Zeugnisse und Aufzeichnungen über die Prüfung von Bauprodukten, in die Bautagebücher und andere vorgeschriebene Aufzeichnungen zu gewähren.[5] Der Bauherr hat die für die Überwachung erforderlichen Arbeitskräfte und Geräte zur Verfügung zu stellen.

(4) Die Baurechtsbehörde kann einen Nachweis darüber verlangen, dass die Grundflächen, Abstände und Höhenlagen der Gebäude eingehalten sind.[6]

Anmerkungen

1 Ob überwacht wird, liegt im Ermessen der Baurechtsbehörde, kann auch verfahrensfreie Vorhaben betreffen.
2 Nach den Regeln der Technik (DIN 4420 Teil 1 – Arbeits- und Schutzgerüste/DIN 4420 Teil 2 – Leitergerüste/DIN 4421 – Traggerüste).
3 Vgl. § 17 ff.
4 Kosten trägt der Bauherr (§ 26 LGebG – Teil V 12).
5 Betretungs- und Einsichtsrecht (vgl. auch § 47 Abs. 3).
6 Vgl. § 59 Abs. 3.

§ 67 Bauabnahmen, Inbetriebnahme der Feuerungsanlagen

(1) Soweit es bei genehmigungspflichtigen[1] Vorhaben zur Wirksamkeit der Bauüberwachung erforderlich ist, kann[2] in der Baugenehmigung oder der Teilbaugenehmigung, aber auch noch während der Bauausführung die Abnahme
1. bestimmter Bauteile oder Bauarbeiten und
2. der baulichen Anlage nach ihrer Fertigstellung[3]
vorgeschrieben werden.

(2) Schreibt die Baurechtsbehörde eine Abnahme vor, hat der Bauherr rechtzeitig[4] schriftlich mitzuteilen, wann die Voraussetzungen für die Abnahme gegeben sind. Der Bauherr oder die Unternehmer haben auf Verlangen die für die Abnahmen erforderlichen Arbeitskräfte und Geräte zur Verfügung zu stellen.

(3) Bei Beanstandungen[5] kann die Abnahme abgelehnt werden. Über die Abnahme stellt die Baurechtsbehörde auf Verlangen des Bauherrn eine Bescheinigung[6] aus (Abnahmeschein).

(4) Die Baurechtsbehörde kann verlangen, dass bestimmte Bauarbeiten erst nach einer Abnahme durchgeführt oder fortgesetzt werden. Sie kann aus den

Gründen des § 3 Abs. 1 auch verlangen, dass eine bauliche Anlage erst nach einer Abnahme in Gebrauch genommen[7] wird.

(5) Bei genehmigungspflichtigen und bei kenntnisgabepflichtigen Vorhaben dürfen die Feuerungsanlagen erst in Betrieb genommen werden, wenn der bevollmächtigte Bezirksschornsteinfeger die Brandsicherheit und die sichere Abführung der Verbrennungsgase bescheinigt hat.[8] Satz 1 gilt für ortsfeste Blockheizkraftwerke und Verbrennungsmotoren in Gebäuden entsprechend.

Anmerkungen

1 Vgl. § 49, § 50.

2 Ermessensentscheidung der Baurechtsbehörde. Bei einfachen Vorhaben, z. B. Werbeanlagen, Nebenanlagen, kann eine Abnahme eher unterbleiben als bei größeren, technisch komplizierten Gebäuden. Kriterium für den Verzicht sind auch die Ergebnisse von Stichproben im Rahmen der Bauüberwachung (vgl. § 66) sowie die Zuverlässigkeit der am Bau Beteiligten, insbesondere des Bauleiters.

3 Fertigstellung der Anlage ist erreicht, wenn sie sich in dem Zustand befindet, der den genehmigten Bauvorlagen, den dazu ergangenen Nebenbestimmungen und den zu beachtenden öffentlich-rechtlichen Vorschriften entspricht (= Bezugsfertigkeit). Dazu gehört auch die Funktionsfähigkeit der Wasser- und Abwasserversorgung.

4 Mindestens eine Woche vorher, sinnvoll ist ein Hinweis der Baurechtsbehörde mit der Anordnung der Bauabnahme.

5 Bei mehr als nur geringfügigen Mängeln ist die Erteilung des Abnahmescheines zu verweigern, nicht bereits bei geringfügigen Mängeln, die die Sicherheit der Anlage nicht berühren und deren Beseitigung in angemessener Zeit gesichert erscheint.

6 Abnahmeschein ist keine Bestätigung der Mängelfreiheit der Anlage, bestätigt lediglich, dass die Anlage durch die Baurechtsbehörde besichtigt und dabei kein erheblicher Mangel festgestellt wurde. Auch nach Schlussabnahme kann die Baurechtsbehörde daher die Beseitigung nachträglich zutage getretener materieller oder formeller Verstöße verlangen.

7 Ingebrauchnahme = bestimmungsgemäße Nutzung der Anlage. Bei rechtswidriger Nutzung entgegen der genehmigten Zweckbestimmung ist eine Nutzungsuntersagungsverfügung nach § 65 zu erwarten. Verstoß gegen Abs. 4 ist Ordnungswidrigkeitstatbestand nach § 75 Abs. 1 Nr. 10.

8 Gilt unabhängig von der Anordnung einer Abnahme der Anlage durch die Baurechtsbehörde. Gilt auch bei verfahrensfreien Feuerungsanlagen (vgl. § 50 Abs. 1 i. V. m. Nr. 3. a des Anhangs zu § 50).

§ 68   Typenprüfung[1]

(1) Für bauliche Anlagen oder Teile baulicher Anlagen, die in derselben Ausführung an mehreren Stellen errichtet oder verwendet werden sollen,[2] können die Nachweise der Standsicherheit, des Schallschutzes oder der Feuerwiderstandsdauer der Bauteile allgemein geprüft werden (Typenprüfung). Eine Typenprüfung kann auch erteilt werden für bauliche Anlagen, die in unterschiedlicher Ausführung, aber nach einem bestimmten System[3] und aus bestimmten

Bauteilen an mehreren Stellen errichtet werden sollen; in der Typenprüfung ist die zulässige Veränderbarkeit festzulegen.

(2) Die Typenprüfung wird auf schriftlichen Antrag von einem Prüfamt für Baustatik[4] durchgeführt. Soweit die Typenprüfung ergibt, dass die Ausführung den öffentlich-rechtlichen Vorschriften entspricht, ist dies durch Bescheid festzustellen.[5] Die Typenprüfung darf nur widerruflich und für eine Frist von bis zu fünf Jahren erteilt oder verlängert werden. § 62 Abs. 2 Satz 2 gilt entsprechend[5]

(3) Die in der Typenprüfung entschiedenen Fragen werden von der Baurechtsbehörde nicht mehr geprüft.

(4) Typenprüfungen anderer Bundesländer gelten auch in Baden-Württemberg.[6]

Anmerkungen

1   Die Typenprüfung erfasst nur die bautechnischen Nachweise.

2   Z. B. serienmäßig hergestellte Fertighäuser, Garagen, Hallen oder Fertigtreppen, Fertigdecken u. Ä.

3   Z. B. Module in unterschiedlicher Anordnung, gespiegelte Grundrisse bei Gebäuden, verschiedene Formen aus gleichen Elementen.

4   Anschriften vgl. Teil IV 2.

5   Kann mit Auflagen und Bedingungen versehen werden.

6   Inwieweit baden-württembergische Typenprüfungen in anderen Bundesländern gelten, richtet sich nach dem jeweiligen Landesrecht.

§ 69   Fliegende Bauten[1]

(1) Fliegende Bauten sind bauliche Anlagen, die geeignet und bestimmt sind, an verschiedenen Orten wiederholt aufgestellt und abgebaut zu werden.[2] Baustelleneinrichtungen und Baugerüste gelten nicht als Fliegende Bauten.[3]

(2) Fliegende Bauten bedürfen, bevor sie erstmals aufgestellt und in Gebrauch genommen werden, einer Ausführungsgenehmigung.[4] Dies gilt nicht für unbedeutende[5] Fliegende Bauten, an die besondere Sicherheitsanforderungen nicht gestellt werden sowie für Fliegende Bauten, die der Landesverteidigung dienen.

(3) Zuständig für die Erteilung der Ausführungsgenehmigung ist die Baurechtsbehörde,[6] in deren Gebiet der Antragsteller seinen Wohnsitz oder seine gewerbliche Niederlassung hat. Hat der Antragsteller weder seinen Wohnsitz noch seine gewerbliche Niederlassung innerhalb der Bundesrepublik Deutschland, so ist die Baurechtsbehörde zuständig, in deren Gebiet der Fliegende Bau erstmals aufgestellt und in Gebrauch genommen werden soll.

(4) Die Ausführungsgenehmigung wird für eine bestimmte Frist[7] erteilt, die fünf Jahre nicht überschreiten soll. Sie kann auf schriftlichen Antrag jeweils bis zu fünf Jahren verlängert werden. § 62 Abs. 2 Satz 2 gilt entsprechend. Zuständig dafür ist die für die Erteilung der Ausführungsgenehmigung zuständige Behörde.[8] Die Ausführungsgenehmigung und deren Verlängerung wird in ein Prüfbuch eingetragen, dem eine Ausfertigung der mit Genehmigungsvermerk versehenen Bauvorlagen[9] beizufügen ist.

(5) Der Inhaber der Ausführungsgenehmigung hat den Wechsel seines Wohnsitzes oder seiner gewerblichen Niederlassung oder die Übertragung eines

Fliegenden Baues an Dritte der Behörde, die die Ausführungsgenehmigung erteilt hat, anzuzeigen. Diese hat die Änderungen in das Prüfbuch einzutragen und sie, wenn mit den Änderungen ein Wechsel der Zuständigkeit verbunden ist, der nunmehr zuständigen Behörde mitzuteilen.

(6) Fliegende Bauten, die nach Absatz 2 einer Ausführungsgenehmigung bedürfen, dürfen unbeschadet anderer Vorschriften nur in Gebrauch genommen werden, wenn ihre Aufstellung der Baurechtsbehörde des Aufstellungsortes unter Vorlage des Prüfbuches angezeigt[10] ist. Die Baurechtsbehörde kann die Inbetriebnahme von einer Gebrauchsabnahme[11] abhängig machen. Das Ergebnis der Abnahme ist in das Prüfbuch einzutragen. Wenn eine Gefährdung im Sinne des § 3 Abs. 1 nicht zu erwarten ist, kann in der Ausführungsgenehmigung bestimmt werden, dass Anzeigen nach Satz 1 nicht erforderlich sind.

(7) Die für die Gebrauchsabnahme zuständige Baurechtsbehörde kann Auflagen machen oder die Aufstellung oder den Gebrauch Fliegender Bauten untersagen, soweit dies nach den örtlichen Verhältnissen oder zur Abwehr von Gefahren erforderlich ist, insbesondere weil
1. die Betriebs- oder Standsicherheit nicht gewährleistet ist,
2. von der Ausführungsgenehmigung abgewichen wird oder
3. die Ausführungsgenehmigung abgelaufen ist.
Wird die Aufstellung oder der Gebrauch wegen Mängeln am Fliegenden Bau untersagt, so ist dies in das Prüfbuch einzutragen; ist die Beseitigung der Mängel innerhalb angemessener Frist nicht zu erwarten, so ist das Prüfbuch einzuziehen und der für die Erteilung der Ausführungsgenehmigung zuständigen Behörde zuzuleiten.

(8) Bei Fliegenden Bauten, die längere Zeit an einem Aufstellungsort betrieben werden, kann die für die Gebrauchsabnahme zuständige Baurechtsbehörde Nachabnahmen durchführen. Das Ergebnis der Nachabnahmen ist in das Prüfbuch einzutragen.

(9) § 47 Abs. 2, § 53 Abs. 1, 2 und 4 sowie § 54 Abs. 1 gelten entsprechend.

(10) Ausführungsgenehmigungen anderer Bundesländer gelten auch in Baden-Württemberg.[12]

Anmerkungen

1 Vgl. auch VwV über den Bau und Betrieb Fliegender Bauten (Teil III 3).

2 Insbesondere Schaustellergeschäfte, Tribünen, Zelte mit Ausnahme von Campingzelten, Tragluftbauten.

3 Nicht als Fliegende Bauten gelten auch Anlagen, die zwar zum wiederholten Auf- und Abbau geeignet sind, aber dauerhaft oder langfristig aufgestellt werden. Zu prüfen ist bei einer Aufstelldauer von mehr als drei Monaten, ob noch ein Fliegender Bau vorliegt.

4 Entspricht der Baugenehmigung bei anderen Anlagen.

5 Z. B. Buden und Stände mit bis zu 30 m² GF mit Ausnahme von Schießständen, Anbauten an Wagen und Container.

6 Vgl. § 73 Abs. 8 Nr. 1: das Wirtschaftsministerium hat von dieser Ermächtigung Gebrauch gemacht und als zuständige Stelle für die Erteilung der Ausführungsgenehmigung in Baden-Württemberg den Technischen Überwachungs-Verein Südwestdeutschland e.V. benannt (vgl. FliegBauten-ZuVO – Teil II 11).

7 Wegen der besonderen Beanspruchung nur befristete Genehmigung, für Verlängerung gelten gleiche materielle Anforderungen wie für Neuerteilung.

8 Vgl. Anm. 6.

9 Bauvorlagen nach § 16 LBOVVO (Teil II 2).

10 Es sei denn, mit Erteilung der Ausführungsgenehmigung wurde die Anzeige auf Grund des geringen Gefährdungspotenzials für verzichtbar erklärt.

11 Durchführung im Ermessen der Baurechtsbehörde. Bei der Gebrauchsabnahme werden insbesondere Übereinstimmung mit den Bauvorlagen, Stand- und Betriebssicherheit festgestellt. Die Baurechtsbehörde kann nach § 47 Abs. 2 Sachverständige (TÜV, anerkannte Sachverständige nach Sachverständigenverordnung) zuziehen.

12 Inwieweit in Baden-Württemberg erteilte Ausführungsgenehmigungen in anderen Bundesländern gelten, richtet sich nach dem jeweiligen Landesrecht.

§ 70 Zustimmungsverfahren,[1] Vorhaben der Landesverteidigung

(1) An die Stelle der Baugenehmigung tritt die Zustimmung, wenn
1. der Bund, ein Land, eine andere Gebietskörperschaft[2] des öffentlichen Rechts oder eine Kirche Bauherr ist und[3]
2. der Bauherr die Leitung der Entwurfsarbeiten und die Bauüberwachung geeigneten Fachkräften[4] seiner Baubehörde übertragen hat.
Dies gilt entsprechend für Vorhaben Dritter, die in Erfüllung einer staatlichen Baupflicht vom Land durchgeführt werden.

(2) Der Antrag auf Zustimmung ist bei der unteren Baurechtsbehörde[5] einzureichen. Hinsichtlich des Prüfungsumfangs gilt § 52 Abs. 2. § 52 Abs. 3, § 53 Abs. 1, 2 und 4, § 54 Abs. 1 und 4, § 55 Abs. 1 und 2, §§ 56, 58, 59 Abs. 1 bis 3, §§ 61, 62, 64, 65 sowie § 67 Abs. 5 gelten entsprechend. Die Fachkräfte nach Absatz 1 Satz 1 Nr. 2 sind der Baurechtsbehörde zu benennen. Die bautechnische Prüfung sowie Bauüberwachung und Bauabnahmen finden nicht statt.

(3) Vorhaben, die der Landesverteidigung dienen,[6] bedürfen weder einer Baugenehmigung noch einer Kenntnisgabe nach § 51 noch einer Zustimmung nach Absatz 1. Sie sind stattdessen der höheren Baurechtsbehörde vor Baubeginn in geeigneter Weise zur Kenntnis zu bringen.[7]

(4) Der Bauherr ist dafür verantwortlich, dass Entwurf und Ausführung von Vorhaben nach den Absätzen 1 und 3 den öffentlich-rechtlichen Vorschriften entsprechen.

Anmerkungen

1 Nur verfahrensrechtliche Sonderregelung, materielle Vorschriften der LBO gelten uneingeschränkt auch für Vorhaben in diesen Verfahren, keine bautechnische Prüfung, Bauüberwachung, Bauabnahme.

2 Z. B. Gemeinden, Gemeindeverbände (vgl. § 1 Abs. 4 bzw. § 59 GemO – Teil V 14), Landkreise (§ 1 Abs. 2 und 4 LKrO), Regionalverbände (§§ 22, 23 LPlG – Teil V 2) keine G. sind jedoch Industrie- u. Handelskammern, Handwerks-, Ingenieur- u. Architektenkammern, Verbände.

3 Voraussetzung für das Zustimmungsverfahren ist die Erfüllung von Nr. 2, anderenfalls bleibt es beim Baugenehmigungsverfahren.

4 „Eignung" der Fachkräfte nicht definiert, Rückgriff auf § 43 Abs. 3–5 für Leitung der Entwurfsarbeiten, für Bauüberwachung analog Bauleiter (vgl. Anm. zu § 47).

5 Im Unterschied zu Genehmigungsverfahren nicht bei der Gemeinde.
6 = Anlagen, denen im Verteidigungsfall strategische Bedeutung zukommt –
   z. B. Flugplätze, Gefechtsstände, Versorgungsanlagen, Truppenunterkünfte,
   Übungsanlagen. Auch Wohnungen für Militärpersonal und deren Angehörige, wenn ein räumlich-funktioneller Zusammenhang zu bestimmten
   dienstlichen Einsatzorten besteht; auch Bauvorhaben für die NATO-Trup-
   pen, nicht Militärhochschulen, sonstige Wohnungen.
7 D. h. es findet keinerlei Verfahren statt, die materiellen Vorschriften der
   Landesbauordnung gelten grundsätzlich jedoch auch für diese Vorhaben.

§ 71   Übernahme von Baulasten[1]

**(1) Durch Erklärung[2] gegenüber der Baurechtsbehörde können Grundstücks-
eigentümer[3] öffentlich-rechtliche Verpflichtungen zu einem ihre Grundstücke
betreffenden Tun, Dulden oder Unterlassen[4] übernehmen, die sich nicht schon
aus öffentlich-rechtlichen Vorschriften ergeben (Baulasten). Sie sind auch gegenüber dem Rechtsnachfolger wirksam.**

**(2) Die Erklärung[2] nach Absatz 1 muss vor der Baurechtsbehörde oder vor der
Gemeindebehörde abgegeben oder anerkannt werden; sie kann auch in öffentlich beglaubigter Form einer dieser Behörden vorgelegt werden.**

**(3) Die Baulast erlischt durch schriftlichen Verzicht[5] der Baurechtsbehörde.
Der Verzicht ist zu erklären, wenn ein öffentliches Interesse[6] an der Baulast
nicht mehr besteht. Vor dem Verzicht sollen der Verpflichtete und die durch
die Baulast Begünstigten gehört werden.**

Anmerkungen
1 Baulast = Rechtsinstitut des Bauordnungsrechts, mit dem in Einzelfällen die
   baurechtliche Zulässigkeit eines Bauvorhabens erreicht werden kann. Dies ge-
   schieht durch Übernahme der Verpflichtung zur Einhaltung bestimmter, das
   Vorhaben betreffender öffentlich-rechtlicher Vorschriften auf dem Baugrundstück selbst (Eigenbaulast) oder auf einem anderen Grundstück, i. d. R. dem
   Nachbargrundstück (Fremdbaulast). Beruht auf Freiwilligkeit des Baulast-
   übernehmenden, begründet unabhängig von privatrechtlichen Beziehungen
   rechtliche Verpflichtungen nur gegenüber der Baurechtsbehörde.
2 Form nicht geregelt, auch mündliche Erklärung begründet Baulast, schriftliche Bestätigung/Unterschrift im Interesse der Rechtssicherheit erforderlich.
3 Bei mehreren Miteigentümern muss die Baulast von jedem der Eigentümer
   übernommen werden.
4 Z. B. Übernahme einer Anbauverpflichtung (ermöglicht dem Baulastbe-
   günstigten bei Festsetzung offener Bauweise den Grenzbau an der gemeinsamen Grenze mit dem Baulastnehmer, vgl. § 5 Abs. 1 Nr. 2), Sicherung der
   Erschließung durch Zufahrtsbaulast, Flächenbaulast (Verzicht auf Anteile
   des zulässigen Maßes der baulichen Nutzung des Grundstücks – GRZ,
   GFZ –, um dem Baulastnehmer eine Überschreitung des Maßes der baulichen Nutzung in diesem Umfang zu ermöglichen.
5 Muss schriftlich erfolgen, hat konstitutiven, rechtsverbindlichen Charakter,
   rechtsmittelfähiger Verwaltungsakt. Verzicht kann nur durch die Bau-

rechtsbehörde ausgeübt werden, Vereinbarungen zwischen dem Begünstigten und dem Baulastnehmer können nicht zum Verzicht führen.

6 Öffentliches Interesse an der Erhaltung der Baulast besteht immer dann nicht mehr, wenn durch Änderung der Sachlage auch ohne Baulast rechtmäßige Zustände bestehen oder das Vorhaben nicht mehr besteht.

§ 72 Baulastenverzeichnis

(1) Die Baulasten sind auf Anordnung der Baurechtsbehörde in ein Verzeichnis einzutragen[1] (Baulastenverzeichnis).

(2) In das Baulastenverzeichnis sind auch einzutragen, soweit ein öffentliches Interesse an der Eintragung besteht,
1. **[2]andere baurechtliche, altlastenrechtliche oder bodenschutzrechtliche Verpflichtungen des Grundstückseigentümers zu einem sein Grundstück betreffenden Tun, Dulden oder Unterlassen,**
2. **[2]Bedingungen, Befristungen und Widerrufsvorbehalte.**

(3) Das Baulastenverzeichnis wird von der Gemeinde geführt.

(4) Wer ein berechtigtes Interesse[3] darlegt, kann in das Baulastenverzeichnis Einsicht nehmen und sich Abschriften erteilen lassen.

Anmerkungen
1 Inhalt bestimmt die Baurechtsbehörde, Eintragung ist kein Verwaltungsakt, hat nur deklaratorische Bedeutung.
2 Sogenannte Bauvermerke = kraft Gesetzes oder Verwaltungsaktes dem Grundstückseigentümer obliegende grundstücksbezogene Verpflichtungen.
3 Setzt kein rechtliches Interesse voraus, ausreichend sachliche und triftige Gründe, z. B. von Kaufinteressenten, Rechtsnachfolgern, Nachbarn.

Neunter Teil Rechtsvorschriften, Ordnungswidrigkeiten, Übergangs- und Schlussvorschriften

§ 73 Rechtsverordnungen[1]

(1) Zur Verwirklichung der in § 3 bezeichneten allgemeinen Anforderungen wird die oberste Baurechtsbehörde ermächtigt, durch Rechtsverordnung Vorschriften zu erlassen über
1. **die nähere Bestimmung allgemeiner Anforderungen in den §§ 4 bis 37,[2]**
2. **besondere Anforderungen oder Erleichterungen, die sich aus der besonderen Art oder Nutzung der baulichen Anlagen und Räume nach § 38 für ihre Errichtung, Unterhaltung und Nutzung ergeben, sowie über die Anwendung solcher Anforderungen auf bestehende bauliche Anlagen dieser Art,[3]**
3. **eine von Zeit zu Zeit wiederholende Nachprüfung von Anlagen, die zur Verhütung erheblicher Gefahren oder Nachteile ständig ordnungsgemäß unterhalten werden müssen, und die Erstreckung dieser Nachprüfungspflicht auf bestehende Anlagen,[4]**
4. **die Anwesenheit fachkundiger Personen beim Betrieb technisch schwieriger baulicher Anlagen und Einrichtungen, wie Bühnenbetriebe und technisch schwierige Fliegende Bauten,[4]**
5. **den Nachweis der Befähigung der in Nummer 4 genannten Personen.**

(2) Die obersten Baurechtsbehörden werden ermächtigt, zum baurechtlichen Verfahren durch Rechtsverordnung Vorschriften zu erlassen über
1. Art, Inhalt, Beschaffenheit und Zahl der Bauvorlagen; dabei kann festgelegt werden, dass bestimmte Bauvorlagen von Sachverständigen oder sachverständigen Stellen zu verfassen sind,
2. die erforderlichen Anträge, Anzeigen, Nachweise und Bescheinigungen,
3. das Verfahren im Einzelnen.[5]
Sie kann dabei für verschiedene Arten von Bauvorhaben unterschiedliche Anforderungen und Verfahren festlegen.

(3) Die oberste Baurechtsbehörde wird ermächtigt, durch Rechtsverordnung vorzuschreiben, dass die am Bau Beteiligten (§§ 42 bis 45) zum Nachweis der ordnungsgemäßen Bauausführung Bescheinigungen, Bestätigungen oder Nachweise des Entwurfsverfassers, der Unternehmer, des Bauleiters, von Sachverständigen, Fachplanern oder Behörden über die Einhaltung baurechtlicher Anforderungen vorzulegen haben.

(4) Die Landesregierung wird ermächtigt, zur Vereinfachung, Erleichterung oder Beschleunigung der baurechtlichen Verfahren oder zur Entlastung der Baurechtsbehörde durch Rechtsverordnung Vorschriften zu erlassen über
1. den vollständigen oder teilweisen Wegfall der Prüfung öffentlich-rechtlicher Vorschriften über die technische Beschaffenheit bei bestimmten Arten von Bauvorhaben,[6]
2. die Heranziehung von Sachverständigen oder sachverständigen Stellen,
3. die Übertragung von Prüfaufgaben im Rahmen des baurechtlichen Verfahrens einschließlich der Bauüberwachung und Bauabnahmen sowie die Übertragung sonstiger, der Vorbereitung baurechtlicher Entscheidungen dienenden Aufgaben und Befugnisse der Baurechtsbehörde auf Sachverständige oder sachverständige Stellen.[7]
Sie kann dafür bestimmte Voraussetzungen festlegen, die die Verantwortlichen nach § 43 zu erfüllen haben.

(5) Die obersten Baurechtsbehörden können durch Rechtsverordnung für Sachverständige, die nach diesem Gesetz oder nach Vorschriften auf Grund dieses Gesetzes tätig werden,
1. eine bestimmte Ausbildung, Sachkunde oder Erfahrung vorschreiben,
2. die Befugnisse und Pflichten bestimmen,
3. eine besondere Anerkennung vorschreiben,
4. die Zuständigkeit, das Verfahren und die Voraussetzungen für die Anerkennung, ihren Widerruf, ihre Rücknahme und ihr Erlöschen sowie die Vergütung der Sachverständigen regeln.[8]

(6) Die oberste Baurechtsbehörde wird ermächtigt, durch Rechtsverordnung die Befugnisse auf andere als in diesen Vorschriften aufgeführte Behörden zu übertragen für
1. die Entscheidungen über Zustimmungen im Einzelfall (§ 20 Abs. 1 und § 21),
2. die Anerkennung von Prüf, Zertifizierungs- und Überwachungsstellen (§ 25).
Die Befugnis nach Nummer 2 kann auch auf eine Behörde eines anderen Landes übertragen werden, die der Aufsicht einer obersten Baurechtsbehörde untersteht oder an deren Willensbildung die oberste Baurechtsbehörde mitwirkt.

(7) Die oberste Baurechtsbehörde kann durch Rechtsverordnung
1. das Ü-Zeichen festlegen und zu diesem Zeichen zusätzliche Angaben verlangen,[9]
2. das Anerkennungsverfahren nach § 25, die Voraussetzungen für die Anerkennung, ihren Widerruf und ihr Erlöschen regeln, insbesondere auch Al-

tersgrenzen festlegen, sowie eine ausreichende Haftpflichtversicherung fordern.[10]

(8) Die oberste Baurechtsbehörde wird ermächtigt, durch Rechtsverordnung zu bestimmen, dass

1. Ausführungsgenehmigungen für Fliegende Bauten nur durch bestimmte Behörden oder durch von ihr bestimmte Stellen erteilt und die in § 69 Abs. 6 bis 8 genannten Aufgaben der Baurechtsbehörde durch andere Behörden oder Stellen wahrgenommen werden; dabei kann die Vergütung dieser Stellen geregelt werden,[11]

2. die Anforderungen der auf Grund des § 34 des Produktsicherheitsgesetzes und des § 49 Abs. 4 des Energiewirtschaftsgesetzes erlassenen Rechtsverordnungen entsprechend für Anlagen gelten, die nicht gewerblichen Zwecken dienen und nicht im Rahmen wirtschaftlicher Unternehmungen Verwendung finden; sie kann auch die Verfahrensvorschriften dieser Verordnungen für anwendbar erklären oder selbst das Verfahren bestimmen sowie Zuständigkeiten und Gebühren regeln; dabei kann sie auch vorschreiben, dass danach zu erteilende Erlaubnisse die Baugenehmigung oder die Zustimmung nach § 70 einschließlich der zugehörigen Abweichungen, Ausnahmen und Befreiungen einschließen, sowie dass § 35 Abs. 2 des Produktsicherheitsgesetzes insoweit Anwendung findet.[12]

Anmerkungen

1 Rechtsverordnung = untergesetzliche Rechtsnorm, von Exekutive auf Grund gesetzlicher Ermächtigung erlassen, hat im Unterschied zur Verwaltungsvorschrift, die lediglich die Verwaltung in Rechtsauslegung, Ermessensausübung o. a. bindet, Rechtskraft für Verwaltung und Bürger.

2 Vgl. „Allgemeine Ausführungsverordnung des Wirtschaftsministeriums zur Landesbauordnung (LBOAVO)" vom 5. Februar 2010 (GBl. S. 24) (Teil II 1).

3 Rechtsgrundlage für Sonderbauverordnungen wie Garagenverordnung (GAVO),Verkaufsstättenverordnung (VkVO), Versammlungsstättenverordnung (VStättVO) u. a., vgl. Teil II.

4 Rechtsgrundlage für Prüf- und Betriebsvorschriften z. B. in der GaVO, VkVO, VStättVO, vgl. Teil II.

5 Vgl. „Verordnung der Landesregierung und des Wirtschaftsministeriums über das baurechtliche Verfahren (Verfahrensverordnung zur Landesbauordnung – LBOVVO)" vom 13. November 1995 (GBl. S. 794) zuletzt geändert durch VO vom 27. Januar 2010 (GBl. S. 10) (Teil II 2).

6 Vgl. § 18 LBOVVO (Teil II 2).

7 Vgl. § 17 LBOVVO (Teil II 2).

8 Vgl. Bausachverständigenverordnung (BauSVO – Teil II 10), § 8 ff. Bau-PrüfVO (Teil II 3).

9 Vgl. ÜZVO (Teil II 4).

10 Vgl. PÜZAVO (Teil II 5).

11 Vgl. FliegBautenZuVO (Teil II 11).

12 Vgl. § 18 LBOAVO (Teil II 1).

§ 74 Örtliche Bauvorschriften[1]

(1) Zur Durchführung baugestalterischer Absichten, zur Erhaltung schützenswerter Bauteile, zum Schutz bestimmter Bauten, Straßen, Plätze oder Ortsteile von geschichtlicher, künstlerischer oder städtebaulicher Bedeutung sowie zum Schutz von Kultur- und Naturdenkmalen können die Gemeinden im Rahmen dieses Gesetzes in bestimmten bebauten oder unbebauten Teilen des Gemeindegebiets durch Satzung örtliche Bauvorschriften erlassen über

1. Anforderungen an die äußere Gestaltung[2] baulicher Anlagen; einschließlich Regelungen über Gebäudehöhen und tiefen sowie über deren Begrünung,
2. Anforderungen an Werbeanlagen und Automaten; dabei können sich die Vorschriften auch auf deren Art, Größe, Farbe und Anbringungsort sowie auf den Ausschluss bestimmter Werbeanlagen und Automaten beziehen,
3. Anforderungen an die Gestaltung, Bepflanzung und Nutzung der unbebauten Flächen der bebauten Grundstücke und an die Gestaltung der Plätze für bewegliche Abfallbehälter sowie über Notwendigkeit oder Zulässigkeit und über Art, Gestaltung und Höhe von Einfriedungen,
4. die Beschränkung oder den Ausschluss der Verwendung von Außenantennen,[3]
5. die Unzulässigkeit von Niederspannungsfreileitungen in neuen Baugebieten und Sanierungsgebieten,[4]
6. das Erfordernis einer Kenntnisgabe für Vorhaben, die nach § 50 verfahrensfrei sind,[6]
7. andere als die in § 5 Abs. 7 vorgeschriebenen Maße.[5] Die Gemeinden können solche Vorschriften auch erlassen, soweit dies zur Verwirklichung der Festsetzungen einer städtebaulichen Satzung erforderlich ist und eine ausreichende Belichtung gewährleistet ist. Sie können zudem regeln, dass § 5 Abs. 7 keine Anwendung findet, wenn durch die Festsetzungen einer städtebaulichen Satzung Außenwände zugelassen oder vorgeschrieben werden, vor denen Abstandsflächen größerer oder geringerer Tiefe als nach diesen Vorschriften liegen müssten.[6]

Anforderungen nach Satz 1 Nummer 1, die allein zur Durchführung baugestalterischer Absichten gestellt werden, dürfen die Nutzung erneuerbarer Energien nicht ausschließen oder unangemessen beeinträchtigen.[7]

(2) Soweit Gründe des Verkehrs oder städtebauliche Gründe[8] oder Gründe sparsamer Flächennutzung dies rechtfertigen, können die Gemeinden für das Gemeindegebiet[9] oder für genau abgegrenzte Teile des Gemeindegebiets durch Satzung bestimmen, dass

1. die Stellplatzverpflichtung (§ 37 Abs. 1),, eingeschränkt[10] wird,
2. die Stellplatzverpflichtung für Wohnungen (§ 37 Abs. 1) auf bis zu zwei Stellplätze erhöht[11] wird; für diese Stellplätze gilt § 37 entsprechend,
3. die Herstellung von Stellplätzen und Garagen eingeschränkt oder untersagt[12] wird,
4. Stellplätze und Garagen auf anderen Grundstücken als dem Baugrundstück herzustellen sind,
5. Stellplätze und Garagen nur in einer Platz sparenden Bauart hergestellt werden dürfen, zum Beispiel mehrgeschossig als kraftbetriebene Hebebühnen oder als automatische Garagen,
6. Abstellplätze für Fahrräder[12] in ausreichender Zahl und geeigneter Beschaffenheit herzustellen sind.

(3) [13] Die Gemeinden können durch Satzung für das Gemeindegebiet oder genau abgegrenzte Teile des Gemeindegebiets bestimmen, dass

1. zur Vermeidung von überschüssigem Bodenaushub die Höhenlage der Grundstücke erhalten oder verändert wird,

2. Anlagen zum Sammeln, Verwenden oder Versickern von Niederschlags-wasser oder zum Verwenden von Brauchwasser herzustellen sind, um die Abwasseranlagen zu entlasten, Überschwemmungsgefahren zu vermeiden und den Wasserhaushalt zu schonen, soweit gesundheitliche oder wasser-wirtschaftliche Belange nicht beeinträchtigt werden.

(4) Durch Satzung kann für das Gemeindegebiet oder genau abgegrenzte Teile des Gemeindegebiets auch bestimmt werden, dass für bestehende Gebäude unter den Voraussetzungen des § 9 Abs. 2[14] Kinderspielplätze anzulegen sind.

(5) Anforderungen nach den Absätzen 1 bis 3 können in den örtlichen Bauvor-schriften auch in Form zeichnerischer Darstellungen gestellt werden.

(6) Die örtlichen Bauvorschriften werden nach den entsprechend geltenden Vorschriften des § 1 Abs. 3 Satz 2 und Abs. 8, § 3 Abs. 2, des § 4 Abs. 2, des § 9 Abs. 7 und des § 13 BauGB erlassen.[15] § 10 Abs. 3 BauGB gilt entspre-chend mit der Maßgabe, dass die Gemeinde in der Satzung auch einen späte-ren Zeitpunkt für das Inkrafttreten bestimmen kann.

(7) Werden örtliche Bauvorschriften zusammen mit einem Bebauungsplan oder einer anderen städtebaulichen Satzung nach dem Baugesetzbuch be-schlossen, richtet sich das Verfahren für ihren Erlass in vollem Umfang nach den für den Bebauungsplan oder die sonstige städtebauliche Satzung gelten-den Vorschriften. Dies gilt für die Änderung, Ergänzung und Aufhebung ent-sprechend.

Anmerkungen

1 Die Gemeinden sind ermächtigt, im Rahmen des § 74 eigenes Ortsrecht zu setzen. Dies kann als gesonderte Satzung oder als örtliche Bauvorschriften im Zusammenhang mit der Aufstellung eines Bebauungsplanes geschehen. Der Katalog der Regelungsgegenstände ist abschließend, andere als in Abs. 1–4 genannte sind durch örtliche Bauvorschriften nicht zu beeinflus-sen. Örtliche Bauvorschriften müssen erforderlich, sachgerecht und be-stimmt sein sowie eine angemessene Abwägung der Belange des Einzelnen und der Allgemeinheit erkennen lassen.

2 Anforderungen zur Durchsetzung bestimmter stadtgestalterischer Absich-ten, z. B. Dachform, neigung, deckung, Dachaufbauten, Gestaltung von Fassaden, Material- und Farbvorgaben, Regelungen zur Kubatur der Ge-bäude (Gebäudetiefen, Trauf- und Firsthöhen). Gestalterische Bauvor-schriften sind nicht nachbarschützend.

3 Verfassungsrechtlicher Grundsatz der Informationsfreiheit muss beachtet werden (Art. 5 Abs. 1 GG).

4 Verbot muss durch gestalterische Absichten begründet sein, in Industrie- und Gewerbegebieten i. d. R. nicht angemessen.

5 Z. B. geringere Abstandstiefen zur Wahrung eines schützenswerten Stadtbil-des mit historisch vorgegebener enger Bebauung.

6 Z. B. Kenntnisgabepflicht für sonst verfahrensfreie Vorhaben in der Umge-bung schützenswerter Kulturdenkmale.

7 Diese Regelung soll insbesondere bei Neubauten Gestaltungsanforderungen ausschließen, die z. B. die Errichtung von Photovoltaik- oder Solaranlagen auf Dächern verhindern; gleichzeitig soll sie aber Gestaltungsanforderungen zu-gunsten schützenswerter Gebäude, Straßenräume und Plätze aus denkmal-schützerischen oder städtebaulichen Gründen weiterhin ermöglichen.

8 Die Gründe des Verkehrs oder städtebaulichen Gründe müssen hinreichend konkret und gebietsbezogen sein, allgemeine Grundsätze sind nicht ausreichend – z. b. die Sicherheit und Leichtigkeit des Verkehrs in einer bestimmten örtlichen Situation, konkrete Sanierungs- oder Modernisierungsabsichten in einem bestimmten räumlichen Gebiet.

9 In diesem Fall müssen die Gründe für die beabsichtigte Regelung flächendeckend für das gesamte Gemeindegebiet vorliegen.

10 Z. B. zur Durchsetzung bestimmter Sanierungs- und Gestaltungsabsichten in Innenstädten, zur Förderung des ÖPNV, Einschränkung kann bis zur Aufhebung gehen, betrifft auch notwendige Stellplätze von Wohnungen.

11 Kann z. b. erforderlich werden, wenn bedingt durch die örtlichen Verhältnisse bei Nachweis von nur einem Stellplatz je Wohnung verkehrsgefährdende Zustände im Gebiet zu erwarten sind (z. b. beengte Erschließungsverhältnisse, Halteverbote). Erfordernis muss gebietsbezogen nachweisbar sein.

12 Z. B. zur Durchsetzung städtebaulicher Ziele wie verkehrsberuhigte Bereiche, Fußgängerzonen.

13 Abs. 3 dient generell ökologischen Zielstellungen – Minderung der Folgen des Eingriffs in die natürlichen Lebensgrundlagen durch die Errichtung baulicher Anlagen.

14 Ermöglicht die Umwandlung der Ermessensentscheidung im Einzelfall nach § 9 Abs. 2 Satz 5 in eine generelle Verpflichtung zur nachträglichen Anlegung von Kinderspielplätzen bei bestehenden Gebäuden.

15 Für den Fall, dass örtliche Bauvorschriften in Form eigenständiger Satzungen erlassen werden.

§ 75   Ordnungswidrigkeiten[1]

(1) Ordnungswidrig handelt, wer vorsätzlich oder fahrlässig

1. entgegen § 8 Absatz 2 Satz 1 die geplante Teilung eines Grundstücks nicht anzeigt,
2. Bauprodukte entgegen § 17 Abs. 1 Nr. 1 ohne das Ü-Zeichen verwendet,
3. Bauarten nach § 21 ohne allgemeine bauaufsichtliche Zulassung, allgemeines baurechtliches Prüfzeugnis oder Zustimmung im Einzelfall anwendet
4. Bauprodukte mit dem Ü-Zeichen kennzeichnet, ohne dass dafür die Voraussetzungen nach § 22 Abs. 4 vorliegen,
5. als Bauherr entgegen § 42 Abs. 2 Satz 3 kenntnisgabepflichtige Abbrucharbeiten ausführt oder ausführen lässt,
6. als Entwurfsverfasser entgegen § 43 Abs. 2 den Bauherrn nicht veranlasst, geeignete Fachplaner zu bestellen,
7. als Unternehmer entgegen § 44 Abs. 1 nicht für die ordnungsgemäße Einrichtung und den sicheren Betrieb der Baustellen sorgt, oder die erforderlichen Nachweise nicht erbringt oder nicht bereithält,
8. als Bauleiter entgegen § 45 Abs. 1 nicht auf das gefahrlose Ineinandergreifen der Arbeiten der Unternehmer achtet,
9. als Bauherr, Unternehmer oder Bauleiter eine nach § 49 genehmigungspflichtige Anlage oder Einrichtung ohne Genehmigung errichtet, benutzt

oder von der erteilten Genehmigung abweicht, obwohl es dazu einer Genehmigung bedurft hätte,[2]

10. als Bauherr oder Bauleiter von den im Kenntnisgabeverfahren eingereichten Bauvorlagen abweicht, es sei denn, die Abweichung ist nach § 50 verfahrensfrei,

11. als Bauherr, Unternehmer oder Bauleiter entgegen § 59 Abs. 1 ohne Baufreigabeschein mit der Ausführung eines genehmigungspflichtigen Vorhabens beginnt, oder als Bauherr entgegen § 59 Abs. 2 den Baubeginn oder die Wiederaufnahme von Bauarbeiten nicht oder nicht rechtzeitig mitteilt, entgegen § 59 Abs. 3, 4 oder 5 mit der Bauausführung beginnt, entgegen § 67 Abs. 4 ohne vorherige Abnahme Bauarbeiten durchführt oder fortsetzt oder eine bauliche Anlage in Gebrauch nimmt oder entgegen § 67 Abs. 5 eine Feuerungsanlage in Betrieb nimmt.

12. Fliegende Bauten entgegen § 69 Abs. 2 ohne Ausführungsgenehmigung oder entgegen § 69 Abs. 6 ohne Anzeige und Abnahme in Gebrauch nimmt.

(2) Ordnungswidrig handelt auch, wer wider besseres Wissen

1. unrichtige Angaben macht oder unrichtige Pläne und Unterlagen vorlegt, um einen nach diesem Gesetz vorgesehenen Verwaltungsakt zu erwirken oder zu verhindern, oder

2. eine unrichtige bautechnische Prüfbestätigung nach § 17 Abs. 2 und 3 LBOVVO abgibt.

(3) Ordnungswidrig handelt ferner, wer vorsätzlich oder fahrlässig

1. als Bauherr oder Unternehmer einer vollziehbaren Verfügung nach § 64 Abs. 1[3] zuwiderhandelt,

2. einer auf Grund dieses Gesetzes ergangenen Rechtsverordnung oder örtlichen Bauvorschrift zuwiderhandelt, wenn die Rechtsverordnung oder örtliche Bauvorschrift für einen bestimmten Tatbestand auf diese Bußgeldvorschrift verweist.[4]

(4) Die Ordnungswidrigkeit kann mit einer Geldbuße bis zu 100 000 Euro geahndet werden.[5]

(5) Gegenstände, auf die sich eine Ordnungswidrigkeit nach Absatz 1 Nr. 1 oder 2 oder Absatz 2 bezieht, können eingezogen[6] werden.

(6) Verwaltungsbehörde im Sinne des § 36 Abs. 1 Nr. 1 des Gesetzes über Ordnungswidrigkeiten ist die untere Baurechtsbehörde. Hat den vollziehenden Verwaltungsakt eine höhere oder oberste Landesbehörde erlassen, so ist diese Behörde zuständig.

Anmerkungen

1 Ordnungswidrigkeit = rechtswidrige und vorwerfbare Handlung, die den Tatbestand eines Gesetzes verwirklicht, der die Ahndung mit einer Geldbuße zulässt (§ 1 Abs. 1 OWiG – **Teil V 14**). Die Verfolgung von Ordnungswidrigkeiten steht im pflichtgemäßen Ermessen der Baurechtsbehörden und der Polizei (Opportunitätsprinzip). Verfahren richtet sich nach §§ 46 ff. OWiG.

2 Nicht jede Abweichung ist genehmigungspflichtig; sofern die Abweichung im Rahmen des § 50 LBO verfahrensfrei wäre, liegt kein Ordnungswidrigkeitstatbestand vor.

3 Missachtung einer Baueinstellungsverfügung (muss vollziehbar sein entsprechend § 2 LVwVG – **Teil V 14**).

4   Z. B. in § 21 LBOVVO (Teil II 2), von besonderer Bedeutung unrichtige
    Bestätigung eines Planverfassers nach § 11 LBOVVO.
5   Form: Bußgeldbescheid nach § 65 OWiG. Rechtsmittel dagegen: Ein-
    spruch, Rechtsbeschwerde gegen Urteil oder Beschluss des Amtsgerichts.
6   Einziehungsverfahren nach § 18 OWiG (Teil V 14).

§ 76   Bestehende bauliche Anlagen[1]

**(1) Werden in diesem Gesetz oder in den auf Grund dieses Gesetzes erlasse-
nen Vorschriften andere Anforderungen als nach dem bisherigen Recht gestellt, so kann verlangt werden, dass rechtmäßig bestehende[2] oder nach genehmigten Bauvorlagen bereits begonnene Anlagen den neuen Vorschriften
angepasst werden, wenn Leben oder Gesundheit bedroht[3] sind.**

**(2) Sollen rechtmäßig bestehende Anlagen wesentlich geändert[4] werden, so
kann gefordert werden, dass auch die nicht unmittelbar berührten Teile der
Anlage mit diesem Gesetz oder den auf Grund dieses Gesetzes erlassenen
Vorschriften in Einklang gebracht werden, wenn
1. die Bauteile, die diesen Vorschriften nicht mehr entsprechen, mit dem beabsichtigten Vorhaben in einem konstruktiven Zusammenhang stehen und
2. die Einhaltung dieser Vorschriften bei den von dem Vorhaben nicht berührten Teilen der Anlage keine unzumutbaren Mehrkosten[5] verursacht.**

Anmerkungen
1   Bestehende bauliche Anlagen, die zu irgendeinem Zeitpunkt mit dem gel-
    tenden Recht in Einklang standen, genießen grundsätzlich Bestandsschutz.
    Damit kann eine solche Anlage in ihrer bisherigen Funktion und ihrem
    Bestand auch dann genutzt und erhalten werden, wenn sie dem jetzt gelten-
    den Recht nicht mehr entspricht; die materiellen Anforderungen der LBO
    finden keine Anwendung. § 76 erfasst Ausnahmen von diesem Grundsatz
    und deren Voraussetzungen.
2   Bestehende Anlagen sind solche, die zum Zeitpunkt des Inkrafttretens der
    jetzt geltenden Regelungen (1.3.2010) im Wesentlichen fertig gestellt wa-
    ren.
3   Setzt konkrete Gefährdung voraus, vgl. § 3 Anm. 2.
4   Wesentliche Änderung liegt dann vor, wenn in die vorhandene Bausubstanz
    erheblich eingegriffen wird und/oder das Erscheinungsbild oder die Nut-
    zung der Anlage wesentlich verändert wird – Verhältnis von Art, Umfang,
    Auswirkung der Änderung im Verhältnis zur bestehenden Anlage.
5   Abhängig vom Verhältnis zu Baukosten und subjektiven Verhältnissen des
    Bauherrn.

§ 77   Übergangsvorschriften

**(1) Die vor Inkrafttreten dieses Gesetzes eingeleiteten Verfahren sind nach den
bisherigen Verfahrensvorschriften weiterzuführen. Die materiellen Vorschriften dieses Gesetzes sind in diesen Verfahren nur insoweit anzuwenden, als
sie für den Antragsteller eine günstigere Regelung enthalten als das bisher
geltende Recht. § 76 bleibt unberührt.**

(2) Wer bis zum Inkrafttreten dieses Gesetzes als Planverfasser für Bauvorlagen bestellt werden durfte, darf in bisherigem Umfang auch weiterhin als Entwurfsverfasser bestellt werden.

Anmerkungen

1 Regelung zur Besitzstandswahrung der bislang Bauvorlageberechtigten.

§ 78 Außerkrafttreten bisherigen Rechts

(1) Am 1. Januar 1996 treten außer Kraft
1. die Landesbauordnung für Baden-Württemberg (LBO) in der Fassung vom 28. November 1983 (GBl. S. 770, ber. 1984 S. 519), zuletzt geändert durch Artikel 14 der Verordnung vom 23. Juli 1993 (GBl. S. 533) mit Ausnahme der §§ 20 bis 24,
2. die Verordnung des Innenministeriums über den Wegfall der Genehmigungspflicht bei Wohngebäuden und Nebenanlagen (Baufreistellungsverordnung) vom 26. April 1990 (GBl. S. 144), geändert durch Verordnung vom 27. April 1995 (GBl. S. 371),
3. die Verordnung des Innenministeriums über den Wegfall der Genehmigungs- und Anzeigepflicht von Werbeanlagen während des Wahlkampfes (Werbeanlagenverordnung) vom 12. Juni 1969 (GBl. S. 122).

(2) Am Tage nach der Verkündung treten außer Kraft
1. die §§ 20 bis 24 der Landesbauordnung für Baden-Württemberg (LBO) in der Fassung vom 28. November 1983 (GBl. S. 770, ber. 1984 S. 519), zuletzt geändert durch Artikel 14 der Verordnung vom 23. Juli 1993 (GBl. S. 533),
2. die Verordnung des Innenministeriums über prüfzeichenpflichtige Baustoffe, Bauteile und Einrichtungen (Prüfzeichenverordnung) vom 13. Juni 1991 (GBl. S. 483),
3. die Verordnung des Innenministeriums über die Überwachung von Baustoffen und Bauteilen (Überwachungsverordnung) vom 30. September 1985 (GBl. S. 349).

§ 79 Inkrafttreten

Dieses Gesetz tritt am 1. Januar 1996 in Kraft. Abweichend hiervon treten die §§ 17 bis 25, § 77 Abs. 3 bis 8 sowie Vorschriften, die zum Erlass von Rechtsverordnungen oder örtlichen Bauvorschriften ermächtigen, am Tage nach der Verkündung in Kraft.

Bauvorlageberechtigung

Nach § 43 Abs. 1 LBO ist der Entwurfsverfasser dafür verantwortlich, dass sein Entwurf, d. h. Bauvorlagen und Ausführungsplanung, den öffentlich-rechtlichen Vorschriften entspricht. Soweit der Entwurfsverfasser selbst für einzelne Fachgebiete nicht die erforderliche Sachkunde und Erfahrung hat, ist er nach § 43 Abs. 2 LBO verpflichtet, den Bauherrn zu veranlassen, geeignete Fachplaner zu bestellen. Für die Abstimmung der Beiträge der Sachverständigen entsprechend den öffentlich-rechtlichen Vorschriften bleibt der Entwurfsverfasser verantwortlich. Die Landesbauordnung überträgt mit diesen Bestimmungen dem Entwurfsverfasser öffentlich-rechtliche Pflichten, die er gegenüber der Baurechtsbehörde zu erfüllen hat. Für diese Aufgabe muss er nach Sachkunde und Erfahrung geeignet (§ 42 Abs. 1 LBO) bzw. qualifiziert sein, insbesondere ausreichende Kenntnisse der einschlägigen planungsrechtlichen und bauordnungsrechtlichen Vorschriften haben. Von besonderer Bedeutung ist dieser Anspruch für Entwurfsverfasser, die im Rahmen des Kenntnisgabeverfahrens (§ 51 LBO) tätig werden, da in diesem Verfahren keine Prüfung des Entwurfs hinsichtlich der Übereinstimmung mit den öffentlich-rechtlichen Vorschriften durch die Baurechtsbehörde stattfindet und die Bauvorlagen vollständig mit den Festsetzungen des Bebauungsplanes übereinstimmen müssen. Aus diesem Grund verlangt § 11 Abs. 1 Nr. 2 LBOVVO (vgl. **Teil II 2**) vom Entwurfsverfasser in diesen Fällen die ausdrückliche Bestätigung, dass die Bauvorlagen unter Beachtung der öffentlich-rechtlichen Vorschriften verfasst wurden und ahndet § 21 Nr. 2 LBOVVO eine solche vorsätzlich oder fahrlässig falsch abgegebene Bestätigung als Ordnungswidrigkeit.

Während für eine Reihe verfahrensfreier (§ 50 LBO), kenntnisgabepflichtiger (§ 51 LBO) oder auch genehmigungspflichtiger (§§ 49, 52 LBO) baulicher Anlagen lediglich die materielle Qualifikationsanforderung der „Eignung" nach § 42 Abs. 1 LBO gestellt wird, regelt § 43 Abs. 3–5 LBO für den besonders anspruchsvollen Bereich der genehmigungs- und kenntnisgabepflichtigen **Gebäude** die besondere formelle Qualifikationsanforderung. Ergänzt durch die im Rahmen der Besitzstandswahrung für Planverfasser nach altem Recht ergangene Übergangsvorschriften nach § 77 Abs. 2 LBO ergibt sich eine wie in der anschließenden Tabelle gegliederte Bauvorlageberechtigung.

Die oberste Baurechtsbehörde kann bei wiederholter und grober Verletzung der Pflichten der Entwurfsverfasser nach § 43 Abs. 1 und 2 LBO und/oder Missachtung wesentlicher baurechtlicher Vorschriften das Verfassen von Bauvorlagen ganz oder teilweise untersagen (vgl. § 43 Abs. 10).

	Vorhaben	Bauvorlageberechtigung
1. (schließt Nr. 2–10 ein)	**Gebäude aller Art,** die **genehmigungspflichtig** nach §§ 49 und 52 LBO oder **kenntnisgabepflichtig** nach § 51 LBO sind (betrifft nicht verfahrensfreie nach § 50 LBO)	– Architekten (= wer die Berufsbezeichnung Architekt nach § 2 Abs. 1 Architektengesetz führen darf. Dazu gehören auch Personen, für die sich nach dem Recht der Europäischen Union eine Gleichstellung ergibt.) – Innenarchitekten (= wer die Berufsbezeichnung Innenarchitekt nach Abs. 2 Nr. 1 Architektengesetz führen darf) für die Gestaltung von Innenräumen und die damit verbundenen baulichen Änderungen von Gebäuden. – Ingenieure, die in die von der Ingenieurkammer Baden-Württemberg geführte Liste der Entwurfs-

	Vorhaben	Bauvorlageberechtigung
		verfasser der Fachrichtung Bauingenieurwesen eingetragen sind (Voraussetzungen: Berufsqualifizierender Hochschulabschluss eines Studiums der Fachrichtung Hochbau oder Bauingenieurwesen + 2 Jahre praktische Tätigkeit der Entwurfsplanung von Gebäuden. Alternativ: Listeneintrag bei einem anderen Bundesland unter mindestens gleichen Anforderungen). Personen, die in einem anderen Mitgliedsstaat der EU oder einem nach Recht der Europäischen Gemeinschaft gleichgestellten Staat als Bauvorlageberechtigte niedergelassen sind, sind auch ohne Eintragung in die Liste der Ingenieurkammer bauvorlageberechtigt. Sie müssen eine entsprechende Bescheinigung und Nachweise ihrer Qualifikation bei der Ingenieurkammer vorlegen sowie die Aufnahme einer erstmaligen Tätigkeit als Bauvorlageberechtigter anzeigen. Anzeige und Bescheinigung sind nicht erforderlich, wenn bereits in einem anderen Land erfolgt. – Beschäftigte im öffentlichen Dienst, die eine Berufsausbildung nach § 4 des Architektengesetzes haben oder die Eintragungsvoraussetzungen für die Ingenieurkammerliste erfüllen.
2.	**Wohngebäude** mit **1-Vollgeschoss** (vgl. § 2 Abs. 6 LBO) bis zu **150 m²** Grundfläche	– Angehörige der Fachrichtung Architektur, Hochbau oder Bauingenieurwesen, die an einer Hochschule, Fachhochschule oder gleichrangigen Bildungseinrichtung das Studium erfolgreich abgeschlossen -haben – Staatlich geprüfte Technikerinnen oder Techniker der Fachrichtung Bautechnik – Meisterinnen oder Meister des Maurer, Zimmerer, Beton- und Stahlbetonbauerhandwerks und Personen, die diesen, mit Ausnahme von § 7b der Handwerksordnung, handwerksrechtlich gleichgestellt sind – Personen, die in einem anderen Mitgliedsstaat der Europäischen Union oder einem nach dem Recht der Europäischen Gemeinschaft gleichgestellten Staat eine der oben genannten Qualifikationen gleichwertige Ausbildung abgeschlossen haben.
3.	**Wohngebäude** mit **1-Vollgeschoss** bis zu **125 m²** Grundfläche	Nach § 77 Abs. 2 LBO (Übergangsregelung) Personen, die in den letzten 5 Jahren vor Inkrafttreten der LBO 1996 (1.1.1996) Bauvorlagen für diese Gebäude regelmäßig und ohne wesentliche Beanstandungen verfasst haben.
4.	**Wohngebäude** mit bis zu **2 Vollgeschossen** und bis zu **2 Wohnungen**	Nach § 77 Abs. 2 LBO (Übergangsregelung) Planverfasser, die im Jahr vor dem 14.4.1972 (Gesetz zur Änderung der LBO vom 11.4.1972/GBl. S. 109) Bauvorlagen für die Errichtung solcher Gebäude verfasst haben (keine Kulturdenkmale oder in deren Umgebung).

Vorhaben	Bauvorlageberechtigung
5. Eingeschossige **gewerbliche Gebäude** bis zu **250 m²** Grundfläche und bis zu **5 m** Wandhöhe (gemessen von Geländeoberfläche bis Schnittpunkt von Außenwand und Dachhaut)	– Angehörige der Fachrichtung Architektur, Hochbau oder Bauingenieurwesen, die das Studium an einer Hochschule, Fachschule, Fachhochschule oder gleichrangigen Bildungseinrichtung erfolgreich abgeschlossen haben. – Staatlich geprüfte Techniker und Technikerinnen der Fachrichtung Bautechnik. – Meisterinnen oder Meister des Maurer-, Zimmerer-, Beton- und Stahlbetonbauerhandwerks oder Personen, die diesen, mit Ausnahme von § 7b der Handwerksordnung handwerksrechtlich gleichgestellt sind.
6. **Land- oder forstwirtschaftliche Betriebsgebäude** bis zu **2 Vollgeschosse** und bis zu **250 m²** Grund-fläche	– Angehörige der Fachrichtung Architektur, Hochbau oder Bauingenieurwesen, die das Studium an einer Hochschule, Fachschule, Fachhochschule oder gleichrangigen Bildungseinrichtung erfolgreich abgeschlossen haben. – Staatlich geprüfte Techniker und Technikerinnen der Fachrichtung Bautechnik. – Meisterinnen oder Meister des Maurer-, Zimmerer-, Beton- und Stahlbetonbauerhandwerks oder Personen, die diesen, mit Ausnahme von § 7b der Handwerksordnung, handwerksrechtlich gleichgestellt sind. – Nach § 77 Abs. 2 LBO (Übergangsregelung) Personen, die in den letzten 5 Jahren vor In-Kraft-Treten der LBO 1996 (1.1.1996) Bauvorlagen für diese Gebäude regelmäßig und ohne wesentliche Beanstandungen verfasst haben.
7. **Garagen** bis zu **100 m²** Nutzfläche	Entwurfsverfasser, welche die materiellen Qualifikationsanforderungen der Eignung nach § 42 Abs. 1 LBO erfüllen, keine formellen Qualifikationsanforderungen.
8. **Behelfsbauten** (§ 56 Abs. 4 Nr. 2 LBO) und untergeordnete Gebäude (keine scharfe Abgrenzung – über den Dimensionen des § 50 Abs. 1 LBO, unter denen des § 43 Abs. 4 LBO)	
9. Bauliche Anlagen, die **keine Gebäude** sind	
10. Bauvorlagen, die nur auf Grund örtlicher Bauvorschriften kenntnisgabepflichtig sind	

Verzeichnis der unteren Baurechtsbehörden und der unteren Denkmalschutzbehörden in Baden-Württemberg

Stand: 1. Juli 2015 (205 untere Baurechts- und Denkmalschutzbehörden)

Regierungsbezirk Stuttgart (72)

Landratsämter (11)
71034 Böblingen
73728 Esslingen
73033 Göppingen
89518 Heidenheim
74072 Heilbronn
Hohenlohekreis in 74653 Künzelsau
71638 Ludwigsburg
Main-Tauber-Kreis in 97941 Tauberbischofsheim
Ostalbkreis in 73430 Aalen
Rems-Murr-Kreis in 71332 Waiblingen
74523 Schwäbisch Hall

Stadtkreise (2)
74072 Heilbronn
70173 Stuttgart

Große Kreisstädte (29 – ohne Große Kreisstädte, die einer Verwaltungsgemeinschaft mit Zuständigkeit als untere Baurechtsbehörde angehören)
73430 Aalen
97980 Bad Mergentheim
71032 Böblingen
74564 Crailsheim
71254 Ditzingen
73479 Ellwangen (Jagst)
73728 Esslingen am Neckar
70734 Fellbach
70772 Filderstadt
73312 Geislingen an der Steige
89537 Giengen an der Brenz
73033 Göppingen
89522 Heidenheim an der Brenz
71083 Herrenberg
70806 Kornwestheim
70771 Leinfelden-Echterdingen
71229 Leonberg
71638 Ludwigsburg
74172 Neckarsulm
72622 Nürtingen
73760 Ostfildern
71686 Remseck am Neckar
73614 Schorndorf
73525 Schwäbisch Gmünd

74523 Schwäbisch Hall
71063 Sindelfingen
71332 Waiblingen
71384 Weinstadt
97877 Wertheim

Verwaltungsgemeinschaften (13 – davon 8 untere Verwaltungsbehörden nach § 15 LVG*)
* 71522 Backnang
(Mitgliedsgemeinden: Allmersbach im Tal, Althütte, Aspach, -Auenwald, Backnang, Burgstetten, -Kirchberg an der Murr, Oppenweiler, Weissach im Tal)
* 74177 Bad Friedrichshall
(Mitgliedsgemeinden: Bad Friedrichshall, Oedheim, Offenau)
* 74906 Bad Rappenau
(Mitgliedsgemeinden: Bad Rappenau, Kirchhardt, Siegelsbach)
* 74321 Bietigheim-Bissingen
(Mitgliedsgemeinden: Bietigheim-Bissingen, Ingersheim, Tamm)
Gemeindeverwaltungsverband Eislingen-Ottenbach-Salach
73054 Eislingen/Fils
(Mitgliedsgemeinden: Eislingen/Fils, Ottenbach, Salach)
* 75031 Eppingen
(Mitgliedsgemeinden: Eppingen, Gemmingen, Ittlingen)
71691 Freiberg am Neckar
(Mitgliedsgemeinden: Freiberg am Neckar, Pleidelsheim)
* 73230 Kirchheim unter Teck
(Mitgliedsgemeinden: Dettingen u. T., Kirchheim u. T., -Notzingen)
* 74613 Öhringen
(Mitgliedsgemeinden: Öhringen, Pfedelbach, Zweiflingen)
Gemeindeverwaltungsverband Plochingen
73207 Plochingen
(Mitgliedsgemeinden: Altbach, Deizisau, Plochingen)
Gemeindeverwaltungsverband Rosenstein
73540 Heubach
(Mitgliedsgemeinden: Bartholomä, Böbingen an der Rems, -Heubach, Heuchlingen, Mögglingen)
* 71665 Vaihingen an der Enz
(Mitgliedsgemeinden: Eberdingen, Oberriexingen, Sersheim, Vaihingen an der Enz)
Gemeindeverwaltungsverband Winnenden
71364 Winnenden
(Mitgliedsgemeinden: Leutenbach, Schwaikheim, Winnenden)

Gemeinden (17)
73072 Donzdorf
73061 Ebersbach an der Fils
70839 Gerlingen
89542 Herbrechtingen
71088 Holzgerlingen
74360 Ilsfeld
71404 Korb
70825 Korntal-Münchingen
74653 Künzelsau
74348 Lauffen am Neckar
71672 Marbach am Neckar

71272 Renningen
71277 Rutesheim
97941 Tauberbischofsheim
71263 Weil der Stadt
74189 Weinsberg
73249 Wernau

Regierungsbezirk Karlsruhe (46)

Landratsämter (7)
75365 Calw
Enzkreis in 75177 Pforzheim
72250 Freudenstadt
76126 Karlsruhe
Neckar-Odenwald-Kreis in 74821 Mosbach
76437 Rastatt
Rhein-Neckar-Kreis in 69115 Heidelberg

Stadtkreise (5)
76530 Baden-Baden
69117 Heidelberg
76133 Karlsruhe
68161 Mannheim
75158 Pforzheim

Große Kreisstädte (11 – ohne Große Kreisstädte, die einer Verwaltungsgemeinschaft mit Zuständigkeit als untere Baurechtsbehörde angehören)
75015 Bretten
76646 Bruchsal
75365 Calw
76275 Ettlingen
76571 Gaggenau
69181 Leimen
76287 Rheinstetten
68723 Schwetzingen
76297 Stutensee
68753 Waghäusel
69469 Weinheim

Verwaltungsgemeinschaften (15 – davon 9 untere Verwaltungsbehörden nach § 17 LVG*)
72213 Altensteig
(Mitgliedsgemeinden: Altensteig, Egenhausen)
75323 Bad Wildbad
(Mitgliedsgemeinden: Bad Wildbad, Enzklösterle, Höfen an der Enz; Baurechtszuständigkeit nur für Bad Wildbad und Enzklösterle)
* 77815 Bühl
(Mitgliedsgemeinden: Bühl, Ottersweier)
Gemeindeverwaltungsverband Dornstetten
72280 Dornstetten
(Mitgliedsgemeinden: Dornstetten, Glatten, Schopfloch, -Waldachtal)

* 72250 Freudenstadt
(Mitgliedsgemeinden: Bad Rippoldsau-Schapbach, -Freudenstadt, Seewald)
* Gemeindeverwaltungsverband Hardheim-Walldürn
74731 Walldürn
(Mitgliedsgemeinden: Hardheim, Höpfingen, Walldürn)
69502 Hemsbach
(Mitgliedsgemeinden: Hemsbach, Laudenbach)
* 68766 Hockenheim
(Mitgliedsgemeinden: Altlußheim, Hockenheim, Neulußheim, Reilingen)
* 72160 Horb am Neckar
(Mitgliedsgemeinden: Empfingen, Eutingen im Gäu, Horb am Neckar)
74821 Mosbach
(Mitgliedsgemeinden: Elztal, Mosbach, Neckarzimmern, -Obrigheim)
* 75417 Mühlacker
(Mitgliedsgemeinden: Mühlacker, Ötisheim)
* 72202 Nagold
(Mitgliedsgemeinden: Ebhausen, Haiterbach, Nagold, Rohrdorf)
76437 Rastatt
(Mitgliedsgemeinden: Iffezheim, Ötigheim, Rastatt, -Steinmauern)
* 74889 Sinsheim
(Mitgliedsgemeinden: Angelbachtal, Sinsheim, Zuzenhausen)
* 69168 Wiesloch
(Mitgliedsgemeinden: Dielheim, Wiesloch)

Gemeinden (8)
72270 Baiersbronn
75217 Birkenfeld
77830 Bühlertal
76593 Gernsbach
68775 Ketsch
75305 Neuenbürg
76337 Waldbronn
69190 Walldorf

Regierungsbezirk Freiburg (43)

Landratsämter (9)
Breisgau-Hochschwarzwald in 79104 Freiburg im Breisgau
79312 Emmendingen
78467 Konstanz
79539 Lörrach
Ortenaukreis in 77652 Offenburg
78628 Rottweil
Schwarzwald-Baar-Kreis in 78048 Villingen-Schwenningen
78532 Tuttlingen
79761 Waldshut in Waldshut-Tiengen

Stadtkreise (1)
79106 Freiburg i. Br.

Große Kreisstädte (13 – ohne Große Kreisstädte, die einer Verwaltungsgemeinschaft mit Zuständigkeit als untere Baurechtsbehörde angehören)
77855 Achern
78166 Donaueschingen
79312 Emmendingen
77694 Kehl
78459 Konstanz
77652 Offenburg
78315 Radolfzell am Bodensee
78628 Rottweil
78713 Schramberg
78224 Singen (Hohentwiel)
78050 Villingen-Schwenningen
79761 Waldshut-Tiengen
79576 Weil am Rhein

Verwaltungsgemeinschaften (16 – davon 9 untere Verwaltungsbehörden nach
§ 17 LVG*)
* 79713 Bad Säckingen
(Mitgliedsgemeinden: Herrischried, Murg, Rickenbach, Bad Säckingen)
Gemeindeverwaltungsverband Donau-Heuberg
78567 Fridingen an der Donau
(Mitgliedsgemeinden: Bärental, Buchheim, Fridingen an der -Donau, Irndorf, Kolbin-
gen, Mühlheim an der Donau, Renquishausen)
77717 Gengenbach
(Mitgliedsgemeinden: Berghaupten, Ohlsbach)
77716 Haslach im Kinzigtal
(Mitgliedsgemeinden: Fischerbach, Haslach im Kinzigtal, Hofstetten, Mühlenbach,
Steinach)
Gemeindeverwaltungsverband Heuberg
Gosheim (78564 Wehingen)
(Mitgliedsgemeinden: Bubsheim, Deilingen, Egesheim, -Gosheim, Königsheim, Rei-
chenbach am Heuberg, Wehingen)
* 77933 Lahr/Schwarzwald
(Mitgliedsgemeinden: Lahr/Schwarzwald, Kippenheim)
* 79539 Lörrach
(Mitgliedsgemeinden: Inzlingen, Lörrach)
* Gemeindeverwaltungsverband Müllheim-Badenweiler
79379 Müllheim
(Mitgliedsgemeinden: Auggen, Badenweiler, Buggingen, -Müllheim, Sulzburg)
* 77704 Oberkirch
(Mitgliedsgemeinden: Lautenbach, Oberkirch, Renchen)
* 79618 Rheinfelden (Baden)
(Mitgliedsgemeinden: Rheinfelden (Baden), Schwörstadt)
78549 Spaichingen
(Mitgliedsgemeinden: Aldingen, Balgheim, Böttingen, -Denkingen, Dürbheim, Frittlin-
gen, -Hausen ob Verena, Mahlstetten, -Spaichingen)
* 78333 Stockach
(Mitgliedsgemeinden: Bodman-Ludwigshafen, Eigeltingen, -Hohenfels, Mühlingen,
Orsingen-Nenzingen, Stockach)
78647 Trossingen
(Mitgliedsgemeinden: Durchhausen, Gunningen, Talheim, -Trossingen)

78647 Tuttlingen
(Mitgliedsgemeinden: Emmingen-Liptingen, Neuhausen ob Eck, Rietheim-Weilheim, Seitingen-Oberflacht, Tuttlingen, Wurmlingen; Baurechtszuständigkeit nur für Tuttlingen und Neuhausen ob Eck)
* 79183 Waldkirch
(Mitgliedsgemeinden: Gutach im Breisgau, Simonswald, -Waldkirch)
77736 Zell am Harmersbach
(Mitgliedsgemeinden: Biberach, Nordrach, Oberharmersbach, Zell am Harmersbach)

Gemeinden (4)
77955 Ettenheim
77948 Friesenheim
78727 Oberndorf am Neckar
72172 Sulz am Neckar

Regierungsbezirk Tübingen (44)

Landratsämter (8)
Alb-Donau-Kreis in 89077 Ulm
88400 Biberach
Bodenseekreis in 88045 Friedrichshafen
88212 Ravensburg
72764 Reutlingen
72488 Sigmaringen
72074 Tübingen
Zollernalbkreis in 72336 Balingen

Stadtkreise (1)
89073 Ulm

Große Kreisstädte (9 – ohne Große Kreisstädte, die einer Verwaltungsgemeinschaft mit Zuständigkeit als untere Baurechtsbehörde angehören)
72336 Balingen
88400 Biberach an der Riß
72555 Metzingen
88214 Ravensburg
72764 Reutlingen
72108 Rottenburg am Neckar
72070 Tübingen
88239 Wangen im Allgäu
88250 Weingarten

Verwaltungsgemeinschaften (17 – davon 11 untere Verwaltungsbehörden nach § 17 LVG*)
* 72461 Albstadt
(Mitgliedsgemeinden: Albstadt, Bitz)
Gemeindeverwaltungsverband Altshausen
88361 Altshausen
(Mitgliedsgemeinden: Altshausen, Boms, Ebenweiler, -Eberbach-Musbach, Eichstegen, -Fleischwangen, Guggenhausen, -Hoßkirch, Königseggwald, Riedhausen, Unterwaldhausen)

* 88348 Bad Saulgau
(Mitgliedsgemeinden: Herbertingen, Bad Saulgau)
* 88339 Bad Waldsee
(Mitgliedsgemeinden: Bad Waldsee, Bergatreute)
* 89584 Ehingen (Donau)
(Mitgliedsgemeinden: Ehingen (Donau), Griesingen, -Oberdischingen, Öpfingen)
* 88045 Friedrichshafen
(Mitgliedsgemeinden: Friedrichshafen, Immenstaad)
Gemeindeverwaltungsverband Gullen
88287 Grünkraut
(Mitgliedsgemeinden: Bodnegg, Grünkraut, Schlier, Waldburg)
* 72379 Hechingen
(Mitgliedsgemeinden: Hechingen, Jungingen, Rangendingen)
Gemeindeverwaltungsverband Eriskirch-Kressbronn a. B.- Langenargen
Kressbronn a. B. (88085 Langenargen)
(Mitgliedsgemeinden: Eriskirch, Kressbronn a. B., Langenargen)
* Gemeindeverwaltungsverband Langenau
89129 Langenau
(Mitgliedsgemeinden: Altheim (Alb), Asselfingen, Ballendorf, Bernstadt, Börslingen, Breitingen, -Holzkirch, Langenau, Neenstetten, -Nerenstetten, Öllingen, Rammingen, -Setzingen, Weidenstetten)
* 88471 Laupheim
(Mitgliedsgemeinden: Achstetten, Burgrieden, Laupheim, -Mietingen)
* 88299 Leutkirch im Allgäu
(Mitgliedsgemeinden: Aichstetten, Aitrach, Leutkirch im Allgäu)
Gemeindeverwaltungsverband Markdorf
88677 Markdorf
(Mitgliedsgemeinden: Bermatingen, Deggenhausertal, -Markdorf, Oberteuringen)
* 72116 Mössingen
(Mitgliedsgemeinden: Bodelshausen, Mössingen, Ofterdingen)
88630 Pfullendorf
(Mitgliedsgemeinden: Herdwangen-Schönach, Illmensee, -Pfullendorf, Wald)
88499 Riedlingen
(Mitgliedsgemeinden: Altheim, Dürmentingen, Ertingen, -Langenenslingen, Riedlingen, Unlingen, Uttenweiler)
* 88662 Überlingen
(Mitgliedsgemeinden: Owingen, Sipplingen, Überlingen)

Gemeinden (9)
72574 Bad Urach
88410 Bad Wurzach
72581 Dettingen an der Erms
72800 Eningen unter Achalm
88316 Isny
88512 Mengen
72793 Pfullingen
72488 Sigmaringen
88069 Tettnang

Brandschutz nach LBO Baden-Württemberg

1. Regelungsaufbau

Grundsätzliche Regelungen zum Brandschutz enthält die **LBO** (vgl. §§ 15, 26 bis 32), detailliertere technische Einzelanforderungen werden in der **LBOAVO** (vgl. **Teil II** 1) und in **Sonderbauverordnungen** (z. B. Garagenverordnung, Verkaufsstättenverordnung, Versammlungsstättenverordnung – **Teil II** 7, 8, 9 –, Verordnung über elektrische Betriebsräume – **Teil II** 15) näher ausgeführt. Für Bauprodukte der Baugelliste A (vgl. § 17) enthält die Bauregelliste Verweise auf nach § 3 Abs. 3 verbindliche **Normen** auch für den Brandschutz. Die nach § 3 LBO bekannt gemachte Liste der Technischen Baubestimmungen enthält verbindliche **technische Regeln** zum Brandschutz. Anforderungen an besondere technische Anlagen oder Einrichtungen stellen z. B. die Feuerungsverordnung **(Teil II 6)**, die Richtlinie über Fliegende Bauten **(Teil III 3)**, Lüftungsanlagen-Richtlinie oder die Leitungsanlagen-Richtlinie **(Teil IV 5, 6)**. Abschließende Spezialregelungen gehen allgemeineren Regelungen von LBO und LBOAVO vor.

Für alle Anlagen besonderer Art oder Nutzung, für die es keine Spezialregelungen gibt (z. B. gewerbliche Betriebe, Gaststätten, Beherbergungsbetriebe, Hochhäuser) werden nach § 38 LBO wesentliche Bestandteile und Beschaffenheitsmerkmale (u. a. Brandschutz) im Einzelfall, nach den speziellen Bedingungen von Nutzung, örtlicher Situation, Objekt, durch die zuständige untere Baurechtsbehörde, ggf. unter Hinzuziehung Sachverständiger, bestimmt.

2. Prinzip des Personenschutzes

Ziel der Sicherheitsanforderungen nach § 3 (Generalklausel des Bauordnungsrechts) und § 15 LBO (Generalklausel des Brandschutzes) ist die Abwendung von Gefahren für Menschen und Tiere. Die vorbeugenden Maßnahmen des Brandschutzes dienen dem Schutz und der Rettung von Menschen und Tieren vor Schadenfeuer. Dem Sachschutz dient der vorbeugende Brandschutz nach LBO nur mittelbar. Die Anforderungen stellen auf die Zeit und die baulichen Voraussetzungen ab, die im Brandfall zur Rettung von Menschen und Tieren gewährleistet sein müssen.

3. Gebäudeklassen

Die Brandschutzanforderungen steigen abhängig von der Nutzung und mit der Anzahl der Geschosse bzw. der Höhe der Gebäude. In der Reihenfolge eines steigenden Anforderungsniveaus sind die Gebäudeklassen folgende:
– Gebäudeklasse 1:
  Freistehende Gebäude bis zu 7 m Höhe mit nicht mehr als 2 Nutzungseinheiten und insgesamt nicht mehr als 400 m² sowie freistehende land- und forstwirtschaftliche Gebäude
– Gebäudeklasse 2:
  Gebäude bis 7 m Höhe mit nicht mehr als 2 Nutzungseinheiten und insgesamt nicht mehr als 400 m²

- Gebäudeklasse 3:
Sonstige Gebäude bis 7 m Höhe
- Gebäudeklasse 4:
Gebäude bis 13 m Höhe und Nutzungseinheiten mit jeweils bis zu 400 m²
- Gebäudeklasse 5:
Sonstige Gebäude, einschließlich unterirdische

4. Anforderungen an das Brandverhalten von Baustoffen und Bauteilen

Anforderungen der Bauordnung an das Brandverhalten von **Baustoffen** werden gestellt hinsichtlich ihrer **Entflammbarkeit, Brandfortleitungseigenschaft und Rauchentwicklung.** Anforderungen an das Brandverhalten von **Bauteilen** richten sich an den Erhalt ihrer **Funktionsfähigkeit** (= tragende oder/und raumabschließende Funktion für eine ausreichende Zeit) bzw. ihren „**Feuerwiderstand**"; bei bestimmten Bauteilen werden zusätzlich Baustoffanforderungen zur Begrenzung der Brandlast gestellt.

Das Brandverhalten von Baustoffen und Bauteilen ist nach der Norm **DIN 4102** mit ihren Teilen, verbindlich durch Aufnahme in die Liste der Technischen Baubestimmungen **(vgl. zu § 3 Nr. 8)** bzw. für Bauprodukte durch Verweisung in der Bauregelliste A (vgl. § 17), zu beurteilen. Die Verwendbarkeit von Bauprodukten ist vom Nachweis der Übereinstimmung mit der Norm bzw. bei Abweichung von einer allgemeinen bauaufsichtlichen Zulassung, einem allgemeinen bauaufsichtlichen Prüfzeugnis (Verfahren bestimmt sich nach der Bauregelliste) oder einer Zustimmung im Einzelfall abhängig. Die dazu erforderlichen Prüfungen müssen von bauaufsichtlich anerkannten Prüf-, Überwachungs- und Zertifizierungsstellen vorgenommen werden. Verzeichnisse dieser Stellen, die stetig fortgeschrieben werden, sind über das Deutsche Institut für Bautechnik, Berlin (Tel. 030/7 830/-350/-360, www.dibt.ernst-und-sohn.de) zu erhalten.

4.1. Baustoffeigenschaften – Baustoffklassen

- **Baustoffklasse A = nicht brennbare Baustoffe**
Zu dieser Gruppe gehören Baustoffe ohne brennbare Bestandteile (= Baustoffklasse A1) und Baustoffe mit brennbaren Bestandteilen (= Baustoffklasse A2). Baustoffe mit brennbaren Bestandteilen werden dann in die Gruppe A2 eingeordnet, wenn in einem entsprechenden Prüfverfahren nach DIN 4102 Teil 1 nachgewiesen ist, dass ihre brennbaren Anteile im Brandfall für das Verhalten des Baustoffs unerheblich sind. Als Baustoffe der jeweiligen A-Klasse gelten die in der DIN 4102 Teil 4 aufgeführten und geprüften Materialien oder solche, die in einem Übereinstimmungsnachweisverfahren nach § 22 LBO den Nachweis für die jeweilige Klasse erbracht haben.
Nicht brennbare Baustoffe können bei einem Brand nicht entflammen, Feuer nicht weiterleiten und entwickeln keinen gefährlichen Rauch oder toxische Gase.
- **Baustoffklasse B = brennbare Baustoffe**
Brennbare Baustoffe unterscheiden sich im Hinblick auf ihre Entflammbarkeit. Sie können bei einem Brand je nach Beschaffenheit nach kürzerer oder längerer Dauer entflammen, Feuer über ihre Oberfläche weiterleiten und auch durch Abtropfen oder Abfallen zur Brandausbreitung beitragen. Je nach Eigenschaft, örtlicher Situation (Art und Weise des Einsatzes, Menge, Lüftung, Raumgröße) können sie gefährlichen Rauch und toxische Gase entwickeln.

Die Einordnung der brennbaren Brennstoffe in die jeweilige B-Klasse richtet sich wiederum nach den entsprechenden Kriterien der DIN 4102 und den dort vorgeschriebenen Prüfverfahren. Feuerschutzmittel können das Entflammen und Brennen fester brennbarer Baustoffe verzögern. Sie werden hauptsächlich zum Erreichen der Schwerentflammbarkeit eingesetzt und können den Werkstoffen unmittelbar zugesetzt oder zur nachträglichen Behandlung verwendet werden.

Nicht brennbare Baustoffe (A)	
Baustoffklasse A1	**Baustoffklasse A2**
Baustoffe ohne brennbare Bestandteile	Baustoffe mit brennbaren Bestandteilen
z. B.: Sand, Kies, Lehm, Kalk, Gips, Beton, Ziegel, Glas	z. B.: bestimmte Arten von Gipskartonplatten und Holzspanplatten

Brennbare Baustoffe (B)		
Baustoffklasse B1	**Baustoffklasse B2**	**Baustoffklasse B3**
Schwer entflammbare Baustoffe	Normal entflammbare Baustoffe	Leicht entflammbare Baustoffe
z. B.: Gipskartonplatten nach DIN, Holzwolleleichtbauplatten nach DIN, Bodenbeläge nach DIN	z. B.: Holz mit Rohdichte von mehr als 400 kg/m³, genormte Holzwerkstoffe über 2 mm Dicke, genormte Dachpappen	z. B.: Papier, Stroh, Holzwerkstoffe unter 2 mm Dicke, Klebemittel

4.2. Bauteileigenschaften – Feuerwiderstandsklassen

Die Anforderungen an Bauteile richten sich hauptsächlich an ihre Widerstandsfähigkeit gegen Feuer hinsichtlich des Erhalts ihrer Funktionsfähigkeit – im Wesentlichen der tragenden oder raumabschließenden Funktion bzw. beider. Faktor dieser Widerstandsfähigkeit ist die Zeit, d. h. die Feuerwiderstandsdauer. Bei tragenden Wänden, wie auch bei Trennwänden, Decken und Stützen, werden zusätzlich zur Anforderung an die Feuerwiderstandsdauer auch bestimmte Baustoffeigenschaften des Bauteils verlangt. Entsprechend ihrer zeitlichen Widerstandsfähigkeit und ihrer Baustoffeigenschaft werden Bauteile in Feuerwiderstandsklassen eingeteilt. Die Feuerwiderstandsklassen werden ihrer Funktion entsprechend nach der Norm DIN 4102 mit unterschiedlichen Kennbuchstaben bezeichnet.
So bedeutet:

F –   tragende und/oder raumabschließende Bauteile wie Wände, wärmestrahlungsundurchlässige Verglasungen, Pfeiler, Stützen, Decken, Treppen,

W –   nichttragende Außenwände einschließlich Brüstungen,

T –   Feuerschutzabschlüsse wie Türen, Tore, Klappen,

L –   Leitungen, Rohre,

G –   Verglasungen ohne Wärmestrahlungsdurchgangswiderstand.

Die für die Feuerwiderstandsklasse entscheidende Feuerwiderstandsdauer von Bauteilen in Minuten richtet sich nach dem in einem Normbrand nach DIN 4102 erzielten Ergebnis. Für die baurechtlichen Brandschutzanforderungen nach LBO und LBOAVO sind hauptsächlich die Feuerwiderstandsklassen F (bzw. W; T; L oder G) 30 (feuerhemmend), F (bzw. W; T; L oder G) 60 (hochfeuerhemmend) und F (bzw. W; T; L oder G) 90 (feuerbeständig) bedeutsam; nach der Norm DIN 4102 sind noch weitere Feuerwiderstandsklassen bestimmt, die im Einzelfall für den Bereich der Sonderbauten nach § 38 LBO praktische Bedeutung haben können. Je nach Baustoffeigenschaft und Anteil der entsprechenden Baustoffe unterscheidet man bei einer Feuerwiderstandsdauer von 30, 60 bzw. 90 Minuten folgende Feuerwiderstandsklassen:

Feuerwiderstandsklasse nach DIN 4102	Kurzbezeichnung	Baurechtliche Kategorie
Feuerwiderstandsklasse F 30	F 30–B	Feuerhemmend
Feuerwiderstandsklasse F 30 und in den wesentlichen Teilen aus nicht brennbaren Baustoffen	F 30–AB	Feuerhemmend und in den tragenden und aussteifenden Teilen aus nicht brennbaren Baustoffen
Feuerwiderstandsklasse F 30 und aus nicht brennbaren Baustoffen	F 30–A	Feuerhemmend und aus nicht brennbaren Baustoffen
Feuerwiderstandsklasse F 60, aus brennbaren Baustoffen, mit allseitiger brandschutztechnisch wirksamer -Bekleidung aus nichtbrennbaren Baustoffen	F 60–BA	Hochfeuerhemmend
Feuerwiderstandsklasse F 60 und in den wesentlichen Teilen aus nicht brennbaren Baustoffen	F 60–AB	Hochfeuerhemmend und in den tragenden und aussteifenden Bauteilen aus nicht brennbaren Baustoffen
Feuerwiderstandsklasse F 60 und aus nicht brennbaren Baustoffen	F 60–A	Hochfeuerhemmend und aus nicht brennbaren Baustoffen
Feuerwiderstandsklasse F 90 und in den wesentlichen Teilen aus nicht brennbaren Baustoffen	F 90–AB	Feuerbeständig und in den tragenden und aussteifenden Teilen aus nicht brennbaren Baustoffen, bei raumabschließenden Bauteilen zusätzlich eine in Bauteilebene durchgehende Schicht aus nichtbrennbaren Bau-stoffen
Feuerwiderstandsklasse F 90 und aus nicht brennbaren Baustoffen	F 90–A	Feuerbeständig und aus nicht brennbaren Baustoffen

In Baden-Württemberg sind tragende, aussteifende und raumabschließende Bauteile, die hochfeuerhemmend oder feuerbeständig sein müssen seit 1. März 2015 auch aus brennbaren Baustoffen wie Holz und ohne nichtbrennbare Brandschutzbekleidung zulässig, wenn die geforderte Feuerwiderstandsdauer nachgewiesen wird und die Bauteile so hergestellt und eingebaut werden, dass Feuer und Rauch nicht über die Grenzen von Brand- und Rauchschutzbereichen, insbesondere nicht über Geschosstrennungen, hinaus übertragen werden können (vgl. § 26 Abs. 3 LBO). Damit wurden die Einsatzmöglichkeiten des Massivholzbaus erheblich erweitert, da nunmehr auch bei den Gebäudeklassen 4 und 5 durchgängig der Einsatz von Holz möglich geworden ist.

II 1 Allgemeine Ausführungsverordnung des Ministeriums für Verkehr und Infrastruktur zur Landesbauordnung (LBOAVO)

vom 5. Februar 2010 (GBl. S. 24), zuletzt geändert durch Art. 2 des Gesetzes vom 11. November 2014 (GBl. S. 501)

Inhaltsübersicht §§

Auf Grund von § 73 Abs. 1 Nr. 1 und Abs. 8 Nr. 2 der Landesbauordnung für Baden-Württemberg (LBO) vom 8. August 1995 (GBl. S. 617), zuletzt geändert durch Artikel 1 Nr. 51 des Gesetzes vom 10. November 2009 (GBl. S. 615, 625), wird verordnet:

§ 1 Kinderspielplätze
(Zu § 9 Abs. 2 LBO)

(1) Kinderspielplätze müssen in geeigneter Lage und von anderen Anlagen, von denen Gefahren oder erhebliche Störungen ausgehen können, ausreichend entfernt oder gegen sie abgeschirmt sein. Sie müssen für Kinder gefahrlos zu erreichen sein.

(2) Die nutzbare Fläche der nach § 9 Abs. 2 LBO erforderlichen Kinderspielplätze muss mindestens 3 m² je Wohnung, bei Wohnungen mit mehr als drei Aufenthaltsräumen zusätzlich mindestens 2 m² je weiterer Aufenthaltsraum, insgesamt jedoch mindestens 30 m² betragen. Diese Spielplätze müssen für Kinder bis zu sechs Jah-

ren geeignet und entsprechend dem Spielbedürfnis dieser Altersgruppe angelegt und ausgestattet sein.

§ 2 Flächen für die Feuerwehr, Löschwasserversorgung
(Zu § 15 Abs. 1 und 3 bis 6 LBO)

(1) Gebäude, deren zweiter Rettungsweg über Rettungsgeräte der Feuerwehr führt, dürfen nur errichtet werden, wenn Zufahrt oder Zugang und geeignete Aufstellflächen für die erforderlichen Rettungsgeräte vorgesehen werden. Ist für die Personenrettung der Einsatz von Hubrettungsfahrzeugen erforderlich, sind die dafür erforderlichen Aufstell- und Bewegungsflächen vorzusehen. Bei Sonderbauten ist der zweite Rettungsweg über Rettungsgeräte der Feuerwehr nur zulässig, wenn keine Bedenken wegen der Personenrettung bestehen.

(2) Von öffentlichen Verkehrsflächen ist insbesondere für die Feuerwehr ein Zu- oder Durchgang zu rückwärtigen Gebäuden zu schaffen; zu anderen Gebäuden ist er zu schaffen, wenn der zweite Rettungsweg dieser Gebäude über Rettungsgeräte der Feuerwehr führt. Die Zu- oder Durchgänge müssen geradlinig und mindestens 1,25 m, bei Türöffnungen und anderen geringfügigen Einengungen mindestens 1 m breit sein. Die lichte Höhe muss mindestens 2,2 m, bei Türöffnungen und anderen geringfügigen Einengungen mindestens 2 m betragen.

(3) Zu Gebäuden nach Absatz 1, bei denen die Oberkante der zum Anleitern bestimmten Stellen mehr als 8 m über Gelände liegt, ist anstelle eines Zu- oder Durchgangs eine Zu- oder Durchfahrt zu schaffen. Hiervon kann eine Ausnahme zugelassen werden, wenn keine Bedenken wegen des Brandschutzes bestehen. Bei Gebäuden, die ganz oder mit Teilen auf bisher unbebauten Grundstücken mehr als 50 m, auf bereits bebauten Grundstücken mehr als 80 m von einer öffentlichen Verkehrsfläche entfernt sind, sind Zu- oder Durchfahrten zu den vor und hinter den Gebäuden gelegenen Grundstücksteilen und Bewegungsflächen herzustellen, wenn sie aus Gründen des Feuerwehreinsatzes erforderlich sind. Die Zu- oder Durchfahrten müssen mindestens 3 m breit sein und eine lichte Höhe von mindestens 3,5 m haben. Werden die Zu- oder Durchfahrten auf eine Länge von mehr als 12 m beidseitig durch Bauteile begrenzt, so muss die lichte Breite mindestens 3,5 m betragen.

(4) Zu- und Durchgänge, Zu- und Durchfahrten, Aufstellflächen und Bewegungsflächen müssen für die einzusetzenden Rettungsgeräte der Feuerwehr ausreichend befestigt und tragfähig sein; sie sind als solche zu kennzeichnen und ständig frei zu halten; die Kennzeichnung von Zufahrten muss von der öffentlichen Verkehrsfläche aus sichtbar sein. Fahrzeuge dürfen auf den Flächen nach Satz 1 nicht abgestellt werden.

(5) Zur Brandbekämpfung muss eine ausreichende Wassermenge zur Verfügung stehen. § 3 Feuerwehrgesetz (FwG) in der Fassung vom 10. Februar 1987, zuletzt geändert durch Gesetz vom 10. November 2009, bleibt unberührt.

§ 3 Umwehrungen
(Zu § 16 Abs. 3 LBO)

(1) In, an und auf baulichen Anlagen sind zu umwehren oder mit Brüstungen zu versehen:
1. Flächen, die im Allgemeinen zum Begehen bestimmt sind und unmittelbar an mehr als 1 m tiefer liegende Flächen angrenzen; dies gilt nicht, wenn die Umwehrung dem Zweck der Flächen widerspricht,

2. nicht begehbare Oberlichte und Glasabdeckungen in Flächen, die im Allgemei-
    nen zum Begehen bestimmt sind, wenn sie weniger als 0,50 m aus diesen Flä-
    chen herausragen,
3. Dächer oder Dachteile, die zum auch nur zeitweiligen Aufenthalt von Menschen
    bestimmt sind,
4. Öffnungen in begehbaren Decken sowie in Dächern oder Dachteilen nach Num-
    mer 3, wenn sie nicht sicher abgedeckt sind,
5. nicht begehbare Glasflächen in Decken sowie in Dächern oder Dachteilen nach
    Nummer 3, wenn sie weniger als 0,50 m aus diesen Decken oder Dächern he-
    rausragen,
6. die freien Seiten von Treppenläufen, Treppenabsätzen und Treppenöffnungen
    (Treppenaugen), soweit sie an mehr als 1 m tiefer liegende Flächen angrenzen,
7. Lichtschächte und Betriebsschächte, die an Verkehrsflächen liegen, wenn sie
    nicht verkehrssicher abgedeckt sind.

(2) In Verkehrsflächen liegende Lichtschächte und Betriebsschächte sind in Höhe
der Verkehrsfläche verkehrssicher abzudecken. An und in Verkehrsflächen liegende
Abdeckungen müssen gegen unbefugtes Abheben gesichert sein. Fenster, die unmittelbar an Treppen liegen und deren Brüstungen unter der notwendigen Umwehrungshöhe liegen, sind zu sichern.

(3) Nach Absatz 1 notwendige Umwehrungen und Fensterbrüstungen müssen mindestens 0,9 m hoch sein. Die Höhe darf auf 0,8 m verringert werden, wenn die Tiefe
des oberen Abschlusses der Umwehrung mindestens 0,2 m beträgt. Bei Fensterbrüstungen wird die Höhe von Oberkante Fußboden bis Unterkante lichte Fensteröff-
nung gemessen.

(4) Der Abstand zwischen den Umwehrungen nach Absatz 1 und den zu sichernden
Flächen darf waagerecht gemessen nicht mehr als 6 cm betragen.

(5) Öffnungen in Umwehrungen nach Absatz 1 dürfen bei Flächen, auf denen in der
Regel mit der Anwesenheit von Kindern bis zu sechs Jahren gerechnet werden
muss,
1. bei horizontaler Anordnung der Brüstungselemente bis zu einer Höhe der Um-
    wehrung von 0,6 m nicht höher als 2 cm, darüber nicht höher als 12 cm sein,
2. bei vertikaler Anordnung der Brüstungselemente nicht breiter als 12 cm sein,
3. bei unregelmäßigen Öffnungen das Überklettern nicht erleichtern und in keiner
    Richtung größer als 12 cm sein.
Der Abstand dieser Umwehrungen von der zu sichernden Fläche darf senkrecht
gemessen nicht mehr als 12 cm betragen. Die Sätze 1 und 2 gelten nicht bei
Wohngebäuden der Gebäudeklassen 1 und 2 und bei Wohnungen.

§ 4   Tragende Wände und Stützen
(Zu § 27 Abs. 1 LBO)

(1) Tragende und aussteifende Wände und Stützen müssen
1. in Gebäuden der Gebäudeklasse 5 feuerbeständig,
2. in Gebäuden der Gebäudeklasse 4 hochfeuerhemmend,
3. in Gebäuden der Gebäudeklassen 2 und 3 feuerhemmend
sein. Soweit die Feuerwehr nicht innerhalb der vorgesehenen Hilfsfrist über die erforderlichen Rettungsgeräte verfügt und kein zweiter baulicher Rettungsweg vorhanden
ist, müssen bei Gebäuden der Gebäudeklasse 4 mit mehr als 10 m Höhe im Sinne
des § 2 Abs. 4 Satz 2 LBO die tragenden und aussteifenden Wände und Stützen
feuerbeständig sein. Die Sätze 1 und 2 gelten

1. für Geschosse im Dachraum nur, wenn darüber noch Aufenthaltsräume möglich sind; § 6 Abs. 3 bleibt unberührt,
2. nicht für Balkone, ausgenommen offene Gänge, die als notwendige Flure dienen.

(2) In Kellergeschossen müssen tragende und aussteifende Wände und Stützen
1. in Gebäuden der Gebäudeklassen 3 bis 5 feuerbeständig,
2. in Gebäuden der Gebäudeklassen 1 und 2 feuerhemmend
sein.

§ 5 Außenwände
(Zu § 27 Abs. 2 LBO)

(1) Nichttragende Außenwände und nichttragende Teile tragender Außenwände müssen aus nichtbrennbaren Baustoffen bestehen; sie sind unterhalb der Hochhausgrenze aus brennbaren Baustoffen zulässig, wenn sie als raumabschließende Bauteile feuerhemmend sind. Satz 1 gilt nicht für brennbare Fensterprofile und Fugendichtungen sowie brennbare Dämmstoffe in nichtbrennbaren geschlossenen Profilen der Außenwandkonstruktion.

(2) Oberflächen von Außenwänden sowie Außenwandbekleidungen müssen einschließlich der Dämmstoffe und Unterkonstruktionen schwerentflammbar sein. Dämmstoffe zwischen aneinander gebauten Außenwänden müssen den Baustoffanforderungen der jeweiligen Wand entsprechen, mindestens aber schwerentflammbar sein und mit nichtbrennbaren Baustoffen verwahrt sein. Unterkonstruktionen aus normalentflammbaren Baustoffen sind zulässig, wenn eine Brandausbreitung auf und in diesen Bauteilen ausreichend lang begrenzt ist. Oberflächen von Außenwänden sowie Außenwandbekleidungen dürfen im Brandfall nicht brennend abtropfen. Balkonbekleidungen, die über die erforderliche Umwehrungshöhe hinaus hochgeführt werden, müssen schwerentflammbar sein.

(3) Bei Außenwandkonstruktionen mit geschossübergreifenden Hohl- oder Lufträumen wie Doppelfassaden und hinterlüfteten Außenwandbekleidungen sind gegen die Brandausbreitung besondere Vorkehrungen zu treffen.

(4) Die Absätze 1 und 2 gelten nicht für Gebäude der Gebäudeklassen 1 bis 3.

§ 6 Trennwände
(Zu § 27 Abs. 3 LBO)

(1) Trennwände sind erforderlich
1. zwischen Nutzungseinheiten sowie zwischen Nutzungseinheiten und anders genutzten Räumen, ausgenommen notwendigen Fluren,
2. zum Abschluss von Räumen mit Explosions- oder erhöhter Brandgefahr,
3. zwischen Aufenthaltsräumen und anders genutzten Räumen im Kellergeschoss.

(2) Trennwände nach Absatz 1 Nr. 1 und 3 müssen als raumabschließende Bauteile die Feuerwiderstandsfähigkeit der tragenden und aussteifenden Bauteile des Geschosses haben, jedoch mindestens feuerhemmend sein. Trennwände nach Absatz 1 Nr. 2 müssen als raumabschließende Bauteile feuerbeständig sein.

(3) Die Trennwände nach Absatz 1 sind bis zur Rohdecke, im Dachraum bis unter die Dachhaut zu führen. Werden in Dachräumen Trennwände nur bis zur Rohdecke geführt, ist diese Decke als raumabschließendes Bauteil einschließlich der sie tragenden und aussteifenden Bauteile feuerhemmend herzustellen.

(4) Öffnungen in Trennwänden nach Absatz 1 sind nur zulässig, wenn sie auf die für die Nutzung erforderliche Zahl und Größe beschränkt sind. Sie müssen feuerhemmende und selbstschließende Abschlüsse haben.

(5) Die Absätze 1 bis 4 gelten nicht für Wohngebäude der Gebäudeklassen 1 und 2.

§ 7   Brandwände
(Zu § 27 Abs. 4 LBO)

(1) Brandwände sind erforderlich
1. als Gebäudeabschlusswand, wenn diese Abschlusswände an oder mit einem Abstand von weniger als 2,50 m gegenüber der Nachbargrenze oder mit einem Abstand von weniger als 5 m zu bestehenden oder baurechtlich zulässigen Gebäuden auf demselben Grundstück errichtet werden, es sei denn, dass ein Abstand von mindestens 5 m zu bestehenden oder nach den baurechtlichen Vorschriften zulässigen künftigen Gebäuden gesichert ist,
2. als innere Brandwand zur Unterteilung ausgedehnter Gebäude in Abständen von nicht mehr als 40 m,
3. als innere Brandwand zur Unterteilung landwirtschaftlich genutzter Gebäude in Brandabschnitt von nicht mehr als 10 000 m³ Brutto-Rauminhalt, wobei größere Brandabschnitt mit Brandwandabständen bis 60 m möglich sind, wenn die Nutzung des Gebäudes dies erfordert und keine Bedenken wegen des Brandschutzes bestehen,
4. als Gebäudeabschlusswand zwischen Wohngebäuden und angebauten landwirtschaftlich genutzten Gebäuden sowie als innere Brandwand zwischen dem Wohnteil und dem landwirtschaftlich genutzten Teil eines Gebäudes.

(2) Absatz 1 Nummer 1 gilt nicht für
1. Vorbauten nach § 5 Abs. 6 Nr. 2 LBO, soweit ihre seitlichen Wände von dem Nachbargebäude oder der Nachbargrenze einen Abstand einhalten, der ihrer eigenen Ausladung entspricht, mindestens jedoch 1,25 m beträgt,
2. Wände bis 5 m Breite nach § 5 Abs. 7 Satz 2 LBO,
3. Gebäude oder Gebäudeteile, die nach § 6 Abs. 1 LBO in den Abstandsflächen sowie ohne eigene Abstandsflächen zulässig sind und zu Nachbargrenzen Wände ohne Öffnungen haben,
4. Wände, die gemäß § 6 Abs. 3 Nr. 3 LBO die Abstände nicht einhalten, soweit die verwendeten Dämmstoffe nichtbrennbar sind, und
5. Wände, die mit einem Winkel von mehr als 75° zu Nachbargrenzen oder zu bestehenden oder baurechtlich zulässigen Gebäuden stehen, soweit Öffnungen in diesen Wänden zu Nachbargrenzen einen Abstand von 1,25 m bzw. zu Öffnungen von bestehenden oder baurechtlich zulässigen Gebäuden einen Abstand von 2,5 m einhalten.

(3) Brandwände müssen auch unter zusätzlicher mechanischer Beanspruchung feuerbeständig sein und aus nichtbrennbaren Baustoffen bestehen. Anstelle von Brandwänden nach Satz 1 sind zulässig
1. für Gebäude der Gebäudeklasse 4 Wände, die auch unter zusätzlicher mechanischer Beanspruchung hochfeuerhemmend sind,
2. für Gebäude der Gebäudeklassen 1 bis 3 hochfeuerhemmende Wände,
3. für Gebäude der Gebäudeklassen 1 bis 3 Gebäudeabschlusswände ohne Öffnungen, die von innen nach außen die Feuerwiderstandsfähigkeit der tragenden und aussteifenden Teile des Gebäudes, mindestens jedoch feuerhemmender Bauteile, und von außen nach innen die Feuerwiderstandsfähigkeit feuerbeständiger Bauteile haben,

4. in den Fällen des Absatzes 1 Nr. 4 feuerbeständige Wände, wenn der umbaute Raum des landwirtschaftlich genutzten Gebäudes oder Gebäudeteils nicht größer als 2000 m³ ist.

(4) Brandwände müssen bis zur Bedachung durchgehen und in allen Geschossen übereinander angeordnet sein. Abweichend davon dürfen anstelle innerer Brandwände Wände geschossweise versetzt angeordnet werden, wenn

1. die Wände im Übrigen Absatz 2 Satz 1 entsprechen,
2. die Decken, soweit sie die Verbindung zwischen diesen Wänden herstellen, feuerbeständig sind, aus nichtbrennbaren Baustoffen bestehen und keine Öffnungen haben,
3. die Bauteile, die diese Wände und Decken unterstützen, feuerbeständig sind und aus nichtbrennbaren Baustoffen bestehen,
4. die Außenwände in der Breite des Versatzes in dem Geschoss oberhalb oder unterhalb des Versatzes feuerbeständig sind und
5. Öffnungen in den Außenwänden im Bereich des Versatzes so angeordnet oder andere Vorkehrungen so getroffen sind, dass eine Brandausbreitung in andere Brandabschnitt nicht zu befürchten ist.

Für Wände nach Satz 2 gelten die Absätze 5 bis 9 sinngemäß.

(5) Brandwände sind 0,30 m über die Bedachung zu führen oder in Höhe der Dachhaut mit einer beiderseits 0,50 m auskragenden feuerbeständigen Platte aus nichtbrennbaren Baustoffen abzuschließen; darüber dürfen brennbare Teile des Daches nicht hinweggeführt werden. Bei Gebäuden der Gebäudeklassen 1 bis 3 sind Brandwände mindestens bis unter die Dachhaut zu führen. Verbleibende Hohlräume sind vollständig mit nichtbrennbaren Baustoffen auszufüllen.

(6) Müssen Gebäude oder Gebäudeteile, die über Eck zusammenstoßen, durch eine Brandwand getrennt werden, so muss der Abstand dieser Wand von der inneren Ecke mindestens 5 m betragen. Dies gilt nicht, wenn der Winkel der inneren Ecke mehr als 120 Grad beträgt oder mindestens eine Außenwand auf 5 m Länge als öffnungslose feuerbeständige Wand aus nichtbrennbaren Baustoffen ausgebildet ist.

(7) Bauteile mit brennbaren Baustoffen dürfen über Brandwände nicht hinweggeführt werden. Außenwandkonstruktionen, die eine seitliche Brandausbreitung begünstigen können, wie Doppelfassaden oder hinterlüftete Außenwandbekleidungen, dürfen ohne besondere Vorkehrungen über Brandwände nicht hinweggeführt werden. Bauteile dürfen in Brandwände nur soweit eingreifen, dass deren Feuerwiderstandsfähigkeit nicht beeinträchtigt wird; für Leitungen, Leitungsschlitze und Schornsteine gilt dies entsprechend.

(8) Öffnungen in Brandwänden sind unzulässig. Sie sind in inneren Brandwänden nur zulässig, wenn sie auf die für die Nutzung erforderliche Zahl und Größe beschränkt sind; die Öffnungen müssen selbstschließende Abschlüsse in der Feuerwiderstandsfähigkeit der Wand haben.

(9) In inneren Brandwänden sind feuerbeständige Verglasungen nur zulässig, wenn sie auf die für die Nutzung erforderliche Zahl und Größe beschränkt sind.

(10) Die Absätze 4 bis 9 gelten entsprechend auch für Wände, die nach Absatz 3 Satz 2 anstelle von Brandwänden zulässig sind.

§ 8 Decken
(Zu § 27 Abs. 5 LBO)

(1) Decken und ihre Anschlüsse müssen
1. in Gebäuden der Gebäudeklasse 5 feuerbeständig,

2. in Gebäuden der Gebäudeklasse 4 hochfeuerhemmend,
3. in Gebäuden der Gebäudeklassen 2 und 3 feuerhemmend
sein. Soweit die Feuerwehr nicht innerhalb der vorgesehenen Hilfsfrist über die erforderlichen Rettungsgeräte verfügt und kein zweiter baulicher Rettungsweg vorhanden
ist, müssen bei Gebäuden der Gebäudeklasse 4 mit mehr als 10 m Höhe im Sinne
des § 2 Abs. 4 Satz 2 LBO die Decken feuerbeständig sein. Die Sätze 1 und 2 gelten
1. für Geschosse im Dachraum nur, wenn darüber Aufenthaltsräume möglich sind;
    § 6 Abs. 3 bleibt unberührt,
2. nicht für Balkone, ausgenommen offene Gänge, die als notwendige Flure die-
    nen.
(2) Im Kellergeschoss müssen Decken
1. in Gebäuden der Gebäudeklassen 3 bis 5 feuerbeständig,
2. in Gebäuden der Gebäudeklassen 1 und 2 feuerhemmend
sein. Decken müssen feuerbeständig sein
1. unter und über Räumen mit Explosions- oder erhöhter Brandgefahr, ausgenom-
    men in Wohngebäuden der Gebäudeklassen 1 und 2,
2. zwischen dem landwirtschaftlich genutzten Teil und dem Wohnteil eines Gebäu-
    des.
(3) Öffnungen in Decken, für die eine Feuerwiderstandsfähigkeit vorgeschrieben ist,
sind nur zulässig
1. in Gebäuden der Gebäudeklassen 1 und 2,
2. innerhalb derselben Nutzungseinheit mit nicht mehr als insgesamt 400 m^2 in
    nicht mehr als zwei Geschossen,
im Übrigen, wenn sie auf die für die Nutzung erforderliche Zahl und Größe beschränkt sind und Abschlüsse mit der Feuerwiderstandsfähigkeit der Decke haben.

§ 9   Dächer
(Zu § 27 Abs. 6 und § 16 LBO)

(1) Bedachungen, die die Anforderungen nach § 27 Abs. 6 LBO (harte Bedachung)
nicht erfüllen, sind zulässig bei Gebäuden der Gebäudeklassen 1 bis 3, wenn die
Gebäude
1. einen Abstand von der Grundstücksgrenze von mindestens 12 m,
2. von Gebäuden auf demselben Grundstück mit harter Bedachung einen Abstand
    von mindestens 15 m,
3. von Gebäuden auf demselben Grundstück mit Bedachungen, die die Anforderun-
    gen nach § 27 Abs. 6 LBO nicht erfüllen, einen Abstand von mindestens 24 m und
4. von Gebäuden auf demselben Grundstück ohne Aufenthaltsräume und ohne
    Feuerstätten mit nicht mehr als 50 m^3 Brutto-Rauminhalt einen Abstand von min-
    destens 5 m
einhalten. Soweit Gebäude nach Satz 1 Abstand halten müssen, genügt bei Wohngebäuden der Gebäudeklassen 1 und 2 in den Fällen
1. von Satz 1 Nr. 1 ein Abstand von mindestens 6 m,
2. von Satz 1 Nr. 2 ein Abstand von mindestens 9 m,
3. von Satz 1 Nr. 3 ein Abstand von mindestens 12 m.
(2) § 27 Abs. 6 LBO und Absatz 1 gelten nicht für
1. Gebäude ohne Aufenthaltsräume und ohne Feuerstätten mit nicht mehr als 50
    m^3 Brutto-Rauminhalt,
2. lichtdurchlässige Bedachungen aus nichtbrennbaren Baustoffen; brennbare Fu-
    gendichtungen und brennbare Dämmstoffe in nichtbrennbaren Profilen sind zu-
    lässig,

3. Lichtkuppeln und Oberlichte von Wohngebäuden,
4. Eingangsüberdachungen und Vordächer aus nichtbrennbaren Baustoffen,
5. Eingangsüberdachungen aus brennbaren Baustoffen, wenn die Eingänge nur zu Wohnungen führen.

(3) Abweichend von Absatz 1 sind
1. lichtdurchlässige Teilflächen aus brennbaren Baustoffen in harten Bedachungen und
2. begrünte Bedachungen

zulässig, wenn eine Brandentstehung bei einer Brandbeanspruchung von außen durch Flugfeuer und strahlende Wärme nicht zu befürchten ist oder Vorkehrungen hiergegen getroffen werden.

(4) Dachüberstände, Dachgesimse und Dachaufbauten, lichtdurchlässige Bedachungen, Lichtkuppeln und Oberlichte sind so anzuordnen und herzustellen, dass Feuer nicht auf andere Gebäudeteile und Nachbargrundstücke übertragen werden kann. Von Brandwänden und von Wänden, die anstelle von Brandwänden zulässig sind, müssen mindestens 1,25 m entfernt sein
1. Oberlichte, Lichtkuppeln und Öffnungen in der Bedachung, wenn diese Wände nicht mindestens 30 cm über die Bedachung geführt sind,
2. Dachgauben und ähnliche Dachaufbauten aus brennbaren Baustoffen, wenn sie nicht durch diese Wände gegen Brandübertragung geschützt sind.

(5) Dächer von traufseitig aneinander gebauten Gebäuden müssen als raumabschließende Bauteile für eine Brandbeanspruchung von innen nach außen einschließlich der sie tragenden und aussteifenden Bauteile feuerhemmend sein. Öffnungen in diesen Dachflächen und Fenster in Dachaufbauten müssen waagerecht gemessen mindestens 2 m von der Brandwand oder der Wand, die anstelle der Brandwand zulässig ist, entfernt sein. Bei traufseitig benachbarten Gebäuden müssen Öffnungen in Dachflächen und Fenster in Dachaufbauten 2 m Abstand zur Grenze bzw. 4 m Abstand zu solchen Öffnungen des benachbarten Gebäudes auf demselben Grundstück einhalten.

(6) Dächer, die an Außenwände mit höher liegenden Öffnungen oder ohne Feuerwiderstandsfähigkeit anschließen, müssen innerhalb eines Abstands von 5 m von diesen Wänden als raumabschließende Bauteile für eine Brandbeanspruchung von innen nach außen einschließlich der sie tragenden und aussteifenden Bauteile die Feuerwiderstandsfähigkeit der Decken des Gebäudeteils haben, an den sie angebaut werden. Dies gilt nicht für Anbauten an Wohngebäude der Gebäudeklassen 1 bis 3.

(7) Dächer an Verkehrsflächen und über Eingängen müssen Vorrichtungen zum Schutz gegen das Herabfallen von Schnee und Eis haben, wenn dies die Verkehrssicherheit erfordert.

(8) Für vom Dach aus vorzunehmende Arbeiten sind sicher benutzbare Vorrichtungen anzubringen.

§ 10　Treppen
(Zu § 28 Abs. 1 LBO)

(1) Einschiebbare Treppen und Rolltreppen sind als notwendige Treppen unzulässig. In Gebäuden der Gebäudeklassen 1 und 2 sind einschiebbare Treppen und Leitern als Zugang zu einem Dachraum ohne Aufenthaltsraum zulässig.

(2) Notwendige Treppen sind in einem Zuge zu allen angeschlossenen Geschossen zu führen; sie müssen mit den Treppen zum Dachraum unmittelbar verbunden sein. Dies gilt nicht für Treppen

1. in Gebäuden der Gebäudeklassen 1 bis 3,
2. nach § 28 Abs. 2 Satz 4 Nr. 2 LBO.

(3) Die tragenden Teile notwendiger Treppen müssen
1. in Gebäuden der Gebäudeklasse 5 feuerhemmend und aus nichtbrennbaren Baustoffen,
2. in Gebäuden der Gebäudeklasse 4 aus nichtbrennbaren Baustoffen,
3. in Gebäuden der Gebäudeklasse 3 aus nichtbrennbaren Baustoffen oder feuerhemmend

sein. Tragende Teile von Außentreppen nach § 28 Abs. 2 Satz 4 Nr. 3 LBO für Gebäude der Gebäudeklassen 3 bis 5 müssen aus nichtbrennbaren Baustoffen bestehen.

(4) Die nutzbare Breite notwendiger Treppen muss mindestens 1 m, bei Treppen in Wohngebäuden der Gebäudeklassen 1 und 2 mindestens 0,8 m betragen. Dies gilt nicht für Treppen in mehrgeschossigen Wohnungen. Für Treppen mit geringer Benutzung können geringere Breiten zugelassen werden.

(5) Treppen müssen mindestens einen festen und griffsicheren Handlauf haben. Dies gilt nicht für Treppen
1. in mehrgeschossigen Wohnungen,
2. in Höhe des Geländes oder mit einer Absturzhöhe von nicht mehr als 1 m,
3. mit nicht mehr als fünf Stufen oder
4. von Anlagen, die nicht umwehrt werden müssen.

(6) Treppenstufen dürfen nicht unmittelbar hinter einer Tür beginnen, die in Richtung der Treppe aufschlägt. Zwischen Treppe und Tür ist in diesen Fällen ein Treppenabsatz anzuordnen, der mindestens so tief sein muss, wie die Tür breit ist.

§ 11   Notwendige Treppenräume, Ausgänge
(Zu § 28 Abs. 2 LBO)

(1) Von jeder Stelle eines Aufenthaltsraumes sowie eines Kellergeschosses muss mindestens ein Ausgang in einen notwendigen Treppenraum oder ins Freie in höchstens 35 m Entfernung erreichbar sein. Übereinander liegende Kellergeschosse müssen jeweils mindestens zwei Ausgänge in notwendige Treppenräume oder ins Freie haben. Sind mehrere notwendige Treppenräume erforderlich, müssen sie so verteilt sein, dass sie möglichst entgegengesetzt liegen und dass die Rettungswege möglichst kurz sind.

(2) Jeder notwendige Treppenraum muss an einer Außenwand liegen und einen unmittelbaren Ausgang ins Freie haben. Innenliegende notwendige Treppenräume sind zulässig, wenn ihre Nutzung ausreichend lang nicht durch Raucheintritt gefährdet werden kann. Sofern der Ausgang eines notwendigen Treppenraumes nicht unmittelbar ins Freie führt, muss der Raum zwischen dem notwendigen Treppenraum und dem Ausgang ins Freie
1. mindestens so breit sein wie die dazugehörigen Treppenläufe,
2. Wände haben, die die Anforderungen an die Wände des Treppenraumes erfüllen,
3. rauchdichte und selbstschließende Abschlüsse zu notwendigen Fluren haben und
4. ohne Öffnungen zu anderen Räumen, ausgenommen zu notwendigen Fluren, sein.

(3) Die Wände notwendiger Treppenräume müssen als raumabschließende Bauteile
1. in Gebäuden der Gebäudeklasse 5 die Bauart von Brandwänden haben,

2. in Gebäuden der Gebäudeklasse 4 auch unter zusätzlicher mechanischer Beanspruchung hochfeuerhemmend sein und
3. in Gebäuden der Gebäudeklasse 3 feuerhemmend sein.

Dies ist nicht erforderlich für Außenwände von Treppenräumen, die aus nichtbrennbaren Baustoffen bestehen und durch andere an diese Außenwände anschließende Gebäudeteile im Brandfall nicht gefährdet werden können. Der obere Abschluss notwendiger Treppenräume muss als raumabschließendes Bauteil die Feuerwiderstandsfähigkeit der Decken des Gebäudes haben; dies gilt nicht, wenn der obere Abschluss das Dach ist und die Treppenraumwände bis unter die Dachhaut reichen.

(4) In notwendigen Treppenräumen und in Räumen nach Absatz 2 Satz 3 müssen
1. Bekleidungen, Putze, Dämmstoffe, Unterdecken und Einbauten aus nichtbrennbaren Baustoffen bestehen,
2. Wände und Decken aus brennbaren Baustoffen eine Bekleidung aus nichtbrennbaren Baustoffen in ausreichender Dicke haben,
3. Bodenbeläge, ausgenommen Gleitschutzprofile, aus mindestens schwerentflammbaren Baustoffen bestehen.

(5) In notwendigen Treppenräumen und in Räumen nach Absatz 2 Satz 3 müssen Öffnungen
1. zu Räumen und Nutzungseinheiten mit einer Fläche von mehr als 200 m², ausgenommen Wohnungen, zu Kellergeschossen, zu nicht ausgebauten Dachräumen, Werkstätten, Läden, Lagerräumen und ähnlichen Räumen mindestens feuerhemmende, rauchdichte und selbstschließende Abschlüsse,
2. zu notwendigen Fluren rauchdichte und selbstschließende Abschlüsse,
3. zu sonstigen Räumen und Nutzungseinheiten, ausgenommen Wohnungen, mindestens dicht- und selbstschließende Abschlüsse und
4. zu Wohnungen mindestens dichtschließende Abschlüsse
haben. Die Feuerschutz- und Rauchschutzabschlüsse dürfen lichtdurchlässige Seitenteile und Oberlichte enthalten, wenn der Abschluss insgesamt die Anforderungen nach Satz 1 erfüllt und nicht breiter als 2,50 m ist.
An notwendige Treppenräume dürfen in einem Geschoss nicht mehr als vier Wohnungen oder Nutzungseinheiten vergleichbarer Größe unmittelbar angeschlossen sein.

(6) Notwendige Treppenräume müssen zu beleuchten sein. Innenliegende notwendige Treppenräume müssen in Gebäuden mit einer Höhe nach § 2 Abs. 4 Satz 2 LBO von mehr als 13 m eine Sicherheitsbeleuchtung haben.

(7) Notwendige Treppenräume müssen belüftet werden können. Für an der Außenwand liegende notwendige Treppenräume sind dafür in jedem oberirdischen Geschoss unmittelbar ins Freie führende Fenster mit einem freien Querschnitt von mindestens 0,50 m² erforderlich, die geöffnet werden können. Für innenliegende notwendige Treppenräume und notwendige Treppenräume in Gebäuden mit einer Höhe nach § 2 Abs. 4 Satz 2 LBO von mehr als 13 m ist an der obersten Stelle eine Öffnung zur Rauchableitung mit einem freien Querschnitt von mindestens 1 m² erforderlich; sie muss vom Erdgeschoss sowie vom obersten Treppenabsatz aus geöffnet werden können.

(8) Sicherheitstreppenräume nach § 15 Abs. 5 Satz 2 LBO müssen folgenden Anforderungen genügen:
1. Sie müssen an einer Außenwand liegen oder vom Gebäude abgesetzt sein und in allen angeschlossenen Geschossen ausschließlich über unmittelbar davor liegende offene Gänge erreichbar sein; diese offenen Gänge müssen im freien Luftstrom liegen.
2. Die Wände müssen auch als Raumabschluss denselben Feuerwiderstand wie tragende Wände haben und aus nichtbrennbaren Baustoffen bestehen. Öffnun-

gen in diesen Wänden müssen ins Freie führen und dichte Abschlüsse aufweisen.
3. Die Treppen müssen aus nichtbrennbaren Baustoffen bestehen.
4. Die Türen müssen rauchdicht und selbstschließend, bei innenliegenden Sicherheitstreppenräumen feuerhemmend und selbstschließend sein.
5. Eine Sicherheitsbeleuchtung muss vorhanden sein.
Innenliegende Sicherheitstreppenräume sind zulässig, wenn durch andere Maßnahmen sichergestellt ist, dass sie ebenso sicher sind wie Sicherheitstreppenräume nach Satz 1.

§ 12   Notwendige Flure, offene Gänge
(Zu § 28 Abs. 3 LBO)

(1) Notwendige Flure sind nicht erforderlich
1. in Wohngebäuden der Gebäudeklassen 1 und 2,
2. in sonstigen Gebäuden der Gebäudeklassen 1 und 2, ausgenommen in Kellergeschossen,
3. innerhalb von Wohnungen oder innerhalb von Nutzungseinheiten mit nicht mehr als 200 m²,
4. innerhalb von Nutzungseinheiten, die einer Büro- oder Verwaltungsnutzung dienen, mit nicht mehr als 400 m²; das gilt auch für Teile größerer Nutzungseinheiten, wenn diese Teile nicht größer als 400 m² sind, Trennwände nach § 6 Abs. 1 Nr. 1 haben und jeder Teil unabhängig von anderen Teilen Rettungswege nach § 15 Abs. 3 LBO hat.

(2) Notwendige Flure müssen so breit sein, dass sie für den größten zu erwartenden Verkehr ausreichen, mindestens jedoch 1,25 m. In den Fluren ist eine Folge von weniger als drei Stufen unzulässig. Rampen mit einer Neigung bis zu 6 Prozent sind zulässig.

(3) Notwendige Flure sind durch nichtabschließbare, rauchdichte und selbstschließende Abschlüsse in Rauchabschnitte zu unterteilen. Die Rauchabschnitte sollen nicht länger als 30 m sein. Die Abschlüsse sind bis an die Rohdecke zu führen; sie dürfen bis an die Unterdecke der Flure geführt werden, wenn die Unterdecke feuerhemmend ist. Notwendige Flure mit nur einer Fluchtrichtung, die zu einem Sicherheitstreppenraum führen, dürfen nicht länger als 15 m sein. Die Sätze 1 bis 4 gelten nicht für offene Gänge nach Absatz 5.

(4) Die Wände notwendiger Flure müssen als raumabschließende Bauteile feuerhemmend, in Kellergeschossen, deren tragende und aussteifende Bauteile feuerbeständig sein müssen, feuerbeständig sein. Die Wände sind bis an die Rohdecke zu führen. Sie dürfen bis an die Unterdecke der Flure geführt werden, wenn die Unterdecke feuerhemmend und ein demjenigen nach Satz 1 vergleichbarer Raumabschluss sichergestellt ist. Türen in diesen Wänden müssen dicht schließen; Öffnungen zu Lagerbereichen im Kellergeschoss müssen feuerhemmende und selbstschließende Abschlüsse haben.

(5) Für Wände und Brüstungen notwendiger Flure mit nur einer Fluchtrichtung, die als offene Gänge vor den Außenwänden angeordnet sind, gilt Absatz 4 entsprechend. Fenster sind in diesen Außenwänden ab einer Brüstungshöhe von 1,20 m zulässig.

(6) In notwendigen Fluren sowie in offenen Gängen nach Absatz 5 müssen
1. Bekleidungen, Putze, Unterdecken und Dämmstoffe aus nichtbrennbaren Baustoffen bestehen,

2. Wände und Decken aus brennbaren Baustoffen eine Bekleidung aus nichtbrennbaren Baustoffen in ausreichender Dicke haben und
3. Bodenbeläge aus mindestens schwerentflammbaren Baustoffen bestehen; dies gilt nicht für Gebäude der Gebäudeklasse 3.

Einbauten, Bekleidungen, Unterdecken und Dämmstoffe können aus schwerentflammbaren Baustoffen zugelassen werden, wenn keine Bedenken wegen des Brandschutzes bestehen.

§ 13 Fenster, Türen, sonstige Öffnungen
(Zu § 28 Abs. 4 und § 16 LBO)

(1) Können die Fensterflächen nicht gefahrlos vom Erdboden, vom Innern des Gebäudes, von Loggien oder Balkonen aus gereinigt werden, so sind Vorrichtungen wie Aufzüge, Halterungen oder Stangen anzubringen, die eine Reinigung von außen ermöglichen.

(2) Glastüren und andere Glasflächen, die bis zum Fußboden allgemein zugänglicher Verkehrsflächen herabreichen, sind so zu kennzeichnen, dass sie leicht erkannt werden können. Weitere Schutzmaßnahmen sind für größere Glasflächen vorzusehen, wenn dies die Verkehrssicherheit erfordert.

(3) Jedes Kellergeschoss ohne Fenster muss mindestens eine Öffnung ins Freie haben, um eine Rauchableitung zu ermöglichen. Gemeinsame Kellerlichtschächte für übereinander liegende Kellergeschosse sind unzulässig.

(4) Fenster, die als Rettungswege nach § 15 Abs. 5 Satz 1 LBO dienen, müssen im Lichten mindestens 0,90 m breit und 1,20 m hoch sein und nicht höher als 1,20 m über der Fußbodenoberkante angeordnet sein; eine Unterschreitung dieser Maße bis minimal 0,6 m Breite im Lichten und 0,9 m Höhe im Lichten ist im Benehmen mit der für den Brandschutz zuständigen Dienststelle dann möglich, wenn das Rettungsgerät der Feuerwehr die betreffende Öffnung nicht einschränkt. Sie müssen von innen ohne Hilfsmittel vollständig zu öffnen sein. Liegen diese Fenster in Dachschrägen oder Dachaufbauten, so darf ihre Unterkante oder ein davor liegender Austritt von der Traufkante horizontal gemessen nicht mehr als 1,0 m entfernt sein.

§ 14 Aufzugsanlagen
(Zu § 29 LBO)

(1) Aufzüge im Innern von Gebäuden müssen eigene Fahrschächte haben, um eine Brandausbreitung in andere Geschosse ausreichend lang zu verhindern. In einem Fahrschacht dürfen bis zu drei Aufzüge liegen. Aufzüge ohne eigene Fahrschächte sind zulässig
1. innerhalb eines notwendigen Treppenraumes, ausgenommen in Hochhäusern,
2. innerhalb von Räumen, die Geschosse überbrücken,
3. zur Verbindung von Geschossen, die offen miteinander in Verbindung stehen dürfen,
4. in Gebäuden der Gebäudeklassen 1 und 2;
sie müssen sicher umkleidet sein.

(2) Die Fahrschachtwände müssen als raumabschließende Bauteile
1. in Gebäuden der Gebäudeklasse 5 feuerbeständig und aus nichtbrennbaren Baustoffen,
2. in Gebäuden der Gebäudeklasse 4 hochfeuerhemmend,
3. in Gebäuden der Gebäudeklasse 3 feuerhemmend

sein; Fahrschachtwände aus brennbaren Baustoffen müssen schachtseitig eine Bekleidung aus nichtbrennbaren Baustoffen in ausreichender Dicke haben. Fahrschachttüren und andere Öffnungen in Fahrschachtwänden mit erforderlicher Feuerwiderstandsfähigkeit sind so herzustellen, dass die Anforderungen nach Absatz 1 Satz 1 nicht beeinträchtigt werden.

(3) Fahrschächte müssen zu lüften sein und eine Öffnung zur Rauchableitung mit einem freien Querschnitt von mindestens 2,5 Prozent der Fahrschachtgrundfläche, mindestens jedoch 0,1 m² haben. Die Lage der Rauchaustrittsöffnungen muss so gewählt werden, dass der Rauchaustritt durch Windeinfluss nicht beeinträchtigt wird.

(4) Aufzüge nach § 29 Abs. 2 Satz 2 LBO müssen von allen Nutzungseinheiten in dem Gebäude und von der öffentlichen Verkehrsfläche aus stufenlos erreichbar sein. Haltestellen im obersten Geschoss und in den Kellergeschossen sind nicht erforderlich, wenn sie nur unter besonderen Schwierigkeiten hergestellt werden können.

(5) Fahrkörbe zur Aufnahme einer Krankentrage müssen eine nutzbare Grundfläche von mindestens 1,1 m Breite und 2,1 m Tiefe, zur Aufnahme eines Rollstuhls von mindestens 1,1 m Breite und 1,4 m Tiefe haben; Türen müssen eine lichte Durchgangsbreite von mindestens 0,9 m haben. In einem Aufzug für Rollstühle und Krankentragen darf der für Rollstühle nicht erforderliche Teil der Fahrkorbgrundfläche durch eine verschließbare Tür abgesperrt werden. Vor den Aufzügen muss eine ausreichende Bewegungsfläche vorhanden sein.

(6) Aufzüge, die Haltepunkte in mehr als einem Rauchabschnitt haben, müssen über eine Brandfallsteuerung mit Rauchmeldern an mindestens einem Haltepunkt in jedem Rauchabschnitt verfügen.

§ 15 Lüftungsanlagen, raumlufttechnische Anlagen, Warmluftheizungen
(Zu § 30 LBO)

(1) Lüftungsleitungen sowie deren Bekleidungen und Dämmstoffe müssen aus nichtbrennbaren Baustoffen bestehen; brennbare Baustoffe sind zulässig, wenn ein Beitrag der Lüftungsleitung zur Brandentstehung und Brandweiterleitung nicht zu befürchten ist. Lüftungsleitungen dürfen raumabschließende Bauteile, für die eine Feuerwiderstandsfähigkeit vorgeschrieben ist, nur überbrücken, wenn eine Brandausbreitung ausreichend lang nicht zu befürchten ist oder wenn Vorkehrungen hiergegen getroffen sind.

(2) Lüftungsanlagen sind so herzustellen, dass sie Gerüche und Staub nicht in andere Räume übertragen.

(3) Lüftungsanlagen dürfen nicht in Abgasanlagen eingeführt werden; die gemeinsame Nutzung von Lüftungsleitungen zur Lüftung und zur Ableitung der Abgase von Feuerstätten ist zulässig, wenn keine Bedenken wegen der Betriebssicherheit und des Brandschutzes bestehen. Die Abluft ist ins Freie zu führen. Nicht zur Lüftungsanlage gehörende Einrichtungen sind in Lüftungsleitungen unzulässig.

(4) Die Absätze 1 und 2 gelten nicht
1. für Gebäude der Gebäudeklassen 1 und 2,
2. innerhalb von Wohnungen,
3. innerhalb derselben Nutzungseinheit mit nicht mehr als insgesamt 400 m² in nicht mehr als zwei Geschossen.

(5) Für raumlufttechnische Anlagen und Warmluftheizungen gelten die Absätze 1 bis 4 entsprechend.

§ 16 Leitungen, Installationsschächte und kanäle
(Zu § 31 LBO)

(1) Leitungen, Installationsschächte und kanäle dürfen durch raumabschließende Bauteile, für die eine Feuerwiderstandsfähigkeit vorgeschrieben ist, nur hindurchgeführt werden, wenn eine Brandausbreitung ausreichend lang nicht zu befürchten ist oder Vorkehrungen hiergegen getroffen sind. Dies gilt nicht
1. für Gebäude der Gebäudeklassen 1 und 2,
2. innerhalb von Wohnungen,
3. innerhalb derselben Nutzungseinheit mit nicht mehr als insgesamt 400 m² in nicht mehr als zwei Geschossen.

(2) In notwendigen Treppenräumen, in Räumen nach § 11 Abs. 2 Satz 3 und in notwendigen Fluren sind Leitungsanlagen nur zulässig, wenn eine Nutzung als Rettungsweg im Brandfall ausreichend lang möglich ist.

(3) Für Installationsschächte und -kanäle gilt § 15 Abs. 1 Satz 1 und Abs. 2 entsprechend.

§ 17 Kleinkläranlagen, Gruben, Anlagen für Abfall- und Reststoffe
(Zu § 33 LBO)

(1) Kleinkläranlagen und Gruben müssen wasserdicht und ausreichend groß sein. Sie müssen eine dichte und sichere Abdeckung sowie Reinigungs- und Entleerungsöffnungen haben. Diese Öffnungen dürfen nur vom Freien aus zugänglich sein. Die Anlagen sind so zu entlüften, dass Gesundheitsschäden oder unzumutbare Belästigungen nicht entstehen. Die Zuleitungen zu Abwasserentsorgungsanlagen müssen geschlossen, dicht und, soweit erforderlich, zum Reinigen eingerichtet sein. Geschlossene Abwassergruben dürfen nur mit Zustimmung der Wasserbehörde zugelassen werden, wenn keine gesundheitlichen und wasserwirtschaftlichen Bedenken bestehen.

(2) Abgänge aus Toiletten ohne Wasserspülung sind in eigene, geschlossene Gruben einzuleiten. In diese Gruben darf kein Abwasser eingeleitet werden.

(3) Zur vorübergehenden Aufbewahrung fester Abfall- und Reststoffe sind auf dem Grundstück geeignete Plätze für bewegliche Behälter vorzusehen oder geeignete Einrichtungen herzustellen. Ortsfeste Behälter müssen dicht und aus nichtbrennbaren Baustoffen sein. Sie sind außerhalb der Gebäude aufzustellen. Die Anlagen sind so herzustellen und anzuordnen, dass Gefahren sowie erhebliche Nachteile oder Belästigungen, insbesondere durch Geruch oder Geräusch, nicht entstehen. Feste Abfallstoffe dürfen innerhalb von Gebäuden vorübergehend aufbewahrt werden, in Gebäuden der Gebäudeklassen 3 bis 5 jedoch nur, wenn die dafür bestimmten Räume
1. Trennwände und Decken als raumabschließende Bauteile mit der Feuerwiderstandsfähigkeit der tragenden Wände aufweisen,
2. Öffnungen vom Gebäudeinnern zum Aufstellraum mit feuerhemmenden und selbstschließenden Abschlüssen haben,
3. unmittelbar vom Freien entleert werden können und
4. eine ständig wirksame Lüftung haben.

§ 18 Anwendung gewerberechtlicher Vorschriften
(Zu § 73 Abs. 8 Nr. 2 LBO)

(1) Für Aufzugsanlagen im Sinne des § 1 Abs. 2 Satz 1 Nr. 2 Buchst. a und b der Betriebssicherheitsverordnung (BetrSichV) vom 27. September 2002 (BGBl. I S. 3777),

zuletzt geändert durch Artikel 8 der Verordnung vom 18. Dezember 2008 (BGBl. I
S. 2768, 2778), die weder gewerblichen noch wirtschaftlichen Zwecken dienen und in
deren Gefahrenbereich auch keine Arbeitnehmer beschäftigt werden, gelten die §§ 2,
12, 14 bis 21 und 25 bis 27 BetrSichV entsprechend.

(2) Soweit durch die in Absatz 1 genannten gewerberechtlichen Vorschriften Zuständigkeitsregelungen berührt sind, entscheiden bei Anlagen im Anwendungsbereich
der Landesbauordnung die Baurechtsbehörden im Benehmen mit den Gewerbeaufsichtsbehörden.

§ 19　Ordnungswidrigkeiten
(Zu § 75 Abs. 3 Nr. 2 LBO)

Ordnungswidrig nach § 75 Abs. 3 Nr. 2 LBO handelt, wer vorsätzlich oder fahrlässig
1. entgegen § 2 Abs. 2 Satz 2 oder Satz 3 oder Abs. 3 Satz 3 oder Satz 4 Zu- oder
   Durchgänge oder Zu- oder Durchfahrten für die Feuerwehr durch Einbauten einengt oder
2. entgegen § 2 Abs. 4 die Zu- oder Durchfahrten für die Feuerwehr, Aufstellflächen
   oder Bewegungsflächen nicht freihält.

§ 20　Inkrafttreten

Diese Verordnung tritt am 1. März 2010 in Kraft. Gleichzeitig tritt die Allgemeine
Ausführungsverordnung des Wirtschaftsministeriums zur Landesbauordnung vom
17. November 1995 (GBl. S. 836), zuletzt geändert durch Artikel 69 der Verordnung
vom 25. April 2007 (GBl. S. 252, 259), außer Kraft.

II 2 Verordnung der Landesregierung, des Ministeriums für Verkehr und Infrastruktur und des Umweltministeriums über das baurechtliche Verfahren (Verfahrensverordnung zur Landesbauordnung – LBOVVO)

vom 13. November 1995 (GBl. S. 794), zuletzt geändert durch Verordnung vom 25. Januar 2012 (GBl. S. 65, 89)

Inhaltsübersicht
§§

Auf Grund von § 73 Abs. 2, 4 und 5 der Landesbauordnung für Baden-Württemberg (LBO) vom 8. August 1995 (GBl. S. 617) wird verordnet:

Erster Abschnitt   **Allgemeine Vorschriften zu den Bauvorlagen im Kenntnisgabeverfahren und im Genehmigungsverfahren**

§ 1   Bauvorlagen im Kenntnisgabeverfahren

(1) Im Kenntnisgabeverfahren hat der Bauherr nach Maßgabe der folgenden Vorschriften als Bauvorlagen einzureichen:
1. den Lageplan (§§ 4 und 5),
2. die Bauzeichnungen (§ 6),
3. die Darstellung der Grundstücksentwässerung (§ 8),
4. die Erklärung zum Standsicherheitsnachweis (§ 10 Abs. 1),
5. die Bestätigungen des Entwurfsverfassers und des Lageplanfertigers (§ 11),
6. die Bestätigung des Bauherrn, dass er die Bauherrschaft für das Vorhaben übernommen hat; Namen, Anschriften und Unterschriften des Bauherrn und des Bauleiters, soweit ein solcher bestellt wurde, sind einzutragen.

(2) Die Bauvorlagen sind in einfacher Ausfertigung bei der Gemeinde einzureichen; ist die Gemeinde nicht selbst Baurechtsbehörde, sind die Bauvorlagen nach Absatz 1 Satz 1 Nr. 1 bis 3 in zweifacher Ausfertigung einzureichen. Werden die Bauvorlagen in elektronischer Form eingereicht, sind Mehrfertigungen in schriftlicher Form nicht erforderlich.

(3) Die Bauvorlagen sind vollständig im Sinne des § 53 Abs. 5 Satz 1 Nr. 1 LBO, wenn die in Absatz 1 genannten Bauvorlagen nach Art und Anzahl vorhanden sind.

§ 2   Bauvorlagen in Genehmigungsverfahren

(1) In Genehmigungsverfahren hat der Bauherr dem Bauantrag nach Maßgabe der folgenden Vorschriften als Bauvorlagen beizufügen:
1. den Lageplan (§§ 4 und 5),
2. die Bauzeichnungen (§ 6),
3. die Baubeschreibung (§ 7),
4. die Darstellung der Grundstücksentwässerung (§ 8),
5. die bautechnischen Nachweise (§ 9) und im Fall des § 10 Abs. 2 die Erklärung zum Standsicherheitsnachweis (§ 10 Abs. 1), im vereinfachten Baugenehmigungsverfahren nur die Erklärung zum Standsicherheitsnachweis,
6. die Angabe von Name und Anschrift des Bauleiters unter Beifügung seiner Unterschrift, soweit ein solcher bestellt wurde.

Die in Satz 1 Nr. 4 bis 6 genannten Bauvorlagen mit Ausnahme der Erklärung zum Standsicherheitsnachweis können nachgereicht werden; sie sind der Baurechtsbehörde vor Baubeginn vorzulegen. Die Darstellung der Grundstücksentwässerung und die bautechnischen Nachweise sind so rechtzeitig vorzulegen, dass sie noch vor Baubeginn geprüft werden können.

(2) Die Bauvorlagen sind in zweifacher Ausfertigung bei der Gemeinde einzureichen; ist die Gemeinde nicht selbst Baurechtsbehörde, sind die Bauvorlagen mit Ausnahme der in Absatz 1 Satz 1 Nr. 5 und 6 genannten Vorlagen in dreifacher Ausfertigung einzureichen. Ist für die Prüfung des Bauantrags die Beteiligung anderer Behörden oder Dienststellen erforderlich, kann die Baurechtsbehörde die Einreichung weiterer Ausfertigungen verlangen. Werden die Bauvorlagen in elektronischer Form eingereicht, sind Mehrfertigungen in schriftlicher Form nicht erforderlich.

(3) Die Baurechtsbehörde kann
1. weitere Unterlagen verlangen, wenn diese zur Beurteilung des Vorhabens erforderlich sind,
2. auf Bauvorlagen oder einzelne Angaben in den Bauvorlagen verzichten, wenn diese zur Beurteilung des Vorhabens nicht erforderlich sind,
3. zulassen, dass über Absatz 1 Sätze 2 und 3 hinaus einzelne Bauvorlagen nachgereicht werden.

§ 3   Allgemeine Anforderungen an die Bauvorlagen

(1) Die Bauvorlagen müssen aus dauerhaftem Papier lichtbeständig hergestellt sein; sie müssen einen Heftrand und die Größe von DIN A 4 haben oder auf diese Größe nach DIN 824 gefaltet sein. Dies gilt nicht, wenn die Bauvorlagen in elektronischer Form eingereicht werden.

(2) Hat die oberste Baurechtsbehörde Vordrucke öffentlich bekannt gemacht, so sind der Bauantrag und die betreffenden Bauvorlagen unter Verwendung dieser Vordrucke einzureichen.

Zweiter Abschnitt **Inhalt und Verfasser einzelner Bauvorlagen**

§ 4   Lageplan

(1) Der Lageplan gliedert sich in einen zeichnerischen und einen schriftlichen Teil.

(2) Der zeichnerische Teil ist auf der Grundlage eines nach dem neuesten Stand gefertigten Auszugs aus dem Liegenschaftskataster zu erstellen. Der Lageplanfertiger hat die Übereinstimmung des zeichnerischen Teils mit dem Auszug aus dem Liegenschaftskataster und die vollständige Ergänzung nach Absatz 4 auf dem Lageplan zu bestätigen. Der zeichnerische Teil muss das zu bebauende Grundstück und dessen Nachbargrundstücke umfassen. Die Nachbargrundstücke sind nur insoweit aufzunehmen, als es für die Beurteilung des Vorhabens erforderlich ist. Für den zeichnerischen Teil ist der Maßstab 1:500 zu verwenden. Die Baurechtsbehörde kann einen anderen Maßstab verlangen oder zulassen, wenn dies für die Beurteilung des Vorhabens erforderlich oder ausreichend ist.

(3) Der zeichnerische Teil des Lageplans muss folgende Angaben aus dem Liegenschaftskataster enthalten:
1. den Maßstab und die Nordrichtung,
2. die katastermäßigen Grenzen des Grundstücks und der Nachbargrundstücke einschließlich der Verkehrsflächen,
3. die Bezeichnung des Grundstücks und der Nachbargrundstücke nach dem Liegenschaftskataster.

(4) Über Absatz 3 hinaus sind im zeichnerischen Teil des Lageplans darzustellen:
1. die vorhandenen und die in einem Bebauungsplan enthaltenen Verkehrsflächen unter Angabe der Straßengruppe, der Breite, der Höhenlage, sowie die in Planfeststellungsbeschlüssen ausgewiesenen, noch nicht in einen Bebauungsplan übernommenen Verkehrsflächen,
2. soweit in einem Bebauungsplan festgesetzt, die Abgrenzung der überbaubaren Flächen und der Flächen für Garagen und Stellplätze auf dem Grundstück und den Nachbargrundstücken,
3. die bestehenden baulichen Anlagen auf dem Grundstück und den Nachbargrundstücken unter Angabe ihrer Nutzung, ihrer Zahl der Vollgeschosse oder Gebäudehöhe und ihrer Dachform,
4. die Kulturdenkmale und die Naturdenkmale auf dem Grundstück und den Nachbargrundstücken,
5. die geplante Anlage unter Angabe
   a) der Außenmaße,
   b) der Höhenlage, bei Gebäuden des Erdgeschossfußbodens,
   c) der Abstände zu den Grundstücksgrenzen und zu anderen vorhandenen oder geplanten Gebäuden auf demselben Grundstück,
   d) der erforderlichen Abstandsflächen,
   e) der Zu- und Abfahrten,
   f) der für das Aufstellen von Feuerwehrfahrzeugen erforderlichen Flächen unter Angabe ihrer Höhenlage,
6. die Abstände der geplanten Anlage von benachbarten öffentlichen Grünflächen, Wasserflächen, Wäldern, Mooren und Heiden sowie von Anlagen und Einrichtungen, von denen nach öffentlich-rechtlichen Vorschriften Mindestabstände einzuhalten sind, insbesondere von Verkehrsflächen und Bahnanlagen,
7. die Kinderspielplätze,
8. die Lage und Anzahl vorhandener und geplanter Stellplätze für Kraftfahrzeuge,
9. die Abgrenzung von Flächen, auf denen Baulasten oder sonstige für die Zulässigkeit des Vorhabens wesentliche öffentlich-rechtliche Lasten oder Beschränkungen für das Grundstück ruhen,
10. soweit erforderlich Hochspannungsleitungen, andere Leitungen und Einrichtungen für die Versorgung mit Elektrizität, Gas, Wärme, brennbaren Flüssigkeiten und Wasser sowie für das Fernmeldewesen,
11. Anlagen zur Aufnahme und Beseitigung von Abwasser und Fäkalien sowie Brunnen, Dungbehälter und Dungstätten,
12. die Lage vorhandener oder geplanter ortsfester Behälter für brennbare oder sonst schädliche Flüssigkeiten sowie deren Abstände zu der geplanten Anlage, zu Brunnen oder zu Wasserversorgungsanlagen.
Die erforderlichen Abstandsflächen nach Nummer 5 Buchst. d sind auf einem besonderen Blatt darzustellen. Die übrigen Angaben können auf besonderen Blättern dargestellt werden, wenn der zeichnerische Teil sonst unübersichtlich würde.

(5) Der Inhalt des Lageplans nach den Absätzen 3 und 4 ist in schwarzer Strichzeichnung oder Beschriftung, bei Festsetzungen nach dem Baugesetzbuch mit den für die Ausarbeitung von Bauleitplänen vorgeschriebenen, nicht farbigen Planzeichen darzustellen. Es sind farbig zu kennzeichnen:
1. die Grenzen des zu bebauenden Grundstücks:

Bestehend	durch violette Außenbandierung,
Geplant	durch unterbrochene violette Außenbandierung,

2. vorhandene Verkehrsflächen   in goldocker Flächenfarbe,

3. vorhandene Anlagen, soweit sie
nicht schraffiert sind,   in grauer Flächenfarbe,
4. geplante Anlagen
auf dem Grundstück   in roter Flächenfarbe,
auf den Nachbargrundstücken   durch rote Innenbandierung,
5. Anlagen, deren Beseitigung
beabsichtigt ist
auf dem Grundstück   in gelber Flächenfarbe,
auf den Nachbargrundstücken   durch gelbe Innenbandierung,
6. geplante Veränderungen
bestehender Anlagen   durch rote Schraffur.

(6) Im schriftlichen Teil des Lageplans sind anzugeben:

1. die Bezeichnung des Grundstücks nach Liegenschaftskataster und Grundbuchblatt unter Angabe des Eigentümers und des Flächeninhalts,
2. die Bezeichnung der Nachbargrundstücke nach dem Liegenschaftskataster,
3. der wesentliche Inhalt von Baulasten und von sonstigen öffentlichen Lasten oder Beschränkungen, die das Grundstück betreffen, insbesondere Zugehörigkeit zu einer unter Denkmalschutz gestellten Gesamtanlage, Lage in einem geschützten Grünbestand oder einem Grabungsschutz, Naturschutz, Landschaftsschutz, Wasserschutz, Überschwemmungs-, Flurbereinigungs- oder Umlegungsgebiet,
4. die Festsetzungen des Bebauungsplans, soweit sie das Grundstück betreffen und im zeichnerischen Teil nicht enthalten sind, insbesondere Bauweise, Art und Maß der baulichen Nutzung,
5. die vorhandene und geplante Art der baulichen Nutzung des Grundstücks,
6. eine Berechnung der Flächenbeanspruchung des Grundstücks nach Grundflächen, Geschossflächen- oder Baumassenzahl für vorhandene und geplante Anlagen, soweit Festsetzungen im Bebauungsplan enthalten sind.

(7) Für die Änderungen von Gebäuden, bei denen die Außenwände und Dächer sowie die Nutzung nicht verändert werden, ist ein Lageplan nicht erforderlich. Es genügt ein Übersichtsplan, der die in Absatz 3 vorgeschriebenen Angaben und die Lage des zu ändernden Gebäudes auf dem Grundstück enthält.

§ 5   Erstellung des Lageplans durch Sachverständige

(1) Der Lageplan ist für die Errichtung von Gebäuden durch einen Sachverständigen zu erstellen, wenn

1. Gebäude an der Grundstücksgrenze oder so errichtet werden sollen, dass nur die in den §§ 5 und 6 LBO vorgeschriebenen Mindesttiefen der Abstandsflächen eingehalten oder
2. diese Mindesttiefen unterschritten werden sollen oder
3. Flächen für Abstände durch Baulast ganz oder teilweise auf Nachbargrundstücke übernommen werden sollen.

Dies gilt nicht bei eingeschossigen Gebäuden ohne Aufenthaltsräume bis zu 50 m² Grundfläche.

(2) Sachverständige im Sinne dieser Vorschrift sind

1. Vermessungsbehörden (§§ 7 und 9 des Vermessungsgesetzes),
2. die zu Katastervermessungen befugten Stellen des Bundes und des Landes (§ 10 des Vermessungsgesetzes),
3. Öffentlich bestellte Vermessungsingenieure, auch außerhalb ihres Amtsbezirks,
4. Personen, die nach der württ. Verordnung des Staatsministeriums über die Ausführung und Prüfung von Vermessungsarbeiten mit öffentlichem Glauben vom

4. Juli 1929 (RegBl. S. 260), geändert durch württ.-bad. Verordnung Nr. 382 der Landesregierung vom 13. Dezember 1949 (RegBl. 1950 S. 2) und württ.-hohenz. Verordnung des Staatsministeriums vom 2. Mai 1950 (RegBl. S. 185), bestellt wurden,

5. Personen, die von einer Industrie- und Handelskammer nach § 7 des Gesetzes über die Industrie- und Handelskammern in Baden-Württemberg als Sachverständige für vermessungstechnische Ingenieurarbeiten bestellt sind,

6. Personen, die das Studium der Fachrichtung Vermessungswesen an einer deutschen oder ausländischen Universität oder Fachhochschule, einschließlich Vorgängereinrichtungen, erfolgreich abgeschlossen haben sowie über eine zweijährige Berufserfahrung auf dem Gebiet des Vermessungswesens verfügen,

7. Personen, die eine Bestätigung der höheren Baurechtsbehörde über die Sachverständigeneigenschaft nach § 2 Abs. 4 Buchst. a Nr. 7 der Bauvorlagenverordnung vom 2. April 1984 (GBl. S. 262), eingefügt durch Verordnung vom 8. Juli 1985 (GBl. S. 234), erhalten haben.

§ 6   Bauzeichnungen

(1) Für die Bauzeichnungen ist der Maßstab 1:100 zu verwenden. Die Baurechtsbehörde kann einen anderen Maßstab verlangen oder zulassen, wenn dies zur Beurteilung des Vorhabens erforderlich oder ausreichend ist.

(2) In den Bauzeichnungen sind darzustellen:

1. die Grundrisse aller Geschosse einschließlich des nutzbaren Dachraums mit Angabe der vorgesehenen Nutzung der Räume und mit Einzeichnung der
   a) Treppen,
   b) Schornsteine und Abgasleitungen unter Angabe der Reinigungsöffnungen,
   c) Feuerstätten, Verbrennungsmotoren und Wärmepumpen,
   d) ortsfesten Behälter für brennbare oder sonst schädliche Flüssigkeiten mit Angabe des Fassungsvermögens,
   e) Aufzugsschächte,
2. die Schnitte, mit Einzeichnung der
   a) Geschosshöhen,
   b) lichten Raumhöhen,
   c) Treppen und Rampen,
   d) Anschnitte des vorhandenen und des künftigen Geländes,
3. die Ansichten der geplanten baulichen Anlage mit dem Anschluss an angrenzende Gebäude unter Angabe des vorhandenen und künftigen Geländes; an den Eckpunkten der Außenwände sind die Höhenlage des künftigen Geländes sowie die Wandhöhe, bei geneigten Dächern auch die Dachneigung und die Firsthöhe anzugeben.

(3) In den Bauzeichnungen sind anzugeben:
1. der Maßstab,
2. die Maße,
3. bei Änderung baulicher Anlagen die zu beseitigenden und die neuen Bauteile.

(4) In den Grundrissen und Schnitten sind farbig darzustellen:
1. neues Mauerwerk   rot,
2. neuer Beton oder Stahlbeton   blassgrün,
3. vorhandene Bauteile   grau,
4. zu beseitigende Bauteile   gelb.

Sind die Bauteile und Bauarten auch ohne farbige Darstellung zweifelsfrei zu erkennen, so können sie auch in Schwarz-Weiß dargestellt werden.

§ 7 Baubeschreibung

(1) In der Baubeschreibung sind zu erläutern:
1. die Nutzung des Vorhabens,
2. die Konstruktion,
3. die Feuerungsanlagen,
4. die haustechnischen Anlagen,
soweit dies zur Beurteilung erforderlich ist und die notwendigen Angaben nicht in die Bauzeichnungen aufgenommen werden können.

(2) Für gewerbliche Anlagen, die keiner immissionsschutzrechtlichen Genehmigung bedürfen, muss die Baubeschreibung zusätzliche Angaben enthalten über
1. die Bezeichnung der gewerblichen Tätigkeit,
2. die Zahl der Beschäftigten,
3. Art, Zahl und Aufstellungsort von Maschinen oder Apparaten,
4. die Art der zu verwendenden Rohstoffe und der herzustellenden Erzeugnisse,
5. die Art der Lagerung der Rohstoffe, Erzeugnisse, Waren, Produktionsmittel und Produktionsrückstände, soweit diese feuer, explosions, gesundheitsgefährlich oder wassergefährdend sind,
6. chemische, physikalische und biologische Einwirkungen auf die Beschäftigten oder auf die Nachbarschaft, wie Gerüche, Gase, Dämpfe, Rauch, Ruß, Staub, Lärm, Erschütterungen, ionisierende Strahlen, Flüssigkeiten, Abwässer und Abfälle.

(3) In der Baubeschreibung sind ferner der umbaute Raum und die Baukosten der baulichen Anlage einschließlich der Kosten der Wasserversorgungs- und Abwasserbeseitigungsanlagen auf dem Grundstück anzugeben.

§ 8 Darstellung der Grundstücksentwässerung

(1) Wenn nicht an eine öffentliche Kanalisation angeschlossen wird, sind Anlagen zur Beseitigung des Abwassers und des Niederschlagswassers in einem Entwässerungsplan im Maßstab 1:500 darzustellen. Der Plan muss enthalten:
1. die Führung der vorhandenen und geplanten Leitungen außerhalb der Gebäude mit Schächten und Abscheidern,
2. die Lage der vorhandenen und geplanten Kleinkläranlagen, Gruben und ähnlichen Einrichtungen.
Kleinkläranlagen, Gruben und ähnliche Einrichtungen sind, soweit erforderlich, durch besondere Bauzeichnungen darzustellen.

(2) Bei Anschluss an eine öffentliche Kanalisation sind darzustellen:
1. Lage, Abmessung, Gefälle der öffentlichen Kanalisation sowie die Sohlenhöhe und Einlaufhöhe an der Anschlussstelle,
2. Lage, Querschnitte, Gefälle und Höhe der Anschlusskanäle.

(3) Über die Absätze 1 und 2 hinaus sind darzustellen:
1. die Lage der vorhandenen und geplanten Brunnen,
2. die Lage der vorhandenen und geplanten Anlagen zur Reinigung oder Vorbehandlung von Abwasser unter Angabe des Fassungsvermögens,
3. besondere Anlagen zur Löschwasserversorgung.

§ 9 Bautechnische Nachweise

(1) Bautechnische Nachweise sind:
1. der Standsicherheitsnachweis unter Berücksichtigung der Anforderungen des Brandschutzes an tragende Bauteile,
2. der Schallschutznachweis.

(2) Der Standsicherheitsnachweis ist durch eine statische Berechnung sowie durch die Darstellung aller für die Standsicherheit wesentlichen Bauteile in Konstruktionszeichnungen zu erbringen. Berechnung und Konstruktionszeichnungen müssen übereinstimmen und gleiche Positionsangaben haben. Die Beschaffenheit und Tragfähigkeit des Baugrundes sind anzugeben. Soweit erforderlich, ist nachzuweisen, dass die Standsicherheit anderer baulicher Anlagen und die Tragfähigkeit des Baugrundes der Nachbargrundstücke nicht gefährdet werden.

(3) Der Schallschutznachweis ist durch Berechnungen zu erbringen und, soweit dies zur Beurteilung erforderlich ist, durch Zeichnungen zu ergänzen.

§ 10 Erklärung zum Standsicherheitsnachweis

(1) Im Kenntnisgabeverfahren und im vereinfachten Baugenehmigungsverfahren hat der Bauherr diejenige Person zu benennen, die er mit der Erstellung des Standsicherheitsnachweises beauftragt hat. Namen, Anschriften und Unterschriften des Bauherrn und der beauftragten Person sind einzutragen. Wenn die Voraussetzungen für den Wegfall der bautechnischen Prüfung nach § 18 vorliegen, hat die beauftragte Person in dieser Erklärung zu versichern, dass sie die Qualifikationsanforderungen nach § 18 Abs. 3 erfüllt.

(2) In Genehmigungsverfahren, die nicht unter Absatz 1 fallen, ist eine Erklärung nach Absatz 1 abzugeben, wenn die Voraussetzungen für den Wegfall der bautechnischen Prüfung nach § 18 vorliegen.

§ 11 Bestätigungen des Entwurfsverfassers und des Lageplanfertigers

(1) Im Kenntnisgabeverfahren hat der Entwurfsverfasser unter Angabe von Name und Anschrift zu bestätigen, dass
1. die Voraussetzungen für das Kenntnisgabeverfahren nach § 51 Abs. 1 und 2 LBO vorliegen,
2. die erforderlichen Bauvorlagen unter Beachtung der öffentlich-rechtlichen Vorschriften verfasst worden sind, insbesondere die Festsetzungen im Bebauungsplan über die Art der baulichen Nutzung eingehalten und die nach § 15 Abs. 3 bis 5 LBO erforderlichen Rettungswege einschließlich der notwendigen Flächen für die Feuerwehr nach § 15 Abs. 6 LBO vorgesehen sind,
3. die Qualifikationsanforderungen nach § 43 LBO oder § 77 Abs. 2 LBO erfüllt sind.

(2) Im Kenntnisgabeverfahren hat der Lageplanfertiger unter Angabe von Name und Anschrift zu bestätigen, dass
1. der Lageplan unter Beachtung der öffentlich-rechtlichen Vorschriften verfasst worden ist, insbesondere die Vorschriften über die Abstandsflächen und die Festsetzungen über das Maß der baulichen Nutzung eingehalten sind,
2. in den Fällen des § 5 Abs. 1 die erforderlichen Qualifikationsanforderungen erfüllt sind.

(3) Wird im Kenntnisgabeverfahren ein Antrag nach § 51 Abs. 5 LBO gestellt, müssen die davon betroffenen Bestätigungen nach Absatz 1 Satz 1 Nr. 2 und Absatz 2

Satz 1 Nr. 1 unter dem Vorbehalt erfolgen, dass die beantragte Abweichung, Ausnahme oder Befreiung gewährt wird.

(4) Im vereinfachten Baugenehmigungsverfahren gilt Absatz 1 Nr. 2 entsprechend hinsichtlich der im Verfahren nicht zu prüfenden Vorschriften; Absatz 3 gilt entsprechend für einen Antrag nach § 52 Abs. 4 LBO.

Dritter Abschnitt   Bauvorlagen in besonderen Fällen

§ 12   Bauvorlagen für den Abbruch baulicher Anlagen

Beim Abbruch baulicher Anlagen sind folgende Bauvorlagen einzureichen:
1. ein Übersichtsplan mit Bezeichnung des Grundstücks nach Straße und Hausnummer im Maßstab 1:500,
2. die Angabe von Lage und Nutzung der abzubrechenden Anlage,
3. die Bestätigung des vom Bauherrn bestellten Fachunternehmers, dass er
   a) über die notwendige Befähigung zur Durchführung der Abbrucharbeiten verfügt, insbesondere über ausreichende Kenntnisse in Standsicherheitsfragen, Fragen des Arbeits- und Gesundheitsschutzes sowie über ausreichende praktische Erfahrungen beim Abbruch baulicher Anlagen,
   b) über die für den Abbruch notwendigen Einrichtungen und Geräte verfügt,
4. die Bestätigung des Bauherrn, dass er die für den Abbruch erforderlichen Genehmigungen nach anderen öffentlich-rechtlichen Vorschriften, insbesondere nach den denkmalschutzrechtlichen Vorschriften, beantragt hat.
Verfügt der Fachunternehmer nicht über die nach Satz 1 Nr. 3 Buchst. a geforderten Kenntnisse in Standsicherheitsfragen, hat er die Hinzuziehung eines geeigneten Tragwerksplaners zu bestätigen.

§ 13   Bauvorlagen für Werbeanlagen

(1) Bauvorlagen für die Errichtung von Werbeanlagen sind:
1. der Lageplan,
2. die Bauzeichnungen,
3. die Baubeschreibung,
4. soweit erforderlich eine fotografische Darstellung der Umgebung und die Bestätigung der Standsicherheit.

(2) Für den Lageplan ist ein Maßstab nicht kleiner als 1:500 zu verwenden. Der Lageplan muss enthalten:
1. die Bezeichnung des Grundstücks nach dem Liegenschaftskataster unter Angabe des Eigentümers mit Anschrift sowie nach Straße und Hausnummer,
2. die katastermäßigen Grenzen des Grundstücks,
3. den Ort der Errichtung der Werbeanlage,
4. die Festsetzungen des Bebauungsplans über die Art des Baugebiets,
5. die festgesetzten Baulinien, Baugrenzen und Bebauungstiefen,
6. die auf dem Grundstück vorhandenen baulichen Anlagen,
7. die Abstände der Werbeanlage zu öffentlichen Verkehrsflächen unter Angabe der Straßengruppe,
8. die Kulturdenkmale und die Naturdenkmale auf dem Grundstück und den Nachbargrundstücken,

9. die Lage innerhalb einer denkmalschutzrechtlichen Gesamtanlage, in einem geschützten Grünbestand, einem Naturschutz- oder Landschaftsschutzgebiet.

(3) Für die Bauzeichnungen ist ein Maßstab nicht kleiner als 1:50 zu verwenden. Die Bauzeichnungen müssen enthalten:

1. die Darstellung der Werbeanlage in Verbindung mit der baulichen Anlage, vor der oder in deren Nähe sie errichtet werden soll,
2. die farbgetreue Wiedergabe aller sichtbaren Teile der Werbeanlage,
3. die Ausführungsart der Werbeanlage.

(4) In der Baubeschreibung sind, soweit dies zur Beurteilung erforderlich ist und die notwendigen Angaben nicht in den Lageplan und die Bauzeichnungen aufgenommen werden können, anzugeben:

1. die Art und Größe der Werbeanlage,
2. die Farben der Werbeanlage,
3. benachbarte Signalanlagen und Verkehrszeichen.

Vierter Abschnitt   **Bauvorlagen in besonderen Verfahren**

§ 14   Bauvorlagen für das Zustimmungsverfahren

Für den Antrag auf Zustimmung nach § 70 LBO gelten § 2 mit Ausnahme von Absatz 1 Satz 1 Nr. 5 und 6 und § 3 entsprechend.

§ 15   Bauvorlagen für den Bauvorbescheid

(1) Dem Antrag auf einen Bauvorbescheid nach § 57 LBO sind die Bauvorlagen beizufügen, die zur Beurteilung der durch den Vorbescheid zu entscheidenden Fragen des Bauvorhabens erforderlich sind.

(2) § 2 Abs. 2 und 3 und § 3 gelten entsprechend.

§ 16   Bauvorlagen für die Ausführungsgenehmigung Fliegender Bauten

(1) Dem Antrag auf eine Ausführungsgenehmigung Fliegender Bauten nach § 69 LBO sind die in § 2 Abs. 1 Satz 1 Nr. 2 und 3 genannten Bauvorlagen sowie die bau- und maschinentechnischen Nachweise beizufügen. Die Baubeschreibung muss ausreichende Angaben über die Konstruktion, den Aufbau und den Betrieb der Fliegenden Bauten enthalten.

(2) Die Bauvorlagen sind in zweifacher Ausfertigung einzureichen. § 2 Abs. 3 und § 3 Abs. 1 Satz 1 gelten entsprechend; die Bauzeichnungen müssen aus Papier auf reißfester Unterlage hergestellt sein.

Fünfter Abschnitt   **Erstellung der bautechnischen Nachweise, bautechnische Prüfung und bautechnische Prüfbestätigung**

§ 16a   Erstellung der bautechnischen Nachweise

Soweit die bautechnischen Nachweise nicht als Bauvorlagen einzureichen sind, müssen sie vor Baubeginn, spätestens jedoch vor Ausführung des jeweiligen Bauabschnitts erstellt sein; § 9 gilt entsprechend. Ist im Kenntnisgabeverfahren oder im vereinfachten Baugenehmigungsverfahren eine bautechnische Prüfung durchzuführen, müssen die bautechnischen Nachweise so rechtzeitig erstellt sein, dass sie noch vor Baubeginn oder Ausführung des jeweiligen Bauabschnitts geprüft werden können. Soweit keine bautechnische Prüfung durchzuführen ist, haben der Bauherr und seine Rechtsnachfolger die bautechnischen Nachweise bis zur Beseitigung der baulichen Anlage aufzubewahren.

§ 17   Bautechnische Prüfung, bautechnische Prüfbestätigung

(1) Für bauliche Anlagen ist eine bautechnische Prüfung nach den Absätzen 2 bis 4 durchzuführen, soweit in § 18 oder § 19 nichts anderes bestimmt ist. Die bautechnische Prüfung umfasst:
1. die Prüfung der bautechnischen Nachweise (§ 9),
2. die Überwachung der Ausführung in konstruktiver Hinsicht.

(2) Im Kenntnisgabeverfahren und im vereinfachten Baugenehmigungsverfahren hat der Bauherr eine prüfende Stelle nach § 4 Abs. 1 BauPrüfVO mit der bautechnischen Prüfung zu beauftragen. Die prüfende Stelle muss unter Angabe von Name und Anschrift eine bautechnische Prüfbestätigung abgeben. Die bautechnische Prüfbestätigung umfasst:
1. die Bescheinigung der Vollständigkeit und Richtigkeit der bautechnischen Nachweise (Prüfbericht),
2. eine Fertigung der mit Prüfvermerk versehenen bautechnischen Nachweise.
Der Bauherr hat die bautechnische Prüfbestätigung vor Baubeginn bei der Baurechtsbehörde einzureichen. Der Prüfbericht kann auch für einzelne Bauabschnitt erteilt werden. Er muss stets vor Ausführung des jeweiligen Bauabschnitts vorliegen und den geprüften Bauabschnitt genau bezeichnen.

(3) In Genehmigungsverfahren, die nicht unter Absatz 2 fallen, hat der Bauherr die bautechnischen Nachweise der Baurechtsbehörde zur bautechnischen Prüfung vorzulegen. Die Baurechtsbehörde kann die bautechnische Prüfung ganz oder teilweise einem Prüfamt für Baustatik (Prüfamt) oder einem Prüfingenieur übertragen; die Übertragung kann widerrufen werden. Wird die bautechnische Prüfung übertragen, ist der Baurechtsbehörde eine bautechnische Prüfbestätigung vorzulegen.

(4) Mit der Prüfung der bautechnischen Nachweise und der Überwachung der Ausführung können auch verschiedene prüfende Stellen beauftragt werden.

§ 18   Wegfall der bautechnischen Prüfung

(1) Keiner bautechnischen Prüfung bedürfen
1. Wohngebäude der Gebäudeklassen 1 bis 3,
2. sonstige Gebäude der Gebäudeklassen 1 bis 3 bis 250 m² Grundfläche, die neben einer Wohnnutzung oder ausschließlich
    a) Büroräume,
    b) Räume für die Berufsausübung freiberuflich oder in ähnlicher Art Tätiger und
    c) anders genutzte Räume mit einer Nutzlast von jeweils bis 2 kN/m² enthalten,
3. land- und forstwirtschaftlich genutzte Gebäude mit einer maximalen Gebäudehöhe von bis zu 7,50 m, gemessen ab der Oberkante des Rohfußbodens im Erdgeschoss und einer Grundfläche
    a) bis zu 250 m²,
    b) bis zu 1200 m², wenn die freie Spannweite der Dachbinder nicht mehr als 10 m beträgt,

4. nichtgewerbliche eingeschossige Gebäude mit Aufenthaltsräumen bis zu 250 m² Grundfläche,

5. Gebäude ohne Aufenthaltsräume
   a) bis zu 250 m² Grundfläche und mit nicht mehr als einem Geschoss,
   b) bis zu 100 m² Grundfläche und mit nicht mehr als zwei Geschossen,

6. Nebenanlagen zu Nummer 1 bis 5, ausgenommen Gebäude.

Bei der Berechnung der Grundfläche nach Satz 1 bleibt die Grundfläche untergeordneter Bauteile und Vorbauten nach § 5 Abs. 6 LBO außer Betracht. Satz 1 gilt nur dann, wenn

1. die genannten Gebäude nicht auf Garagen mit einer Nutzfläche von insgesamt mehr als 200 m² errichtet werden, die sich ganz oder teilweise unter dem Gebäude befinden,

2. die genannten Gebäude über nicht mehr als ein Untergeschoss verfügen und

3. bei einseitiger Erddruckbelastung die Höhendifferenz zwischen den Geländeoberflächen maximal 4 m beträgt.

(2) Außer bei den in Absatz 1 genannten Gebäuden entfällt die bautechnische Prüfung auch bei

1. Erweiterungen bestehender Gebäude durch Anbau, wenn der Anbau Absatz 1 entspricht,

2. sonstigen Änderungen von Wohngebäuden und anderen Gebäuden nicht-gewerblicher Nutzung, wenn nicht infolge der Änderung die wesentlichen Teile der baulichen Anlage statisch nachgerechnet werden müssen.

(3) Standsicherheitsnachweise von Vorhaben nach den Absätzen 1 und 2 müssen verfasst sein

1. von einem Bauingenieur mit einer Berufserfahrung auf dem Gebiet der Baustatik von mindestens fünf Jahren oder

2. von einer Person, die in den letzten fünf Jahren vor dem 31. Mai 1985 hauptberuflich auf dem Gebiet der Baustatik ohne wesentliche Beanstandungen Standsicherheitsnachweise verfasst hat, wenn ihr eine Bestätigung darüber von der höheren Baurechtsbehörde ausgestellt und diese Bestätigung bis zum 31. Mai 1986 beantragt worden ist.

(4) Wurde der Standsicherheitsnachweis bei einem Vorhaben nach Absatz 1 oder 2 nicht von einer in Absatz 3 genannten Person verfasst, beschränkt sich die bautechnische Prüfung auf die Prüfung des Standsicherheitsnachweises.

(5) Die Absätze 1 bis 4 gelten in den in der Anlage aufgeführten besonders erdbebengefährdeten Gemeinden und Gemeindeteilen nur bei Vorhaben nach Absatz 1 Nummern 5 und 6. Bei sonstigen Vorhaben nach Absatz 1 oder 2 beschränkt sich die bautechnische Prüfung auf die Prüfung des Standsicherheitsnachweises und die Überwachung der Ausführung in konstruktiver Hinsicht.

(6) Abweichen von den Absätzen 1 und 2 kann die zuständige Baurechtsbehörde eine bautechnische Prüfung verlangen, insbesondere wenn eine Beeinträchtigung einer benachbarten baulichen Anlage oder öffentlicher Verkehrsanlagen zu erwarten ist oder wenn es wegen des Schwierigkeitsgrads der Konstruktion oder wegen schwieriger Baugrund- oder Grundwasserverhältnisse erforderlich ist.

§ 19   Verzicht auf bautechnische Bauvorlagen sowie bautechnische Prüfbestätigungen

(1) Bauvorlagen nach §§ 9 und 10 sowie bautechnische Prüfbestätigungen brauchen nicht vorgelegt zu werden,

1. soweit zur Ausführung des Bauvorhabens nach Maßgabe der bautechnischen Anforderungen die Aufstellung statischer und anderer bautechnischer Berechnungen nicht notwendig ist oder
2. wenn das Bauvorhaben unter der Leitung und Bauüberwachung geeigneter Fachkräfte der Baubehörden von Gebietskörperschaften oder Kirchen ausgeführt wird.

(2) Darüber hinaus kann die Baurechtsbehörde im Genehmigungsverfahren auf die Vorlage der in Absatz 1 genannten Bauvorlagen und gegebenenfalls auf die bautechnische Prüfung nach § 17 verzichten, soweit sie die bautechnischen Anforderungen aus der Erfahrung beurteilen kann.

Sechster Abschnitt **Festlegung von Grundriss und Höhenlage der Gebäude auf dem Baugrundstück**

§ 20 Festlegung nach § 59 Abs. 5 LBO im Kenntnisgabeverfahren

Abweichend von § 59 Abs. 5 Nr. 2 LBO braucht die Festlegung von Grundriss und Höhenlage bei baulichen Anlagen, die keine Gebäude sind, nicht durch einen Sachverständigen vorgenommen zu werden.

Siebter Abschnitt **Ordnungswidrigkeiten, Inkrafttreten**

§ 21 Ordnungswidrigkeiten

Ordnungswidrig nach § 75 Abs. 3 Nr. 2 LBO handelt, wer vorsätzlich oder fahrlässig
1. als Bauherr eine unrichtige Erklärung nach § 10 abgibt,
2. als Entwurfsverfasser oder Lageplanfertiger eine unrichtige Bestätigung (§ 11) abgibt,
3. als Bauherr eine unrichtige Bestätigung (§ 12 Satz 1 Nr. 4) abgibt,
4. als Bauherr entgegen § 16a Satz 1 mit dem Bau beginnt oder Bauarbeiten fortsetzt, bevor der dafür erforderliche Standsicherheitsnachweis erstellt ist,
5. als Bauherr entgegen § 17 Abs. 2 Sätze 4 bis 6 mit dem Bau beginnt oder Bauarbeiten fortsetzt, bevor er die danach erforderliche bautechnische Prüfbestätigung vorgelegt hat.

§ 22 Inkrafttreten

Diese Verordnung tritt am 1. Januar 1996 in Kraft. Gleichzeitig treten die Verordnung des Innenministeriums über Bauvorlagen im baurechtlichen Verfahren (Bauvorlagenverordnung – BauVorlVO) vom 2. April 1984 (GBl. S. 262, ber. S. 519), geändert durch Verordnung vom 8. Juli 1985 (GBl. S. 234), sowie die §§ 1 und 1 a der Verordnung des Innenministeriums über die bautechnische Prüfung genehmigungspflichtiger Vorhaben (Bauprüfverordnung – BauPrüfVO) vom 11. August 1977 (GBl. S. 387), zuletzt -geändert durch Verordnung vom 18. Oktober 1990 (GBl. S. 324) außer Kraft.

Gemeinden und Gemeindeteile in besonders erdbebengefährdeten Gebieten

1. Regierungsbezirk Freiburg
   - Binzen
   - Efringen-Kirchen ohne die Gemarkung Blansingen
   - Eimeldingen
   - Fischingen
   - Grenzach-Wyhlen
   - Inzlingen
   - Irndorf
   - Kandern nur die Gemarkungen Holzen und Wollbach
   - Lörrach
   - Rheinfelden (Baden) nur die Gemarkungen Adelhausen, Degerfelden, Eichsel und Herten
   - Rümmingen
   - Schallbach
   - Steinen nur die Gemarkung Hüsingen
   - Weil am Rhein
   - Wittlingen
2. Regierungsbezirk Tübingen
   - Albstadt
   - Ammerbuch nur die Gemarkungen Entringen, Pfäffingen und Poltringen
   - Balingen
   - Beuron nur die Gemarkung Hausen
   - Bingen nur die Gemarkungen Hochberg und Hornstein
   - Bisingen
   - Bitz
   - Bodelshausen
   - Burladingen
   - Dußlingen
   - Gammertingen ohne die Gemarkung Kettenacker
   - Geislingen (Zollernalbkreis) ohne die Gemarkungen Erlaheim und Binsdorf
   - Gomaringen
   - Grosselfingen
   - Haigerloch nur die Gemarkungen Hart, Owingen und Stetten
   - Hausen am Tann
   - Hechingen
   - Hettingen ohne die Gemarkung Inneringen
   - Hirrlingen
   - Inzigkofen ohne die Gemarkung Engelswies
   - Jungingen
   - Kirchentellinsfurt
   - Kusterdingen
   - Leibertingen nur die Gemarkung Kreenheinstetten
   - Meßstetten
   - Mössingen
   - Nehren
   - Neufra

- Neustetten ohne die Gemarkung Wolfenhausen
- Nusplingen
- Obernheim
- Ofterdingen
- Pfullingen ohne die Östliche Teilfläche (Gemarkung Pfullingen, Gewanne Übersberg, Hülbenwald und Gerstenberg)
- Rangendingen
- Reutlingen nur die Gemarkungen Bronnweiler, Degerschlacht, Gönningen, Ohmenhausen, Reutlingen und Reutlingen-Betzingen
- Rottenburg am Neckar ohne die Gemarkungen Baisingen, Eckenweiler, Ergenzingen, Hailfingen und Seebronn
- Schwenningen
- Sigmaringen
- Sonnenbühl
- Starzach nur die Gemarkung Wachendorf
- Stetten am kalten Markt
- Straßberg
- Trochtelfingen ohne die Gemarkung Wilsingen
- Tübingen
- Veringenstadt
- Wannweil
- Winterlingen
3. Exklaven anderer Gemeinden, die vom Gebiet der aufgeführten Gemeinden und Gemeindeteile umschlossen sind.

II 3 Verordnung des Umweltministeriums über die bautechnische Prüfung baulicher Anlagen (Bauprüfverordnung – BauPrüfVO)

vom 10. Mai 2010 (GBl. S. 446), geändert durch Verordnung vom 25. Januar 2012 (GBl. S. 65, 80)

Inhaltsverzeichnis §§

Erster Teil   Allgemeine Vorschriften

§ 1   Prüfingenieurinnen und Prüfingenieure für Bautechnik

(1) Als Prüfingenieurin und Prüfingenieur für Bautechnik (prüfende Person) darf nur tätig werden, wer durch das Umweltministerium anerkannt oder gemäß § 14 hierzu

befugt ist. Die Aufgaben umfassen die Prüfung von bautechnischen Nachweisen sowie die Überwachung der Bauausführung in konstruktiver Hinsicht auf Grund der Landesbauordnung für Baden-Württemberg.

(2) Prüfende Personen werden auf Antrag für folgende Fachrichtungen anerkannt:
1. Metallbau,
2. Massivbau,
3. Holzbau.
Die Anerkennung kann für eine oder mehrere Fachrichtungen erteilt werden. Wer anerkannt worden ist, darf die Bezeichnung „Prüfingenieur für Bautechnik" beziehungsweise „Prüfingenieurin für Bautechnik" führen.

(3) Prüfende Personen dürfen die bautechnische Prüfung für bauliche Anlagen und Teile davon, die zu einer Fachrichtung gehören, für die sie nicht anerkannt sind, nur vornehmen, wenn diese
1. statisch und konstruktiv nicht schwierig sind; hiervon ist in der Regel auszugehen, wenn die baulichen Anlagen oder Teile hiervon den Bauwerksklassen 1 und 2 gemäß Buchstabe B Nr. 11.13 der Anlage zur Gebührenverordnung Umweltministerium zuzurechnen sind, und
2. keine Fachkenntnisse erfordern, die über die von jeder prüfenden Person zu fordernden Grundkenntnisse hinausgehen.
Andernfalls haben sie den Prüfauftrag zurückzugeben oder eine für diese Fachrichtung anerkannte prüfende Person hinzuzuziehen und darüber den Auftraggeber zu informieren. Bei der bautechnischen Prüfung und der Überwachung der Bauausführung ist von prüfenden Personen der Fachrichtung Massivbau bei Verbundkonstruktionen in Stahl/Stahlbeton- beziehungsweise Holz/Stahlbetonbauweise stets eine prüfende Person der Fachrichtung Metallbau beziehungsweise Holzbau hinzuzuziehen.

(4) Prüfende Personen dürfen Prüfaufträge nur annehmen, wenn sie unter Berücksichtigung des Umfangs ihrer Prüftätigkeit und der Zeit, die sie benötigen, um auf der Baustelle anwesend zu sein, die Überwachung der ordnungsgemäßen Bauausführung nach § 66 LBO sicherstellen können.

(5) Prüfende Personen dürfen bei ihrer Tätigkeit nur befähigte und bei ihnen angestellte Beschäftigte zu Prüfungsaufgaben einsetzen, in zeitlich begrenztem Umfang auch bis zu zwei freie Mitarbeiterinnen und Mitarbeiter. Prüfende Personen dürfen nur so viele Mitarbeiterinnen und Mitarbeiter einsetzen, dass sie deren Tätigkeit in vollem Umfang überwachen und die volle Verantwortung für die ordnungsgemäße Prüfung übernehmen können. Sie können sich nur durch eine prüfende Person vertreten lassen, die für die gleiche Fachrichtung anerkannt ist.

(6) Sind prüfende Personen in Bürogemeinschaft tätig oder im Rahmen ihrer sonstigen beruflichen Tätigkeit Gesellschafter einer Personen- oder Kapitalgesellschaft, so dürfen sie bei ihrer Tätigkeit auch Mitglieder der Bürogemeinschaft oder Mitgesellschafter sowie Angestellte anderer Mitglieder der Bürogemeinschaft oder der Personen- oder Kapitalgesellschaft einsetzen, soweit diese die entsprechende Befähigung besitzen, am selben Geschäftssitz tätig und im Rahmen der bautechnischen Prüfung an Weisungen der prüfenden Person gebunden sind.

(7) Prüfende Personen dürfen in der Bundesrepublik Deutschland nur eine Niederlassung errichten und unterhalten, an der Prüftätigkeiten im Sinne dieser Verordnung ausgeführt werden.

(8) Prüfende Personen haben ihre Tätigkeit unparteiisch und gewissenhaft zu erfüllen. Sie dürfen die bautechnische Prüfung nicht vornehmen, wenn sie oder ihre Beschäftigten die bautechnischen Nachweise aufgestellt oder dabei mitgewirkt haben.

Das gleiche gilt, wenn prüfende Personen oder ihre Beschäftigten selbst Bauherrschaft sind, zur Bauherrschaft in einer wirtschaftlichen Beziehung stehen oder aus einem sonstigen Grunde befangen sind. Prüfende Personen, die aus wichtigem Grund einen Auftrag nicht annehmen können, müssen unverzüglich die Ablehnung erklären.

(9) Erfolgt im Kenntnisgabeverfahren beziehungsweise im vereinfachten Baugenehmigungsverfahren die Beauftragung der prüfenden Person durch die Bauherrschaft, so ist die prüfende Person im Rahmen der ihr obliegenden Pflichten unabhängig und an Weisungen des Auftraggebers nicht gebunden.

(10) Prüfende Personen müssen mit einer Haftungssumme von mindestens 500 000 Euro für Personen- sowie für Sach- und Vermögensschäden je Schadensfall, die mindestens zweimal im Versicherungsjahr zur Verfügung stehen muss, bei einem in einem Mitgliedsstaat der Europäischen Union oder einem Vertragsstaat des Abkommens über den Europäischen Wirtschaftsraum ansässigen Kreditinstitut oder Versicherungsunternehmen haftpflichtversichert sein; die Anerkennungsbehörde ist zuständige Stelle im Sinne von § 117 Abs. 2 des Versicherungsvertragsgesetzes.

(11) Die prüfenden Personen sind verpflichtet, sich fachlich fortzubilden. Sie müssen über die für die Aufgabenerfüllung erforderlichen Geräte und Hilfsmittel verfügen.

(12) Prüfende Personen unterliegen in fachlicher Hinsicht den Weisungen des Umweltministeriums. Sie haben diesem uneingeschränkt Auskunft über ihre Tätigkeit als prüfende Person sowie über Art und Umfang ihrer fachlichen Fortbildung zu geben.

§ 2   Prüfämter

(1) Prüfämter sind das Regierungspräsidium Tübingen – Landesstelle für Bautechnik – und die vom Umweltministerium bestimmten Stellen.

(2) Die Prüfämter müssen mit geeigneten Ingenieurinnen und Ingenieuren besetzt und von auf den Gebieten des konstruktiven Ingenieurbaus und der Bauphysik besonders vorgebildeten und erfahrenen Beamtinnen oder Beamten des höheren bautechnischen Verwaltungsdienstes geleitet werden. Die Bestellung der Leitung erfolgt im Einvernehmen mit dem Umweltministerium.

(3) Die Prüfämter unterliegen in fachlicher Hinsicht den Weisungen des Umweltministeriums.

(4) § 1 Abs. 11 gilt entsprechend.

§ 3   Untere Baurechtsbehörden

(1) Untere Baurechtsbehörden, die bautechnische Prüfungen durchführen, müssen mit geeigneten Ingenieurinnen und Ingenieuren besetzt sein. Sie unterliegen bezüglich der bautechnischen Prüfung den Weisungen des Umweltministeriums.

(2) § 1 Abs. 11 gilt entsprechend.

§ 4   Prüfung der bautechnischen Nachweise

(1) Bei der Prüfung der bautechnischen Nachweise nach § 17 der Verfahrensverordnung zur Landesbauordnung (LBOVVO) durch eine untere Baurechtsbehörde, ein Prüfamt oder eine prüfende Person (prüfende Stelle) sind die öffentlich-rechtlichen

Vorschriften zu beachten. Werden Abweichungen von den nach § 3 Abs. 3 LBO bekannt gemachten technischen Baubestimmungen für gerechtfertigt gehalten, ist dies im Prüfbericht zu begründen.

(2) Die prüfende Stelle ist für die Vollständigkeit und Richtigkeit der durchgeführten Prüfung verantwortlich. Die Art der Prüfung der statischen Berechnungen ist der prüfenden Stelle freigestellt.

(3) Die prüfende Stelle kann fehlende Berechnungen oder Zeichnungen unmittelbar bei der Verfasserin oder beim Verfasser der bautechnischen Nachweise anfordern. Werden fehlende Berechnungen und Zeichnungen nicht nachgereicht oder Beanstandungen nicht ausgeräumt, so hat die prüfende Stelle im Kenntnisgabeverfahren beziehungsweise im vereinfachten Baugenehmigungsverfahren die Bauherrschaft und die zuständige Baurechtsbehörde, im Genehmigungsverfahren die Bauherrschaft und die beauftragte Baurechtsbehörde zu benachrichtigen.

(4) Wird bei der Prüfung festgestellt, dass ein für die Verwendung eines nicht geregelten Bauproduktes erforderlicher Nachweis nicht vorliegt, hat die prüfende Stelle die zuständige Baurechtsbehörde und die Bauherrschaft davon unverzüglich zu unterrichten. Für nicht geregelte Bauarten gilt Satz 1 entsprechend.

(5) Verfügt die prüfende Stelle nicht über die zur Beurteilung der Gründung erforderliche Sachkunde oder hat sie Zweifel hinsichtlich der getroffenen Annahmen oder den Angaben zu den bodenmechanischen Kenngrößen, sind von ihr im Einvernehmen mit der auftraggebenden Stelle Gutachterinnen oder Gutachter für Erd- und Grundbau hinzuzuziehen.

§ 5   Bautechnische Prüfbestätigung

(1) Die nach § 17 Abs. 2 und 3 LBOVVO vorgeschriebene bautechnische Prüfbestätigung ist von der prüfenden Stelle nach Maßgabe der Absätze 2 bis 6 abzufassen und zweifach (je eine Fertigung für die Baurechtsbehörde und die Bauherrschaft) auszustellen.

(2) Im Prüfbericht bescheinigt die prüfende Stelle die Vollständigkeit und Richtigkeit der bautechnischen Nachweise. Im Prüfbericht ist anzugeben, welche Annahmen den Berechnungen zugrunde liegen.

(3) Ist für die Verwendung eines nicht geregelten Bauproduktes eine allgemeine bauaufsichtliche Zulassung, ein allgemeines bauaufsichtliches Prüfzeugnis oder eine Zustimmung im Einzelfall erforderlich, ist dies im Prüfbericht zu vermerken. Für nicht geregelte Bauarten gilt Satz 1 entsprechend.

(4) Im Prüfbericht ist auf Besonderheiten hinzuweisen, die bei der Ausführung oder der Überwachung der Ausführung in konstruktiver Hinsicht zu beachten sind. Hängt die Herstellung bestimmter Bauteile nach § 17 Abs. 5 LBO von der besonderen Sachkunde und Erfahrung der damit betrauten Personen oder von einer Ausstattung mit besonderen Vorrichtungen ab, so ist anzugeben, welche Nachweise das herstellende Unternehmen und die ausführenden Unternehmen vorzulegen haben.

(5) Wird die Prüfung der bautechnischen Nachweise abschnittsweise durchgeführt, ist in Teilprüfberichten anzugeben, welche Bauteile ausgeführt werden dürfen und zu vermerken, dass die Prüfung noch nicht abgeschlossen ist.

(6) Jede geprüfte statische Berechnung und jede geprüfte Konstruktionszeichnung ist mit einem Prüfvermerk der prüfenden Stelle zu versehen, bei den geprüften Berechnungen ist zusätzlich auf jeder Seite der Stempel der prüfenden Stelle anzubringen.

§ 6   Überwachung der Ausführung in konstruktiver Hinsicht

(1) Die Überwachung der Ausführung baulicher Anlagen in konstruktiver Hinsicht durch die prüfende Stelle kann sich auf Stichproben beschränken; sie ist jedoch in einem Umfang und einer Häufigkeit vorzunehmen, dass ein ausreichender Einblick in die Bauausführung gewährleistet ist. Insbesondere ist zu überprüfen, ob Übereinstimmung mit den geprüften bautechnischen Nachweisen besteht und die erforderlichen Übereinstimmungs- und Verwendbarkeitsnachweise vorliegen.

(2) Bei der Überwachung ist ein entsprechender Nachweis zu verlangen, wenn
1. für die Herstellung eines Bauprodukts auf Grund von § 17 Abs. 5 LBO vorgeschrieben ist, dass das herstellende Unternehmen über Fachkräfte mit besonderer Sachkunde und Erfahrung oder eine Ausstattung mit besonderen Vorrichtungen verfügt oder
2. für den Transport oder Einbau eines Bauprodukts auf Grund von § 17 Abs. 6 LBO die Überwachung dieser Tätigkeiten durch eine Überwachungsstelle nach § 25 LBO vorgeschrieben ist.
Weitere Verpflichtungen der am Bau Beteiligten zum Nachweis der ordnungsgemäßen Bauausführungen bleiben unberührt.

(3) Werden bei der Überwachung festgestellte Beanstandungen nicht behoben, so hat die prüfende Stelle die Bauherrschaft und die Baurechtsbehörde unverzüglich zu unterrichten.

(4) Art, Umfang und Ergebnis der Überwachung sind von der prüfenden Stelle in einem Überwachungsbericht festzuhalten, der im Genehmigungsverfahren der Baurechtsbehörde und im Kenntnisgabeverfahren beziehungsweise im vereinfachten Baugenehmigungsverfahren der Bauherrschaft zuzuleiten ist.

§ 7   Prüfverzeichnisse, Feststellungen des Regierungspräsidiums Tübingen – Landesstelle für Bautechnik –

(1) Die prüfenden Stellen haben Verzeichnisse über die von ihnen durchgeführten bautechnischen Prüfungen im Genehmigungs-, vereinfachten Baugenehmigungs- und Kenntnisgabeverfahren zu führen. Das Hinzuziehen einer weiteren prüfenden Stelle ist im Prüfverzeichnis kenntlich zu machen. Die Prüfverzeichnisse der prüfenden Personen und Prüfämter sind jährlich bis zum 31. Januar des folgenden Jahres dem Regierungspräsidium Tübingen – Landesstelle für Bautechnik – zu übermitteln. Die Prüfverzeichnisse der Baurechtsbehörden sind nur auf Verlangen zu übermitteln.

(2) Das Regierungspräsidium Tübingen – Landesstelle für Bautechnik – trifft Feststellungen über die fachliche Richtigkeit bautechnischer Prüfungen der prüfenden Stellen, wertet die ihr nach Absatz 1 vorzulegenden Prüfverzeichnisse nach fachlichen und statistischen Gesichtspunkten aus und berichtet dem Umweltministerium über das Ergebnis.

§ 8   Prüfgebühren

(1) Die prüfenden Stellen erheben für die bautechnische Prüfung Gebühren und Auslagen. Für die Erhebung von Gebühren und Auslagen gelten die Bestimmungen des Zweiten und Dritten Abschnitts des Landesgebührengesetzes (LGebG) in der jeweils geltenden Fassung, mit Ausnahme der §§ 9 bis 11, sowie die Bestimmungen von Buchstabe B Nr. 11 der Anlage zur Gebührenverordnung Umweltministerium

in der jeweils geltenden Fassung entsprechend. Bei der Gebührenerhebung durch prüfende Personen ist im Genehmigungsverfahren der Gebührensatz nach der Gebührentabelle Buchstabe B Nr. 15.4.14 und 15.8 der Anlage zur Gebührenverordnung Umweltministerium mit einer vom Umweltministerium bekannt zu machenden Indexzahl zu vervielfachen. Im Kenntnisgabeverfahren beziehungsweise im vereinfachten Baugenehmigungsverfahren erhöht sich die Gebühr für die bautechnische Prüfung um die gesetzliche Umsatzsteuer, die in der Gebührenfestsetzung gesondert auszuweisen ist.

(2) Prüfende Personen können insbesondere ihre Reisekosten als Auslagen erheben; § 14 LGebG gilt insoweit nicht. Der Reisekostenersatz ist nach den für Landesbeamtinnen und -beamte geltenden Bestimmungen zu bemessen. Für die Benutzung eines eigenen Kraftfahrzeuges kann eine Wegstreckenentschädigung nach § 6 Abs. 2 des Landesreisekostengesetzes in der jeweils geltenden Fassung erhoben werden. Die Reisekostenvergütung soll, einschließlich der für Fahrzeiten gemäß Buchstabe B Nummer 15.4.14 Spalte 2 Satz 1 Buchst. f der Anlage zur Gebührenverordnung Umweltministerium festgesetzten Gebühr, für jeden Auftrag die Hälfte der für diesen Auftrag berechneten Grundgebühr nach Buchstabe B Nummer 15.8 der Anlage zur Gebührenverordnung Umweltministerium nicht übersteigen; Abweichungen hiervon sind nur in besonders begründeten Einzelfällen zulässig. Bei Verbindung mehrerer Aufträge werden die Reisekosten anteilig erhoben.

Zweiter Teil   **Anerkennung als Prüfingenieurin und Prüfingenieur für Bautechnik**

§ 9   Geschäftssitz

Die Anerkennung wird für den Geschäftssitz der prüfenden Person erteilt. Der Geschäftssitz kann verlegt werden. Eine Änderung der Anschrift ist dem Umweltministerium mitzuteilen.

§ 10   Voraussetzung für die Anerkennung

(1) Als prüfende Personen werden nur natürliche Personen anerkannt, die
1. zum Zeitpunkt der Antragstellung das 35. Lebensjahr vollendet haben,
2. das Studium des Bauingenieurwesens an einer Technischen Universität, Hochschule oder Fachhochschule, dessen Abschlussprüfung ein Regelstudium von mindestens vier Jahren voraussetzt, oder an einer als gleichwertig anerkannten Lehranstalt mit Erfolg abgeschlossen haben,
3. mindestens während der letzten zehn Jahre vor Stellung des Antrages praktische Erfahrung gesammelt haben,
    a) davon mindestens sieben Jahre in verantwortlicher Stellung bei der Anfertigung von bautechnischen Nachweisen für statisch und konstruktiv überwiegend schwierige Bauvorhaben tätig gewesen sind und
    b) bei der Bauleitung oder der Überwachung statisch und konstruktiv schwieriger Bauvorhaben mitgewirkt haben;
    diese Voraussetzung gilt nicht für Antragstellende, die hauptberuflich als Professorin oder Professor an einer deutschen Hochschule oder an einer als gleichwer-

     tig anerkannten Lehranstalt auf dem Gebiet des konstruktiven Ingenieurbaus lehren,

4. die für die Ausübung der Tätigkeit als prüfende Person erforderlichen Fachkenntnisse besitzen,
5. die deutsche Sprache in Wort und Schrift beherrschen und
6. nach ihrer Persönlichkeit Gewähr dafür bieten, dass sie den Aufgaben einer prüfenden Person gewachsen sind und sie unparteiisch und gewissenhaft erfüllen werden.

(2) Außerdem werden nur Personen anerkannt, die eigenverantwortlich und unabhängig als Bauingenieurin oder Bauingenieur tätig sind.
Eigenverantwortlich tätig ist,

1. wer seine berufliche Tätigkeit als einzige Inhaberin oder einziger Inhaber eines Büros selbstständig auf eigene Rechnung und Verantwortung ausübt,
2. wer
    a) sich mit anderen prüfenden Personen, Ingenieurinnen, Ingenieuren, Architektinnen oder Architekten zusammengeschlossen hat,
    b) innerhalb dieses Zusammenschlusses Vorstand, Geschäftsführerin, Geschäftsführer, persönlich haftende Gesellschafterin oder Gesellschafter mit einer rechtlich gesicherten leitenden Stellung ist und
    c) kraft Satzung, Statut oder Gesellschaftervertrag dieses Zusammenschlusses seine Aufgaben als prüfende Person selbstständig auf eigene Rechnung und Verantwortung und frei von Weisungen ausüben kann oder
3. wer als Professorin oder Professor im Rahmen einer Nebentätigkeit in selbstständiger Beratung tätig ist.

Unabhängig tätig ist, wer bei Ausübung seiner Tätigkeit weder eigene Produktions-, Handels- oder Lieferinteressen hat noch fremde Interessen dieser Art vertritt, die unmittelbar oder mittelbar im Zusammenhang mit seiner Tätigkeit stehen.

(3) Als prüfende Person kann nicht anerkannt werden, wer

1. angestellt im öffentlichen Dienst oder verbeamtet, aber nicht im Ruhestand ist. Abweichend hiervon kann als prüfende Person anerkannt werden, wer hauptberuflich als Professorin oder Professor an einer deutschen Hochschule oder als gleichwertig anerkannten Lehranstalt auf dem Gebiet des konstruktiven Ingenieurbaus lehrt,
2. die Fähigkeit zur Bekleidung öffentlicher Ämter verloren hat,
3. durch gerichtliche Anordnung in der Verfügung über sein Vermögen beschränkt ist,
4. als Unternehmerin oder Unternehmer auf dem Gebiet der Bauwirtschaft tätig ist,
5. an einem auf dem Gebiet der Bauwirtschaft tätigen Unternehmen beteiligt ist oder zu einem solchen Unternehmen in einer engen wirtschaftlichen Bindung steht,
6. sonst in einem beruflichen, finanziellen oder sonstigen Abhängigkeitsverhältnis steht, das seine unparteiische Prüftätigkeit beeinflussen kann oder
7. wem in Baden-Württemberg oder in einem anderen Bundesland die Anerkennung endgültig versagt wurde.

(4) Die Anerkennung als prüfende Person kann von Bedingungen abhängig gemacht und mit Auflagen verbunden werden.

(5) Die Anerkennung kann bei Bewerberinnen und Bewerbern, die nicht Deutsche im Sinne von Artikel 116 Abs. 1 des Grundgesetzes sind, versagt werden, wenn die Gegenseitigkeit nicht gewahrt ist. Dies gilt nicht für Bewerberinnen oder Bewerber, welche die Staatsangehörigkeit eines Mitgliedstaats der Europäischen Union besitzen oder nach dem Recht der Europäischen Gemeinschaften wie Angehörige der Europäischen Union zu behandeln sind.

§ 11 Antrag auf Anerkennung

(1) Der Antrag auf Anerkennung als prüfende Person ist schriftlich an das Umweltministerium zu richten. Im Antrag ist anzugeben, für welche Fachrichtungen im Sinne von § 1 Abs. 2 Satz 1 die Anerkennung beantragt wird und in welcher Gemeinde der Antragstellende sich als prüfende Person niederlassen will. Ferner ist anzugeben, ob und wenn ja, wie oft der Antragstellende sich bereits erfolglos auch in einem anderen Bundesland einem Anerkennungsverfahren unterzogen hat.

(2) Dem Antrag sind folgende Unterlagen beizufügen:
1. eine tabellarische Übersicht mit lückenlosen Angaben über den fachlichen Werdegang, die berufliche Tätigkeit und die berufliche Stellung im Zeitpunkt der Antragstellung,
2. ein Nachweis über den Antrag auf Erteilung eines Führungszeugnisses zur Vorlage bei einer Behörde (Belegart O oder P) oder ein gleichwertiges Dokument eines Mitgliedstaates der Europäischen Union, der nicht älter als drei Monate sein soll,
3. beglaubigte Abschriften aller Zeugnisse über Ausbildung und bisherige Tätigkeit; werden im Herkunftsstaat beglaubigte Unterlagen nicht ausgestellt, so können sie durch eine Versicherung an Eides statt des Antragstellenden oder nach dem Recht des Herkunftsstaat vergleichbare Handlungen ersetzt werden,
4. ein Verzeichnis von mindestens zehn, in ihrer Nutzung und Konstruktion unterschiedlichen, während der letzten zehn Jahre vor Stellung des Antrages vom Antragstellenden in der beantragten Fachrichtung verantwortlich bearbeiteten statisch und konstruktiv schwierigen Bauvorhaben mit Angaben über Ort, Zeit, Bauherrschaft und Ausführungsart sowie die Stelle, die die bautechnische Prüfung durchgeführt hat, und Begründung, warum die angeführten Bauvorhaben vom Antragstellenden als statisch und konstruktiv schwierig angesehen werden; bei Antragstellung für die zweite beziehungsweise dritte Fachrichtung reduziert sich die Zahl der vorzulegenden Projekte auf mindestens acht beziehungsweise sechs Bauvorhaben,
5. eine Erklärung, dass Hinderungsgründe nach § 10 Abs. 3 nicht vorliegen,
6. Angaben über eine etwaige Beteiligung an einer Gesellschaft, deren Zweck die Planung oder Durchführung von Bauvorhaben ist,
7. Angaben über etwaige sonstige Niederlassungen, auch in anderer Funktion, und
8. Angaben über die Zahl der Beschäftigten.
Soweit es zur Bearbeitung des Antrags erforderlich ist, kann die oberste Baurechtsbehörde weitere Angaben und Nachweise verlangen.

(3) Das Umweltministerium bestätigt unverzüglich den Eingang der Unterlagen und teilt gegebenenfalls mit, welche Unterlagen fehlen. Die Eingangsbestätigung enthält folgende Angaben:
1. die in § 13 Abs. 7 Satz 3 genannte Frist,
2. die verfügbaren Rechtsbehelfe,
3. die Erklärung, dass die Anerkennung als erteilt gilt, wenn über sie nicht rechtzeitig entschieden wird und
4. im Fall der Nachforderung von Unterlagen die Mitteilung, dass die Frist nach Nummer 1 erst beginnt, wenn die Unterlagen vollständig sind.

§ 12 Anerkennungsausschuss

(1) Das Umweltministerium richtet für die Mitwirkung im Anerkennungsverfahren einen Ausschuss für die Anerkennung von Prüfingenieurinnen und Prüfingenieuren

für Bautechnik (Anerkennungsausschuss) ein und regelt dessen Geschäftsführung. Der Anerkennungsausschuss besteht aus

1. einer Vertreterin oder einem Vertreter des Umweltministeriums, die oder der dem Ausschuss vorsitzt,
2. hauptberuflichen Professorinnen und Professoren der Fachrichtungen Baustatik, Massivbau, Stahlbau und Holzbau an einer deutschen Hochschule im Sinne von § 1 Satz 1 Hochschulrahmengesetz (HRG),
3. jeweils einer von folgenden Institutionen oder Gruppen zu benennenden Person:
   a) Landesstelle für Bautechnik beim Regierungspräsidium Tübingen,
   b) Ingenieurkammer Baden-Württemberg,
   c) Landesvereinigung der Prüfingenieure für Bautechnik Baden-Württemberg,
   d) Bauindustrie,
   e) Straßenbauverwaltung Baden-Württemberg,
4. weiteren fachlich geeigneten Personen.

(2) Das Umweltministerium beruft die Mitglieder des Ausschusses für eine Dauer von fünf Jahren; Wiederberufung ist möglich. Abweichend von Satz 1 endet die Mitgliedschaft im Anerkennungsausschuss, wenn die Voraussetzungen für die Berufung nicht mehr vorliegen oder mit Vollendung des 68. Lebensjahres. Der Abschluss eines bereits eingeleiteten Prüfungsverfahrens bleibt von dieser Regelung unberührt.

(3) Die Mitglieder des Ausschusses sind unabhängig und an Weisungen nicht gebunden. Sie sind zu Unparteilichkeit und Verschwiegenheit verpflichtet. Sie sind ehrenamtlich tätig.

§ 13   Anerkennungsverfahren

(1) Aus dem nach § 11 Abs. 2 Satz 1 Nr. 4 vorgelegten Verzeichnis wählt das Regierungspräsidium Tübingen – Landesstelle für Bautechnik – geeignete Vorhaben aus, die von mindestens zwei Mitgliedern des Anerkennungsausschusses fachlich beurteilt werden. Wird von diesen die für die beantragte Anerkennung erforderliche praktische Erfahrung im Sinne von § 10 Abs. 1 Nr. 3 verneint, ist der Antrag abzulehnen.

(2) Die Antragstellenden haben ihre Fachkenntnisse insbesondere auf den Gebieten des Baurechts, der Baustatik, des Massivbaus, des Stahlbaus, des Holzbaus sowie allgemeinen Fragen des Bauwesens in einer schriftlichen Prüfung und in einem Fachgespräch nachzuweisen. Die schriftliche Prüfung und das Fachgespräch werden in der Regel jedes Jahr, bei einer geringen Zahl von Antragstellenden jedes zweite Jahr durchgeführt. Antragstellende, die eine Erweiterung ihrer Anerkennung für eine zusätzliche Fachrichtung im Sinne von § 1 Abs. 2 Satz 1 beantragt haben, brauchen nur an einem Fachgespräch teilzunehmen.

(3) Abweichend von Absatz 2 kann im Einzelfall das Umweltministerium Professorinnen und Professoren, die zum Zeitpunkt der Antragstellung hauptberuflich an einer Hochschule im Sinne von § 1 Satz 1 HRG im Master- beziehungsweise Diplomstudiengang in den Vertiefungsfächern Baustatik, Massivbau, Metallbau oder Holzbau lehren, vom Nachweis der Kenntnisse durch eine schriftliche Prüfung und ein Fachgespräch befreien.

(4) In der schriftlichen Prüfung ist das Grundwissen auf den Gebieten nach Absatz 2 Satz 1 nachzuweisen. Die schriftliche Prüfung besteht aus den vom Umweltministerium gestellten Aufgaben, die von den Antragstellenden mit den vom Umweltministerium zugelassenen Hilfsmitteln innerhalb von zwei Stunden unter Aufsicht zu bearbeiten sind.

(5) Die schriftliche Prüfungsarbeit wird von einem vom Umweltministerium bestimmten Prüfenden begutachtet und bewertet. Bei einer Bewertung mit weniger als 60 Prozent der erreichbaren Punktzahl, ist der Antrag auf Anerkennung als prüfende Person abzulehnen. Wird die Prüfungsarbeit mit mindestens 60 Prozent der erreichbaren Punktzahl bewertet, werden die Antragstellenden zu einem Fachgespräch eingeladen.

(6) In dem Fachgespräch ist insbesondere das vertiefte Wissen auf dem Gebiet der Baustatik und der nach § 1 Abs. 2 Satz 1 bezeichneten Fachrichtung nachzuweisen. Die Dauer des Fachgesprächs beträgt bei einem Antrag auf Anerkennung für eine Fachrichtung etwa 60 Minuten, bei einem Antrag auf Anerkennung für mehrere Fachrichtungen verlängert sie sich um etwa 20 Minuten je zusätzlicher Fachrichtung. Jeder Antragstellende wird einzeln geprüft. Unter dem Vorsitz einer Vertreterin oder eines Vertreters des Umweltministeriums wirken aus dem Anerkennungsausschuss an dem Fachgespräch mit
1. eine Professorin oder ein Professor für Baustatik,
2. eine Professorin oder ein Professor für die nach § 1 Abs. 2 Satz 1 beantragte Fachrichtung,
3. ein Mitglied der Ingenieurkammer Baden-Württemberg,
4. eine von der Landesvereinigung der Prüfingenieure für Bautechnik vorgeschlagene Person,
5. bis zu drei weitere vom Umweltministerium benannte Mitglieder des Anerkennungsausschusses.
Ist eine der in Satz 4 genannten Personen verhindert, kann das Umweltministerium eine andere sachverständige Person hinzuziehen. Die in Satz 4 und 5 genannten Personen beurteilen im Anschluss an das Fachgespräch die festgestellten Kenntnisse des Antragstellenden.

(7) Auf Grund der Beurteilungen nach Absatz 1 Satz 1, Absatz 5 Satz 3 und Absatz 6 Satz 6 gibt der Anerkennungsausschuss gegenüber dem Umweltministerium eine Empfehlung zur fachlichen Eignung des Antragstellenden ab. Das Umweltministerium entscheidet über die Anerkennung als prüfende Person. Sie hat ihre Entscheidung innerhalb von drei Monaten nach Vorlage der vollständigen Unterlagen sowie der Empfehlung des Anerkennungsausschusses zu treffen; das Umweltministerium kann die Frist gegenüber dem Antragstellenden einmal um bis zu zwei Monate verlängern. Die Fristverlängerung und deren Ende sind ausreichend zu begründen und dem Antragstellenden vor Ablauf der ursprünglichen Frist mitzuteilen. Die Anerkennung gilt als erteilt, wenn über sie nicht innerhalb der nach Satz 3 maßgeblichen Frist entschieden worden ist.

(8) Wer die Anerkennung nicht erhalten hat, kann die schriftliche Prüfung und das Fachgespräch für die beantragten Fachrichtungen, unter Anrechnung erfolgloser Versuche, auch solcher in anderen Bundesländern, je zweimal wiederholen. Wird das erste Fachgespräch als nicht bestanden bewertet, sind Wiederholungen nur innerhalb von drei Jahren möglich. Die Anerkennung wird in der Regel abgelehnt, wenn das Anerkennungsverfahren nicht innerhalb von fünf Jahren seit der ersten Zulassung zur schriftlichen Prüfung abgeschlossen ist.

§ 14 Prüfingenieurinnen und Prüfingenieure aus anderen Bundesländern und EU-Mitgliedstaaten

(1) Eine bereits in einem anderen Bundesland anerkannte prüfende Person kann, sofern gleichwertige Anerkennungsvoraussetzungen bestehen und sie das 65. Lebensjahr nicht überschritten hat, im Falle der Verlegung ihres Geschäftssitzes nach

Baden-Württemberg, vom Umweltministerium ohne Anerkennungsverfahren nach § 13 als prüfende Person anerkannt werden.

(2) Die zuständige Baurechtsbehörde kann eine in einem anderen Bundesland anerkannte prüfende Person für eine Prüftätigkeit im Einzelfall zulassen.

(3) Natürliche Personen, die in einem anderen Mitgliedstaat der Europäischen Union oder einem nach dem Recht der Europäischen Gemeinschaften gleichgestellten Staat zur Wahrnehmung von Aufgaben im Sinne dieser Verordnung niedergelassen sind, sind berechtigt, als prüfende Person Aufgaben nach dieser Verordnung auszuführen, wenn sie
1. hinsichtlich des Tätigkeitsbereiches eine vergleichbare Berechtigung besitzen,
2. dafür hinsichtlich der Anerkennungsvoraussetzungen und des Nachweises von Kenntnissen vergleichbare Anforderungen erfüllen mussten und
3. die deutsche Sprache in Wort und Schrift beherrschen.
Sie haben das erstmalige Tätigwerden vorher dem Umweltministerium anzuzeigen und dabei
1. eine Bescheinigung darüber, dass sie in einem Mitgliedstaat der Europäischen Union oder einem nach dem Recht der Europäischen Gemeinschaften gleichgestellten Staat rechtmäßig zur Wahrnehmung von Aufgaben im Sinne dieser Verordnung niedergelassen sind und ihnen die Ausübung dieser Tätigkeiten zum Zeitpunkt der Vorlage der Bescheinigung nicht, auch nicht vorübergehend, untersagt ist, und
2. einen Nachweis darüber, dass sie im Staat Ihrer Niederlassung dafür die Voraussetzungen des Satzes 1 Nr. 2 erfüllen mussten,
vorzulegen. Das Umweltministerium soll das Tätigwerden untersagen, wenn die Voraussetzungen des Satzes 1 nicht erfüllt sind; sie hat auf Antrag zu bestätigen, dass die Anzeige nach Satz 2 erfolgt ist.

(4) Natürliche Personen, die in einem anderen Mitgliedstaat der Europäischen Union oder einem nach dem Recht der Europäischen Gemeinschaften gleichgestellten Staat zur Wahrnehmung von Aufgaben im Sinne dieser Verordnung niedergelassen sind, ohne im Sinne des Absatzes 3 Satz 1 Nr. 1 und 2 vergleichbar zu sein, sind berechtigt, als prüfende Person Aufgaben nach dieser Verordnung auszuführen, wenn ihnen das Umweltministerium bescheinigt hat, dass sie die Anforderungen hinsichtlich der Anerkennungsvoraussetzungen, des Nachweises von Kenntnissen und des Tätigkeitsbereiches nach dieser Verordnung erfüllen. Die Bescheinigung wird auf Antrag erteilt, dem die zur Beurteilung erforderlichen Unterlagen beizufügen sind. Das Umweltministerium bestätigt unverzüglich den Eingang der Unterlagen und teilt gegebenenfalls mit, welche Unterlagen fehlen. Die Eingangsbestätigung muss folgende Angaben enthalten:
1. die in Satz 6 genannte Frist,
2. die verfügbaren Rechtsbehelfe,
3. die Erklärung, dass der Antrag auf Erteilung der Bescheinigung als genehmigt gilt, wenn über ihn nicht rechtzeitig entschieden wird, und
4. im Fall der Nachforderung von Unterlagen die Mitteilung, dass die Frist nach Satz 6 erst beginnt, wenn die Unterlagen vollständig sind.
Das Umweltministerium kann sich im Rahmen eines Gespräches mit dem Antragstellenden vom Vorliegen der persönlichen Voraussetzungen überzeugen. Über die Erteilung der Bescheinigung ist innerhalb von drei Monaten nach Vorlage der vollständigen Unterlagen zu entscheiden; das Umweltministerium kann die Frist gegenüber dem Antragstellenden einmal um bis zu zwei Monate verlängern. Die Fristverlängerung und deren Ende sind ausreichend zu begründen und dem Antragstellenden vor Ablauf der ursprünglichen Frist mitzuteilen. Der Antrag auf Erteilung der Bescheinigung gilt als

genehmigt, wenn über ihn nicht innerhalb der nach Satz 6 maßgeblichen Frist entschieden worden ist.

(5) Anzeigen und Bescheinigungen nach den Absätzen 3 und 4 sind nicht erforderlich, wenn bereits in einem anderen Bundesland eine Anzeige erfolgt ist oder eine Bescheinigung erteilt wurde.

(6) Errichtet eine prüfende Person, die auf der Grundlage der Absätze 3 und 4 tätig wird, eine Niederlassung, so hat sie die Anschrift dem Umweltministerium mitzuteilen.

§ 15 Abwicklung von Verfahren über den Einheitlichen Ansprechpartner

Verfahren nach den §§ 11 bis 13 sowie § 14 Abs. 3 und 4 können über einen Einheitlichen Ansprechpartner im Sinne des Gesetzes über Einheitliche Ansprechpartner für das Land Baden-Württemberg abgewickelt werden; die §§ 71 a bis 71 e des Landesverwaltungsverfahrensgesetzes (LVwVfG) in der jeweils geltenden Fassung finden Anwendung.

Dritter Teil Erlöschen und Widerruf der Anerkennung, Ordnungswidrigkeiten

§ 16 Erlöschen und Widerruf der Anerkennung

(1) Die Anerkennung erlischt
1. durch schriftlichen Verzicht gegenüber dem Umweltministerium,
2. mit der Verlegung des Geschäftssitzes in ein anderes Bundesland,
3. mit der Verbeamtung oder mit dem Eingehen eines Angestelltenverhältnisses im öffentlichen Dienst, ausgenommen Professorinnen und Professoren im Sinne von § 10 Abs. 3 Nr. 1,
4. mit Vollendung des 68. Lebensjahres,
5. mit dem Verlust der Fähigkeit zur Bekleidung öffentlicher Ämter,
6. bei Verurteilung wegen eines Verbrechens oder eines vorsätzlichen Vergehens zu einer Freiheitsstrafe von mehr als einem Jahr oder
7. durch gerichtliche Anordnung der Beschränkung in der Verfügung über das Vermögen der prüfenden Person.

(2) Die Anerkennung ist zu widerrufen, wenn festgestellt wird, dass die im Zuge des Anerkennungsverfahrens gemachten Angaben mehr als nur in unerheblichem Maße wahrheitswidrig sind oder die prüfende Person nicht mehr angemessen versichert ist.

(3) Die Anerkennung kann widerrufen werden, wenn die prüfende Person mindestens zweimal vorsätzlich oder dreimal grob fahrlässig ihre Pflichten verletzt hat, und dies jeweils nach § 17 Nr. 2 geahndet worden ist. Sie kann auch widerrufen werden, wenn die prüfende Person, auch nachdem das Umweltministerium bereits Mängel in von ihr durchgeführten Prüfungen festgestellt und ihr dies mitgeteilt hat, weiterhin in deutlich überdurchschnittlichem Umfang Prüfaufträge annimmt, und eine ordnungsgemäße Erfüllung ihrer Pflichten aus diesem Grunde nicht zu erwarten ist.

(4) Im Übrigen bleiben die §§ 48 und 49 des LVwVfG unberührt.

(5) Prüfende Personen dürfen keine neuen Prüfaufträge mehr annehmen, die nicht vor dem Datum des Unwirksamwerdens der Anerkennung abgeschlossen werden können. Die Baurechtsbehörde kann im Einzelfall gestatten, dass Prüfaufträge, die vor dem Zeitpunkt des Erlöschens der Anerkennung gemäß Absatz 1 Nr. 2 und 4 erteilt worden sind, über diesen Zeitpunkt hinaus zu Ende geführt werden. In diesem Fall müssen Prüfberichte und Prüfvermerke von noch nicht vollständig abgeschlossenen Prüfaufträgen von einer für die jeweilige Fachrichtung anerkannten prüfenden Person gegengezeichnet werden.

§ 17   Ordnungswidrigkeiten

Ordnungswidrig nach § 75 Abs. 3 Nr. 2 LBO handelt, wer vorsätzlich oder fahrlässig
1. entgegen § 1 Abs. 2 Satz 3 die Bezeichnung „Prüfingenieur für Bautechnik" oder „Prüfingenieurin für Bautechnik" führt oder
2. als prüfende Person ihre Pflichten nach § 1 Abs. 3 bis 5, 7, 8 und 11, §§ 4, 5, 6, § 7 Abs. 1 und § 9 Satz 3 verletzt.

Vierter Teil   Übergangs- und Schlussvorschriften

§ 18   Übergangsvorschriften

(1) Vor dem Inkrafttreten dieser Verordnung gestellte Anträge auf Anerkennung werden nach dieser Verordnung weiterbehandelt.

(2) Eine Anerkennung als Prüfingenieurin oder Prüfingenieur auf Grund der Verordnung des Innenministeriums über die bautechnische Prüfung genehmigungspflichtiger Vorhaben vom 13. Januar 1965 (GBl. S. 6), der Bauprüfverordnung vom 11. August 1977 (GBl. S. 387), zuletzt geändert durch Verordnung vom 13. November 1995 (GBl. S. 794), oder der Bauprüfverordnung vom 21. Mai 1996 (GBl. S. 410), zuletzt geändert durch Verordnung vom 12. Juli 2007 (GBl. S. 355) gilt als Anerkennung im Sinne dieser Verordnung. Die Bezeichnung „Prüfingenieurin für Baustatik" oder „Prüfingenieur für Baustatik" darf weitergeführt werden. Eine Weiterführung genehmigter Zweigniederlassungen, über das Erlöschen der Anerkennung der Prüfingenieurin oder des Prüfingenieurs für Bautechnik hinaus, ist nicht zulässig.

II 4 Verordnung des Wirtschaftsministeriums über das Übereinstimmungszeichen (Übereinstimmungszeichenverordnung – ÜZVO)[1]

vom 26. Mai 1998 (GBl. S. 362, ber. S. 559)

Auf Grund von § 73 Abs. 7 Nr. 1 der Landesbauordnung für Baden-Württemberg (LBO) vom 8. August 1995 (GBl. S. 617) wird verordnet:

(1) Das Übereinstimmungszeichen (Ü-Zeichen) nach § 22 Abs. 4 LBO besteht aus dem Buchstaben „Ü" und hat folgende Angaben zu enthalten:

1. den Namen des Herstellers; zusätzlich das Herstellwerk, wenn der Name des Herstellers eine eindeutige Zuordnung des Bauprodukts zu dem Herstellwerk nicht ermöglicht; an Stelle des Namens des Herstellers genügt der Name des Vertreibers des Bauprodukts mit der Angabe des Herstellwerks; die Angabe des Herstellwerks darf verschlüsselt erfolgen, wenn sich beim Hersteller oder Vertreiber und, wenn ein Übereinstimmungszertifikat erforderlich ist, bei der Zertifizierungsstelle und Überwachungsstelle das Herstellwerk jederzeit eindeutig ermitteln lässt,

2. die Grundlage der Übereinstimmungsbestätigung:

   a) die Kurzbezeichnung der für das geregelte Bauprodukt im Wesentlichen maßgebenden technischen Regel,

   b) die Bezeichnung für eine allgemeine baurechtliche Zulassung als „Z" und deren Nummer,

   c) die Bezeichnung für ein allgemeines baurechtliches Prüfzeugnis als „P", dessen Nummer und die Bezeichnung der Prüfstelle oder

   d) die Bezeichnung für eine Zustimmung im Einzelfall als „ZiE" und die Behörde,

3. die für den Verwendungszweck wesentlichen Merkmale des Bauprodukts, soweit sie nicht durch die Angabe der Kurzbezeichnung der technischen Regel nach Nummer 2 Buchst. a abschließend bestimmt sind,

4. die Bezeichnung oder das Bildzeichen der Zertifizierungsstelle, wenn die Einschaltung einer Zertifizierungsstelle vorgeschrieben ist.

Diese Angaben sind auf der von dem Großbuchstaben umschlossenen Innenfläche oder unmittelbar daneben anzubringen.

(2) Die Angaben nach Absatz 1 sind auf der von dem Buchstaben „Ü" umschlossenen Innenfläche oder in deren unmittelbarer Nähe anzubringen. Der Buchstabe „Ü" und die Angaben nach Absatz 1 müssen deutlich lesbar sein. Der Buchstabe „Ü" muss in seiner Form der folgenden Abbildung entsprechen:

---

[1] Die Verpflichtung aus der Richtlinie 83/189/EWG des Rates vom 28. März 1983 über ein Informationsverfahren auf dem Gebiet der Normen und technischen Vorschriften (ABl. EG Nr. L 109 S. 8), zuletzt geändert durch Richtlinie 94/10/EG des Europäischen Parlaments und des Rates vom 23. März 1994 (ABl. EG Nr. L 100 S. 30), sind beachtet worden.

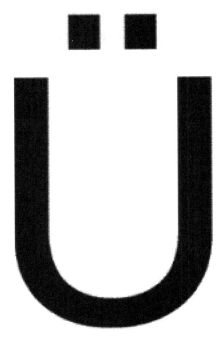

(3) Wird das Ü-Zeichen auf einem Beipackzettel, der Verpackung, dem Lieferschein oder einer Anlage zum Lieferschein angebracht, so darf der Buchstabe „Ü" ohne oder mit einem Teil der Angaben nach Absatz 1 zusätzlich auf dem Bauprodukt angebracht werden.

Diese Verordnung tritt am Tage nach ihrer Verkündung in Kraft. Gleichzeitig tritt die Übereinstimmungszeichenverordnung vom 16. Februar 1996 (GBl. S. 257) außer Kraft.

II 5 Verordnung des Umweltministeriums über die Anerkennung als Prüf-, Überwachungs- und Zertifizierungsstelle nach Bauordnungsrecht (PÜZ-Anerkennungsverordnung – PÜZAVO)

vom 10. Mai 2010 (GBl. S. 454), geändert durch Verordnung vom 25. Januar 2012 (GBl. S. 65)

§ 1 Anerkennung

(1) Eine natürliche oder juristische Person kann auf Antrag anerkannt werden als
1. Prüfstelle für die Erteilung allgemeiner bauaufsichtlicher Prüfzeugnisse (§ 19 Abs. 2 LBO),
2. Prüfstelle für die Überprüfung von Bauprodukten vor Bestätigung der Übereinstimmung (§ 23 Abs. 2 LBO),
3. Zertifizierungsstelle (§ 24 Abs. 1 LBO),
4. Überwachungsstelle für die Fremdüberwachung (§ 24 Abs. 2 LBO),
5. Überwachungsstelle für die Überwachung (§ 17 Abs. 6 LBO) oder
6. Prüfstelle für die Überprüfung (§ 17 Abs. 5 LBO),
wenn sie die Voraussetzungen nach § 2 erfüllt.

(2) Zweitniederlassungen von nach Absatz 1 anerkannten Prüf- und Überwachungsstellen bedürfen der Anerkennung. Zweitniederlassungen von nach Absatz 1 anerkannten Zertifizierungsstellen haben das erstmalige Tätigwerden vorher der Anerkennungsbehörde anzuzeigen. Die Anerkennungsbehörde soll das Tätigwerden der Zertifizierungsstellen untersagen, wenn die Voraussetzungen des § 2 nicht erfüllt sind. § 5 gilt mit der Maßgabe, dass die im Verfahren nach Absatz 1 bereits erbrachten Nachweise keiner erneuten Prüfung bedürfen.

(3) Die Anerkennung als Prüf, Überwachungs- oder Zertifizierungsstelle erfolgt für einzelne Bauprodukte. Eine Prüf, Überwachungs- oder Zertifizierungsstelle kann für mehrere Bauprodukte anerkannt werden.

(4) Die Anerkennung kann zugleich als Prüf, Überwachungs- und Zertifizierungsstelle, auch für das gleiche Bauprodukt, erfolgen, wenn die jeweiligen Anerkennungsvoraussetzungen erfüllt sind.

(5) Die Anerkennung kann befristet werden. Die Frist soll höchstens fünf Jahre betragen. Die Anerkennung kann auf Antrag verlängert werden; § 62 Abs. 2 Satz 2 LBO gilt entsprechend.

§ 2 Anerkennungsvoraussetzungen

(1) Die Prüf, Überwachungs- und Zertifizierungsstellen müssen über eine ausreichende Zahl an Beschäftigten mit der für die Erfüllung ihrer Aufgaben notwendigen Ausbildung und beruflichen Erfahrung verfügen und über eine Person verfügen, der die Aufsicht über die mit den Prüfungs, Überwachungs- und Zertifizierungstätigkeiten betrauten Beschäftigten obliegt (Leiterin oder Leiter). Die Leiterin oder der Leiter (Leitung) müssen ein für den Tätigkeitsbereich der Prüf, Überwachungs- oder Zertifizierungsstelle geeignetes technisches oder naturwissenschaftliches Studium an ei-

ner deutschen Hochschule oder ein gleichwertiges Studium an einer ausländischen Hochschule abgeschlossen haben und
1. für Prüfstellen nach § 1 Abs. 1 Nr. 1 eine insgesamt mindestens fünfjährige Berufserfahrung im Bereich der Prüfung, Überwachung oder Zertifizierung von Bauprodukten,
2. für Prüfstellen nach § 1 Abs. 1 Nr. 2 eine mindestens dreijährige Berufserfahrung im Bereich der Prüfung von Bauprodukten,
3. für Zertifizierungsstellen nach § 1 Abs. 1 Nr. 3 eine insgesamt mindestens dreijährige Berufserfahrung im Bereich der Prüfung, Überwachung oder Zertifizierung von Bauprodukten oder vergleichbarer Tätigkeiten,
4. für Überwachungsstellen nach § 1 Abs. 1 Nr. 4 und 5 eine mindestens dreijährige Berufserfahrung im Bereich der Überwachung von Bauprodukten,
5. für Prüfungen nach § 1 Abs. 1 Nr. 6 eine mindestens dreijährige Berufserfahrung im jeweiligen Aufgabenbereich nachweisen. Die Leitung einer Prüfstelle muss diese Aufgabe hauptberuflich ausüben. Satz 3 gilt nicht, wenn eine hauptberufliche Stellvertretung, die die für die Leitung maßgebenden Anforderungen erfüllt, bestellt ist. Für Prüfstellen kann eine hauptberufliche Stellvertretung der Leitung, die die für die Leitung maßgebenden Anforderungen zu erfüllen hat, verlangt werden, wenn dies nach Art und Umfang der Tätigkeiten erforderlich ist; ist die Leitung nach Satz 4 nicht hauptberuflich tätig, kann eine zweite hauptberufliche Stellvertretung verlangt werden. Die Leitung und, wenn eine Stellvertretung bestellt ist, die Stellvertretung müssen über die für die Ausübung der Prüf-, Überwachungs- und Zertifizierungstätigkeiten erforderlichen Kenntnisse der deutschen Sprache verfügen.

(2) Die Leiterin oder der Leiter der Prüf-, Überwachungs- oder Zertifizierungsstelle dürfen
1. zum Zeitpunkt der Antragstellung das 65. Lebensjahr nicht vollendet haben,
2. die Fähigkeit zur Bekleidung öffentlicher Ämter nicht verloren haben,
3. durch gerichtliche Anordnung nicht in der Verfügung über ihr Vermögen beschränkt sein und müssen
4. die erforderliche Zuverlässigkeit besitzen und
5. die Gewähr dafür bieten, dass sie neben ihrer Leitungsaufgaben andere Tätigkeiten nur in solchem Umfang ausüben werden, dass die ordnungsgemäße Erfüllung ihrer Pflichten als Leitung gewährleistet ist.
Satz 1 Nr. 2 und 3 gilt auch im Falle vergleichbarer Feststellungen aus anderen Staaten.

(3) Prüf-, Überwachungs- und Zertifizierungsstellen müssen ferner verfügen über
1. die erforderlichen Räumlichkeiten und die erforderliche technische Ausstattung,
2. schriftliche Anweisungen für die Durchführung ihrer Aufgaben und für die Benutzung und Wartung der erforderlichen Prüfvorrichtungen,
3. ein System zur Aufzeichnung und Dokumentation ihrer Tätigkeiten.

(4) Prüf-, Überwachungs- und Zertifizierungsstellen müssen die Gewähr dafür bieten, dass sie, insbesondere die Leitung und ihre Stellvertretung, unparteilich sind. Hierzu kann verlangt werden, dass für den jeweiligen Anerkennungsbereich ein Fachausschuss einzurichten ist. Er unterstützt die Leitung der Prüf-, Überwachungs- oder Zertifizierungsstelle in allen Prüf-, Überwachungs- oder Zertifizierungsvorgängen, insbesondere bei der Bewertung der Prüf-, Überwachungs- oder Zertifizierungsergebnisse, und spricht hierfür Empfehlungen aus. Dem Fachausschuss müssen mindestens drei unabhängige Personen sowie die Leitung der Prüf-, Überwachungs- oder Zertifizierungsstelle angehören. Die Anerkennungsbehörde kann die Berufung weiterer unabhängiger Personen verlangen.

(5) Prüf- und Überwachungsstellen dürfen Unteraufträge für bestimmte Aufgaben nur an gleichfalls dafür anerkannte Prüf- oder Überwachungsstellen oder an solche

Stellen, die in das Anerkennungsverfahren einbezogen waren, erteilen. Zertifizierungsstellen dürfen keine Unteraufträge erteilen.

§ 3 Allgemeine Pflichten

Prüf, Überwachungs- und Zertifizierungsstellen müssen
1. im Rahmen ihrer Anerkennung und Kapazitäten von allen herstellenden Unternehmen der Bauprodukte in Anspruch genommen werden können,
2. die Vertraulichkeit auf allen ihren Organisationsebenen sicherstellen,
3. der Anerkennungsbehörde auf Verlangen Gelegenheit zur Überprüfung geben,
4. regelmäßig an einem von der Anerkennungsbehörde vorgeschriebenen Erfahrungsaustausch der für das Bauprodukt anerkannten Prüf, Überwachungs- oder Zertifizierungsstellen teilnehmen,
5. ihr technisches Personal hinsichtlich neuer Entwicklungen im Bereich der Anerkennung fortbilden und die technische Ausstattung warten, so erneuern und ergänzen, dass die Anerkennungsvoraussetzungen während des gesamten Anerkennungszeitraumes erfüllt sind,
6. Aufzeichnungen über die einschlägigen Qualifikationen, die Fortbildung und die berufliche Erfahrung ihrer Beschäftigten führen und fortschreiben,
7. Anweisungen erstellen, aus denen sich die Pflichten und Verantwortlichkeiten der Beschäftigten ergeben und diese fortschreiben,
8. die Erfüllung der Pflichten nach den Nummern 4 bis 7 sowie nach § 2 Abs. 3 Nr. 2 und 3 zusammenfassend dokumentieren und dem Personal zugänglich machen, und
9. einen Wechsel der Leitung der Stelle oder ihrer Stellvertretung, wesentliche Änderungen in der gerätetechnischen Ausrüstung sowie Änderungen, die dazu führen, dass die Anerkennungsvoraussetzungen nicht mehr erfüllt sind, der Anerkennungsbehörde unverzüglich anzeigen.

§ 4 Besondere Pflichten

(1) Prüfstellen und Überwachungsstellen dürfen nur Prüfgeräte verwenden, die nach allgemein anerkannten Regeln der Technik geprüft sind; sie müssen sich hierzu an von der Anerkennungsbehörde geforderten Vergleichsuntersuchungen beteiligen.

(2) Prüf, Überwachungs- und Zertifizierungsstellen haben Berichte über ihre Prüf, Überwachungs- und Zertifizierungstätigkeiten anzufertigen und zu dokumentieren. Die Berichte müssen mindestens Angaben zum Gegenstand, zum beteiligten Personal, zu den angewandten Verfahren entsprechend den technischen Anforderungen, zu den Ergebnissen und zum Herstellwerk enthalten. Die Berichte haben ferner Angaben zum Prüfdatum, Zertifizierungsdatum oder zum Überwachungszeitraum zu enthalten. Die Berichte sind von der Leitung der Prüf, Überwachungs- oder Zertifizierungsstelle zu unterzeichnen. Sie sind fünf Jahre aufzubewahren und der Anerkennungsbehörde oder der von ihr bestimmten Stelle auf Verlangen vorzulegen.

§ 5 Antrag und Unterlagen

(1) Die Anerkennung ist schriftlich bei der Anerkennungsbehörde zu beantragen. Anerkennungsbehörde ist das Deutsche Institut für Bautechnik.

(2) Mit der Antragstellung sind folgende Unterlagen einzureichen:
1. Angabe, auf welche Tätigkeit im Sinne des § 1 Abs. 1 sich die Anerkennung beziehen soll,
2. Angaben zum Bauprodukt, für das eine Anerkennung beantragt wird; dabei kann auf nach der Landesbauordnung bekannt gemachte technische Regeln Bezug genommen werden,
3. Angaben zur Person und Qualifikation der Leitung und ihrer Stellvertretung, zum leitenden und sachbearbeitenden Personal und deren Berufserfahrung,
4. Angaben über wirtschaftliche und rechtliche Verbindungen der natürlichen oder juristischen Person, der Leitung nach § 2 Abs. 2 und der Beschäftigten zu einzelnen Herstellern,
5. Angaben zu den Räumlichkeiten und zur technischen Ausstattung,
6. Angabe des Geburtsdatums der Leitung,
7. Angaben zu Unterauftragnehmern,
8. einschlägige Zulassungen und Akkreditierungen aus anderen Staaten.

(3) Die Anerkennungsbehörde kann Gutachten über die Erfüllung einzelner Anerkennungsvoraussetzungen einholen.

(4) Die Anerkennungsbehörde bestätigt dem Antragstellenden unverzüglich den Eingang des Antrags und der Antragsunterlagen. Die Eingangsbestätigung muss folgende Angaben enthalten:
1. die in Absatz 6 Satz 1 genannte Frist und die Mitteilung, dass diese Frist erst beginnt, wenn die Unterlagen vollständig sind, erforderliche Überprüfungen beim Antragstellenden vollständig erfolgt sind und erforderliche Vergleichsuntersuchungen vollständig durchgeführt sind,
2. die Mitteilung, ob die Unterlagen vollständig sind und gegebenenfalls, welche Unterlagen fehlen,
3. die Mitteilung, ob eine Überprüfung beim Antragstellenden und ob Vergleichsuntersuchungen erforderlich sind sowie den voraussichtlich erforderlichen Zeitrahmen,
4. die verfügbaren Rechtsbehelfe und einen Hinweis auf die Auswirkungen nach Absatz 5.
Die Anerkennungsbehörde stimmt die Modalitäten für die Überprüfung beim Antragstellenden und für die Vergleichsuntersuchungen unverzüglich mit dem Antragstellenden ab. Sie teilt ihm so schnell wie möglich mit, ob und gegebenenfalls welche Mängel die Unterlagen aufweisen.

(5) Sind der Antrag und die Antragsunterlagen unvollständig oder weisen sie sonst erhebliche Mängel auf, und werden die Mängel innerhalb einer von der Anerkennungsbehörde gesetzten Frist nicht behoben, gilt der Antrag als zurückgenommen. Satz 1 gilt sinngemäß für Überprüfungen beim Antragstellenden und die Durchführung von Vergleichsuntersuchungen.

(6) Über den Antrag auf Anerkennung ist innerhalb von drei Monaten nach Vorlage der vollständigen Antragsunterlagen, einschließlich, sofern erforderlich, der vollständigen Durchführung der Überprüfung beim Antragstellenden und der vollständigen Durchführung von Vergleichsuntersuchungen zu entscheiden; die Anerkennungsbehörde kann diese Frist gegenüber dem Antragstellenden um bis zu zwei Monate verlängern. Die Fristverlängerung und deren Ende sind ausreichend zu begründen und dem Antragstellenden vor Ablauf der ursprünglichen Frist mitzuteilen.

(7) Verfahren nach dieser Verordnung können über einen Einheitlichen Ansprechpartner im Sinne des Gesetzes über Einheitliche Ansprechpartner für das Land Baden-Württemberg abgewickelt werden; die §§ 71 a bis 71 e des Landesverwaltungsverfahrensgesetzes in der jeweils geltenden Fassung finden Anwendung.

§ 6 Erlöschen und Widerruf der Anerkennung

(1) Die Anerkennung erlischt
1. durch schriftlichen Verzicht gegenüber der Anerkennungsbehörde,
2. durch Fristablauf oder
3. wenn die Leiterin oder der Leiter das 68. Lebensjahr vollendet hat.

(2) Die Anerkennung ist zu widerrufen, wenn
1. nachträglich Gründe eintreten, die eine Versagung der Anerkennung gerechtfertigt hätten,
2. die Leiterin oder der Leiter infolge geistiger oder körperlicher Gebrechen nicht mehr in der Lage ist, seine Tätigkeit ordnungsgemäß auszuüben oder
3. die Prüf, Überwachungs- oder Zertifizierungsstelle gegen die ihr obliegenden Pflichten wiederholt oder grob verstoßen hat.

Liegen bei einer natürlichen oder juristischen Person die Widerrufsgründe nach Satz 1 hinsichtlich der Leitung vor, kann von einem Widerruf der Anerkennung abgesehen werden, wenn innerhalb von sechs Monaten nach Eintreten der Widerrufsgründe ein Wechsel der Leitung stattgefunden hat.

(3) Die Anerkennung kann widerrufen werden, wenn die Prüf, Überwachungs- oder Zertifizierungsstelle
1. ihre Tätigkeit zwei Jahre nicht ausgeübt hat oder
2. gegen die ihr in den §§ 3 und 4 auferlegten Pflichten erheblich verstößt.

§ 7 Übergangsvorschrift

Personen, die zum Zeitpunkt des Inkrafttretens dieser Verordnung Leiterin oder Leiter einer nach bisherigem Recht anerkannten Prüfstelle oder Überwachungsgemeinschaft sind, sind für die entsprechenden Bauprodukte von der Forderung des § 2 Abs. 1 Satz 2 befreit.

II 6 Verordnung des Ministeriums für Verkehr und Infrastruktur über Anforderungen an Feuerungsanlagen, Wärme- und Brennstoffversorgungsanlagen (Feuerungsverordnung – FeuVO)

vom 24. November 1995 (GBl. S. 806), zuletzt geändert durch Verordnung vom 25. Januar 2012 (GBl. S. 65, 90)[1]

Auf Grund von § 73 Abs. 1 Nr. 1 und 2 und Abs. 8 Nr. 2 der Landesbauordnung für Baden-Württemberg (LBO) vom 8. August 1995 (GBl. S. 617) wird verordnet:

§ 1 Einschränkung des Anwendungsbereichs

Für Feuerstätten, Wärmepumpen und Blockheizkraftwerke gilt die Verordnung nur, soweit diese Anlagen der Beheizung von Räumen oder der Warmwasserversorgung dienen oder Gas-Haushalts-Kochgeräte sind.

---

1 Hinweis: Eine Anpassung der Verordnung an geänderte Vorschriften, insbesondere der Landesbauordnung, ist angekündigt. Die geänderte Fassung der Verordnung wird nach Veröffentlichung im Gesetzblatt Baden-Württemberg auf der Internetseite des für den Bereich Infrastruktur-Planen und Bauen zuständigen Ministeriums einzusehen sein.

§ 2   Begriffe

(1) Als Nennwärmeleistung gilt
1. die auf dem Typenschild der Feuerstätte angegebene Leistung oder
2. die in den Grenzen des Wärmeleistungsbereichs fest eingestellte und auf einem Zusatzschild angegebene höchste Leistung der Feuerstätte (ohne Zusatzschild gilt als Nennwärmeleistung der höchste Wert des Nennwärmeleistungsbereichs) oder
3. bei Feuerstätten ohne Typenschild die nach der aus dem Brennstoffdurchsatz mit einem Wirkungsgrad von 80 vom Hundert ermittelte Leistung.

(2) Gesamtnennwärmeleistung ist die Summe der Nennwärmeleistungen der Feuerstätten, die gleichzeitig betrieben werden können.

(3) Schornsteine sind rußbrandbeständige Schächte, die Abgase aus Feuerstätten für feste Brennstoffe über Dach ins Freie leiten.

(4) Verbindungsstücke sind Kanäle oder Leitungen, die Abgase aus Feuerstätten für feste Brennstoffe in Schornsteine leiten.

(5) Abgasleitungen sind Leitungen, die Abgase aus Feuerstätten für flüssige oder gasförmige Brennstoffe ins Freie leiten. Um eine Abgasleitung handelt es sich auch dann, wenn sie in der Bauart eines Schornsteins oder Verbindungsstückes hergestellt wird.

§ 3   Verbrennungsluftversorgung von Feuerstätten

(1) Für raumluftabhängige Feuerstätten mit einer Gesamtnennwärmeleistung bis zu 35 kW gilt die Verbrennungsluftversorgung als nachgewiesen, wenn die Feuerstätten in einem Raum aufgestellt sind, der
1. mindestens eine Tür ins Freie oder ein Fenster, das geöffnet werden kann (Räume mit Verbindung zum Freien), und einen Rauminhalt von mindestens 4 m³ je 1 kW Gesamtnennwärmeleistung hat oder
2. mit anderen Räumen mit Verbindung zum Freien nach Maßgabe des Absatzes 2 verbunden ist (Verbrennungsluftverbund) oder
3. eine ins Freie führende Öffnung mit einem freien Querschnitt von mindestens 150 cm² oder zwei Öffnungen von je 75 cm² oder Leitungen ins Freie mit strömungstechnisch äquivalenten Querschnitten hat.

(2) Der Verbrennungsluftverbund im Sinne des Absatzes 1 Nr. 2 zwischen dem Aufstellraum und Räumen mit Verbindung zum Freien muss durch Verbrennungsluftöffnungen von mindestens 150 cm² zwischen den Räumen hergestellt sein. Bei der Aufstellung von Feuerstätten in Nutzungseinheiten, wie Wohnungen, dürfen zum Verbrennungsluftverbund nur Räume derselben Wohnung oder Nutzungseinheit gehören. Der Gesamtrauminhalt der Räume, die zum Verbrennungsluftverbund gehören, muss mindestens 4 m³ je 1 kW Gesamtnennwärmeleistung der Feuerstätten betragen. Räume ohne Verbindung zum Freien sind auf den Gesamtrauminhalt nicht anzurechnen.

(3) Für raumluftabhängige Feuerstätten mit einer Gesamtnennwärmeleistung von mehr als 35 kW gilt die Verbrennungsluftversorgung als nachgewiesen, wenn die Feuerstätten in Räumen aufgestellt sind, die eine ins Freie führende Öffnung oder Leitung haben. Der Querschnitt der Öffnung muss mindestens 150 cm² und für jedes über 35 kW Nennwärmeleistung hinausgehende kW Nennwärmeleistung 2 cm² mehr betragen. Leitungen müssen strömungstechnisch äquivalent bemessen sein.

Der erforderliche Querschnitt darf auf höchstens zwei Öffnungen oder Leitungen aufgeteilt sein.

(4) Verbrennungsluftöffnungen und leitungen dürfen nicht verschlossen oder zugestellt werden, sofern nicht durch besondere Sicherheitseinrichtungen gewährleistet ist, dass die Feuerstätten nur bei geöffnetem Verschluss betrieben werden können. Der erforderliche Querschnitt darf durch den Verschluss oder durch Gitter nicht verengt werden. Gitter oder ähnliche Einrichtungen müssen Durchtrittsöffnungen von mindestens 10 x 10 mm haben.

(5) Abweichend von den Absätzen 1 bis 3 kann für raumluftabhängige Feuerstätten eine ausreichende Verbrennungsluftversorgung auf andere Weise nachgewiesen werden.

(6) Die Absätze 1 und 2 gelten nicht für Gas-Haushalts-Kochgeräte. Die Absätze 1 bis 3 gelten nicht für offene Kamine.

§ 4   Aufstellung von Feuerstätten

(1) Feuerstätten dürfen nicht aufgestellt werden
1. in notwendigen Treppenräumen, außer in Wohngebäuden mit nicht mehr als zwei Wohnungen,
2. in notwendigen Fluren,
3. in Garagen, ausgenommen raumluftunabhängige Gasfeuerstätten, die innerhalb der Garagen nicht wärmer als 300 °C werden können.

(2) Raumluftabhängige Feuerstätten dürfen in Räumen, Wohnungen oder Nutzungseinheiten vergleichbarer Größe, aus denen Luft mit Hilfe von Ventilatoren, wie Lüftungs- oder Warmluftheizungsanlagen, Dunstabzugshauben, Abluft-Wäschetrockner, abgesaugt wird, nur aufgestellt werden, wenn
1. ein gleichzeitiger Betrieb der Feuerstätten und der luftabsaugenden Anlagen durch Sicherheitseinrichtungen verhindert wird, oder
2. die Abgasführung durch besondere Sicherheitseinrichtungen überwacht wird, oder
3. die Abgase der Feuerstätten über die luftabsaugenden Anlagen abgeführt werden oder
4. durch die Bauart oder die Bemessung der luftabsaugenden Anlagen sichergestellt ist, dass kein gefährlicher Unterdruck entstehen kann.

(3) Raumluftabhängige Gasfeuerstätten mit Strömungssicherung mit einer Nennwärmeleistung von mehr als 7 kW dürfen in Wohnungen und Nutzungseinheiten vergleichbarer Größe nur aufgestellt werden, wenn durch besondere Einrichtungen an den Feuerstätten sichergestellt ist, dass Abgase in gefahrdrohender Menge nicht in den Aufstellraum eintreten können. Das gilt nicht für Feuerstätten, deren Aufstellräume ausreichend belüftet sind und gegenüber anderen Räumen keine Öffnungen, ausgenommen Öffnungen für Türen, haben; die Türen müssen dicht- und selbstschließend sein.

(4) Gasfeuerstätten ohne Flammenüberwachung dürfen nur in Räumen aufgestellt werden, bei denen durch mechanische Lüftungsanlagen sichergestellt ist, dass während des Betriebes der Feuerstätten stündlich mindestens ein fünffacher Luftwechsel sichergestellt ist; für Gas-Haushalts-Kochgeräte genügt ein Außenluftvolumenstrom von 100 m³/h.

(5) Gasfeuerstätten in Räumen oder die Brennstoffleitungen unmittelbar vor diesen Gasfeuerstätten müssen mit einer Vorrichtung ausgerüstet sein, die

1. bei einer äußeren thermischen Beanspruchung von mehr als 100 °C die weitere Brennstoffzufuhr selbsttätig absperrt und
2. so beschaffen ist, dass bis zu einer Temperatur von 650 °C über einen Zeitraum von mindestens 30 Minuten nicht mehr als 30 l/h, gemessen als Luftvolumenstrom, durch- oder ausströmen können.

(6) Feuerstätten für Flüssiggas (Propan, Butan und deren Gemische) dürfen in Räumen, deren Fußboden an jeder Stelle mehr als 1 m unter der Geländeoberfläche liegt, nur aufgestellt werden, wenn
1. die Feuerstätten eine Flammenüberwachung haben und
2. sichergestellt ist, dass auch bei abgeschalteter Feuerungseinrichtung Flüssiggas aus den im Aufstellraum befindlichen Brennstoffleitungen in gefahrdrohender Menge nicht austreten kann oder über eine mechanische Lüftungsanlage sicher abgeführt wird.

(7) Feuerstätten müssen von Bauteilen aus brennbaren Baustoffen und von Einbaumöbeln so weit entfernt oder so abgeschirmt sein, dass an diesen bei Nennwärmeleistung der Feuerstätten keine höheren Temperaturen als 85 °C auftreten können. Andernfalls muss ein Abstand von mindestens 40 cm eingehalten werden.

(8) Vor den Feuerungsöffnungen von Feuerstätten für feste Brennstoffe sind Fußböden aus brennbaren Baustoffen durch einen Belag aus nichtbrennbaren Baustoffen zu schützen. Der Belag muss sich nach vorn auf mindestens 50 cm und seitlich auf mindestens 30 cm über die Feuerungsöffnung hinaus erstrecken.

(9) Bauteile aus brennbaren Baustoffen müssen von den Feuerraumöffnungen offener Kamine nach oben und nach den Seiten einen Abstand von mindestens 80 cm haben. Bei Anordnung eines beiderseits belüfteten Strahlungsschutzes genügt ein Abstand von 40 cm.

§ 5 Aufstellräume für Feuerstätten

(1) Feuerstätten für flüssige und gasförmige Brennstoffe mit einer Gesamtnennwärmeleistung von mehr als 50 kW dürfen nur in Räumen aufgestellt werden,
1. die nicht anderweitig genutzt werden, ausgenommen zur Aufstellung von Wärmepumpen, Blockheizkraftwerken und ortsfesten Verbrennungsmotoren sowie zur Lagerung von Brennstoffen,
2. die gegenüber anderen Räumen keine Öffnungen, ausgenommen Öffnungen für Türen, haben,
3. deren Türen dicht- und selbstschließend sind und
4. die gelüftet werden können.

(2) Brenner und Brennstofffördereinrichtungen der Feuerstätten nach Absatz 1 müssen durch einen außerhalb des Aufstellraumes angeordneten Schalter (Notschalter) jederzeit abgeschaltet werden können. Bei dem Notschalter muss ein Schild mit der Aufschrift „NOTSCHALTER – FEUERUNG" vorhanden sein.

(3) Wird in dem Aufstellraum Heizöl gelagert oder ist der Raum für die Heizöllagerung nur vom Aufstellraum zugänglich, muss die Heizölzufuhr mit dem Notschalter oder von der Stelle des Notschalters aus durch eine entsprechend gekennzeichnete Absperreinrichtung unterbrochen werden können.

(4) Abweichend von Absatz 1 dürfen die Feuerstätten auch in anderen Räumen aufgestellt werden, wenn
1. sie nur der Beheizung des Aufstellraumes dienen und sicher betrieben werden können, oder

2. diese Räume in freistehenden Gebäuden liegen, die allein dem Betrieb der Feuerstätten sowie der Brennstofflagerung dienen.

§ 6 Heizräume

(1) Feuerstätten für feste Brennstoffe mit einer Gesamtnennwärmeleistung von mehr als 50 kW dürfen nur in besonderen Räumen (Heizräumen) aufgestellt werden; § 5 Abs. 4 Nr. 2 gilt entsprechend. Die Heizräume dürfen
1. nicht anderweitig genutzt werden, ausgenommen zur Aufstellung von Wärmepumpen, Blockheizkraftwerken und ortsfesten Verbrennungsmotoren sowie zur Lagerung von Brennstoffen, und
2. mit Aufenthaltsräumen, ausgenommen solche für das Betriebspersonal, sowie mit Treppenräumen notwendiger Treppen nicht in unmittelbarer Verbindung stehen.

(2) Heizräume müssen
1. mindestens einen Rauminhalt von 8 m³ und eine lichte Höhe von 2 m,
2. einen Ausgang, der ins Freie oder in einen Flur führt, der die Anforderungen an notwendige Flure erfüllt, und
3. Türen, die in Fluchtrichtung aufschlagen,
haben.

(3) Wände, ausgenommen nichttragende Außenwände, und Stützen von Heizräumen sowie Decken über und unter ihnen müssen feuerbeständig sein. Deren Öffnungen müssen, soweit sie nicht unmittelbar ins Freie führen, feuerhemmende und selbstschließende Abschlüsse haben. Die Sätze 1 und 2 gelten nicht für Trennwände zwischen Heizräumen und den zum Betrieb der Feuerstätten gehörenden Räumen, wenn diese Räume die Anforderungen der Sätze 1 und 2 erfüllen.

(4) Heizräume müssen zur Raumlüftung jeweils eine obere und eine untere Öffnung ins Freie mit einem Querschnitt von mindestens je 150 cm² oder Leitungen ins Freie mit strömungstechnisch äquivalenten Querschnitten haben. Der Querschnitt einer Öffnung oder Leitung darf auf die Verbrennungsluftversorgung nach § 3 Abs. 3 angerechnet werden.

(5) Lüftungsleitungen für Heizräume müssen eine Feuerwiderstandsdauer von mindestens 90 Minuten haben, soweit sie durch andere Räume führen, ausgenommen angrenzende, zum Betrieb der Feuerstätten gehörende Räume, die die Anforderungen nach Absatz 3 Sätze 1 und 2 erfüllen. Die Lüftungsleitungen dürfen mit anderen Lüftungsanlagen nicht verbunden sein und nicht der Lüftung anderer Räume dienen.

(6) Lüftungsleitungen, die der Lüftung anderer Räume dienen, müssen, soweit sie durch Heizräume führen,
1. eine Feuerwiderstandsdauer von mindestens 90 Minuten oder selbsttätige Absperrvorrichtungen für eine Feuerwiderstandsdauer von mindestens 90 Minuten haben und
2. ohne Öffnungen sein.

§ 7 Abgasanlagen

(1) Ohne Abgasanlage sind zulässig:
1. Gasfeuerstätten, wenn durch einen sicheren Luftwechsel im Aufstellraum gewährleistet ist, dass Gefahren oder unzumutbare Belästigungen nicht entstehen,
2. Gas-Haushalts-Kochgeräte mit einer Nennwärmeleistung von nicht mehr als 11 kW, wenn der Aufstellraum einen Rauminhalt von mehr als 15 m³ aufweist

und mindestens eine Tür ins Freie oder ein Fenster, das geöffnet werden kann, hat,

3. nicht leitungsgebundene Gasfeuerstätten zur Beheizung von Räumen, die nicht gewerblichen Zwecken dienen, sowie Gas-Durchlauferhitzer, wenn diese Gasfeuerstätten besondere Sicherheitseinrichtungen haben, die in den Aufstellräumen die Kohlenmonoxydkonzentration auf einen Wert von höchstens 30 ppm begrenzen.

(2) Die Abgase von Gasfeuerstätten mit abgeschlossenem Verbrennungsraum, denen die Verbrennungsluft durch dichte Leitungen vom Freien zuströmt (raumluftunabhängige Gasfeuerstätten), dürfen durch die Außenwand ins Freie geleitet werden, wenn

1. eine Ableitung des Abgases über Dach nicht oder nur mit unverhältnismäßig hohem Aufwand möglich ist und
2. die Nennwärmeleistung der Feuerstätte 11 kW zur Beheizung und 28 kW zur Warmwasserbereitung nicht überschreitet

und Gefahren oder unzumutbare Belästigungen nicht entstehen.

(3) Die Abgase von Feuerstätten für feste Brennstoffe müssen in Schornsteine eingeleitet werden.

(4) Luft-Abgas-Systeme sind zur Abgasabführung nur zulässig, wenn sie getrennte Luft- und Abgasschächte haben. An diese Systeme dürfen nur raumluftunabhängige Feuerstätten angeschlossen werden, deren Bauart sicherstellt, dass sie für diese Betriebsweise geeignet sind.

(5) Die Abgasanlagen müssen nach lichtem Querschnitt und Höhe, soweit erforderlich auch nach Wärmedurchlasswiderstand und innerer Oberfläche, so bemessen sein, dass die Abgase bei allen bestimmungsgemäßen Betriebszuständen ins Freie abgeführt werden und gegenüber Räumen kein gefährlicher Überdruck auftreten kann.

(6) Mehrere Feuerstätten dürfen an einen gemeinsamen Schornstein, an eine gemeinsame Abgasleitung oder an ein gemeinsames Verbindungsstück nur angeschlossen werden, wenn

1. durch die Bemessung nach Absatz 5 die Ableitung der Abgase für jeden Betriebszustand sichergestellt ist,
2. bei Ableitung der Abgase mit Überdruck die Übertragung von Abgasen zwischen den Aufstellräumen oder ein Austritt von Abgasen über nicht in Betrieb befindliche Feuerstätten ausgeschlossen ist und
3. bei gemeinsamer Abgasleitung die Abgasleitung aus nichtbrennbaren Baustoffen besteht oder eine Brandübertragung zwischen den Geschossen durch selbsttätige Absperrvorrichtungen verhindert wird.

(7) In Gebäuden muss jede Abgasleitung in einem eigenen Schacht angeordnet sein. Dies gilt nicht für Abgasleitungen in Aufstellräumen für Feuerstätten sowie für Abgasleitungen, die mit Unterdruck betrieben werden und eine Feuerwiderstandsdauer von mindestens 90 Minuten haben. Die Anordnung mehrerer Abgasleitungen in einem gemeinsamen Schacht ist zulässig, wenn

1. die Abgasleitungen aus nichtbrennbaren Baustoffen bestehen, oder
2. die zugehörigen Feuerstätten in demselben Geschoss aufgestellt sind, oder
3. eine Brandübertragung zwischen den Geschossen durch selbsttätige Absperrvorrichtungen verhindert wird.

Die Schächte müssen eine Feuerwiderstandsdauer von mindestens 90 Minuten, in Wohngebäuden geringer Höhe von mindestens 30 Minuten haben.

(8) Schornsteine müssen
1. gegen Rußbrände beständig sein,
2. in Gebäuden eine Feuerwiderstandsdauer von mindestens 90 Minuten haben,
3. unmittelbar auf dem Baugrund gegründet oder auf einem feuerbeständigen Unterbau errichtet sein; es genügt ein Unterbau aus nichtbrennbaren Baustoffen für Schornsteine in Gebäuden geringer Höhe, für Schornsteine, die oberhalb der obersten Geschossdecke beginnen, sowie für Schornsteine an Gebäuden,
4. durchgehend sein; sie dürfen insbesondere nicht durch Decken unterbrochen sein, und
5. für die Reinigung Öffnungen mit Schornsteinreinigungsverschlüssen haben. Fußböden aus brennbaren Baustoffen unter Reinigungsöffnungen sind durch nichtbrennbare Baustoffe zu schützen, die nach vorn mindestens 50 cm und seitlich mindestens 20 cm über die Öffnungen vorspringen.

(9) Schornsteine, Abgasleitungen und Verbindungsstücke, die mit Überdruck betrieben werden, müssen innerhalb von Gebäuden
1. vollständig in vom Freien dauernd gelüfteten Räumen liegen oder
2. in Räumen liegen, die § 3 Abs. 1 Nr. 3 entsprechen, oder
3. der Bauart nach so beschaffen sein, dass Abgase in gefahrdrohender Menge nicht austreten können.
Für Abgasleitungen genügt, wenn sie innerhalb von Gebäuden über die gesamte Länge hinterlüftet sind.

(10) Verbindungsstücke und Abgasleitungen dürfen nicht in Decken, Wänden oder unzugänglichen Hohlräumen angeordnet, Verbindungsstücke außerdem nicht in andere Geschosse geführt werden.

§ 8   Abstände von Abgasanlagen zu brennbaren Bauteilen sowie zu Fenstern

(1) Schornsteine müssen
1. von Holzbalken und von Bauteilen entsprechender Abmessungen aus brennbaren Baustoffen einen Abstand von mindestens 2 cm,
2. von sonstigen Bauteilen aus brennbaren Baustoffen einen Abstand von mindestens 5 cm einhalten. Dies gilt nicht für Schornsteine, die nur mit geringer Fläche an Bauteile, wie Fußleisten und Dachlatten, angrenzen.
Zwischenräume zwischen der Außenfläche von Schornsteinen und angrenzenden Bauteilen müssen mit nichtbrennbaren, formbeständigen Baustoffen geringer Wärmeleitfähigkeit ausgefüllt sein.

(2) Abgasleitungen, die nicht in Schächte eingebaut sind, müssen von Bauteilen aus brennbaren Baustoffen einen Abstand von mindestens 20 cm haben. Es genügt ein Abstand von mindestens 5 cm, wenn die Abgasleitungen mindestens 2 cm dick mit nichtbrennbaren Dämmstoffen ummantelt sind oder wenn die Abgastemperatur der Feuerstätten bei Nennwärmeleistung nicht mehr als 160 °C betragen kann.

(3) Verbindungsstücke zu Schornsteinen müssen von Bauteilen aus brennbaren Baustoffen einen Abstand von mindestens 25 cm einhalten. Es genügt ein Abstand von mindestens 10 cm zu fest aufgeklebten Tapeten, oder wenn die Verbindungsstücke mindestens 2 cm dick mit nichtbrennbaren Dämmstoffen ummantelt sind.

(4) Abgasleitungen sowie Verbindungsstücke zu Schornsteinen müssen, soweit sie durch Bauteile aus brennbaren Baustoffen führen,
1. in einem Abstand von mindestens 20 cm mit einem Schutzrohr aus nichtbrennbaren Baustoffen versehen oder

2. in einem Umkreis von mindestens 20 cm mit nichtbrennbaren Baustoffen mit geringer Wärmeleitfähigkeit ummantelt sein.
Abweichend von Satz 1 genügt ein Abstand von 5 cm, wenn die Abgastemperatur der Feuerstätten bei Nennwärmeleistung nicht mehr als 160 °C betragen kann oder Gasfeuerstätten eine Strömungssicherung haben.

(5) Abgasleitungen an Gebäuden müssen von Fenstern einen Abstand von mindestens 20 cm haben.

(6) Geringere Abstände als nach den Absätzen 1 bis 4 sind zulässig, wenn sichergestellt ist, dass an den Bauteilen aus brennbaren Baustoffen bei Nennwärmeleistung der Feuerstätten keine höheren Temperaturen als 85 °C auftreten können.

§ 9   Höhe der Mündungen von Schornsteinen und Abgasleitungen über Dach

(1) Die Mündungen von Schornsteinen und Abgasleitungen müssen
1. den First um mindestens 40 cm überragen oder von der Dachfläche mindestens 1 m entfernt sein; bei raumluftunabhängigen Gasfeuerstätten genügt ein Abstand von der Dachfläche von 40 cm, wenn die Gesamtnennwärmeleistung der Feuerstätten nicht mehr als 50 kW beträgt und das Abgas durch Ventilatoren abgeführt wird,
2. Dachaufbauten und Öffnungen zu Räumen um mindestens 1 m überragen, soweit deren Abstand zu den Schornsteinen und Abgasleitungen weniger als 1,5 m beträgt,
3. ungeschützte Bauteile aus brennbaren Baustoffen, ausgenommen Bedachungen, um mindestens 1 m überragen oder von ihnen mindestens 1,5 m entfernt sein,
4. bei Feuerstätten für feste Brennstoffe in Gebäuden, deren Bedachung nicht widerstandsfähig gegen Feuer ist, im Bereich des Firstes angeordnet sein und diesen um mindestens 80 cm überragen.

(2) Abweichend von Absatz 1 Nr. 1 und 2 können weitergehende Anforderungen gestellt werden, wenn Gefahren oder unzumutbare Belästigungen zu befürchten sind.

§ 10   Aufstellung von Wärmepumpen, Blockheizkraftwerken und ortsfesten Verbrennungsmotoren

(1) Für die Aufstellung von
1. Sorptionswärmepumpen mit feuerbeheizten Austreibern,
2. Blockheizkraftwerken in Gebäuden und
3. ortsfesten Verbrennungsmotoren
gelten § 3 Abs. 1 bis 5 sowie § 4 Abs. 1 bis 7 entsprechend.

(2) Es dürfen
1. Sorptionswärmepumpen mit einer Nennwärmeleistung der Feuerung von mehr als 50 kW,
2. Wärmepumpen, die die Abgaswärme von Feuerstätten mit einer Gesamtnennwärmeleistung von mehr als 50 kW nutzen,
3. Kompressionswärmepumpen mit elektrisch angetriebenen Verdichtern mit Antriebsleistungen von mehr als 50 kW,
4. Kompressionswärmepumpen mit Verbrennungsmotoren,
5. Blockheizkraftwerke in Gebäuden und
6. ortsfeste Verbrennungsmotoren
nur in Räumen aufgestellt werden, die die Anforderungen nach § 5 erfüllen.

Die Anforderungen der Verordnung des Ministeriums für Verkehr und Infrastruktur über elektrische Betriebsräume (EltVO) vom 28. Oktober 1975 (GBl. S. 788) bleiben unberührt.

§ 11 Abführung der Ab- oder Verbrennungsgase von Wärmepumpen, Blockheizkraftwerken und ortsfesten Verbrennungsmotoren

(1) Die Verbrennungsgase von Blockheizkraftwerken und ortsfesten Verbrennungsmotoren in Gebäuden sind durch eigene, dichte Leitungen über Dach abzuleiten. Mehrere Verbrennungsmotoren dürfen an eine gemeinsame Leitung angeschlossen werden, wenn die einwandfreie Abführung der Verbrennungsgase nachgewiesen ist. Die Leitungen dürfen außerhalb der Aufstellräume der Verbrennungsmotoren nur nach Maßgabe von § 7 Abs. 7 und 9 sowie § 8 angeordnet sein.

(2) Die Einleitung der Verbrennungsgase in Schornsteine oder Abgasleitungen für Feuerstätten ist nur zulässig, wenn die einwandfreie Abführung der Verbrennungsgase und, soweit Feuerstätten angeschlossen sind, auch die einwandfreie Abführung der Abgase nachgewiesen ist.

(3) Für die Abführung der Abgase von Sorptionswärmepumpen mit feuerbeheizten Austreibern und Abgaswärmepumpen gelten die §§ 7 bis 9 entsprechend.

§ 12 Brennstofflagerung in Brennstofflagerräumen

(1) Je Gebäude oder Brandabschnitt dürfen
1. feste Brennstoffe in einer Menge von mehr als 15 000 kg,
2. Heizöl und Dieselkraftstoff in Behältern mit mehr als insgesamt 5000 l oder
3. Flüssiggas in Behältern mit einem Füllgewicht von mehr als insgesamt 14 kg
nur in besonderen Räumen (Brennstofflagerräumen) gelagert werden, die nicht zu anderen Zwecken genutzt werden dürfen. Das Fassungsvermögen der Behälter darf insgesamt 100 000 l Heizöl oder Dieselkraftstoff oder 6 500 l Flüssiggas je Brennstofflagerraum und 30 000 l Flüssiggas je Gebäude oder Brandabschnitt nicht überschreiten.

(2) Wände und Stützen von Brennstofflagerräumen sowie Decken über oder unter ihnen müssen feuerbeständig sein. Durch Decken und Wände von Brennstofflagerräumen dürfen keine Leitungen geführt werden, ausgenommen Leitungen, die zum Betrieb dieser Räume erforderlich sind, sowie Heizrohrleitungen, Wasserleitungen und Abwasserleitungen. Türen von Brennstofflagerräumen müssen mindestens feuerhemmend und selbstschließend sein. Die Sätze 1 und 3 gelten nicht für Trennwände zwischen Brennstofflagerräumen und Heizräumen.

(3) Brennstofflagerräume für flüssige Brennstoffe
1. müssen gelüftet werden können,
2. dürfen nur Bodenabläufe mit Heizölsperren oder Leichtflüssigkeitsabscheidern haben und
3. müssen an den Zugängen mit der Aufschrift „HEIZÖLLAGERUNG" oder „DIESELKRAFTSTOFFLAGERUNG" gekennzeichnet sein.
Bei Lagerung von mehr als 20 000 l Heizöl kann verlangt werden, dass der Brennstofflagerraum von der Feuerwehr vom Freien aus beschäumt werden kann.

(4) Brennstofflagerräume für Flüssiggas
1. müssen über eine ständig wirksame Lüftung verfügen,
2. dürfen keine Öffnungen zu anderen Räumen, ausgenommen Öffnungen für Türen, und keine offenen Schächte und Kanäle haben,

3. dürfen mit ihren Fußböden nicht allseitig unterhalb der Geländeoberfläche liegen,
4. dürfen in ihren Fußböden außer Abläufen mit Flüssigkeitsverschluss keine Öffnungen haben und
5. müssen an ihren Zugängen mit der Aufschrift „FLÜSSIGGASLAGERUNG" gekennzeichnet sein.

§ 13 Brennstofflagerung außerhalb von Brennstofflagerräumen

(1) In Wohnungen dürfen gelagert werden
1. Heizöl oder Dieselkraftstoff in einem Behälter bis zu 100 l oder in Kanistern bis zu insgesamt 40 l,
2. Flüssiggas in einem Behälter mit einem Füllgewicht von nicht mehr als 14 kg, wenn die Fußböden allseitig oberhalb der Geländeoberfläche liegen und außer Abläufen mit Flüssigkeitsverschluss keine Öffnungen haben.

(2) In sonstigen Räumen dürfen Heizöl oder Dieselkraftstoff von mehr als 1 000 l und nicht mehr als 5 000 l je Gebäude oder Brandabschnitt gelagert werden, wenn sie
1. die Anforderungen des § 5 Abs. 1 erfüllen und
2. nur Bodenabläufe mit Heizölsperren oder Leichtflüssigkeitsabscheidern haben.

(3) Sind in den Räumen nach Absatz 2 Feuerstätten aufgestellt, müssen diese
1. außerhalb des Auffangraumes für auslaufenden Brennstoff stehen und
2. einen Abstand von mindestens 1 m zu Lagerbehältern für Heizöl oder Dieselkraftstoff haben, soweit nicht ein Strahlungsschutz vorhanden ist.

§ 14 Druckbehälter für Flüssiggas

(1) Für Druckbehälter für Flüssiggas im Sinne des § 1 Abs. 2 Satz 1 Nr. 1 Buchst. b der Betriebssicherheitsverordnung (BetrSichV) vom 27. September 2002 (BGBl. I S. 3777), zuletzt geändert durch Artikel 9 der Verordnung vom 23. Dezember 2004 (BGBl. I S. 3758), einschließlich der für ihren sicheren Betrieb erforderlichen Einrichtungen, die weder gewerblichen noch wirtschaftlichen Zwecken dienen und in deren Gefahrenbereich auch keine Arbeitnehmer beschäftigt werden, gelten §§ 2, 12, 14 bis 21 und 25 bis 27 BetrSichV entsprechend mit folgenden Maßgaben:
1. Fristen für die wiederkehrenden Prüfungen gelten als eingehalten, wenn diese innerhalb des Kalenderjahres vorgenommen werden, in dem die Fristen ablaufen.
2. Eine sicherheitstechnische Bewertung der Anlagen zur Ermittlung der Prüffristen ist nicht erforderlich; es gelten die Höchstfristen.

(2) Um die Anlagen nach Absatz 1 zur Lagerung von Flüssiggas im Freien sind Schutzzonen entsprechend dem Anhang zu dieser Verordnung einzurichten.

(3) Soweit durch die in Absatz 1 genannten gewerberechtlichen Vorschriften Zuständigkeitsregelungen berührt sind, entscheiden bei Anlagen im Anwendungsbereich der Landesbauordnung die Baurechtsbehörden im Benehmen mit den Gewerbeaufsichtsbehörden.

§ 15 *(aufgehoben)*

§ 16 Inkrafttreten

Diese Verordnung tritt am 1. Januar 1996 in Kraft.

Schutzzonen um Flüssiggas-Behälter im Freien gemäß TRB[2] 610 „Druckbehälter, Aufstellung von Druckbehältern zum Lagern von Gasen"

1   Um die Armaturen (Peilventil) im Freien aufgestellter Flüssiggas-Behälter ist ein explosionsgefährdeter Bereich sowie ein Abstand zu Kanälen, Schächten und Öffnungen einzuhalten. Blindgeschlossene Anschlüsse sind wie öffnungslose Behälterwände zu betrachten. Oberirdisch im Freien aufgestellte Flüssiggas-Behälter müssen zudem, falls in der Umgebung eine Brandlast besteht, vor dieser geschützt sein.

2   Der explosionsgefährdete Bereich unterteilt sich in einen ständig einzuhaltenden Bereich A (Zone 1) und einen temporären Bereich B (Zone 2), der nur während der Befüllung einzuhalten ist. Die Bemessung dieser explosionsgefährdeten Bereiche sowie Beispiele für deren geometrische Gestaltung, sind den Bildern 1 und 2 zu entnehmen. In den explosionsgefährdeten Bereichen sind Zündquellen zu vermeiden. Der Bereich A darf sich nicht auf Nachbargrundstücke oder öffentliche Verkehrsflächen erstrecken. Der Bereich B darf während der Befüllung von Dritten nicht betreten und durchfahren werden.

3   Eine Einschränkung des explosionsgefährdeten Bereiches ist durch bauliche Maßnahmen, wie z. B. öffnungslose Wände aus nichtbrennbaren Baustoffen, an bis zu zwei Seiten zulässig. Bei einer Einschränkung an mehr als zwei Seiten sind ergänzende Lüftungsmaßnahmen vorzunehmen. Die Abtrennungen müssen mindestens so hoch sein, wie die Ausdehnung der Explosionsbereiche am Ort der Abtrennungen.

4   Innerhalb eines Abstandes von 3 m um den Projektionspunkt der Anschlüsse auf die Erdoberfläche dürfen keine offenen Kanäle, gegen Gaseintritt ungeschützte Kanaleinläufe, offene Schächte, Öffnungen zu tiefer liegenden Räumen (Kellerschächte) oder Luftansaugöffnungen angeordnet sein. Während des Befüllvorganges erweitert sich dieser Abstand temporär von 3 m auf 5 m.

5   Eine Einschränkung des Abstandes nach Nr. 4 ist durch bauliche Maßnahmen, wie z. B. öffnungslose Wände aus nichtbrennbaren Baustoffen, an bis zu zwei Seiten zulässig. Bei einer Einschränkung an mehr als zwei Seiten sind ergänzende Lüftungsmaßnahmen vorzunehmen. Die Höhe und die Länge der Abtrennungen sind gemäß Bild 3 zu bestimmen.

---

2   Technische Regeln zur Druckbehälterverordnung

Schutzzone um Flüssiggasbehälter im Freien

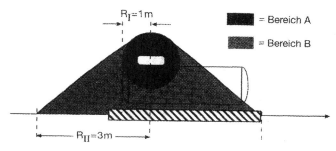

Bild 1: Explosionsgefährdeter Bereich bei oberirdischer Aufstellung

Bereich A: Ständig, 1 m kugelförmig
Bereich B: Nur während des Befüllvorganges, tangential an Bereich A anschließender Kegel von 3 m

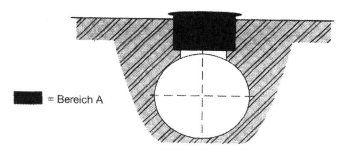

Bild 2a: Explosionsgefährdeter Bereich bei erdgedeckter Einlagerung während des Betriebs

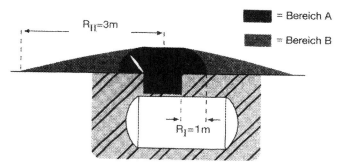

Bild 2b: Explosionsgefährdeter Bereich bei erdgedeckter Einlagerung während der Befüllung

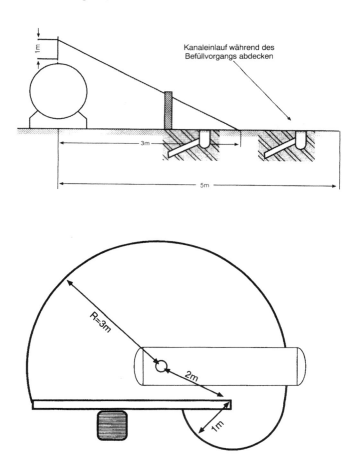

Bild 3: Bauliche Maßnahmen zur Reduzierung des Abstandes zu -Kanälen, Schächte und Öffnungen

II 7 Verordnung des Ministeriums für Verkehr und Infrastruktur über Garagen und Stellplätze (Garagenverordnung – GaVO)[1]

vom 7. Juli 1997 (GBl. S. 332), zuletzt geändert durch Verordnung vom 25. Januar 2012 (GBl. S. 65, 90)

Auf Grund von § 73 Abs. 1 Nr. 1 und 3 und Abs. 2 Satz 1 Nr. 1 der Landesbauordnung für Baden-Württemberg (LBO) vom 8. August 1995 (GBl. S. 617) wird verordnet:

§ 1   Begriffe

(1) Offene Garagen sind Garagen, die
1. unmittelbar ins Freie führende unverschließbare Öffnungen in einer Größe von insgesamt mindestens einem Drittel der Gesamtfläche der Umfassungswände haben,

---

[1] Die Verpflichtungen aus der Richtlinie 83/189/EWG des Rates vom 28. März 1983 über ein Informationsverfahren auf dem Gebiet der Normen und technischen Vorschriften (ABl. EG Nr. L 109 S. 8), zuletzt geändert durch die Richtlinie 94/10/EG des Europäischen Parlaments und des Rates vom 23. März 1994 (ABl. EG Nr. L 100 S. 30), sind beachtet worden.

2. diese Öffnungen in mindestens zwei sich gegenüberliegenden und nicht mehr als 70 m voneinander entfernten Umfassungswänden haben und
3. eine ständige Querlüftung haben.

(2) Geschlossene Garagen sind Garagen, die die Voraussetzungen des Absatzes 1 nicht erfüllen.

(3) Oberirdische Garagen sind Garagen, deren Fußboden im Mittel nicht mehr als 1,5 m unter der Geländeoberfläche liegt.

(4) Automatische Garagen sind Garagen ohne Personen- und Fahrverkehr, in denen die Kraftfahrzeuge mit mechanischen Förderanlagen von der Garagenzufahrt zu den Garagenstellplätzen befördert und ebenso zum Abholen an die Garagenausfahrt zurückbefördert werden.

(5) Garagenstellplätze sind Flächen zum Abstellen von Kraftfahrzeugen in Garagen.

(6) Verkehrsflächen einer Garage sind alle ihre allgemein befahr- und begehbaren Flächen, ausgenommen Garagenstellplätze.

(7) Die Nutzfläche einer Garage ist die Summe aller miteinander verbundenen Flächen der Garagenstellplätze und der Verkehrsflächen. Die Nutzfläche einer automatischen Garage ist die Summe der Flächen aller Garagenstellplätze. Stellplätze auf Dächern (Dachstellplätze) und die dazugehörigen Verkehrsflächen werden der Nutzfläche nicht zugerechnet, soweit in § 2 Abs. 5 nichts anderes bestimmt ist.

(8) Es sind Garagen mit einer Nutzfläche
1. bis 100 m² Kleingaragen,
2. über 100 m² bis 1 000 m² Mittelgaragen,
3. über 1 000 m² Großgaragen.

§ 2   Zu- und Abfahrten

(1) Zwischen Garagen und öffentlichen Verkehrsflächen können Zu- und Abfahrten als Stauraum für wartende Kraftfahrzeuge verlangt werden, wenn dies wegen der Sicherheit oder Ordnung des Verkehrs erforderlich ist.

(2) Die Fahrbahnen von Zu- und Abfahrten vor Mittel- und Großgaragen müssen mindestens 2,75 m breit sein; bei Kurven muss der Radius des inneren Fahrbahnrandes mindestens 5 m betragen. Breitere Fahrbahnen können in Kurven mit Innenradien von weniger als 10 m verlangt werden, wenn dies wegen der Sicherheit oder Ordnung des Verkehrs erforderlich ist. Für Fahrbahnen im Bereich von Zu- und Abfahrtssperren genügt eine Breite von 2,3 m.

(3) Großgaragen müssen getrennte Fahrbahnen für Zu- und Abfahrten haben. Bei Garagen mit geringer Frequenz kann im Einzelfall eine Trennung über zeitversetzte Richtungsfreigabe zugelassen werden.

(4) Bei Großgaragen ist neben den Fahrbahnen der Zu- und Abfahrten ein mindestens 0,8 m breiter Gehweg erforderlich, soweit nicht für den Fußgängerverkehr besondere Fußwege vorhanden sind. Der Gehweg muss gegenüber der Fahrbahn erhöht oder mindestens durch Markierungen am Boden leicht erkennbar und dauerhaft abgegrenzt sein.

(5) In den Fällen der Absätze 1 bis 4 sind die Dachstellplätze und die dazugehörigen Verkehrsflächen der Nutzfläche zuzurechnen.

(6) Für Zu- und Abfahrten von Stellplätzen gelten die Absätze 1 bis 4 entsprechend.

§ 3 Rampen

(1) Rampen von Mittel- und Großgaragen dürfen nicht mehr als 15 vom Hundert geneigt sein. Die Breite der Fahrbahnen auf diesen Rampen muss mindestens 2,75 m, die in gewendelten Rampenbereichen mindestens 3,5 m betragen. Gewendelte Rampenteile müssen eine Querneigung von mindestens 3 vom Hundert haben. Der Halbmesser des inneren Fahrbahnrandes muss mindestens 5 m betragen. Die Anforderungen an gewendelte Rampenbereiche gelten bezüglich Breite und Halbmesser des inneren Fahrbahnrandes entsprechend, wenn unmittelbar vor der Rampe eine Kurvenfahrt vorgesehen ist.

(2) Zwischen öffentlicher Verkehrsfläche und einer Rampe mit mehr als 10 vom Hundert Neigung muss eine Fläche von mindestens 3 m Länge liegen, deren Neigung nicht mehr als 10 vom Hundert betragen darf. Bei Rampen von Kleingaragen können Ausnahmen zugelassen werden, wenn keine Bedenken wegen der Sicherheit oder Ordnung des Verkehrs bestehen.

(3) In Großgaragen müssen Rampen, die von Fußgängern benutzt werden, einen mindestens 0,8 m breiten Gehweg haben, der gegenüber der Fahrbahn erhöht oder mindestens durch Markierungen am Boden leicht erkennbar und dauerhaft abgegrenzt sein muss. An Rampen, die von Fußgängern nicht benutzt werden dürfen, ist auf das Verbot hinzuweisen.

(4) Bei Neigungswechseln mit einer Neigungsdifferenz von mehr als 8 Prozent und weniger als 15 Prozent ist bei Kuppen ein 1,5 m langer Übergangsbereich und bei Wannen ein 2,5 m langer Übergangsbereich vorzusehen, der die halbe Neigungsdifferenz aufweist. Neigungsdifferenzen werden bei gegenläufig geneigten Rampen durch Addition der jeweiligen Neigungen ermittelt. Bei Neigungsdifferenzen von über 15 Prozent ist die Befahrbarkeit durch eine geeignete Ausrundung sicherzustellen.

(5) Für Rampen von Stellplätzen gelten die Absätze 1 bis 3 entsprechend.

(6) Kraftbetriebene geneigte Hebebühnen sind keine Rampen.

§ 4 Stellplätze und Fahrgassen, Frauenparkplätze

(1) Garagenstellplätze müssen mindestens 5 m, hintereinander und parallel zur Fahrgasse angeordnete Garagenstellplätze mindestens 6 m lang sein.

(2) Garagenstellplätze müssen mindestens 2,3 m breit sein. Diese Breite darf bis zu 0,1 m Abstand von jeder Längsseite der Stellplätze nicht durch Wände, Stützen, andere Bauteile oder Einrichtungen begrenzt sein. Satz 2 gilt nicht für Garagenstellplätze auf kraftbetriebenen Hebebühnen. Garagenstellplätze für Behinderte müssen mindestens 3,50 m breit sein.

(3) Die Breite von Fahrgassen, die unmittelbar der Zu- oder Abfahrt von Garagenstellplätzen dienen, muss mindestens den Anforderungen der folgenden Tabelle entsprechen; Zwischenwerte sind zulässig:

Anordnung der Garagenstellplätze zur Fahrgasse im Winkel von	Erforderliche Fahrgassenbreite (in m) bei einer Breite des Garagenstellplatzes von		
	2,3 m	2,4 m	2,5 m
90°	6,5	6	5,5
75°	5,5	5	5
60°	4,5	4	4
45°	3,5	3	3
bis 30°	3	3	3

Für Stellplätze, die am Ende der Fahrgasse in einem Winkel von 90° angeordnet sind, muss die Einfahrtsbreite mindestens 2,75 m betragen. Vor kraftbetriebenen Hebebühnen müssen die Fahrgassen mindestens 8 m breit sein, wenn die Hebebühnen Fahrspuren haben oder beim Absenken in die Fahrgasse hineinragen.

(4) Fahrgassen, die nicht unmittelbar der Zu- oder Abfahrt von Garagenstellplätzen dienen, müssen mindestens 2,75 m, Fahrgassen mit Gegenverkehr mindestens 5 m breit sein.

(5) In Mittel- und Großgaragen sind die einzelnen Garagenstellplätze und die Fahrgassen mindestens durch Markierungen am Boden leicht erkennbar und dauerhaft gegeneinander abzugrenzen. In jedem Geschoss müssen leicht erkennbare und dauerhafte Hinweise auf Fahrtrichtungen und Ausfahrten vorhanden sein. Satz 1 gilt nicht für Garageneinstellplätze auf kraftbetriebenen Hebebühnen und auf horizontal verschiebbaren Plattformen.

(6) Für Garagenstellplätze auf horizontal verschiebbaren Plattformen können Ausnahmen von den Absätzen 1 und 2 zugelassen werden, wenn keine Bedenken wegen der Sicherheit oder Ordnung des Verkehrs bestehen und eine Breite der Fahrgasse von mindestens 2,75 m erhalten bleibt.

(7) In Großgaragen sind die einzelnen Garagenstellplätze leicht erkennbar und dauerhaft durch Nummern, Markierungen oder durch andere geeignete Maßnahmen so zu kennzeichnen, dass abgestellte Kraftfahrzeuge in den einzelnen Geschossen ohne Schwierigkeiten wieder aufgefunden werden können.

(8) In allgemein zugänglichen geschlossenen Großgaragen sind mindestens 10 vom Hundert der Stellplätze als Frauenparkplätze einzurichten. Diese sind ausschließlich der Benutzung durch Frauen vorbehalten. Frauenparkplätze sind in der Nähe der Zufahrten anzuordnen. Frauenparkplätze sind als solche zu kennzeichnen.

(9) In allgemein zugänglichen Großgaragen sind 1 vom Hundert, mindestens aber zwei der Stellplätze als Stellplätze für Menschen mit Mobilitätseinschränkungen einzurichten. Sie sind in der Nähe der barrierefreien Erschließung anzuordnen und zu kennzeichnen.

(10) Die Absätze 1 bis 8 gelten nicht für automatische Garagen. Für Stellplätze gelten die Absätze 1 bis 6 entsprechend.

§ 5   Lichte Höhe und Leitungen

(1) Mittel- und Großgaragen müssen in zum Begehen bestimmten Bereichen, auch unter Unterzügen, Lüftungsleitungen, sonstigen Bauteilen und Einrichtungen, eine lichte Höhe von mindestens 2 m haben. Dies gilt nicht für Garagenstellplätze auf kraftbetriebenen Hebebühnen. Leitungen für brennbare Stoffe und elektrische Leitungen mit einer Spannung ab 1000 Volt müssen vor mechanischen Beanspruchungen geschützt werden.

(2) Wenn Leitungen für brennbare Stoffe oder elektrische Leitungen mit einer Spannung ab 1000 Volt durch geschlossene Mittel- und Großgaragen geführt werden, müssen diese Leitungen an einer für die Feuerwehr zugänglichen Stelle außerhalb der Garage abgesperrt werden können. Die Absperrvorrichtung darf gegen Missbrauch gesichert werden. Ist eine Brandmeldeanlage vorhanden, so ist die Absperrvorrichtung automatisch anzusteuern.

§ 6 Wände, Decken, Dächer und Stützen

(1) Für Wände, Decken, Dächer und Stützen gelten die Anforderungen der §§ 4 bis 6, 8 und 9 der Allgemeinen Ausführungsverordnung des Wirtschaftsministeriums zur Landesbauordnung (LBOAVO), soweit in den Absätzen 2 bis 8 nichts anderes bestimmt ist. Befinden sich über Garagen Geschosse mit Aufenthaltsräumen und ergeben sich deshalb aus den §§ 4, 5, 7 und 8 LBOAVO, aus einer Regelung nach § 38 Abs. 1 LBO oder aus einer Rechtsverordnung auf Grund von § 73 Abs. 1 Nr. 2 LBO weitergehende Anforderungen, gelten insoweit anstelle der Absätze 2 bis 4 die weitergehenden Anforderungen.

(2) Tragende Wände, Decken und Stützen von offenen Mittel- und Großgaragen müssen folgendes Brandverhalten aufweisen:
1. keine Anforderungen bei Garagen in nicht mehr als einem Geschoss, auch mit Dachstellplätzen,
2. nichtbrennbar bei sonstigen Garagen, soweit die tragenden Wände, Decken und Stützen nicht feuerbeständig sind.

(3) Tragende Wände, Decken und Stützen von geschlossenen Mittel- und Großgaragen müssen folgendes Brandverhalten aufweisen:
1. feuerhemmend bei oberirdischen Garagen in nicht mehr als einem Geschoss, auch mit Dachstellplätzen,
2. feuerhemmend und aus nichtbrennbaren Baustoffen bei sonstigen oberirdischen Garagen,
3. feuerbeständig bei unterirdischen Garagen.

(4) Brandwände von Mittel- und Großgaragen nach § 7 Abs. 1 Nr. 1 LBOAVO sind abweichend von § 7 Abs. 3 LBOAVO mit einem Brandverhalten wie die tragenden Wände, mindestens feuerhemmend, aus nichtbrennbaren Baustoffen und ohne Öffnungen herzustellen.

(5) Innenwände von Mittel- und Großgaragen müssen folgendes Brandverhalten aufweisen:
1. bei Trennwänden notwendiger Treppenräume nichtbrennbar mit einem Feuerwiderstand wie die tragenden Wände, mindestens jedoch feuerhemmend,
2. bei Trennwänden zwischen Garagen und nicht zur Garage gehörenden Räumen nichtbrennbar und mit einem Feuerwiderstand wie die tragenden Wände,
3. bei anderen Wänden nichtbrennbar.

(6) Befahrbare Dächer müssen abweichend von § 4 Abs. 1 Satz 2 Nr. 1 und § 8 Abs. 1 Satz 2 Nr. 1 LBOAVO hinsichtlich ihres Brandverhaltens den Anforderungen an Decken entsprechen.

(7) § 9 Abs. 6 LBOAVO findet auf Dächer von Kleingaragen und offenen Garagen keine Anwendung.

(8) Untere Verkleidungen von Decken und Dächern müssen
1. in Mittelgaragen mindestens schwerentflammbar,
2. in Großgaragen nichtbrennbar sein; schwerentflammbare Verkleidungen sind zulässig, wenn sie überwiegend aus nichtbrennbaren Bestandteilen bestehen und unmittelbar unter der Decke oder dem Dach angebracht sind.

§ 7 Rauchabschnitte, Brandabschnitte

(1) Geschlossene Großgaragen müssen durch mindestens feuerhemmende Wände aus nichtbrennbaren Baustoffen in Rauchabschnitte unterteilt sein, die

1. in oberirdischen Garagen höchstens 5 000 m²,
2. in unterirdischen Garagen höchstens 2 500 m²

groß sein dürfen. Ein Rauchabschnitt darf sich über mehrere Geschosse erstrecken.

(2) Die Rauchabschnitte nach Absatz 1 dürfen höchstens doppelt so groß sein, wenn sie

1. Öffnungen oder Schächte für den Rauch- und Wärmeabzug mit einem freien Gesamtquerschnitt von mindestens 1 000 cm² je Garagenstellplatz haben, die höchstens 20 m voneinander entfernt sind, oder
2. maschinelle Rauch- und Wärmeabzugsanlagen haben, die sich bei Raucheinwirkung selbsttätig einschalten, die mindestens für eine Stunde einer Temperatur von 300 °C standhalten, deren elektrische Leitungen bei Brandeinwirkung für mindestens die gleiche Zeit funktionsfähig bleiben und die in der Stunde einen mindestens zehnfachen Luftwechsel, jedoch nicht mehr als 70 000 m³ gewährleisten; eine ausreichende Versorgung mit Zuluft muss vorhanden sein, oder
3. Sprinkleranlagen haben.

In sonst anders genutzten Gebäuden dürfen bei Garagengeschossen, deren Fußboden im Mittel mehr als 4 m unter der Geländeoberfläche liegt, die Rauchabschnitte nur dann verdoppelt werden, wenn sowohl Maßnahmen für einen Rauch- und Wärmeabzug nach Nummer 1 oder 2 durchgeführt werden, als auch Sprinkleranlagen nach Nummer 3 vorhanden sind.

(3) Öffnungen in den Wänden zwischen den Rauchabschnitten müssen mit mindestens rauchdichten und selbstschließenden Abschlüssen aus nichtbrennbaren Baustoffen versehen sein. Die Abschlüsse müssen Feststellanlagen haben, die bei Raucheinwirkung ein selbsttätiges Schließen bewirken; sie müssen auch von Hand geschlossen werden können.

(4) Automatische Garagen müssen durch Brandwände in Brandabschnitte von höchstens 6.000 m³ Brutto-Rauminhalt unterteilt sein. Die Absätze 1 bis 3 gelten nicht für automatische Garagen.

(5) § 7 Abs. 1 Nr. 2 und Abs. 3 Satz 2 LBOAVO gelten nicht für Garagen.

§ 8   Verbindung mit anderen Räumen

(1) Kleingaragen dürfen mit anders genutzten Räumen sowie mit anderen Gebäuden unmittelbar nur durch Öffnungen mit mindestens dichtschließenden Türen verbunden sein; dies gilt nicht für Türen in Wänden, die keine Brandschutzanforderungen erfüllen müssen.

(2) Offene Mittel- und Großgaragen dürfen mit nicht zur Garage gehörenden Räumen sowie mit anderen Gebäuden unmittelbar nur durch Öffnungen mit mindestens feuerhemmenden und selbstschließenden Türen verbunden sein.

(3) Geschlossene Mittel- und Großgaragen dürfen verbunden sein

1. mit Fluren, Treppenräumen und Aufzügen, die nicht nur der Garage dienen, nur durch Räume mit feuerbeständigen Wänden und Decken sowie mindestens feuerhemmenden und selbstschließenden, in Fluchtrichtung aufschlagenden Türen (Sicherheitsschleusen); zwischen Sicherheitsschleusen und Fluren oder Treppenräumen sowie Aufzugsvorräumen genügen selbstschließende und rauchdichte Türen, zwischen Sicherheitsschleusen und Aufzügen in Fahrschächten Fahrschachttüren,
2. mit anderen Räumen sowie mit anderen Gebäuden unmittelbar nur durch Öffnungen mit mindestens feuerhemmenden und selbstschließenden Türen, soweit sich aus einer Regelung nach § 38 Abs. 1 LBO oder aus einer Rechtsverordnung

auf Grund von § 73 Abs. 1 Nr. 2 LBO keine weitergehenden Anforderungen ergeben.

(4) Automatische Garagen dürfen mit nicht zur Garage gehörenden Räumen sowie mit anderen Gebäuden nicht verbunden sein.

§ 9   Rettungswege

(1) Jede Mittel- und Großgarage muss in jedem Geschoss mindestens zwei voneinander unabhängige Rettungswege nach § 15 Abs. 3 LBO haben. Der zweite Rettungsweg darf auch über eine Rampe führen. In oberirdischen Mittel- und Großgaragen genügt ein Rettungsweg, wenn ein Ausgang ins Freie in höchstens 10 m Entfernung erreichbar ist.

(2) Von jeder Stelle einer Mittel- und Großgarage muss in jedem Geschoss mindestens eine notwendige Treppe oder ein Ausgang ins Freie
1. bei offenen Mittel- und Großgaragen in einer Entfernung von höchstens 50 m,
2. bei geschlossenen Mittel- und Großgaragen in einer Entfernung von höchstens 30 m
erreichbar sein. Die Entfernung ist in der Luftlinie, jedoch nicht durch Bauteile zu messen.

(3) Bei oberirdischen Mittel- und Großgaragen, deren Garagenstellplätze im Mittel nicht mehr als 3 m über der Geländeoberfläche liegen, sind Treppenräume für notwendige Treppen nicht erforderlich.

(4) In Mittel- und Großgaragen müssen dauerhafte und leicht erkennbare Hinweise auf die Ausgänge vorhanden sein.

(5) Für Dachstellplätze gelten die Absätze 1 bis 4 entsprechend. Die Absätze 1 bis 4 gelten nicht für automatische Garagen.

§ 10   Beleuchtung

(1) In Mittel- und Großgaragen muss eine allgemeine elektrische Beleuchtung vorhanden sein, die in den Rettungswegen und den Fahrgassen eine Beleuchtungsstärke von mindestens 20 Lux sicherstellt.

(2) In geschlossenen Großgaragen muss über die Anforderung in Absatz 1 hinaus zur Beleuchtung der Rettungswege vorhanden sein
1. eine Sicherheitsbeleuchtung, die vom Versorgungsnetz unabhängig, bei Ausfall des Netzstroms sich selbsttätig einschaltende Ersatzstromquelle hat, die für einen mindestens einstündigen Betrieb und eine Beleuchtungsstärke von mindestens 1 Lux ausgelegt ist, oder
2. nachleuchtende Markierungen, die für mindestens eine Stunde eine entsprechende Beleuchtungsstärke gewährleisten und leicht erkennbar zu den Ausgängen führen.

(3) Die Absätze 1 und 2 gelten nicht für automatische Garagen.

§ 11   Lüftung

(1) Eine natürliche Lüftung ist ausreichend in
1. Kleingaragen,
2. offenen Mittel- und Großgaragen,

3. geschlossenen Mittel- und Großgaragen mit geringem Zu- und Abgangsverkehr, wie Wohnhausgaragen, wenn sie den Anforderungen des Absatzes 2 entsprechen,

4. geschlossenen Mittel- und Großgaragen mit geringem Zu- und Abgangsverkehr, wenn sie den Voraussetzungen des Absatzes 3 entsprechen.

(2) In geschlossenen Mittel- und Großgaragen mit geringem Zu- und Abgangsverkehr ist eine natürliche Lüftung ausreichend, wenn eine ständige Querlüftung gesichert ist durch

1. unverschließbare Lüftungsöffnungen oder bis zu 2 m hohe Lüftungsschächte jeweils mit einem freien Gesamtquerschnitt von mindestens 1 500 cm^2 je Garagenplatz,

2. einen Abstand der einander gegenüberliegenden Außenwände mit Lüftungsöffnungen oder Lüftungsschächten von höchstens 35 m und

3. einen Abstand zwischen den einzelnen Lüftungsöffnungen oder Lüftungsschächten von höchstens 20 m.

(3) Für geschlossene Mittel- und Großgaragen mit geringem Zu- und Abgangsverkehr, die den Anforderungen des Absatzes 2 nicht entsprechen, ist eine natürliche Lüftung ausreichend, wenn

1. nach dem Gutachten eines anerkannten Sachverständigen nach § 1 der Verordnung des Wirtschaftsministeriums über anerkannte Sachverständige für die Prüfung technischer Anlagen und Einrichtungen nach Bauordnungsrecht (BauSVO) zu erwarten ist, dass der Halbstundenmittelwert des Volumengehalts an Kohlenmonoxyd in der Luft unter Berücksichtigung der regelmäßigen Verkehrsspitzen im Mittel nicht mehr als 100 ppm beträgt, und

2. dies nach Inbetriebnahme auf der Grundlage von ununterbrochenen Messungen über einen Zeitraum von mindestens einem Monat von einem anerkannten Sachverständigen nach § 1 BauSVO bestätigt wird.

(4) Maschinelle Abluftanlagen sind in geschlossenen Mittel- und Großgaragen erforderlich, soweit sich aus den Absätzen 2 und 3 nichts anderes ergibt. Die Zuluftöffnungen müssen so verteilt sein, dass alle Teile der Garage ausreichend gelüftet werden; bei nicht ausreichenden Zuluftöffnungen muss eine maschinelle Zuluftanlage vorhanden sein.

(5) Die maschinellen Abluftanlagen sind so zu bemessen, dass der Halbstundenmittelwert des Volumengehalts an Kohlenmonoxyd in der Luft, gemessen in einer Höhe von 1,5 m über dem Fußboden, nicht mehr als 100 ppm beträgt. Diese Forderung gilt als erfüllt, wenn die Abluftanlagen

1. in Garagen mit geringem Zu- und Abgangsverkehr mindestens 6 m^3,

2. in anderen Garagen mindestens 12 m^3 Abluft in der Stunde je m^2 Garagennutzfläche abführen können.

Für Garagen mit regelmäßig besonders hohen Verkehrsspitzen, wie Garagen für Versammlungsstätten, kann im Einzelfall ein rechnerischer Nachweis darüber verlangt werden, dass die Forderung nach Satz 1 erfüllt ist; der Nachweis ist durch einen nach § 1 BauSVO anerkannten Sachverständigen zu erbringen.

(6) Maschinelle Abluftanlagen müssen in jedem Lüftungssystem mindestens zwei gleich große Ventilatoren haben, die bei gleichzeitigem Betrieb zusammen den erforderlichen Gesamtvolumenstrom erbringen. Jeder Ventilator einer maschinellen Zu- oder Abluftanlage muss aus einem eigenen Stromkreis gespeist werden, an dem andere elektrische Anlagen nicht angeschlossen werden dürfen. Soll das Lüftungssystem zeitweise nur mit einem Ventilator betrieben werden, müssen die Ventilatoren so geschaltet sein, dass sich bei Ausfall eines Ventilators der andere selbsttätig einschaltet.

(7) Geschlossene Großgaragen mit nicht nur geringem Zu- und Abgangsverkehr müssen CO-Anlagen zur Messung und Warnung (CO-Warnanlagen) haben. Die CO-Warnanlagen müssen so beschaffen sein, dass die Benutzer der Garagen bei einem CO-Gehalt der Luft von mehr als 250 ppm über ein akustisches Signal und durch Blinkzeichen dazu aufgefordert werden, die Motoren abzustellen. Die CO-Warnanlagen müssen an eine Ersatzstromquelle angeschlossen sein.

(8) In geschlossenen Mittel- und Großgaragen müssen an der Zufahrt und in jedem Geschoss leicht erkennbar und dauerhaft folgende Hinweise vorhanden sein: „Abgase gefährden die Gesundheit. Vermeiden Sie längeren Aufenthalt!".

(9) Die Absätze 1 bis 8 gelten nicht für automatische Garagen.

§ 12 Feuerlöschanlagen, Rauch- und Wärmeabzug, Brandmeldeanlagen

(1) Großgaragen müssen in Geschossen, deren Fußboden im Mittel
1. entweder mehr als 4 m unter
2. oder mehr als 15 m über
der Geländeoberfläche liegt, in unmittelbarer Nähe jedes Treppenraumzugangs Wandhydranten an Steigleitungen „nass" oder „nass/trocken" haben.

(2) In sonst anders genutzten Gebäuden müssen Geschosse von Großgaragen, deren Fußboden im Mittel mehr als 4 m unter der Geländeoberfläche liegt
1. Öffnungen oder Schächte für den Rauch- und Wärmeabzug mit einem freien Gesamtquerschnitt von mindestens 1 000 cm^2 je Garagenstellplatz haben, die höchstens 20 m voneinander entfernt sind, oder
2. maschinelle Rauch- und Wärmeabzugsanlagen haben, die sich bei Raucheinwirkung selbsttätig einschalten, die mindestens für eine Stunde einer Temperatur von 300 °C standhalten, deren elektrische Leitungen bei Brandeinwirkung für mindestens die gleiche Zeit funktionsfähig bleiben und die in der Stunde einen mindestens zehnfachen Luftwechsel, jedoch nicht mehr als 70 000 m^3 gewährleisten; eine ausreichende Versorgung mit Zuluft muss vorhanden sein, oder
3. Sprinkleranlagen haben.

(3) Automatische Garagen mit mehr als 20 Stellplätzen müssen Sprinkleranlagen haben. Bei automatischen Garagen mit weniger als 20 Stellplätzen, bei kraftbetriebenen Hebebühnen, mit denen Kraftfahrzeuge über-einander angeordnet werden können, und bei von der Fahrgasse durch Abschlüsse abgetrennten Stellplätzen sind nichtselbsttätige Feuerlöschanlagen vorzusehen, deren Art im Einzelfall im Benehmen mit der für den Brandschutz zuständigen Stelle festzulegen ist, wenn innerhalb der Garage nicht alle Stellplätze in jedem Betriebszustand mit einem Löschmittel erreichbar sind.

(4) Geschlossene Mittel- und Großgaragen müssen Brandmeldeanlagen haben, wenn sie in Verbindung mit baulichen Anlagen oder Räumen stehen, für die Brandmeldeanlagen erforderlich sind.

§ 13 Zusätzliche Bauvorlagen, Feuerwehrpläne

(1) Bauvorlagen für Mittel- und Großgaragen müssen zusätzliche Angaben enthalten über:
1. die Zahl, Abmessung und Kennzeichnung der Garagenstellplätze und Fahrgassen (§ 4 Abs. 1 bis 8),
2. die maschinellen Rauchabzugsanlagen (§ 7 Abs. 2 Satz 1 Nr. 2, § 12 Abs. 2 Nr. 2),

3. die Feuerlöschanlagen (§ 7 Abs. 2 Satz 1 Nr. 3, § 12 Abs. 1, Abs. 2 Nr. 3 und Abs. 3),
4. die Beleuchtung der Rettungswege (§ 10 Abs. 2),
5. die maschinellen Zu- und Abluftanlagen (§ 11 Abs. 4 und 5),
6. die CO-Warnanlagen (§ 11 Abs. 7).

(2) Soweit es für den Einsatz der Feuerwehr erforderlich ist, können bei geschlossenen Großgaragen Feuerwehrpläne verlangt werden mit Angaben über:
1. die Zufahrten und die Löschwasserversorgung auf dem Grundstück,
2. die Angriffswege für die Feuerwehr im Gebäude,
3. die Art und Lage der Feuerlöschanlagen, der maschinellen Rauchabzugsanlagen sowie erforderlicher Absperrvorrichtungen.
Auch bei geschlossenen Mittelgaragen können Feuerwehrpläne verlangt werden soweit es für den Einsatz der Feuerwehr erforderlich ist, wenn Leitungen für brennbare Stoffe oder elektrische Leitungen mit einer Spannung ab 1000 Volt durch diese Garagen geführt werden. Weitere Angaben können verlangt werden, wenn dies zur Beurteilung des Vorhabens erforderlich ist.

§ 14   Betriebsvorschriften

(1) Maschinelle Abluftanlagen müssen so betrieben werden, dass der Halbstundenmittelwert des Volumengehalts an Kohlenmonoxyd in der Luft unter Berücksichtigung der regelmäßig zu erwartenden Verkehrsspitzen, gemessen in einer Höhe von 1,5 m über dem Fußboden, nicht mehr als 100 ppm beträgt. CO-Warnanlagen müssen ständig eingeschaltet sein.

(2) In Kleingaragen dürfen bis zu 200 l Dieselkraftstoff und bis zu 20 l Benzin in dicht verschlossenen, bruchsicheren Behältern außerhalb von Kraftfahrzeugen aufbewahrt werden. In Mittel- und Großgaragen ist die Aufbewahrung von Kraftstoffen außerhalb von Kraftfahrzeugen unzulässig; andere brennbare Stoffe dürfen in diesen Garagen nur aufbewahrt werden, wenn sie zum Fahrzeugzubehör zählen oder der Unterbringung von Fahrzeugzubehör dienen.

(3) Damit der Volumengehalt an Kohlenmonoxyd in der Luft durch einen unnötig langen Aufenthalt an Abfahrtssperren nicht erhöht wird, muss sichergestellt sein, dass in geschlossenen Großgaragen, deren Benutzung entgeltlich ist, die Entgelte entrichtet werden, bevor die abgestellten Kraftfahrzeuge die Garagenstellplätze verlassen.

§ 15   Abstellen von Kraftfahrzeugen in anderen Räumen als Garagen

(1) Kraftfahrzeuge dürfen in Treppenräumen und allgemein zugänglichen Fluren nicht abgestellt werden.

(2) Kraftfahrzeuge dürfen in sonstigen Räumen, die keine Garagen sind, nur abgestellt werden, wenn
1. die Kraftfahrzeuge Arbeitsmaschinen sind oder
2. die Räume der Instandsetzung, der Ausstellung oder dem Verkauf von Kraftfahrzeugen dienen oder
3. die Räume Lagerräume sind, in denen Kraftfahrzeuge mit leeren Kraftstoffbehältern abgestellt werden, oder
4. das Fassungsvermögen der Kraftstoffbehälter insgesamt nicht mehr als 12 l beträgt, Kraftstoff außer dem Inhalt der Kraftstoffbehälter in diesen Räumen nicht

aufbewahrt wird und diese Räume keine Zündquellen oder leicht entzündliche Stoffe enthalten.

§ 16   Prüfungen

(1) In geschlossenen Mittel- und Großgaragen müssen folgende Anlagen und Einrichtungen vor der ersten Inbetriebnahme und nach einer wesentlichen Änderung durch einen nach § 1 BauSVO anerkannten Sachverständigen auf ihre Wirksamkeit und Betriebssicherheit geprüft werden:
1. die maschinellen Rauchabzugsanlagen (§ 7 Abs. 2 Satz 1 Nr. 2, § 12 Abs. 2 Nr. 2),
2. die Feuerlöschanlagen (§ 7 Abs. 2 Satz 1 Nr. 3, § 12 Abs. 1, Abs. 2 Nr. 3 und Abs. 3),
3. die Sicherheitsbeleuchtung einschließlich Sicherheitsstromversorgung (§ 10 Abs. 2 Nr. 1),
4. die maschinellen Zu- und Abluftanlagen (§ 11 Abs. 4 und 5),
5. die CO-Warnanlagen einschließlich Sicherheitsstromversorgung (§ 11 Abs. 7).
Die Prüfungen sind bei Sprinkleranlagen und bei CO-Warnanlagen jährlich, bei den anderen Anlagen und Einrichtungen alle zwei Jahre zu wiederholen.

(2) Der Betreiber hat
1. die Prüfungen nach Absatz 1 zu veranlassen,
2. die hierzu nötigen Vorrichtungen und fachlich geeignete Arbeitskräfte bereitzustellen sowie die erforderlichen Unterlagen bereitzuhalten,
3. die von dem Sachverständigen festgestellten Mängel unverzüglich beseitigen zu lassen und dem Sachverständigen die Beseitigung mitzuteilen sowie
4. die Berichte über die Prüfungen mindestens fünf Jahre aufzubewahren und der Baurechtsbehörde auf Verlangen vorzulegen.

(3) Der Sachverständige hat der Baurechtsbehörde mitzuteilen,
1. wann er die Prüfungen nach Absatz 1 durchgeführt hat und
2. welche hierbei festgestellten Mängel der Betreiber nicht unverzüglich hat beseitigen lassen.

§ 17   Besondere Anforderungen

Soweit die Vorschriften dieser Verordnung zur Verhinderung oder Beseitigung von Gefahren nicht ausreichen, können besondere Anforderungen gestellt werden
1. für Garagen oder Stellplätze, die für Kraftfahrzeuge mit einer Länge von mehr als 5 m und einer Breite von mehr als 2 m bestimmt sind,
2. für Garagen in Geschossen, deren Fußboden mehr als 22 m über der Geländeoberfläche liegt.

§ 18   Ordungswidrigkeiten

Ordnungswidrig nach § 75 Abs. 3 Nr. 2 LBO handelt, wer vorsätzlich oder fahrlässig
1. entgegen § 14 Abs. 1 maschinelle Abluftanlagen nicht so betreibt, dass der dort genannte Wert des CO-Gehaltes der Luft eingehalten wird,
2. entgegen § 16 Abs. 1 die vorgeschriebenen Prüfungen nicht oder nicht rechtzeitig durchführen lässt.

§ 19   Übergangsvorschriften

(1) Auf die zum Zeitpunkt des Inkrafttretens dieser Verordnung bestehenden Garagen sind die Betriebsvorschriften nach § 14 Abs. 1 und 2 sowie die Vorschriften über Prüfungen nach § 16 entsprechend anzuwenden.

(2) Bei bestehenden geschlossenen Mittel- und Großgaragen müssen Absperrvorrichtungen für Leitungen nach § 5 Abs. 2 bis zum 31.12.2014 nachgerüstet werden.

§ 20   Inkrafttreten

(1) Diese Verordnung tritt am ersten Tage des auf die Verkündung folgenden Monats in Kraft.

(2) Gleichzeitig tritt die Verordnung des Innenministeriums über Garagen und Stellplätze (Garagenverordnung – GaVO) vom 13. September 1989 (GBl. S. 458, ber. S. 496) außer Kraft.

II 8 Verordnung des Ministeriums für Verkehr und Infrastruktur über den Bau und Betrieb von Verkaufsstätten (Verkaufsstättenverordnung – VkVO)

vom 11. Februar 1997 (GBl. S. 84), zuletzt geändert durch Verordnung vom 25. Januar 2012 (GBl. S. 65, 89)

Auf Grund von § 73 Abs. 1 Nr. 2, 3 und 4 und Abs. 2 der Landesbauordnung für Baden-Württemberg (LBO) vom 8. August 1995 (GBl. S. 617) wird verordnet:

§ 1   Anwendungsbereich

Die Vorschriften dieser Verordnung gelten für jede Verkaufsstätte, deren Verkaufsräume und Ladenstraßen einschließlich ihrer Bauteile eine Fläche von insgesamt mehr als 2 000 m² haben.

§ 2   Begriffe

(1) Verkaufsstätten sind Gebäude oder Gebäudeteile, die
1. ganz oder teilweise dem Verkauf von Waren dienen,
2. mindestens einen Verkaufsraum haben und
3. keine Messebauten sind.
Zu einer Verkaufsstätte gehören alle Räume, die unmittelbar oder mittelbar, insbesondere durch Aufzüge oder Ladenstraßen, miteinander in Verbindung stehen; als Verbindung gilt nicht die Verbindung durch Treppenräume notwendiger Treppen sowie durch Leitungen, Schächte und Kanäle haustechnischer Anlagen.

(2) Erdgeschossige Verkaufsstätten sind Gebäude mit nicht mehr als einem Geschoss, dessen Fußboden an keiner Stelle mehr als 1 m unter der Geländeoberfläche liegt; dabei bleiben Treppenraumerweiterungen sowie Geschosse außer Betracht, die ausschließlich der Unterbringung haustechnischer Anlagen und Feuerungsanlagen dienen.

(3) Verkaufsräume sind Räume, in denen Waren zum Verkauf oder sonstige Leistungen angeboten werden oder die dem Kundenverkehr dienen, ausgenommen Treppenräume notwendiger Treppen, Treppenraumerweiterungen sowie Garagen. Ladenstraßen gelten nicht als Verkaufsräume.

(4) Ladenstraßen sind überdachte oder überdeckte Flächen, an denen Verkaufsräume liegen und die dem Kundenverkehr dienen.

(5) Treppenraumerweiterungen sind Räume, die Treppenräume mit Ausgängen ins Freie verbinden.

§ 3   Tragende Wände und Stützen

Tragende Wände und Stützen müssen feuerbeständig, bei erdgeschossigen Verkaufsstätten ohne Sprinkleranlagen mindestens feuerhemmend sein. Dies gilt nicht für erdgeschossige Verkaufsstätten mit Sprinkleranlagen.

§ 4   Außenwände

Außenwände müssen bestehen aus
1. nichtbrennbaren Baustoffen, soweit sie nicht feuerbeständig sind, bei Verkaufsstätten ohne Sprinkleranlagen,
2. mindestens schwerentflammbaren Baustoffen, soweit sie nicht feuerbeständig sind, bei Verkaufsstätten mit Sprinkleranlagen,
3. mindestens schwerentflammbaren Baustoffen, soweit sie nicht feuerhemmend sind, bei erdgeschossigen Verkaufsstätten.

§ 5 Trennwände

(1) Trennwände zwischen einer Verkaufsstätte und Räumen, die nicht zur Verkaufsstätte gehören, müssen feuerbeständig sein und dürfen keine Öffnungen haben.

(2) In Verkaufsstätten ohne Sprinkleranlagen sind Lagerräume mit einer Fläche von jeweils mehr als 100 m² sowie Werkräume mit erhöhter Brandgefahr, wie Schreinereien, Maler- oder Dekorationswerkstätten, von anderen Räumen durch feuerbeständige Wände zu trennen. Diese Werk- und Lagerräume müssen durch feuerbeständige Trennwände so unterteilt werden, dass Abschnitte von nicht mehr als 500 m² entstehen. Öffnungen in den Trennwänden müssen mindestens feuerhemmende und selbstschließende Abschlüsse haben.

§ 6 Brandabschnitte

(1) Verkaufsstätten sind durch Brandwände in Brandabschnitte zu unterteilen. Die Fläche der Brandabschnitte darf je Geschoss betragen in
1. erdgeschossigen Verkaufsstätten mit Sprinkleranlagen nicht mehr als 10 000 m²,
2. sonstigen Verkaufsstätten mit Sprinkleranlagen nicht mehr als 5 000 m²,
3. erdgeschossigen Verkaufsstätten ohne Sprinkleranlagen nicht mehr als 3 000 m²,
4. sonstigen Verkaufsstätten ohne Sprinkleranlagen nicht mehr als 1 500 m², wenn sich die Verkaufsstätten über nicht mehr als drei Geschosse erstrecken und die Gesamtfläche aller Geschosse innerhalb eines Brandabschnitts nicht mehr als 3 000 m² beträgt.

(2) Abweichend von Absatz 1 können Verkaufsstätten mit Sprinkleranlagen auch durch Ladenstraßen in Brandabschnitte unterteilt werden, wenn
1. die Ladenstraßen mindestens 10 m breit sind (vgl. Anhang Abb. 1 und 2)[1],
2. die Ladenstraßen Rauchabzugsanlagen haben,
3. das Tragwerk der Dächer der Ladenstraßen aus nichtbrennbaren Baustoffen besteht und
4. die Bedachung der Ladenstraßen aus nichtbrennbaren Baustoffen oder, soweit sie lichtdurchlässig ist, aus mindestens schwer entflammbaren Baustoffen besteht; sie darf im Brandfall nicht brennend abtropfen.

(3) In Verkaufsstätten mit Sprinkleranlagen brauchen Brandwände abweichend von Absatz 1 im Kreuzungsbereich mit Ladenstraßen nicht hergestellt werden, wenn
1. die Ladenstraßen eine Breite von mindestens 10 m über eine Länge von mindestens 10 m beiderseits der Brandwände haben (vgl. Anhang Abb. 3)[2] und
2. die Anforderungen nach Absatz 2 Nr. 2 und 3 in diesem Bereich erfüllt sind.

(4) Öffnungen in den Brandwänden nach Absatz 1 sind zulässig, wenn sie selbstschließende und feuerbeständige Abschlüsse haben. Die Abschlüsse müssen Feststellanlagen haben, die bei Raucheinwirkung ein selbsttätiges Schließen bewirken.

(5) Brandwände sind mindestens 30 cm über Dach zu führen oder in Höhe der Dachhaut mit einer beiderseits 50 cm auskragenden feuerbeständigen Platte aus nichtbrennbaren Baustoffen abzuschließen; darüber dürfen brennbare Teile des Daches nicht hinweggeführt werden.

---

1 Hier abgedruckt auf Seite 197 und 198.
2 Hier abgedruckt auf Seite 199.

§ 7   Decken

(1) Decken müssen feuerbeständig sein und aus nichtbrennbaren Baustoffen bestehen. Decken über Geschossen, deren Fußboden an keiner Stelle mehr als 1 m unter der Geländeoberfläche liegt, brauchen nur

1. feuerhemmend zu sein und aus nichtbrennbaren Baustoffen zu bestehen in erdgeschossigen Verkaufsstätten ohne Sprinkleranlagen,
2. aus nichtbrennbaren Baustoffen zu bestehen in erdgeschossigen Verkaufsstätten mit Sprinkleranlagen.

Für die Beurteilung der Feuerwiderstandsdauer bleiben abgehängte Unterdecken außer Betracht.

(2) Unterdecken einschließlich ihrer Aufhängungen müssen in Verkaufsräumen, Treppenräumen, Treppenraumerweiterungen, notwendigen Fluren und in Ladenstraßen aus nichtbrennbaren Baustoffen bestehen. In Verkaufsräumen mit Sprinkleranlagen dürfen Unterdecken aus brennbaren Baustoffen bestehen, wenn auch der Deckenhohlraum durch die Sprinkleranlagen geschützt ist.

(3) In Decken sind Öffnungen unzulässig. Dies gilt nicht für Öffnungen zwischen Verkaufsräumen, zwischen Verkaufsräumen und Ladenstraßen sowie zwischen Ladenstraßen

1. in Verkaufsstätten mit Sprinkleranlagen,
2. in Verkaufsstätten ohne Sprinkleranlagen, soweit die Öffnungen für nicht notwendige Treppen erforderlich sind.

§ 8   Dächer

(1) Das Tragwerk von Dächern, die den oberen Abschluss von Räumen der Verkaufsstätten bilden oder die von diesen Räumen nicht durch feuerbeständige Bauteile getrennt sind, muss

1. aus nichtbrennbaren Baustoffen bestehen in Verkaufsstätten mit Sprinkleranlagen, ausgenommen in erdgeschossigen Verkaufsstätten,
2. mindestens feuerhemmend sein in erdgeschossigen Verkaufsstätten ohne Sprinkleranlagen,
3. feuerbeständig sein in sonstigen Verkaufsstätten ohne Sprinkleranlagen.

(2) Bedachungen müssen
1. gegen Flugfeuer und strahlende Wärme widerstandsfähig sein und
2. bei Dächern, die den oberen Abschluss von Räumen der Verkaufsstätten bilden oder die von diesen Räumen nicht durch feuerbeständige Bauteile getrennt sind, aus nichtbrennbaren Baustoffen bestehen mit Ausnahme der Dachhaut und der Dampfsperre.

(3) Lichtdurchlässige Bedachungen über Verkaufsräumen und Ladenstraßen dürfen abweichend von Absatz 2 Nr. 1
1. schwerentflammbar sein bei Verkaufsstätten mit Sprinkleranlagen,
2. nichtbrennbar sein bei Verkaufsstätten ohne Sprinkleranlagen.

Sie dürfen im Brandfall nicht brennend abtropfen.

§ 9   Verkleidungen, Dämmstoffe

(1) Außenwandverkleidungen einschließlich der Dämmstoffe und Unterkonstruktionen müssen bestehen aus

1. mindestens schwerentflammbaren Baustoffen bei Verkaufsstätten mit Sprinkleranlagen und bei erdgeschossigen Verkaufsstätten,
2. nichtbrennbaren Baustoffen bei sonstigen Verkaufsstätten ohne Sprinkleranlagen.

(2) Deckenverkleidungen einschließlich der Dämmstoffe und Unterkonstruktionen müssen aus nichtbrennbaren Baustoffen bestehen.

(3) Wandverkleidungen einschließlich der Dämmstoffe und Unterkonstruktionen müssen in Treppenräumen, Treppenraumerweiterungen, notwendigen Fluren und in Ladenstraßen aus nichtbrennbaren Baustoffen bestehen.

§ 10 Rettungswege in Verkaufsstätten

(1) Für jeden Verkaufsraum, Aufenthaltsraum und für jede Ladenstraße müssen in demselben Geschoss mindestens zwei voneinander unabhängige Rettungswege zu Ausgängen ins Freie oder zu Treppenräumen notwendiger Treppen vorhanden sein. An Stelle eines dieser Rettungswege darf ein Rettungsweg über Außentreppen ohne Treppenräume, Rettungsbalkone, Terrassen und begehbare Dächer auf das Grundstück führen, wenn hinsichtlich des Brandschutzes keine Bedenken bestehen; dieser Rettungsweg gilt als Ausgang ins Freie.

(2) Von jeder Stelle
1. eines Verkaufsraumes in höchstens 25 m Entfernung,
2. eines sonstigen Raumes oder einer Ladenstraße in höchstens 35 m Entfernung muss mindestens ein Ausgang ins Freie oder ein Treppenraum notwendiger Treppen erreichbar sein (erster Rettungsweg).

(3) Der erste Rettungsweg darf, soweit er über eine Ladenstraße führt, auf der Ladenstraße eine zusätzliche Länge von höchstens 35 m haben, wenn die Ladenstraße Rauchabzugsanlagen hat und der nach Absatz 1 erforderliche zweite Rettungsweg für Verkaufsräume mit einer Fläche von mehr als 100 m² nicht über diese Ladenstraße führt.

(4) In Verkaufsstätten mit Sprinkleranlagen oder in erdgeschossigen Verkaufsstätten darf der Rettungsweg nach Absatz 2 und 3 innerhalb von Brandabschnitten eine zusätzliche Länge von höchstens 35 m haben, soweit er über einen notwendigen Flur für Kunden mit einem unmittelbaren Ausgang ins Freie oder in einen Treppenraum notwendiger Treppen führt.

(5) Von jeder Stelle eines Verkaufsraumes muss ein Hauptgang oder eine Ladenstraße in höchstens 10 m Entfernung erreichbar sein.

(6) In Rettungswegen ist nur eine Folge von mindestens drei Stufen zulässig. Die Stufen müssen eine Stufenbeleuchtung haben.

(7) An Kreuzungen der Ladenstraßen und der Hauptgänge sowie an Türen im Zuge von Rettungswegen ist deutlich und dauerhaft auf die Ausgänge durch Sicherheitszeichen hinzuweisen. Die Sicherheitszeichen müssen beleuchtet sein.

(8) Die Entfernungen nach den Absätzen 2 bis 5 sind in der Luftlinie, jedoch nicht durch Bauteile zu messen.

§ 11 Treppen

(1) Notwendige Treppen müssen feuerbeständig sein, aus nichtbrennbaren Baustoffen bestehen und an den Unterseiten geschlossen sein. Dies gilt nicht für notwen-

dige Treppen nach § 10 Abs. 1 Satz 2, wenn keine Bedenken wegen des Brandschutzes bestehen.

(2) Notwendige Treppen für Kunden müssen mindestens 2 m breit sein und dürfen eine Breite von höchstens 2,50 m nicht überschreiten. Für notwendige Treppen für Kunden genügt eine Breite von mindestens 1,25 m, wenn die Treppen für Verkaufsräume bestimmt sind, deren Fläche insgesamt nicht mehr als 500 m² beträgt.

(3) Notwendige Treppen brauchen nicht in Treppenräumen zu liegen und die Anforderungen nach Absatz 1 Satz 1 nicht zu erfüllen in Verkaufsräumen, die
1. eine Fläche von nicht mehr als 100 m² haben oder
2. eine Fläche von mehr als 100 m², aber nicht mehr als 500 m² haben, wenn diese Treppen im Zuge nur eines der zwei erforderlichen Rettungswege liegen.

(4) Notwendige Treppen mit gewendelten Läufen sind in Verkaufsräumen unzulässig. Dies gilt nicht für notwendige Treppen nach Absatz 3.

(5) Treppen für Kunden müssen auf beiden Seiten Handläufe ohne freie Enden haben. Die Handläufe müssen fest und griffsicher sein und sind über Treppenabsätze fortzuführen.

§ 12 Notwendige Treppenräume, Treppenraumerweiterungen

(1) Innenliegende Treppenräume notwendiger Treppen sind in Verkaufsstätten zulässig.

(2) Die Wände von Treppenräumen notwendiger Treppen müssen in der Bauart von Brandwänden hergestellt sein. Bodenbeläge müssen in Treppenräumen notwendiger Treppen aus nichtbrennbaren Baustoffen bestehen.

(3) Treppenraumerweiterungen müssen
1. die Anforderungen an notwendige Treppenräume erfüllen,
2. feuerbeständige Decken aus nichtbrennbaren Baustoffen haben und
3. mindestens so breit sein wie die notwendigen Treppen, mit denen sie in Verbindung stehen.
Sie dürfen nicht länger als 35 m sein und keine Öffnungen zu anderen Räumen haben.

§ 13 Ladenstraßen, Flure, Hauptgänge

(1) Ladenstraßen müssen mindestens 5 m breit sein.

(2) Wände und Decken notwendiger Flure für Kunden müssen
1. feuerbeständig sein und aus nichtbrennbaren Baustoffen bestehen in Verkaufsstätten ohne Sprinkleranlagen,
2. mindestens feuerhemmend sein und in den wesentlichen Teilen aus nichtbrennbaren Baustoffen bestehen in Verkaufsstätten mit Sprinkleranlagen.
Bodenbeläge in notwendigen Fluren für Kunden müssen mindestens schwer entflammbar sein.

(3) Notwendige Flure für Kunden müssen mindestens 2 m breit sein. Für notwendige Flure für Kunden genügt eine Breite von 1,40 m, wenn die Flure für Verkaufsräume bestimmt sind, deren Fläche insgesamt nicht mehr als 500 m² beträgt.

(4) Hauptgänge müssen mindestens 2 m breit sein. Sie müssen auf möglichst kurzem Wege zu Ausgängen ins Freie, zu Treppenräumen notwendiger Treppen, zu notwendigen Fluren für Kunden oder zu Ladenstraßen führen. Verkaufsstände an Hauptgängen müssen unverrückbar sein.

(5) Ladenstraßen, notwendige Flure für Kunden und Hauptgänge dürfen innerhalb der nach den Absätzen 1, 3 und 4 erforderlichen Breiten nicht durch Einbauten oder Einrichtungen eingeengt sein.

(6) Die Anforderungen an sonstige notwendige Flure nach § 12 LBOAVO bleiben unberührt.

§ 14 Ausgänge

(1) Jeder Verkaufsraum, Aufenthaltsraum und jede Ladenstraße müssen mindestens zwei Ausgänge haben, die ins Freie oder zu Treppenräumen notwendiger Treppen führen. Für Verkaufs-und Aufenthaltsräume, die eine Fläche von nicht mehr als 100 m^2 haben, genügt ein Ausgang.

(2) Ausgänge aus Verkaufsräumen müssen mindestens 2 m breit sein; für Ausgänge aus Verkaufsräumen, die eine Fläche von nicht mehr als 500 m^2 haben, genügt eine Breite von 1 m. Ein Ausgang, der in einen Flur führt, darf nicht breiter sein als der Flur.

(3) Die Ausgänge aus einem Geschoss einer Verkaufsstätte ins Freie oder in Treppenräume notwendiger Treppen müssen eine Breite von mindestens 30 cm je 100 m^2 der Flächen der Verkaufsräume haben; dabei bleiben die Flächen von Ladenstraßen außer Betracht. Ausgänge aus Geschossen einer Verkaufsstätte müssen mindestens 2 m breit sein. Ein Ausgang, der in einen Treppenraum führt, darf nicht breiter sein als die notwendige Treppe.

(4) Ausgänge aus Treppenräumen notwendiger Treppen ins Freie oder in Treppenraumerweiterungen müssen mindestens so breit sein wie die notwendigen Treppen.

§ 15 Türen in Rettungswegen

(1) In Verkaufsstätten ohne Sprinkleranlagen müssen Türen von Treppenräumen notwendiger Treppen und von notwendigen Fluren für Kunden mindestens feuerhemmend, rauchdicht und selbstschließend sein, ausgenommen Türen, die ins Freie führen.

(2) In Verkaufsstätten mit Sprinkleranlagen müssen Türen von Treppenräumen notwendiger Treppen und von notwendigen Fluren für Kunden rauchdicht und selbstschließend sein, ausgenommen Türen, die ins Freie führen.

(3) Türen nach den Absätzen 1 und 2 sowie Türen, die ins Freie führen, dürfen nur in Fluchtrichtung aufschlagen und keine Schwellen haben. Sie müssen während der Betriebszeit von innen leicht und in voller Breite zu öffnensein. Elektrische Verriegelungen von Türen in Rettungswegen sind nur zulässig, wenn die Türen im Gefahrenfall jederzeit geöffnet werden können.

(4) Türen, die selbstschließend sein müssen, dürfen offen gehalten werden, wenn sie Feststellanlagen haben, die bei Raucheinwirkung ein selbsttätiges Schließen der Türen bewirken; sie müssen auch von Hand geschlossen werden können.

(5) Dreh- und Schiebetüren sind in Rettungswegen unzulässig; dies gilt nicht für automatische Dreh- und Schiebetüren, die die Rettungswege im Brandfall nicht beeinträchtigen. Pendeltüren müssen in Rettungswegen Schließvorrichtungen haben, die ein Durchpendeln der Türen verhindern.

(6) Rollläden, Scherengitter oder ähnliche Abschlüsse von Tür- und Toröffnungen oder Durchfahrten im Zuge von Rettungswegen müssen so beschaffen sein, dass sie von Unbefugten nicht geschlossen werden können.

§ 16   Rauchabführung

(1) In Verkaufsstätten ohne Sprinkleranlagen müssen Verkaufsräume ohne notwendige Fenster nach § 34 Abs. 2 LBO sowie Ladenstraßen Rauchabzugsanlagen haben.

(2) In Verkaufsstätten mit Sprinkleranlagen müssen Lüftungsanlagen in Verkaufsräumen und Ladenstraßen im Brandfall so betrieben werden können, dass sie nur entlüften, soweit es die Zweckbestimmung der Absperrvorrichtungen gegen Brandübertragung zulässt.

(3) Rauchabzugsanlagen müssen von Hand und automatisch durch Rauchmelder ausgelöst werden können und sind an den Bedienungsstellen mit der Aufschrift „Rauchabzug" zu versehen. An den Bedienungseinrichtungen muss erkennbar sein, ob die Rauchabzugsanlage betätigt wurde.

(4) Innenliegende Treppenräume notwendiger Treppen müssen Rauchabzugsanlagen haben. Sonstige Treppenräume notwendiger Treppen, die durch mehr als zwei Geschosse führen, müssen an ihrer obersten Stelle eine Rauchabzugsvorrichtung mit einem freien Querschnitt von mindestens 5 vom Hundert der Grundfläche der Treppenräume, jedoch nicht weniger als 1 m^2 haben. Die Rauchabzugsvorrichtungen müssen von jedem Geschoss aus zu öffnen sein.

§ 17   Beheizung

Feuerstätten dürfen in Verkaufsräumen, Ladenstraßen, Lager- und Werkräumen zur Beheizung nicht aufgestellt werden.

§ 18   Sicherheitsbeleuchtung

Verkaufsstätten müssen eine Sicherheitsbeleuchtung haben. Sie muss vorhanden sein
1. in Verkaufsräumen,
2. in Treppenräumen, Treppenraumerweiterungen und Ladenstraßen sowie in notwendigen Fluren für Kunden,
3. in Arbeits- und Pausenräumen,
4. in Toilettenräumen mit einer Fläche von mehr als 50 m^2,
5. in elektrischen Betriebsräumen und Räumen für haustechnische Anlagen,
6. für Sicherheitszeichen, die auf Ausgänge hinweisen, und für die Stufenbeleuchtung.

§ 19   Blitzschutzanlagen

Gebäude mit Verkaufsstätten müssen Blitzschutzanlagen haben.

§ 20   Feuerlöscheinrichtungen, Brandmeldeanlagen und Alarmierungseinrichtungen

(1) Verkaufsstätten müssen Sprinkleranlagen haben. Dies gilt nicht für
1. erdgeschossige Verkaufsstätten nach § 6 Abs. 1 Satz 2 Nr. 3,
2. sonstige Verkaufsstätten nach § 6 Abs. 1 Satz 2 Nr. 4.

Geschosse einer Verkaufsstätte nach Satz 2 Nr. 2 müssen Sprinkleranlagen haben, wenn sie mit ihrem Fußboden im Mittel mehr als 3 m unter der Geländeoberfläche liegen und Verkaufsräume mit einer Fläche von mehr als 500 m² haben.

(2) In Verkaufsstätten müssen vorhanden sein:
1. geeignete Feuerlöscher und geeignete Wandhydranten in ausreichender Zahl, gut sichtbar und leicht zugänglich,
2. Brandmeldeanlagen mit nichtautomatischen Brandmeldern zur unmittelbaren Alarmierung der dafür zuständigen Stelle und
3. Alarmierungseinrichtungen, durch die alle Betriebsangehörigen alarmiert und Anweisungen an sie und an die Kunden gegeben werden können.

§ 21 Sicherheitsstromversorgungsanlagen

Verkaufsstätten müssen eine Sicherheitsstromversorgungsanlage haben, die bei Ausfall der allgemeinen Stromversorgung den Betrieb der sicherheitstechnischen Anlagen und Einrichtungen übernimmt, insbesondere der
1. Sicherheitsbeleuchtung,
2. Beleuchtung der Stufen und Sicherheitszeichen,
3. Sprinkleranlagen,
4. Rauchabzugsanlagen,
5. Schließeinrichtungen für Feuerschutzabschlüsse (z. B. Rolltore),
6. Brandmeldeanlagen und
7. Alarmierungseinrichtungen.

§ 22 Lage der Verkaufsräume

Verkaufsräume, ausgenommen Gaststätten, dürfen mit ihrem Fußboden nicht mehr als 22 m über der Geländeoberfläche liegen. Verkaufsräume dürfen mit ihrem Fußboden im Mittel nicht mehr als 5 m unter der Geländeoberfläche liegen.

§ 23 Räume für Abfälle

Verkaufsstätten müssen für Abfälle besondere Räume haben, die mindestens den Abfall von zwei Tagen aufnehmen können. Die Räume müssen feuerbeständige Wände und Decken sowie mindestens feuerhemmende und selbstschließende Türen haben.

§ 24 Gefahrenverhütung

(1) Das Rauchen und das Verwenden von offenem Feuer ist in Verkaufsräumen und Ladenstraßen verboten. Dies gilt nicht für Bereiche, in denen Getränke oder Speisen verabreicht oder Besprechungen abgehalten werden. Auf das Verbot ist dauerhaft und leicht erkennbar hinzuweisen.

(2) In Treppenräumen notwendiger Treppen, in Treppenraumerweiterungen und in notwendigen Fluren dürfen keine Dekorationen vorhanden sein. In diesen Räumen sowie auf Ladenstraßen und Hauptgängen innerhalb der nach § 13 Abs. 1 und 4 erforderlichen Breiten dürfen keine Gegenstände abgestellt sein.

§ 25 Rettungswege auf dem Grundstück, Flächen für die Feuerwehr

(1) Kunden und Betriebsangehörige müssen aus der Verkaufsstätte unmittelbar oder über Flächen auf dem Grundstück auf öffentliche Verkehrsflächen gelangen können.

(2) Die erforderlichen Zu- und Durchfahrten sowie Aufstell- und Bewegungsflächen für die Feuerwehr müssen vorhanden sein.

(3) Die als Rettungswege dienenden Flächen auf dem Grundstück sowie die Flächen für dieFeuerwehr nach Absatz 2 müssen ständig freigehalten werden. Hierauf ist dauerhaft und leicht erkennbar hinzuweisen.

§ 26 Verantwortliche Personen

(1) Während der Betriebszeit einer Verkaufsstätte muss der Betreiber oder ein von ihm bestimmter Vertreter ständig anwesend sein.

(2) Der Betreiber einer Verkaufsstätte hat
1. einen Brandschutzbeauftragten und
2. für Verkaufsstätten, deren Verkaufsräume eine Fläche von insgesamt mehr als 15 000 m² haben, Selbsthilfekräfte für den Brandschutz
zu bestellen. Die Namen dieser Personen und jeder Wechsel sind der für den Brandschutz zuständigen Dienststelle auf Verlangen mitzuteilen. Der Betreiber hat für die Ausbildung dieser Personen im Einvernehmen mit der für den Brandschutz zuständigen Dienststelle zu sorgen.

(3) Der Brandschutzbeauftragte hat für die Einhaltung des § 13 Abs. 5, der §§ 24, 25 Abs. 3, des § 26 Abs. 5 und des § 27 zu sorgen.

(4) Die erforderliche Anzahl der Selbsthilfekräfte für den Brandschutz ist von der Baurechtsbehörde im Einvernehmen mit der für den Brandschutz zuständigen Dienststelle festzulegen.

(5) Selbsthilfekräfte für den Brandschutz müssen in erforderlicher Anzahl während der Betriebszeit der Verkaufsstätte anwesend sein.

§ 27 Brandschutzordnung

(1) Der Betreiber einer Verkaufsstätte hat im Einvernehmen mit der für den Brandschutz zuständigen Dienststelle eine Brandschutzordnung aufzustellen. In der Brandschutzordnung sind insbesondere die Aufgaben des Brandschutzbeauftragten und der Selbsthilfekräfte für den Brandschutz sowie die Maßnahmen festzulegen, die zur Rettung behinderter Menschen insbesondere Rollstuhlbenutzer, erforderlich sind.

(2) Die Betriebsangehörigen sind bei Beginn des Arbeitsverhältnisses und danach mindestens einmal jährlich zu belehren über
1. die Lage und die Bedienung der Feuerlöschgeräte, Brandmelde- und Feuerlöscheinrichtungen und
2. die Brandschutzordnung, insbesondere über das Verhalten bei einem Brand oder bei einer Panik.

(3) Im Einvernehmen mit der für den Brandschutz zuständigen Dienststelle sind Feuerwehrpläne anzufertigen und der örtlichen Feuerwehr zur Verfügung zu stellen.

§ 28 Stellplätze für Menschen mit Mobilitätseinschränkung

Mindestens 3 vom Hundert der notwendigen Stellplätze, mindestens jedoch ein Stellplatz, müssen für Menschen mit Mobilitätseinschränkungen vorgesehen sein. Auf diese Stellplätze ist dauerhaft und leicht erkennbar hinzuweisen.

§ 29 Zusätzliche Bauvorlagen

Die Bauvorlagen müssen zusätzliche Angaben enthalten über
1. eine Berechnung der Flächen der Verkaufsräume und der Brandabschnitte,
2. eine Berechnung der erforderlichen Breiten der Ausgänge aus den Geschossen ins Freie oder in Treppenräume notwendiger Treppen,
3. die Sprinkleranlagen, die sonstigen Feuerlöscheinrichtungen und die Feuerlöschgeräte,
4. die Brandmeldeanlagen,
5. die Alarmierungseinrichtungen,
6. die Sicherheitsbeleuchtung und die Sicherheitsstromversorgung,
7. die Rauchabzugsvorrichtungen und Rauchabzugsanlagen,
8. die Rettungswege auf dem Grundstück und die Flächen für die Feuerwehr.

§ 30 Prüfungen

(1) Folgende Anlagen müssen vor der ersten Inbetriebnahme der Verkaufsstätte, unverzüglich nach einer wesentlichen Änderung sowie jeweils mindestens alle 3 Jahre durch einennach § 1 der Bausachverständigenverordnung anerkannten Sachverständigen auf ihre Wirksamkeit und Betriebssicherheit geprüft werden:
1. Sprinkleranlagen,
2. Rauchabzugsanlagen und Rauchabzugsvorrichtungen (§ 16),
3. Sicherheitsbeleuchtung (§ 18),
4. Brandmeldeanlagen (§ 20) und
5. Sicherheitsstromversorgungsanlagen (§ 21).

(2) Der Betreiber hat
1. die Prüfungen nach Absatz 1 zu veranlassen,
2. die hierzu nötigen Vorrichtungen und fachlich geeignete Arbeitskräfte bereitzustellen sowie die erforderlichen Unterlagen bereitzuhalten,
3. die von dem Sachverständigen festgestellten Mängel unverzüglich beseitigen zu lassen und dem Sachverständigen die Beseitigung mitzuteilen sowie
4. die Berichte über die Prüfungen mindestens fünf Jahre aufzubewahren und der Baurechtsbehörde auf Verlangen vorzulegen.

(3) Der Sachverständige hat der Baurechtsbehörde mitzuteilen,
1. wann er die Prüfungen nach Absatz 1 durchgeführt hat und
2. welche hierbei festgestellten Mängel der Betreiber nicht unverzüglich hat beseitigen lassen.

§ 31 Weiter gehende Anforderungen

An Lagerräume, deren lichte Höhe mehr als 9 m beträgt, können aus Gründen des Brandschutzes weiter gehende Anforderungen gestellt werden.

§ 32   Übergangsvorschriften

Auf die im Zeitpunkt des Inkrafttretens der Verordnung bestehenden Verkaufsstätten sind § 13 Abs. 4 und 5 und die §§ 24 bis 27 sowie § 30 anzuwenden.

§ 33   Ordnungswidrigkeiten

Ordnungswidrig nach § 75 Abs. 3 Nr. 2 LBO handelt, wer vorsätzlich oder fahrlässig
1. Rettungswege entgegen § 13 Abs. 5 einengt oder einengen lässt,
2. Türen im Zuge von Rettungswegen entgegen § 15 Abs. 3 während der Betriebszeit abschließt oder abschließen lässt,
3. in Treppenräumen notwendiger Treppen, in Treppenraumerweiterungen oder in notwendigen Fluren entgegen § 24 Abs. 3 Dekorationen anbringt oder anbringen lässt oder Gegenstände abstellt oder abstellen lässt,
4. auf Ladenstraßen oder Hauptgängen entgegen § 24 Abs. 2 Gegenstände abstellt oder abstellen lässt,
5. Rettungswege auf dem Grundstück oder Flächen für die Feuerwehr entgegen § 25 Abs. 3 nicht freihält oder freihalten lässt,
6. als Betreiber oder dessen Vertreter entgegen § 26 Abs. 1 während der Betriebszeit nicht ständig anwesend ist,
7. als Betreiber entgegen § 26 Abs. 2 den Brandschutzbeauftragten und die Selbsthilfekräfte für den Brandschutz in der erforderlichen Anzahl nicht bestellt,
8. als Betreiber entgegen § 26 Abs. 5 nicht sicherstellt, dass die Selbsthilfekräfte für den Brandschutz in der erforderlichen Anzahl während der Betriebszeit anwesend sind oder
9. die vorgeschriebenen Prüfungen entgegen § 30 Abs. 1 nicht durchführen oder nach § 30 Abs. 2 Nr. 3 festgestellte Mängel nicht unverzüglich beseitigen lässt.

§ 34   Inkrafttreten

Diese Verordnung tritt am ersten Tag des auf die Verkündung folgenden Monats in Kraft. Gleichzeitig tritt die Verordnung des Innenministeriums über Waren- und sonstige Geschäftshäuser (Geschäftshausverordnung – GHVO) vom 15. August 1969 (GBl. S. 229) außer Kraft.

Abbildung 1 zu § 6 Abs. 2 Nr. 1 VkVO

Bildung von Brandabschnitten durch Ladenstraße und Brandwände

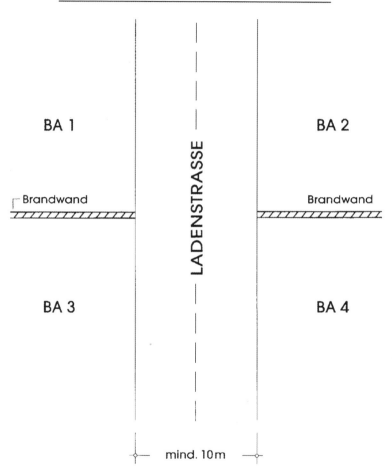

BA = BRANDABSCHNITT

Abbildung 2 zu § 6 Abs. 2 Nr. 1 VkVO

Bildung von Brandabschnitten durch Ladenstraßen

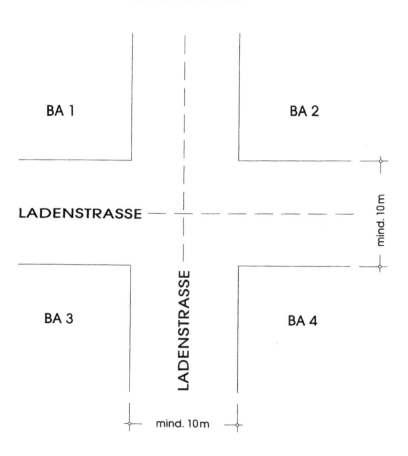

BA = BRANDABSCHNITT

Abbildung 3 zu § 6 Abs. 2 Nr. 1 VkVO

Ladenstraße im Kreuzungsbereich mit Brandwänden

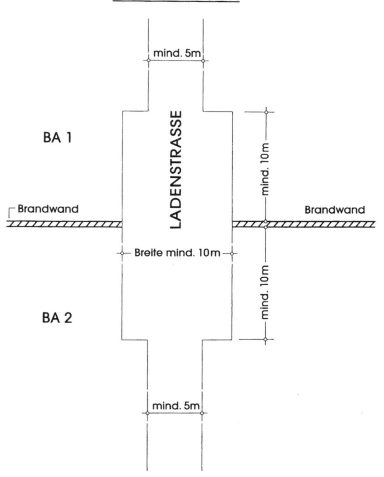

BA = BRANDABSCHNITT

II 9 Verordnung des Ministeriums für Verkehr und Infrastruktur über den Bau und Betrieb von Versammlungsstätten (Versammlungsstättenverordnung – VStättVO)[1]

vom 28. April 2004 (GBl. S. 311, ber. S. 653), zuletzt geändert durch Verordnung vom 25. Januar 2012 (GBl. S. 65, 90)

---

1   Die Verpflichtungen aus der Richtlinie 98/34/EG des Europäischen Parlaments und des Rates vom 22. Juni 1998 über ein Informationsverfahren auf dem Gebiet der Normen und technischen Vorschriften (ABl. EG Nr. L 204 S. 37), zuletzt geändert durch die Richtlinie 98/48/EG des Europäischen Parlaments und des Rates vom 20. Juli 1998 (ABl. EG Nr. L 217 S. 18), sind beachtet worden.

Auf Grund von § 73 Abs. 1 Nr. 2 bis 5 und Abs. 2 der Landesbauordnung für Baden-Württemberg (LBO) vom 8. August 1995 (GBl. S. 617) wird verordnet:

Teil 1   Allgemeine Vorschriften

§ 1   Anwendungsbereich

(1) Die Vorschriften dieser Verordnung gelten für den Bau und Betrieb von
1. Versammlungsstätten mit Versammlungsräumen, die einzeln mehr als 200 Besucher fassen. Sie gelten auch für Versammlungsstätten mit mehreren Versammlungsräumen, die insgesamt mehr als 200 Besucher fassen, wenn diese Versammlungsräume gemeinsame Rettungswege haben;
2. Versammlungsstätten im Freien mit Szenenflächen, deren Besucherbereich mehr als 1000 Besucher fasst und ganz oder teilweise aus baulichen Anlagen besteht;
3. Sportstadien, die mehr als 5000 Besucher fassen.

(2) Die Anzahl der Besucher ist wie folgt zu bemessen:
1. für Sitzplätze an Tischen: ein Besucher je m² Grundfläche des Versammlungsraumes,
2. für Sitzplätze in Reihen und für Stehplätze: zwei Besucher je m² Grundfläche des Versammlungsraumes,
3. für Stehplätze auf Stufenreihen: zwei Besucher je laufendem Meter Stufenreihe,
4. bei Ausstellungsräumen: ein Besucher je m² Grundfläche des Versammlungsraumes.
Für Besucher nicht zugängliche Flächen werden in die Berechnung nicht einbezogen. Für Versammlungsstätten im Freien und für Sportstadien gelten Satz 1 Nr. 1 bis 3 und Satz 2 entsprechend.

(3) Die Vorschriften dieser Verordnung gelten nicht für
1. Räume, die dem Gottesdienst gewidmet sind,
2. Unterrichts- und Besprechungsräume bis jeweils 100 m² Grundfläche,
3. Ausstellungsräume in Museen,
4. Fliegende Bauten.

(4) Soweit in dieser Verordnung nichts Abweichendes geregelt ist, sind auf tragende und aussteifende sowie auf raumabschließende Bauteile die Anforderungen der Landesbauordnung für Baden-Württemberg an diese Bauteile in Gebäuden der Gebäudeklasse 5 anzuwenden. Die Erleichterungen des § 7 Abs. 3 Satz 2, § 8 Abs. 3 Nr. 1 und 2, § 12 Abs. 1 Nr. 2, § 14 Abs. 1 Satz 3 Nr. 4, § 15 Abs. 4 Nr. 1 und 3 sowie des § 16 Abs. 1 Satz 2 Nr. 1 und 3 der Allgemeinen Ausführungsverordnung des Ministeriums für Verkehr und Infrastruktur zur Landesbauordnung (LBOAVO) sind nicht anzuwenden.

(5) Bauprodukte, Bauarten und Prüfverfahren, die den in Vorschriften anderer Mitgliedstaaten der Europäischen Union oder anderer Vertragsstaaten des Abkommens über den Europäischen Wirtschaftsraum genannten technischen Anforderungen entsprechen, dürfen verwendet werden, wenn das geforderte Schutzniveau in

Bezug auf Sicherheit, Gesundheit und Gebrauchstauglichkeit gleichermaßen dauerhaft erreicht und die Verwendbarkeit nachgewiesen wird.

§ 2 Begriffe

(1) Versammlungsstätten sind bauliche Anlagen oder Teile baulicher Anlagen, die für die gleichzeitige Anwesenheit vieler Menschen bei Veranstaltungen, insbesondere erzieherischer, wirtschaftlicher, geselliger, kultureller, künstlerischer, politischer, sportlicher oder unterhaltender Art, bestimmt sind, sowie Schank- und Speisewirtschaften.

(2) Erdgeschossige Versammlungsstätten sind Gebäude mit nur einem Geschoss ohne Ränge oder Emporen, dessen Fußboden an keiner Stelle mehr als 1 m unter der Geländeoberfläche liegt; dabei bleiben Geschosse außer Betracht, die ausschließlich der Unterbringung technischer Anlagen und Einrichtungen dienen.

(3) Versammlungsräume sind Räume für Veranstaltungen oder für den Verzehr von Speisen und Getränken. Hierzu gehören auch Aulen und Foyers, Vortrags- und Hörsäle sowie Studios.

(4) Szenenflächen sind Flächen für künstlerische und andere Darbietungen; für Darbietungen bestimmte Flächen unter 20 m² gelten nicht als Szenenflächen.

(5) In Versammlungsstätten mit einem Bühnenhaus ist
1. das Zuschauerhaus der Gebäudeteil, der die Versammlungsräume und die mit ihnen in baulichem Zusammenhang stehenden Räume umfasst,
2. das Bühnenhaus der Gebäudeteil, der die Bühnen und die mit ihnen in baulichem Zusammenhang stehenden Räume umfasst,
3. die Bühnenöffnung die Öffnung in der Trennwand zwischen der Hauptbühne und dem Versammlungsraum,
4. die Bühne der hinter der Bühnenöffnung liegende Raum mit Szenenflächen; zur Bühne zählen die Hauptbühne sowie die Hinter- und Seitenbühnen einschließlich der jeweils zugehörigen Ober- und Unterbühnen,
5. eine Großbühne eine Bühne
   a. mit einer Szenenfläche hinter der Bühnenöffnung von mehr als 200 m²,
   b. mit einer Oberbühne mit einer lichten Höhe von mehr als 2,5 m über der Bühnenöffnung oder
   c. mit einer Unterbühne,
6. die Unterbühne der begehbare Teil des Bühnenraumes unter dem Bühnenboden, der zur Unterbringung einer Untermaschinerie geeignet ist,
7. die Oberbühne der Teil des Bühnenraumes über der Bühnenöffnung, der zur Unterbringung einer Obermaschinerie geeignet ist.

(6) Mehrzweckhallen sind überdachte Versammlungsstätten für verschiedene Veranstaltungsarten.

(7) Studios sind Produktionsstätten für Film, Fernsehen oder Hörfunk mit Besucherplätzen.

(8) Foyers sind Empfangs- und Pausenräume für Besucher.

(9) Ausstattungen sind Bestandteile von Bühnen- oder Szenenbildern. Hierzu gehören insbesondere Wand, Fußboden- und Deckenelemente, Bildwände, Treppen und sonstige Bühnenbildteile.

(10) Requisiten sind bewegliche Einrichtungsgegenstände von Bühnen- oder Szenenbildern. Hierzu gehören insbesondere Möbel, Leuchten, Bilder und Geschirr.

(11) Ausschmückungen sind vorübergehend eingebrachte Dekorationsgegenstände. Zu den Ausschmückungen gehören insbesondere Drapierungen, Girlanden, Fahnen und künstlicher Pflanzenschmuck.

(12) Sportstadien sind Versammlungsstätten mit Tribünen für Besucher und mit nicht überdachten Sportflächen.

(13) Tribünen sind bauliche Anlagen mit ansteigenden Steh- oder Sitzplatzreihen (Stufenreihen) für Besucher.

(14) Innenbereich ist die von Tribünen umgebene Fläche für Darbietungen.

Teil 2   Allgemeine Bauvorschriften

Abschnitt 1 Bauteile und Baustoffe

§ 3   Bauteile

(1) Tragende und aussteifende Bauteile, wie Wände, Stützen und Decken, müssen feuerbeständig, in erdgeschossigen Versammlungsstätten mindestens feuerhemmend sein. Satz 1 gilt nicht für erdgeschossige Versammlungsstätten mit automatischen Feuerlöschanlagen.

(2) Außenwände mehrgeschossiger Versammlungsstätten müssen aus nichtbrennbaren Baustoffen bestehen.

(3) Trennwände sind erforderlich zum Abschluss von Versammlungsräumen und Bühnen. Diese Trennwände müssen feuerbeständig, in erdgeschossigen Versammlungsstätten mindestens feuerhemmend sein. In der Trennwand zwischen der Bühne und dem Versammlungsraum ist eine Bühnenöffnung zulässig. Im Übrigen sind Öffnungen in diesen Wänden nach Maßgabe von § 6 Absatz 4 LBOAVO zulässig.

(4) Räume mit besonderen Brandgefahren, wie Werkstätten, Magazine und Lagerräume, sowie Räume unter Tribünen und Podien, müssen feuerbeständige Trennwände und Decken haben.

(5) Der Fußboden von Szenenflächen muss fugendicht sein. Betriebsbedingte Öffnungen sind zulässig. Die Unterkonstruktion, mit Ausnahme der Lagerhölzer, muss aus nichtbrennbaren Baustoffen bestehen. Räume unter dem Fußboden, die nicht zu einer Unterbühne gehören, müssen feuerbeständige Wände und Decken haben.

(6) Die Unterkonstruktion der Fußböden von Tribünen oder Podien, die veränderbare Einbauten in Versammlungsräumen sind, müssen aus nichtbrennbaren Baustoffen bestehen; dies gilt nicht für Podien mit insgesamt nicht mehr als 20 m² Fläche.

(7) Veränderbare Einbauten sind so auszubilden, dass sie in ihrer Standsicherheit nicht durch dynamische Beanspruchungen gefährdet werden können.

§ 4   Dächer

(1) Tragwerke von Dächern, die den oberen Abschluss von Räumen der Versammlungsstätte bilden oder die von diesen Räumen nicht durch feuerbeständige Bauteile getrennt sind, müssen feuerhemmend sein. Tragwerke von Dächern über Tribünen

und Szenenflächen im Freien müssen mindestens feuerhemmend sein oder aus nichtbrennbaren Baustoffen bestehen. Satz 1 gilt nicht für Versammlungsstätten mit automatischen Feuerlöschanlagen.

(2) Bedachungen müssen gegen Flugfeuer und strahlende Wärme widerstandsfähig sein und die Brandweiterleitung behindern.

(3) Baustoffe dürfen nicht brennend abtropfen. Lichtdurchlässige Dachflächen müssen

1. schwerentflammbar sein bei Versammlungsstätten mit automatischen Feuerlöschanlagen,
2. nichtbrennbar sein bei Versammlungsstätten ohne automatische Feuerlöschanlagen.

Lichtdurchlässige Dachflächen müssen bruchsicher sein.

§ 5   Dämmstoffe, Unterdecken, Bekleidungen und Bodenbeläge

(1) Dämmstoffe müssen aus nichtbrennbaren Baustoffen bestehen.

(2) Bekleidungen an Wänden in Versammlungsräumen müssen aus mindestens schwerentflammbaren Baustoffen bestehen. In Versammlungsräumen mit nicht mehr als 1000 m² Grundfläche genügen geschlossene nicht hinterlüftete Holzbekleidungen.

(3) Unterdecken und Bekleidungen an Decken in Versammlungsräumen müssen aus nichtbrennbaren Baustoffen bestehen. In Versammlungsräumen mit nicht mehr als 1000 m² Grundfläche genügen Bekleidungen aus mindestens schwerentflammbaren Baustoffen oder geschlossene nicht hinterlüftete Holzbekleidungen.

(4) In Foyers, durch die Rettungswege aus anderen Versammlungsräumen führen, notwendigen Treppenräumen, Räumen zwischen notwendigen Treppenräumen und Ausgängen ins Freie sowie notwendigen Fluren müssen Unterdecken und Bekleidungen aus nichtbrennbaren Baustoffen bestehen.

(5) Unterdecken und Bekleidungen, die mindestens schwerentflammbar sein müssen, dürfen nicht brennend abtropfen.

(6) Unterkonstruktionen, Halterungen und Befestigungen von Unterdecken und Bekleidungen nach den Absätzen 2 bis 4 müssen aus nichtbrennbaren Baustoffen bestehen; dies gilt nicht für Versammlungsräume mit nicht mehr als 100 m² Grundfläche. In den Hohlräumen hinter Unterdecken und Bekleidungen aus brennbaren Baustoffen dürfen Kabel und Leitungen nur in Installationsschächten oder Installationskanälen aus nichtbrennbaren Baustoffen verlegt werden.

(7) In notwendigen Treppenräumen, Räumen zwischen notwendigen Treppenräumen und Ausgängen ins Freie müssen Bodenbeläge nichtbrennbar sein. In notwendigen Fluren sowie in Foyers, durch die Rettungswege aus anderen Versammlungsräumen führen, müssen Bodenbeläge mindestens schwerentflammbar sein.

Abschnitt 2 **Rettungswege**

§ 6   Führung der Rettungswege

(1) Rettungswege müssen ins Freie zu öffentlichen Verkehrsflächen führen. Zu den Rettungswegen von Versammlungsstätten gehören insbesondere die frei zu haltenden Gänge und Stufengänge, die Ausgänge aus Versammlungsräumen, die notwen-

digen Flure und notwendigen Treppen, die Ausgänge ins Freie, die als Rettungsweg dienenden Balkone, Dachterrassen und Außentreppen sowie die Rettungswege im Freien auf dem Grundstück.

(2) Versammlungsstätten müssen in jedem Geschoss mit Aufenthaltsräumen mindestens zwei voneinander unabhängige bauliche Rettungswege haben; dies gilt für Tribünen entsprechend. Die Führung beider Rettungswege innerhalb eines Geschosses durch einen gemeinsamen notwendigen Flur ist zulässig. Rettungswege dürfen über Balkone, Dachterrassen und Außentreppen auf das Grundstück führen, wenn sie im Brandfall sicher begehbar sind.

(3) Rettungswege dürfen durch Foyers oder Hallen zu Ausgängen ins Freie geführt werden, soweit mindestens ein weiterer von dem Foyer oder der Halle unabhängiger baulicher Rettungsweg vorhanden ist.

(4) Versammlungsstätten müssen für Geschosse mit jeweils mehr als 800 Besucherplätzen nur diesen Geschossen zugeordnete Rettungswege haben.

(5) Versammlungsräume und sonstige Aufenthaltsräume mit mehr als 100 m² Grundfläche müssen jeweils mindestens zwei möglichst weit auseinander und entgegengesetzt liegende Ausgänge ins Freie oder zu Rettungswegen haben.

(6) Ausgänge und Rettungswege müssen durch Sicherheitszeichen dauerhaft und gut sichtbar gekennzeichnet sein.

§ 7   Bemessung der Rettungswege

(1) Die Entfernung von jedem Besucherplatz bis zum nächsten Ausgang aus dem Versammlungsraum oder von der Tribüne darf nicht länger als 30 m sein. Bei mehr als 5 m lichter Höhe ist je 2,5 m zusätzlicher lichter Höhe über der zu entrauchenden Ebene für diesen Bereich eine Verlängerung der Entfernung um 5 m zulässig. Die Entfernung von 60 m bis zum nächsten Ausgang darf nicht überschritten werden.

(2) Die Entfernung von jeder Stelle einer Bühne bis zum nächsten Ausgang darf nicht länger als 30 m sein. Gänge zwischen den Wänden der Bühne und dem Rundhorizont oder den Dekorationen müssen eine lichte Breite von 1,20 m haben; in Großbühnen müssen diese Gänge vorhanden sein.

(3) Die Entfernung von jeder Stelle eines notwendigen Flures oder eines Foyers bis zum Ausgang ins Freie oder zu einem notwendigen Treppenraum darf nicht länger als 30 m sein.

(4) Die Breite der Rettungswege ist nach der größtmöglichen Personenzahl zu bemessen. Die lichte Breite eines jeden Teiles von Rettungswegen muss mindestens 1,20 m betragen. Die lichte Breite eines jeden Teiles von Rettungswegen muss für die darauf angewiesenen Personen mindestens betragen bei
1. Versammlungsstätten im Freien sowie Sportstadien 1,20 m je 600 Personen
2. anderen Versammlungsstätten 1,20 m je 200 Personen
Staffelungen sind nur in Schritten von 0,60 m zulässig. Bei Ausgängen aus Aufenthaltsräumen mit nicht mehr als 200 Besucherplätzen und bei Rettungswegen im Bühnenhaus genügt eine lichte Breite von 0,90 m. Für Rettungswege von Arbeitsgalerien genügt eine Breite von 0,80 m.

(5) Ausstellungshallen müssen durch Gänge so unterteilt sein, dass die Tiefe der zur Aufstellung von Ausstellungsständen bestimmten Grundflächen (Ausstellungsflächen) nicht mehr als 30 m beträgt. Die Entfernung von jeder Stelle auf einer Ausstellungsfläche bis zu einem Gang darf nicht mehr als 20 m betragen; sie wird auf die nach Absatz 1 bemessene Entfernung nicht angerechnet. Die Gänge müssen

auf möglichst geradem Weg zu entgegengesetzt liegenden Ausgängen führen. Die lichte Breite der Gänge und der zugehörigen Ausgänge muss mindestens 3 m betragen.

(6) Die Entfernungen werden in der Lauflinie gemessen.

§ 8   Treppen

(1) Die Führung der jeweils anderen Geschossen zugeordneten notwendigen Treppen in einem gemeinsamen notwendigen Treppenraum (Schachteltreppen) ist zulässig.

(2) Notwendige Treppen müssen feuerbeständig sein. Für notwendige Treppen in notwendigen Treppenräumen oder als Außentreppen genügen nichtbrennbare Baustoffe. Für notwendige Treppen von Tribünen und Podien als veränderbare Einbauten genügen Bauteile aus nichtbrennbaren Baustoffen und Stufen aus Holz. Die Sätze 1 bis 3 gelten nicht für notwendige Treppen von Ausstellungsständen.

(3) Die lichte Breite notwendiger Treppen darf nicht mehr als 2,40 m betragen.

(4) Notwendige Treppen und dem allgemeinen Besucherverkehr dienende Treppen müssen auf beiden Seiten feste und griffsichere Handläufe ohne freie Enden haben. Die Handläufe sind über Treppenabsätze fortzuführen.

(5) Notwendige Treppen und dem allgemeinen Besucherverkehr dienende Treppen müssen geschlossene Trittstufen haben; dies gilt nicht für Außentreppen.

(6) Wendeltreppen sind als notwendige Treppen für Besucher unzulässig.

§ 9   Türen und Tore

(1) Türen und Tore in raumabschließenden Innenwänden, die feuerbeständig sein müssen, sowie in inneren Brandwänden müssen mindestens feuerhemmend, rauchdicht und selbstschließend sein.

(2) Türen und Tore in raumabschließenden Innenwänden, die feuerhemmend sein müssen, müssen mindestens rauchdicht und selbstschließend sein.

(3) Türen und Tore in Rettungswegen müssen in Fluchtrichtung aufschlagen und dürfen keine Schwellen haben. Während des Aufenthaltes von Personen in der Versammlungsstätte müssen die Türen der jeweiligen Rettungswege jederzeit von innen leicht und in voller Breite geöffnet werden können.

(4) Schiebetüren und -tore sind in Rettungswegen unzulässig; dies gilt nicht für automatische Schiebetüren, die die Rettungswege nicht beeinträchtigen. Pendeltüren müssen in Rettungswegen Vorrichtungen haben, die ein Durchpendeln der Türen verhindern.

(5) Türen, die selbstschließend sein müssen, dürfen offen gehalten werden, wenn sie Einrichtungen haben, die bei Raucheinwirkung ein selbsttätiges Schließen der Türen bewirken; sie müssen auch von Hand geschlossen werden können.

(6) Mechanische Vorrichtungen zur Vereinzelung oder Zählung von Besuchern, wie Drehtüren oder kreuze, sind in Rettungswegen unzulässig; dies gilt nicht für mechanische Vorrichtungen, die im Gefahrenfall von innen leicht und in voller Breite geöffnet werden können.

Abschnitt 3 **Besucherplätze und Einrichtungen für Besucher**

§ 10   Bestuhlung, Gänge und Stufengänge

(1) In Reihen angeordnete Sitzplätze müssen unverrückbar befestigt sein; werden nur vorübergehend Stühle aufgestellt, so sind sie in den einzelnen Reihen fest miteinander zu verbinden. Satz 1 gilt nicht für Gaststätten und Kantinen sowie für abgegrenzte Bereiche von Versammlungsräumen mit nicht mehr als 20 Sitzplätzen und ohne Stufen, wie Logen.

(2) Die Sitzplatzbereiche der Tribünen von Versammlungsstätten mit mehr als 5000 Besucherplätzen müssen unverrückbar befestigte Einzelsitze haben.

(3) Sitzplätze müssen mindestens 0,50 m breit sein. Zwischen den Sitzplatzreihen muss eine lichte Durchgangsbreite von mindestens 0,40 m vorhanden sein.

(4) Sitzplätze müssen in Blöcken von höchstens 30 Sitzplatzreihen angeordnet sein. Hinter und zwischen den Blöcken müssen Gänge mit einer Mindestbreite von 1,20 m vorhanden sein. Die Gänge müssen auf möglichst kurzem Weg zum Ausgang führen.

(5) Seitlich eines Ganges dürfen höchstens zehn Sitzplätze, bei Versammlungsstätten im Freien und Sportstadien höchstens 20 Sitzplätze angeordnet sein. Zwischen zwei Seitengängen dürfen 20 Sitzplätze, bei Versammlungsstätten im Freien und Sportstadien höchstens 40 Sitzplätze angeordnet sein. In Versammlungsräumen dürfen zwischen zwei Seitengängen höchstens 50 Sitzplätze angeordnet sein, wenn auf jeder Seite des Versammlungsraumes für jeweils vier Sitzreihen eine Tür mit einer lichten Breite von 1,20 m vorhanden ist.

(6) Von jedem Tischplatz darf der Weg zu einem Gang nicht länger als 10 m sein. Der Abstand von Tisch zu Tisch soll 1,50 m nicht unterschreiten.

(7) In Versammlungsräumen müssen für Rollstuhlbenutzer mindestens 1 Prozent der Besucherplätze, mindestens jedoch zwei Plätze, möglichst im Raum verteilt auf ebenen Standflächen vorhanden sein. Den Plätzen für Rollstuhlbenutzer sind Besucherplätze für Begleitpersonen zuzuordnen. Die Plätze für Rollstuhlbenutzer und die Wege zu ihnen sind durch Hinweisschilder gut sichtbar zu kennzeichnen.

(8) Stufen in Gängen (Stufengänge) müssen eine Steigung von mindestens 0,10 m und höchstens 0,19 m und einen Auftritt von mindestens 0,26 m haben. Der Fußboden des Durchganges zwischen Sitzplatzreihen und der Fußboden von Stehplatzreihen muss mit dem anschließenden Auftritt des Stufenganges auf einer Höhe liegen. Stufengänge in Mehrzweckhallen mit mehr als 5000 Besucherplätzen und in Sportstadien müssen sich durch farbliche Kennzeichnung von den umgebenden Flächen deutlich abheben.

§ 11   Abschrankungen und Schutzvorrichtungen

(1) Flächen, die im Allgemeinen zum Begehen bestimmt sind und unmittelbar an mehr als 20 cm tiefer liegende Flächen angrenzen, sind mit Abschrankungen zu umwehren, soweit sie nicht durch Stufengänge oder Rampen mit der tiefer liegenden Fläche verbunden sind. Satz 1 ist nicht anzuwenden:
1. für die den Besuchern zugewandten Seiten von Bühnen und Szenenflächen,
2. vor Stufenreihen, wenn die Stufenreihe nicht mehr als 0,50 m über dem Fußboden der davor liegenden Stufenreihe oder des Versammlungsraumes liegt, oder

3. vor Stufenreihen, wenn die Rückenlehnen der Sitzplätze der davor liegenden Stufenreihe den Fußboden der hinteren Stufenreihe um mindestens 0,65 m überragen.

(2) Abschrankungen, wie Umwehrungen, Geländer, Wellenbrecher, Zäune, Absperrgitter oder Glaswände, müssen mindestens 1,10 m hoch sein. Umwehrungen von Flächen, auf denen mit der Anwesenheit von Kindern unter sechs Jahren gerechnet werden muss, müssen entsprechend § 4 Abs. 4 Satz 1 und 2 LBOAVO gestaltet sein.

(3) Vor Sitzplatzreihen genügen Umwehrungen von 0,90 m Höhe; bei mindestens 0,20 m Brüstungsbreite der Umwehrung genügen 0,50 m; bei mindestens Brüstungsbreite genügen 0,70 m. Liegt die Stufenreihe nicht mehr als 1 m über dem Fußboden der davor liegenden Stufenreihe oder des Versammlungsraumes, genügen vor Sitzplatzreihen 0,65 m.

(4) Abschrankungen in den für Besucher zugänglichen Bereichen müssen so bemessen sein, dass sie dem Druck einer Personengruppe standhalten.

(5) Die Fußböden und Stufen von Tribünen und Podien dürfen keine Öffnungen haben, durch die Personen abstürzen können; sofern Bühnen oder Szenenflächen solche Öffnungen benötigen, sind geeignete Vorkehrungen zur Absturzsicherheit zu treffen.

(6) Spielfelder, Manegen, Fahrbahnen für den Rennsport und Reitbahnen müssen durch Abschrankungen, Netze oder andere Vorrichtungen so gesichert sein, dass Besucher durch die Darbietung oder den Betrieb des Spielfeldes, der Manege oder der Bahn nicht gefährdet werden. Für Darbietungen und für den Betrieb technischer Einrichtungen im Luftraum über den Besucherplätzen gilt Satz 1 entsprechend.

(7) Werden Besucherplätze im Innenbereich von Fahrbahnen angeordnet, so muss der Innenbereich ohne Betreten der Fahrbahnen erreicht werden können.

§ 12   Toilettenräume

(1) Versammlungsstätten müssen getrennte Toilettenräume für Damen und Herren haben. Toiletten sollen in jedem Geschoss angeordnet werden. Es sollen mindestens vorhanden sein:

	Besucherplätze	Damentoiletten	Herrentoilette
	Toilettenbecken	Toilettenbecken	Urinalbecken
bis 1000 je 100	1,5	0,5	1,2
über 1000 je weitere 100	1,0	0,3	0,6
über 20 000 je weitere 100	0,5	0,2	0,5

Die ermittelten Zahlen sind auf ganze Zahlen aufzurunden. Soweit die Aufteilung der Toilettenräume nach Satz 2 nach der Art der Veranstaltung nicht zweckmäßig ist, kann für die Dauer der Veranstaltung eine andere Aufteilung erfolgen, wenn die Toilettenräume entsprechend gekennzeichnet werden. Bei mehr als 6 Urinalbecken in einer Toilettenanlage sind diese in einem Raum unterzubringen, der einen vollständigen Sichtschutz gegenüber den Toilettenbecken und sonstigen Räumen bietet und nicht der Erschließung anderer Toilettenräume dient. Auf dem Gelände der Versammlungsstätte oder in der Nähe vorhandene Toiletten können angerechnet werden, wenn sie für die Besucher der Versammlungsstätte zugänglich sind.

(2) Für Rollstuhlbenutzer muss eine ausreichende Zahl geeigneter, stufenlos erreichbarer Toiletten, mindestens jedoch je zehn Plätzen für Rollstuhlbenutzer eine

Toilette, vorhanden sein. Mehrere Toiletten sollen verteilt angeordnet und auf kurzem Weg erreichbar sein.

(3) Für Damen- und Herrentoilettenräume ist jeweils mindestens ein eigener Vorraum mit Waschbecken vorzusehen.

§ 13   Stellplätze für Menschen mit Mobilitätseinschränkung

Die Zahl der notwendigen Stellplätze für die Kraftfahrzeuge in ihrer Mobilität eingeschränkter Personen muss mindestens der Hälfte der Zahl der nach § 10 Abs. 7 erforderlichen Besucherplätze entsprechen. Auf diese Stellplätze ist dauerhaft und leicht erkennbar hinzuweisen.

Abschnitt 4 Technische Anlagen und Einrichtungen, besondere Räume

§ 14   Sicherheitsstromversorgungsanlagen, elektrische Anlagen und Blitzschutzanlagen

(1) Versammlungsstätten müssen eine Sicherheitsstromversorgungsanlage haben, die bei Ausfall der Stromversorgung den Betrieb der sicherheitstechnischen Anlagen und Einrichtungen übernimmt, insbesondere der
1. Sicherheitsbeleuchtung,
2. automatischen Feuerlöschanlagen und Druckerhöhungsanlagen für die Löschwasserversorgung,
3. Rauchabzugsanlagen,
4. Brandmeldeanlagen,
5. Alarmierungsanlagen.

(2) In Versammlungsstätten für verschiedene Veranstaltungsarten, wie Mehrzweckhallen, Theater und Studios, sind für die vorübergehende Verlegung beweglicher Kabel und Leitungen bauliche Vorkehrungen, wie Installationsschächte und kanäle oder Abschottungen, zu treffen, die die Ausbreitung von Feuer und Rauch verhindern und die sichere Begehbarkeit, insbesondere der Rettungswege, gewährleisten.

(3) Elektrische Schaltanlagen dürfen für Besucher nicht zugänglich sein.

(4) Versammlungsstätten müssen Blitzschutzanlagen haben, die auch die sicherheitstechnischen Einrichtungen schützen (äußerer und innerer Blitzschutz).

§ 15   Sicherheitsbeleuchtung

(1) In Versammlungsstätten muss eine Sicherheitsbeleuchtung vorhanden sein, die so beschaffen ist, dass Arbeitsvorgänge auf Bühnen und Szenenflächen sicher abgeschlossen werden können und sich Besucher, Mitwirkende und Betriebsangehörige auch bei vollständigem Versagen der allgemeinen Beleuchtung bis zu öffentlichen Verkehrsflächen hin gut zurechtfinden können.

(2) Eine Sicherheitsbeleuchtung muss vorhanden sein
1. in notwendigen Treppenräumen, in Räumen zwischen notwendigen Treppenräumen und Ausgängen ins Freie und in notwendigen Fluren,
2. in Versammlungsräumen sowie in allen übrigen Räumen für Besucher (zum Beispiel Foyers, Garderoben, Toiletten),

3. für Bühnen und Szenenflächen,
4. in den Räumen für Mitwirkende und Beschäftigte mit mehr als 20 m² Grundfläche, ausgenommen Büroräume,
5. in elektrischen Betriebsräumen, in Räumen für haustechnische Anlagen sowie in Scheinwerfer- und Bildwerferräumen,
6. in Versammlungsstätten im Freien und Sportstadien, die während der Dunkelheit benutzt werden,
7. für Sicherheitszeichen von Ausgängen und Rettungswegen,
8. für Stufenbeleuchtungen.

(3) In betriebsmäßig verdunkelten Versammlungsräumen, auf Bühnen und Szenenflächen muss eine Sicherheitsbeleuchtung in Bereitschaftsschaltung vorhanden sein. Die Ausgänge, Gänge und Stufen im Versammlungsraum müssen auch bei Verdunklung unabhängig von der übrigen Sicherheitsbeleuchtung erkennbar sein. Bei Gängen in Versammlungsräumen mit auswechselbarer Bestuhlung sowie bei Sportstadien mit Sicherheitsbeleuchtung ist eine Stufenbeleuchtung nicht erforderlich.

§ 16 Rauchableitung

(1) Versammlungsräume und sonstige Aufenthaltsräume mit mehr als 200 m² Grundfläche, Versammlungsräume in Kellergeschossen, Bühnen sowie notwendige Treppenräume müssen entraucht werden können.

(2) Für die Entrauchung von Versammlungsräumen und sonstigen Aufenthaltsräumen mit nicht mehr als 1000 m² Grundfläche genügen Rauchableitungsöffnungen mit einer freien Öffnungsfläche von insgesamt 1 Prozent der Grundfläche, Fenster oder Türen mit einer freien Öffnungsfläche von insgesamt 2 Prozent der Grundfläche oder maschinelle Rauchabzugsanlagen mit einem Luftvolumenstrom von 36 m³/h je Quadratmeter Grundfläche.

(3) Für die Entrauchung von Versammlungsräumen und sonstigen Aufenthaltsräumen mit mehr als 1000 m² Grundfläche sowie von Bühnen müssen Rauchabzugsanlagen vorhanden sein, die so bemessen sind, dass sie eine raucharme Schicht von mindestens 2,50 m auf allen zu entrauchenden Ebenen, bei Bühnen jedoch mindestens eine raucharme Schicht von der Höhe der Bühnenöffnung, ermöglichen.

(4) Notwendige Treppenräume müssen Rauchableitungsöffnungen mit einer freien Öffnungsfläche von mindestens 1 m² haben.

(5) Rauchableitungsöffnungen sollen an der höchsten Stelle des Raumes liegen und müssen unmittelbar ins Freie führen. Die Rauchableitung über Schächte mit strömungstechnisch äquivalenten Querschnitten ist zulässig, wenn die Wände der Schächte die Anforderungen nach § 3 Abs. 3 erfüllen. Die Austrittsöffnungen müssen mindestens 0,25 m über der Dachfläche liegen. Fenster und Türen, die auch der Rauchableitung dienen, müssen im oberen Drittel der Außenwand der zu entrauchenden Ebene angeordnet werden.

(6) Die Abschlüsse der Rauchableitungsöffnungen von Bühnen mit Schutzvorhang müssen bei einem Überdruck von 350 Pa selbsttätig öffnen; eine automatische Auslösung durch geeignete Temperaturmelder ist zulässig.

(7) Maschinelle Rauchabzugsanlagen sind für eine Betriebszeit von 30 Minuten bei einer Rauchgastemperatur von 300 °C auszulegen. Maschinelle Lüftungsanlagen können als maschinelle Rauchabzugsanlagen betrieben werden, wenn sie die an diese gestellten Anforderungen erfüllen.

(8) Die Vorrichtungen zum Öffnen oder Einschalten der Rauchabzugsanlagen, der Abschlüsse der Rauchableitungsöffnungen und zum Öffnen der nach Absatz 5 angerechneten Fenster müssen von einer jederzeit zugänglichen Stelle im Raum aus leicht bedient werden können. Bei notwendigen Treppenräumen muss die Vorrichtung zum Öffnen von jedem Geschoss aus leicht bedient werden können.

(9) Jede Bedienungsstelle muss mit einem Hinweisschild mit der Bezeichnung „RAUCHABZUG" und der Bezeichnung des jeweiligen Raumes gekennzeichnet sein. An der Bedienungsvorrichtung muss die Betriebsstellung der Anlage oder Öffnung erkennbar sein.

§ 17   Heizungsanlagen und Lüftungsanlagen

(1) Heizungsanlagen in Versammlungsstätten müssen dauerhaft fest eingebaut sein. Sie müssen so angeordnet sein, dass ausreichende Abstände zu Personen, brennbaren Bauprodukten und brennbarem Material eingehalten werden und keine Beeinträchtigungen durch Abgase entstehen.

(2) Versammlungsräume und sonstige Aufenthaltsräume mit mehr als 200 m² Grundfläche müssen Lüftungsanlagen haben.

§ 18   Stände und Arbeitsgalerien für Licht, Ton, Bild- und Regieanlagen

(1) Stände und Arbeitsgalerien für den Betrieb von Licht, Ton, Bild- und Regieanlagen, wie Schnürböden, Beleuchtungstürme oder Arbeitsbrücken, müssen aus nichtbrennbaren Baustoffen bestehen. Der Abstand zwischen Arbeitsgalerien und Raumdecken muss mindestens 2 m betragen.

(2) Von Arbeitsgalerien müssen mindestens zwei Rettungswege erreichbar sein. Jede Arbeitsgalerie einer Hauptbühne muss auf beiden Seiten der Hauptbühne einen Ausgang zu Rettungswegen außerhalb des Bühnenraumes haben.

(3) Öffnungen in Arbeitsgalerien müssen so gesichert sein, dass Personen oder Gegenstände nicht herabfallen können.

§ 19   Feuerlöscheinrichtungen und anlagen

(1) Versammlungsräume, Bühnen, Foyers, Werkstätten, Magazine, Lagerräume und notwendige Flure sind mit geeigneten Feuerlöschern in ausreichender Zahl auszustatten. Die Feuerlöscher sind gut sichtbar und leicht zugänglich anzubringen.

(2) In Versammlungsstätten mit Versammlungsräumen von insgesamt mehr als 1000 m² Grundfläche müssen Wandhydranten in ausreichender Zahl gut sichtbar und leicht zugänglich an geeigneten Stellen angebracht sein.

(3) Versammlungsstätten mit Versammlungsräumen von insgesamt mehr als 3600 m² Grundfläche müssen eine automatische Feuerlöschanlage haben; dies gilt nicht für Versammlungsstätten, deren Versammlungsräume jeweils nicht mehr als 400 m² Grundfläche haben.

(4) Foyers oder Hallen, durch die Rettungswege aus anderen Versammlungsräumen führen, müssen eine automatische Feuerlöschanlage haben.

(5) Versammlungsräume, bei denen eine Fußbodenebene höher als 22 m über der Geländeoberfläche liegt, sind nur in Gebäuden mit automatischer Feuerlöschanlage zulässig.

(6) Versammlungsräume in Kellergeschossen müssen eine automatische Feuerlöschanlage haben. Ausgenommen sind Versammlungsräume mit nicht mehr als 200 m² Grundfläche, deren Fußboden an keiner Stelle mehr als 5 m unter der Geländeoberfläche liegt.

(7) In Versammlungsräumen müssen offene Küchen oder ähnliche Einrichtungen mit einer Grundfläche von mehr als 30 m² eine dafür geeignete automatische Feuerlöschanlage haben.

(8) Die Wirkung automatischer Feuerlöschanlagen darf durch überdeckte oder mehrgeschossige Ausstellungs- oder Dienstleistungsstände nicht beeinträchtigt werden.

(9) Automatische Feuerlöschanlagen müssen an eine Brandmelderzentrale angeschlossen sein.

§ 20 Brandmelde- und Alarmierungsanlagen, Brandmelder- und Alarmzentrale, Brandfallsteuerung der Aufzüge

(1) Versammlungsstätten mit Versammlungsräumen von insgesamt mehr als 1000 m² Grundfläche müssen Brandmeldeanlagen mit automatischen und nichtautomatischen Brandmeldern haben.

(2) Versammlungsstätten mit Versammlungsräumen von insgesamt mehr als 1000 m² Grundfläche müssen Alarmierungs-, insbesondere Sprachalarmanlagen, haben, mit denen im Gefahrenfall Besucher, Mitwirkende und Betriebsangehörige alarmiert und Anweisungen erteilt werden können.

(3) In Versammlungsstätten mit Versammlungsräumen von insgesamt mehr als 1000 m² Grundfläche müssen zusätzlich zu den örtlichen Bedienungsvorrichtungen zentrale Bedienungsvorrichtungen für Rauchabzugs-, Feuerlösch-, Brandmelde- und Alarmierungs-, insbesondere Sprachalarmanlagen, in einem für die Feuerwehr leicht zugänglichen Raum (Brandmelder- und Alarmzentrale) zusammengefasst werden.

(4) In Versammlungsstätten mit Versammlungsräumen von insgesamt mehr als 1000 m² Grundfläche müssen die Aufzüge mit einer Brandfallsteuerung ausgestattet sein, die durch die automatische Brandmeldeanlage ausgelöst wird. § 14 Abs. 6 LBOAVO bleibt unberührt. Die Brandfallsteuerung muss sicherstellen, dass die Aufzüge ein Geschoss mit Ausgang ins Freie oder das diesem nächstgelegene, nicht von der Brandmeldung betroffene Geschoss unmittelbar anfahren und dort mit geöffneten Türen außer Betrieb gehen.

(5) Automatische Brandmeldeanlagen müssen durch technische Maßnahmen gegen Falschalarme gesichert sein. Brandmeldungen müssen von der Brandmelderzentrale unmittelbar und automatisch zur Leitstelle der Feuerwehr weitergeleitet werden.

§ 21 Werkstätten, Magazine und Lagerräume

(1) Für feuergefährliche Arbeiten, wie Schweiß-, Löt- oder Klebearbeiten, müssen dafür geeignete Werkstätten vorhanden sein.

(2) Für das Aufbewahren von Dekorationen, Requisiten und anderem brennbaren Material müssen eigene Lagerräume (Magazine) vorhanden sein.

(3) Für die Sammlung von Abfällen und Wertstoffen müssen dafür geeignete Behälter im Freien oder besondere Lagerräume vorhanden sein.

(4) Werkstätten, Magazine und Lagerräume dürfen mit notwendigen Treppenräumen nicht in unmittelbarer Verbindung stehen.

Teil 3   Besondere Bauvorschriften

Abschnitt 1 Großbühnen

§ 22   Bühnenhaus

(1) In Versammlungsstätten mit Großbühnen sind alle für den Bühnenbetrieb notwendigen Räume und Einrichtungen in einem eigenen, von dem Zuschauerhaus getrennten Bühnenhaus unterzubringen.

(2) Die Trennwand zwischen Bühnen- und Zuschauerhaus muss feuerbeständig und in der Bauart einer Brandwand hergestellt sein. Türen in dieser Trennwand müssen feuerbeständig und selbstschließend sein.

§ 23   Schutzvorhang

(1) Die Bühnenöffnung von Großbühnen muss gegen den Versammlungsraum durch einen Vorhang aus nichtbrennbarem Material dicht geschlossen werden können (Schutzvorhang). Der Schutzvorhang muss durch sein Eigengewicht schließen können. Die Schließzeit darf 30 Sekunden nicht überschreiten. Der Schutzvorhang muss einem Druck von 450 Pa nach beiden Richtungen standhalten. Eine höchstens 1 m breite, zur Hauptbühne sich öffnende, selbsttätig schließende Tür im Schutzvorhang ist zulässig.

(2) Der Schutzvorhang muss so angeordnet sein, dass er im geschlossenen Zustand an allen Seiten an feuerbeständige Bauteile anschließt. Der Bühnenboden darf unter dem Schutzvorhang durchgeführt werden. Das untere Profil dieses Schutzvorhangs muss ausreichend steif sein oder mit Stahldornen in entsprechende stahlbewehrte Aussparungen im Bühnenboden eingreifen.

(3) Die Vorrichtung zum Schließen des Schutzvorhangs muss mindestens an zwei Stellen von Hand ausgelöst werden können. Beim Schließen muss auf der Bühne ein Warnsignal zu hören sein.

§ 24   Feuerlösch- und Brandmeldeanlagen

(1) Großbühnen müssen eine automatische Sprühwasserlöschanlage haben, die auch den Schutzvorhang beaufschlagt.

(2) Die Sprühwasserlöschanlage muss zusätzlich mindestens von zwei Stellen aus von Hand in Betrieb gesetzt werden können.

(3) In Großbühnen müssen neben den Ausgängen zu den Rettungswegen in Höhe der Arbeitsgalerien und des Schnürbodens Wandhydranten vorhanden sein.

(4) Großbühnen und Räume mit besonderen Brandgefahren müssen eine Brandmeldeanlage mit automatischen und nichtautomatischen Brandmeldern haben.

(5) Die Auslösung eines Alarmes muss optisch und akustisch am Platz der Brandsicherheitswache erkennbar sein.

§ 25   Platz für die Brandsicherheitswache

(1) Auf jeder Seite der Bühnenöffnung muss für die Brandsicherheitswache ein besonderer Platz mit einer Grundfläche von mindestens 1 m × 1 m und einer Höhe von

mindestens 2,20 m vorhanden sein. Die Brandsicherheitswache muss die Fläche, die bespielt wird, überblicken und betreten können.

(2) Am Platz der Brandsicherheitswache müssen die Vorrichtung zum Schließen des Schutzvorhangs und die Auslösevorrichtungen der Rauchabzugs- und Sprühwasser-löschanlagen der Bühne sowie ein nichtautomatischer Brandmelder leicht erreichbar angebracht und durch Hinweisschilder gekennzeichnet sein. Die Auslösevorrichtungen müssen beleuchtet sein. Diese Beleuchtung muss an die Sicherheitsstromversorgung angeschlossen sein. Die Vorrichtungen sind gegen unbeabsichtigtes Auslösen zu sichern.

Abschnitt 2 **Versammlungsstätten mit mehr als 5000 Besucherplätzen**

§ 26 Räume für Sprachalarmzentrale, Polizei, Feuerwehr, Sanitäts- und Rettungsdienst

(1) Mehrzweckhallen und Sportstadien müssen einen Raum für eine Sprachalarmzent-rale haben, von dem aus die Besucherbereiche und der Innenbereich überblickt und Po-lizei, Feuerwehr und Rettungsdienste benachrichtigt werden können. Die Sprachalarm-anlage muss eine Vorrangschaltung für die Einsatzleitung der Polizei haben.

(2) In Mehrzweckhallen und Sportstadien sind ausreichend große Räume für die Poli-zei und die Feuerwehr anzuordnen. Der Raum für die Einsatzleitung der Polizei muss eine räumliche Verbindung mit der Sprachalarmzentrale haben und mit Anschlüssen für eine Videoanlage zur Überwachung der Besucherbereiche ausgestattet sein.

(3) Wird die Funkkommunikation der Einsatzkräfte von Polizei und Feuerwehr inner-halb der Versammlungsstätte durch die bauliche Anlage gestört, ist die Versamm-lungsstätte mit technischen Anlagen zur Unterstützung des Funkverkehrs auszustat-ten.

(4) In Mehrzweckhallen und Sportstadien muss mindestens ein ausreichend großer Raum für den Sanitäts- und Rettungsdienst vorhanden sein.

§ 27 Abschrankung und Blockbildung in Sportstadien mit mehr als 10 000 Besucherplätzen

(1) Die Besucherplätze müssen vom Innenbereich durch mindestens 2,20 m hohe Abschrankungen abgetrennt sein. In diesen Abschrankungen sind den Stufengän-gen zugeordnete, mindestens 1,80 m breite Tore anzuordnen, die sich im Gefahren-fall leicht zum Innenbereich hin öffnen lassen. Die Tore dürfen nur vom Innenbereich oder von zentralen Stellen aus zu öffnen sein und müssen in geöffnetem Zustand durch selbsteinrastende Feststeller gesichert werden. Der Übergang in den Innenbe-reich muss niveaugleich sein.

(2) Stehplätze müssen in Blöcken für höchstens 2500 Besucher angeordnet werden, die durch mindestens 2,20 m hohe Abschrankungen mit eigenen Zugängen abge-trennt sind.

(3) Die Anforderungen nach den Absätzen 1 oder 2 gelten nicht, wenn in dem mit den für öffentliche Sicherheit oder Ordnung zuständigen Behörden abgestimmten Sicherheitskonzept nachgewiesen wird, dass abweichende Abschrankungen oder Blockbildungen unbedenklich sind.

§ 28   Wellenbrecher

Werden mehr als fünf Stufen von Stehplatzreihen hintereinander angeordnet, so ist vor der vordersten Stufe eine durchgehende Schranke von 1,10 m Höhe anzuordnen. Nach jeweils fünf weiteren Stufen sind Schranken gleicher Höhe (Wellenbrecher) anzubringen, die einzeln mindestens 3 m und höchstens 5,50 m lang sind. Die seitlichen Abstände zwischen den Wellenbrechern dürfen nicht mehr als 5 m betragen. Die Abstände sind nach höchstens fünf Stehplatzreihen durch versetzt angeordnete Wellenbrecher zu überdecken, die auf beiden Seiten mindestens 0,25 m länger sein müssen als die seitlichen Abstände zwischen den Wellenbrechern. Die Wellenbrecher sind im Bereich der Stufenvorderkante anzuordnen.

§ 29   Abschrankung von Stehplätzen vor Szenenflächen

(1) Werden vor Szenenflächen Stehplätze für Besucher angeordnet, so sind die Besucherplätze von der Szenenfläche durch eine Abschrankung so abzutrennen, dass zwischen der Szenenfläche und der Abschrankung ein Gang von mindestens 2 m Breite für den Ordnungsdienst und Rettungskräfte vorhanden ist.

(2) Werden vor Szenenflächen mehr als 5000 Stehplätze für Besucher angeordnet, so sind durch mindestens zwei weitere Abschrankungen vor der Szenenfläche nur von den Seiten zugängliche Stehplatzbereiche zu bilden. Die Abschrankungen müssen an den Seiten einen Abstand von jeweils mindestens 5 m und über die Breite der Szenenfläche einen Abstand von mindestens 10 m haben.

§ 30   Einfriedungen und Eingänge

(1) Stadionanlagen müssen eine mindestens 2,20 m hohe Einfriedung haben, die das Überklettern erschwert.

(2) Vor den Eingängen sind Geländer so anzuordnen, dass Besucher nur einzeln und hintereinander Einlass finden. Es sind Einrichtungen für Zugangskontrollen sowie für die Durchsuchung von Personen und Sachen vorzusehen. Für die Einsatzkräfte von Polizei, Feuerwehr und Rettungsdiensten sind von den Besuchereingängen getrennte Eingänge anzuordnen.

(3) Für Einsatz- und Rettungsfahrzeuge müssen besondere Zufahrten, Aufstell- und Bewegungsflächen vorhanden sein. Von den Zufahrten und Aufstellflächen aus müssen die Eingänge der Versammlungsstätten unmittelbar erreichbar sein. Für Einsatz- und Rettungsfahrzeuge muss eine Zufahrt zum Innenbereich vorhanden sein. Die Zufahrten, Aufstell- und Bewegungsflächen müssen gekennzeichnet sein.

Teil 4   Betriebsvorschriften

Abschnitt 1 Rettungswege, Besucherplätze

§ 31   Rettungswege, Flächen für die Feuerwehr

(1) Rettungswege auf dem Grundstück sowie Zufahrten, Aufstell- und Bewegungsflächen für Einsatzfahrzeuge von Polizei, Feuerwehr und Rettungsdiensten müssen ständig frei gehalten werden. Darauf ist dauerhaft und gut sichtbar hinzuweisen.

(2) Rettungswege in der Versammlungsstätte müssen ständig frei gehalten werden.

(3) Während des Betriebes müssen alle Türen von Rettungswegen unverschlossen sein.

§ 32 Besucherplätze nach dem Bestuhlungs- und Rettungswegeplan

(1) Die Zahl der im Bestuhlungs- und Rettungswegeplan genehmigten Besucherplätze darf nicht überschritten und die genehmigte Anordnung der Besucherplätze darf nicht geändert werden.

(2) Eine Ausfertigung des für die jeweilige Nutzung genehmigten Planes ist in der Nähe des Haupteinganges eines jeden Versammlungsraumes gut sichtbar anzubringen.

(3) Ist nach der Art der Veranstaltung die Abschrankung der Stehflächen vor Szenenflächen erforderlich, sind Abschrankungen nach § 29 auch in Versammlungsstätten mit weniger als 5000 Stehplätzen einzurichten.

Abschnitt 2 **Brandverhütung**

§ 33 Vorhänge, Sitze, Ausstattungen, Requisiten und Ausschmückungen

(1) Vorhänge von Bühnen und Szenenflächen müssen aus mindestens schwerentflammbarem Material bestehen.

(2) Sitze von Versammlungsstätten mit mehr als 5000 Besucherplätzen müssen aus mindestens schwerentflammbarem Material bestehen. Die Unterkonstruktion muss aus nichtbrennbarem Material bestehen.

(3) Ausstattungen müssen aus mindestens schwerentflammbarem Material bestehen. Bei Bühnen oder Szenenflächen mit automatischen Feuerlöschanlagen genügen Ausstattungen aus normalentflammbarem Material.

(4) Requisiten müssen aus mindestens normalentflammbarem Material bestehen.

(5) Ausschmückungen müssen aus mindestens schwerentflammbarem Material bestehen. Ausschmückungen in notwendigen Fluren und notwendigen Treppenräumen müssen aus nichtbrennbarem Material bestehen.

(6) Ausschmückungen müssen unmittelbar an Wänden, Decken oder Ausstattungen angebracht werden. Frei im Raum hängende Ausschmückungen sind zulässig, wenn sie einen Abstand von mindestens 2,50 m zum Fußboden haben. Ausschmückungen aus natürlichem Pflanzenschmuck dürfen sich nur so lange, wie sie frisch sind, in den Räumen befinden.

(7) Der Raum unter dem Schutzvorhang ist von Ausstattungen, Requisiten oder Ausschmückungen so freizuhalten, dass die Funktion des Schutzvorhangs nicht beeinträchtigt wird.

(8) Brennbares Material muss von Zündquellen, wie Scheinwerfern oder Heizstrahlern, so weit entfernt sein, dass das Material durch diese nicht entzündet werden kann.

§ 34   Aufbewahrung von Ausstattungen, Requisiten, Ausschmückungen und brennbarem Material

(1) Ausstattungen, Requisiten und Ausschmückungen dürfen nur außerhalb der Bühnen und der Szenenflächen aufbewahrt werden; dies gilt nicht für den Tagesbedarf.

(2) Auf den Bühnenerweiterungen dürfen Szenenaufbauten der laufenden Spielzeit bereitgestellt werden, wenn die Bühnenerweiterungen durch Abschlüsse aus nichtbrennbaren Baustoffen gegen die Hauptbühne abgetrennt sind.

(3) An den Zügen von Bühnen oder Szenenflächen dürfen in der Regel nur Ausstattungsteile für einen Tagesbedarf hängen.

(4) Pyrotechnische Sätze, Gegenstände und Anzündmittel, brennbare Flüssigkeiten und anderes brennbares Material, insbesondere Packmaterial, dürfen nur in den dafür vorgesehenen Magazinen aufbewahrt werden.

§ 35   Rauchen, Verwendung von offenem Feuer und pyrotechnischen Gegenständen

(1) Auf Bühnen und Szenenflächen, in Werkstätten und Magazinen ist das Rauchen verboten. Das Rauchverbot gilt nicht für Darsteller und Mitwirkende auf Bühnen- und Szenenflächen während der Proben und Veranstaltungen, soweit das Rauchen in der Art der Veranstaltungen begründet ist.

(2) In Versammlungsräumen, auf Bühnen- und Szenenflächen und in Sportstadien ist das Verwenden von offenem Feuer, brennbaren Flüssigkeiten und Gasen, pyrotechnischen Sätzen, Gegenständen und Anzündmitteln und anderen explosionsgefährlichen Stoffen verboten, § 17 Abs. 1 bleibt unberührt. Das Verwendungsverbot gilt nicht, soweit das Verwenden von offenem Feuer, brennbaren Flüssigkeiten und Gasen sowie pyrotechnischen Sätzen, Gegenständen und Anzündmitteln in der Art der Veranstaltung begründet ist und der Veranstalter die erforderlichen Brandschutzmaßnahmen im Einzelfall mit der für den Brandschutz zuständigen Dienststelle abgestimmt hat. Für den Umgang mit pyrotechnischen Sätzen, Gegenständen und Anzündmitteln gelten die sprengstoffrechtlichen Vorschriften.

(3) Die Verwendung von Kerzen und ähnlichen Lichtquellen als Tischdekoration sowie die Verwendung von offenem Feuer in dafür vorgesehenen Kücheneinrichtungen zur Zubereitung von Speisen ist zulässig.

(4) Auf die Verbote der Absätze 1 und 2 ist dauerhaft und gut sichtbar hinzuweisen.

Abschnitt 3 Betrieb technischer Einrichtungen

§ 36   Bedienung und Wartung der technischen Einrichtungen, Laseranlagen

(1) Der Schutzvorhang muss täglich vor der ersten Vorstellung oder Probe durch Aufziehen und Herablassen auf seine Betriebsbereitschaft geprüft werden. Der Schutzvorhang ist nach jeder Vorstellung herabzulassen und zu allen arbeitsfreien Zeiten geschlossen zu halten.

(2) Die Automatik der Sprühwasserlöschanlage kann während der Dauer der Anwesenheit der Verantwortlichen für Veranstaltungstechnik abgeschaltet werden.

(3) Die automatische Brandmeldeanlage kann abgeschaltet werden, soweit dies in der Art der Veranstaltung begründet ist und der Veranstalter die erforderlichen Brandschutzmaßnahmen im Einzelfall mit der für den Brandschutz zuständigen Dienststelle abgestimmt hat.

(4) Während des Aufenthaltes von Personen in Räumen, für die eine Sicherheitsbeleuchtung vorgeschrieben ist, muss diese in Betrieb sein, soweit die Räume nicht ausreichend durch Tageslicht erhellt sind.

(5) Auf den Betrieb von Laseranlagen in den für Besucher zugänglichen Bereichen sind die arbeitsschutzrechtlichen Vorschriften entsprechend anzuwenden.

§ 37 Prüfungen

(1) Der Betreiber der Versammlungsstätte hat folgende technische Anlagen und Einrichtungen durch anerkannte Sachverständige nach § 1 der Bausachverständigenverordnung vom 15. Juli 1986 (GBl. S. 305) in der jeweils geltenden Fassung auf ihre Wirksamkeit und Betriebssicherheit prüfen zu lassen:
1. Lüftungsanlagen, ausgenommen solche, die einzelne Räume im selben Geschoss unmittelbar ins Freie be- oder entlüften (§ 17),
2. Rauchabzugsanlagen sowie maschinelle Anlagen zur Rauchfreihaltung von Rettungswegen (§ 16),
3. selbsttätige Feuerlöschanlagen, wie Sprinkleranlagen, Sprühwasser-Löschanlagen und Wassernebel-Löschanlagen (§§ 19, 24),
4. nichtselbsttätige Feuerlöschanlagen mit nassen Steigleitungen und Druckerhöhungsanlagen einschließlich des Anschlusses an die Wasserversorgungsanlage (§ 19),
5. Brandmelde- und Alarmierungsanlagen (§§ 20, 24),
6. Sicherheitsstromversorgungsanlagen einschließlich der angeschlossenen sicherheitstechnischen Einrichtungen (§ 14).

(2) Die Prüfungen nach Absatz 1 und 4 sind vor der ersten Inbetriebnahme und unverzüglich nach einer wesentlichen Änderung der technischen Anlagen und Einrichtungen durchführen zu lassen.

(3) Die Prüfungen nach Absatz 1 und 4 sind wiederkehrend innerhalb einer Frist von drei Jahren durchführen zu lassen.

(4) Blitzschutzanlagen sind von Sachkundigen prüfen zu lassen. Sachkundige sind Personen, die auf Grund ihrer fachlichen Ausbildung und Erfahrung ausreichende Kenntnisse auf dem jeweiligen Fachgebiet haben und mit den einschlägigen Vorschriften und den allgemein anerkannten Regeln der Technik vertraut sind.

(5) Der Bauherr oder der Betreiber hat die Prüfungen nach den Absätzen 1 bis 4 zu veranlassen, dafür die nötigen Vorrichtungen und fachlich geeigneten Arbeitskräfte bereitzustellen und die erforderlichen Unterlagen bereitzuhalten.

(6) Der Bauherr oder der Betreiber hat die Berichte über die Prüfungen vor der ersten Inbetriebnahme und vor Wiederinbetriebnahme nach wesentlichen Änderungen der zuständigen Baurechtsbehörde zu übersenden sowie die Berichte über wiederkehrende Prüfungen mindestens fünf Jahre aufzubewahren und der Baurechtsbehörde auf Verlangen vorzulegen.

(7) Der Bauherr oder Betreiber hat die bei den Prüfungen festgestellten Mängel unverzüglich beseitigen zu lassen und dem Sachverständigen die Beseitigung mitzuteilen.

(8) Der Sachverständige hat der Baurechtsbehörde mitzuteilen,
1. wann er die Prüfungen nach Absatz 1 durchgeführt hat und
2. welche hierbei festgestellten Mängel der Bauherr oder Betreiber nicht unverzüglich hat beseitigen lassen.

Abschnitt 4 Verantwortliche Personen, besondere Betriebsvorschriften

§ 38   Pflichten der Betreiber, Veranstalter und Beauftragten

(1) Der Betreiber ist für die Sicherheit der Veranstaltung und die Einhaltung der Vorschriften verantwortlich.

(2) Während des Betriebes von Versammlungsstätten muss der Betreiber oder ein von ihm beauftragter Veranstaltungsleiter ständig anwesend sein.

(3) Der Betreiber muss die Zusammenarbeit von Ordnungsdienst, Brandsicherheitswache und Sanitätswache mit der Polizei, der Feuerwehr und dem Rettungsdienst gewährleisten.

(4) Der Betreiber ist zur Einstellung des Betriebes verpflichtet, wenn für die Sicherheit der Versammlungsstätte notwendige Anlagen, Einrichtungen oder Vorrichtungen nicht betriebsfähig sind oder wenn Betriebsvorschriften nicht eingehalten werden können.

(5) Der Betreiber kann die Verpflichtungen nach den Absätzen 1 bis 4 durch schriftliche Vereinbarung auf den Veranstalter übertragen, wenn dieser oder dessen beauftragter Veranstaltungsleiter mit der Versammlungsstätte und deren Einrichtungen vertraut ist. Die Verantwortung des Betreibers bleibt unberührt.

§ 39   Verantwortliche für Veranstaltungstechnik

(1) Verantwortliche für Veranstaltungstechnik sind
1. die Geprüften Meister für Veranstaltungstechnik,
2. technische Fachkräfte mit bestandenem fachrichtungsspezifischem Teil der Prüfung nach § 3 Abs. 1 Nr. 2 in Verbindung mit den §§ 5, 6 oder 7 der Verordnung über die Prüfung zum anerkannten Abschluss „Geprüfter Meister für Veranstaltungstechnik/Geprüfte Meisterin für Veranstaltungstechnik" in den Fachrichtungen Bühne/Studio, Beleuchtung oder Halle in der jeweiligen Fachrichtung,
3. Diplomingenieure und Hochschulabsolventen der Fachrichtungen Theater, Veranstaltungs- und Produktionstechnik mit mindestens einem Jahr Berufserfahrung im technischen Betrieb von Bühnen, Studios oder Mehrzweckhallen in der jeweiligen Fachrichtung, denen die Industrie- und Handelskammer Karlsruhe ein Befähigungszeugnis nach Anlage 1 erteilt hat,
4. technische Bühnen- und Studiofachkräfte, die den Befähigungsnachweis nach den bis zum Inkrafttreten dieser Verordnung geltenden Vorschriften erworben haben.
Auf Antrag stellt die Industrie- und Handelskammer Karlsruhe auch den Personen nach Satz 1 Nr. 1 und 2 ein Befähigungszeugnis nach Anlage 1 aus. Die in einem anderen Land der Bundesrepublik Deutschland ausgestellten Befähigungszeugnisse werden anerkannt.

(2) Gleichwertige Ausbildungen, die in einem anderen Mitgliedstaat der Europäischen Union oder einem Vertragsstaat des Abkommens über den Europäischen

Wirtschaftsraum erworben und durch einen Ausbildungsnachweis belegt werden, sind entsprechend den europäischen Richtlinien zur Anerkennung von Berufsqualifikationen den in Absatz 1 genannten Ausbildungen gleichgestellt.

§ 40 Aufgaben und Pflichten der Verantwortlichen für Veranstaltungstechnik, technische Probe

(1) Die Verantwortlichen für Veranstaltungstechnik müssen mit den bühnen, studio- und beleuchtungstechnischen und sonstigen technischen Einrichtungen der Versammlungsstätte vertraut sein und deren Sicherheit und Funktionsfähigkeit, insbesondere hinsichtlich des Brandschutzes, während des Betriebes gewährleisten.

(2) Der Auf- oder Abbau bühnen, studio- und beleuchtungstechnischer Einrichtungen von Großbühnen oder Szenenflächen mit mehr als 200 m² Grundfläche oder in Mehrzweckhallen mit mehr als 5000 Besucherplätzen sowie bei wesentlichen Wartungs- und Instandsetzungsarbeiten an diesen Einrichtungen und bei technischen Proben müssen von einem Verantwortlichen für Veranstaltungstechnik geleitet und beaufsichtigt werden.

(3) Bei Generalproben, Veranstaltungen, Sendungen oder Aufzeichnungen von Veranstaltungen auf Großbühnen oder Szenenflächen mit mehr als 200 m² Grundfläche oder in Mehrzweckhallen mit mehr als 5000 Besucherplätzen müssen mindestens ein für die bühnen- oder studiotechnischen Einrichtungen sowie ein für die beleuchtungstechnischen Einrichtungen Verantwortlicher für Veranstaltungstechnik anwesend sein.

(4) Bei Szenenflächen mit mehr als 100 m² und nicht mehr als 200 m² Grundfläche oder in Mehrzweckhallen mit nicht mehr als 5000 Besucherplätzen müssen beim Auf- oder Abbau von bühnen, studio- und beleuchtungstechnischen Einrichtungen die Aufgaben nach den Absätzen 1 bis 3 zumindest von einer Fachkraft für Veranstaltungstechnik mit abgeschlossener Berufsausbildung gemäß den einschlägigen verordnungsrechtlichen Ausbildungsvorschriften und mindestens drei Jahren Berufserfahrung wahrgenommen werden.

(5) Die Anwesenheit nach Absatz 3 und 4 ist nicht erforderlich,
1. wenn die Sicherheit und Funktionsfähigkeit der bühnen-, studio- und beleuchtungstechnischen sowie der sonstigen technischen Einrichtungen der Versammlungsstätte vom Verantwortlichen für Veranstaltungstechnik überprüft wurden und diese Einrichtungen während der Veranstaltung nicht bewegt oder sonst verändert werden, oder
2. wenn von Art oder Ablauf der Veranstaltung keine Gefahren ausgehen können und die Aufsicht führende Person mit den technischen Einrichtungen vertraut ist.

(6) Bei Großbühnen sowie bei Szenenflächen mit mehr als 200 m² Grundfläche und bei Gastspielveranstaltungen mit eigenem Szenenaufbau in Versammlungsräumen muss vor der ersten Veranstaltung eine nichtöffentliche technische Probe mit vollem Szenenaufbau und voller Beleuchtung stattfinden. Diese technische Probe ist der Baurechtsbehörde mindestens 24 Stunden vorher anzuzeigen. Beabsichtigte wesentliche Änderungen des Szenenaufbaues nach der technischen Probe sind der zuständigen Baurechtsbehörde rechtzeitig anzuzeigen. Die Baurechtsbehörde kann auf die technische Probe verzichten, wenn dies nach der Art der Veranstaltung oder nach dem Umfang des Szenenaufbaues unbedenklich ist.

§ 41 Brandsicherheitswache, Sanitäts- und Rettungsdienst

(1) Bei Veranstaltungen mit erhöhten Brandgefahren hat der Betreiber eine Brandsicherheitswache einzurichten.

(2) Bei jeder Veranstaltung auf Großbühnen sowie Szenenflächen mit mehr als 200 m² Grundfläche muss eine Brandsicherheitswache der Feuerwehr anwesend sein. Den Anweisungen der Brandsicherheitswache ist zu folgen. Eine Brandsicherheitswache der Feuerwehr ist nicht erforderlich, wenn die für den Brandschutz zuständige Dienststelle dem Betreiber bestätigt, dass er über eine ausreichende Zahl ausgebildeter Kräfte verfügt, die die Aufgaben der Brandsicherheitswache wahrnehmen.

(3) Veranstaltungen mit voraussichtlich mehr als 5000 Besuchern sind der für den Sanitäts- und Rettungsdienst zuständigen Behörde rechtzeitig anzuzeigen.

§ 42   Brandschutzordnung, Feuerwehrpläne

(1) Der Betreiber oder ein von ihm Beauftragter hat im Einvernehmen mit der für den Brandschutz zuständigen Dienststelle eine Brandschutzordnung aufzustellen und durch Aushang bekannt zu machen. In der Brandschutzordnung sind insbesondere die Erforderlichkeit und die Aufgaben eines Brandschutzbeauftragten und der Selbsthilfekräfte für den Brandschutz sowie die Maßnahmen festzulegen, die zur Rettung behinderter Menschen, insbesondere Rollstuhlbenutzer, erforderlich sind.

(2) Das Betriebspersonal ist bei Beginn des Arbeitsverhältnisses und danach mindestens einmal jährlich zu unterweisen über
1. die Lage und die Bedienung der Feuerlöscheinrichtungen und anlagen, Rauchabzugsanlagen, Brandmelde- und Alarmierungsanlagen und der Brandmelder- und Alarmzentrale,
2. die Brandschutzordnung, insbesondere über das Verhalten bei einem Brand oder bei einer Panik, und
3. die Betriebsvorschriften.
Der für den Brandschutz zuständigen Dienststelle ist Gelegenheit zu geben, an der Unterweisung teilzunehmen. Über die Unterweisung ist eine Niederschrift zu fertigen, die der Baurechtsbehörde auf Verlangen vorzulegen ist.

(3) Im Einvernehmen mit der für den Brandschutz zuständigen Dienststelle sind Feuerwehrpläne anzufertigen und der örtlichen Feuerwehr zur Verfügung zu stellen.

§ 43   Sicherheitskonzept, Ordnungsdienst

(1) Erfordert es die Art der Veranstaltung, hat der Betreiber ein Sicherheitskonzept aufzustellen und einen Ordnungsdienst einzurichten.

(2) Für Versammlungsstätten mit mehr als 5000 Besucherplätzen hat der Betreiber im Einvernehmen mit den für Sicherheit oder Ordnung zuständigen Behörden, erforderlichenfalls unter beratender Zuziehung von Polizei, Feuerwehr und Rettungsdiensten, ein Sicherheitskonzept aufzustellen. Im Sicherheitskonzept sind die Mindestzahl der Kräfte des Ordnungsdienstes gestaffelt nach Besucherzahlen und Gefährdungsgraden sowie die betrieblichen Sicherheitsmaßnahmen und die allgemeinen und besonderen Sicherheitsdurchsagen festzulegen.

(3) Der nach dem Sicherheitskonzept erforderliche Ordnungsdienst muss unter der Leitung eines vom Betreiber oder Veranstalter bestellten Ordnungsdienstleiters stehen.

(4) Der Ordnungsdienstleiter und die Ordnungsdienstkräfte sind für die betrieblichen Sicherheitsmaßnahmen verantwortlich. Sie sind insbesondere für die Kontrolle an den Ein- und Ausgängen und den Zugängen zu den Besucherblöcken, die Beach-

tung der maximal zulässigen Besucherzahl und der Anordnung der Besucherplätze, die Beachtung der Verbote des § 35, die Sicherheitsdurchsagen sowie für die geordnete Evakuierung im Gefahrenfall verantwortlich.

Teil 5 Zusätzliche Bauvorlagen

§ 44 Zusätzliche Bauvorlagen, Bestuhlungs- und Rettungswegeplan

(1) Mit den Bauvorlagen ist ein Brandschutzkonzept vorzulegen, in dem insbesondere die maximal zulässige Zahl der Besucher, die Anordnung und Bemessung der Rettungswege und die zur Erfüllung der brandschutztechnischen Anforderungen erforderlichen baulichen, technischen und betrieblichen Maßnahmen dargestellt sind.

(2) Für die nach dieser Verordnung erforderlichen technischen Einrichtungen sind besondere Pläne, Beschreibungen und Nachweise vorzulegen.

(3) Mit den bautechnischen Nachweisen sind Standsicherheitsnachweise für dynamische Belastungen vorzulegen.

(4) Der Verlauf der Rettungswege im Freien, die Zufahrten und die Aufstell- und Bewegungsflächen für die Einsatz- und Rettungsfahrzeuge sind in einem besonderen
Außenanlagenplan darzustellen.

(5) Die Anordnung der Sitz- und Stehplätze, einschließlich der Plätze für Rollstuhlbenutzer, der Bühnen, Szenen- oder Spielflächen sowie der Verlauf der Rettungswege sind in einem Bestuhlungs- und Rettungswegeplan im Maßstab von mindestens 1:200 darzustellen. Sind verschiedene Anordnungen vorgesehen, so ist für jede ein besonderer Plan vorzulegen.

§ 45 Gastspielprüfbuch

(1) Für den eigenen, gleichbleibenden Szenenaufbau von wiederkehrenden Gastspielveranstaltungen kann auf schriftlichen Antrag ein Gastspielprüfbuch erteilt werden.

(2) Das Gastspielprüfbuch muss dem Muster der Anlage 2 entsprechen. Der Veranstalter ist durch das Gastspielprüfbuch von der Verpflichtung entbunden, an jedem Gastspielort die Sicherheit des Szenenaufbaues und der dazu gehörenden technischen Einrichtungen erneut nachzuweisen.

(3) Das Gastspielprüfbuch wird von der unteren Baurechtsbehörde erteilt, in deren Zuständigkeitsbereich die erste Veranstaltung oder die erste nichtöffentliche technische Probe mit vollem Szenenaufbau und voller Beleuchtung stattfindet. Die Geltungsdauer ist auf die Dauer der Tournee zu befristen und kann auf schriftlichen Antrag verlängert werden. Vor der Erteilung ist eine technische Probe durchzuführen. Die in einem anderen Land der Bundesrepublik Deutschland ausgestellten Gastspielprüfbücher werden anerkannt.

(4) Das Gastspielprüfbuch ist der für den Gastspielort zuständigen unteren Baurechtsbehörde rechtzeitig vor der ersten Veranstaltung am Gastspielort vorzulegen. Werden für die Gastspielveranstaltung Fliegende Bauten genutzt, ist das Gastspielprüfbuch mit der Anzeige der Aufstellung der Fliegenden Bauten vorzulegen. Die Befugnisse nach § 47 LBO bleiben unberührt.

Teil 6 Bestehende Versammlungsstätten

§ 46 Anwendung der Vorschriften auf bestehende Versammlungsstätten

(1) Die zum Zeitpunkt des Inkrafttretens der Verordnung bestehenden Versammlungsstätten mit mehr als 5000 Besucherplätzen sind innerhalb von zwei Jahren folgenden Vorschriften anzupassen:
1. Kennzeichnung der Ausgänge und Rettungswege (§ 6 Abs. 6),
2. Sitzplätze (§ 10 Abs. 2 und § 33 Abs. 2),
3. Sprachalarmanlage (§ 20 Abs. 2 und § 26 Abs. 1),
4. Einsatzzentrale für die Polizei (§ 26 Abs. 2),
5. Abschrankung von Besucherbereichen (§ 27 Abs. 1 und 3),
6. Wellenbrecher (§ 28),
7. Abschrankung von Stehplätzen vor Szenenflächen (§ 29).

(2) Auf die zum Zeitpunkt des Inkrafttretens der Verordnung bestehenden Versammlungsstätten sind die Betriebsvorschriften des Teils 4, sowie § 10 Abs. 1, § 14 Abs. 3, § 19 Abs. 8 entsprechend anzuwenden.

(3) Die Baurechtsbehörde hat Versammlungsstätten in Zeitabständen von höchstens drei Jahren zu prüfen. Versammlungsstätten ohne Bühnen- oder Szenenflächen und einem Fassungsvermögen von weniger als 1000 Besucherplätzen sind in Zeitabständen von höchstens fünf Jahren zu prüfen. Dabei ist auch die Einhaltung der Betriebsvorschriften zu überwachen und festzustellen, ob die vorgeschriebenen wiederkehrenden Prüfungen fristgerecht durchgeführt und etwaige Mängel beseitigt worden sind. Den Behörden, deren Aufgabenbereich berührt ist, ist Gelegenheit zur Teilnahme an den Prüfungen zu geben.

Teil 7 Schlussvorschriften

§ 47 Ordnungswidrigkeiten

Ordnungswidrig nach § 75 Abs. 3 Nr. 2 LBO handelt, wer vorsätzlich oder fahrlässig
1. entgegen § 31 Abs. 1 die Rettungswege auf dem Grundstück, die Zufahrten, Aufstell- und Bewegungsflächen nicht frei hält,
2. entgegen § 31 Abs. 2 die Rettungswege in der Versammlungsstätte nicht frei hält,
3. entgegen § 31 Abs. 3 Türen in Rettungswegen verschließt oder fest stellt,
4. entgegen § 32 Abs. 1 die Zahl der genehmigten Besucherplätze überschreitet oder die genehmigte Anordnung der Besucherplätze ändert,
5. entgegen § 32 Abs. 3 erforderliche Abschrankungen nicht einrichtet,
6. entgegen § 33 Abs. 1 bis 5 andere als die dort genannten Materialien verwendet oder entgegen § 33 Abs. 6 bis 8 anbringt,
7. entgegen § 34 Abs. 1 bis 3 Ausstattungen auf der Bühne aufbewahrt oder nicht von der Bühne entfernt,
8. entgegen § 34 Abs. 4 pyrotechnische Gegenstände, brennbare Flüssigkeiten oder anderes brennbares Material außerhalb der dafür vorgesehenen Magazine aufbewahrt,
9. entgegen § 35 Abs. 1 oder 2 raucht oder offenes Feuer, brennbare Flüssigkeiten oder Gase, explosionsgefährliche Stoffe oder pyrotechnische Gegenstände verwendet,

10. entgegen § 36 Abs. 4 die Sicherheitsbeleuchtung nicht in Betrieb nimmt,
11. entgegen § 36 Abs. 5 Laseranlagen in Betrieb nimmt,
12. entgegen § 37 die vorgeschriebenen Prüfungen nicht oder nicht rechtzeitig durchführen lässt,
13. als Betreiber, Veranstalter oder beauftragter Veranstaltungsleiter entgegen § 38 Abs. 2 während des Betriebes nicht anwesend ist,
14. als Betreiber, Veranstalter oder beauftragter Veranstaltungsleiter entgegen § 38 Abs. 4 den Betrieb der Versammlungsstätte nicht einstellt,
15. entgegen § 40 Abs. 2 bis 5 in Verbindung mit § 38 Abs. 1 als Betreiber, Veranstalter oder beauftragter Veranstaltungsleiter den Betrieb von Bühnen oder Szenenflächen zulässt, ohne dass die erforderlichen Verantwortlichen oder Fachkräfte für Veranstaltungstechnik oder aufsichtführenden Personen anwesend sind oder wer entgegen § 40 Abs. 2 bis 5 als Verantwortlicher oder Fachkraft für Veranstaltungstechnik oder aufsichtführende Person die Versammlungsstätte während des Betriebes verlässt,
16. als Betreiber entgegen § 41 Abs. 1 oder 2 nicht für die Durchführung der Brandsicherheitswache sorgt oder entgegen § 41 Abs. 3 die Veranstaltung nicht anzeigt,
17. als Betreiber oder Veranstalter die nach § 42 Abs. 2 vorgeschriebenen Unterweisungen unterlässt,
18. als Betreiber oder Veranstalter entgegen § 43 Abs. 1 bis 3 keinen Ordnungsdienst oder keinen Ordnungsdienstleiter bestellt,
19. als Ordnungsdienstleiter oder Ordnungsdienstkraft entgegen § 43 Abs. 3 oder 4 seinen Aufgaben nicht nachkommt,
20. als Betreiber einer der Anpassungspflichten nach § 46 Abs. 1 nicht oder nicht fristgerecht nachkommt.

§ 48 Inkrafttreten, eingeleitete Verfahren

(1) Diese Verordnung tritt am ersten Tag des auf die Verkündung folgenden Monats in Kraft. Gleichzeitig tritt die Versammlungsstättenverordnung vom 10. August 1974 (GBl. S. 330), geändert durch Verordnung vom 12. Februar 1982 (GBl. S. 67), außer Kraft.

(2) Vor Inkrafttreten dieser Verordnung eingeleitete Verfahren sind nach der bisher geltenden Verordnung weiterzuführen. Auf Verlangen der Antragsteller sind die Vorschriften dieser Verordnung anzuwenden.

Anlage 1 zu § 39 Abs. 1
(Innenseite)

Herr/Frau ____ geboren am ____ in ____ gegenwärtige Anschrift ․ ____ hat die Eignung als Verantwortliche/r für Veranstaltungs- technik Ggf. der Fachrichtung ____ nach § 39 der Versammlungsstätten- verordnung Baden-Württemberg nach- gewiesen. Befähigungszeugnis-Nr.:. ____ Ausstellende Behörde (Siegel) _____ , den Unterschrift ____	 (Foto) (Unterschrift des Inhabers)

(Außenseite)

           	Befähigungszeugnis als Verantwortliche/r für Veranstaltungstechnik

Als Befähigungszeugnis kann auch ein Ausweis im Format 5,4 cm × 8,6 cm mit den erforderlichen Daten ausgestellt werden.

GASTSPIELPRÜFBUCH

Gastspielveranstaltung: ____

Art der Veranstaltung: ____

Veranstalter: ____

Straße/Hausnummer: ____

PLZ: _____ Ort: ____

Telefonnummer: _____ Fax: ____

Email: ____

das Gastspielbuch gilt bis zum: ____

Auf der Grundlage der Angaben in diesem Gastspielprüfbuch, evtl. Auflagen und einer nichtöffentlichen Probe am ____

in der Veranstaltungsstätte ____

ist der Nachweis der Sicherheit der Gastspielveranstaltung erbracht.

Dieses Gastspielprüfbuch ist in drei Ausfertigungen ausgestellt worden, davon verbleibt eine Ausfertigung bei der ausstellenden Behörde.

ausgestellt am: ____

durch: ____

Name des Geschäftsführers/Vertreters des Veranstalters: ____

(Anschrift, falls nicht mit der des Veranstalters identisch)

Straße/Hausnummer: ____

PLZ: _____ Ort: ____

Telefonnummer: _____ Fax: ____

Email: ____

– Seite 2 –

Dieses Gastspielprüfbuch hat fünf Seiten und folgende Anhänge:

____ Seiten statische Berechnungen (Anhang 1)

____ Seiten Angaben über das Brandverhalten der Materialien (Anhang 2)

____ Seiten Angaben über die feuergefährlichen Handlungen (Anhang 3)

____ Seiten Angaben über pyrotechnische Effekte (Anhang 4)

____ Seiten Sonstige Angaben z. B. über Prüfzeugnisse, Baumuster (Anhang 5)

____ Seiten

____ Seiten

____ Seiten

Veranstaltungsleiter gemäß § 38 Abs. 2 und 5 und § 40 der VStättVO für die geplanten Gastspiele ist

Herr/Frau: ____

Verantwortliche für Veranstaltungstechnik der Fachrichtung nach § 40 der VStättVO sind:

1. Bühne/Studio:

    Herr/Frau: ____

    Befähigungszeugnis-Nr.: _____

    Ausstellungsdatum: _____

    ausstellende Behörde: ____

2. Halle:

    Herr/Frau: ____

    Befähigungszeugnis-Nr.: _____

    Ausstellungsdatum: _____

    ausstellende Behörde: ____

3. Beleuchtung:

    Herr/Frau: ____

    Befähigungszeugnis-Nr.: _____

    Ausstellungsdatum: _____

    ausstellende Behörde: ____

4. Fachkraft für Veranstaltungstechnik (§ 40 Abs. 4 VStättVO) bei Szenenflächen bis 200 m²

    Herr/Frau: ____

– Seite 3 –

1. Ausführliche Beschreibung der Veranstaltung

   (Angaben zur Veranstaltungsart, zu den vorgesehenen Gastspielen, zur Anzahl der Mitwirkenden, zu feuergefährlichen Handlungen, pyrotechnischen Effekten, anderen technischen Einrichtungen, z.B. Laser, zur Ausstattung, zum Ablauf der Veranstaltung und zu sonstigen Vorgängen, die Maßnahmen zur Gefahrenabwehr erforderlich machen.)

2. Darstellung der Aufbauten, Ausstattungen, technischen Einrichtungen

   (Die Aufbauten und Ausstattungen sind zu beschreiben; zeichnerisch ist der Bühnenaufbau mindestens durch einen Grundriss und möglichst durch einen Schnitt darzustellen. Werden Ausrüstungen in größerem Umfang gehangen, ist ein Hängeplan erforderlich, auf bewegliche Teile der Dekoration und zum Aufbau gehörende maschinen- und elektrotechnische Einrichtungen und die damit verbundenen Gefahren ist hinzuweisen. Es sind Angaben zu mitgeführten Bühnen/Szenenflächen, Zuschauertribünen und Bestuhlungen zu machen; sonstige Angaben.)

– Seite 4 –

3. Gefährdungsanalyse

a) Bei gefährlichen szenischen Vorgängen ist eine Gefährdungsanalyse durchzuführen. Gefährliche szenische Vorgänge sind z. B. offene Verwandlungen,
maschinentechnische Bewegungen, künstlerische Tätigkeiten im oder über
dem Zuschauerbereich.

– Beschreibung der gefährlichen szenischen Handlung: ____

– Unterwiesene Personen: ____

– Schutzmaßnahmen: ____

– Einweisung vor jeder Probe und Vorstellung erforderlich: ○ ja   ○ nein

b) Vor dem Einsatz gefährlicher szenischer Einrichtungen ist eine Gefährdungsanalyse durchzuführen.
Gefährliche szenische Einrichtungen sind Geräte, Einrichtungen und Einbauten in kritischen Bereichen von Bühnen, Szenenflächen und Zuschauer-
bereichen, z. B. Unterbauen des Schutzvorhangs, Anordnung von Regieein-
richtungen, Vorführgeräten, Scheinwerfern, Kameras, Laseranlagen usw. im
Zuschauerraum, Leitungsverbindungen zwischen Brandabschnitten.

– Geräte, Einrichtungen und Einbauten: ____

– Unterbauen des Schutzvorhangs: ____

– Ortsveränderliche technische Einrichtungen im Zuschauerraum: ____

– Laseranlagen/Standort: ____

– Leitungsverbindungen: ____

– Sonstiges: ____

– Seite 5 –

4. Auflagen

5. Rechtsbehelfsbelehrung
    Gegen diesen Bescheid kann innerhalb eines Monats nach Bekanntgabe Widerspruch erhoben werden. Der Widerspruch ist schriftlich oder zur Niederschrift

    bei ____

    in ____

    einzulegen. Die Frist wird auch durch Einlegung bei der Behörde, die den Widerspruchsbescheid zu erlassen hat, gewahrt.

    _____ , den

(Dienstsiegel)   (Behörde)

– Seite 6 –

Anhang 1

zum Gastspielprüfbuch ____

Titel der Gastspielveranstaltung

Standsicherheitsnachweis*⁾

(ggf. Hinweis auf beigefügte statische Berechnungen)

*) ggf. weitere Seiten anfügen

– Seite 7 –

Anhang 2

zum Gastspielprüfbuch _____

Titel der Gastspielveranstaltung

Baustoff- und Materialliste

In der Versammlungsstättenverordnung werden an die zur Verwendung kommenden Baustoffe und Materialien brandschutztechnische Anforderungen gestellt. Folgende Mindestanforderungen sind zu erfüllen:

Ort: Gegenstand	Szenenflä- che ohne automati- sche Feuer- löschanlage	Szenenflä- che mit automati- scher Feuer- löschanlage	Großbühne	Zuschauer- raum und Neben- räume	Foyers
Szenenpodien: Fußboden/Bodenbeläge	B 2	B 2	B 2	B 2	B 2
Szenenpodien: Unterkonstruktion	A 1	A 1	A 1	A 1	A 1
Vorhänge	B 1	B 1	B 1	–	–
Ausstattungen	B 1	B 2	B 2	–	–
Requisiten	B 2	B 2	B 2	–	–
Ausschmückungen	B 1	B 1	B 1	B 1	B 1

Erläuterungen:

Nach DIN 4102 Teil 1 gelten für Baustoffe folgende Bezeichnungen:

nichtbrennbare Baustoffe:	A 1
nichtbrennbare Baustoffe mit brennbaren Bestandteilen:	A 2
schwerentflammbare Baustoffe:	B 1
normalentflammbare Baustoffe:	B 2

Soweit die eingesetzten Materialien keine Baustoffe sind, werden die Bezeichnungen entsprechend den für Baustoffe geltenden Klassifizierungen verwendet. Für Textilien und Möbel sind die Klassifizierungen und Prüfungen nach den dafür geltenden DIN-Normen nachzuweisen.

Ort bezeichnet den Einsatzort des Baustoffes oder Materials:

B	=	Bühne
S	=	Szenenfläche
SmF	=	Szenenfläche mit automatischer Feuerlöschanlage
SoF	=	Szenenfläche ohne automatische Feuerlöschanlage
Z	=	Zuschauerraum (bei Versammlungsstätten mit Bühnenhaus)
V	=	Versammlungsraum
F	=	Foyer

Ist das Material nach DIN 4102 Teil 1 geprüft und klassifiziert oder durch ein Prüfzeichen zugelassen, so ist der Feuerschutz ausreichend dokumentiert. Ansonsten ist das Material mit Feuerschutzmitteln zu behandeln, durch die die Zuordnung zu einer angestrebten Baustoffklasse erreicht werden kann.

Für Baustoffe sind die Verwendungsnachweise nach den §§ 17 bis 25 LBO zu führen.

– Seite 8 –

(noch Anhang 2)

zum Gastspielprüfbuch _____

Titel der Gastspielveranstaltung

Zur Verwendung kommen folgende Baustoffe und Materialien*):

Baustoff oder Material				Feuerschutz			
lfd. Nr.	Beschrei-bung	Baustoff-klasse A 1, A 2, B 1, B 2	Ort	Feuerschutz-mittel/Nr. d. allg. bauaufsichtl. Prüfzeugnisses (AbP) bzw. der allg. bauauf-sichtl. Zulas-sung (AbZ)	damit erreichte Baustoff-klasse	Aufge-bracht am	

*) ggf. weitere Seiten anfügen

– Seite 9 –

Anhang 3

zum Gastspielprüfbuch ____

Titel der Gastspielveranstaltung

Angaben über feuergefährliche Handlungen

Dieser Anhang ist erforderlich, wenn auf der Bühne/Szenenfläche oder im Versammlungsraum szenisch bedingt geraucht oder offenes Feuer verwendet wird. Feuergefährliche Handlungen sind der zuständigen Behörde am Gastspielort anzuzeigen. Für feuergefährliche Handlungen, von denen eine besondere Gefahr wegen ihrer Art oder der Nähe des Abbrennortes zu Ausstattungen oder Personen ausgeht, ist eine Gefährdungsanalyse durchzuführen. Für die Einhaltung der sich daraus ergebenden Auflagen ist der Veranstalter verantwortlich.

Handlungen mit offenem Feuer[*)]

Zeitpunkt im Ablauf	An- zahl	Art (Zigarette, Kerze o. Ä.)	Szenischer Ablauf (Ablauf der Aktion)	Ort auf der Bühne/Sze- nenfläche	Löschen/ Aschablage	Nummer der Gefähr- dungsana- lyse

Erläuterungen:

Der Zeitpunkt im Ablauf kann, je nach Veranstaltungstyp, in Akten, Szenen, Bildern, Programmpunkten oder Musikstücken oder in Minuten, von einer Nullzeit ausgehend, angegeben werden. Unter Anzahl ist die Stückzahl der zu diesem Zeitpunkt entzündeten Effekte einzutragen. Art bezeichnet den Typ des Effektes, z.B. Zigarette, Kerze, Fackel, Brennpaste, Gas usw Ort auf der Bühne/Szenenfläche bezeichnet, in welchem Teilraum oder auf welcher Teilfläche die Aktion hauptsächlich stattfindet. Unter Löschen/Aschablage sind die Vorrichtungen einzutragen, die für das sichere Löschen der feuergefährlichen Gegenstände oder für die Ablage der Asche vorgesehen sind.

[*)] ggf. weitere Seiten anfügen

– Seite 10 –

(noch Anhang 3)

zum Gastspielprüfbuch ____

Brandschutztechnische Gefährdungsanalyse[*]

(Für feuergefährliche Handlungen, von denen eine besondere Gefahr wegen ihrer Art oder der Nähe des Abbrennortes zu Ausstattungen oder Personen ausgeht, ist eine Gefährdungsanalyse durchzuführen).

Feuergefährliche Handlungen

Gefahren durch: □ Flammbildung

□ Funkenflug

□ Blendung

□ Wärmestrahlung

□ Abtropfen heißer Schlacke

□ Druckwirkung

□ Splittereinwirkung

□ Staubablagerung

□ Schallwirkung

□ Gegenseitige Beeinflussung verschiedener Effekte

□ Gesundheitsgefährdende Gase, Staube, Dämpfe, Rauch

Schutzmaßnahmen: Abstände zu Personen:

Abstände zu Dekorationen:

Unterwiesene Personen:

Lösch- u. Feuerbekämpfungsmittel:

Sonstige Maßnahmen:

---

[*] ggf. weitere Seiten anfügen

Anhang 4

zum Gastspielprüfbuch _____

Titel der Gastspielveranstaltung

Angaben über die pyrotechnischen Effekte

Diese Anlage ist erforderlich, wenn auf der Bühne/Szenenfläche oder im Versammlungsraum szenisch bedingte pyrotechnische Effekte durchgeführt werden. Pyrotechnische Effekte sind der zuständigen Behörde anzuzeigen und bedürfen der Genehmigung. Für pyrotechnische Effekte, von denen eine besondere Gefahr wegen ihrer Art oder der Nähe des Abbrennortes zu Ausstattungen oder Personen ausgeht, ist eine Gefährdungsanalyse durchzuführen. Für die Einhaltung der sich daraus ergebenden Auflagen ist der Veranstalter verantwortlich.

Pyrotechnische Effekte der Klassen II; III, IV und T2 dürfen nur von verantwortlichen Personen im Sinne der §§ 19 und 21 Sprengstoffgesetz (SprengG) durchgeführt werden. Pyrotechnische Gegenstände der Klassen I und T1 dürfen auch von Personen ohne Befähigungsschein verwendet werden, wenn sie vom Veranstalter hierzu beauftragt sind.

Nach Sprengstoffrecht verantwortliche Personen:

Erlaubnisscheininhaber:

Name, Vorname: _____

Erlaubnisschein-Nr.:   _____

Ausstellungsdatum: _____

ausstellende Behörde: _____

Befähigungsscheininhaber:

Name, Vorname: _____

Befähigungsschein-Nr.:   _____

Ausstellungsdatum: _____

ausstellende Behörde: _____

Beauftragte Person:
(nur Klasse I oder T1)
Herr/Frau: _____

– Seite 12 –

(noch Anhang 4)

zum Gastspielprüfbuch ____

Titel der Gastspielveranstaltung

Pyrotechnische Effekte*⁾

lfd. Nr.	Zeitpunkt im Ablauf	Anzahl	Art des Effektes	BAM-Nummer	Ort auf der Bühne/ Szenen- fläche	Dauer des Effektes	Nummer der Ge- fähr- dungs- analyse

Erläuterungen:
Unter lfd. Nr. sind die vorgesehenen Effekte fortlaufend in der Reihenfolge des Abbrennens zu nummerieren. Der Zeitpunkt im Ablauf kann, je nach Veranstaltungstyp, in Akten, Szenen, Bildern, Programmpunkten oder Musikstücken oder in Minuten von einer Nullzeit ausgehend, angegeben werden. Unter Anzahl ist die Stückzahl der zu diesem Zeitpunkt gezündeten, identischen Effekte einzutragen. Art bezeichnet den Typ des Effektes (Bühnenblitz, Fontäne o.a.). BAM-Nummer meint das Zulassungszeichen der Bundesanstalt für Materialprüfung. Bei Ort auf der Bühne/Szenenfläche ist anzugeben, wo die Effekte gezündet werden. Dauer des Effektes bezeichnet die Zeitspanne vom Zünden des Effektes bis zum endgültigen Verlöschen in Sekunden. Bei extrem kurzzeitigen Effekten, wie Blitzen oder Knallkörpern, ist eine „0" einzutragen.

_____

*) ggf. weitere Seiten anfügen

– Seite 13 –

(noch Anhang 4)

zum Gastspielprüfbuch _____

Titel der Gastspielveranstaltung

Pyrotechnische Gefährdungsanalyse[*)]

(Vor dem Einsatz pyrotechnischer Effekte ist eine Gefährdungsanalyse durchzuführen.)

Pyrotechnische Effekte

Gefahren durch: □ Flammbildung

□ Funkenflug

□ Blendung

□ Wärmestrahlung

□ Abtropfen heißer Schlacke

□ Druckwirkung

□ Splittereinwirkung

□ Staubablagerung

□ Schallwirkung

□ Gegenseitige Beeinflussung verschiedener Effekte

□ Gesundheitsgefährdende Gase, Staube, Dämpfe, Rauch

Schutzmaßnahmen: Abstände zu Personen:

Abstände zu Dekorationen:

Unterwiesene Personen:

Lösch- u. Feuerbekämpfungsmittel:

Sonstige Maßnahmen:

[*)] ggf. weitere Seiten anfügen

– Seite 14 –

Anhang 5

zum Gastspielprüfbuch ____

Titel der Gastspielveranstaltung

Sonstige Angaben

Für folgende Bauprodukte liegen Prüfzeugnisse vor:

Für folgende Fliegende Bauten liegen Ausführungsgenehmigungen vor:

II 10 Verordnung des Ministeriums für Verkehr und Infrastruktur über anerkannte Sachverständige für die Prüfung technischer Anlagen und Einrichtungen nach Bauordnungsrecht (Bausachverständigenverordnung – BauSVO)

vom 15. Juli 1986 (GBl. S. 305), zuletzt geändert durch Verordnung vom 25. Januar 2012 (GBl. S. 65, 89)

Auf Grund von § 72 Abs. 3 der Landesbauordnung für Baden-Württemberg (LBO) in der Fassung vom 28. November 1983 (GBl. S. 770) wird verordnet:

§ 1 Anerkannte Sachverständige

Ist in Rechtsverordnungen auf Grund von § 73 Abs. 1 Nr. 2 LBO die Prüfung technischer Anlagen und Einrichtungen durch anerkannte Sachverständige vorgeschrieben, sind dies in ihren jeweiligen Fachbereichen
1. die nach § 2 anerkannten Sachverständigen,
2. die vor dem Inkrafttreten dieser Verordnung baurechtlich anerkannten Sachverständigen für die Dauer ihrer Anerkennung,
3. die Bediensteten einer öffentlichen Verwaltung mit den für die Ausübung der Tätigkeit als Sachverständige erforderlichen Sachkenntnissen und Erfahrungen für Anlagen und Einrichtungen im Zuständigkeitsbereich dieser Verwaltung,
4. die von den anderen Ländern im Geltungsbereich des Grundgesetzes für die Prüfung technischer Anlagen und Einrichtungen nach Bauordnungsrecht anerkannten Sachverständigen,
5. die nach § 3 Abs. 2 und 3 berechtigten Personen.
Die Sachverständigen nach Satz 1 Nr. 1 und 2 sind von der obersten Baurechtsbehörde mit Name, Anschrift, Fachbereichen und Geltungsdauer der Anerkennung in einem Verzeichnis zu führen; Sachverständige nach Satz 1 Nr. 4, die ihren Hauptwohnsitz nach Baden-Württemberg verlegt haben, können auf Antrag in das Verzeichnis aufgenommen werden.

§ 2 Voraussetzungen für die Anerkennung als Sachverständiger

Als Sachverständiger nach § 1 Satz 1 Nr. 1 kann von der obersten Baurechtsbehörde anerkannt werden, wer
1. auf Grund des Ingenieurgesetzes vom 30. März 1971 (GBl. S. 105) in der jeweils geltenden Fassung die Berufsbezeichnung „Ingenieur" zu führen berechtigt ist,
2. als Ingenieur mindestens fünf Jahre in der Fachrichtung, in der die Prüftätigkeit ausgeübt werden soll, praktisch tätig war und dabei mindestens zwei Jahre bei Prüfungen mitgewirkt hat,
3. die für die Ausübung der Tätigkeit als Sachverständiger erforderlichen Sachkenntnisse in der Fachrichtung, auf die sich seine Prüftätigkeit beziehen soll, durch ein Fachgutachten einer von der obersten Baurechtsbehörde bestimmten Stelle nachgewiesen hat,

4. nach seiner Persönlichkeit Gewähr dafür bietet, daß er den Aufgaben eines Sachverständigen gewachsen ist und sie unparteiisch und gewissenhaft erfüllen wird.

§3   Antrag auf Anerkennung als Sachverständiger

(1) Die Anerkennung als Sachverständiger ist bei der obersten Baurechtsbehörde schriftlich zu beantragen. Dem Antrag sind folgende Unterlagen beizufügen:
1. Lebenslauf mit lückenloser Angabe des fachlichen Werdegangs und der Berufsausübung bis zum Zeitpunkt der Antragstellung,
2. Kopien des Abschlusszeugnisses der Ausbildungsstätte sowie aller Zeugnisse über die bisherigen Beschäftigungen und
3. der Nachweis über den Antrag auf Erteilung eines Führungszeugnisses zur Vorlage bei einer Behörde (Belegart O oder P), der nicht älter als drei Monate sein soll, oder ein gleichwertiges Dokument eines Mitgliedstaates der Europäischen Union.

Die oberste Baurechtsbehörde bestätigt unverzüglich den Eingang der Unterlagen und teilt gegebenenfalls mit, welche Unterlagen fehlen. Die Eingangsbestätigung muss folgende Angaben enthalten:
1. die in Satz 5 genannte Frist,
2. die verfügbaren Rechtsbehelfe,
3. die Erklärung, dass der Antrag auf Erteilung der Bescheinigung als genehmigt gilt, wenn über ihn nicht rechtzeitig entschieden wird und
4. im Fall der Nachforderung von Unterlagen die Mitteilung, dass die Frist nach Satz 5 erst beginnt, wenn die Unterlagen vollständig sind.

Über die Erteilung der Bescheinigung ist innerhalb von drei Monaten nach Vorlage der vollständigen Unterlagen zu entscheiden; die oberste Baurechtsbehörde kann die Frist gegenüber dem Antragsteller einmal um bis zu zwei Monate verlängern. Die Fristverlängerung und deren Ende sind ausreichend zu begründen und dem Antragsteller vor Ablauf der ursprünglichen Frist mitzuteilen. Der Antrag auf Erteilung der Bescheinigung gilt als genehmigt, wenn über ihn nicht innerhalb der nach Satz 5 maßgeblichen Frist entschieden worden ist.

(2) Personen, die in einem anderen Mitgliedstaat der Europäischen Union oder einem nach dem Recht der Europäischen Gemeinschaften gleichgestellten Staat als Sachverständige zur Prüfung technischer Anlagen und Einrichtungen im Sinne dieser Verordnung niedergelassen sind, sind berechtigt, als Sachverständige im Sinne dieser Verordnung Prüfungen durchzuführen, wenn sie
1. hinsichtlich des Tätigkeitsbereiches eine vergleichbare Berechtigung besitzen,
2. dafür mindestens dem § 2 Nr. 1 bis 4 vergleichbare Anforderungen erfüllen mussten und
3. die deutsche Sprache in Wort und Schrift beherrschen.

Sie haben das erstmalige Tätigwerden vorher der obersten Baurechtsbehörde anzuzeigen und dabei
1. eine Bescheinigung darüber, dass sie in einem Mitgliedstaat der Europäischen Union oder einem nach dem Recht der Europäischen Gemeinschaften gleichgestellten Staat rechtmäßig als Sachverständige zur Prüfung technischer Anlagen und Einrichtungen im Sinne dieser Verordnung niedergelassen sind und ihnen die Ausübung dieser Tätigkeiten zum Zeitpunkt der Vorlage der Bescheinigung nicht, auch nicht vorübergehend, untersagt ist, und
2. einen Nachweis darüber, dass sie im Staat Ihrer Niederlassung dafür mindestens die Voraussetzungen des § 2 Nr. 1 bis 4 erfüllen mussten,

vorzulegen; sie sind in einem Verzeichnis zu führen. § 1 Satz 2 Halbsatz 1 gilt entsprechend. Die oberste Baurechtsbehörde hat auf Antrag zu bestätigen, dass die Anzeige nach Satz 2 erfolgt ist; sie kann das Tätigwerden als Sachverständiger untersagen und die Eintragung in dem Verzeichnis nach Satz 2 löschen, wenn die Voraussetzungen des Satzes 1 nicht erfüllt sind.

(3) Personen, die in einem anderen Mitgliedstaat der Europäischen Union oder einem nach dem Recht der Europäischen Gemeinschaften gleichgestellten Staat zur Wahrnehmung von Aufgaben im Sinne dieser Verordnung niedergelassen sind, ohne im Sinne des Absatzes 2 Satz 1 Nr. 1 und 2 vergleichbar zu sein, sind berechtigt, als Sachverständige im Sinne dieser Verordnung Prüfungen durchzuführen, wenn sie die deutsche Sprache in Wort und Schrift beherrschen und ihnen die oberste Baurechtsbehörde bescheinigt hat, dass sie die Anforderungen nach § 2 Nr. 1 bis 4 erfüllen; sie sind in einem Verzeichnis zu führen. § 1 Satz 2 Halbsatz 1 gilt entsprechend. Die Bescheinigung wird auf Antrag erteilt. Dem Antrag sind die zur Beurteilung erforderlichen Unterlagen nach Absatz 1 Satz 2 beizufügen. Absatz 1 Satz 3 bis 7 ist entsprechend anzuwenden.

(4) Anzeigen und Bescheinigungen nach den Absätzen 2 und 3 sind nicht erforderlich, wenn bereits in einem anderen Land eine Anzeige erfolgt ist oder eine Bescheinigung erteilt wurde.

(5) Verfahren nach den Absätzen 1 bis 3 können über einen Einheitlichen Ansprechpartner im Sinne des Gesetzes über Einheitliche Ansprechpartner für das Land Baden-Württemberg abgewickelt werden; die §§ 71 a bis 71 e des Landesverwaltungsverfahrensgesetzes in der jeweils geltenden Fassung finden Anwendung.

§ 4   Pflichten und Aufgaben des Sachverständigen

(1) Der Sachverständige ist verpflichtet, die ordnungsgemäße Beschaffenheit und Betriebssicherheit der technischen Anlagen und Einrichtungen eigenverantwortlich zu prüfen.

(2) Der Sachverständige darf Prüfungen nur vornehmen, wenn er ihnen gewachsen ist, über die erforderlichen Prüfgeräte und Hilfsmittel verfügt und wenn seine Unparteilichkeit gewahrt ist; insbesondere darf er bei der Ausführung der technischen Anlage oder Einrichtung nicht als Vorgutachter, als Entwurfsverfasser, als Bauleiter oder als Unternehmer tätig gewesen sein. Er hat die Prüfungen selbst durchzuführen; zu seiner Hilfe darf er befähigte und zuverlässige Personen hinzuziehen.

(3) Der Sachverständige hat der obersten Baurechtsbehörde auf Verlangen Auskunft über seine Prüfungen zu erteilen und Unterlagen hierüber vorzulegen.

(4) Der Sachverständige muß sich auf den Sachgebieten, für die er anerkannt ist, hinreichend fortbilden und sich hierbei insbesondere über die geltenden baurechtlichen Vorschriften und die einschlägigen allgemein anerkannten Regeln der Technik auf dem laufenden halten.

§ 5   Erlöschen und Widerruf der Anerkennung

(1) Die Anerkennung nach § 1 Nr. 1 und 2 erlischt
1. durch schriftlichen Verzicht gegenüber der obersten Baurechtsbehörde,
2. mit der Vollendung des 68. Lebensjahres,
3. mit dem Verlust der Fähigkeit zur Bekleidung öffentlicher Ämter,

4. bei Verurteilung wegen eines Verbrechens oder eines vorsätzlichen Vergehens zu einer Freiheitsstrafe von mehr als einem Jahr,

5. wenn der Sachverständige durch gerichtliche Anordnung in der Verfügung über sein Vermögen beschränkt wird.

Der Sachverständige hat die sich aus Satz 1 Nr. 3 bis 5 ergebenden Gründe für das Erlöschen seiner Anerkennung unverzüglich der obersten Baurechtsbehörde mitzuteilen.

(2) Die Anerkennung nach § 1 Nr. 1 und 2 ist zu widerrufen, wenn der Sachverständige gegen die ihm obliegenden Pflichten wiederholt oder grob verstoßen hat. Die Anerkennung kann widerrufen werden, wenn der Sachverständige seine Tätigkeit zwei Jahre nicht oder nur in geringem Umfang ausgeübt hat. Im übrigen bleibt § 49 des Landesverwaltungsverfahrensgesetzes unberührt.

(3) Die Absätze 1 und 2 finden auf die Bescheinigung nach § 3 Abs. 3 entsprechende Anwendung.

§ 6   Inkrafttreten

Diese Verordnung tritt am Tage nach ihrer Verkündung in Kraft.

II 11 Verordnung des Ministeriums für Verkehr und Infrastruktur über die Zuständigkeit zur Erteilung der Ausführungsgenehmigung für Fliegende Bauten (FliegBautenZuVO)

vom 18. Dezember 1996 (GBl. 1997 S. 4), zuletzt geändert durch Verordnung vom 25. Januar 2012 (GBl. S. 65, 90)

Auf Grund von § 73 Abs. 8 Nr. 1 der Landesbauordnung für Baden-Württemberg (LBO) vom 8. August 1995 (GBl. S. 617) wird verordnet:

§ 1 Zuständigkeit für Fliegende Bauten

Für die Entscheidung über die Erteilung einer Ausführungsgenehmigung für Fliegende Bauten nach § 69 LBO, einschließlich der Prüfung in statischer Hinsicht, ist die TÜV Süddeutschland Bau und Betrieb GmbH, Region Baden-Württemberg, Filderstadt (Gesellschaft) zuständig. Dies gilt auch bei Änderungen der Gesellschaft, insbesondere hinsichtlich Name, Sitz, Rechtsform, und bei einer Rechtsnachfolge.

§ 2 Vergütung

(1) Der Gesellschaft steht für Amtshandlungen im Vollzug von § 69 LBO eine Vergütung zu. Die Vergütung besteht aus Gebühren und Auslagen.

(2) Die Höhe der Gebühr bemisst sich nach dem dieser Verordnung als Anlage beigefügten Verzeichnis. Soweit sich die Gebühr nach dem Zeitaufwand bestimmt, ist die Zeit anzusetzen, die unter regelmäßigen Verhältnissen von einer entsprechend ausgebildeten Fachkraft benötigt wird. Die Höhe der nach dem Zeitaufwand bestimmten Gebühr beträgt 80 Euro für jede Arbeitsstunde; angefangene Arbeitsstunden werden zeitanteilig verrechnet. Bei der Abnahme von Fliegenden Bauten im Rahmen der Erteilung der Ausführungsgenehmigung oder deren Verlängerung kann bei dringlichen vom Benutzer veranlassten Arbeiten an Samstagen oder an Sonn- und Feiertagen ein Zuschlag bis zu 70 vom Hundert und bei Nachtarbeit ein Zuschlag bis zu 40 vom Hundert erhoben werden.

(3) Als Auslagen werden die Reisekosten nach den für Landesbeamte geltenden Vorschriften, die anfallende Umsatzsteuer und die anderen Behörden oder anderen Personen für ihre Tätigkeit zustehenden Beträge erhoben.

(4) Im Übrigen findet der Erste und Zweite Abschnitt des Landesgebührengesetzes entsprechende Anwendung.

§ 3 Rechts- und Fachaufsicht

Beim Vollzug von § 69 LBO führt das Regierungspräsidium Stuttgart als nächsthöhere Behörde die Rechts- und Fachaufsicht über die Gesellschaft.

§ 4 Prüfberichte anderer Prüfstellen

Prüfberichte von in anderen Bundesländern für die Prüfung Fliegender Bauten zugelassenen Prüfstellen werden anerkannt, sofern die Prüfung nicht länger als sechs Monate zurückliegt und die erforderlichen Aussagen des Prüfberichts unter Berücksichtigung von Art und Zustand des Fliegenden Baus noch unverändert übernommen werden können.

§ 5 Übergangsregelung

Vor Inkrafttreten dieser Verordnung eingeleitete Verfahren sind nach den bisherigen Zuständigkeits- und Verfahrensvorschriften weiterzuführen.

§ 6 Inkrafttreten

Diese Verordnung tritt am 1. Februar 1997 in Kraft. Gleichzeitig tritt die Verordnung des Innenministeriums über die Zuständigkeit zur Erteilung der Ausführungsgenehmigung für Fliegende Bauten (FliegBautenZuVO) vom 26. Juli 1985 (GBl. S. 290) außer Kraft.

Anlage
(zu § 2 Abs. 2 Satz 1)

Gebühren
Die Gebühr für Amtshandlungen beim Vollzug des § 69 LBO beträgt:
1. Für die Erteilung der Ausführungsgenehmigung (§ 69 Abs. 2 LBO) 4 vom Tausend der Herstellungskosten (Anschaffungs- und Aufstellungskosten einschließlich Umsatzsteuer), mindestens 60 Euro; zuzüglich einer gemäß § 2 Abs. 2 Sätze 2 und 3 nach dem Zeitaufwand bemessenen Gebühr für die technische Prüfung,
2. für die Verlängerung der Ausführungsgenehmigung (§ 69 Abs. 4 LBO) 1/4 der Gebühr nach Nummer 1, mindestens 60 Euro, höchstens 370 Euro; zuzüglich einer gemäß § 2 Abs. 2 Sätze 2 und 3 nach dem Zeitaufwand bemessenen Gebühr für die technische Prüfung,
3. für die Eintragung des Wechsels des Wohnsitzes oder der gewerblichen Niederlassung in das Prüfbuch (§ 69 Abs. 5 LBO) 30 bis 60 Euro,
4. für die Eintragung der Übertragung von Fliegenden Bauten an Dritte in das Prüfbuch (§ 69 Abs. 5 LBO) 60 bis 260 Euro.

II 12 Verordnung des Wirtschaftsministeriums über die Übertragung von Befugnissen für die Entscheidungen über Zustimmungen im Einzelfall nach der Landesbauordnung

vom 12. November 1996 (GBl. S. 730), geändert durch Art. 45 des Gesetzes vom 1. Juli 2004 (GBl. S. 469)

Auf Grund von § 73 Abs. 6 Satz 1 Nr. 1 der Landesbauordnung für Baden-Württemberg (LBO) vom 8. August 1995 (GBl. S. 617) wird verordnet:

§ 1

Dem Regierungspräsidium Tübingen – Landesstelle für Bautechnik – werden die Befugnisse für die Entscheidungen über Zustimmungen im Einzelfall nach § 20 Abs. 1 und § 21 LBO übertragen.

§ 2

Diese Verordnung tritt am 1. Januar 1997 in Kraft.

II 13 Verordnung über energiesparenden Wärmeschutz und energiesparende Anlagentechnik bei Gebäuden (Energieeinsparverordnung – EnEV)[*]

Vom 24. Juli 2007 (BGBl. I S. 1519), zuletzt geändert durch Verordnung vom 18. November 2013 (BGBl. I S. 3951)

Aufgrund des § 1 Absatz 2, des § 2 Absatz 2 und 3, des § 3 Absatz 2, des § 4, jeweils in Verbindung mit § 5, des § 5a Satz 1 und 2, des § 7 Absatz 1 a, 3 Satz 1 bis 3 und Absatz 4, des § 7a Absatz 1 sowie des § 7b Absatz 1 und 2 des Energieeinsparungsgesetzes in der Fassung der Bekanntmachung vom 1. September 2005 (BGBl. I S. 2684), von denen § 3 Absatz 2 durch Artikel 1 Nummer 2 des Gesetzes vom 4. Juli 2013 (BGBl. I S. 2197), § 4 zuletzt durch Artikel 1 Nummer 2b des Gesetzes vom 4. Juli 2013 (BGBl. I S. 2197), § 5a Satz 1 und 2 durch Artikel 1 Nummer 3 Buchstabe a und b des Gesetzes vom 4. Juli 2013 (BGBl. I S. 2197) und § 7 Absatz 3 und 4 zuletzt durch Artikel 1 Nummer 4 Buchstabe c und d des Gesetzes vom 4. Juli 2013 (BGBl. I S. 2197) geändert worden sind und § 7 Absatz 1 a durch Artikel 1 Nummer 4 Buchstabe a des Gesetzes vom 4. Juli 2013 (BGBl. I S. 2197), § 7a Absatz 1 durch Artikel 1 Nummer 4 des Gesetzes vom 28. März 2009 (BGBl. I S. 643) und § 7b Absatz 1 und 2 durch Artikel 1 Nummer 6 des Gesetzes vom 4. Juli 2013 (BGBl. I S. 2197) eingefügt worden sind, verordnet die Bundesregierung:

Inhaltsübersicht

---

[*]   Diese Verordnung dient der Umsetzung der Richtlinie 2010/31 /EU des Europäischen Parlaments und des Rates vom 19. Mai 2010 über die Gesamtenergieeffizienz von Gebäuden (Neufassung) (ABI. L 153 vom 18.6.2010, S. 13. ABI. L 155 vom 22.6.2010, S. 61) und der Richtlinie 2012/27/EU des Europäischen Parlaments und des Rates vom 25. Oktober 2012 zur Energieeffizienz, zur Änderung der Richtlinien 2009/125/EG und 2010/30/EU und zur Aufhebung der Richtlinien 2004/8/EG und 2006/32/EG (ABI. L 315 vom 14.11.2012, S. 1). Die Bezugnahmen in der Energieeinsparverordnung vom 24. Juli 2007 (BGBl. I S. 1519) und in der Verordnung zur Änderung der Energieeinsparverordnung vom 29. April 2009 (BGBl. I S. 954) auf die Richtlinie 2002/91/EG des Europäischen Parlaments und des Rates vom 16. Dezember 2002 über die Gesamtenergieeffizienz von Gebäuden gelten als Bezugnahmen auf die in dem vorhergehenden Satz genannte Richtlinie 2010/31/EU. Notifiziert gemäß der Richtlinie 98/34/EG des Europäischen Parlaments und des Rates vom 22. Juni 1998 über ein Informationsverfahren auf dem Gebiet der Normen und technischen Vorschriften und der Vorschriften für die Dienste der Informationsgesellschaft (ABI. L 204 vom 21.7.1998, S. 37), zuletzt geändert durch Artikel 26 Absatz 2 der Verordnung (EU) Nr. 1025/2012 des Europäischen Parlaments und des Rates vom 25. Oktober 2012 (ABI. L 316 vom 14.11.2012, S. 12).

Anlagen

Abschnitt 1 Allgemeine Vorschriften

§ 1   Zweck und Anwendungsbereich

(1) Zweck dieser Verordnung ist die Einsparung von Energie in Gebäuden. In diesem Rahmen und unter Beachtung des gesetzlichen Grundsatzes der wirtschaftlichen Vertretbarkeit soll die Verordnung dazu beitragen, dass die energiepolitischen Ziele der Bundesregierung, insbesondere ein nahezu klimaneutraler Gebäudebestand bis zum Jahr 2050, erreicht werden. Neben den Festlegungen in der Verordnung soll dieses Ziel auch mit anderen Instrumenten, insbesondere mit einer Modernisierungsoffensive für Gebäude, Anreizen durch die Förderpolitik und einem Sanierungsfahrplan, verfolgt werden. Im Rahmen der dafür noch festzulegenden Anforderungen an die Gesamtenergieeffizienz von Niedrigstenergiegebäuden wird die Bundesregierung in diesem Zusammenhang auch eine grundlegende Vereinfachung und Zusammenführung der Instrumente, die die Energieeinsparung und die Nutzung erneuerbarer Energien in Gebäuden regeln, anstreben, um dadurch die energetische und ökonomische Optimierung von Gebäuden zu erleichtern.

(2) Diese Verordnung gilt
1. für Gebäude, soweit sie unter Einsatz von Energie beheizt oder gekühlt werden, und
2. für Anlagen und Einrichtungen der Heizungs-, Kühl-, Raumluft- und Beleuchtungstechnik sowie der Warmwasserversorgung von Gebäuden nach Nummer 1.

Der Energieeinsatz für Produktionsprozesse in Gebäuden ist nicht Gegenstand dieser Verordnung.

(3) Mit Ausnahme der §§ 12 und 13 gilt diese Verordnung nicht für
1. Betriebsgebäude, die überwiegend zur Aufzucht oder zur Haltung von Tieren genutzt werden,

2. Betriebsgebäude, soweit sie nach ihrem Verwendungszweck großflächig und lang anhaltend offen gehalten werden müssen,
3. unterirdische Bauten,
4. Unterglasanlagen und Kulturräume für Aufzucht, Vermehrung und Verkauf von Pflanzen,
5. Traglufthallen und Zelte,
6. Gebäude, die dazu bestimmt sind, wiederholt aufgestellt und zerlegt zu werden, und provisorische Gebäude mit einer geplanten Nutzungsdauer von bis zu zwei Jahren,
7. Gebäude, die dem Gottesdienst oder anderen religiösen Zwecken gewidmet sind,
8. Wohngebäude, die
    a) für eine Nutzungsdauer von weniger als vier Monaten jährlich bestimmt sind oder
    b) für eine begrenzte jährliche Nutzungsdauer bestimmt sind, wenn der zu erwartende Energieverbrauch der Wohngebäude weniger als 25 Prozent des zu erwartenden Energieverbrauchs bei ganzjähriger Nutzung beträgt, und
9. sonstige handwerkliche, landwirtschaftliche, gewerbliche und industrielle Betriebsgebäude, die nach ihrer Zweckbestimmung auf eine Innentemperatur von weniger als 12 Grad Celsius oder jährlich weniger als vier Monate beheizt sowie jährlich weniger als zwei Monate gekühlt werden.

Auf Bestandteile von Anlagensystemen, die sich nicht im räumlichen Zusammenhang mit Gebäuden nach Absatz 2 Satz 1 Nummer 1 befinden, ist nur § 13 anzuwenden.

§ 2 Begriffsbestimmungen

Im Sinne dieser Verordnung
1. sind Wohngebäude Gebäude, die nach ihrer Zweckbestimmung überwiegend dem Wohnen dienen, einschließlich Wohn-, Alten- und Pflegeheimen sowie ähnlichen Einrichtungen,
2. sind Nichtwohngebäude Gebäude, die nicht unter Nummer 1 fallen,
3. sind kleine Gebäude Gebäude mit nicht mehr als 50 Quadratmetern Nutzfläche,
3a. sind Baudenkmäler nach Landesrecht geschützte Gebäude oder Gebäudemehrheiten,
4. sind beheizte Räume solche Räume, die aufgrund bestimmungsgemäßer Nutzung direkt oder durch Raumverbund beheizt werden,
5. sind gekühlte Räume solche Räume, die aufgrund bestimmungsgemäßer Nutzung direkt oder durch Raumverbund gekühlt werden,
6. sind erneuerbare Energien solare Strahlungsenergie, Umweltwärme, Geothermie, Wasserkraft, Windenergie und Energie aus Biomasse,
7. ist ein Heizkessel der aus Kessel und Brenner bestehende Wärmeerzeuger, der zur Übertragung der durch die Verbrennung freigesetzten Wärme an den Wärmeträger Wasser dient,
8. sind Geräte der mit einem Brenner auszurüstende Kessel und der zur Ausrüstung eines Kessels bestimmte Brenner,
9. ist die Nennleistung die vom Hersteller festgelegte und im Dauerbetrieb unter Beachtung des vom Hersteller angegebenen Wirkungsgrades als einhaltbar garantierte größte Wärme- oder Kälteleistung in Kilowatt,
10. ist ein Niedertemperatur-Heizkessel ein Heizkessel, der kontinuierlich mit einer Eintrittstemperatur von 35 bis 40 Grad Celsius betrieben werden kann und in

dem es unter bestimmten Umständen zur Kondensation des in den Abgasen enthaltenen Wasserdampfes kommen kann,

11. ist ein Brennwertkessel ein Heizkessel, der für die Kondensation eines Großteils des in den Abgasen enthaltenen Wasserdampfes konstruiert ist,

11a. sind elektrische Speicherheizsysteme Heizsysteme mit vom Energielieferanten unterbrechbarem Strombezug, die nur in den Zeiten außerhalb des unterbrochenen Betriebes durch eine Widerstandsheizung Wärme in einem geeigneten Speichermedium speichern,

12. ist die Wohnfläche die nach der Wohnflächenverordnung oder auf der Grundlage anderer Rechtsvorschriften oder anerkannter Regeln der Technik zur Berechnung von Wohnflächen ermittelte Fläche,

13. ist die Nutzfläche die Nutzfläche nach anerkannten Regeln der Technik, die beheizt oder gekühlt wird,

14. ist die Gebäudenutzfläche die nach Anlage 1 Nummer 1.3.3 berechnete Fläche,

15. ist die Nettogrundfläche die Nettogrundfläche nach anerkannten Regeln der Technik, die beheizt oder gekühlt wird,

16. sind Nutzflächen mit starkem Publikumsverkehr öffentlich zugängliche Nutzflächen, die während ihrer Öffnungszeiten von einer großen Zahl von Menschen aufgesucht werden. Solche Flächen können sich insbesondere in öffentlichen oder privaten Einrichtungen befinden, die für gewerbliche, freiberufliche, kulturelle, soziale oder behördliche Zwecke genutzt werden.

Abschnitt 2 Zu errichtende Gebäude

§ 3   Anforderungen an Wohngebäude

(1) Zu errichtende Wohngebäude sind so auszuführen, dass der Jahres-Primärenergiebedarf für Heizung, Warmwasserbereitung, Lüftung und Kühlung den Wert des Jahres-Primärenergiebedarfs eines Referenzgebäudes gleicher Geometrie, Gebäudenutzfläche und Ausrichtung mit der in Anlage 1 Tabelle 1 angegebenen technischen Referenzausführung nicht überschreitet.

(2) Zu errichtende Wohngebäude sind so auszuführen, dass die Höchstwerte des spezifischen, auf die wärmeübertragende Umfassungsfläche bezogenen Transmissionswärmeverlusts nach Anlage 1 Nummer 1.2 nicht überschritten werden.

(3) Für das zu errichtende Wohngebäude und das Referenzgebäude ist der Jahres-Primärenergiebedarf nach einem der in Anlage 1 Nummer 2 genannten Verfahren zu berechnen. Das zu errichtende Wohngebäude und das Referenzgebäude sind mit demselben Verfahren zu berechnen.

(4) Zu errichtende Wohngebäude sind so auszuführen, dass die Anforderungen an den sommerlichen Wärmeschutz nach Anlage 1 Nummer 3 eingehalten werden.

(5) Das Bundesministerium für Verkehr, Bau und Stadtentwicklung kann im Einvernehmen mit dem Bundesministerium für Wirtschaft und Technologie für Gruppen von nicht gekühlten Wohngebäuden auf der Grundlage von Modellberechnungen bestimmte Ausstattungsvarianten beschreiben, die unter dort definierten Anwendungsvoraussetzungen die Anforderungen nach den Absätzen 1, 2 und 4 generell erfüllen, und diese im Bundesanzeiger bekannt machen. Die Anwendungsvoraussetzungen können sich auf die Größe, die Form, die Ausrichtung und die Dichtheit der Gebäude sowie auf die Vermeidung von Wärmebrücken und auf die Anteile von bestimmten Außenbauteilen an der wärmeübertragenden Umfassungsfläche bezie-

hen. Die Einhaltung der in den Absätzen 1, 2 und 4 festgelegten Anforderungen wird vermutet, wenn ein nicht gekühltes Wohngebäude die Anwendungsvoraussetzungen erfüllt, die in der Bekanntmachung definiert sind, und gemäß einer der dazu beschriebenen Ausstattungsvarianten errichtet wird; Berechnungen nach Absatz 3 sind nicht erforderlich.

§ 4   Anforderungen an Nichtwohngebäude

(1) Zu errichtende Nichtwohngebäude sind so auszuführen, dass der Jahres- Primärenergiebedarf für Heizung, Warmwasserbereitung, Lüftung, Kühlung und eingebaute Beleuchtung den Wert des Jahres-Primärenergiebedarfs eines Referenzgebäudes gleicher Geometrie, Nettogrundfläche, Ausrichtung und Nutzung einschließlich der Anordnung der Nutzungseinheiten mit der in Anlage 2 Tabelle 1 angegebenen technischen Referenzausführung nicht überschreitet.

(2) Zu errichtende Nichtwohngebäude sind so auszuführen, dass die Höchstwerte der mittleren Wärmedurchgangskoeffizienten der wärmeübertragenden Umfassungsfläche nach Anlage 2 Tabelle 2 nicht überschritten werden.

(3) Für das zu errichtende Nichtwohngebäude und das Referenzgebäude ist der Jahres-Primärenergiebedarf nach einem der in Anlage 2 Nummer 2 oder 3 genannten Verfahren zu berechnen. Das zu errichtende Nichtwohngebäude und das Referenzgebäude sind mit demselben Verfahren zu berechnen.

(4) Zu errichtende Nichtwohngebäude sind so auszuführen, dass die Anforderungen an den sommerlichen Wärmeschutz nach Anlage 2 Nummer 4 eingehalten werden.

§ 5   Anrechnung von Strom aus erneuerbaren Energien

(1) Wird in zu errichtenden Gebäuden Strom aus erneuerbaren Energien eingesetzt, darf dieser Strom von dem nach § 3 Absatz 3 und § 4 Absatz 3 berechneten Endenergiebedarf abgezogen werden, soweit er
1. im unmittelbaren räumlichen Zusammenhang zu dem Gebäude erzeugt wird und
2. vorrangig in dem Gebäude unmittelbar nach Erzeugung oder nach vorübergehender Speicherung selbst genutzt und nur die überschüssige Energiemenge in ein öffentliches Netz eingespeist wird.
Es darf höchstens die Strommenge nach Satz 1 angerechnet werden, die dem berechneten Strombedarf der jeweiligen Nutzung entspricht.

(2) Der Strombedarf nach Absatz 1 Satz 2 ist nach den Berechnungsverfahren nach Anlage 1 Nummer 2 für Wohngebäude und Anlage 2 Nummer 2 oder 3 für Nichtwohngebäude als Monatswert zu bestimmen. Der monatliche Ertrag der Anlagen zur Nutzung erneuerbarer Energien ist nach DIN V 18599-9: 2011-12*, berichtigt durch DIN V 18599-9 Berichtigung 1: 2013-05, zu bestimmen. Bei Anlagen zur Erzeugung von Strom aus solarer Strahlungsenergie sind die monatlichen Stromerträge unter Verwendung der mittleren monatlichen Strahlungsintensitäten der Referenzklimazone Potsdam nach DIN V 18599-10: 2011-12 Anhang E sowie der Standardwerte zur Ermittlung der Nennleistung des Photovoltaikmoduls nach DIN V 18599-9: 2011-12 Anhang B zu ermitteln. Bei Anlagen zur Erzeugung von Strom aus Windenergie sind die monatlichen Stromerträge unter Verwendung der mittleren

---

*   Amtlicher Hinweis: Alle zitierten DIN-Vornormen und Normen sind im Beuth-Verlag GmbH, Berlin, veröffentlicht und beim Deutschen Patent- und Markenamt in München archivmäßig gesichert niedergelegt.

monatlichen Windgeschwindigkeiten der Referenzklimazone Potsdam nach DIN V 18599-10: 2011-12 Anhang E zu ermitteln.

§ 6   Dichtheit, Mindestluftwechsel

(1) Zu errichtende Gebäude sind so auszuführen, dass die wärmeübertragende Umfassungsfläche einschließlich der Fugen dauerhaft luftundurchlässig entsprechend den anerkannten Regeln der Technik abgedichtet ist. Wird die Dichtheit nach Satz 1 überprüft, kann der Nachweis der Luftdichtheit bei der nach § 3 Absatz 3 und § 4 Absatz 3 erforderlichen Berechnung berücksichtigt werden, wenn die Anforderungen nach Anlage 4 eingehalten sind.

(2) Zu errichtende Gebäude sind so auszuführen, dass der zum Zwecke der Gesundheit und Beheizung erforderliche Mindestluftwechsel sichergestellt ist.

§ 7   Mindestwärmeschutz, Wärmebrücken

(1) Bei zu errichtenden Gebäuden sind Bauteile, die gegen die Außenluft, das Erdreich oder Gebäudeteile mit wesentlich niedrigeren Innentemperaturen abgrenzen, so auszuführen, dass die Anforderungen des Mindestwärmeschutzes nach den anerkannten Regeln der Technik eingehalten werden. Ist bei zu errichtenden Gebäuden die Nachbarbebauung bei aneinandergereihter Bebauung nicht gesichert, müssen die Gebäudetrennwände den Mindestwärmeschutz nach Satz 1 einhalten.

(2) Zu errichtende Gebäude sind so auszuführen, dass der Einfluss konstruktiver Wärmebrücken auf den Jahres-Heizwärmebedarf nach den anerkannten Regeln der Technik und den im jeweiligen Einzelfall wirtschaftlich vertretbaren Maßnahmen so gering wie möglich gehalten wird.

(3) Der verbleibende Einfluss der Wärmebrücken bei der Ermittlung des Jahres-Primärenergiebedarfs ist nach Maßgabe des jeweils angewendeten Berechnungsverfahrens zu berücksichtigen. Soweit dabei Gleichwertigkeitsnachweise zu führen wären, ist dies für solche Wärmebrücken nicht erforderlich, bei denen die angrenzenden Bauteile kleinere Wärmedurchgangskoeffizienten aufweisen, als in den Musterlösungen der DIN 4108 Beiblatt 2: 2006-03 zugrunde gelegt sind.

§ 8   Anforderungen an kleine Gebäude und Gebäude aus Raumzellen

Werden bei zu errichtenden kleinen Gebäuden die in Anlage 3 genannten Werte der Wärmedurchgangskoeffizienten der Außenbauteile eingehalten, gelten die übrigen Anforderungen dieses Abschnitts als erfüllt. Satz 1 ist auf Gebäude entsprechend anzuwenden, die für eine Nutzungsdauer von höchstens fünf Jahren bestimmt und aus Raumzellen von jeweils bis zu 50 Quadratmetern Nutzfläche zusammengesetzt sind.

Abschnitt 3 Bestehende Gebäude und Anlagen

§ 9   Änderung, Erweiterung und Ausbau von Gebäuden

(1) Soweit bei beheizten oder gekühlten Räumen von Gebäuden Änderungen im Sinne der Anlage 3 Nummer 1 bis 6 ausgeführt werden, sind die Änderungen so

auszuführen, dass die Wärmedurchgangskoeffizienten der betroffenen Flächen die für solche Außenbauteile in Anlage 3 festgelegten Höchstwerte der Wärmedurchgangskoeffizienten nicht überschreiten. Die Anforderungen des Satzes 1 gelten als erfüllt, wenn

1. geänderte Wohngebäude insgesamt den Jahres-Primärenergiebedarf des Referenzgebäudes nach § 3 Absatz 1 und den Höchstwert des spezifischen, auf die wärmeübertragende Umfassungsfläche bezogenen Transmissionswärmeverlusts nach Anlage 1 Tabelle 2,

2. geänderte Nichtwohngebäude insgesamt den Jahres-Primärenergiebedarf des Referenzgebäudes nach § 4 Absatz 1 und die Höchstwerte der mittleren Wärmedurchgangskoeffizienten der wärmeübertragenden Umfassungsfläche nach Anlage 2 Tabelle 2 Zeile 1a, 2a, 3a und 4a

um nicht mehr als 40 vom Hundert überschreiten; wird nach Nummer 1 oder 2 der zulässige Jahres-Primärenergiebedarf ermittelt, ist jeweils die Zeile 1.0 der Anlage 1 Tabelle 1 oder der Anlage 2 Tabelle 1 nicht anzuwenden.

(2) In Fällen des Absatzes 1 Satz 2 sind die in § 3 Absatz 3 sowie in § 4 Absatz 3 angegebenen Berechnungsverfahren nach Maßgabe der Sätze 2 und 4 und des § 5 entsprechend anzuwenden. Soweit

1. Angaben zu geometrischen Abmessungen von Gebäuden fehlen, können diese durch vereinfachtes Aufmaß ermittelt werden;

2. energetische Kennwerte für bestehende Bauteile und Anlagenkomponenten nicht vorliegen, können gesicherte Erfahrungswerte für Bauteile und Anlagenkomponenten vergleichbarer Altersklassen verwendet werden;

hierbei können anerkannte Regeln der Technik verwendet werden; die Einhaltung solcher Regeln wird vermutet, soweit Vereinfachungen für die Datenaufnahme und die Ermittlung der energetischen Eigenschaften sowie gesicherte Erfahrungswerte verwendet werden, die vom Bundesministerium für Verkehr, Bau und Stadtentwicklung im Einvernehmen mit dem Bundesministerium für Wirtschaft und Technologie im Bundesanzeiger bekannt gemacht worden sind. Satz 2 kann auch in Fällen des Absatzes 1 Satz 1 sowie des Absatzes 4 angewendet werden. Bei Anwendung der Verfahren nach § 3 Absatz 3 sind die Randbedingungen und Maßgaben nach Anlage 3 Nummer 8 zu beachten.

(3) Absatz 1 ist nicht anzuwenden auf Änderungen von Außenbauteilen, wenn die Fläche der geänderten Bauteile nicht mehr als 10 vom Hundert der gesamten jeweiligen Bauteilfläche des Gebäudes betrifft.

(4) Bei der Erweiterung und dem Ausbau eines Gebäudes um beheizte oder gekühlte Räume, für die kein Wärmeerzeuger eingebaut wird, sind die betroffenen Außenbauteile so zu ändern oder auszuführen, dass die Wärmedurchgangskoeffizienten der betroffenen Flächen die für solche Außenbauteile in Anlage 3 festgelegten Höchstwerte der Wärmedurchgangskoeffizienten nicht überschreiten. Ist die hinzukommende zusammenhängende Nutzfläche größer als 50 Quadratmeter, sind außerdem die Anforderungen an den sommerlichen Wärmeschutz nach Anlage 1 Nummer 3 oder Anlage 2 Nummer 4 einzuhalten.

(5) Wird in Fällen des Absatzes 4 Satz 2 ein neuer Wärmeerzeuger eingebaut, sind die betroffenen Außenbauteilen so zu ändern oder auszuführen, dass der neue Gebäudeteil die Vorschriften für zu errichtende Gebäude nach § 3 oder § 4 einhält. Bei der Ermittlung des zulässigen Jahres-Primärenergiebedarfs ist jeweils die Zeile 1.0 der Anlage 1 Tabelle 1 oder der Anlage 2 Tabelle 1 nicht anzuwenden. Bei Wohngebäuden ergibt sich der zulässige Höchstwert des spezifischen, auf die wärmeübertragende Umfassungsfläche bezogenen Transmissionswärmeverlusts aus Anlage 1 Tabelle 2; bei Nichtwohngebäuden ergibt sich der Höchstwert des mittleren Wärme-

durchgangskoeffizienten der wärmeübertragenden Umfassungsfläche aus Anlage 2 Tabelle 2 Zeile 1a, 2a, 3a und 4a. Hinsichtlich der Dichtheit der Gebäudehülle kann auch beim Referenzgebäude die Dichtheit des hinzukommenden Gebäudeteils in Ansatz gebracht werden.

§ 10   Nachrüstung bei Anlagen und Gebäuden

(1) Eigentümer von Gebäuden dürfen Heizkessel, die mit flüssigen oder gasförmigen Brennstoffen beschickt werden und vor dem 1. Oktober 1978 eingebaut oder aufgestellt worden sind, nicht mehr betreiben. Eigentümer von Gebäuden dürfen Heizkessel, die mit flüssigen oder gasförmigen Brennstoffen beschickt werden und vor dem 1. Januar 1985 eingebaut oder aufgestellt worden sind, ab 2015 nicht mehr betreiben. Eigentümer von Gebäuden dürfen Heizkessel, die mit flüssigen oder gasförmigen Brennstoffen beschickt werden und nach dem 1. Januar 1985 eingebaut oder aufgestellt worden sind, nach Ablauf von 30 Jahren nicht mehr betreiben. Die Sätze 1 bis 3 sind nicht anzuwenden, wenn die vorhandenen Heizkessel Niedertemperatur-Heizkessel oder Brennwertkessel sind, sowie auf heizungstechnische Anlagen, deren Nennleistung weniger als vier Kilowatt oder mehr als 400 Kilowatt beträgt, und auf Heizkessel nach § 13 Absatz 3 Nummer 2 bis 4.

(2) Eigentümer von Gebäuden müssen dafür sorgen, dass bei heizungstechnischen Anlagen bisher ungedämmte, zugängliche Wärmeverteilungs- und Warmwasserleitungen sowie Armaturen, die sich nicht in beheizten Räumen befinden, nach Anlage 5 zur Begrenzung der Wärmeabgabe gedämmt sind.

(3) Eigentümer von Wohngebäuden sowie von Nichtwohngebäuden, die nach ihrer Zweckbestimmung jährlich mindestens vier Monate und auf Innentemperaturen von mindestens 19 Grad Celsius beheizt werden, müssen dafür sorgen, dass zugängliche Decken beheizter Räume zum unbeheizten Dachraum (oberste Geschossdecken), die nicht die Anforderungen an den Mindestwärmeschutz nach DIN 4108-2: 2013-02 erfüllen, nach dem 31. Dezember 2015 so gedämmt sind, dass der Wärmedurchgangskoeffizient der obersten Geschossdecke 0,24 Watt/(m²·K) nicht überschreitet. Die Pflicht nach Satz 1 gilt als erfüllt, wenn anstelle der obersten Geschossdecke das darüber liegende Dach entsprechend gedämmt ist oder den Anforderungen an den Mindestwärmeschutz nach DIN 4108-2: 2013-02 genügt. Bei Maßnahmen zur Dämmung nach den Sätzen 1 und 2 in Deckenzwischenräumen oder Sparrenzwischenräumen ist Anlage 3 Nummer 4 Satz 4 und 6 entsprechend anzuwenden.

(4) Bei Wohngebäuden mit nicht mehr als zwei Wohnungen, von denen der Eigentümer eine Wohnung am 1. Februar 2002 selbst bewohnt hat, sind die Pflichten nach den Absätzen 1 bis 3 erst im Falle eines Eigentümerwechsels nach dem 1. Februar 2002 von dem neuen Eigentümer zu erfüllen. Die Frist zur Pflichterfüllung beträgt zwei Jahre ab dem ersten Eigentumsübergang.

(5) Die Absätze 2 bis 4 sind nicht anzuwenden, soweit die für die Nachrüstung erforderlichen Aufwendungen durch die eintretenden Einsparungen nicht innerhalb angemessener Frist erwirtschaftet werden können.

§ 10a   *(weggefallen)*

§ 11   Aufrechterhaltung der energetischen Qualität

(1) Außenbauteile dürfen nicht in einer Weise verändert werden, dass die energetische Qualität des Gebäudes verschlechtert wird. Das Gleiche gilt für Anlagen und

Einrichtungen nach dem Abschnitt 4, soweit sie zum Nachweis der Anforderungen energieeinsparrechtlicher Vorschriften des Bundes zu berücksichtigen waren. Satz 1 ist nicht anzuwenden auf Änderungen von Außenbauteilen, wenn die Fläche der geänderten Bauteile nicht mehr als 10 Prozent der gesamten jeweiligen Bauteilfläche des Gebäudes betrifft.

(2) Energiebedarfssenkende Einrichtungen in Anlagen nach Absatz 1 sind vom Betreiber betriebsbereit zu erhalten und bestimmungsgemäß zu nutzen. Eine Nutzung und Erhaltung im Sinne des Satzes 1 gilt als gegeben, soweit der Einfluss einer energiebedarfssenkenden Einrichtung auf den Jahres-Primärenergiebedarf durch andere anlagentechnische oder bauliche Maßnahmen ausgeglichen wird.

(3) Anlagen und Einrichtungen der Heizungs-, Kühl- und Raumlufttechnik sowie der Warmwasserversorgung sind vom Betreiber sachgerecht zu bedienen. Komponenten mit wesentlichem Einfluss auf den Wirkungsgrad solcher Anlagen sind vom Betreiber regelmäßig zu warten und instand zu halten. Für die Wartung und Instandhaltung ist Fachkunde erforderlich. Fachkundig ist, wer die zur Wartung und Instandhaltung notwendigen Fachkenntnisse und Fertigkeiten besitzt.

§ 12   Energetische Inspektion von Klimaanlagen

(1) Betreiber von in Gebäude eingebauten Klimaanlagen mit einer Nennleistung für den Kältebedarf von mehr als zwölf Kilowatt haben innerhalb der in den Absätzen 3 und 4 genannten Zeiträume energetische Inspektionen dieser Anlagen durch berechtigte Personen im Sinne des Absatzes 5 durchführen zu lassen.

(2) Die Inspektion umfasst Maßnahmen zur Prüfung der Komponenten, die den Wirkungsgrad der Anlage beeinflussen, und der Anlagendimensionierung im Verhältnis zum Kühlbedarf des Gebäudes. Sie bezieht sich insbesondere auf
1. die Überprüfung und Bewertung der Einflüsse, die für die Auslegung der Anlage verantwortlich sind, insbesondere Veränderungen der Raumnutzung und -belegung, der Nutzungszeiten, der inneren Wärmequellen sowie der relevanten bauphysikalischen Eigenschaften des Gebäudes und der vom Betreiber geforderten Sollwerte hinsichtlich Luftmengen, Temperatur, Feuchte, Betriebszeit sowie Toleranzen, und
2. die Feststellung der Effizienz der wesentlichen Komponenten.

(3) Die Inspektion ist erstmals im zehnten Jahr nach der Inbetriebnahme oder der Erneuerung wesentlicher Bauteile wie Wärmeübertrager, Ventilator oder Kältemaschine durchzuführen. Abweichend von Satz 1 sind die am 1. Oktober 2007 mehr als vier und bis zu zwölf Jahre alten Anlagen innerhalb von sechs Jahren, die über zwölf Jahre alten Anlagen innerhalb von vier Jahren und die über 20 Jahre alten Anlagen innerhalb von zwei Jahren nach dem 1. Oktober 2007 erstmals einer Inspektion zu unterziehen.

(4) Nach der erstmaligen Inspektion ist die Anlage wiederkehrend mindestens alle zehn Jahre einer Inspektion zu unterziehen.

(5) Inspektionen dürfen nur von fachkundigen Personen durchgeführt werden. Fachkundig sind insbesondere
1. Personen mit berufsqualifizierendem Hochschulabschluss in den Fachrichtungen Versorgungstechnik oder Technische Gebäudeausrüstung mit mindestens einem Jahr Berufserfahrung in Planung, Bau, Betrieb oder Prüfung raumlufttechnischer Anlagen,

2. Personen mit berufsqualifizierendem Hochschulabschluss in
   a) den Fachrichtungen Maschinenbau, Elektrotechnik, Verfahrenstechnik, Bauingenieurwesen oder
   b) einer anderen technischen Fachrichtung mit einem Ausbildungsschwerpunkt bei der Versorgungstechnik oder der Technischen Gebäudeausrüstung
   mit mindestens drei Jahren Berufserfahrung in Planung, Bau, Betrieb oder Prüfung raumlufttechnischer Anlagen.

Gleichwertige Ausbildungen, die in einem anderen Mitgliedstaat der Europäischen Union, einem anderen Vertragsstaat des Abkommens über den Europäischen Wirtschaftsraum oder der Schweiz erworben worden sind und durch einen Ausbildungsnachweis belegt werden können, sind den in Satz 2 genannten Ausbildungen gleichgestellt.

(6) Die inspizierende Person hat einen Inspektionsbericht mit den Ergebnissen der Inspektion und Ratschlägen in Form von kurz gefassten fachlichen Hinweisen für Maßnahmen zur kosteneffizienten Verbesserung der energetischen Eigenschaften der Anlage, für deren Austausch oder für Alternativlösungen zu erstellen. Die inspizierende Person hat den Inspektionsbericht unter Angabe ihres Namens, ihrer Anschrift und Berufsbezeichnung sowie des Datums der Inspektion und des Ausstellungsdatums eigenhändig oder durch Nachbildung der Unterschrift zu unterschreiben und dem Betreiber zu übergeben. Vor Übergabe des Inspektionsberichts an den Betreiber hat die inspizierende Person die nach § 26c Absatz 2 zugeteilte Registriernummer einzutragen. Hat bei elektronischer Antragstellung die nach § 26c zuständige Registrierstelle bis zum Ablauf von drei Arbeitstagen nach Antragstellung und in sonstigen Fällen der Antragstellung bis zum Ablauf von sieben Arbeitstagen nach Antragstellung keine Registriernummer zugeteilt, sind statt der Registriernummer die Wörter „Registriernummer wurde beantragt am" und das Datum der Antragstellung bei der Registrierstelle einzutragen (vorläufiger Inspektionsbericht). Unverzüglich nach Erhalt der Registriernummer hat die inspizierende Person dem Betreiber eine Ausfertigung des Inspektionsberichts mit der eingetragenen Registriernummer zu übermitteln. Nach Zugang des vervollständigten Inspektionsberichts beim Betreiber verliert der vorläufige Inspektionsbericht seine Gültigkeit.

(7) Der Betreiber hat den Inspektionsbericht der nach Landesrecht zuständigen Behörde auf Verlangen vorzulegen.

Abschnitt 4 Anlagen der Heizungs-, Kühl- und Raumlufttechnik sowie der Warmwasserversorgung

§ 13   Inbetriebnahme von Heizkesseln

(1) Heizkessel, die mit flüssigen oder gasförmigen Brennstoffen beschickt werden und deren Nennleistung mindestens vier Kilowatt und höchstens 400 Kilowatt beträgt, dürfen zum Zwecke der Inbetriebnahme in Gebäuden nur eingebaut oder aufgestellt werden, wenn sie mit der CE-Kennzeichnung nach § 5 Absatz 1 und 2 der Verordnung über das Inverkehrbringen von Heizkesseln und Geräten nach dem Bauproduktengesetz vom 28. April 1998 (BGBl. I S. 796), die zuletzt durch Artikel 5 des Gesetzes vom 5. Dezember 2012 (BGBl. I S. 2449) geändert worden ist, oder nach Artikel 7 Absatz 1 Satz 2 der Richtlinie 92/42/EWG des Rates vom 21. Mai 1992 über die Wirkungsgrade von mit flüssigen oder gasförmigen Brennstoffen beschickten neuen Warmwasserheizkesseln (ABl. Nr. L 167 vom 22.6.1992, S. 17, L 195 S. 32), die zuletzt durch die Richtlinie 2008/28/EG des Europäischen Parla-

ments und des Rates vom 11. März 2008 (ABl. L 81 vom 20.3.2008, S. 48) geändert worden ist, versehen sind. Satz 1 gilt auch für Heizkessel, die aus Geräten zusammengefügt werden, soweit dabei die Parameter beachtet werden, die sich aus der den Geräten beiliegenden EG-Konformitätserklärung ergeben.

(2) Heizkessel dürfen in Gebäuden nur dann zum Zwecke der Inbetriebnahme eingebaut oder aufgestellt werden, wenn die Anforderungen nach Anlage 4a eingehalten werden. Ausgenommen sind bestehende Gebäude, wenn deren Jahres-Primärenergiebedarf den Wert des Jahres-Primärenergiebedarfs des Referenzgebäudes um nicht mehr als 40 vom Hundert überschreitet.

(3) Absatz 1 ist nicht anzuwenden auf
1. einzeln produzierte Heizkessel,
2. Heizkessel, die für den Betrieb mit Brennstoffen ausgelegt sind, deren Eigenschaften von den marktüblichen flüssigen und gasförmigen Brennstoffen erheblich abweichen,
3. Anlagen zur ausschließlichen Warmwasserbereitung,
4. Küchenherde und Geräte, die hauptsächlich zur Beheizung des Raumes, in dem sie eingebaut oder aufgestellt sind, ausgelegt sind, daneben aber auch Warmwasser für die Zentralheizung und für sonstige Gebrauchszwecke liefern,
5. Geräte mit einer Nennleistung von weniger als sechs Kilowatt zur Versorgung eines Warmwasserspeichersystems mit Schwerkraftumlauf.

§ 14   Verteilungseinrichtungen und Warmwasseranlagen

(1) Zentralheizungen müssen beim Einbau in Gebäude mit zentralen selbsttätig wirkenden Einrichtungen zur Verringerung und Abschaltung der Wärmezufuhr sowie zur Ein- und Ausschaltung elektrischer Antriebe in Abhängigkeit von
1. der Außentemperatur oder einer anderen geeigneten Führungsgröße und
2. der Zeit
ausgestattet werden. Soweit die in Satz 1 geforderten Ausstattungen bei bestehenden Gebäuden nicht vorhanden sind, muss der Eigentümer sie nachrüsten. Bei Wasserheizungen, die ohne Wärmeübertrager an eine Nah- oder Fernwärmeversorgung angeschlossen sind, gilt Satz 1 hinsichtlich der Verringerung und Abschaltung der Wärmezufuhr auch ohne entsprechende Einrichtungen in den Haus- und Kundenanlagen als eingehalten, wenn die Vorlauftemperatur des Nah- oder Fernwärmenetzes in Abhängigkeit von der Außentemperatur und der Zeit durch entsprechende Einrichtungen in der zentralen Erzeugungsanlage geregelt wird.

(2) Heizungstechnische Anlagen mit Wasser als Wärmeträger müssen beim Einbau in Gebäude mit selbsttätig wirkenden Einrichtungen zur raumweisen Regelung der Raumtemperatur ausgestattet werden; von dieser Pflicht ausgenommen sind Fußbodenheizungen in Räumen mit weniger als sechs Quadratmetern Nutzfläche. Satz 1 gilt nicht für Einzelheizgeräte, die zum Betrieb mit festen oder flüssigen Brennstoffen eingerichtet sind. Mit Ausnahme von Wohngebäuden ist für Gruppen von Räumen gleicher Art und Nutzung eine Gruppenregelung zulässig. Soweit die in Satz 1 bis 3 geforderten Ausstattungen bei bestehenden Gebäuden nicht vorhanden sind, muss der Eigentümer sie nachrüsten; Fußbodenheizungen, die vor dem 1. Februar 2002 eingebaut worden sind, dürfen abweichend von Satz 1 erster Halbsatz mit Einrichtungen zur raumweisen Anpassung der Wärmeleistung an die Heizlast ausgestattet werden.

(3) In Zentralheizungen mit mehr als 25 Kilowatt Nennleistung sind die Umwälzpumpen der Heizkreise beim erstmaligen Einbau und bei der Ersetzung so auszustatten,

dass die elektrische Leistungsaufnahme dem betriebsbedingten Förderbedarf selbsttätig in mindestens drei Stufen angepasst wird, soweit sicherheitstechnische Belange des Heizkessels dem nicht entgegenstehen.

(4) Zirkulationspumpen müssen beim Einbau in Warmwasseranlagen mit selbsttätig wirkenden Einrichtungen zur Ein- und Ausschaltung ausgestattet werden.

(5) Beim erstmaligen Einbau und bei der Ersetzung von Wärmeverteilungs- und Warmwasserleitungen sowie von Armaturen in Gebäuden ist deren Wärmeabgabe nach Anlage 5 zu begrenzen.

§ 15   Klimaanlagen und sonstige Anlagen der Raumlufttechnik

(1) Beim Einbau von Klimaanlagen mit einer Nennleistung für den Kältebedarf von mehr als zwölf Kilowatt und raumlufttechnischen Anlagen, die für einen Volumenstrom der Zuluft von wenigstens 4 000 Kubikmeter je Stunde ausgelegt sind, in Gebäude sowie bei der Erneuerung von Zentralgeräten oder Luftkanalsystemen solcher Anlagen müssen diese Anlagen so ausgeführt werden, dass
1. die auf das Fördervolumen bezogene elektrische Leistung der Einzelventilatoren oder
2. der gewichtete Mittelwert der auf das jeweilige Fördervolumen bezogenen elektrischen Leistungen aller Zu- und Abluftventilatoren
bei Auslegungsvolumenstrom den Grenzwert der Kategorie SFP 4 nach DIN EN 13779: 2007-09 nicht überschreitet. Der Grenzwert für die Klasse SFP 4 kann um Zuschläge nach DIN EN 13779: 2007-09 Abschnitt 6.5.2 für Gas- und HEPA-Filter sowie Wärmerückführungsbauteile der Klassen H2 oder H1 nach DIN EN 13053: 2007-11 erweitert werden.

(2) Beim Einbau von Anlagen nach Absatz 1 Satz 1 in Gebäude und bei der Erneuerung von Zentralgeräten solcher Anlagen müssen, soweit diese Anlagen dazu bestimmt sind, die Feuchte der Raumluft unmittelbar zu verändern, diese Anlagen mit selbsttätig wirkenden Regelungseinrichtungen ausgestattet werden, bei denen getrennte Sollwerte für die Be- und die Entfeuchtung eingestellt werden können und als Führungsgröße mindestens die direkt gemessene Zu- oder Abluftfeuchte dient. Sind solche Einrichtungen in bestehenden Anlagen nach Absatz 1 Satz 1 nicht vorhanden, muss der Betreiber sie bei Klimaanlagen innerhalb von sechs Monaten nach Ablauf der jeweiligen Frist des § 12 Absatz 3, bei sonstigen raumlufttechnischen Anlagen in entsprechender Anwendung der jeweiligen Fristen des § 12 Absatz 3, nachrüsten.

(3) Beim Einbau von Anlagen nach Absatz 1 Satz 1 in Gebäude und bei der Erneuerung von Zentralgeräten oder Luftkanalsystemen solcher Anlagen müssen diese Anlagen mit Einrichtungen zur selbsttätigen Regelung der Volumenströme in Abhängigkeit von den thermischen und stofflichen Lasten oder zur Einstellung der Volumenströme in Abhängigkeit von der Zeit ausgestattet werden, wenn der Zuluftvolumenstrom dieser Anlagen je Quadratmeter versorgter Nettogrundfläche, bei Wohngebäuden je Quadratmeter versorgter Gebäudenutzfläche neun Kubikmeter pro Stunde überschreitet. Satz 1 gilt nicht, soweit in den versorgten Räumen aufgrund des Arbeits- oder Gesundheitsschutzes erhöhte Zuluftvolumenströme erforderlich sind oder Laständerungen weder messtechnisch noch hinsichtlich des zeitlichen Verlaufes erfassbar sind.

(4) Werden Kälteverteilungs- und Kaltwasserleitungen und Armaturen, die zu Anlagen im Sinne des Absatzes 1 Satz 1 gehören, erstmalig in Gebäude eingebaut oder ersetzt, ist deren Wärmeaufnahme nach Anlage 5 zu begrenzen.

(5) Werden Anlagen nach Absatz 1 Satz 1 in Gebäude eingebaut oder Zentralgeräte solcher Anlagen erneuert, müssen diese mit einer Einrichtung zur Wärmerückgewinnung ausgestattet sein, die mindestens der Klassifizierung H3 nach DIN EN 13053: 2007-11 entspricht. Für die Betriebsstundenzahl sind die Nutzungsrandbedingungen nach DIN V 18599-10: 2011-12 und für den Luftvolumenstrom der Außenluftvolumenstrom maßgebend.

Abschnitt 5 Energieausweise und Empfehlungen für die Verbesserung der Energieeffizienz

§ 16   Ausstellung und Verwendung von Energieausweisen

(1) Wird ein Gebäude errichtet, hat der Bauherr sicherzustellen, dass ihm, wenn er zugleich Eigentümer des Gebäudes ist, oder dem Eigentümer des Gebäudes ein Energieausweis nach dem Muster der Anlage 6 oder 7 unter Zugrundelegung der energetischen Eigenschaften des fertiggestellten Gebäudes ausgestellt und der Energieausweis oder eine Kopie hiervon übergeben wird. Die Ausstellung und die Übergabe müssen unverzüglich nach Fertigstellung des Gebäudes erfolgen. Die Sätze 1 und 2 sind entsprechend anzuwenden, wenn unter Anwendung des § 9 Absatz 1 Satz 2 für das gesamte Gebäude Berechnungen nach § 9 Absatz 2 durchgeführt werden. Der Eigentümer hat den Energieausweis der nach Landesrecht zuständigen Behörde auf Verlangen vorzulegen.

(2) Soll ein mit einem Gebäude bebautes Grundstück, ein grundstücksgleiches Recht an einem bebauten Grundstück oder Wohnungs- oder Teileigentum verkauft werden, hat der Verkäufer dem potenziellen Käufer spätestens bei der Besichtigung einen Energieausweis oder eine Kopie hiervon mit dem Inhalt nach dem Muster der Anlage 6 oder 7 vorzulegen; die Vorlagepflicht wird auch durch einen deutlich sichtbaren Aushang oder ein deutlich sichtbares Auslegen während der Besichtigung erfüllt. Findet keine Besichtigung statt, hat der Verkäufer den Energieausweis oder eine Kopie hiervon mit dem Inhalt nach dem Muster der Anlage 6 oder 7 dem potenziellen Käufer unverzüglich vorzulegen; der Verkäufer muss den Energieausweis oder eine Kopie hiervon spätestens unverzüglich dann vorlegen, wenn der potenzielle Käufer ihn hierzu auffordert. Unverzüglich nach Abschluss des Kaufvertrages hat der Verkäufer dem Käufer den Energieausweis oder eine Kopie hiervon zu übergeben. Die Sätze 1 bis 3 sind entsprechend anzuwenden auf den Vermieter, Verpächter und Leasinggeber bei der Vermietung, der Verpachtung oder dem Leasing eines Gebäudes, einer Wohnung oder einer sonstigen selbstständigen Nutzungseinheit.

(3) Der Eigentümer eines Gebäudes, in dem sich mehr als 500 Quadratmeter oder nach dem 8. Juli 2015 mehr als 250 Quadratmeter Nutzfläche mit starkem Publikumsverkehr befinden, der auf behördlicher Nutzung beruht, hat dafür Sorge zu tragen, dass für das Gebäude ein Energieausweis nach dem Muster der Anlage 6 oder 7 ausgestellt wird. Der Eigentümer hat den nach Satz 1 ausgestellten Energieausweis an einer für die Öffentlichkeit gut sichtbaren Stelle auszuhängen. Wird die in Satz 1 genannte Nutzfläche nicht oder nicht überwiegend vom Eigentümer selbst genutzt, so trifft die Pflicht zum Aushang des Energieausweises den Nutzer. Der Eigentümer hat ihm zu diesem Zweck den Energieausweis oder eine Kopie hiervon zu übergeben. Zur Erfüllung der Pflicht nach Satz 1 ist es ausreichend, von einem Energiebedarfsausweis nur die Seiten 1 und 2 nach dem Muster der Anlage 6 oder 7 und von einem Energieverbrauchsausweis nur die Seiten 1 und 3 nach dem Mus-

ter der Anlage 6 oder 7 auszuhängen; anstelle des Aushangs eines Energieausweises nach dem Muster der Anlage 7 kann der Aushang auch nach dem Muster der
Anlage 8 oder 9 vorgenommen werden.

(4) Der Eigentümer eines Gebäudes, in dem sich mehr als 500 Quadratmeter Nutzfläche mit starkem Publikumsverkehr befinden, der nicht auf behördlicher Nutzung
beruht, hat einen Energieausweis an einer für die Öffentlichkeit gut sichtbaren Stelle
auszuhängen, sobald für das Gebäude ein Energieausweis vorliegt. Absatz 3 Satz 3
bis 5 ist entsprechend anzuwenden.

(5) Auf kleine Gebäude sind die Vorschriften dieses Abschnitts nicht anzuwenden.
Auf Baudenkmäler sind die Absätze 2 bis 4 nicht anzuwenden.

§ 16a   Pflichtangaben in Immobilienanzeigen

(1) Wird in Fällen des § 16 Absatz 2 Satz 1 vor dem Verkauf eine Immobilienanzeige
in kommerziellen Medien aufgegeben und liegt zu diesem Zeitpunkt ein Energieausweis vor, so hat der Verkäufer sicherzustellen, dass die Immobilienanzeige folgende
Pflichtangaben enthält:
1. die Art des Energieausweises: Energiebedarfsausweis oder Energieverbrauchsausweis im Sinne des § 17 Absatz 1 Satz 1,
2. den im Energieausweis genannten Wert des Endenergiebedarfs oder Endenergieverbrauchs für das Gebäude,
3. die im Energieausweis genannten wesentlichen Energieträger für die Heizung
   des Gebäudes,
4. bei Wohngebäuden das im Energieausweis genannte Baujahr und
5. bei Wohngebäuden die im Energieausweis genannte Energieeffizienzklasse.
Bei Nichtwohngebäuden ist bei Energiebedarfs- und bei Energieverbrauchsausweisen als Pflichtangabe nach Satz 1 Nummer 2 der Endenergiebedarf oder Endenergieverbrauch sowohl für Wärme als auch für Strom jeweils getrennt aufzuführen.

(2) Absatz 1 ist entsprechend anzuwenden auf den Vermieter, Verpächter und Leasinggeber bei Immobilienanzeigen zur Vermietung, Verpachtung oder zum Leasing
eines Gebäudes, einer Wohnung oder einer sonstigen selbstständigen Nutzungseinheit.

(3) Bei Energieausweisen, die nach dem 30. September 2007 und vor dem 1. Mai
2014 ausgestellt worden sind, und bei Energieausweisen nach § 29 Absatz 1 sind
die Pflichten der Absätze 1 und 2 nach Maßgabe des § 29 Absatz 2 und 3 zu erfüllen.

§ 17   Grundsätze des Energieausweises

(1) Der Aussteller hat Energieausweise nach § 16 auf der Grundlage des berechneten Energiebedarfs (Energiebedarfsausweis) oder des erfassten Energieverbrauchs
(Energieverbrauchsausweis) nach Maßgabe der Absätze 2 bis 6 sowie der §§ 18
und 19 auszustellen. Es ist zulässig, sowohl den Energiebedarf als auch den Energieverbrauch anzugeben.

(2) Energieausweise dürfen in den Fällen des § 16 Absatz 1 nur auf der Grundlage
des Energiebedarfs ausgestellt werden. In den Fällen des § 16 Absatz 2 sind ab
dem 1. Oktober 2008 Energieausweise für Wohngebäude, die weniger als fünf
Wohnungen haben und für die der Bauantrag vor dem 1. November 1977 gestellt
worden ist, auf der Grundlage des Energiebedarfs auszustellen. Satz 2 gilt nicht,
wenn das Wohngebäude

1. schon bei der Baufertigstellung das Anforderungsniveau der Wärmeschutzverordnung vom 11. August 1977 (BGBl. I S. 1554) eingehalten hat oder
2. durch spätere Änderungen mindestens auf das in Nummer 1 bezeichnete Anforderungsniveau gebracht worden ist.

Bei der Ermittlung der energetischen Eigenschaften des Wohngebäudes nach Satz 3 können die Bestimmungen über die vereinfachte Datenerhebung nach § 9 Absatz 2 Satz 2 und die Datenbereitstellung durch den Eigentümer nach Absatz 5 angewendet werden.

(3) Energieausweise werden für Gebäude ausgestellt. Sie sind für Teile von Gebäuden auszustellen, wenn die Gebäudeteile nach § 22 getrennt zu behandeln sind.

(4) Energieausweise einschließlich Modernisierungsempfehlungen müssen nach Inhalt und Aufbau den Mustern in den Anlagen 6 bis 9 entsprechen und mindestens die dort für die jeweilige Ausweisart geforderten, nicht als freiwillig gekennzeichneten Angaben enthalten. Zusätzliche, nicht personenbezogene Angaben können beigefügt werden. Energieausweise sind vom Aussteller unter Angabe seines Namens, seiner Anschrift und Berufsbezeichnung sowie des Ausstellungsdatums eigenhändig oder durch Nachbildung der Unterschrift zu unterschreiben. Vor Übergabe des neu ausgestellten Energieausweises an den Eigentümer hat der Aussteller die nach § 26c Absatz 2 zugeteilte Registriernummer einzutragen. Hat bei elektronischer Antragstellung die nach § 26c zuständige Registrierstelle bis zum Ablauf von drei Arbeitstagen nach Antragstellung und in sonstigen Fällen der Antragstellung bis zum Ablauf von sieben Arbeitstagen nach Antragstellung keine Registriernummer zugeteilt, sind statt der Registriernummer die Wörter „Registriernummer wurde beantragt am" und das Datum der Antragstellung bei der Registrierstelle einzutragen (vorläufiger Energieausweis). Unverzüglich nach Erhalt der Registriernummer hat der Aussteller dem Eigentümer eine Ausfertigung des Energieausweises mit der eingetragenen Registriernummer zu übermitteln. Nach Zugang des vervollständigten Energieausweises beim Eigentümer verliert der vorläufige Energieausweis seine Gültigkeit. Die Modernisierungsempfehlungen nach § 20 sind Bestandteil der Energieausweise nach den Mustern in den Anlagen 6 und 7.

(5) Der Eigentümer kann die zur Ausstellung des Energieausweises nach § 18 Absatz 1 Satz 1 oder Absatz 2 Satz 1 in Verbindung mit den Anlagen 1, 2 und 3 Nummer 8 oder nach § 19 Absatz 1 Satz 1 und 3, Absatz 2 Satz 1 oder 5 und Absatz 3 Satz 1 erforderlichen Daten bereitstellen. Der Eigentümer muss dafür Sorge tragen, dass die von ihm nach Satz 1 bereitgestellten Daten richtig sind. Der Aussteller darf die vom Eigentümer bereitgestellten Daten seinen Berechnungen nicht zugrunde legen, soweit begründeter Anlass zu Zweifeln an deren Richtigkeit besteht. Soweit der Aussteller des Energieausweises die Daten selbst ermittelt hat, ist Satz 2 entsprechend anzuwenden.

(6) Energieausweise sind für eine Gültigkeitsdauer von zehn Jahren auszustellen. Unabhängig davon verlieren Energieausweise ihre Gültigkeit, wenn nach § 16 Absatz 1 ein neuer Energieausweis erforderlich wird.

§ 18   Ausstellung auf der Grundlage des Energiebedarfs

(1) Werden Energieausweise für zu errichtende Gebäude auf der Grundlage des berechneten Energiebedarfs ausgestellt, sind die Ergebnisse der nach den §§ 3 bis 5 erforderlichen Berechnungen zugrunde zu legen. Die Ergebnisse sind in den Energieausweisen anzugeben, soweit ihre Angabe für Energiebedarfswerte in den Mustern der Anlagen 6 bis 8 vorgesehen ist. In den Fällen des § 3 Absatz 5 Satz 3 sind

die Kennwerte zu verwenden, die in den Bekanntmachungen nach § 3 Absatz 5 Satz 1 der jeweils zutreffenden Ausstattungsvariante zugewiesen sind.

(2) Werden Energieausweise für bestehende Gebäude auf der Grundlage des berechneten Energiebedarfs ausgestellt, ist auf die erforderlichen Berechnungen § 9 Absatz 2 entsprechend anzuwenden. Die Ergebnisse sind in den Energieausweisen anzugeben, soweit ihre Angabe für Energiebedarfswerte in den Mustern der Anlagen 6 bis 8 vorgesehen ist.

§ 19   Ausstellung auf der Grundlage des Energieverbrauchs

(1) Werden Energieausweise für bestehende Gebäude auf der Grundlage des erfassten Energieverbrauchs ausgestellt, sind der witterungsbereinigte Endenergie- und Primärenergieverbrauch nach Maßgabe der Absätze 2 und 3 zu berechnen. Die Ergebnisse sind in den Energieausweisen anzugeben, soweit ihre Angabe für Energieverbrauchswerte in den Mustern der Anlagen 6, 7 und 9 vorgesehen ist. Die Bestimmungen des § 9 Absatz 2 Satz 2 über die vereinfachte Datenerhebung sind entsprechend anzuwenden.

(2) Bei Wohngebäuden ist der Endenergieverbrauch für Heizung und Warmwasserbereitung zu ermitteln und in Kilowattstunden pro Jahr und Quadratmeter Gebäudenutzfläche anzugeben. Ist im Fall dezentraler Warmwasserbereitung in Wohngebäuden der hierauf entfallende Verbrauch nicht bekannt, ist der Endenergieverbrauch um eine Pauschale von 20 Kilowattstunden pro Jahr und Quadratmeter Gebäudenutzfläche zu erhöhen. Im Fall der Kühlung von Raumluft in Wohngebäuden ist der für Heizung und Warmwasser ermittelte Endenergieverbrauch um eine Pauschale von 6 Kilowattstunden pro Jahr und Quadratmeter gekühlte Gebäudenutzfläche zu erhöhen. Ist die Gebäudenutzfläche nicht bekannt, kann sie bei Wohngebäuden mit bis zu zwei Wohneinheiten mit beheiztem Keller pauschal mit dem 1,35fachen Wert der Wohnfläche, bei sonstigen Wohngebäuden mit dem 1,2fachen Wert der Wohnfläche angesetzt werden. Bei Nichtwohngebäuden ist der Endenergieverbrauch für Heizung, Warmwasserbereitung, Kühlung, Lüftung und eingebaute Beleuchtung zu ermitteln und in Kilowattstunden pro Jahr und Quadratmeter Nettogrundfläche anzugeben. Der Endenergieverbrauch für Heizung ist einer Witterungsbereinigung zu unterziehen. Der Primärenergieverbrauch wird auf der Grundlage des Endenergieverbrauchs und der Primärenergiefaktoren nach Anlage 1 Nummer 2.1.1 Satz 2 bis 7 errechnet.

(3) Zur Ermittlung des Energieverbrauchs sind
1. Verbrauchsdaten aus Abrechnungen von Heizkosten nach der Heizkostenverordnung für das gesamte Gebäude,
2. andere geeignete Verbrauchsdaten, insbesondere Abrechnungen von Energielieferanten oder sachgerecht durchgeführte Verbrauchsmessungen, oder
3. eine Kombination von Verbrauchsdaten nach den Nummern 1 und 2
zu verwenden; dabei sind mindestens die Abrechnungen aus einem zusammenhängenden Zeitraum von 36 Monaten zugrunde zu legen, der die jüngste vorliegende Abrechnungsperiode einschließt. Bei der Ermittlung nach Satz 1 sind längere Leerstände rechnerisch angemessen zu berücksichtigen. Der maßgebliche Energieverbrauch ist der durchschnittliche Verbrauch in dem zugrunde gelegten Zeitraum. Für die Witterungsbereinigung des Endenergieverbrauchs und die angemessene rechnerische Berücksichtigung längerer Leerstände sowie die Berechnung des Primärenergieverbrauchs auf der Grundlage des ermittelten Endenergieverbrauchs ist ein den anerkannten Regeln der Technik entsprechendes Verfahren anzuwenden. Die Einhaltung der anerkannten Regeln der Technik wird vermutet, soweit bei der Ermittlung

des Energieverbrauchs Vereinfachungen verwendet werden, die vom Bundesministerium für Verkehr, Bau und Stadtentwicklung im Einvernehmen mit dem Bundesministerium für Wirtschaft und Technologie im Bundesanzeiger bekannt gemacht worden
sind.

(4) Als Vergleichswerte für den Energieverbrauch eines Nichtwohngebäudes sind in
den Energieausweis die Werte einzutragen, die jeweils vom Bundesministerium für
Verkehr, Bau und Stadtentwicklung im Einvernehmen mit dem Bundesministerium
für Wirtschaft und Technologie im Bundesanzeiger bekannt gemacht worden sind.

§ 20 Empfehlungen für die Verbesserung der Energieeffizienz

Der Aussteller des Energieausweises hat dem Eigentümer im Energieausweis Empfehlungen für Maßnahmen zur kosteneffizienten Verbesserung der energetischen
Eigenschaften des Gebäudes (Energieeffizienz) in Form von kurz gefassten fachlichen Hinweisen zu geben (Modernisierungsempfehlungen), es sei denn, solche
Maßnahmen sind nicht möglich. Die Modernisierungsempfehlungen beziehen sich
auf Maßnahmen am gesamten Gebäude, an einzelnen Außenbauteilen sowie an
Anlagen und Einrichtungen im Sinne dieser Verordnung. In den Modernisierungsempfehlungen kann ergänzend auf weiterführende Hinweise in Veröffentlichungen
des Bundesministeriums für Verkehr, Bau und Stadtentwicklung im Einvernehmen
mit dem Bundesministerium für Wirtschaft und Technologie oder in Veröffentlichungen von ihnen beauftragter Dritter Bezug genommen werden. Die Bestimmungen
des § 9 Absatz 2 Satz 2 über die vereinfachte Datenerhebung sind entsprechend
anzuwenden. Sind Modernisierungsempfehlungen nicht möglich, hat der Aussteller
dies im Energieausweis zu vermerken.

§ 21 Ausstellungsberechtigung für bestehende Gebäude

(1) Zur Ausstellung von Energieausweisen für bestehende Gebäude nach § 16 Absatz 2 bis 4 sind nur berechtigt
1. Personen mit berufsqualifizierendem Hochschulabschluss in
   a) den Fachrichtungen Architektur, Hochbau, Bauingenieurwesen, Technische
      Gebäudeausrüstung, Physik, Bauphysik, Maschinenbau oder Elektrotechnik
      oder
   b) einer anderen technischen oder naturwissenschaftlichen Fachrichtung mit
      einem Ausbildungsschwerpunkt auf einem unter Buchstabe a genannten
      Gebiet,
2. Personen im Sinne der Nummer 1 Buchstabe a im Bereich Architektur der Fachrichtung Innenarchitektur,
3. Personen, die für ein zulassungspflichtiges Bau-, Ausbau- oder anlagentechni-
   sches Gewerbe oder für das Schornsteinfegerwesen die Voraussetzungen zur
   Eintragung in die Handwerksrolle erfüllen, sowie Handwerksmeister der zulas-
   sungsfreien Handwerke dieser Bereiche und Personen, die aufgrund ihrer Ausbildung berechtigt sind, eine solches Handwerk ohne Meistertitel selbstständig
   auszuüben,
4. staatlich anerkannte oder geprüfte Techniker, deren Ausbildungsschwerpunkt
   auch die Beurteilung der Gebäudehülle, die Beurteilung von Heizungs- und
   Warmwasserbereitungsanlagen oder die Beurteilung von Lüftungs- und Klimaanlagen umfasst,
5. Personen, die nach bauordnungsrechtlichen Vorschriften der Länder zur Unter-
   zeichnung von bautechnischen Nachweisen des Wärmeschutzes oder der Ener-

gieeinsparung bei der Errichtung von Gebäuden berechtigt sind, im Rahmen der jeweiligen Nachweisberechtigung,
wenn sie mit Ausnahme der in Nummer 5 genannten Personen mindestens eine der in Absatz 2 genannten Voraussetzungen erfüllen. Die Ausstellungsberechtigung nach Satz 1 Nummer 2 bis 4 in Verbindung mit Absatz 2 bezieht sich nur auf Energieausweise für bestehende Wohngebäude. Für Personen im Sinne des Satzes 1 Nummer 1 ist die Ausstellungsberechtigung auf bestehende Wohngebäude beschränkt, wenn sich ihre Fortbildung im Sinne des Absatzes 2 Nummer 2 Buchstabe b auf Wohngebäude beschränkt hat und keine andere Voraussetzung des Absatzes 2 erfüllt ist.

(2) Voraussetzung für die Ausstellungsberechtigung nach Absatz 1 Satz 1 Nummer 1 bis 4 ist

1. während des Studiums ein Ausbildungsschwerpunkt im Bereich des energiesparenden Bauens oder nach einem Studium ohne einen solchen Schwerpunkt eine mindestens zweijährige Berufserfahrung in wesentlichen bau- oder anlagentechnischen Tätigkeitsbereichen des Hochbaus,

2. eine erfolgreiche Fortbildung im Bereich des energiesparenden Bauens, die
   a) in Fällen des Absatzes 1 Satz 1 Nummer 1 den wesentlichen Inhalten der Anlage 11,
   b) in Fällen des Absatzes 1 Satz 1 Nummer 2 bis 4 den wesentlichen Inhalten der Anlage 11 Nummer 1 und 2
   entspricht, oder

3. eine öffentliche Bestellung als vereidigter Sachverständiger für ein Sachgebiet im Bereich des energiesparenden Bauens oder in wesentlichen bau- oder anlagentechnischen Tätigkeitsbereichen des Hochbaus.

(3) § 12 Absatz 5 Satz 3 ist auf Ausbildungen im Sinne des Absatzes 1 entsprechend anzuwenden.

Abschnitt 6 Gemeinsame Vorschriften, Ordnungswidrigkeiten

§ 22 Gemischt genutzte Gebäude

(1) Teile eines Wohngebäudes, die sich hinsichtlich der Art ihrer Nutzung und der gebäudetechnischen Ausstattung wesentlich von der Wohnnutzung unterscheiden und die einen nicht unerheblichen Teil der Gebäudenutzfläche umfassen, sind getrennt als Nichtwohngebäude zu behandeln.

(2) Teile eines Nichtwohngebäudes, die dem Wohnen dienen und einen nicht unerheblichen Teil der Nettogrundfläche umfassen, sind getrennt als Wohngebäude zu behandeln.

(3) Für die Berechnung von Trennwänden und Trenndecken zwischen Gebäudeteilen gilt in Fällen der Absätze 1 und 2 Anlage 1 Nummer 2.6 Satz 1 entsprechend.

§ 23 Regeln der Technik

(1) Das Bundesministerium für Verkehr, Bau und Stadtentwicklung kann im Einvernehmen mit dem Bundesministerium für Wirtschaft und Technologie durch Bekanntmachung im Bundesanzeiger auf Veröffentlichungen sachverständiger Stellen über anerkannte Regeln der Technik hinweisen, soweit in dieser Verordnung auf solche Regeln Bezug genommen wird.

(2) Zu den anerkannten Regeln der Technik gehören auch Normen, technische Vorschriften oder sonstige Bestimmungen anderer Mitgliedstaaten der Europäischen Union und anderer Vertragsstaaten des Abkommens über den Europäischen Wirtschaftsraum sowie der Türkei, wenn ihre Einhaltung das geforderte Schutzniveau in Bezug auf Energieeinsparung und Wärmeschutz dauerhaft gewährleistet.

(3) Soweit eine Bewertung von Baustoffen, Bauteilen und Anlagen im Hinblick auf die Anforderungen dieser Verordnung aufgrund anerkannter Regeln der Technik nicht möglich ist, weil solche Regeln nicht vorliegen oder wesentlich von ihnen abgewichen wird, sind der nach Landesrecht zuständigen Behörde die erforderlichen Nachweise für eine anderweitige Bewertung vorzulegen. Satz 1 gilt nicht für Baustoffe, Bauteile und Anlagen,

1. soweit für sie die Bewertung auch im Hinblick auf die Anforderungen zur Energieeinsparung im Sinne dieser Verordnung durch die Verordnung (EU) Nr. 305/ 2011 des Europäischen Parlaments und des Rates vom 9. März 2011 zur Festlegung harmonisierter Bedingungen für die Vermarktung von Bauprodukten und zur Aufhebung der Richtlinie 89/106/EWG des Rates (ABl. L 88 vom 4.4.2011, S. 5) oder durch nationale Rechtsvorschriften zur Umsetzung oder Durchführung von Rechtsvorschriften der Europäischen Union gewährleistet wird, erforderliche CE-Kennzeichnungen angebracht wurden und nach den genannten Vorschriften zulässige Klassen und Leistungsstufen nach Maßgabe landesrechtlicher Vorschriften eingehalten werden, oder

2. bei denen nach bauordnungsrechtlichen Vorschriften über die Verwendung von Bauprodukten auch die Einhaltung dieser Verordnung sichergestellt wird.

(4) Das Bundesministerium für Verkehr, Bau und Stadtentwicklung und das Bundesministerium für Wirtschaft und Technologie oder in deren Auftrag Dritte können Bekanntmachungen nach dieser Verordnung neben der Bekanntmachung im Bundesanzeiger auch kostenfrei in das Internet einstellen.

(5) Verweisen die nach dieser Verordnung anzuwendenden datierten technischen Regeln auf undatierte technische Regeln, sind diese in der Fassung anzuwenden, die dem Stand zum Zeitpunkt der Herausgabe der datierten technischen Regel entspricht.

§ 24 Ausnahmen

(1) Soweit bei Baudenkmälern oder sonstiger besonders erhaltenswerter Bausubstanz die Erfüllung der Anforderungen dieser Verordnung die Substanz oder das Erscheinungsbild beeinträchtigen oder andere Maßnahmen zu einem unverhältnismäßig hohen Aufwand führen, kann von den Anforderungen dieser Verordnung abgewichen werden.

(2) Soweit die Ziele dieser Verordnung durch andere als in dieser Verordnung vorgesehene Maßnahmen im gleichen Umfang erreicht werden, lassen die nach Landesrecht zuständigen Behörden auf Antrag Ausnahmen zu.

§ 25 Befreiungen

(1) Die nach Landesrecht zuständigen Behörden haben auf Antrag von den Anforderungen dieser Verordnung zu befreien, soweit die Anforderungen im Einzelfall wegen besonderer Umstände durch einen unangemessenen Aufwand oder in sonstiger Weise zu einer unbilligen Härte führen. Eine unbillige Härte liegt insbesondere vor, wenn die erforderlichen Aufwendungen innerhalb der üblichen Nutzungsdauer, bei

Anforderungen an bestehende Gebäude innerhalb angemessener Frist durch die eintretenden Einsparungen nicht erwirtschaftet werden können.

(2) Absatz 1 ist auf die Vorschriften des Abschnitts 5 nicht anzuwenden.

§ 26 Verantwortliche

(1) Für die Einhaltung der Vorschriften dieser Verordnung ist der Bauherr verantwortlich, soweit in dieser Verordnung nicht ausdrücklich ein anderer Verantwortlicher bezeichnet ist.

(2) Für die Einhaltung der Vorschriften dieser Verordnung sind im Rahmen ihres jeweiligen Wirkungskreises auch die Personen verantwortlich, die im Auftrag des Bauherrn bei der Errichtung oder Änderung von Gebäuden oder der Anlagentechnik in Gebäuden tätig werden.

§ 26a Private Nachweise

(1) Wer geschäftsmäßig an oder in bestehenden Gebäuden Arbeiten
1. zur Änderung von Außenbauteilen im Sinne des § 9 Absatz 1 Satz 1,
2. zur Dämmung oberster Geschossdecken im Sinne von § 10 Absatz 3, auch in Verbindung mit Absatz 4, oder
3. zum erstmaligen Einbau oder zur Ersetzung von Heizkesseln und sonstigen Wärmeerzeugersystemen nach § 13, Verteilungseinrichtungen oder Warmwasseranlagen nach § 14 oder Klimaanlagen oder sonstigen Anlagen der Raumlufttechnik nach § 15

durchführt, hat dem Eigentümer unverzüglich nach Abschluss der Arbeiten schriftlich zu bestätigen, dass die von ihm geänderten oder eingebauten Bau- oder Anlagenteile den Anforderungen dieser Verordnung entsprechen (Unternehmererklärung).

(2) Mit der Unternehmererklärung wird die Erfüllung der Pflichten aus den in Absatz 1 genannten Vorschriften nachgewiesen. Die Unternehmererklärung ist von dem Eigentümer mindestens fünf Jahre aufzubewahren. Der Eigentümer hat die Unternehmererklärungen der nach Landesrecht zuständigen Behörde auf Verlangen vorzulegen.

§ 26b Aufgaben des bevollmächtigten Bezirksschornsteinfegers

(1) Bei heizungstechnischen Anlagen prüft der bevollmächtigte Bezirksschornsteinfeger als Beliehener im Rahmen der Feuerstättenschau, ob
1. Heizkessel, die nach § 10 Absatz 1, auch in Verbindung mit Absatz 4, außer Betrieb genommen werden mussten, weiterhin betrieben werden und
2. Wärmeverteilungs- und Warmwasserleitungen sowie Armaturen, die nach § 10 Absatz 2, auch in Verbindung mit Absatz 4, gedämmt werden mussten, weiterhin ungedämmt sind.

(2) Bei heizungstechnischen Anlagen, die in bestehende Gebäude eingebaut werden, prüft der bevollmächtigte Bezirksschornsteinfeger im Rahmen der bauordnungsrechtlichen Abnahme der Anlage oder, wenn eine solche Abnahme nicht vorgesehen ist, als Beliehener im Rahmen der ersten Feuerstättenschau nach dem Einbau außerdem, ob
1. die Anforderungen nach § 11 Absatz 1 Satz 2 erfüllt sind,
2. Zentralheizungen mit einer zentralen selbsttätig wirkenden Einrichtung zur Verringerung und Abschaltung der Wärmezufuhr sowie zur Ein- und Ausschaltung elektrischer Antriebe nach § 14 Absatz 1 ausgestattet sind,

3. Umwälzpumpen in Zentralheizungen mit Vorrichtungen zur selbsttätigen Anpassung der elektrischen Leistungsaufnahme nach § 14 Absatz 3 ausgestattet sind,
4. bei Wärmeverteilungs- und Warmwasserleitungen sowie Armaturen die Wärmeabgabe nach § 14 Absatz 5 begrenzt ist.

(3) Der bevollmächtigte Bezirksschornsteinfeger weist den Eigentümer bei Nichterfüllung der Pflichten aus den in den Absätzen 1 und 2 genannten Vorschriften schriftlich auf diese Pflichten hin und setzt eine angemessene Frist zu deren Nacherfüllung. Werden die Pflichten nicht innerhalb der festgesetzten Frist erfüllt, unterrichtet der bevollmächtigte Bezirksschornsteinfeger unverzüglich die nach Landesrecht zuständige Behörde.

(4) Die Erfüllung der Pflichten aus den in den Absätzen 1 und 2 genannten Vorschriften kann durch Vorlage der Unternehmererklärungen gegenüber dem bevollmächtigten Bezirksschornsteinfeger nachgewiesen werden. Es bedarf dann keiner weiteren Prüfung durch den bevollmächtigten Bezirksschornsteinfeger.

(5) Eine Prüfung nach Absatz 1 findet nicht statt, soweit eine vergleichbare Prüfung durch den bevollmächtigten Bezirksschornsteinfeger bereits auf der Grundlage von Landesrecht für die jeweilige heizungstechnische Anlage vor dem 1. Oktober 2009 erfolgt ist.

§ 26c Registriernummern

(1) Wer einen Inspektionsbericht nach § 12 oder einen Energieausweis nach § 17 ausstellt, hat für diesen Bericht oder für diesen Energieausweis bei der zuständigen Behörde (Registrierstelle) eine Registriernummer zu beantragen. Der Antrag ist grundsätzlich elektronisch zu stellen. Eine Antragstellung in Papierform ist zulässig, soweit die elektronische Antragstellung für den Antragsteller eine unbillige Härte bedeuten würde. Bei der Antragstellung sind Name und Anschrift der nach Satz 1 antragstellenden Person, das Bundesland und die Postleitzahl der Belegenheit des Gebäudes, das Ausstellungsdatum des Inspektionsberichts oder des Energieausweises anzugeben sowie
1. in Fällen des § 12 die Nennleistung der inspizierten Klimaanlage,
2. in Fällen des § 17
   a) die Art des Energieausweises: Energiebedarfs- oder Energieverbrauchsausweis und
   b) die Art des Gebäudes: Wohn- oder Nichtwohngebäude, Neubau oder bestehendes Gebäude.

(2) Die Registrierstelle teilt dem Antragsteller für jeden neu ausgestellten Inspektionsbericht oder Energieausweis eine Registriernummer zu. Die Registriernummer ist unverzüglich nach Antragstellung zu erteilen.

§ 26d Stichprobenkontrollen von Energieausweisen und Inspektionsberichten über Klimaanlagen

(1) Die zuständige Behörde (Kontrollstelle) unterzieht Inspektionsberichte über Klimaanlagen nach § 12 und Energieausweise nach § 17 nach Maßgabe der folgenden Absätze einer Stichprobenkontrolle.

(2) Die Stichproben müssen jeweils einen statistisch signifikanten Prozentanteil aller in einem Kalenderjahr neu ausgestellten Energieausweise und neu ausgestellten Inspektionsberichte über Klimaanlagen erfassen.

(3) Die Kontrollstelle kann bei der Registrierstelle Registriernummern und dort vorliegende Angaben nach § 26c Absatz 1 zu neu ausgestellten Energieausweisen und Inspektionsberichten über im jeweiligen Land belegene Gebäude und Klimaanlagen erheben, speichern und nutzen, soweit dies für die Vorbereitung der Durchführung der Stichprobenkontrollen erforderlich ist. Nach dem Abschluss der Stichprobenkontrolle hat die Kontrollstelle die Daten nach Satz 1 jeweils im Einzelfall unverzüglich zu löschen. Kommt es aufgrund der Stichprobenkontrolle zur Einleitung eines Bußgeldverfahrens gegen den Ausweisaussteller nach § 27 Absatz 2 Nummer 7, 8 oder 9 oder Absatz 3 Nummer 1 oder 3 oder gegen die inspizierende Person nach § 27 Absatz 2 Nummer 2 oder Absatz 3 Nummer 1 oder 3, so sind abweichend von Satz 2 die Daten nach Satz 1, soweit diese im Rahmen des Bußgeldverfahrens erforderlich sind, erst nach dessen rechtskräftigem Abschluss jeweils im Einzelfall unverzüglich zu löschen.

(4) Die gezogene Stichprobe von Energieausweisen wird von der Kontrollstelle auf der Grundlage der nachstehenden Optionen oder gleichwertiger Maßnahmen überprüft:
1. Validitätsprüfung der Eingabe-Gebäudedaten, die zur Ausstellung des Energieausweises verwendet wurden, und der im Energieausweis angegebenen Ergebnisse;
2. Prüfung der Eingabe-Gebäudedaten und Überprüfung der im Energieausweis angegebenen Ergebnisse einschließlich der abgegebenen Modernisierungsempfehlungen;
3. vollständige Prüfung der Eingabe-Gebäudedaten, die zur Ausstellung des Energieausweises verwendet wurden, vollständige Überprüfung der im Energieausweis angegebenen Ergebnisse einschließlich der abgegebenen Modernisierungsempfehlungen und, falls dies insbesondere aufgrund des Einverständnisses des Eigentümers des Gebäudes möglich ist, Inaugenscheinnahme des Gebäudes zur Prüfung der Übereinstimmung zwischen den im Energieausweis angegebenen Spezifikationen mit dem Gebäude, für das der Energieausweis erstellt wurde.
Wird im Rahmen der Stichprobe ein Energieausweis gezogen, der bereits auf der Grundlage von Landesrecht einer zumindest gleichwertigen Überprüfung unterzogen wurde, findet keine erneute Überprüfung statt. Die auf der Grundlage von Landesrecht bereits durchgeführte Überprüfung gilt als Überprüfung im Sinne derjenigen Option nach Satz 1, der sie gleichwertig ist.

(5) Aussteller von Energieausweisen sind verpflichtet, Kopien der von ihnen ausgestellten Energieausweise und der zu deren Ausstellung verwendeten Daten und Unterlagen zwei Jahre ab dem Ausstellungsdatum des jeweiligen Energieausweises aufzubewahren.

(6) Die Kontrollstelle kann zur Durchführung der Überprüfung nach Absatz 4 in Verbindung mit Absatz 1 vom jeweiligen Aussteller die Übermittlung einer Kopie des Energieausweises und die zu dessen Ausstellung verwendeten Daten und Unterlagen verlangen. Der Aussteller ist verpflichtet, dem Verlangen der Kontrollbehörde zu entsprechen. Der Energieausweis sowie die Daten und Unterlagen sind der Kontrollstelle grundsätzlich in elektronischer Form zu übermitteln. Eine Übermittlung in Papierform ist zulässig, soweit die elektronische Übermittlung für den Antragsteller eine unbillige Härte bedeuten würde. Angaben zum Eigentümer und zur Adresse des Gebäudes darf die Kontrollstelle nur verlangen, soweit dies zur Durchführung der Überprüfung im Einzelfall erforderlich ist; werden die im ersten Halbsatz genannten Angaben von der Kontrollstelle nicht verlangt, hat der Aussteller Angaben zum Eigentümer und zur Adresse des Gebäudes in der Kopie des

Energieausweises sowie in den zu dessen Ausstellung verwendeten Daten und Unterlagen vor der Übermittlung unkenntlich zu machen. Im Fall der Übermittlung von Angaben nach Satz 5 erster Halbsatz in Verbindung mit Satz 2 hat der Aussteller des Energieausweises den Eigentümer des Gebäudes hierüber unverzüglich zu informieren.

(7) Die vom Aussteller nach Absatz 6 übermittelten Kopien von Energieausweisen, Daten und Unterlagen dürfen, soweit sie personenbezogene Daten enthalten, von der Kontrollstelle nur für die Durchführung der Stichprobenkontrollen und hieraus resultierender Bußgeldverfahren gegen den Ausweisaussteller nach § 27 Absatz 2 Nummer 7, 8 oder 9 oder Absatz 3 Nummer 1 oder 3 erhoben, gespeichert und genutzt werden, soweit dies im Einzelfall jeweils erforderlich ist. Die in Satz 1 genannten Kopien, Daten und Unterlagen dürfen nur so lange aufbewahrt werden, wie dies zur Durchführung der Stichprobenkontrollen und der Bußgeldverfahren im Einzelfall erforderlich ist. Sie sind nach Durchführung der Stichprobenkontrollen und bei Einleitung von Bußgeldverfahren nach deren rechtskräftigem Abschluss jeweils im Einzelfall unverzüglich zu löschen. Im Übrigen bleiben die Datenschutzgesetze des Bundes und der Länder sowie andere Vorschriften des Bundes und der Länder zum Schutz personenbezogener Daten unberührt.

(8) Die Absätze 5 bis 7 sind auf die Durchführung der Stichprobenkontrolle von Inspektionsberichten über Klimaanlagen entsprechend anzuwenden.

§ 26e Nicht personenbezogene Auswertung von Daten

(1) Die Kontrollstelle kann den nicht personenbezogenen Anteil der Daten, die sie im Rahmen des § 26d Absatz 3 Satz 1, Absatz 4, 6 Satz 1 bis 4 und Absatz 8 erhoben und gespeichert hat, unbefristet zur Verbesserung der Erfüllung von Aufgaben der Energieeinsparung auswerten.

(2) Die Auswertung kann sich bei Energieausweisen insbesondere auf folgende Merkmale beziehen:
1. Art des Energieausweises: Energiebedarfs- oder Energieverbrauchsausweis,
2. Anlass der Ausstellung des Energieausweises nach § 16 Absatz 1 Satz 1, Absatz 1 Satz 3, Absatz 2 Satz 1, Absatz 2 Satz 4 oder Absatz 3 Satz 1,
3. Art des Gebäudes: Wohn- oder Nichtwohngebäude, Neubau oder bestehendes Gebäude,
4. Gebäudeeigenschaften wie die Eigenschaften der wärmeübertragenden Umfassungsfläche und die Art der heizungs-, kühl- und raumlufttechnischen Anlagentechnik sowie der Warmwasserversorgung, bei Nichtwohngebäuden auch die Art der Nutzung und die Zonierung,
5. Werte des Endenergiebedarfs oder -verbrauchs sowie des Primärenergiebedarfs oder -verbrauchs für das Gebäude,
6. wesentliche Energieträger für Heizung und Warmwasser,
7. Einsatz erneuerbarer Energien und
8. Land und Landkreis der Belegenheit des Gebäudes ohne Angabe des Ortes, der Straße und der Hausnummer.

(3) Die Auswertung kann sich bei Inspektionsberichten über Klimaanlagen insbesondere auf folgende Merkmale beziehen:
1. Nennleistung der inspizierten Klimaanlage,
2. Art des Gebäudes: Wohn- oder Nichtwohngebäude und
3. Land und Landkreis der Belegenheit des Gebäudes, ohne Angabe des Ortes, der Straße und der Hausnummer.

§ 26f   Erfahrungsberichte der Länder

Die Länder berichten der Bundesregierung erstmals zum 1. März 2017, danach alle drei Jahre, über die wesentlichen Erfahrungen mit den Stichprobenkontrollen nach § 26d. Die Berichte dürfen keine personenbezogenen Daten enthalten.

§ 27   Ordnungswidrigkeiten

(1) Ordnungswidrig im Sinne des § 8 Absatz 1 Nummer 1 des Energieeinsparungsgesetzes handelt, wer vorsätzlich oder leichtfertig
1. entgegen § 3 Absatz 1 ein Wohngebäude nicht richtig errichtet,
2. entgegen § 4 Absatz 1 ein Nichtwohngebäude nicht richtig errichtet,
3. entgegen § 9 Absatz 1 Satz 1 Änderungen ausführt,
4. entgegen § 10 Absatz 1 Satz 1, 2 oder Satz 3 einen Heizkessel weiter betreibt,
5. entgegen § 10 Absatz 2 nicht dafür sorgt, dass eine dort genannte Leitung oder eine dort genannte Armatur gedämmt ist,
6. entgegen § 10 Absatz 3 Satz 1 nicht dafür sorgt, dass eine dort genannte Geschossdecke gedämmt ist,
7. entgegen § 13 Absatz 1 Satz 1, auch in Verbindung mit Satz 2, einen Heizkessel einbaut oder aufstellt,
8. entgegen § 14 Absatz 1 Satz 1, Absatz 2 Satz 1 oder Absatz 3 eine Zentralheizung, eine heizungstechnische Anlage oder eine Umwälzpumpe nicht oder nicht rechtzeitig ausstattet oder
9. entgegen § 14 Absatz 5 die Wärmeabgabe von Wärmeverteilungs- oder Warmwasserleitungen oder Armaturen nicht oder nicht rechtzeitig begrenzt.

(2) Ordnungswidrig im Sinne des § 8 Absatz 1 Nummer 2 des Energieeinsparungsgesetzes handelt, wer vorsätzlich oder leichtfertig
1. entgegen § 12 Absatz 1 eine Inspektion nicht oder nicht rechtzeitig durchführen lässt,
2. entgegen § 12 Absatz 5 Satz 1 eine Inspektion durchführt,
3. entgegen § 16 Absatz 1 Satz 1 nicht sicherstellt, dass ein Energieausweis oder eine Kopie hiervon übergeben wird,
4. entgegen § 16 Absatz 2 Satz 1 erster Halbsatz oder Satz 2 zweiter Halbsatz, jeweils auch in Verbindung mit Satz 4, einen Energieausweis oder eine Kopie hiervon nicht, nicht vollständig oder nicht rechtzeitig vorlegt,
5. entgegen § 16 Absatz 2 Satz 3, auch in Verbindung mit Satz 4, einen Energieausweis oder eine Kopie hiervon nicht, nicht vollständig oder nicht rechtzeitig übergibt,
6. entgegen § 16a Absatz 1 Satz 1, auch in Verbindung mit Absatz 2, nicht sicherstellt, dass in der Immobilienanzeige die Pflichtangaben enthalten sind,
7. entgegen § 17 Absatz 5 Satz 2, auch in Verbindung mit Satz 4, nicht dafür Sorge trägt, dass die bereitgestellten Daten richtig sind,
8. entgegen § 17 Absatz 5 Satz 3 bereitgestellte Daten seinen Berechnungen zugrunde legt oder
9. entgegen § 21 Absatz 1 Satz 1 einen Energieausweis ausstellt.

(3) Ordnungswidrig im Sinne des § 8 Absatz 1 Nummer 3 des Energieeinsparungsgesetzes handelt, wer vorsätzlich oder leichtfertig
1. entgegen § 12 Absatz 6 Satz 3 oder Satz 4 oder § 17 Absatz 4 Satz 4 oder Satz 5 die zugeteilte Registriernummer oder das Datum der Antragstellung nicht, nicht richtig oder nicht rechtzeitig einträgt,

2. entgegen § 26a Absatz 1 eine Bestätigung nicht, nicht richtig oder nicht rechtzeitig vornimmt oder
3. einer vollziehbaren Anordnung nach § 26d Absatz 6 Satz 1, auch in Verbindung mit Absatz 8, zuwiderhandelt.

Abschnitt 7 Schlussvorschriften

§ 28 Allgemeine Übergangsvorschriften

(1) Auf Vorhaben, welche die Errichtung, die Änderung, die Erweiterung oder den Ausbau von Gebäuden zum Gegenstand haben, ist diese Verordnung in der zum Zeitpunkt der Bauantragstellung oder der Bauanzeige geltenden Fassung anzuwenden.

(2) Auf nicht genehmigungsbedürftige Vorhaben, die nach Maßgabe des Bauordnungsrechts der Gemeinde zur Kenntnis zu geben sind, ist diese Verordnung in der zum Zeitpunkt der Kenntnisgabe gegenüber der zuständigen Behörde geltenden Fassung anzuwenden.

(3) Auf sonstige nicht genehmigungsbedürftige, insbesondere genehmigungs-, anzeige- und verfahrensfreie Vorhaben ist diese Verordnung in der zum Zeitpunkt des Beginns der Bauausführung geltenden Fassung anzuwenden.

(3a) Wird nach dem 30. April 2014 ein Energieausweis gemäß § 16 Absatz 1 Satz 1 oder 3 für ein Gebäude ausgestellt, auf das nach den Absätzen 1 bis 3 eine vor dem 1. Mai 2014 geltende Fassung dieser Verordnung anzuwenden ist, ist in der Kopfzeile zumindest der ersten Seite des Energieausweises in geeigneter Form die angewandte Fassung dieser Verordnung anzugeben.

(4) Auf Verlangen des Bauherrn ist abweichend von Absatz 1 das neue Recht anzuwenden, wenn über den Bauantrag oder nach einer Bauanzeige noch nicht bestandskräftig entschieden worden ist.

§ 29 Übergangsvorschriften für Energieausweise und Aussteller

(1) Energiebedarfsausweise für Wohngebäude, die nach Fassungen der Energieeinsparverordnung, die vor dem 1. Oktober 2007 gegolten haben, ausgestellt worden sind, gelten als Energieausweise im Sinne des § 16 Absatz 1 Satz 4 und Absatz 2 bis 4 sowie des § 16a; sie sind ab dem Tag der Ausstellung zehn Jahre gültig. Satz 1 ist entsprechend anzuwenden auf Energieausweise, die vor dem 1. Oktober 2007 ausgestellt worden sind
1. von Gebietskörperschaften oder auf deren Veranlassung von Dritten nach einheitlichen Regeln, wenn sie Angaben zum Endenergiebedarf oder -verbrauch enthalten, die auch die Warmwasserbereitung und bei Nichtwohngebäuden darüber hinaus die Kühlung und eingebaute Beleuchtung berücksichtigen, und wenn die wesentlichen Energieträger für die Heizung des Gebäudes angegeben sind, oder
2. in Anwendung der in dem von der Bundesregierung am 25. April 2007 beschlossenen Entwurf dieser Verordnung (Bundesrats-Drucksache 282/07) enthaltenen Bestimmungen.
Energieausweise, die vor dem 1. Oktober 2007 ausgestellt worden sind und nicht von Satz 1 oder Satz 2 erfasst werden, sind von der Fortgeltung im Sinne des Sat-

zes 1 ausgeschlossen; sie können bis zu sechs Monate nach dem 30. April 2014 für Zwecke des § 16 Absatz 1 Satz 4 und Absatz 2 bis 4 verwendet werden.

(2) § 16a ist auf Energieausweise, die nach dem 30. September 2007 und vor dem 1. Mai 2014 ausgestellt worden sind, mit den folgenden Maßgaben anzuwenden. Als Pflichtangabe nach § 16a Absatz 1 Satz 1 Nummer 2 ist in Immobilienanzeigen anzugeben:

1. bei Energiebedarfsausweisen für Wohngebäude der Wert des Endenergiebedarfs, der auf Seite 2 des Energieausweises gemäß dem Muster nach Anlage 6 angegeben ist;

2. bei Energieverbrauchsausweisen für Wohngebäude der Energieverbrauchskennwert, der auf Seite 3 des Energieausweises gemäß dem Muster nach Anlage 6 angegeben ist; ist im Energieverbrauchskennwert der Energieverbrauch für Warmwasser nicht enthalten, so ist der Energieverbrauchskennwert um eine Pauschale von 20 Kilowattstunden pro Jahr und Quadratmeter Gebäudenutzfläche zu erhöhen;

3. bei Energiebedarfsausweisen für Nichtwohngebäude der Gesamtwert des Endenergiebedarfs, der Seite 2 des Energieausweises gemäß dem Muster nach Anlage 7 zu entnehmen ist;

4. bei Energieverbrauchsausweisen für Nichtwohngebäude sowohl der Heizenergieverbrauchs- als auch der Stromverbrauchskennwert, die Seite 3 des Energieausweises gemäß dem Muster nach Anlage 7 zu entnehmen sind.

Die Sätze 1 und 2 sind entsprechend auf Energieausweise nach Absatz 1 Satz 2 Nummer 2 anzuwenden. Bei Energieausweisen für Wohngebäude nach Satz 1 und nach Absatz 1 Satz 2 Nummer 2, bei denen noch keine Energieeffizienzklasse angegeben ist, darf diese freiwillig angegeben werden, wobei sich die Klasseneinteilung gemäß Anlage 10 aus dem Endenergiebedarf oder dem Endenergieverbrauch des Gebäudes ergibt. Das Bundesministerium für Verkehr, Bau und Stadtentwicklung kann im Einvernehmen mit dem Bundesministerium für Wirtschaft und Technologie für Energieausweise nach Satz 1 und nach Absatz 1 Satz 2 Nummer 2 Arbeitshilfen zu den Pflichtangaben in Immobilienanzeigen im Bundesanzeiger bekannt machen.

(3) § 16a ist auf Energieausweise nach Absatz 1 Satz 1 und 2 Nummer 1 mit folgenden Maßgaben anzuwenden. Als Pflichtangaben nach § 16a Absatz 1 Satz 1 Nummer 2 und 3 sind in Immobilienanzeigen anzugeben:

1. bei Energiebedarfsausweisen für Wohngebäude nach Absatz 1 Satz 1, jeweils gemäß dem Muster A des Anhangs der Allgemeinen Verwaltungsvorschrift zu § 13 der Energieeinsparverordnung in der Fassung vom 7. März 2002 (BAnz. S. 4865), geändert durch Allgemeine Verwaltungsvorschrift vom 2. Dezember 2004 (BAnz. S. 23 804),
   a) der Wert des Endenergiebedarfs, der sich aus der Addition der Werte des Endenergiebedarfs für die einzelnen Energieträger ergibt, und
   b) die Art der Beheizung;

2. bei Energieausweisen nach Absatz 1 Satz 2 Nummer 1 der im Energieausweis angegebene Endenergiebedarf oder Endenergieverbrauch und die dort angegebenen wesentlichen Energieträger für die Heizung des Gebäudes.

Bei Energieausweisen für Wohngebäude nach Satz 1 und nach Absatz 1 Satz 2 Nummer 2, bei denen noch keine Energieeffizienzklasse angegeben ist, darf diese freiwillig angegeben werden, wobei sich die Klasseneinteilung gemäß Anlage 10 aus dem Endenergiebedarf oder dem Endenergieverbrauch des Gebäudes ergibt. Absatz 2 Satz 5 ist entsprechend anzuwenden.

(3a) In den Fällen des § 16 Absatz 2 sind begleitende Modernisierungsempfehlungen zu noch geltenden Energieausweisen, die nach Maßgabe der am 1. Oktober

2007 oder am 1. Oktober 2009 in Kraft getretenen Fassung der Energieeinsparverordnung ausgestellt worden sind, dem potenziellen Käufer oder Mieter zusammen mit dem Energieausweis vorzulegen und dem Käufer oder neuen Mieter mit dem Energieausweis zu übergeben; für die Vorlage und die Übergabe sind im Übrigen die Vorgaben des § 16 Absatz 2 entsprechend anzuwenden.

(4) Zur Ausstellung von Energieausweisen für bestehende Wohngebäude nach § 16 Absatz 2 sind ergänzend zu § 21 auch Personen berechtigt, die vor dem 25. April 2007 nach Maßgabe der Richtlinie des Bundesministeriums für Wirtschaft und Technologie über die Förderung der Beratung zur sparsamen und rationellen Energieverwendung in Wohngebäuden vor Ort vom 7. September 2006 (BAnz. S. 6379) als Antragsberechtigte beim Bundesamt für Wirtschaft und Ausfuhrkontrolle registriert worden sind.

(5) Zur Ausstellung von Energieausweisen für bestehende Wohngebäude nach § 16 Absatz 2 sind ergänzend zu § 21 auch Personen berechtigt, die am 25. April 2007 über eine abgeschlossene Berufsausbildung im Baustoff-Fachhandel oder in der Baustoffindustrie und eine erfolgreich abgeschlossene Weiterbildung zum Energiefachberater im Baustoff-Fachhandel oder in der Baustoffindustrie verfügt haben. Satz 1 gilt entsprechend für Personen, die eine solche Weiterbildung vor dem 25. April 2007 begonnen haben, nach erfolgreichem Abschluss der Weiterbildung.

(6) Zur Ausstellung von Energieausweisen für bestehende Wohngebäude nach § 16 Absatz 2 sind ergänzend zu § 21 auch Personen berechtigt, die am 25. April 2007 über eine abgeschlossene Weiterbildung zum Energieberater des Handwerks verfügt haben. Satz 1 gilt entsprechend für Personen, die eine solche Weiterbildung vor dem 25. April 2007 begonnen haben, nach erfolgreichem Abschluss der Weiterbildung.

§ 30 Übergangsvorschrift über die vorläufige Wahrnehmung von Vollzugsaufgaben der Länder durch das Deutsche Institut für Bautechnik

Bis zum Inkrafttreten der erforderlichen jeweiligen landesrechtlichen Regelungen zur Aufgabenübertragung nimmt das Deutsche Institut für Bautechnik vorläufig die Aufgaben des Landesvollzugs als Registrierstelle nach § 26c und als Kontrollstelle nach § 26d wahr. Die vorläufige Aufgabenwahrnehmung als Kontrollstelle nach Satz 1 bezieht sich nur auf die Überprüfung von Stichproben auf der Grundlage der in § 26d Absatz 4 Nummer 1 und 2 geregelten Optionen oder gleichwertiger Maßnahmen, soweit diese Aufgaben elektronisch durchgeführt werden können. Die Sätze 1 und 2 sind längstens sieben Jahre nach Inkrafttreten dieser Regelung anzuwenden.

§ 31 (Inkrafttreten, Außerkrafttreten)

Diese Verordnung tritt am 1. Oktober 2007 in Kraft.*

---

*   Die Zweite Verordnung zur Änderung der Energieeinsparverordnung (EnEV) vom 18. November 2013 (BGBl. I S. 3951) tritt nach Art. 3 Abs. 1 der Zweiten Änderungsverordnung am 1. Mai 2014 in Kraft. Lediglich § 27 Abs. 2 Nr. 6 EnEV tritt nach Art. 3 Abs. 2 der Zweiten Änderungsverordnung erst am 1. Mai 2015 in Kraft.

Anlage 1
(zu den §§ 3 und 9)

Anforderungen an Wohngebäude

1 Höchstwerte des Jahres-Primärenergiebedarfs und des spezifischen Transmissionswärmeverlusts für zu errichtende Wohngebäude (zu § 3 Absatz 1 und 2)

1.1 Höchstwerte des Jahres-Primärenergiebedarfs
Der Höchstwert des Jahres-Primärenergiebedarfs eines zu errichtenden Wohngebäudes ist der auf die Gebäudenutzfläche bezogene, nach einem der in Nr. 2.1 angegebenen Verfahren berechnete Jahres-Primärenergiebedarf eines Referenzgebäudes gleicher Geometrie, Gebäudenutzfläche und Ausrichtung wie das zu errichtende Wohngebäude, das hinsichtlich seiner Ausführung den Vorgaben der Tabelle 1 entspricht.
Soweit in dem zu errichtenden Wohngebäude eine elektrische Warmwasserbereitung ausgeführt wird, darf diese bis zum 31. Dezember 2015 anstelle von Tabelle 1 Zeile 6 als wohnungszentrale Anlage ohne Speicher gemäß den in Tabelle 5.1-3 der DIN V 4701-10: 2003-08, geändert durch A1: 2012-07, gegebenen Randbedingungen berücksichtigt werden. Der sich daraus ergebende Höchstwert des Jahres-Primärenergiebedarfs ist in Fällen des Satzes 2 um 10,0 kWh/(m²·a) zu verringern; dies gilt nicht bei Durchführung von Maßnahmen zur Einsparung von Energie nach § 7 Absatz 1 Nummer 2 in Verbindung mit Nummer VII.1 und 2 der Anlage des Erneuerbare-Energien-Wärmegesetzes.

Tabelle 1: Ausführung des Referenzgebäudes

Zeile	Bauteile/Systeme	Referenzausführung/Wert (Maßeinheit)	
		Eigenschaft **(zu Zeilen 1.1 bis 3)**	
1.0	Der nach einem der in Nummer 2.1 angegebenen Verfahren berechnete Jahres-Primärenergiebedarf des Referenzgebäudes nach den Zeilen 1.1 bis 8 ist für Neubauvorhaben ab dem 1. Januar 2016 mit dem Faktor 0,75 zu multiplizieren. § 28 bleibt unberührt.		
1.1	Außenwand (einschließlich Einbauten, wie Rolladenkästen), Geschossdecke gegen Außenluft	Wärmedurchgangskoeffizient	$U = 0,28$ W/(m²·K)
1.2	Außenwand gegen Erdreich, Bodenplatte, Wände und Decken zu unbeheizten Räumen	Wärmedurchgangskoeffizient	$U = 0,35$ W/(m²·K)
1.3	Dach, oberste Geschossdecke, Wände zu Abseiten	Wärmedurchgangskoeffizient	$U = 0,20$ W/(m²·K)
1.4	Fenster, Fenstertüren	Wärmedurchgangskoeffizient	$U_W = 1,3$ W/(m²·K)
		Gesamtenergiedurchlassgrad der Verglasung	$g\bot = 0,60$

Zeile	Bauteile/Systeme	Referenzausführung/Wert (Maßeinheit)	
		Eigenschaft (zu Zeilen 1.1 bis 3)	
1.5	Dachflächenfenster	Wärmedurchgangskoeffizient	U_W = 1,4 W/(m²·K)
		Gesamtenergiedurchlassgrad der Verglasung	$g\perp$ = 0,60
1.6	Lichtkuppeln	Wärmedurchgangskoeffizient	U_W = 2,7 W/(m²·K)
		Gesamtenergiedurchlassgrad der Verglasung	$g\perp$ = 0,64
1.7	Außentüren	Wärmedurchgangskoeffizient	U = 1,8 W/(m²·K)
2	Bauteile nach den Zeilen 1.1 bis 1.7	Wärmebrückenzuschlag	ΔU_{WB} = 0,05 W/(m²·K)
3	Luftdichtheit der Gebäudehülle	Bemessungswert n_{50}	Bei Berechnung nach – DIN V 4108-6: 2003-06: mit Dichtheitsprüfung – DIN V 18599-2: 2011-12: nach Kategorie I*

Zeile	Bauteile/Systeme	Referenzausführung/Wert (Maßeinheit)
4	Sonnenschutzvorrichtung	keine im Rahmen der Nachweise nach Nummer 2.1.1 oder 2.1.2 anzurechnende Sonnenschutzvorrichtung
5	Heizungsanlage	– Wärmeerzeugung durch Brennwertkessel (verbessert), Heizöl EL, Aufstellung: – für Gebäude bis zu 500 m² Gebäudenutzfläche innerhalb der thermischen Hülle – für Gebäude mit mehr als 500 m² Gebäudenutzfläche außerhalb der thermischen Hülle – Auslegungstemperatur 55/45 °C, zentrales Verteilsystem innerhalb der wärmeübertragenden Umfassungsfläche, innen liegende Stränge und Anbindeleitungen, Standard-Leitungslängen nach DIN V 4701-10: 2003-08 Tabelle 5.3-2, Pumpe auf Bedarf ausgelegt (geregelt, Δp konstant), Rohrnetz hydraulisch abgeglichen – Wärmeübergabe mit freien statischen Heizflächen, Anordnung an normaler Außenwand, Thermostatventile mit Proportionalbereich 1 K
6	Anlage zur Warmwasserbereitung	– zentrale Warmwasserbereitung – gemeinsame Wärmebereitung mit Heizungsanlage nach Zeile 5 – bei Berechnung nach Nummer 2.1.1: Solaranlage mit Flachkollektor sowie Speicher ausgelegt gemäß DIN V 18599-8: 2011-12 Tabelle 15 – bei Berechnung nach Nummer 2.1.2: Solaranlage mit Flachkollektor zur ausschließlichen Trinkwassererwärmung entsprechend den Vorgaben nach DIN V 4701-10: 2003-08 Tabelle 5.1-10 mit Speicher, indirekt beheizt (stehend), gleiche Aufstellung wie Wärmeerzeuger, – kleine Solaranlage bei $A_N \leq$ 500 m² (bivalenter Solarspeicher)

Zeile	Bauteile/Systeme	Referenzausführung/Wert (Maßeinheit)
		– große Solaranlage bei A_N > 500 m² – Verteilsystem innerhalb der wärmeübertragenden Umfassungsfläche, innen liegende Stränge, gemeinsame Installationswand, Standard-Leitungslängen nach DIN V 4701-10: 2003-08 Tabelle 5.1-2 mit Zirkulation
7	Kühlung	keine Kühlung
8	Lüftung	zentrale Abluftanlage, bedarfsgeführt mit geregeltem DC-Ventilator

*   Die Angaben nach Anlage 4 zum Überprüfungsverfahren für die Dichtheit bleiben unberührt.

1.2   Höchstwerte des spezifischen, auf die wärmeübertragende Umfassungsfläche bezogenen Transmissionswärmeverlusts
Ab dem 1. Januar 2016 darf der spezifische, auf die wärmeübertragende Umfassungsfläche bezogene Transmissionswärmeverlust eines zu errichtenden Wohngebäudes das 1,0fache des entsprechenden Wertes des jeweiligen Referenzgebäudes nicht überschreiten. Die jeweiligen Höchstwerte der Tabelle 2 dürfen dabei nicht überschritten werden. § 28 bleibt unberührt.

Tabelle 2: Höchstwerte des spezifischen, auf die wärmeübertragende Umfassungsfläche bezogenen Transmissionswärmeverlusts

Zeile	Gebäudetyp		Höchstwert des spezifischen Transmissionswärmeverlusts
1	Freistehendes Wohngebäude	mit A_N ≤ 350 m²	H'_T = 0,40 W/(m²·K)
		mit A_N > 350 m²	H'_T = 0,50 W/(m²·K)
2	Einseitig angebautes Wohngebäude*		H'_T = 0,45 W/(m²·K)
3	Alle anderen Wohngebäude		H'_T = 0,65 W/(m²·K)
4	Erweiterungen und Ausbauten von Wohngebäuden gemäß § 9 Absatz 5		H'_T = 0,65 W/(m²·K)

*   Einseitig angebaut ist ein Wohngebäude, wenn von den vertikalen Flächen dieses Gebäudes, die nach einer Himmelsrichtung weisen, ein Anteil von 80 Prozent oder mehr an ein anderes Wohngebäude oder an ein Nichtwohngebäude mit einer Raum-Solltemperatur von mindestens 19 Grad Celsius angrenzt.

1.3   Definition der Bezugsgrößen

1.3.1   Die wärmeübertragende Umfassungsfläche A eines Wohngebäudes in m² ist nach den in DIN V 18599-1: 2011-12 Abschnitt 8 angegebenen Bemaßungsregeln so festzulegen, dass sie alle beheizten und gekühlten Räume einschließt. Für alle umschlossenen Räume sind dabei gleiche, den Vorgaben der Nummer 2.1.1 oder 2.1.2 entsprechende Nutzungsrandbedingungen anzunehmen (Ein-Zonen-Modell).

1.3.2   Das beheizte Gebäudevolumen V_e in m³ ist das Volumen, das von der nach Nr. 1.3.1 ermittelten wärmeübertragenden Umfassungsfläche A umschlossen wird.

1.3.3 Die Gebäudenutzfläche A_N in m² wird bei Wohngebäuden wie folgt ermittelt:
$A_N = 0,32\ m^{-1} \cdot V_e$
mit A_N Gebäudenutzfläche in m²
V_e beheiztes Gebäudevolumen in m³.
Beträgt die durchschnittliche Geschosshöhe h_G eines Wohngebäudes, gemessen von der Oberfläche des Fußbodens zur Oberfläche des Fußbodens des darüber liegenden Geschosses, mehr als 3 m oder weniger als 2,5 m, so ist die Gebäudenutzfläche A_N abweichend von Satz 1 wie folgt zu ermitteln:

$$A_N = \left(\frac{1}{h_G} - 0,04m^{-1}\right) \cdot V_e$$

mit A_N Gebäudenutzfläche in m²
h_G Geschossdeckenhöhe in m
V_e beheiztes Gebäudevolumen in m³.

2 Berechnungsverfahren für Wohngebäude (zu § 3 Absatz 3, § 9 Absatz 2 und 5)

2.1 Berechnung des Jahres-Primärenergiebedarfs

2.1.1 Der Jahres-Primärenergiebedarf Q_p ist nach DIN V 18599: 2011-12, berichtigt durch DIN V 18599-5 Berichtigung 1: 2013-05 und durch DIN V 18599-8 Berichtigung 1: 2013-05, für Wohngebäude zu ermitteln. Als Primärenergiefaktoren sind die Werte für den nicht erneuerbaren Anteil nach DIN V 18599-1: 2011-12 zu verwenden. Dabei sind für flüssige Biomasse der Wert für den nicht erneuerbaren Anteil „Heizöl EL" und für gasförmige Biomasse der Wert für den nicht erneuerbaren Anteil „Erdgas H" zu verwenden. Für flüssige oder gasförmige Biomasse im Sinne des § 2 Absatz 1 Nummer 4 des Erneuerbare-Energien-Wärmegesetzes kann für den nicht erneuerbaren Anteil der Wert 0,5 verwendet werden, wenn die flüssige oder gasförmige Biomasse im unmittelbaren räumlichen Zusammenhang mit dem Gebäude erzeugt wird. Satz 4 ist entsprechend auf Gebäude anzuwenden, die im räumlichen Zusammenhang zueinander stehen und unmittelbar gemeinsam mit flüssiger oder gasförmiger Biomasse im Sinne des § 2 Absatz 1 Nummer 4 des Erneuerbare-Energien-Wärmegesetzes versorgt werden. Für elektrischen Strom ist abweichend von Satz 2 als Primärenergiefaktor für den nicht erneuerbaren Anteil ab dem 1. Januar 2016 der Wert 1,8 zu verwenden; für den durch Anlagen mit Kraft-Wärme-Kopplung erzeugten und nach Abzug des Eigenbedarfs in das Verbundnetz eingespeisten Strom gilt unbeschadet des ersten Halbsatzes der dafür in DIN V 18599-1: 2011-12 angegebene Wert von 2,8. Wird als Wärmeerzeuger eine zum Gebäude gehörige Anlage mit Kraft-Wärme-Kopplung genutzt, so ist für deren Berechnung DIN V 18599-9: 2011-12 Abschnitt 5.1.7 Verfahren B zu verwenden. Bei der Berechnung des Jahres-Primärenergiebedarfs des Referenzwohngebäudes und des Wohngebäudes sind die in Tabelle 3 genannten Randbedingungen zu verwenden. Abweichend von DIN V 18599-1: 2011-12 sind bei der Berechnung des Endenergiebedarfs diejenigen Anteile gleich „Null" zu setzen, die durch in unmittelbarem räumlichen Zusammenhang zum Gebäude gewonnene solare Strahlungsenergie sowie Umgebungswärme und Umgebungskälte gedeckt werden.

Tabelle 3: Randbedingungen für die Berechnung des Jahres-Primärenergie-bedarfs

Zeile	Kenngröße	Randbedingungen	
1	Verschattungsfaktor F_S	$F_S = 0,9$ soweit die baulichen Bedingungen nicht detailliert be-rücksichtigt werden.	
2	Solare Wärmege-winne über opake Bauteile	– Emissionsgrad der Außenfläche für Wär-mestrahlung:	$\varepsilon = 0,8$
		– Strahlungsabsorptionsgrad an opaken Oberflächen:	$\alpha = 0,5$
		für dunkle Dächer kann abweichend ange-nommen werden.	$\alpha = 0,8$
3	Gebäudeautomation	– Summand $\Delta\theta_{EMS}$: Klasse C – Faktor adaptiver Betrieb f_{adapt}: Klasse C jeweils nach DIN V 18599-11: 2011-12	
4	Teilbeheizung	Für den Faktor a_{TB} (Anteil mitbeheizter Flächen) sind ausschließlich die Standardwerte nach DIN V 18599-10: 2011-12 Tabelle 4 zu verwenden.	

2.1.2   Alternativ zu Nummer 2.1.1 kann der Jahres-Primärenergiebedarf Q_p für Wohn-gebäude, die nicht gekühlt werden, nach DIN V 4108-6: 2003-06* und DIN V 4701-10: 2003-08, geändert durch A1: 2012-07, ermittelt werden. Num-mer 2.1.1 Satz 2 bis 6 ist entsprechend anzuwenden. Der in diesem Rechen-gang zu bestimmende Jahres-Heizwärmebedarf Q_h ist nach dem Monatsbi-lanzverfahren nach DIN V 4108-6: 2003-06* mit den dort in Anhang D.3 genannten Randbedingungen zu ermitteln. Als Referenzklima ist abweichend von DIN V 4108-6: 2003-06* das Klima nach DIN V 18599-10: 2011-12 Ab-schnitt 7.1 (Region Potsdam) zu verwenden. Zur Berücksichtigung von Lüf-tungsanlagen mit Wärmerückgewinnung sind die methodischen Hinweise in Abschnitt 4.1 der DIN V 4701-10: 2003-08 zu beachten.

2.1.3   Werden in Wohngebäude bauliche oder anlagentechnische Komponenten ein-gesetzt, für deren energetische Bewertung weder anerkannte Regeln der Tech-nik noch gemäß § 9 Absatz 2 Satz 2 dritter Teilsatz bekannt gemachte gesicherte Erfahrungswerte vorliegen, so dürfen die energetischen Eigenschaften dieser Komponenten unter Verwendung derselben Randbedingungen wie in den Be-rechnungsverfahren nach Nummer 2.1.1 beziehungsweise Nummer 2.1.2 durch dynamisch-thermische Simulationsrechnungen ermittelt werden.

2.2   Berücksichtigung der Warmwasserbereitung
Bei Wohngebäuden ist der Energiebedarf für Warmwasser in der Berechnung des Jahres-Primärenergiebedarfs wie folgt zu berücksichtigen:
a) Bei der Berechnung gemäß Nr. 2.1.1 ist der Nutzenergiebedarf für Warmwasser nach Tabelle 4 der DIN V 18599-10: 2011-12 anzusetzen.
b) Bei der Berechnung gemäß Nr. 2.1.2 ist der Nutzwärmebedarf für die Warmwasserbereitung Q_W im Sinne von DIN V 4701-10: 2003-08 mit 12,5 kWh/(m^2·a) anzusetzen.

2.3   Berechnung des spezifischen Transmissionswärmeverlusts
Der spezifische, auf die wärmeübertragende Umfassungsfläche bezogene Transmissionswärmeverlust H'_T in W/(m^2·K) ist wie folgt zu ermitteln:

---

*   Geändert durch DIN V 4108-6 Berichtigung 1 2004-03.

$H_T = H_T\ A$ in $W/(m^2 \cdot K)$

mit

H_T nach DIN V 4108-6: 2003-06[*] mit den in Anhang D.3 genannten Randbedingungen berechneter Transmissionswärmeverlust in W/K;

A wärmeübertragende Umfassungsfläche nach Nr. 1.3.1 in m².

Die in Nummer 2.1.1 Tabelle 3 angegebenen Randbedingungen sind anzuwenden.

2.4 Beheiztes Luftvolumen

Bei der Berechnung des Jahres-Primärenergiebedarfs nach Nr. 2.1.1 ist das beheizte Luftvolumen V in m³ gemäß DIN V 18599-1: 2011-12, bei der Berechnung nach Nr. 2.1.2 gemäß DIN V 4108-6: 2003-06 Abschnitt 6.2[*] zu ermitteln. Vereinfacht darf es wie folgt berechnet werden:

– $V = 0{,}76 \cdot V_e$ in m³ bei Wohngebäuden bis zu drei Vollgeschossen

– $V = 0{,}80 \cdot V_e$ in m³ in den übrigen Fällen

mit V_e beheiztes Gebäudevolumen nach Nr. 1.3.2 in m³.

2.5 Ermittlung der solaren Wärmegewinne bei Fertighäusern und vergleichbaren Gebäuden

Werden Gebäude nach Plänen errichtet, die für mehrere Gebäude an verschiedenen Standorten erstellt worden sind, dürfen bei der Berechnung die solaren Gewinne so ermittelt werden, als wären alle Fenster dieser Gebäude nach Osten oder Westen orientiert.

2.6 Aneinandergereihte Bebauung

Bei der Berechnung von aneinandergereihten Gebäuden werden Gebäudetrennwände

a) zwischen Gebäuden, die nach ihrem Verwendungszweck auf Innentemperaturen von mindestens 19 Grad Celsius beheizt werden, als nicht wärmedurchlässig angenommen und bei der Ermittlung der wärmeübertragenden Umfassungsfläche A nicht berücksichtigt,

b) zwischen Wohngebäuden und Gebäuden, die nach ihrem Verwendungszweck auf Innentemperaturen von mindestens 12 Grad Celsius und weniger als 19 Grad Celsius beheizt werden, bei der Berechnung des Wärmedurchgangskoeffizienten mit einem Temperatur-Korrekturfaktor F_{nb} nach DIN V 18599-2: 2011-12 oder nach DIN V 4108-6: 2003-06[*] gewichtet und

c) zwischen Wohngebäuden und Gebäuden oder Gebäudeteilen, in denen keine beheizten Räume im Sinne des § 2 Nummer 4 vorhanden sind, bei der Berechnung des Wärmedurchgangskoeffizienten mit einem Temperaturfaktor $F_u = 0{,}5$ gewichtet.

Werden beheizte Teile eines Gebäudes getrennt berechnet, gilt Satz 1 Buchstabe a sinngemäß für die Trennflächen zwischen den Gebäudeteilen. Werden aneinandergereihte Wohngebäude gleichzeitig erstellt, dürfen sie hinsichtlich der Anforderungen des § 3 wie ein Gebäude behandelt werden. Die Vorschriften des Abschnitts 5 bleiben unberührt.

2.7 Anrechnung mechanisch betriebener Lüftungsanlagen

Im Rahmen der Berechnung nach Nr. 2 ist bei mechanischen Lüftungsanlagen die Anrechnung der Wärmerückgewinnung oder einer regelungstechnisch verminderten Luftwechselrate nur zulässig, wenn

a) die Dichtheit des Gebäudes nach Anlage 4 Nr. 2 nachgewiesen wird und

b) der mit Hilfe der Anlage erreichte Luftwechsel § 6 Absatz 2 genügt.

---

[*] Geändert durch DIN V 4108-6 Berichtigung 1 2004-03.

Die bei der Anrechnung der Wärmerückgewinnung anzusetzenden Kennwerte der Lüftungsanlagen sind nach anerkannten Regeln der Technik zu bestimmen oder den allgemeinen bauaufsichtlichen Zulassungen der verwendeten Produkte zu entnehmen. Lüftungsanlagen müssen mit Einrichtungen ausgestattet sein, die eine Beeinflussung der Luftvolumenströme jeder Nutzeinheit durch den Nutzer erlauben. Es muss sichergestellt sein, dass die aus der Abluft gewonnene Wärme vorrangig vor der vom Heizsystem bereitgestellten Wärme genutzt wird.

2.8 Berechnung im Fall gemeinsamer Heizungsanlagen für mehrere Gebäude
Wird ein zu errichtendes Gebäude mit Wärme aus einer Heizungsanlage versorgt, aus der auch andere Gebäude oder Teile davon Wärme beziehen, ist es abweichend von DIN V 18599: 2011-12 und DIN V 4701-10: 2003-08 zulässig, bei der Berechnung des zu errichtenden Gebäudes eigene zentrale Einrichtungen der Wärmeerzeugung (Wärmeerzeuger, Wärmespeicher, zentrale Warmwasserbereitung) anzunehmen, die hinsichtlich ihrer Bauart, ihres Baualters und ihrer Betriebsweise den gemeinsam genutzten Einrichtungen entsprechen, hinsichtlich ihrer Größe und Leistung jedoch nur auf das zu berechnende Gebäude ausgelegt sind. Soweit dabei zusätzliche Wärmeverteil- und Warmwasserleitungen zur Verbindung der versorgten Gebäude verlegt werden, sind deren Wärmeverluste anteilig zu berücksichtigen.

3   Sommerlicher Wärmeschutz (zu § 3 Absatz 4)

3.1 Grundsätze

3.1.1 Zum Zweck eines ausreichenden baulichen sommerlichen Wärmeschutzes sind die Anforderungen nach DIN 4108-2: 2013-02 Abschnitt 8 einzuhalten. Dazu sind entweder die Sonneneintragskennwerte nach Abschnitt 8.3 oder die Übertemperatur-Gradstunden nach Abschnitt 8.4 zu begrenzen; es reicht aus, die Berechnungen gemäß Abschnitt 8 Satz 1 der DIN 4108-2: 2013-02 auf die Räume oder Raumbereiche zu beschränken, für welche die Berechnung nach Abschnitt 8.3 zu den höchsten Anforderungen führen würde. Auf eine Berechnung darf unter den Voraussetzungen des Abschnitts 8.2.2 der DIN 4108-2: 2013-02 verzichtet werden.

3.1.2 Wird bei Wohngebäuden mit Anlagen zur Kühlung die Berechnung nach Abschnitt 8.4 durchgeführt, sind bauliche Maßnahmen zum sommerlichen Wärmeschutz gemäß DIN 4108-2: 2013-02 Abschnitt 4.3 insoweit vorzusehen, wie sich die Investitionen für diese baulichen Maßnahmen innerhalb deren üblicher Nutzungsdauer durch die Einsparung von Energie zur Kühlung erwirtschaften lassen.

3.2 Begrenzung der Sonneneintragskennwerte

3.2.1 Als höchstzulässige Sonneneintragskennwerte nach § 3 Absatz 4 sind die in DIN 4108-2: 2013-02 Abschnitt 8.3.3 festgelegten Werte einzuhalten.

3.2.2 Der Sonneneintragskennwert des zu errichtenden Wohngebäudes ist nach dem in DIN 4108-2: 2013-02 Abschnitt 8.3.2 genannten Verfahren zu bestimmen.

3.3 Begrenzung der Übertemperatur-Gradstunden
Ein ausreichender sommerlicher Wärmeschutz nach § 3 Absatz 4 liegt auch vor, wenn mit einem Verfahren (Simulationsrechnung) nach DIN 4108-2: 2013-02 Abschnitt 8.4 gezeigt werden kann, dass unter den dort genannten Randbedingungen die für den Standort des Wohngebäudes in Tabelle 9 dieser Norm angegebenen Übertemperatur-Gradstunden nicht überschritten werden.

Anlage 2
(zu den §§ 4 und 9)

Anforderungen an Nichtwohngebäude

1   Höchstwerte des Jahres-Primärenergiebedarfs und der
Wärmedurchgangskoeffizienten für zu errichtende Nichtwohngebäude
(zu § 4 Absatz 1 und 2)

1.1   Höchstwerte des Jahres-Primärenergiebedarfs

1.1.1   Der Höchstwert des Jahres-Primärenergiebedarfs eines zu errichtenden
Nichtwohngebäudes ist der auf die Nettogrundfläche bezogene, nach dem
in Nr. 2 oder 3 angegebenen Verfahren berechnete Jahres-Primärenergiebedarf eines Referenzgebäudes gleicher Geometrie, Nettogrundfläche, Ausrichtung und Nutzung wie das zu errichtende Nichtwohngebäude, das hinsichtlich seiner Ausführung den Vorgaben der Tabelle 1 entspricht. Die
Unterteilung hinsichtlich der Nutzung sowie der verwendeten Berechnungsverfahren und Randbedingungen muss beim Referenzgebäude mit der des
zu errichtenden Gebäudes übereinstimmen; bei der Unterteilung hinsichtlich
der anlagentechnischen Ausstattung und der Tageslichtversorgung sind Unterschiede zulässig, die durch die technische Ausführung des zu errichtenden Gebäudes bedingt sind.

1.1.2   Die Ausführungen zu den Zeilen 1.13 bis 8 der Tabelle 1 sind beim Referenzgebäude nur insoweit und in der Art zu berücksichtigen, wie beim Gebäude ausgeführt. Die dezentrale Ausführung des Warmwassersystems
(Zeile 4.2 der Tabelle 1) darf darüber hinaus nur für solche Gebäudezonen
berücksichtigt werden, die einen Warmwasserbedarf von höchstens 200 Wh/
(m²·d) aufweisen. Auf Gebäudezonen mit mehr als 4 m Raumhöhe, die
durch dezentrale Gebläse- oder Strahlungsheizungen beheizt werden, ist
Zeile 1.0 der Tabelle 1 nicht anzuwenden.

Tabelle 1: Ausführung des Referenzgebäudes

Zeile	Bauteile/ Systeme	Eigenschaft (zu Zeilen 1.1 bis 1.13)	Referenzausführung/Wert (Maßeinheit)	
			Raum-Soll-temperaturen im Heizfall ≥ 19 °C	**Raum-Soll-temperaturen im Heizfall von 12 bis < 19 °C**
1.0	Der nach einem der in Nummer 2 oder in Nummer 3 angegebenen Verfahren berechnete Jahres-Primärenergiebedarf des Referenzgebäudes nach den Zeilen 1.1 bis 8 ist für Neubauvorhaben ab dem 1. Januar 2016 mit dem Faktor 0,75 zu multiplizieren. § 28 bleibt unberührt.			
1.1	Außenwand (einschließlich Einbauten, wie Rollladenkästen), Geschossdecke gegen Außenluft	Wärmedurch-gangskoeffizient	U = 0,28 W/(m²·K)	U = 0,35 W/(m²·K)
1.2	Vorhangfassade (siehe auch Zeile 1.14)	Wärmedurch-gangskoeffizient	U = 1,4 W/(m²·K)	U = 1,9 W/(m²·K)
		Gesamtenergie-durchlassgrad der Verglasung	$g_\perp$ = 0,48	$g_\perp$ = 0,60
		Lichttransmissions-grad der Verglasung	τ_{D65} = 0,72	τ_{D65} = 0,78
1.3	Wand gegen Erdreich, Bodenplatte, Wände und Decken zu unbeheizten Räumen (außer Abseitenwänden nach Zeile 1.4)	Wärmedurch-gangskoeffizient	U = 0,35 W/(m²·K)	U = 0,35 W/(m²·K)
1.4	Dach (soweit nicht unter Zeile 1.5), oberste Geschossdecke, Wände zu Abseiten	Wärmedurch-gangskoeffizient	U = 0,20 W/(m²·K)	U = 0,35 W/(m²·K)
1.5	Glasdächer	Wärmedurch-gangskoeffizient	U_W = 2,7 W/(m²·K)	U_W = 2,7 W/(m²·K)
		Gesamtenergie-durchlassgrad der Verglasung	$g_\perp$ = 0,63	$g_\perp$ = 0,63
		Lichttransmissions-grad der Verglasung	τ_{D65} = 0,76	τ_{D65} = 0,76

Zeile	Bauteile/ Systeme	Eigenschaft (zu Zeilen 1.1 bis 1.13)	Referenzausführung/Wert (Maßeinheit)	
			Raum-Soll-temperaturen im Heizfall $\geq 19\,°C$	**Raum-Soll-temperaturen im Heizfall von 12 bis $< 19\,°C$**
1.6	Lichtbänder	Wärmedurch-gangskoeffizient	$U_W = 2{,}4\ \text{W}/(\text{m}^2{\cdot}\text{K})$	$U_W = 2{,}4\ \text{W}/(\text{m}^2{\cdot}\text{K})$
		Gesamtenergie-durchlassgrad der Verglasung	$g_\perp = 0{,}55$	$g_\perp = 0{,}55$
		Lichttransmissions-grad der Vergla-sung	$\tau_{D65} = 0{,}48$	$\tau_{D65} = 0{,}48$
1.7	Lichtkuppeln	Wärmedurch-gangskoeffizient	$U_W = 2{,}7\ \text{W}/(\text{m}^2{\cdot}\text{K})$	$U_W = 2{,}7\ \text{W}/(\text{m}^2{\cdot}\text{K})$
		Gesamtenergie-durchlassgrad der Verglasung	$g_\perp = 0{,}64$	$g_\perp = 0{,}64$
		Lichttransmissions-grad der Vergla-sung	$\tau_{D65} = 0{,}59$	$\tau_{D65} = 0{,}59$
1.8	Fenster, Fens-tertüren (siehe auch Zeile 1.14)	Wärmedurch-gangskoeffizient	$U_W = 1{,}3\ \text{W}/(\text{m}^2{\cdot}\text{K})$	$U_W = 1{,}9\ \text{W}/(\text{m}^2{\cdot}\text{K})$
		Gesamtenergie-durchlassgrad der Verglasung	$g_\perp = 0{,}60$	$g_\perp = 0{,}60$
		Lichttransmissions-grad der Vergla-sung	$\tau_{D65} = 0{,}78$	$\tau_{D65} = 0{,}78$
1.9	Dachflächen-fenster (siehe auch Zeile 1.14)	Wärmedurch-gangskoeffizient	$U_W = 1{,}4\ \text{W}/(\text{m}^2{\cdot}\text{K})$	$U_W = 1{,}9\ \text{W}/(\text{m}^2{\cdot}\text{K})$
		Gesamtenergie-durchlassgrad der Verglasung	$g_\perp = 0{,}60$	$g_\perp = 0{,}60$
		Lichttransmissions-grad der Vergla-sung	$\tau_{D65} = 0{,}78$	$\tau_{D65} = 0{,}78$
1.10	Außentüren	Wärmedurch-gangskoeffizient	$U = 1{,}8\ \text{W}/(\text{m}^2{\cdot}\text{K})$	$U = 2{,}9\ \text{W}/(\text{m}^2{\cdot}\text{K})$
1.11	Bauteile in Zei-len 1.1 und 1.3 bis 1.10	Wärmebrückenzu-schlag	$\Delta U_{WB} = 0{,}05\ \text{W}/(\text{m}^2{\cdot}\text{K})$	$\Delta U_{WB} = 0{,}1\ \text{W}/(\text{m}^2{\cdot}\text{K})$
1.12	Gebäudedicht-heit	Kategorie nach DIN V 18599-2: 2011-12 Tabelle 6	Kategorie I*	

Zeile	Bauteile/ Systeme	Eigenschaft (zu Zeilen 1.1 bis 1.13)	Referenzausführung/Wert (Maßeinheit)
1.13	Tageslichtversorgung bei Sonnen- oder Blendschutz oder bei Sonnen- und Blendschutz	Tageslichtversorgungsfaktor $C_{TL, Vers, SA}$ nach DIN V 18599-4: 2011-12	– kein Sonnen- oder Blendschutz vorhanden: 0,70 – Blendschutz vorhanden: 0,15
1.14	Sonnenschutzvorrichtung	Für das Referenzgebäude ist die tatsächliche Sonnenschutzvorrichtung des zu errichtenden Gebäudes anzunehmen; sie ergibt sich gegebenenfalls aus den Anforderungen zum sommerlichen Wärmeschutz nach Nummer 4 oder aus Erfordernissen des Blendschutzes. Soweit hierfür Sonnenschutzverglasung zum Einsatz kommt, sind für diese Verglasung folgende Kennwerte anzusetzen: – anstelle der Werte der Zeile 1.2 – Gesamtenergiedurchlassgrad der Verglasung $g_\perp$ $g_\perp = 0{,}35z$ – Lichttransmissionsgrad der Verglasung τ_{D65} $\tau_{D65} = 0{,}58$ – anstelle der Werte der Zeilen 1.8 und 1.9: – Gesamtenergiedurchlassgrad der Verglasung $g_\perp$ $g_\perp = 0{,}35$ – Lichttransmissionsgrad der Verglasung τ_{D65} $\tau_{D65} = 0{,}62$
2.1	Beleuchtungsart		– in Zonen der Nutzungen 6 und 7[**]: wie beim ausgeführten Gebäude – im Übrigen: direkt/indirekt jeweils mit elektronischem Vorschaltgerät und stabförmiger Leuchtstofflampe
2.2	Regelung der Beleuchtung		Präsenzkontrolle: – in Zonen der Nutzungen 4, 15 bis 19, 21 und 31[**]: mit Präsenzmelder – im Übrigen: manuell Konstantlichtkontrolle/tageslichtabhängige Kontrolle – in Zonen der Nutzungen 5, 9, 10, 14, 22.1 bis 22.3, 29, 37 bis 40[**]: Konstantlichtkontrolle gemäß DIN V 18599-4: 2011-12 Abschnitt 5.4.6 – in Zonen der Nutzungen 1 bis 4, 8, 12, 28, 31 und 36[**]: tageslichtabhängige Kontrolle, Kontrollart „gedimmt, nicht ausschaltend" gemäß DIN V 18599-4: 2011-12 Abschnitt 5.5.4 (einschließlich Konstantlichtkontrolle) – im Übrigen: manuell
3.1	Heizung (Raumhöhen ≤ 4 m) – Wärmeerzeuger		Brennwertkessel „verbessert" nach DIN V 18599-5: 2011-12 Tabelle 47 Fußnote a, Gebläsebrenner, Heizöl EL, Aufstellung außerhalb der thermischen Hülle, Wasserinhalt > 0,15 l/kW

Zeile	Bauteile/ Systeme	Eigenschaft (zu Zeilen 1.1 bis 1.13)	Referenzausführung/Wert (Maßeinheit)
3.2	Heizung (Raumhöhen ≤ 4 m) – Wärmeverteilung		– **bei statischer Heizung und Umluftheizung (dezentrale Nachheizung in RLT-Anlage):** Zweirohrnetz, außen liegende Verteilleitungen im unbeheizten Bereich, innen liegende Steigstränge, innen liegende Anbindeleitungen, Systemtemperatur 55/45 °C, hydraulisch abgeglichen, Δp konstant, Pumpe auf Bedarf ausgelegt, Pumpe mit intermittierendem Betrieb, keine Überströmventile, für den Referenzfall sind die Rohrleitungslängen und die Umgebungstemperaturen gemäß den Standardwerten nach DIN V 18599-5: 2011-12 zu ermitteln.
			– **bei zentralem RLT-Gerät:** Zweirohrnetz, Systemtemperatur 70/55 °C, hydraulisch abgeglichen, Δp konstant, Pumpe auf Bedarf ausgelegt, für den Referenzfall sind die Rohrleitungslängen und die Lage der Rohrleitungen wie beim zu errichtenden Gebäude anzunehmen.
3.3	Heizung (Raumhöhen ≤ 4 m) – Wärmeübergabe		– **bei statischer Heizung:** freie Heizflächen an der Außenwand (bei Anordnung vor Glasflächen mit Strahlungsschutz); P-Regler (1K), keine Hilfsenergie
			– **bei Umluftheizung** (dezentrale Nachheizung in RLT-Anlage): Regelgröße Raumtemperatur, hohe Regelgüte.
3.4	Heizung (Raumhöhen > 4 m)		**Dezentrales Heizsystem:** Wärmeerzeuger gemäß DIN V 18599-5: 2011-12 Tabelle 50:
			– Dezentraler Warmlufterzeuger
			– nicht kondensierender Betrieb
			– Leistung 25 bis 50 kW
			– Energieträger Erdgas
			– Leistungsregelung 1 (einstufig oder mehrstufig/modulierend ohne Anpassung der Verbrennungsluftmenge) Wärmeübergabe gemäß DIN V 18599-5: 2011-12 Tabelle 13:
			– Radialventilator, seitlicher Luftauslass, ohne Warmluftrückführung Raumtemperaturregelung P-Regler
4.1	Warmwasser – zentrales System		**Wärmeerzeuger:** Solaranlage mit Flachkollektor in Standardausführung nach DIN V 18599-8: 2011-12, berichtigt durch DIN V 18599-8 Berichtigung 1: 2013-05, jedoch abweichend auch für zentral warmwasserversorgte Nettogrundflächen über 3000 m² Restbedarf über Wärmeerzeuger der Heizung
			Wärmespeicherung: bivalenter, außerhalb der thermischen Hülle aufgestellter Speicher nach DIN V 18599-8: 2011-12 Abschnitt 6.3.1, berichtigt durch DIN V 18599-8 Berichtigung 1: 2013-05
			Wärmeverteilung: mit Zirkulation, für den Referenzfall sind die Rohrleitungslänge und die Lage der Rohrleitungen wie beim zu errichtenden Gebäude anzunehmen.
4.2	Warmwasser – dezentrales System		elektrischer Durchlauferhitzer, eine Zapfstelle und 6 m Leitungslänge pro Gerät

Zeile	Bauteile/ Systeme	Eigenschaft (zu Zeilen 1.1 bis 1.13)	Referenzausführung/Wert (Maßeinheit)
5.1	Raumlufttechnik – Abluftanlage	spezifische Leistungsaufnahme Ventilator	$P_{SFP} = 1{,}0$ kW/ (m^3/s)
5.2	Raumlufttechnik – Zu- und Abluftanlage ohne Nachheiz- und Kühlfunktion	Soweit für Zonen der Nutzungen 4, 8, 9, 12, 13, 23, 24, 35, 37 und 40[**] eine Zu- und Abluftanlage vorgesehen wird, ist diese mit bedarfsabhängiger Luftvolumenstromregelung gemäß DIN V 18599-7: 2011-12 Abschnitt 5.8.1 auszulegen. Spezifische Leistungsaufnahme – Zuluftventilator $\quad\quad P_{SFP} = 1{,}5$ kW/ (m^3/s) – Abluftventilator $\quad\quad P_{SFP} = 1{,}0$ kW/ (m^3/s) Zuschläge nach DIN EN 13779: 2007-09 Abschnitt 6.5.2 können nur für den Fall von HEPA-Filtern, Gasfiltern oder Wärmerückführungsklassen H2 oder H1 angerechnet werden. Wärmerückgewinnung über Plattenwärmeübertrager (Kreuzgegenstrom) – Rückwärmzahl $\quad\quad \eta_t = 0{,}6$ – Druckverhältniszahl $\quad\quad f_p = 0{,}4$ Luftkanalführung: innerhalb des Gebäudes
5.3	Raumlufttechnik – Zu- und Abluftanlage mit geregelter Luftkonditionierung	Soweit für Zonen der Nutzungen 4, 8, 9, 12, 13, 23, 24, 35, 37 und 40[**] eine Zu- und Abluftanlage vorgesehen wird, ist diese mit bedarfsabhängiger Luftvolumenstromregelung gemäß DIN V 18599-7: 2011-12 Abschnitt 5.8.1 auszulegen. Spezifische Leistungsaufnahme – Zuluftventilator $\quad\quad P_{SFP} = 1{,}5$ kW/ (m^3/s) – Abluftventilator $\quad\quad P_{SFP} = 1{,}0$ kW/ (m^3/s) Zuschläge nach DIN EN 13779: 2007-09 Abschnitt 6.5.2 können nur für den Fall von HEPA-Filtern, Gasfiltern oder Wärmerückführungsklassen H2 oder H1 angerechnet werden. – Wärmerückgewinnung über Plattenwärmeübertrager (Kreuzgegenstrom) Rückwärmzahl $\quad\quad \Phi_{rec}$ bzw. $\eta_t = 0{,}6$ Zulufttemperatur $\quad\quad 18\ °C$ Druckverhältniszahl $\quad\quad f_p = 0{,}4$ Luftkanalführung: innerhalb des Gebäudes
5.4	Raumlufttechnik – Luftbefeuchtung	für den Referenzfall ist die Einrichtung zur Luftbefeuchtung wie beim zu errichtenden Gebäude anzunehmen
5.5	Raumlufttechnik – Nur-Luft-Klimaanlagen	**als Variabel-Volumenstrom-System ausgeführt:** Druckverhältniszahl $\quad\quad f_p = 0{,}4$ Luftkanalführung: innerhalb des Gebäudes

Zeile	Bauteile/ Systeme	Eigenschaft (zu Zeilen 1.1 bis 1.13)	Referenzausführung/Wert (Maßeinheit)
6	Raumkühlung	– **Kältesystem:** Kaltwasser-Ventilatorkonvektor, Brüstungsgerät Kaltwassertemperatur	14/18 °C
		– **Kaltwasserkreis Raumkühlung:** Überströmung	10 %
		spezifische elektrische Leistung der Verteilung hydraulisch abgeglichen, geregelte Pumpe, Pumpe hydraulisch entkoppelt, saisonale sowie Nacht- und Wochenendabschaltung	$P_{d,spez} = 30\ W_{el}/$ $kW_{Kälte}$
7	Kälteerzeugung	**Erzeuger:** Kolben/Scrollverdichter mehrstufig schaltbar, R134a, luftgekühlt **Kaltwassertemperatur:**	
		– bei mehr als 5 000 m² mittels Raumkühlung konditionierter Nettogrundfläche, für diesen Konditionierungsanteil	14/18 °C
		– im Übrigen:	6/12 °C
		Kaltwasserkreis Erzeuger inklusive RLT-Kühlung: Überströmung	30 %
		spezifische elektrische Leistung der Verteilung hydraulisch abgeglichen, ungeregelte Pumpe, Pumpe hydraulisch entkoppelt, saisonale sowie Nacht- und Wochenendabschaltung, Verteilung außerhalb der konditionierten Zone.	$P_{d,spez} = 20\ W_{el}/$ $kW_{Kälte}$
		Der Primärenergiebedarf für das Kühlsystem und die Kühlfunktion der raumlufttechnischen Anlage darf für Zonen der Nutzungen 1 bis 3, 8, 10, 16 bis 20 und 31[**] nur zu 50 % angerechnet werden.	
8	Gebäudeautomation	– Summand $\Delta\theta_{EMS}$: gemäß Klasse C	
		– Faktor adaptiver Betrieb f_{adapt}: Klasse C jeweils nach DIN V 18599-11: 2011-12	

[*]   Die Angaben nach Anlage 4 zum Überprüfungsverfahren für die Dichtheit bleiben unberührt.
[**] Nutzungen nach Tabelle 5 der DIN V 18599-10: 2011-12.

1.2   Systemgrenze, Flächenangaben
Die Systemgrenze für die Berechnung der energiebezogenen Angaben ist die Hüllfläche aller konditionierten Zonen nach DIN V 18599-1: 2011-12 Abschnitt 8. Bezugsfläche der energiebezogenen Angaben ist die Nettogrundfläche gemäß § 2 Nummer 15.

1.3   Höchstwerte der Wärmedurchgangskoeffizienten
Die Wärmedurchgangskoeffizienten der wärmeübertragenden Umfassungsfläche eines zu errichtenden Nichtwohngebäudes dürfen die in Tabelle 2 angegebenen Werte nicht überschreiten. Satz 1 ist auf Außentüren nicht anzuwenden. Für Gebäudezonen mit mehr als 4 m Raumhöhe, die durch dezentrale Gebläse- oder Strahlungsheizungen beheizt werden, gilt das Anforderungsniveau nach Tabelle 2 Zeile 1a, 2a, 3a und 4a.

Tabelle 2: Höchstwerte der Wärmedurchgangskoeffizienten der wärmeübertragenden Umfassungsfläche von Nichtwohngebäuden

Zeile	Bauteile	Anforderungsniveau	Höchstwerte der nach Nummer 2.3 bestimmten Mittelwerte der Wärmedurchgangskoeffizienten	
			Zonen mit Raum-Solltemperaturen im Heizfall $\geq$ 19 °C	Zonen mit Raum-Solltemperaturen im Heizfall von 12 bis < 19 °C
1a	Opake Außenbauteile, soweit nicht in Bauteilen der Zeilen 3 und 4 enthalten	nach EnEV 2009*	$\bar{U}$ = 0,35 W/(m²·K)	$\bar{U}$ = 0,50 W/(m²·K)
1b		für Neubauvorhaben bis zum 31. Dezember 2015**	$\bar{U}$ = 0,35 W/(m²·K)	
1c		für Neubauvorhaben ab dem 1. Januar 2016**	$\bar{U}$ = 0,28 W/(m²·K)	
2a	Transparente Außenbauteile, soweit nicht in Bauteilen der Zeilen 3 und 4 enthalten	nach EnEV 2009*	$\bar{U}$ = 1,9 W/(m²·K)	$\bar{U}$ = 2,8 W/(m²·K)
2b		für Neubauvorhaben bis zum 31. Dezember 2015**	$\bar{U}$ = 1,9 W/(m²·K)	
2c		für Neubauvorhaben ab dem 1. Januar 2016**	$\bar{U}$ = 1,5 W/(m²·K)	
3a	Vorhangfassade	nach EnEV 2009*	$\bar{U}$ = 1,9 W/(m²·K)	$\bar{U}$ = 3,0 W/(m²·K)
3b		für Neubauvorhaben bis zum 31. Dezember 2015**	$\bar{U}$ = 1,9 W/(m²·K)	
3c		für Neubauvorhaben ab dem 1. Januar 2016**	$\bar{U}$ = 1,5 W/(m²·K)[Sietenende Seite 44]	
4a	Glasdächer, Lichtbänder, Lichtkuppeln	nach EnEV 2009*	$\bar{U}$ = 3,1 W/(m²·K)	$\bar{U}$ = 3,1 W/(m²·K)
4b		für Neubauvorhaben bis zum 31. Dezember 2015**	$\bar{U}$ = 3,1 W/(m²·K)	

Zeile	Bauteile	Anforderungs-niveau	Höchstwerte der nach Nummer 2.3 bestimmten Mittelwerte der Wärme-durchgangskoeffizienten	
			Zonen mit Raum-Solltemperaturen im Heizfall ≥ 19 °C	Zonen mit Raum-Soll-temperaturen im Heizfall von 12 bis < 19 °C
4c		für Neubauvor-haben ab dem 1. Januar 2016[**]	$\bar{U} = 2{,}5 \ \text{W/(m}^2\text{·K)}$	

* Energieeinsparverordnung vom 24. Juli 2007 (BGBl. I S. 1519), die durch Artikel 1 der Verordnung vom 29. April 2009 (BGBl. I S. 954) geändert worden ist.
** § 28 bleibt unberührt.

2 Berechnungsverfahren für Nichtwohngebäude (zu § 4 Absatz 3 und § 9 Absatz 2 und 5)

2.1 Berechnung des Jahres-Primärenergiebedarfs

2.1.1 Der Jahres-Primärenergiebedarf Q_p für Nichtwohngebäude ist nach DIN V 18599: 2011-12, berichtigt durch DIN V 18599-5 Berichtigung 1: 2013-05 und durch DIN V 18599-8 Berichtigung 1: 2013-05, zu ermitteln. Als Primär-energiefaktoren sind die Werte für den nicht erneuerbaren Anteil nach DIN V 18599-1: 2011-12 anzusetzen. Anlage 1 Nr. 2.1.1 Satz 3 bis 8 ist entspre-chend anzuwenden.

2.1.2 Unbeschadet der Regelungen in den Nummern 2.1.3 und 2.1.6 sind als Rand-bedingungen zur Berechnung des Jahres-Primärenergiebedarfs die in den Ta-bellen 5 bis 9 der DIN V 18599-10: 2011-12 aufgeführten Nutzungsrandbedin-gungen und Klimadaten zu verwenden; bei der Berechnung des Referenzgebäudes müssen die in Tabelle 5 der DIN V 18599-10: 2011-12 als Mindest- oder Maximalwerte enthaltenen Angaben unverändert angesetzt wer-den. Die Nutzungen 1 und 2 nach Tabelle 5 der DIN V 18599-10: 2011-12 dür-fen zur Nutzung 1 zusammengefasst werden. Darüber hinaus brauchen Ener-giebedarfsanteile nur unter folgenden Voraussetzungen in die Ermittlung des Jahres-Primärenergiebedarfs einer Zone einbezogen zu werden:

a) Der Primärenergiebedarf für das Heizungssystem und die Heizfunktion der raumlufttechnischen Anlage ist zu bilanzieren, wenn die Raum-Soll-temperatur des Gebäudes oder eine Gebäudezone für den Heizfall min-destens 12 Grad Celsius beträgt und eine durchschnittliche Nutzungs-dauer für die Gebäudebeheizung auf Raum-Solltemperatur von mindestens vier Monaten pro Jahr vorgesehen ist.

b) Der Primärenergiebedarf für das Kühlsystem und die Kühlfunktion der raumlufttechnischen Anlage ist zu bilanzieren, wenn für das Gebäude oder eine Gebäudezone für den Kühlfall der Einsatz von Kühltechnik und eine durchschnittliche Nutzungsdauer für Gebäudekühlung auf Raum-Solltemperatur von mehr als zwei Monaten pro Jahr und mehr als zwei Stunden pro Tag vorgesehen sind.

c) Der Primärenergiebedarf für die Dampfversorgung ist zu bilanzieren, wenn für das Gebäude oder eine Gebäudezone eine solche Versorgung wegen des Einsatzes einer raumlufttechnischen Anlage nach Buchstabe b für durchschnittlich mehr als zwei Monate pro Jahr und mehr als zwei Stunden pro Tag vorgesehen ist.

d) Der Primärenergiebedarf für Warmwasser ist zu bilanzieren, wenn ein Nutzenergiebedarf für Warmwasser in Ansatz zu bringen ist und der durchschnittliche tägliche Nutzenergiebedarf für Warmwasser wenigstens 0,2 kWh pro Person und Tag oder 0,2 kWh pro Beschäftigtem und Tag beträgt.

e) Der Primärenergiebedarf für Beleuchtung ist zu bilanzieren, wenn in einem Gebäude oder einer Gebäudezone eine Beleuchtungsstärke von mindestens 75 lx erforderlich ist und eine durchschnittliche Nutzungsdauer von mehr als zwei Monaten pro Jahr und mehr als zwei Stunden pro Tag vorgesehen ist.

f) Der Primärenergiebedarf für Hilfsenergien ist zu bilanzieren, wenn er beim Heizungssystem und der Heizfunktion der raumlufttechnischen Anlage, beim Kühlsystem und der Kühlfunktion der raumlufttechnischen Anlage, bei der Dampfversorgung, bei der Warmwasseranlage und der Beleuchtung auftritt. Der Anteil des Primärenergiebedarfs für Hilfsenergien für Lüftung ist zu bilanzieren, wenn eine durchschnittliche Nutzungsdauer der Lüftungsanlage von mehr als zwei Monaten pro Jahr und mehr als zwei Stunden pro Tag vorgesehen ist.

2.1.3   Abweichend von DIN V 18599-10: 2011-12 Tabelle 5 darf bei Zonen der Nutzungen 6 und 7 die tatsächlich auszuführende Beleuchtungsstärke angesetzt werden, jedoch für die Nutzung 6 mit nicht mehr als 1 500 lx und für die Nutzung 7 mit nicht mehr als 1 000 lx. Beim Referenzgebäude ist der Primärenergiebedarf für Beleuchtung mit dem Tabellenverfahren nach DIN V 18599-4: 2011-12 zu berechnen.

2.1.4   Die Vereinfachungen zur Zonierung, zur pauschalierten Zuweisung der Eigenschaften der Hüllfläche und zur Ermittlung von tageslichtversorgten Bereichen gemäß DIN V 18599-1: 2011-12 Anhang D dürfen nach Maßgabe der dort angegebenen Bedingungen auch für zu errichtende Nichtwohngebäude verwendet werden.

2.1.5   Werden in Nichtwohngebäuden bauliche oder anlagentechnische Komponenten eingesetzt, für deren energetische Bewertung keine anerkannten Regeln der Technik oder keine gemäß § 9 Absatz 2 Satz 2 dritter Teilsatz bekannt gemachten gesicherten Erfahrungswerte vorliegen, so dürfen die energetischen Eigenschaften dieser Komponenten unter Verwendung derselben Randbedingungen wie in den Berechnungsverfahren nach DIN V 18599: 2011-12 durch dynamisch-thermische Simulationsrechnungen ermittelt werden.

2.1.6   Bei der Berechnung des Jahres-Primärenergiebedarfs des Referenzgebäudes und des Nichtwohngebäudes sind ferner die in Tabelle 3 genannten Randbedingungen zu verwenden.

Tabelle 3: Randbedingungen für die Berechnung des Jahres-Primärenergiebedarfs

Zeile	Kenngröße	Randbedingungen
1	Verschattungsfaktor F_S	$F_S = 0,9$ soweit die baulichen Bedingungen nicht detailliert berücksichtigt werden.
2	Verbauungsindex I_V	$I_V = 0,9$ Eine genaue Ermittlung nach DIN V 18599-4: 2011-12 Abschnitt 5.5.2 ist zulässig.

Zeile	Kenngröße	Randbedingungen
3	Heizunterbre-chung	– Heizsysteme in Raumhöhen ≤ 4 m: Absenkbetrieb gemäß DIN V 18599-2: 2011-12 Gleichung (28) – Heizsysteme in Raumhöhen > 4 m: Abschaltbetrieb gemäß DIN V 18599-2: 2011-12 Gleichung (29) jeweils mit Dauer gemäß den Nutzungsrandbedingungen in Tabelle 5 der DIN V 18599-10: 2011-12
4	Solare Wärmegewinne über opake Bauteile	– Emissionsgrad der Außenfläche für Wärmestrahlung: $\varepsilon = 0{,}8$
		– Strahlungsabsorptionsgrad an opaken Oberflächen: $\alpha = 0{,}5$ für dunkle Dächer kann abweichend angenommen werden. $\alpha = 0{,}8$
5	Wartungsfaktor der Beleuchtung	Der Wartungsfaktor WF ist wie folgt anzusetzen: – in Zonen der Nutzungen 14, 15 und 22* mit 0,6 – im Übrigen mit 0,8. Dementsprechend ist der Energiebedarf für einen Berechnungsbereich im Tabellenverfahren nach DIN V 18599-4: 2011-12 Abschnitt 5.4.2 Gleichung (10) mit dem folgenden Faktor zu multiplizieren: – für die Nutzungen 14, 15 und 22* mit 1,12 – im Übrigen mit 0,84.
6	Gebäudeautoma-tion	– Klasse C – Klasse A oder B bei entsprechendem Ausstattungsniveau jeweils nach DIN V 18599-11: 2011-12

*   Nutzungen nach Tabelle 5 der DIN V 18599-10: 2011-12.

2.1.7   Wird bei der Errichtung eines Nichtwohngebäudes in einer Zone keine Beleuchtungsanlage eingebaut, so sind dort bei der Berechnung als Beleuchtungsart eine direkt/indirekte Beleuchtung mit elektronischem Vorschaltgerät und stabförmiger Leuchtstofflampe und eine Regelung der Beleuchtung gemäß Tabelle 1 Zeile 2.2 anzunehmen.

2.1.8   Abweichend von DIN V 18599-10: 2011-12 darf bei Zonen der Nutzungen 5 bis 7, 18 bis 20 und 24 von einer „Raum-Solltemperatur Heizung" von 17 Grad Celsius ausgegangen werden, soweit die tatsächlichen Nutzungsbedingungen dies nahelegen. Zonen der Nutzungen 32 und 33 (Parkhäuser) sind als unbeheizt und ungekühlt anzunehmen.

2.1.9   Im Fall gemeinsamer Heizungsanlagen für mehrere Gebäude darf für die Berechnung Anlage 1 Nummer 2.8 sinngemäß angewendet werden.

2.2   Zonierung

2.2.1   Soweit sich bei einem Gebäude Flächen hinsichtlich ihrer Nutzung, ihrer technischen Ausstattung, ihrer inneren Lasten oder ihrer Versorgung mit Tageslicht wesentlich unterscheiden, ist das Gebäude nach Maßgabe der DIN V 18599-1: 2011-12 in Verbindung mit DIN V 18599-10: 2011-12 und den Vorgaben in Nr. 1 dieser Anlage in Zonen zu unterteilen. Die Nutzungen 1 und 2 nach Tabelle 5 der DIN V 18599-10: 2011-12 dürfen zur Nutzung 1 zusammengefasst werden.

2.2.2 Für Nutzungen, die nicht in DIN V 18599-10: 2011-12 aufgeführt sind, kann
    a) die Nutzung 17 der Tabelle 5 in DIN V 18599-10: 2011-12 verwendet werden oder
    b) eine Nutzung auf der Grundlage der DIN V 18599-10: 2011-12 unter Anwendung gesicherten allgemeinen Wissensstandes individuell bestimmt und verwendet werden.
    In Fällen des Buchstabens b sind die gewählten Angaben zu begründen und den Berechnungen beizufügen. Steht bei der Errichtung eines Nichtwohngebäudes die Nutzung einer Zone noch nicht fest, ist hierfür gemäß Buchstabe a zu verfahren.

2.3 Berechnung des Mittelwerts des Wärmedurchgangskoeffizienten
    Bei der Berechnung des Mittelwerts des jeweiligen Bauteils sind die Bauteile nach Maßgabe ihres Flächenanteils zu berücksichtigen. Die Wärmedurchgangskoeffizienten von Bauteilen gegen unbeheizte Räume (außer Dachräumen) oder Erdreich sind zusätzlich mit dem Faktor 0,5 zu gewichten. Bei der Berechnung des Mittelwerts der an das Erdreich angrenzenden Bodenplatten bleiben die Flächen unberücksichtigt, die mehr als 5 m vom äußeren Rand des Gebäudes entfernt sind. Die Berechnung ist für Zonen mit unterschiedlichen Raum-Solltemperaturen im Heizfall getrennt durchzuführen. Für die Bestimmung der Wärmedurchgangskoeffizienten der verwendeten Bauausführungen gelten die Fußnoten zu Anlage 3 Tabelle 1 entsprechend.

3 **Vereinfachtes Berechnungsverfahren für Nichtwohngebäude (zu § 4 Absatz 3 und § 9 Absatz 2 und 5)**

3.1 Zweck und Anwendungsvoraussetzungen

3.1.1 Im vereinfachten Verfahren sind die Bestimmungen der Nr. 2 nur insoweit anzuwenden, als Nr. 3 keine abweichenden Bestimmungen trifft.

3.1.2 Im vereinfachten Verfahren darf der Jahres-Primärenergiebedarf des Nichtwohngebäudes sowie des Referenzgebäudes abweichend von Nr. 2.2 unter Verwendung eines Ein-Zonen-Modells ermittelt werden.

3.1.3 Das vereinfachte Verfahren gilt für
    a) Bürogebäude, ggf. mit Verkaufseinrichtung, Gewerbebetrieb oder Gaststätte,
    b) Gebäude des Groß- und Einzelhandels mit höchstens 1 000 m² Nettogrundfläche, wenn neben der Hauptnutzung nur Büro-, Lager-, Sanitär- oder Verkehrsflächen vorhanden sind,
    c) Gewerbebetriebe mit höchstens 1 000 m² Nettogrundfläche, wenn neben der Hauptnutzung nur Büro-, Lager-, Sanitär- oder Verkehrsflächen vorhanden sind,
    d) Schulen, Turnhallen, Kindergärten und -tagesstätten und ähnliche Einrichtungen,
    e) Beherbergungsstätten ohne Schwimmhalle, Sauna oder Wellnessbereich und
    f) Bibliotheken.
    In Fällen des Satzes 1 kann das vereinfachte Verfahren angewendet werden, wenn
    a) die Summe der Nettogrundflächen aus der Hauptnutzung gemäß Tabelle 4 Spalte 3 und den Verkehrsflächen des Gebäudes mehr als zwei Drittel der gesamten Nettogrundfläche des Gebäudes beträgt,

b) in dem Gebäude die Beheizung und die Warmwasserbereitung für alle Räume auf dieselbe Art erfolgen,
c) das Gebäude nicht gekühlt wird,
d) höchstens 10 vom Hundert der Nettogrundfläche des Gebäudes durch Glühlampen, Halogenlampen oder durch die Beleuchtungsart „indirekt" nach DIN V 18599-4: 2011-12 beleuchtet werden und
e) außerhalb der Hauptnutzung keine raumlufttechnische Anlage eingesetzt wird, deren Werte für die spezifische Leistungsaufnahme der Ventilatoren die entsprechenden Werte in Tabelle 1 Zeile 5.1 und 5.2 überschreiten.

Abweichend von Satz 2 Buchstabe c kann das vereinfachte Verfahren auch angewendet werden, wenn in einem Bürogebäude eine Verkaufseinrichtung, ein Gewerbebetrieb oder eine Gaststätte gekühlt wird und die Nettogrundfläche der gekühlten Räume jeweils 450 m² nicht übersteigt. Der Energiebedarf für die Kühlung von Anlagen der Datenverarbeitung bleibt als Energieeinsatz für Produktionsprozesse im Sinne von § 1 Absatz 2 Satz 2 außer Betracht.

3.2 Besondere Randbedingungen und Maßgaben
3.2.1 Abweichend von Nr. 2.2.1 ist bei der Berechnung des Jahres-Primärenergiebedarfs die entsprechende Nutzung nach Tabelle 4 Spalte 4 zu verwenden. Der Nutzenergiebedarf für Warmwasser ist mit dem Wert aus Spalte 5 in Ansatz zu bringen.

Tabelle 4: Randbedingungen für das vereinfachte Verfahren für die Berechnungen des Jahres-Primärenergiebedarfs

Zeile	Gebäudetyp	Hauptnutzung	Nutzung (Nummer gemäß DIN V 18599-10: 2011-12 Tabelle 5)	Nutzenergiebedarf Warmwasser*
1	2	3	4	5
1	Bürogebäude	Einzelbüro (Nr. 1) Gruppenbüro (Nr. 2) Großraumbüro (Nr. 3) Besprechung, Sitzung, Seminar (Nr. 4)	Einzelbüro (Nr. 1)	0
1.1	Bürogebäude mit Verkaufseinrichtung oder Gewerbebetrieb	wie Zeile 1	Einzelbüro (Nr. 1)	0
1.2	Bürogebäude mit Gaststätte	wie Zeile 1	Einzelbüro (Nr. 1)	1,5 kWh je Sitzplatz in der Gaststätte und Tag
2	Gebäude des Groß- und Einzelhandels bis 1 000 m² NGF	Groß-, Einzelhandel/Kaufhaus	Einzelhandel/ Kaufhaus (Nr. 6)	0

Zeile	Gebäudetyp	Hauptnutzung	Nutzung (Nummer gemäß DIN V 18599-10: 2011-12 Tabelle 5)	Nutzenergiebedarf Warmwasser*
1	2	3	4	5
3	Gewerbebetriebe bis 1 000 m² NGF	Gewerbe	Gewerbliche und industrielle Hallen — leichte Arbeit, überwiegend sitzende Tätigkeit (Nummer 22.3)	1,5 kWh je Beschäftigten und Tag
4	Schule, Kindergarten und -tagesstätte, ähnliche Einrichtungen	Klassenzimmer, Gruppenraum	Klassenzimmer/ Gruppenraum (Nr. 8)	ohne Duschen: 85 Wh/(m²·d) mit Duschen: 250 Wh/(m²·d)
5	Turnhalle	Turnhalle	Turnhalle (Nr. 31)	1,5 kWh je Person und Tag
6	Beherbergungsstätte ohne Schwimmhalle, Sauna oder Wellnessbereich	Hotelzimmer	Hotelzimmer (Nr. 11)	250 Wh/(m²·d)
7	Bibliothek	Lesesaal, Freihandbereich	Bibliothek, Lesesaal (Nr. 28)	30 Wh/(m²·d)

* Die flächenbezogenen Werte beziehen sich auf die gesamte Nettogrundfläche des Gebäudes.

3.2.2   Bei Anwendung des vereinfachten Verfahrens sind der Höchstwert und der Referenzwert des Jahres-Primärenergiebedarfs in Fällen der Nummer 3.1.3 Satz 3 pauschal um 50 kWh/(m²·a) je m² gekühlte Nettogrundfläche der Verkaufseinrichtung, des Gewerbebetriebes oder der Gaststätte zu erhöhen; dieser Betrag ist im Energieausweis als elektrische Energie für Kühlung auszuweisen.

3.2.3   Der Jahres-Primärenergiebedarf für Beleuchtung darf vereinfacht für den Bereich der Hauptnutzung berechnet werden, der die geringste Tageslichtversorgung aufweist.

3.2.4   Der im vereinfachten Verfahren nach Maßgaben der Nummern 3.2.1 bis 3.2.3 ermittelte Jahres-Primärenergiebedarf des Referenzgebäudes nach Nummer 1.1 ist um 10 Prozent zu reduzieren; der reduzierte Wert ist der Höchstwert des Jahres-Primärenergiebedarfs des zu errichtenden Gebäudes.

4   Sommerlicher Wärmeschutz (zu § 4 Absatz 4)

Auf den baulichen sommerlichen Wärmeschutz von Nichtwohngebäuden ist Anlage 1 Nummer 3 entsprechend anzuwenden.

Anlage 3
(zu den §§ 8 und 9)

Anforderungen bei Änderung von Außenbauteilen und bei Errichtung kleiner Gebäude; Randbedingungen und Maßgaben für die Bewertung bestehender Wohngebäude

1 Außenwände

Soweit bei beheizten oder gekühlten Räumen Außenwände ersetzt oder erstmals eingebaut werden, sind die Anforderungen nach Tabelle 1 Zeile 1 einzuhalten. Dies ist auch auf Außenwände anzuwenden, die in der Weise erneuert werden, dass bei einer bestehenden Wand

a) auf der Außenseite Bekleidungen in Form von Platten oder plattenartigen Bauteilen oder Verschalungen sowie Mauerwerks-Vorsatzschalen angebracht werden oder

b) der Außenputz erneuert wird.

Satz 2 ist nicht auf Außenwände anzuwenden, die unter Einhaltung energiesparrechtlicher Vorschriften nach dem 31. Dezember 1983 errichtet oder erneuert worden sind. Werden Maßnahmen nach Satz 1 oder 2 ausgeführt und ist die Dämmschichtdicke im Rahmen dieser Maßnahmen aus technischen Gründen begrenzt, so gelten die Anforderungen als erfüllt, wenn die nach anerkannten Regeln der Technik höchstmögliche Dämmschichtdicke (bei einem Bemessungswert der Wärmeleitfähigkeit λ = 0,035 W/(m·K)) eingebaut wird. Werden Maßnahmen nach Satz 1 oder 2 ausgeführt und wird hierbei Satz 4 angewendet, ist ein Bemessungswert der Wärmeleitfähigkeit von λ = 0,045 W/ (m·K) einzuhalten, soweit Dämm-Materialien in Hohlräume eingeblasen oder Dämm-Materialien aus nachwachsenden Rohstoffen verwendet werden.

2 Fenster, Fenstertüren, Dachflächenfenster und Glasdächer

Soweit bei beheizten oder gekühlten Räumen **gegen Außenluft abgrenzende** Fenster, Fenstertüren, Dachflächenfenster und Glasdächer in der Weise erneuert werden, dass

a) das gesamte Bauteil ersetzt oder erstmalig eingebaut wird,

b) zusätzliche Vor- oder Innenfenster eingebaut werden oder

c) die Verglasung oder verglaste Flügelrahmen ersetzt werden,

sind die Anforderungen nach Tabelle 1 Zeile 2 einzuhalten. Werden Maßnahmen gemäß Buchstabe a an Fenstertüren mit Klapp-, Falt-, Schiebe- oder Hebemechanismus durchgeführt, sind die Anforderungen nach Tabelle 1 Zeile 2f einzuhalten. Bei Maßnahmen gemäß Buchstabe c gilt Satz 1 nicht, wenn der vorhandene Rahmen zur Aufnahme der vorgeschriebenen Verglasung ungeeignet ist. Werden Maßnahmen nach Buchstabe c ausgeführt und ist die Glasdicke im Rahmen dieser Maßnahmen aus technischen Gründen begrenzt, so gelten die Anforderungen als erfüllt, wenn eine Verglasung mit einem Wärmedurchgangskoeffizienten von höchstens 1,3 W/(m²·K) eingebaut wird. Werden Maßnahmen nach Buchstabe c an Kasten- oder Verbundfenstern durchgeführt, so gelten die Anforderungen als erfüllt, wenn eine Glastafel mit einer infrarotreflektierenden Beschichtung mit einer Emissivität $\varepsilon_n \leq 0{,}2$ eingebaut wird. Werden bei Maßnahmen nach Satz 1

1. Schallschutzverglasungen mit einem bewerteten Schalldämmmaß der Verglasung von $R_{w,R} \geq 40$ dB nach DIN EN ISO 717-1: 1997-01 oder einer vergleichbaren Anforderung oder

2. Isolierglas-Sonderaufbauten zur Durchschusshemmung, Durchbruch-
    hemmung oder Sprengwirkungshemmung nach anerkannten Regeln der
    Technik oder

3. Isolierglas-Sonderaufbauten als Brandschutzglas mit einer Einzelele-
    mentdicke von mindestens 18 mm nach DIN 4102-13: 1990-05 oder ei-
    ner vergleichbaren Anforderung

verwendet, sind abweichend von Satz 1 die Anforderungen nach Tabelle 1
Zeile 3 einzuhalten.

3   Außentüren

Bei der Erneuerung von Außentüren dürfen nur Außentüren eingebaut werden, deren Türfläche einen Wärmedurchgangskoeffizienten von 1,8 W/
$(m^2 \cdot K)$ nicht überschreitet. Satz 1 ist auf rahmenlose Türanlagen aus Glas,
Karusselltüren und kraftbetätigte Türen nicht anzuwenden.

4   Dachflächen sowie Decken und Wände gegen unbeheizte Dachräume

Soweit bei beheizten oder gekühlten Räumen Dachflächen einschließlich
Dachgauben, die gegen die Außenluft abgrenzen, sowie Decken und
Wände, die gegen unbeheizte Dachräume abgrenzen, ersetzt oder erstmals eingebaut werden, sind für die betroffenen Bauteile die Anforderungen nach Tabelle 1 Zeile 4a einzuhalten. Soweit derartige Bauteile in der
Weise erneuert werden, dass
a) eine Dachdeckung einschließlich darunter liegender Lattungen und Ver-
    schalungen ersetzt oder neu aufgebaut werden,
b) eine Abdichtung, die flächig (zum Beispiel mit geschlossenen Nähten
    und Stößen) das Gebäude wasserdicht abdichtet, durch eine neue
    Schicht gleicher Funktion ersetzt wird (bei Kaltdachkonstruktionen ein-
    schließlich darunter liegender Lattungen),
c) bei Wänden zum unbeheizten Dachraum (einschließlich Abseitenwän-
    den) auf der kalten Seite Bekleidungen oder Verschalungen aufgebracht
    oder erneuert werden oder Dämmschichten eingebaut werden oder
d) bei Decken zum unbeheizten Dachraum (oberste Geschossdecken) auf
    der kalten Seite Bekleidungen oder Verschalungen aufgebracht oder er-
    neuert werden oder Dämmschichten eingebaut werden,
sind für die betroffenen Bauteile bei Maßnahmen nach den Buchstaben a, c
und d die Anforderungen nach Tabelle 1 Zeile 4a sowie bei Maßnahmen nach
Buchstabe b die Anforderungen nach Tabelle 1 Zeile 4b einzuhalten. Satz 2
nicht auf Bauteile anzuwenden, die unter Einhaltung energiesparrechtlicher
Vorschriften nach dem 31. Dezember 1983 errichtet oder erneuert worden
sind. Wird bei Maßnahmen nach Satz 2 Buchstabe a der Wärmeschutz als
Zwischensparrendämmung ausgeführt und ist die Dämmschichtdicke wegen
einer innenseitigen Bekleidung oder der Sparrenhöhe begrenzt, so gilt die Anforderung als erfüllt, wenn die nach anerkannten Regeln der Technik höchstmögliche Dämmschichtdicke (bei einem Bemessungswert der Wärmeleitfähigkeit $\lambda = 0{,}035$ W/(m·K)) eingebaut wird. Werden bei Maßnahmen nach Satz 2
Buchstabe b Gefälledächer durch die keilförmige Anordnung einer Dämmschicht aufgebaut, so ist der Wärmedurchgangskoeffizient nach DIN EN ISO
6946: 2008-04 Anhang C zu ermitteln; der Bemessungswert des Wärmedurch-
gangswiderstandes am tiefsten Punkt der neuen Dämmschicht muss den Min-

destwärmeschutz nach § 7 Absatz 1 gewährleisten. Werden Maßnahmen nach Satz 2 ausgeführt und ist die Dämmschichtdicke im Rahmen dieser Maßnahmen aus technischen Gründen begrenzt, so gelten die Anforderungen als erfüllt, wenn die nach anerkannten Regeln der Technik höchstmögliche Dämmschichtdicke (bei einem Bemessungswert der Wärmeleitfähigkeit λ = 0,035 W/(m·K)) eingebaut wird; werden Maßnahmen nach Satz 2 ausgeführt und wird hierbei der erste Halbsatz angewendet, ist ein Bemessungswert der Wärmeleitfähigkeit von λ = 0,045 W/(m·K) einzuhalten, soweit Dämm-Materialien in Hohlräume eingeblasen oder Dämm-Materialien aus nachwachsenden Rohstoffen verwendet werden. Die Sätze 1 bis 6 sind nur auf opake Bauteile anzuwenden.

5 **Wände gegen Erdreich oder unbeheizte Räume (mit Ausnahme von Dachräumen) sowie Decken nach unten gegen Erdreich, Außenluft oder unbeheizte Räume**

Soweit bei beheizten Räumen Wände, die an Erdreich oder an unbeheizte Räume (mit Ausnahme von Dachräumen) grenzen, oder Decken, die beheizte Räume nach unten zum Erdreich, zur Außenluft oder zu unbeheizten Räumen abgrenzen, ersetzt oder erstmals eingebaut werden, sind die Anforderungen der Tabelle 1 Zeile 5 einzuhalten. Dies ist auch anzuwenden, soweit derartige Bauteile in der Weise erneuert werden, dass
a) außenseitige Bekleidungen oder Verschalungen, Feuchtigkeitssperren oder Drainagen angebracht oder erneuert werden,
b) Fußbodenaufbauten auf der beheizten Seite aufgebaut oder erneuert werden oder
c) Deckenbekleidungen auf der Kaltseite angebracht werden.
Satz 2 ist nicht auf Bauteile anzuwenden, die unter Einhaltung energiesparrechtlicher Vorschriften nach dem 31. Dezember 1983 errichtet oder erneuert worden sind. Werden Maßnahmen nach Satz 1 oder 2 ausgeführt und ist die Dämmschichtdicke im Rahmen dieser Maßnahmen aus technischen Gründen begrenzt, so gelten die Anforderungen als erfüllt, wenn die nach anerkannten Regeln der Technik höchstmögliche Dämmschichtdicke (bei einem Bemessungswert der Wärmeleitfähigkeit λ = 0,035 W/(m·K)) eingebaut wird. Werden Maßnahmen nach Satz 1 oder 2 ausgeführt und wird hierbei Satz 4 angewendet, ist ein Bemessungswert der Wärmeleitfähigkeit von λ = 0,045 W/(m·K) einzuhalten, soweit Dämm-Materialien in Hohlräume eingeblasen oder Dämm-Materialien aus nachwachsenden Rohstoffen verwendet werden.

6 **Vorhangfassaden**

Soweit bei beheizten oder gekühlten Räumen Vorhangfassaden in Pfosten-Riegel-Konstruktion, deren Bauart DIN EN 13947: 2007-07 entspricht, in der Weise erneuert werden, dass das gesamte Bauteil ersetzt oder erstmalig eingebaut wird, sind die Anforderungen nach Tabelle 1 Zeile 2d einzuhalten. Werden bei Maßnahmen nach Satz 1 Sonderverglasungen entsprechend Nummer 2 Satz 5 verwendet, sind abweichend von Satz 1 die Anforderungen nach Tabelle 1 Zeile 3c einzuhalten.

7   Anforderungen

Tabelle 1: Höchstwerte der Wärmedurchgangskoeffizienten bei erstmaligem Einbau, Ersatz und Erneuerung von Bauteilen

Zeile	Bauteil	Maßnahme nach	Wohngebäude und Zonen von Nichtwohngebäuden mit Innentemperaturen ≥ 19 °C	Zonen von Nichtwohngebäuden mit Innentemperaturen von 12 bis < 19 °C
			Höchstwerte der Wärmedurchgangskoeffizienten U_{max} [1]	
1	Außenwände	Nummer 1 Satz 1 und 2	0,24 W/(m²·K)	0,35 W/(m²·K)
2a	Fenster, Fenstertüren	Nummer 2 Buchstabe a und b	1,3 W/(m²·K) [2]	1,9 W/(m²·K) [2]
2b	Dachflächenfenster	Nummer 2 Buchstabe a und b	1,4 W/(m²·K) [2]	1,9 W/(m²·K) [2]
2c	Verglasungen	Nummer 2 Buchstabe c	1,1 W/(m²·K) [3]	keine Anforderung
2d	Vorhangfassaden	Nummer 6 Satz 1	1,5 W/(m²·K) [4]	1,9 W/(m²·K) [4]
2e	Glasdächer	Nummer 2 Buchstabe a und c	2,0 W/(m²·K) [3]	2,7 W/(m²·K) [3]
2f	Fenstertüren mit Klapp-, Falt-, Schiebe- oder Hebemechanismus	Nummer 2 Buchstabe a	1,6 W/(m²·K) [2]	1,9 W/(m²·K) [2]
3a	Fenster, Fenstertüren, Dachflächenfenster mit Sonderverglasungen	Nummer 2 Buchstabe a und b	2,0 W/(m²·K) [2]	2,8 W/(m²·K) [2]
3b	Sonderverglasungen	Nummer 2 Buchstabe c	1,6 W/(m²·K) [3]	keine Anforderung
3c	Vorhangfassaden mit Sonderverglasungen	Nummer 6 Satz 2	2,3 W/(m²·K) [4]	3,0 W/(m²·K) [4]
4a	Dachflächen einschließlich Dachgauben, Wände gegen unbeheizten Dachraum (einschließlich Abseitenwänden), oberste Geschossdecken	Nummer 4 Satz 1 und 2 Buchstabe a, c und d	0,24 W/(m²·K)	0,35 W/(m²·K)
4b	Dachflächen mit Abdichtung	Nummer 4 Satz 2 Buchstabe b	0,20 W/(m²·K)	0,35 W/(m²·K)

Zeile	Bauteil	Maßnahme nach	Wohngebäude und Zonen von Nichtwohnge- bäuden mit In- nentemperatu- ren ≥ 19 °C	Zonen von Nicht- wohngebäuden mit Innentempera- turen von 12 bis < 19 °C
			Höchstwerte der Wärmedurchgangs- koeffizienten Umax [1]	
5a	Wände gegen Erd- reich oder unbe- heizte Räume (mit Ausnahme von Dachräumen) so- wie Decken nach unten gegen Erd- reich oder unbe- heizte Räume	Nummer 5 Satz 1 und 2 Buchstabe a und c	0,30 W/(m²·K)	keine Anforderung
5b	Fußbodenaufbauten	Nummer 5 Satz 2 Buch- stabe b	0,50 W/(m²·K)	keine Anforderung
5c	Decken nach unten an Außenluft	Nummer 5 Satz 1 und 2 Buchstabe a und c	0,24 W/(m²·K)	0,35 W/(m²·K)

1 Wärmedurchgangskoeffizient des Bauteils unter Berücksichtigung der neuen und der vorhandenen Bauteilschichten; für die Berechnung der Bauteile nach den Zeilen 5a und b ist DIN V 4108-6: 2003-06 Anhang E und für die Berechnung sonstiger opaker Bauteile ist DIN EN ISO 6946: 2008-04 zu verwenden.

2 Bemessungswert des Wärmedurchgangskoeffizienten des Fensters; der Bemessungs- wert des Wärmedurchgangskoeffizienten des Fensters ist technischen Produkt-Spezifi- kationen zu entnehmen oder gemäß den nach den Landesbauordnungen bekannt ge- machten energetischen Kennwerten für Bauprodukte zu bestimmen. Hierunter fallen insbesondere energetische Kennwerte aus Europäischen Technischen Bewertungen sowie energetische Kennwerte der Regelungen nach der Bauregelliste A Teil 1 und auf- grund von Festlegungen in allgemeinen bauaufsichtlichen Zulassungen.

3 Bemessungswert des Wärmedurchgangskoeffizienten der Verglasung; Fußnote 2 ist entsprechend anzuwenden.

4 Wärmedurchgangskoeffizient der Vorhangfassade; er ist nach DIN EN 13947: 2007- 07 zu ermitteln.

8   Randbedingungen und Maßgaben für die Bewertung bestehender Wohngebäude (zu § 9 Absatz 2)

Die Berechnungsverfahren nach Anlage 1 Nr. 2 sind bei bestehenden Wohn- gebäuden mit folgenden Maßgaben anzuwenden:

8.1   Wärmebrücken sind in dem Falle, dass mehr als 50 vom Hundert der Außen- wand mit einer innen liegenden Dämmschicht und einbindender Massivde- cke versehen sind, durch Erhöhung der Wärmedurchgangskoeffizienten um $\Delta U_{WB} = 0,15$ W/(m²·K) für die gesamte wärmeübertragende Umfassungsflä- che zu berücksichtigen.

8.2   Die Luftwechselrate ist bei der Berechnung abweichend von DIN V 4108-6: 2003-06* Tabelle D.3 Zeile 8 bei offensichtlichen Undichtheiten, wie bei Fenstern ohne funktionstüchtige Lippendichtung oder bei beheizten Dachgeschossen mit Dachflächen ohne luftdichte Ebene, mit 1,0 h^{-1} anzusetzen.

8.3   Bei der Ermittlung der solaren Gewinne nach DIN V 18599: 2011-12 oder DIN V 4108-6: 2003-06* Abschnitt 6.4.3 ist der Minderungsfaktor für den Rahmenanteil von Fenstern mit F_F = 0,6 anzusetzen.

---

*   Geändert durch DIN V 4108-6 Berichtigung 1 2004-03.
*   Geändert durch DIN V 4108-6 Berichtigung 1 2004-03.

Anlage 4
(zu § 6 Absatz 1)

Anforderungen an die Dichtheit des gesamten Gebäudes

Wird bei Anwendung des § 6 Absatz 1 Satz 2 eine Überprüfung der Anforderungen nach § 6 Absatz 1 Satz 1 durchgeführt, darf der nach DIN EN 13829: 2001-02 mit dem dort beschriebenen Verfahren B bei einer Druckdifferenz zwischen innen und außen von 50 Pa gemessene Volumenstrom – bezogen auf das beheizte oder gekühlte Luftvolumen – folgende Werte nicht überschreiten:

- bei Gebäuden ohne raumlufttechnische Anlagen   3,0 h^{-1} und
- bei Gebäuden mit raumlufttechnischen Anlagen   1,5 h^{-1}.

Abweichend von Satz 1 darf bei Wohngebäuden, deren Jahres-Primärenergiebedarf nach Anlage 1 Nummer 2.1.1 berechnet wird und deren Luftvolumen 1 500 m³ übersteigt, sowie bei Nichtwohngebäuden, deren Luftvolumen aller konditionierten Zonen nach DIN V 18599-1: 2011-12 insgesamt 1 500 m³ übersteigt, der nach DIN EN 13829: 2001-02 mit dem dort beschriebenen Verfahren B bei einer Druckdifferenz zwischen innen und außen von 50 Pa gemessene Volumenstrom – bezogen auf die Hüllfläche des Gebäudes – folgende Werte nicht überschreiten:

- bei Gebäuden ohne raumlufttechnische Anlagen   4,5 $m \cdot h^{-1}$ und
- bei Gebäuden mit raumlufttechnischen Anlagen   2,5 $m \cdot h^{-1}$.

Wird bei Berechnungen nach Anlage 2 Nummer 2 die Dichtheit nach Kategorie I lediglich für bestimmte Zonen berücksichtigt oder ergeben sich für einzelne Zonen des Gebäudes aus den Sätzen 1 und 2 unterschiedliche Anforderungen, so können die Sätze 1 und 2 auf diese Zonen getrennt angewandt werden.

Anlage 4a
(zu § 13 Absatz 2)

Anforderungen an die Inbetriebnahme von Heizkesseln

In Fällen des § 13 Absatz 2 sind der Einbau und die Aufstellung zum Zwecke der Inbetriebnahme nur zulässig, wenn das Produkt aus Erzeugeraufwandszahl e_g und Primärenergiefaktor f_p nicht größer als 1,30 ist. Die Erzeugeraufwandszahl e_g ist nach DIN V 4701-10: 2003-08 Tabellen C.3-4b bis C.3-4f zu bestimmen. Soweit Primärenergiefaktoren nicht unmittelbar in dieser Verordnung festgelegt sind, ist der Primärenergiefaktor f_p für den nicht erneuerbaren Anteil nach DIN V 4701-10: 2003-08, geändert durch A1: 2012-07, zu bestimmen. Werden Niedertemperatur-Heizkessel oder Brennwertkessel als Wärmeerzeuger in Systemen der Nahwärmeversorgung eingesetzt, gilt die Anforderung des Satzes 1 als erfüllt.

Anlage 5
(zu § 10 Absatz 2, § 14 Absatz 5 und § 15 Absatz 4)

Anforderungen an die Wärmedämmung von Rohrleitungen und Armaturen

1   In Fällen des § 10 Absatz 2 und des § 14 Absatz 5 sind die Anforderungen der Zeilen 1 bis 7 und in Fällen des § 15 Absatz 4 der Zeile 8 der Tabelle 1 einzuhalten, soweit sich nicht aus anderen Bestimmungen dieser Anlage etwas anderes ergibt.

Tabelle 1: Wärmedämmung von Wärmeverteilungs- und Warmwasserleitungen, Kälteverteilungs- und Kaltwasserleitungen sowie Armaturen

Zeile	Art der Leitungen/Armaturen	Mindestdicke der Dämmschicht, bezogen auf eine Wärmeleitfähigkeit von 0,035 W/(m·K)
1	Innendurchmesser bis 22 mm	20 mm
2	Innendurchmesser über 22 mm bis 35 mm	30 mm
3	Innendurchmesser über 35 mm bis 100 mm	gleich Innendurchmesser
4	Innendurchmesser über 100 mm	100 mm
5	Leitungen und Armaturen nach den Zeilen 1 bis 4 in Wand- und Deckendurchbrüchen, im Kreuzungsbereich von Leitungen, an Leitungsverbindungsstellen, bei zentralen Leitungsnetzverteilern	1/2 der Anforderungen der Zeilen 1 bis 4
6	Wärmeverteilungsleitungen nach den Zeilen 1 bis 4, die nach dem 31. Januar 2002 in Bauteilen zwischen beheizten Räumen verschiedener Nutzer verlegt werden	1/2 der Anforderungen der Zeilen 1 bis 4
7	Leitungen nach Zeile 6 im Fußbodenaufbau	6 mm
8	Kälteverteilungs- und Kaltwasserleitungen sowie Armaturen von Raumlufttechnik- und Klimakältesystemen	6 mm

Soweit in Fällen des § 14 Absatz 5 Wärmeverteilungs- und Warmwasserleitungen an Außenluft grenzen, sind diese mit dem Zweifachen der Mindestdicke nach Tabelle 1 Zeile 1 bis 4 zu dämmen.

2   In Fällen des § 14 Absatz 5 ist Tabelle 1 nicht anzuwenden, soweit sich Wärmeverteilungsleitungen nach den Zeilen 1 bis 4 in beheizten Räumen oder in Bauteilen zwischen beheizten Räumen eines Nutzers befinden und ihre Wärmeabgabe durch frei liegende Absperreinrichtungen beeinflusst werden kann. In Fällen des § 14 Absatz 5 ist Tabelle 1 nicht anzuwenden bei Warmwasserleitungen bis zu einem Wasserinhalt von 3 Litern, die weder in den Zirkulationskreislauf einbezogen noch mit elektrischer Begleitheizung ausgestattet sind (Stichleitungen) und sich in beheizten Räumen befinden.

3   Bei Materialien mit anderen Wärmeleitfähigkeiten als 0,035 W/(m·K) sind die Mindestdicken der Dämmschichten entsprechend umzurechnen. Für die Umrechnung und die Wärmeleitfähigkeit des Dämmmaterials sind die in anerkannten Regeln der Technik enthaltenen Berechnungsverfahren und Rechenwerte zu verwenden.

4   Bei Wärmeverteilungs- und Warmwasserleitungen sowie Kälteverteilungs- und Kaltwasserleitungen dürfen die Mindestdicken der Dämmschichten nach Tabelle 1 insoweit vermindert werden, als eine gleichwertige Begrenzung der Wär-

meabgabe oder der Wärmeaufnahme auch bei anderen Rohrdämmstoffanordnungen und unter Berücksichtigung der Dämmwirkung der Leitungswände sichergestellt ist.

Hinweis: Vom Abdruck der Anhänge 6–11, dazu gehören insbesondere die Mustervordrucke für den Energieausweis nach § 16 EnEV, wird hier abgesehen. Sie sind zu erhalten über www.enev-online.de.

II 14 Verordnung der Landesregierung zur Durchführung der Energieeinsparverordnung (EnEV-Durchführungsverordnung – EnEV-DVO)

vom 27. Oktober 2009 (GBl. S. 669)

Es wird verordnet
1. § 7 Abs. 2 und 4 und § 7 a Abs. 2 des Energieeinsparungsgesetzes (EnEG) in der Fassung vom 1. September 2005 (BGBl. I S. 2685), geändert durch Artikel 1 des Gesetzes vom 28. März 2009 (BGBl. I S. 643),
2. § 36 Abs. 2 Satz 1 des Gesetzes über Ordnungswidrigkeiten (OWiG) in der Fassung vom 19. Februar 1987 (BGBl. I S. 603):

§ 1   Zuständigkeit

(1) Die untere Baurechtsbehörde nach § 46 der Landesbauordnung (LBO) ist für die Durchführung der Energieeinsparverordnung (EnEV) vom 29. April 2009 (BGBl. I S. 954) in der jeweils geltenden Fassung zuständig, soweit in dieser Verordnung nichts anderes bestimmt ist.

(2) Die untere Baurechtsbehörde ist Verwaltungsbehörde im Sinne des § 36 Abs. 1 Nr. 1 OWiG bei Ordnungswidrigkeiten nach § 8 dieser Verordnung und § 27 EnEV.

§ 2   Zu errichtende Gebäude

(1) Für alle in den Geltungsbereich der Energieeinsparverordnung fallenden Gebäude sind im Auftrag des Bauherrn die Nachweise zur Einhaltung der Anforderungen nach den §§ 3 oder 4 EnEV von einem Planverfasser nach § 43 LBO zu erstellen. Für die Zuziehung von Sachverständigen gilt § 43 Abs. 2 LBO. Sachverständige sind insbesondere Personen im Sinne von § 21 EnEV.

(2) Der Bauherr hat sich unverzüglich nach Abschluss der Arbeiten von einem Sachverständigen in einer schriftlichen Erklärung bestätigen zu lassen, dass die Wärmeerzeugungssysteme, Verteilungseinrichtungen und Warmwasseranlagen die Mindestanforderungen nach den §§ 13 und 14 EnEV erfüllen. Wurden die Arbeiten von Fachbetrieben ausgeführt, haben diese die schriftliche Erklärung abzugeben.

(3) Der Bauherr hat sich unverzüglich nach Abschluss der Arbeiten von einem Sachverständigen in einer schriftlichen Erklärung bestätigen zu lassen, dass die Klimaanlagen und sonstige Anlagen der Raumlufttechnik die Mindestanforderungen nach § 15 EnEV erfüllen; Absatz 2 Satz 2 gilt entsprechend.

(4) Nach Fertigstellung der baulichen Anlage sind die Nachweise nach Absatz 1, der Energieausweis nach § 16 EnEV und die Erklärungen nach Absatz 2 und 3 der zuständigen Baurechtsbehörde vom Bauherrn unverzüglich vorzulegen.

(5) Die Baurechtsbehörde kann sich durch Kontrollen davon überzeugen, dass die Ausführung den Nachweisen nach Absatz 1 entspricht. Zu diesem Zweck kann die Baurechtsbehörde den Bauherrn zur Erteilung der notwendigen Auskünfte und Vorlage der notwendigen Unterlagen verpflichten.

§ 3 Bestehende Gebäude und Anlagen

(1) Soweit Nachweise zur Einhaltung der Anforderungen nach § 9 Abs. 1 Satz 1 EnEV im Verfahren nach § 9 Abs. 1 Satz 2 EnEV geführt werden, sind sie durch einen Planverfasser zu erstellen; § 43 Abs. 2 LBO gilt entsprechend. Bei verfahrensfreien Vorhaben sind die Nachweise durch einen Sachverständigen zu erstellen. § 2 Abs. 1 Satz 3 gilt sinngemäß.

(2) Der Energieausweis nach § 16 EnEV beziehungsweise die Unternehmererklärungen nach § 26 a EnEV sind vom Eigentümer der zuständigen Baurechtsbehörde unverzüglich zuzuleiten. Die Sachverständigen oder die Fachbetriebe haben den Eigentümer auf diese Verpflichtung hinzuweisen. Zur Erfüllung der Hinweispflicht genügt es, wenn ein deutlicher Hinweis in der Unternehmererklärung nach § 26 a EnEV erfolgt oder wenn dem Eigentümer ein entsprechendes Merkblatt übergeben wird.

(3) Die Nachweise nach Absatz 1 sind vom Eigentümer aufzubewahren; sie sind der Baurechtsbehörde auf Verlangen vorzulegen.

(4) Die Baurechtsbehörde kann sich durch Kontrollen davon überzeugen, dass die Ausführung den Nachweisen nach Absatz 1 oder den Unternehmererklärungen nach § 26 a EnEV entspricht. Zu diesem Zweck kann die Baurechtsbehörde den Eigentümer zur Erteilung der notwendigen Auskünfte und Vorlage der notwendigen Unterlagen verpflichten.

(5) Absatz 2 gilt nicht für Wohngebäude mit nicht mehr als zwei Wohnungen. Für diese Gebäude sind die Nachweise nach Absatz 1, der Energieausweis nach § 16 EnEV sowie die Unternehmererklärungen nach § 26 a EnEV vom Eigentümer aufzubewahren; sie sind der Baurechtsbehörde auf Verlangen vorzulegen.

§ 4 Schriftform, elektronische Form

Nachweise und Erklärungen nach den §§ 2 und 3 bedürfen der Schriftform. Die elektronische Form ist zulässig, sofern eine Behörde Empfängerin ist.

§ 5 Verwendbarkeitsnachweise

Für Bauprodukte, an die Anforderungen nach der Energieeinsparverordnung gestellt werden, sind die Nachweise über ihre Verwendbarkeit entsprechend den Regelungen des Vierten Teils der Landesbauordnung zu führen.

§ 6 Ausnahmen und Befreiungen

(1) Zuständige Behörde nach § 24 Abs. 2 und § 25 EnEV ist die oberste Baurechtsbehörde. Sie wird ermächtigt, durch Rechtsverordnung die Zuständigkeit an das Regierungspräsidium Tübingen, Landesstelle für Bautechnik, zu übertragen.

(2) Die zuständige Behörde kann verlangen, dass der Antragsteller das Vorliegen der Voraussetzungen durch Gutachten nachweist.

§ 7 Ausnahmen für Gebäude öffentlicher Körperschaften

§ 1, § 2 Abs. 1, 4 und 5, § 3 Abs. 1 Satz 1, Abs. 2 bis 4 und § 6 Abs. 1 gelten nicht für Gebäude des Bundes, des Landes, einer anderen Gebietskörperschaft des öffentlichen Rechts oder einer Kirche, sofern diese Gebäude unter den Anwendungsbereich des § 70 LBO fallen. Der Bauherr ist dafür verantwortlich, dass die Anforderungen der Energieeinsparverordnung eingehalten werden.

§ 8   Ordnungswidrigkeiten

Ordnungswidrig im Sinne von § 8 Abs. 1 Nr. 3 EnEG handelt, wer vorsätzlich oder leichtfertig

1. entgegen § 2 Abs. 4 die Nachweise, Unternehmererklärungen und den Energieausweis der Baurechtsbehörde nicht vorlegt,
2. entgegen § 3 Abs. 2 den Energieausweis oder die Unternehmererklärungen der Baurechtsbehörde nicht zuleitet,
3. entgegen § 3 Abs. 3 die Nachweise nach § 3 Abs. 1 auf Verlangen der Baurechtsbehörde nicht vorlegt,
4. entgegen § 3 Abs. 5 die Nachweise, Unternehmererklärungen oder den Energieausweis auf Verlangen der Baurechtsbehörde nicht vorlegt.

§ 9   Übergangsvorschriften

Diese Verordnung ist nicht anzuwenden, wenn für das Vorhaben vor Inkrafttreten dieser Verordnung der Bauantrag gestellt oder das Vorhaben der Gemeinde zur Kenntnis gegeben wurde. Auf verfahrensfreie Bauvorhaben ist diese Verordnung nicht anzuwenden, wenn mit der Ausführung vor dem Inkrafttreten dieser Verordnung begonnen worden ist. Auf Bauvorhaben nach den Sätzen 1 und 2 ist die EnEV-Durchführungsverordnung vom 6. Mai 2003 (GBl. S. 228), zuletzt geändert durch Artikel 16 des Gesetzes vom 14. Dezember 2004 (GBl. S. 884, 890), weiter anzuwenden. Abweichend von Satz 3 darf auf Verlangen des Bauherrn nach dieser Verordnung verfahren werden, wenn über den Bauantrag noch nicht bestandskräftig entschieden ist oder im Kenntnisabgabeverfahren mit der Ausführung noch nicht begonnen werden darf.

§ 10   Inkrafttreten, Außerkrafttreten

Diese Verordnung tritt am 1. Dezember 2009 in Kraft. Gleichzeitig tritt die EnEV-Durchführungsverordnung vom 6. Mai 2003 (GBl. S. 884, 890), außer Kraft.

II 15 Fundstellen nicht abgedruckter Verordnungen

1 Verordnung des Ministeriums für Verkehr und Infrastruktur über Camping- und Zeltplätze (CampingplatzVO) vom 15. Juli 1984 (GBl. S. 545, ber. 1985 S. 20), geändert durch Verordnung vom 25. Januar 2012 (GBl. S. 65) – bzw. in der jeweils geltenden Fassung

2 Verordnung des Ministeriums für Verkehr und Infrastruktur über elektrische Betriebsräume (EltVO) vom 28. Oktober 1975 (GBl. S. 788), zuletzt geändert durch Verordnung vom 25. Januar 2012 (GBl. S. 65) – bzw. in der jeweils geltenden Fassung

3 Verordnung des Umweltministeriums über Anforderungen an Hersteller von Bauprodukten und Anwender von Bauarten (Hersteller- und Anwenderverordnung – LBO-LBOHAVO) vom 12. November 2001 (GBl. S. 630), zuletzt geändert durch Verordnung vom 25. Januar 2012 (GBl. S. 65) – bzw. in der jeweils geltenden Fassung

III 1 Verwaltungsvorschrift des Ministeriums für Verkehr und Infrastruktur über Vordrucke im baurechtlichen Verfahren (VwV LBO-Vordrucke)

vom 25. Februar 2010 (GABl. S. 49), geändert durch VwV vom 3. März 2015 (GABl. S. 82), fortgeschrieben am 13. Juli 2015

§ 1

Für die Verfahren nach der Landesbauordnung für Baden-Württemberg (LBO) in der Fassung vom 5. März 2010 (GBl. S. 358, ber. S. 416), zuletzt geändert durch Gesetz vom 11. November 2014 (GBl. S. 501), werden nach § 3 der Verfahrensverordnung zur Landesbauordnung (LBOVVO) vom 13. November 1995 (GBl. S. 794), zuletzt geändert durch Artikel 218 der Verordnung vom 25. Januar 2012 (GBl. S. 65, 89), folgende Vordrucke bekanntgemacht und verbindlich eingeführt:

- Kenntnisgabeverfahren nach § 51 Abs. 1 und 2 LBO
- Abbruch baulicher Anlagen im Kenntnisgabeverfahren nach § 51 Abs. 3 LBO
- Antrag auf Baugenehmigung im vereinfachten Verfahren (§ 52 LBO)
- Antrag auf Baugenehmigung (§ 49 LBO)/Bauvorbescheid (§ 57 LBO)
- Schriftlicher Teil des Lageplans
- Baubeschreibung
- Technische Angaben über Feuerungsanlagen
- Angaben zu gewerblichen Anlagen, die keiner immissionsschutzrechtlichen Genehmigung bedürfen.

Der Inhalt der Vordrucke ist hinsichtlich Wortlaut und Abfolge verbindlich, nicht jedoch bezüglich der graphischen Gestaltung. Sofern die Vordrucke den amtlichen Mustern entsprechen, können sie auch mittels Datenverarbeitung erstellt und weiter bearbeitet werden. Für die Zahl der einzureichenden Ausfertigungen gilt § 1 Abs. 2 LBOVVO (Kenntnisgabeverfahren) und § 2 Abs. 2 LBOVVO (Genehmigungsverfahren). Sofern der in den Vordrucken vorgesehene Raum für die Angaben im Einzelfall nicht ausreicht, sind Zusatzblätter einzulegen.

Vordruckfassungen, die von den nachfolgend bekannt gemachten Vordrucken abweichen, können noch aufgebraucht oder weiterverwendet werden, soweit sie überwiegend diesen Vordrucken entsprechen. Soweit sich durch die Verwendung nicht mehr geltender Vordruckfassungen Erschwernisse im baurechtlichen Verfahren ergeben, kann die zuständige Baurechtsbehörde diese zurückweisen und die Einreichung der Bauvorlagen unter Verwendung der bekannt gemachten Vordrucke verlangen.

Zu den einzelnen Vordrucken wird angemerkt:

1. Kenntnisgabeverfahren, Antrag auf Baugenehmigung im vereinfachten Verfahren (Anlage 3) sowie Antrag auf Baugenehmigung und Bauvorbescheid
   Für die Errichtung von Werbeanlagen sind der Anlage 1, Anlage 3 oder Anlage 4 die in § 13 LBOVVO aufgeführten Bauvorlagen anzuschließen.
   Wird für den Abbruch baulicher Anlagen eine Baugenehmigung beantragt, sind der Anlage 3 oder 4 die in § 12 LBOVVO aufgeführten Bauvorlagen anzuschließen.
2. Schriftlicher Teil des Lageplans
   Soweit nach § 4 Abs. 7 LBOVVO ein einfacher Übersichtsplan genügt, ist der schriftliche Teil des Lageplans nicht erforderlich. Bei Änderungen und Umbauten sowie bei Nutzungsänderungen, mit denen bauliche Erweiterungen oder Erwei-

terungen der Geschossfläche nicht verbunden sind, bedarf es keiner Berechnung der Flächenbeanspruchung (Nr. 8 des Lageplanvordrucks).
3. Baubeschreibung
Der Vordruck ist nur bei Bauanträgen zu verwenden, die Gebäude betreffen. Bei Änderungen und Nutzungsänderungen sind Angaben in der Baubeschreibung nur erforderlich, soweit diese die Änderung oder Nutzungsänderung betreffen. Bei Anträgen auf Bauvorbescheid ist eine Baubeschreibung erforderlich, wenn die bautechnische Ausführung des Vorhabens im Bauvorbescheid mitbehandelt werden soll.
4. Technische Angaben über Feuerungsanlagen
Die Angaben in dem Vordruck dienen dazu, die Prüfung der Brandsicherheit und der sicheren Abführung der Verbrennungsgase zu ermöglichen. Dazu reichen die nach dem Vordruck erforderlichen Angaben regelmäßig aus. Die Anlage darf erst in Betrieb genommen werden, wenn der/die bevollmächtigte Bezirksschornsteinfeger/in die Brandsicherheit und die sichere Abführung der Verbrennungsgase bescheinigt hat. Die Baurechtsbehörde muss im Genehmigungsverfahren dem/der bevollmächtigten Bezirksschornsteinfeger/in rechtzeitig eine Mehrfertigung des Vordrucks zur Verfügung stellen.
5. Angaben zu gewerblichen Anlagen, die keiner immissionsschutzrechtlichen Genehmigung bedürfen
Die Angaben dienen dazu, die Prüfung des Vorhabens hinsichtlich der für den Arbeitsschutz und den Nachbarschutz (Immissionsschutz) vorgesehen bzw. erforderlichen baulichen Maßnahmen zu ermöglichen. Der Vordruck ist deshalb nur bei Bauvorhaben auszufüllen, die ganz oder teilweise gewerblichen Zwecken dienen. Bei gewerblichen Anlagen, die keine Gebäude sind (z. B. gewerbliche Lagerplätze) sind diese Angaben ebenfalls erforderlich.

Hinweis:
Die Formulare werden vom Ministerium für Verkehr und Infrastruktur im Internet als digitale Dateien (pdf-Format) zum Herunterladen bereitgehalten. Diese Formulare sind zum digitalen Ausfüllen geeignet und enthalten teilweise Zusatzfunktionen. Auf den Abdruck von Mustern wird deshalb hier verzichtet (Anm. d. Verf.).

§ 2 Statistik

Nach dem Gesetz über die Statistik der Bautätigkeit im Hochbau und die Fortschreibung des Wohnungsbestandes werden im Geltungsbereich des Gesetzes laufend Erhebungen über die Bautätigkeit im Hochbau durchgeführt. Das Finanz- und Wirtschaftsministerium hat zum Vollzug des Gesetzes am 6. Dezember 2012 (GABl. S. 922) eine Verwaltungsvorschrift mit näheren Ausführungen zu den einzelnen Auskunftpflichten erlassen.

§ 3 Weitergabe und Veröffentlichung von Daten

Daten über Bauvorhaben dürfen nur veröffentlicht oder an Dritte zur Veröffentlichung weitergegeben werden, wenn der/die Bauherr/in im Vordruck hierzu seine/ihre schriftliche Einwilligung erteilt hat. Aus der Verweigerung der Einwilligung entstehen keine rechtlichen Nachteile. Die Nichtabgabe einer Erklärung gilt als Verweigerung. Sollen Daten mit Zustimmung des/der Bauherr/in von der Baurechtsbehörde zur Veröffentlichung an Dritte weitergegeben werden, so sind dazu Mehrfertigungen der

Seite 1 der Vordrucke Anlage 1 bis 4 zu verwenden. Eine Datenweitergabe ohne schriftliche Zustimmung des/der Bauherr/in ist unzulässig. Die Weitergabe von Daten zur Veröffentlichung steht im pflichtgemäßen Ermessen der Baurechtsbehörde. Entscheidet sich die Baurechtsbehörde für die Weitergabe von Daten an Bautenverlage, muss sie diese Daten sämtlichen interessierten Verlagen zur Verfügung stellen. Die Datenweitergabe kann entgeltlich erfolgen. Die Weitergabe von Baudaten an einzelne Unternehmen, Unternehmensgruppen oder Interessenverbände ohne Zustimmungserklärung im Bauantragsvordruck ist ausgeschlossen.

Die Gemeinde ist – unabhängig von der Einwilligung des/der Bauherrn/in – nach § 34 Abs. 1 Satz 7 der Gemeindeordnung im Falle der Behandlung des Bauvorhabens im Gemeinderat oder einem Ausschuss verpflichtet, das Bauvorhaben in die ortsüblich bekanntzumachende Tagesordnung der öffentlichen Sitzung aufzunehmen; ferner ist sie berechtigt, über die Sitzung im örtlichen Amtsblatt zu berichten. In der Regel reichen dazu Angaben über die Art des Bauvorhabens und dessen Lage (Straße und Hausnummer oder Flurstück), ohne Namensangaben des/der Bauherrn/in, aus.

§ 4   Inkrafttreten

Diese Verwaltungsvorschrift tritt am 1. März 2010 in Kraft. Gleichzeitig tritt die Verwaltungsvorschrift des Wirtschaftsministeriums zur Änderung und Weitergeltung der Vordrucke im baurechtlichen Verfahren (VwV LBO-Vordrucke) vom 30. Mai 1996 (GABl. S. 492), zuletzt geändert durch Verwaltungsvorschrift vom 23. Oktober 2003 (GABl. S. 636), außer Kraft.

Hinweis auf die Ziffern II und III der VwV vom 3. März 2015:

II. Vordruckfassungen, die nicht den Änderungen nach Abschnitt I [diese Änderungen sind in oben stehender Fassung eingearbeitet] entsprechen, können noch bis Ende 2017 verwendet werden.

III. Diese Verwaltungsvorschrift tritt am 1. April 2015 in Kraft.

III 2 Verwaltungsvorschrift des Ministeriums für Verkehr und Infrastruktur über die Herstellung notwendiger Stellplätze (VwV Stellplätze)

vom 28. Mai 2015 (GABl. S. 260)

I.

Beim Vollzug der §§ 35 Abs. 4, 37, 56 Abs. 5 Nr. 1 und § 74 Abs. 2 Nr. 2 der Landesbauordnung für Baden-Württemberg (LBO)in der Fassung vom 5. März 2010 (GBl. S. 358, ber. S. 416), zuletzt geändert durch Gesetz vom11. Dezember 2014 (GBl. S. 501), ist Folgendes zu beachten:

Zu § 35 Absatz 4 Satz 1:

Fahrrad-Stellplätze für Wohnungen:

Die Fahrrad-Stellplatzpflicht deckt sowohl den Bedarf der Bewohnerinnen und Bewohner als auch den Bedarf der Besucherinnen und Besucher ab.
Die Fahrrad-Stellplätze sollten einfach zugänglich und vom öffentlichen Straßenraum leicht auffindbar sein.
Die notwendigen Fahrrad-Stellplätze können in einem Abstellraum nach § 35 Abs. 5 LBO nur dann nachgewiesen werden, wenn der Raum nach Größe, Lage und Zuschnitt sowohl die Funktion als Abstellraum zur Wohnung als auch die Anforderungen für Fahrrad-Stellplätze nach der LBO erfüllt.
Für die Abweichung von der Stellplatz-Pflicht bei Wohnungen müssen jeweils im Einzelfall nachvollziehbar begründete atypische Ausnahmefälle vorliegen bei denen Art, Größe oder Lage der Wohnung auch in der Perspektive einen deutlich verringerten Bedarf erwarten lassen (z. B. Wohnungen für körperlich eingeschränkte Menschen, objektiv nicht mit dem Fahrrad erreichbare Wohnlage).
Ein geringer Radverkehrsanteil in der Kommune ist kein Indikator für einen geringeren zu erwartenden Fahrrad-Stellplatzbedarf.
Die Topographie ist kein Indikator für einen geringeren zu erwartenden Fahrrad-Stellplatzbedarf. Durch die zunehmende Verbreitung von Pedelecs stellen Steigungen bereits heute kein grundsätzliches Hindernis für eine Fahrradnutzung mehr dar.
Die Anforderungen an notwendige Fahrrad-Stellplätze aus § 37 Abs. 2 gelten auch für Fahrradstellplätze für Wohngebäude. Soweit die Fahrrad-Stellplätze in nicht gemeinschaftlich genutzten, abschließbaren Garagen oder Räumen ausgewiesen werden, wird der gesetzlich geforderte Diebstahlschutz auch ohne Anschließmöglichkeit erreicht. Auch ist in diesen Fällen ein Anlehnbügel entbehrlich.

Zu § 37 Absatz 1:

1. Ermittlung der Zahl der notwendigen KFZ-Stellplätze bei anderen Anlagen

Hierbei kommt es auf die Lage, die Nutzung, die Größe und die Art des Bauvorhabens an. Bei der Ermittlung der Zahl der notwendigen Kfz-Stellplätze ist von den im

Anhang 1 abgedruckten Richtzahlen auszugehen. Die Umstände des Einzelfalles sind innerhalb des angegebenen Spielraums in die Beurteilung einzubeziehen. Die Einbindung des Standorts in das Netz des öffentlichen Personennahverkehrs ist nach der im Anhang aufgeführten Art und Weise zu berücksichtigen. Eine besonders gute Erreichbarkeit des Standorts mit öffentlichen Verkehrsmitteln führt dabei zur größtmöglichen Minderung der Zahl der Kfz-Stellplätze, wobei eine Grundausstattung der Anlage mit Stellplätzen grundsätzlich erhalten bleiben muss. Die Grundausstattung beträgt mindestens 30 % der Kfz-Stellplätze nach Tabelle B des Anhangs. Ergibt sich bei dieser Ermittlung ein geringerer Wert als die in der Tabelle genannte Mindestzahl, ist jedoch mindestens diese Zahl zu erbringen. Errechnet sich bei der Ermittlung der Zahl der notwendigen Kfz-Stellplätze eine Bruchzahl, ist nach allgemeinem mathematischem Grundsatz auf ganze Zahlen auf- bzw. abzurunden.

Bei Anlagen mit mehreren Nutzungsarten ist der Stellplatzbedarf für jede Nutzungsart getrennt zu ermitteln. Lassen die einzelnen Nutzungsarten eine wechselseitige Bereitstellung der Kfz-Stellplätze zu, kann die Zahl der notwendigen Kfz-Stellplätze entsprechend gemindert werden.

Für Anlagen, die von den Richtzahlen nicht erfasst sind, ist die Zahl der notwendigen Stellplätze nach den besonderen Umständen des Einzelfalles gegebenenfalls in Anlehnung an die Richtzahlen vergleichbarer Anlagen zu ermitteln.

Bei barrierefreien Anlagen nach § 39 Abs. 1 und 2 LBO ist ein angemessener Prozentsatz der Kfz-Stellplätze barrierefrei auszuführen.

2.　　Altenwohnungen

Von der Verpflichtung zur Herstellung von einem Kfz-Stellplatz je Wohnung sind grundsätzlich auch Altenwohnungen erfasst, bei denen i. d. R. von einem geringeren Stellplatzbedarf ausgegangen werden kann. Soweit es sich dabei um Wohnanlagen oder Teile von Anlagen handelt, die nachweislich dauerhaft zur Nutzung durch alte Menschen vorgesehen sind, führt diese uneingeschränkte Verpflichtung zu einer nicht beabsichtigten Härte, da hier auch die Möglichkeit des § 37 Abs. 3 Satz 2 LBO wenig entlastend wirkt. Diese Fälle sind über eine Befreiung nach § 56 Abs. 5 LBO zu lösen. Eine Beschränkung der Baugenehmigung auf die Nutzung als Altenwohnung ist geeignet, eine dauerhafte Nutzung im beantragten Sinne sicherzustellen bzw. ein Aufleben der Stellplatzverpflichtung im Falle anderer Nutzungen zu verdeutlichen.

Zu § 37 Absatz 2:

Ermittlung der Zahl der notwendigen Fahrrad-Stellplätze bei anderen Anlagen:

1. Die erforderliche Zahl notwendiger Fahrrad-Stellplätze nach § 37 Abs. 2 Satz 1 LBO bestimmt sich nach den Richtzahlen in Anhang 2. Die Stellplätze sind in den Bauvorlagen darzustellen. Bei Anlagen, die von den Richtzahlen nicht erfasst sind, ist die Zahl der notwendigen Stellplätze nach den besonderen Umständen des Einzelfalls gegebenenfalls in Anlehnung an die Richtzahlen vergleichbarer Anlagen zu ermitteln. Für die den laufenden Nummern in Anhang 2 zugeordneten Nutzungen sind jeweils mindestens zwei Stellplätze nachzuweisen. Die Fahrrad-Stellplätze sollen zielnah zu der jeweiligen Nutzung beziehungsweise zu dem jeweiligen Zugang angeordnet sein.

2. Die Fahrrad-Stellplätze müssen so hergestellt werden, dass
   - sie ebenerdig, durch Aufzüge oder Rampen zugänglich sind, wobei bis zu zwei Stufen zulässig sind,
   - sie eine Anschließmöglichkeit für den Fahrradrahmen haben,
   - dem Fahrrad ein sicherer Stand durch einen Anlehnbügel gegeben wird und
   - durch einen Mindestabstand von 0,80 m zwischen den Fahrradständen das Abstellen und Anschließen des Fahrrades einschließlich des Rahmens ermöglicht wird.

Die Herstellung einfacher Vorderradständer ist unzulässig. Der Platzbedarf kann durch den Einsatz platzsparender Fahrrad-Abstellsysteme wie beispielsweise Doppelstockparksysteme reduziert werden. Solche Systeme müssen eine einfache Nutzbarkeit gewährleisten.

Zu § 37 Absatz 3:

Abweichung von der Stellplatzverpflichtung nach § 37 Abs. 3 Satz 2 LBO

Soweit die in § 37 Abs. 2 Satz 2 LBO genannten Voraussetzungen zur Zulassung einer Abweichung vorliegen, muss im Interesse der Schaffung von zusätzlichem Wohnraum durch Ausbau, Anbau, Nutzungsänderung oder auch Teilung die Abweichung zugelassen werden; die Baurechtsbehörde hat insoweit kein Ermessen. Eine Herstellung zusätzlicher Stellplätze auf dem Baugrundstück ist bei Vorhaben im Bestand häufig wegen fehlender Grundfläche nicht (ebenerdig) möglich. Die Baurechtsbehörde hat in diesen Fällen zu prüfen, inwieweit andere, technisch aufwändigere Lösungen (z. B. Doppelparker, Tiefgaragenplätze oder mehrgeschossige Parkierungseinrichtungen) noch im Verhältnis zum Aufwand für den zusätzlich zu schaffenden Wohnraum stehen. Die zu erwartenden erhöhten Aufwendungen für solche Lösungen oder sonstige erhebliche Nachteile sind vom Bauherrn darzulegen. § 37 Abs. 2 Satz 2 LBO geht als Spezialregelung der Bestimmung nach § 56 Abs. 2 LBO vor. Liegen die Voraussetzungen nach § 37 Abs. 2 Satz 2 LBO nicht vor, ist auch im Rahmen des § 56 Abs. 2 LBO keine Möglichkeit zur Zulassung einer Abweichung gegeben. Beim Nachweis, dass die Herstellung von Stellplätzen nur unter großen Schwierigkeiten möglich ist, ist bei Fahrrad-Stellplätzen der geringe Flächenbedarf im Vergleich zu Kfz-Stellplätzen zu berücksichtigen – auch bei einer gegebenenfalls erforderlichen Abwägung zwischen Stellplätzen für Kfz und Fahrrädern.

Zu § 37 Absatz 4:

Aussetzen der Verpflichtung zur Herstellung notwendiger Stellplätze

§ 37 Abs. 3 Satz 2 LBO räumt dem Bauherrn einen Anspruch auf Aussetzung der Herstellung der notwendigen Stellplätze ein. Soweit und solange nachweislich ein Stellplatzbedarf nicht oder nicht in vollem Umfang besteht, z. B. weil die Bewohner kein Kraftfahrzeug halten, ist die Verpflichtung zur Herstellung der gleichwohl notwendigen Stellplätze auszusetzen. Da die Stellplatzverpflichtung als solche dadurch nicht berührt wird, muss in diesen Fällen die Fläche für die zu einem späteren Zeitpunkt eventuell herzustellenden Stellplätze durch Baulast gesichert sein. Die Vorschrift kommt z. B. bei solchen Wohngebäuden zur Anwendung, die einer zeitlich begrenzten Belegungsbindung zu Gunsten von alten Menschen unterliegen. In Betracht kommt aber auch eine teilweise Aussetzung der Pflicht zur Herstellung der notwendigen Stellplätze im Verhältnis zu dem Umfang, in dem ein Arbeitgeber den Beschäftigten in der betroffenen baulichen Anlage preisgünstige Zeitkarten für den ÖPNV („Job-Tickets") zur Verfügung stellt und so den tatsächlich von der Anlage ausgelösten ruhenden Verkehr vermindert. Der Nachweis über das Vorliegen der Voraussetzung zur Aussetzung der Verpflichtung zur Herstellung der notwendigen Stellplätze obliegt dem Bauherrn; die Baurechtsbehörde legt in der Entscheidung über die Aussetzung fest, in welcher Form und in welchen zeitlichen Abständen der Nachweis zu erbringen ist.

Zu § 37 Absatz 5:

Voraussetzungen einer Bestimmung des Grundstücks durch die Baurechtsbehörde

Die Gründe des Verkehrs müssen in diesen Fällen hinreichend schwer wiegend und konkret sein und dürfen sich nicht allein auf allgemeine verkehrsplanerische Überlegungen stützen. Eine Bestimmung durch die Baurechtsbehörde ist beispielsweise gerechtfertigt, wenn durch die Errichtung der notwendigen Stellplätze auf dem beabsichtigten Grundstück entweder im Umfeld dieses Grundstücks selbst oder, sofern die Errichtung auf einem anderen Grundstück vorgesehen ist, im Umfeld des Baugrundstücks Verhältnisse geschaffen würden, die zur Gefährdung der Sicherheit und Leichtigkeit des Verkehrs führen würden. Eine Bestimmung durch die Baurechtsbehörde ist aber auch dann gerechtfertigt, wenn die vom Bauherrn beabsichtigte Herstellung von Stellplätzen einer konkreten verkehrsplanerischen Konzeption der Gemeinde, z. B. zur Schaffung verkehrsberuhigter Bereiche mit Parkierung in Gebietsrandlage, zuwiderlaufen würde. Bei Fahrrad-Stellplätzen sind besondere Anforderungen an die räumliche Zuordnung der Stellplätze zur Nutzung zu stellen. Bei der Festlegung zumutbarer Entfernungen sind daher deutlich engere Maßstäbe anzulegen als bei Kfz-Stellplätzen.

Zu § 37 Absatz 7:

Abweichung von der Kfz-Stellplatzverpflichtung bei Wohnungen

Eine Erfüllung der Verpflichtung zur Herstellung von Kfz-Stellplätzen durch Ablösung ist für Wohnungen durch § 37 Abs. 7 Satz 1 LBO ausgeschlossen. Um Fälle unbilliger Härten ausschließen und einem Scheitern von Wohnbauvorhaben durch fehlende Kfz-Stellplätze entgegenwirken zu können, verlangt § 37 Abs. 7 Satz 2 LBO die Zulassung einer Abweichung von § 37 Abs. 1 Satz 1, soweit die unter Ziff. 1 oder 2 genannten Voraussetzungen vorliegen. Unzumutbar kann das Verlangen nach Herstellung von Kfz-Stellplätzen u. a. dann werden, wenn die wirtschaftlichen Aufwendungen für die Errichtung der Kfz-Stellplätze, z. B. bei Unterbringung in Untergeschossen oder in mehreren Geschossen, durch schwierige topografische und/oder konstruktive Verhältnisse die ortsüblichen Aufwendungen erheblich übersteigen oder die Aufwendungen für die Errichtung der Kfz-Stellplätze nicht mehr im Verhältnis zum Aufwand der gesamten Baumaßnahme stehen würden. Der Bauherr hat das Vorliegen der Voraussetzungen nach § 37 Abs. 7 Nr. 1 LBO darzulegen.
Aufgrund öffentlich-rechtlicher Vorschriften ausgeschlossen sein kann die Herstellung von Kfz-Stellplätzen z. B. dann, wenn die Gemeinde von ihrem Satzungsrecht nach § 74 Abs. 2 Nr. 3 (oder 4) LBO Gebrauch gemacht und die Herstellung auf dem Baugrundstück ausgeschlossen hat.
Nicht erfasst von der Regelung sind die Fälle, in denen planungsrechtliche Festsetzungen oder örtliche Bauvorschriften die Herstellung von Kfz-Stellplätzen auf dem Baugrundstück ausschließen, gleichzeitig jedoch andere Flächen in zumutbarer Entfernung zur Herstellung von Kfz-Stellplätzen, z. B. in Gemeinschaftsanlagen, ausgewiesen wer-

den. Auf diesen Flächen muss die Herstellung der notwendigen Kfz-Stellplätze jedoch für den betroffenen Bauherrn auch rechtlich und tatsächlich möglich sein.

Zu § 56 Absatz 5 Satz 1 Nummer 1:

Schutz vor Luftverschmutzung aus Gründen des Allgemeinwohls

In Gebieten, für die ein Luftreinhalteplan aufgestellt wurde, kann aus Gründen des allgemeinen Wohls eine Befreiung von der Stellplatzpflicht nach § 37 Abs. 1 Satz 1 LBO erteilt werden, sofern dies Teil eines Parkraummanagement-Konzepts ist.

Zu § 74 Abs. 2 Nr. 2:

Erhöhung der Zahl der notwendigen KFZ-Stellplätze für Wohnungen durch Satzung nach § 74 Abs. 2 Nr. 2 LBO

Die Voraussetzungen zum Erlass einer solchen Satzung liegen aus Gründen des Verkehrs insbesondere dann vor, wenn durch die örtlichen Verhältnisse bei Nachweis von nur einem Stellplatz je Wohnung verkehrsgefährdende Zustände zu befürchten sind. Dies kann z. B. dann der Fall sein, wenn in beengten Erschließungsverhältnissen mit bereits vorhandener hoher Verkehrsbelastung ein durch die Errichtung zusätzlicher Wohnungen zu erwartender, über die Zahl von einem Kfz-Stellplatz pro Wohnung hinausgehender Parkierungsbedarf nicht abgedeckt werden kann. Gründe des Verkehrs können auch dann vorliegen, wenn auf Grund übergeordneter verkehrsregelnder Maßnahmen in dem betreffenden Gebiet ein Halteverbot angeordnet ist und somit keine Möglichkeit besteht, einen ständigen oder zeitweiligen (z. B. durch Besucher) Mehrbedarf aufzunehmen.
Gründe des Verkehrs können auch dann vorliegen, wenn in Gemeindeteilen mit unzureichender Anbindung an den öffentlichen Personennahverkehr – ÖPNV – (z. B. abgelegene Weiler) auch unter Beachtung der Möglichkeit einer Erschließung mit dem Radverkehr davon ausgegangen werden muss, dass die Haushalte i. d. R. mit mehr als einem Kraftfahrzeug ausgestattet sein müssen, um die für die tägliche Lebensführung notwendige Mobilität aufbringen zu können.
Voraussetzungen zum Erlass einer Satzung aus städtebaulichen Gründen können z. B. dann vorliegen, wenn in Gemeindeteilen ein Mehrbedarf an notwendigen Stellplätzen zu erwarten ist, der nicht durch Verlagerung des Verkehrs auf Verkehrsträger mit geringerer Flächeninanspruchnahme vermieden werden kann (z. B. Förderung Radverkehr, standortbezogenes Mobilitätsmanagement) und der ruhende Verkehr aus stadtgestalterischen Gründen nicht im öffentlichen Straßenraum untergebracht werden kann oder soll.
Im Regelfall werden sowohl städtebauliche als auch Gründe des Verkehrs nicht gleichermaßen und flächendeckend im gesamten Gemeindegebiet vorliegen.

II.

Die Verwaltungsvorschrift des Wirtschaftsministeriums über die Herstellung notwendiger Stellplätze vom 16. April 1996 (GABl. S. 289), geändert durch Verwaltungsvorschrift vom 4. August 2003 (GABl. S. 590), wird aufgehoben.

III.

Diese Verwaltungsvorschrift tritt am 1. Juli 2015 in Kraft und am 30. Juni 2022 außer Kraft.

Anhang 1

Bei der Ermittlung der Zahl der notwendigen Stellplätze ist wie folgt zu verfahren:
1. Der Standort der baulichen Anlage wird hinsichtlich seiner Einbindung in den ÖPNV entsprechend Tabelle A bewertet.
   Eine Bewertung unterbleibt bei Einrichtungen für mobilitätseingeschränkte Personen.

A: Kriterien ÖPNV

Punkte je Kriterium	Erreichbarkeit[1]	Dichte der Verkehrsmittel	Leistungsfähigkeit[2] (Taktfolge Mo. bis Fr. 6 h–19 h)	Attraktivität des Verkehrsmittels
1	mindestens eine Haltestelle des ÖPNV in R = > 500 m – max. 600 m	mehr als 1 Bus- oder Bahnlinie	Takt max. 15 min	Bus überwiegend auf eigener Busspur
2	mindestens eine Haltestelle des ÖPNV in R = > 300 m – max. 500 m	mehr als 2 Bus- oder Bahnlinien	Takt max. 10 min	Straßenbahn, Stadtbahn
3	mindestens eine Haltestelle des ÖPNV in R = max. 300 m	mehr als 3 Bus- oder Bahnlinien	Takt max. 5 min	Schienenschnellverkehr (S-Bahn, Stadtbahn) mit eigenem Gleiskörper

(1) Besonderheiten, die die Erreichbarkeit beschränken, wie Eisenbahnlinien oder Flussläufe, sind zu berücksichtigen.
(2) Kürzester Takt des leistungsfähigsten Verkehrsmittels. Dabei können mehrere Linien dieses Verkehrsmittels herangezogen werden, wenn diese eine direkte Verbindung zu einem zentralen Verkehrsknotenpunkt besitzen oder eine weitgehend gleiche Streckenführung aufweisen und daher angenommen werden kann, dass es den meisten Nutzern gleich ist, welche Linie sie benutzen.

Es sind im günstigsten Fall, d. h. bei maximaler Punktzahl in jeder der 4 Kategorien, 12 Punkte erreichbar.

Beispiel:

–	Vom Standort der baulichen Anlage aus ist eine Haltestelle des ÖPNV in einem Radius zwischen 300 m und 500 m erreichbar:	2 Punkte
–	Mehr als 1 Bus oder Bahnlinie können erreicht werden:	1 Punkt
–	Die kürzeste Taktfolge des leistungsfähigsten Verkehrsmittels werktags zwischen 6 h und 19 h beträgt max. 10 Minuten:	2 Punkte
–	Das attraktivste erreichbare Verkehrsmittel ist die S-Bahn:	3 Punkte
		8 Punkte

Die Standortqualität dieser baulichen Anlage wird hinsichtlich ihrer Einbindung in das ÖPNV-Netz mit insgesamt 8 Punkten bewertet.
2. Aus Tabelle B wird nach Nutzungsart und Größe der Anlage eine Zahl von Stellplätzen ermittelt. Diese wird ggf. entsprechend der nach Nr. 1 erreichten Punktzahl gemindert.

Die Zahl der notwendigen Stellplätze beträgt bei
unter 4 Punkten =   100 % der aus Tab. B ermittelten Stellplätze,
4–6 Punkten =   80 % der aus Tab. B ermittelten Stellplätze,
7–9 Punkten =   60 % der aus Tab. B ermittelten Stellplätze,
10–11 Punkten =   40 % der aus Tab. B ermittelten Stellplätze,
12 Punkten =   30 % der aus Tab. B ermittelten Stellplätze.

B:	Verkehrsquelle	Zahl der KFZ-Stellplätze
1.	*Wohnheime*	
1.1	Altenheime	1 je 10–15 Plätze, mindestens jedoch 3
1.2	Behindertenwohnheime	1 je 10–15 Plätze, mindestens jedoch 3
1.3	Kinder- und Jugendwohnheime	1 je 20 Plätze, mindestens jedoch 2 Stellplätze
1.4	Flüchtlingswohnheime	1 je 10–15 Plätze, mindestens jedoch 2
1.5	Studierendenwohnheime	1 je 2–5 Plätze, mindestens jedoch 2
1.6	Sonstige Wohnheime	1 je 2–5 Plätze, mindestens jedoch 2
2.	*Gebäude mit Büro, Verwaltungs- und Praxisräumen*	
2.1	Büro- und Verwaltungsräume allgemein	1 je 30–40 m² Büronutzfläche[1], mindestens jedoch 1
2.2	Räume mit erheblichem Besucherverkehr (Schalter, Abfertigungs- oder Beratungsräume, Arztpraxen o. Ä.)	1 je 20–30 m² Nutzfläche, mindestens jedoch 3
3.	*Verkaufsstätten*	
3.1	Verkaufsstätten bis 700 m² Verkaufsnutzfläche	1 je 30–50 m² Verkaufsnutzfläche[2], mindestens jedoch 2 je Laden
3.2	Verkaufsstätten mit mehr als 700 m² Verkaufsnutzfläche	1 je 10–30 m² Verkaufsnutzfläche[2]
4.	*Versammlungsstätten (außer Sportstätten), Kirchen*	
4.1	Versammlungsstätten	1 je 4–8 Sitzplätze
4.2	Kirchen	1 je 10–40 Sitzplätze
5.	*Sportstätten*	
5.1	Sportplätze	1 je 250 m² Sportfläche[3], zusätzlich 1 je 10–15 Besucherplätze
5.2	Spiel- und Sporthallen	1 je 50 m² Sportfläche[3], zusätzlich 1 je 10–15 Besucherplätze
5.3	Fitnesscenter	1 je 25 m² Sportfläche[3]
5.4	Freibäder	1 je 200–300 m² Grundstücksfläche
5.5	Hallenbäder	1 je 5–10 Kleiderablagen, zusätzlich 1 je 10–15 Besucherplätze
5.6	Tennisanlagen	3–4 je Spielfeld, zusätzlich 1 je 10–15 Besucherplätze

5.7	Kegel, Bowlingbahnen	4 je Bahn
5.8*	Bootshäuser und Bootsliegeplätze	1 je 2–3 Boote
5.9*	Reitanlagen	1 je 4 Pferdeeinstellplätze
6.	*Gaststätten, Beherbergungsbetriebe, Vergnügungsstätten*	
6.1	Gaststätten	1 je 6–12 m² Gastraum
6.2*	Tanzlokale, Discotheken	1 je 4–8 m² Gastraum
6.3	Spielhallen	1 je 10–20 m² Nutzfläche des Ausstellraumes mindestens 3
6.4	Hotels, Pensionen, Kurheime und andere Beherbergungsbetriebe	1 je 2–6 Zimmer
6.5	Jugendherbergen	1 je 10 Betten
7.	*Krankenhäuser und Pflegeeinrichtungen*	
7.1	Universitätskliniken und ähnliche Lehrkrankenhäuser	1 je 2–3 Betten
7.2*	Krankenhäuser, Kureinrichtungen	1 je 3–6 Betten
7.3	Pflegeheime	1 je 10–15 Betten, mindestens jedoch 3
8.	*Schulen, Einrichtungen für Kinder und Jugendliche*	
8.1	Grund- und Hauptschulen	1 je 30 Schüler
8.2	Sonstige allgemein bildenden Schulen	1 je 25 Schüler, zusätzlich 1 je 10–15 Schüler über 18 Jahre
8.3	Berufsschulen, Berufsfachschulen	1 je 20 Schüler zusätzlich 1 je 3–5 Schüler über 18 Jahre
8.4*	Sonderschulen für Behinderte	1 je 15 Schüler
8.5	Hochschulen	1 je 2–4 Studierende
8.6	Kindergärten, Kindertagesstätten und dgl.	1 je 20–30 Kinder, mindestens jedoch 2
8.7	Jugendfreizeitheime und dgl.	1 je 15 Besucherplätze
9.	*Gewerbliche Anlagen*	
9.1	Handwerks- und Industriebetriebe	1 je 50–70 m² Nutzfläche[4] oder je 3 Beschäftigte [5]
9.2	Lagerräume, Lagerplätze	1 je 120 m² Nutzfläche[4] oder je 3 Beschäftigte
9.3	Ausstellungs- und Verkaufsplätze	1 je 80–100 m² Nutzfläche[4] oder je 3 Beschäftigte[5]
9.4*	Kfz-Werkstätten, Tankstellen mit Wartungs- oder Reparaturständen	4 je Wartungs- oder Reparaturstand
9.5*	Kfz-Waschanlagen	2 je Waschplatz
9.6	Reifenhandelsbetriebe mit Montageständen	2 je Montagestand

10.	*Verschiedenes*	
10.1*	Kleingartenanlagen	1 je 3 Kleingärten
10.2*	Friedhöfe	1 je 2000 m² Grundstücksfläche, mindestens jedoch 10 Stellplätze

KFZ-Stellplätze für Beschäftigte der jeweiligen Anlagen sind bereits eingeschlossen.

Anhang 2

Richtzahlen für Fahrrad-Stellplätze

1.	Wohnheime	
1.1	Studenten-, Schüler-, Kinder- und Jugendwohnheime	1 je 2 Plätze
1.2	Altenheime, Behindertenwohnheime	1 je 10 Plätze
1.3	Sonstige Wohnheime	1 je 2 Plätze
2.	Gebäude mit Büro- und Verwaltungs- und Praxisräumen	
2.1	mit Büronutzfläche	1 je 100 m² Büronutzfläche[1]
2.2	Räume mit erheblichem Besucherverkehr (Schalter-, Abfertigungs- oder Beratungsräume, Arztpraxen o. ä.)	1 je 70 m² Büronutzfläche[1]
3.	Verkaufsstätten	1 je 50 m² Verkaufsnutzfläche[2]
4.	Versammlungsstätten	1 je 10 Besucherplätze
5.	Sportstätten	
5.1	Sportplätze	1 je 250 m² Sportfläche[3]
5.2	Spiel- und Sporthallen	1 je 50 m² Sportfläche[3]
5.3	Sportstadien	1 je 10 Besucherplätze
5.4	Freibäder	1 je 100 m² Grundstücksfläche
5.5	Hallenbäder	1 je 5 Kleiderablagen
6.	Gaststätten	1 je 6–12 m² Gastraum
7.	Hotels, Pensionen, Kurheime und andere Beherbergungsbetriebe	1 je 10 Betten
8.	Jugendherbergen	1 je 5 Betten
9.	Krankenhäuser, Kureinrichtungen	1 je 20 Betten
10.	Schulen, Einrichtungen für Kinder und Jugendliche	
10.1	Allgemeinbildende Schulen	1 je 3 Schüler/-innen
10.2	Berufsschulen	1 je 5 Schüler/-innen
10.3	Hochschulen	1 je 5 Studierende
10.4	Kindergärten, Kindertagesstätten u.dgl.	5 je Gruppenraum
10.5	Jugendfreizeitheime und dgl.	1 je 3 Besucherplätze
11.	Handwerks- und Industriebetriebe,	1 je 225 m² Nutzfläche[4]
12.	Museen und Ausstellungsgebäude	1 je 100 m² Nutzfläche[4]

(1) Nicht zur Büronutzfläche werden gerechnet:
   Sozial- und Sanitärräume, Funktionsflächen für betriebstechnische Anlagen, Verkehrsflächen.
(2) Nicht zur Verkaufsnutzfläche werden gerechnet:
   Sozial- und Sanitärräume, Kantinen, Ausstellungsflächen, Lagerflächen, Funktionsflächen für betriebstechnische Anlagen, Verkehrsflächen.
(3) Nicht zur Sportfläche werden gerechnet:
   Sozial- und Sanitärräume, Umkleideräume, Geräteräume, Funktionsflächen für betriebstechnische Anlagen, Verkehrsflächen.
(4) Nicht zur Nutzfläche werden gerechnet:
   Sozial- und Sanitärräume, Kantinen, Funktionsflächen für betriebliche Anlagen, Verkehrsflächen.
(5) Der Stellplatzbedarf ist in der Regel nach der Nutzfläche zu berechnen. Ergibt sich dabei ein offensichtliches Missverhältnis zum tatsächlichen Stellplatzbedarf, so ist die Zahl der Beschäftigten zugrunde zu legen.

III 3 Verwaltungsvorschrift des Ministeriums für Verkehr und Infrastruktur über Ausführungsgenehmigungen für Fliegende Bauten und deren Gebrauchsabnahmen (FlBauVwV)

Vom 3. August 2012 (GABl. S. 663)

Inhalt

1 Allgemeines

1.1 Fliegende Bauten sind nach § 69 Abs. 1 der Landesbauordnung für Baden-Württemberg (LBO) in der Fassung vom 5. März 2010 (GBl. S. 358, ber. S. 416), zuletzt geändert durch Artikel 70 der Verordnung vom 25. Januar 2012 (GBl. S. 65, 73), bauliche Anlagen, die geeignet und bestimmt sind, an verschiedenen Orten wiederholt aufgestellt und zerlegt zu werden. Wesentliches Merkmal eines Fliegenden Baus ist hiernach das Fehlen einer festen Beziehung der Anlage zu einem Grundstück.

1.2 Werden Fliegende Bauten länger als drei Monate an einem Ort aufgestellt, so ist im Einzelfall zu prüfen, ob es sich um die Errichtung einer baugenehmigungspflichtigen Anlage handelt. Bei einer Aufstellung von mehr als sechs Monaten ist grundsätzlich von einer baulichen Anlage auszugehen, die einer Baugenehmigung bedarf.

1.3 Auf baugenehmigungspflichtige bauliche Anlagen können sinngemäß die Technischen Regeln für Fliegende Bauten – soweit zutreffend – angewendet werden. Sofern eine Ausführungsgenehmigung (§ 69 Abs. 2 LBO) vorhanden ist, kann diese der Baugenehmigung in der Regel zugrunde gelegt werden; unabhängig von den im Zusammenhang mit der Verlängerung der Ausführungsgenehmigung notwendigen Prüfungen sollen Nachprüfungen gem. § 38 Abs. 3 LBO gefordert werden.

2 Ausführungsgenehmigung, Prüfbuch

2.1 Fliegende Bauten bedürfen, bevor sie aufgestellt und in Gebrauch genommen werden, einer Ausführungsgenehmigung. Dies gilt nicht für unbedeu-

tende Fliegende Bauten, an die besondere Sicherheitsanforderungen nicht
gestellt werden (§ 69 Abs. 2 LBO). Unbedeutende Fliegende Bauten sind
– Fliegende Bauten bis 5 m Höhe, die nicht dazu bestimmt sind, von Besuchern betreten zu werden,
– Fliegende Bauten bis 5 m Höhe, die für Kinder betrieben werden und
  eine Geschwindigkeit von höchstens 1 m/s haben,
– Bühnen, die Fliegende Bauten sind, einschließlich Überdachungen und
  sonstigen Aufbauten, bis 5 m Höhe, mit einer Grundfläche bis 100 m²
  und einer Fußbodenhöhe bis 1,5 m,
– erdgeschossige Zelte und betretbare Verkaufsstände, die Fliegende
  Bauten sind, jeweils mit einer Grundfläche bis 75 m²,
– aufblasbare Spielgeräte mit einer Höhe des betretbaren Bereichs von
  bis zu 5 m oder mit überdachten Bereichen, bei denen die Entfernung
  zum Ausgang nicht mehr als 3 m, sofern ein Absinken der Überdachung
  konstruktiv verhindert wird, nicht mehr als 10 m, beträgt,
– Toilettenwagen.

2.2   Dem Antrag auf Erteilung einer Ausführungsgenehmigung sind die erforderli-
      chen Bauvorlagen in zweifacher Ausfertigung beizufügen.
      Als Bauvorlagen kommen in Betracht:
      a) Bau- und Betriebsbeschreibungen,
      b) Bauzeichnungen auf Papier auf reißfester Unterlage (übersichtliche Dar-
         stellung der gesamten Anlage z. B. im Maßstab 1:100 oder 1:50),
      c) Einzelzeichnungen der tragenden Bauteile und deren Verbindungen
         z. B. im Maßstab 1:10 oder 1:5,
      d) baustatische Nachweise sowie die Sicherheitsnachweise über die ma-
         schinentechnischen Teile und elektrischen Anlagen,
      e) Prinzipschaltpläne für elektrische, hydraulische oder pneumatische Anla-
         genteile oder Einrichtungen,
      f) Zeichnungen über die Anordnung der Rettungswege und deren Abmes-
         sungen mit rechnerischem Nachweis für Zelte mit mehr als 400 Besu-
         cherplätzen.
      Die Bauvorlagen sind nach § 23 Abs. 2 des Landesverwaltungsverfahrens-
      gesetzes in deutscher Sprache vorzulegen.

2.3   Die Bauvorlagen sind auf der Grundlage der einschlägigen Technischen
      Baubestimmungen und der „Richtlinie über den Bau und Betrieb Fliegender
      Bauten" (FlBauR) – Fassung Juni 2010 (Anlage 1) zu beurteilen.

2.4   Vor Erteilung der Ausführungsgenehmigung ist der Fliegende Bau zur Probe
      aufzustellen. Auf die probeweise Aufstellung kann verzichtet werden, wenn
      sie zur Beurteilung der Stand- oder Betriebssicherheit des Fliegenden Baus
      nicht erforderlich ist.
      In der Regel sind Zelte mit mehr als 1500 Besucherplätzen oder mit mehr
      als 750 m² Grundfläche sowie Fahr-, Schau- und Belustigungsgeschäfte,
      Tribünen mit mehr als 500 Besucherplätzen und Bühnen vor der Inbetrieb-
      nahme probeweise aufzustellen.
      Bei allen Anlagen vorwiegend maschineller Art ist ein Probebetrieb mit den
      der Berechnung zugrunde gelegten ungünstigsten Belastungen vorzuneh-
      men.

2.5   Die Ausführungsgenehmigung wird in ein Prüfbuch eingetragen. Eine Aus-
      fertigung der für die Verlängerungsprüfung und die Gebrauchsabnahme er-
      forderlichen und mit Prüfvermerk versehenen Original-Bauvorlagen ist dem
      Prüfbuch beizufügen.

Das Prüfbuch muss urkundensicher und mit fortlaufenden Seitenzahlen versehen sein.

2.6 Bei Fliegenden Bauten, die mehrfach hergestellt werden und in ihren wesentlichen tragenden Bauteilen übereinstimmen, ausgenommen Zelte, kann eine dauerhafte Kennzeichnung verlangt werden. Das Kennzeichen ist so an dem Fliegenden Bau anzubringen, dass zweifelsfrei festgestellt werden kann, ob Prüfbuch und Fliegender Bau zusammengehören. Das Kennzeichen ist im Prüfbuch einzutragen.

2.7 Für Fliegende Bauten, die auch in selbstständigen räumlichen Abschnitten (z. B. Binderfelder von Zelten und Tribünen) errichtet oder abschnittsweise in anderer Anordnung (z. B. Zelte aus Seitenschiffen) zusammengesetzt werden können, braucht nur eine Ausführungsgenehmigung erteilt zu werden, wenn alle vorgesehenen Möglichkeiten der Errichtung oder Zusammensetzung darin berücksichtigt sind.

Sollen selbstständige räumliche Abschnitte zur gleichen Zeit an verschiedenen Orten aufgestellt werden, so können auch mehrere Ausfertigungen einer Ausführungsgenehmigung erteilt werden. Die Mehrfertigungen sind zu kennzeichnen und zu registrieren. In der Ausführungsgenehmigung muss auch die größte Zahl der räumlichen Abschnitte festgelegt werden. Die Geltungsdauer der Ausführungsgenehmigung muss in allen Prüfbüchern einheitlich angegeben sein. Verlängerungsgenehmigungen dürfen nur für den ganzen Fliegenden Bau erteilt werden.

2.8 Nach Abschluss der Prüfung kann sich die Ausstellung des Prüfbuchs verzögern. In diesen Fällen genügt eine Ausführungsgenehmigung in Form eines vorläufigen Prüfbuches, dessen Seiten zu heften und fortlaufend zu nummerieren sind. In der Regel genügt es, dem vorläufigen Prüfbuch die mit Genehmigungsvermerk versehenen Bauvorlagen nach Nr. 2.2 a, b und f beizufügen. Die Ausführungsgenehmigung in dem vorläufigen Prüfbuch ist bis zur Ausstellung des Prüfbuchs, längstens jedoch auf neun Monate zu befristen.

3 Verlängerung der Ausführungsgenehmigung

Die Geltungsdauer einer Ausführungsgenehmigung darf nur verlängert werden, wenn der Fliegende Bau noch mit den geprüften und mit Genehmigungsvermerk versehenen Bauvorlagen übereinstimmt sowie die notwendigen Prüfungen durchgeführt worden sind.

Bei älteren Fahrgeschäften mit hohen dynamischen Beanspruchungen, insbesondere Fahrgeschäften nach lfd. Nr. 6., 6.1, 6.5.3 und 6.5.4 der Tabelle „Fristen von Ausführungsgenehmigungen für Fliegende Bauten – Fassung Februar 2007" (Anlage 2), ist eine Sonderprüfung durch Sachverständige (siehe Nr. 5.1) Voraussetzung für die Verlängerung der Ausführungsgenehmigung. Diese Prüfung ist erstmals 12 Jahre nach Inbetriebnahme und danach bei schienengebundenen Hochgeschäften im Abstand von höchstens 4 Jahren, bei anderen betroffenen Fahrgeschäften im Abstand von höchstens 6 Jahren, durchzuführen und erstreckt sich auf Sonderuntersuchungen mit Materialprüfungen der dynamisch hoch beanspruchten Teile.

Entstehen durch geänderte baurechtliche Anforderungen unbillige Härten, kann von der Einhaltung dieser Anforderungen abgesehen werden, soweit dies nicht zu erheblichen Gefahren für Leben oder Gesundheit führt.

4 Anzeige, Gebrauchsabnahme

4.1 Die Aufstellung eines Fliegenden Baus ist der für den Aufstellungsort zuständigen Baurechtsbehörde unter Vorlage des Prüfbuches anzuzeigen. Die Baurechtsbehörde kann die Inbetriebnahme von einer Gebrauchsabnahme abhängig machen. Die Anzeige und das Ergebnis der Gebrauchsabnahme sind in das Prüfbuch einzutragen.

4.2 Bei der Gebrauchsabnahme ist insbesondere zu prüfen
a) die Übereinstimmung des Fliegenden Baus mit den Bauvorlagen,
b) die Einhaltung der Nebenbestimmungen in der Ausführungsgenehmigung,
c) die Standsicherheit des Fliegenden Baus im Hinblick auf die örtlichen Bodenverhältnisse.
Die Gebrauchsabnahme kann sich auf Stichproben beschränken.

5 Zuständigkeit für die Ausführungsgenehmigung, Sachverständige

5.1 Die für die Erteilung oder Verlängerung der Ausführungsgenehmigung einschließlich der Prüfung der Standsicherheit – und ggf. des maschinellen/elektrischen Teils – zuständige Stelle, die TÜV SÜD Industrie Service GmbH in Filderstadt, hat aufgrund der Bauvorlagen festzustellen, ob zur Prüfung der Anlage Sachverständige hinzugezogen werden müssen (§§ 69 Abs. 9, 47 Abs. 2 LBO).

5.2 Sachverständige, die für die Prüfung von Fliegenden Bauten vorwiegend maschineller Art zuständig sind, sollen auch mit der Prüfung der nichtmaschinellen Teile und mit der Überwachung und Beurteilung des Probebetriebs beauftragt werden.

5.3 Sind für die Benutzer Gesundheitsschäden infolge besonderer Flieh- und Druckkräfte zu befürchten, müssen auch medizinische Sachverständige hinzugezogen werden.
Medizinische Sachverständige sind Sachverständige von Instituten oder Stellen, die Erfahrungen über Auswirkungen von Flieh- und Druckkräften auf Personen, z. B. durch Versuche in der Verkehrs- oder Luftfahrttechnik, haben.

6 Fristen für Ausführungsgenehmigungen von Fliegenden Bauten

Nach § 69 Abs. 4 LBO sind Ausführungsgenehmigungen für eine bestimmte Frist zu erteilen oder zu verlängern, die höchstens fünf Jahre betragen soll. In der Anlage 2 sind die für die Ausführungsgenehmigungen und deren Verlängerungen angemessenen Fristen un ter Berücksichtigung der Besonderheiten der Fliegenden Bauten enthalten.

7 Berichte über Unfälle

Die unteren Baurechtsbehörden haben die oberste Baurechtsbehörde unverzüglich über Unfälle, die durch den Betrieb Fliegender Bauten entstanden sind, zu unterrichten.

8 Schlussbestimmungen

Diese Verwaltungsvorschrift tritt am 1. September 2012 in Kraft und mit Ablauf des 31. August 2019 außer Kraft.

Gleichzeitig tritt die Verwaltungsvorschrift des Innenministeriums über Ausführungsgenehmigungen für Fliegende Bauten und deren Gebrauchsabnahmen vom 17. November 2005 (GABl. S. 823) außer Kraft.

Anlage 1

Richtlinie über den Bau und Betrieb Fliegender Bauten (FlBauR)*

Fassung Juni 2010

Inhalt

---

* Die Verpflichtungen aus der 98/34/EG das Europäischen Parlaments und des Rates vom 22. Juni 1998 über ein Informationsverfahren auf dem Gebiet der Normen und technischen Vorschriften und der Vorschriften für die Dienste der Informationsgesellschaft (ABl. EG Nr. L 204 S. 37), zuletzt geändert durch die Richtlinie 98/48/EG des Europäischen Parlaments und des Rates vom 20. Juli 1998 (ABl. EG Nr. L 217 S. 18), sind beachtet.

7	**Besondere Betriebsvorschriften**
7.1	Fahrgeschäfte allgemein
7.2	Achterbahnen, Geisterbahnen
7.3	Autofahrgeschäfte, Motorrollerbahnen
7.4	Schaukeln
7.5	Karusselle
7.6	Riesenräder
7.7	Belustigungsgeschäfte
7.8	Schießgeschäfte

1   Allgemeines

1.1   Geltungsbereich

Die Richtlinie gilt für Fliegende Bauten nach § 69 Abs. 1 der Landesbauordnung für Baden-Württemberg (LBO).
Die Richtlinie gilt nicht für Zelte, die als Camping- und Sanitätszelte verwendet werden sowie für Zelte mit einer überbauten Fläche bis zu 75 m².
Die Regelungen dieser Richtlinie für Räume in Zelten gelten auch für Räume vergleichbarer Nutzung und Größenordnung in anderen Fliegenden Bauten.

1.2   Begriffe

1.2.1   Fahrgeschäfte sind Anlagen, in denen Personen (Fahrgäste) durch eigene oder fremde Kraft in vorgeschriebenen Bahnen oder Grenzen bewegt werden.

1.2.2   Schaugeschäfte sind Anlagen, in denen Personen (Zuschauer) durch Vorführungen unterhalten werden.

1.2.3   Belustigungsgeschäfte sind Anlagen, in denen sich Personen (Fahrgäste, Benutzer) zu ihrer und zur Belustigung anderer Personen (Zuschauer) betätigen können.

1.2.4   Tribünen sind Anlagen mit ansteigenden Steh- oder Sitzplatzreihen für Besucher, die von der Geländeoberfläche oder vom Fußboden des Raumes über Stufengänge oder Treppen zugänglich sind.

1.2.5   Zelte sind Anlagen, deren Hülle aus Planen (textile Flächengebilde, Folien) oder teilweise auch aus festen Bauteilen besteht.

1.2.6   Tragluftbauten sind Anlagen mit einer flexiblen Hülle, welche ausschließlich oder mit Stützung durch Seile, Netze oder Masten von der unter Überdruck gesetzten Luft des Innenraums getragen wird.

1.2.7   Umwehrungen sind Vorrichtungen am Rand einer Verkehrsfläche mit dem Ziel, den Absturz von Personen oder Sachen zu verhindern.

1.2.8   Abschrankungen sind Vorrichtungen mit dem Ziel, das unbeabsichtigte Betreten eines gefährlichen Bereichs (z. B. Fahrbahn) zu verhindern.

1.2.9   Zäune dienen der Einfriedung eines Bereichs mit dem Ziel, diesen Bereich gegen unbefugtes Betreten zu sichern.

2   Allgemeine Bauvorschriften

2.1   Standsicherheit und Brandschutz

2.1.1   Die Tragfähigkeit und Oberflächenbeschaffenheit des Standplatzes muss dem Verwendungszweck entsprechend geeignet sein. Unterpallungen (Unterfütterungen zwischen dem Erdboden und der Sohlenkonstruktion) sind niedrig zu halten sowie unverschieblich und standsicher herzustellen.

2.1.2   Bauprodukte, ausgenommen gehobeltes Holz, müssen mindestens schwerentflammbar sein; für Bedachungen, die höher als 2,30 m über begehbaren Flächen liegen, genügen normalentflammbare Baustoffe.

2.1.3   Abspannvorrichtungen der Mastkonstruktionen müssen aus nichtbrennbaren Baustoffen bestehen.

2.1.4   Bestuhlungen von Fliegenden Bauten für mehr als 5000 Besucher müssen aus mindestens schwerentflammbarem Material oder gehobeltem Holz bestehen.

2.1.5   Vorhänge müssen mindestens schwerentflammbar sein und dürfen den Fußboden nicht berühren, sie müssen leicht verschiebbar sein.

2.1.6   Dekorationen müssen mindestens schwerentflammbar sein und dürfen nur nichtbrennend abtropfen.

2.1.7   Ausschmückungen aus natürlichem Laub- oder Nadelholz müssen frisch oder gegen Entflammen imprägniert sein.

2.1.8   Abfallbehälter in Räumen müssen aus nichtbrennbaren Baustoffen bestehen und dicht schließende Deckel haben.

2.2   Rettungswege in Räumen, Tribünen und Bühnen

2.2.1   Die Entfernung von jedem Besucherplatz bis zum nächsten Ausgang ins Freie darf nicht länger als 30 m sein. Die Entfernung wird in Lauflinie gemessen.

2.2.2   Die Breite der Rettungswege ist nach der größtmöglichen Personenzahl zu bemessen. Die lichte Breite eines jeden Teiles von Rettungswegen muss mindestens 1,20 m betragen. Die lichte Breite eines jeden Teiles von Rettungswegen muss für die darauf angewiesenen Personen mindestens betragen:
   – 1,20 m je 200 Personen in Räumen und
   – 1,20 m je 600 Personen im Freien.
   Staffelungen sind nur in Schritten von 0,60 m zulässig. Ohne Nachweis der Bestuhlung sind auf je 1 m² Plalzfläche (Tisch-, Sitz- und Stehplätze) 2 Personen zu rechnen.

2.2.3   Räume mit mehr als 100 m² Grundfläche müssen jeweils mindestens zwei möglichst entgegengesetzt gelegene Ausgänge haben. Die lichte Breite der Ausgänge muss der Rettungswegbreite entsprechen; bei Ausgängen aus Räumen mit weniger als 100 m² Grundfläche genügt eine lichte Breite von 0,90 m. Die Durchgangshöhe der Ausgänge muss mindestens 2,00 m betragen. Die notwendigen Ausgänge müssen mit Schildern nach Anhang 1 dauerhaft und gut sichtbar gekennzeichnet werden.

2.3   Balkone, Emporen, Galerien, Podien

2.3.1   Balkone, Emporen, Galerien, Podien und andere Anlagen, die höher als 0,20 m sind und von Besuchern oder Zuschauern benutzt werden, müssen feste Umwehrungen haben. Bei einer Absturzhöhe bis 12 m müssen die Umwehrungen von der Fußbodenoberfläche gemessen mindestens 1 m hoch sein. Bei mehr als 12 m Absturzhöhe müssen die Umwehrungen mindestens 1,10 m hoch sein. Die Umwehrungen müssen so ausgebildet sein, dass nichts darauf abgestellt werden kann. Diese Umwehrungen müssen mindestens aus einem Holm und zwei Zwischenholmen bestehen. Podien, die höher als 1 m sind, müssen mit Stoßborden versehen sein.
Umwehrungen von Flächen mit einer Absturzhöhe von mehr als 1,50 m Höhe sind so auszuführen, dass Kleinkindern das Durch- und Überklettern nicht erleichtert wird, wenn mit der Anwesenheit von Kleinkindern auf der zu sichernden Fläche üblicherweise zu rechnen ist. Hier darf der Abstand der Umwehrungs- und Geländerteile in einer Richtung nicht mehr als 0,12 m betragen.

2.3.2   Bei Rundpodien von Karussellen darf die Neigung 1:2,75 betragen, wenn die Bodenbeläge rutschsicher ausgeführt und Trittleisten vorhanden sind. Bei Schrägpodien darf die Neigung bis 1:8 betragen.

2.3.3   Emporen, Galerien, Balkone und ähnliche Anlagen für Besucher müssen über mindestens zwei voneinander unabhängige Treppen zugänglich sein.

2.4   Rampen, Treppen und Stufengänge

2.4.1   Rampen in Zu- und Abgängen für Besucher dürfen nicht mehr als 1:6 geneigt sein. Sind sie durch Trittleisten in einem Abstand von höchstens 0,40 m gegen Ausrutschen gesichert, so dürfen sie bis 1:4 geneigt sein.

2.4.2   Treppen, die dem allgemeinen Besucherverkehr dienen, dürfen, soweit sie nicht rundum führen (z. B bei Fliegerkarussellen), nicht mehr als 2,40 m breit sein. Sie müssen beiderseits feste und griffsichere Handläufe ohne freie Enden haben. Die Handläufe sind über alle Stufen und Treppenabsätze fortzuführen. Die Auftrittsbreite der Stufen muss mindestens 0,23 m betragen. Die Stufen sollen nicht niedriger als 0,14 m und dürfen nicht höher als 0,20 m sein. Bei Treppen mit gebogenen oder gewendelten Läufen darf die Auftrittsbreite der Stufen im Abstand von 1,20 m von der inneren Treppenwange 0,40 m nicht überschreiten. Das Steigungsverhältnis einer Treppe muss immer gleich sein.

2.4.3   Treppen müssen an den Unterseiten geschlossen sein, wenn darunter Gänge, Sitzplätze oder Verkaufsstände angeordnet sind

2.4.4   Wendeltreppen sind für Räume mit mehr als 50 Personen unzulässig.

2.4.5   Stufengänge müssen eine Steigung von mindestens 0,10 m und höchstens 0,20 m und einen Auftritt von mindestens 0,26 m haben. Sie sind wie Treppen zu bemessen.

2.5   Beleuchtung

2.5.1   Die Beleuchtung muss elektrisch sein; batteriegespeiste Leuchten sind zulässig, wenn sie fest angebracht sind.

2.5.2   Bei Ausfall der allgemeinen Stromversorgung müssen batteriegespeiste Leuchten zur Verfügung stehen.

2.5.3 Ortsveränderliche Einrichtungen wie Scheinwerfer. Lautsprecher oder Projektoren sind mit einer nichtbrennbaren Sekundärsicherung (z. B. Sicherungsseil) gegen Herabfallen zu sichern. Ein möglicher Fallweg ist so gering wie möglich zu halten.

2.6 Feuerlöscher

2.6.1 Feuerlöscher sind an gut sichtbaren und zugänglichen Stellen, die zu kennzeichnen sind, griffbereit anzubringen und ständig gebrauchsfähig zu halten.

2.6.2 Zahl, Art und Löschvermögen der Feuerlöscher[1] und ihre Bereitstellungsplätze sind nach der Ausführungsart und Nutzung des Fliegenden Baues festzulegen. Für die Mindestzahl der bereitzuhaltenden Feuerlöscher gilt nachstehende Übersicht:

Zeile	Überbaute Fläche (m²)	Erforderliche Löschmitteleinheiten	Empfohlene Mindestanzahl der Feuerlöscher	Art der Feuerlöscher
1	bis 50	6	1	
2	bis 100	9		
3	bis 300	3 weitere je 100 m²		Pulverlöscher mit ABC-Löschpulver
4	bis 600		2	
5	bis 900		3	
6	bis 1000		4	
7	je weitere 500	12 weitere	1 weiterer	

2.7 Anforderungen an Aufenthaltsräume

2.7.1 Die lichte Höhe muss mindestens 2,30 m betragen. Bei Räumen in Wagen oder Containern muss die lichte Höhe im Scheitel gemessen mindestens 2,30 m betragen; sie darf jedoch an keiner Stelle die lichte Höhe von 2,10 m unterschreiten.

2.7.2 Zelte müssen im Mittel 3 m und dürfen an keiner Stelle weniger als 2,30 m im Lichten hoch sein. Bei Zelten bis zu 10 m Breite darf der Mittelwert von 3 m unterschritten werden.

2.7.3 In Zelten mit Tribünen muss eine lichte Höhe über dem Fußboden der obersten Reihe von mindestens 2,30 m, in Zelten mit Rauchverbot von mindestens 2 m vorhanden sein.

2.7.4 Unter Emporen oder Galerien darf die lichte Höhe in Abweichung von 2.7.1 auf 2 m verringert werden.

2.8 Hinweisschilder und -zeichen

Anschläge und Aufschriften, die auf Rettungswege, Rauchverbot oder Benutzungsverbote und -bedingungen hinweisen, sind an gut sichtbarer Stelle anzubringen. Sie müssen den Anhängen 1 bis 3 entsprechen.

---

1 DIN EN 3–7.2007–10
Tragbare Feuerlöscher – Eigenschaften, Leistungsanforderungen und Prüfungen

3   Bauvorschriften für Tribünen

3.1   Die Unterkonstruktion von Tribünen mit mehr als 10 Platzreihen, deren Höhenunterschied mehr als 0,32 m je Platzreihe beträgt (steil ansteigende Platzreihen), muss aus nichtbrennbaren Baustoffen bestehen.

3.2   Bei Tribünen im Freien dürfen an jeder Seite eines Stufen- oder Rampenganges höchstens 20, zwischen zwei Seitengängen höchstens 40 Sitzplätze angeordnet sein.

3.3   Bei Tribünen in Zelten dürfen an jeder Seite eines Stufen- oder Rampenganges höchstens 10, zwischen zwei Seitengängen höchstens 20 Sitzplätze angeordnet sein.

3.4   Der Fußboden jeder Platzreihe muss mit dem anschließenden Auftritt des Stufen- oder Rampenganges in gleicher Höhe liegen.

3.5   Laufbohlen zwischen den Sitzplatzreihen müssen so breit sein, dass sie jeweils 0,05 m unter die Sitzflächen der beiden Sitzplatzreihen reichen. Ersatzweise kann ein Stößbord angeordnet werden. Die freien Zwischenräume dürfen höchstens 0,12 m betragen.

3.6   Stehplätze auf Stehplatzreihen (Stehstufen) müssen mindestens 0,50 m breit sein und dürfen höchstens 0,45 m tief sein. Die Stehstufen sollen mindestens 0,10 m hoch sein.

3.7   Sitzplätze müssen mindestens 0,50 m breit sein. Sie müssen unverrückbar befestigt sein. Zwischen den Sitzplatzreihen muss eine lichte Durchgangsbreite von mindestens 0,40 m vorhanden sein.

3.8   Der Abstand der Umwehrungs- und Geländerteile von Tribünen darf in einer Richtung nicht mehr als 0,12 m betragen. Auch hinter der obersten Platzreihe ist bei einer Absturzhöhe bis 12 m eine Umwehrung mit einer Höhe von mindestens 1 m, gemessen ab Oberkante Fußboden, erforderlich. Bei mehr als 12 m Absturzhöhe muss die Umwehrung mindestens 1,10 m hoch sein. Falls die Rückenlehne der obersten Sitzreihe als Umwehrung dienen soll, ist diese wie ein Geländer zu bemessen.

3.9   Bei Tribünen mit einer Höhe von mehr als 5 m, gemessen von der Aufstellfläche bis Oberkante Fußboden der obersten Reihe, sind nach hinten, seitlich oder durch Mundlöcher zusätzlich zu den Stufengängen Treppen anzuordnen. Befinden sich oberhalb der Treppen weitere Platzreihen, so sind bei einer Höhendifferenz der Platzreihen von jeweils 5 m weitere Treppen erforderlich.

3.10   Werden mehr als 5 Stehstufen von Stehplatzreihen hintereinander angeordnet, so sind vor der vordersten Stufe und nach jeweils 10 weiteren Stufen Umwehrungen von mindestens 1,10 m Höhe, gemessen ab Oberkante Fußboden, anzubringen (Wellenbrecher). Sie müssen einzeln mindestens 3 m lang und dürfen seitlich höchstens 2 m voneinander entfernt sein. Die seitlichen Abstände können bis auf 5 m vergrößert werden, wenn die Lücken nach höchstens 5 Stehplatzreihen durch versetzt angeordnete Wellenbrecher überdeckt sind.

3.11   Tribünen müssen bei Veranstaltungen während der Dunkelheit ausreichend beleuchtet werden können.

4   Bauvorschriften für Fahrgeschäfte

4.1   Bewegte, für Fahrgäste bestimmte Teile, insbesondere ausschwingende Fahrgastsitze, müssen von anderen festen oder bewegten Teilen des Fahrgeschäftes so weit entfernt sein, dass die Fahrgäste nicht gefährdet sind.

4.2 Die Fahrbahngrenzen ausschwingender Fahrgastsitze oder -gondeln sind so festzulegen, dass Zuschauer nicht gefährdet werden können.

4.3 Die Fahrzeuge und Gondeln müssen fest angebrachte Sitze und Vorrichtungen zum Festhalten sowie nötigenfalls zum Anstemmen der Füße haben. Können die Fahrgäste vom Sitz abgehoben werden oder abrutschen oder sind sie zeitweise mit dem Kopf nach unten gerichtet, so sind in den Fahrzeugen oder Gondeln ausreichende Fahrgastsicherungen erforderlich.

4.4 Fahrgastsicherungen müssen so ausgebildet sein, dass die Fahrgäste nicht zwischen Sitz und Fahrgastsicherung durchrutschen können.

4.5 Die Einstiegsöffnungen bzw. Türen in Fahrzeugen oder Gondeln müssen Schließvorrichtungen haben. Bei allen langsam laufenden Fahrgeschäften (v ≤ 3 m/s) genügen einfache Schließvorrichtungen (z. B. Ketten oder Riemen), die mit offenen Haken eingehängt werden. Bei allen schnell laufenden Fahrgeschäften (v > 3 m/s) müssen die Einstiegsöffnungen der Fahrzeuge/Gondeln Sicherheitsverschlüsse haben, die sich während der Fahrt nicht öffnen können (z. B. geschlossene Haken oder Schließstangen mit federbelasteter Verriegelung).

4.6 Fahrgeschäfte müssen während des Betriebes – auch bei Betriebsstörungen, wie z. B. Stromausfall – in eine sichere Lage gebracht und stillgesetzt werden können.

4.7 Elektrische Sicherheitseinrichtungen müssen so ausgelegt sein, dass bei Auftreten eines Fehlers (innerer bzw. äußerer Fehler) ihre Wirksamkeit erhalten bleibt oder die Anlage in den sicheren Zustand überführt wird.
Der Begriff „Fehler" umfasst sowohl den ursprünglichen als auch die daraus evtl. entstehenden weiteren Fehler in oder an den Sicherheitseinrichtungen. Mit dem gleichzeitigen Entstehen zweier unabhängiger Fehler braucht nicht gerechnet zu werden. Ein Hinzukommen eines zweiten Fehlers zu einem unerkannten ersten Fehler ist jedoch zu berücksichtigen.

4.8 Für Fahrgeschäfte, bei denen die Fahrgäste besonderen Belastungen (z. B. hohen Flieh- oder Druckkräften) ausgesetzt werden, sind technische Einrichtungen zur Begrenzung der Höchstfahrzeit vorzusehen.

4.9 Der Führerstand mit den zentralen Steuer- und Schalteinrichtungen ist baulich so anzuordnen oder auszustatten, dass ein bestmöglicher Überblick für den Betrieb der Anlage gewährleistet ist.

4.10 Können Höhenbewegungen der Ausleger von Karussellen durch den Fahrgast selbst gesteuert werden, so muss die Steuereinrichtung so beschaffen sein, dass die Bedienungspersonen die vom Fahrgast eingeleiteten Bewegungsabläufe unterbrechen und die Fahrgasteinheit in die Ausgangsstellung zurückbringen können.

4.11 Handräder zum Drehen der Gondeln dürfen nicht durchbrochen sein.

5 Bauvorschriften für Zelte und vergleichbare Räume für mehr als 200 Besucher

5.1 Rettungswege

5.1.1 Mindestens ein Zu- und Ausgang muss so beschaffen sein, dass er für Rollstuhlbenutzer ohne fremde Hilfe geeignet ist.

5.1.2 Zwischen Ausgangstüren und Stufen müssen Absätze von einer der Türflügelbreite entsprechenden Tiefe liegen.

5.1.3 Türen im Zuge von Rettungswegen müssen in Fluchtrichtung aufschlagen. Sie müssen während der Betriebszeit von innen mit einem einzigen Griff leicht in voller Breite zu öffnen sein. Schiebe- und Drehtüren sind in Rettungswegen unzulässig. Pendeltüren in Rettungswegen müssen Vorrichtungen haben, die ein Durchpendeln der Türen verhindern.

5.2 Lüftung

5.2.1 Es muss eine Lüftung vorhanden sein, die unmittelbar ins Freie führt.

5.2.2 Küchen müssen Abzüge haben, die Dünste unmittelbar ableiten. Lüftungsleitungen, durch die stark fetthaltige Luft abgeführt wird, wie von Koch- und Grilleinrichtungen, sind durch auswechselbare Filter gegen Fettablagerungen zu schützen.

5.3 Rauchabzüge

Sind mehr als 1500 Besucher zugelassen, müssen Rauchabzugsöffnungen mit einem lichten Gesamtquerschnitt von mindestens 0,5 v. H. der Grundfläche oder gleichwertige mechanische Einrichtungen (z. B. Zwangslüfter) vorhanden sein. Die Bedienungselemente müssen an gut zugänglichen Stellen liegen und an der Bedienungsstelle die Aufschrift „Rauchabzug" haben.

5.4 Beheizung

5.4.1 Feuerstätten und Geräte, die mit festen, flüssigen oder gasförmigen Brennstoffen beheizt werden, sind unzulässig. Hiervon ausgenommen sind Feuerstätten und Geräte für die Zubereitung von Speisen und Getränken, die in Küchen aufgestellt werden, die von Versammlungsräumen zumindest abgeschrankt sind.

5.4.2 Elektrische Heizanlagen müssen unverrückbar befestigt sein und durch Befestigungen gesicherte Leitungen haben. Glühende Teile der Heizkörper dürfen nicht offenliegen. Rückseiten und Seitenteile von Heizstrahlern und Heizgebläsen müssen von Wänden und brennbaren Gegenständen mindestens 1 m entfernt sein. Heizstrahler müssen in Abstrahlungsrichtung von Gegenständen aus brennbaren Stoffen mindestens 3 m entfernt sein. Von Austrittsöffnungen, die zu Heizgebläsen gehören, müssen Gegenstände aus brennbaren Stoffen in Richtung des Luftstromes mindestens 2 m entfernt sein, sofern die Temperatur der Warmluft über 40 °C liegt.

5.5 Beleuchtung

Zelte und vergleichbare Räume mit mehr als 200 m² Grundfläche, die auch nach Einbruch der Dunkelheit betrieben werden, müssen eine Sicherheitsbeleuchtung nach Maßgabe der einschlägigen technischen Bestimmung[2] haben.

---

2 VDE 0100–718:2005–10 – Errichten von Niederspannungsanlagen Teil 718. Bauliche Anlagen für Menschenansammlungen und VDE 0108–100:2005–01 – Sicherheitsbeleuchtungsanlagen

5.6   Bestuhlung

5.6.1   In Reihen angeordnete Sitzplätze müssen mindestens 0,50 m breit und unverrückbar befestigt sein; werden nur gelegentlich Stühle aufgestellt, so sind sie
mindestens in den einzelnen Reihen fest miteinander zu verbinden. Die Sitzreihen müssen eine freie Durchgangsbreite von mindestens 0,40 m haben.

5.6.2   An jeder Seite eines Ganges dürfen höchstens 10, zwischen zwei Seitengängen höchstens 20 Sitzplätze angeordnet sein.

5.6.3   In Logen mit mehr als 10 Stühlen müssen diese unverrückbar befestigt sein.

5.6.4   Der Abstand von Tisch zu Tisch soll 1,50 m nicht unterschreiten.

5.6.5   Von jedem Tischplatz darf der Weg zu einem Gang nicht länger als 10 m sein.

5.6.6   Bei Biertischgarnituren gelten folgende Regelungen:
Nr. 5.6.1 und Nr. 5.6.4 sind nicht anzuwenden. Die Sitzplatzbreite beträgt
0,44 m. Abweichend von Nr. 2.2.2 dürfen zwischen den Stirnseiten Gänge
mit einer Mindestbreite von 0,80 m vorgesehen werden, sofern nicht mehr
als 120 Personen auf sie angewiesen sind. Diese Gänge müssen zu Rettungswegen führen.

5.7   Manegen

Manegen müssen gegen die Platzfläche durch geschlossene und stoßfeste
Einfassungen getrennt sein. Die Einfassung muss mindestens 0,40 m hoch
sein, die Summe ihrer Höhe und Breite soll mindestens 0,90 m betragen.

5.8   Sanitätsraum

Sind mehr als 3000 Besucher zugelassen, muss ein Sanitätsraum vorhanden sein. Dies gilt auch bei Zirkuszelten für mehr als 1500 Besucher.

6   Allgemeine Betriebsvorschriften

6.1   Verantwortliche Personen

6.1.1   Der Betreiber oder ein von ihm beauftragter hinreichend sachkundiger Vertreter muss während des Betriebs die Aufsicht führen und für die Einhaltung
der Bedienungs- und Betriebsvorschriften sorgen.

6.1.2   Der Betreiber hat die Bedienungspersonen an jedem Aufstellungsort insbesondere über die Bedienungs- und Betriebsvorschriften und das Verhalten
bei Stromausfall, in Brand- und Panikfällen oder sonstigen Störungen zu
belehren. Die Bedienungs- und Betriebsvorschriften müssen von den Bedienungspersonen jederzeit eingesehen werden können.

6.1.3   Der Betreiber hat Unfälle, die durch den Betrieb entstanden sind, unverzüglich der zuständigen Bauaufsichtsbehörde mitzuteilen.

6.2   Überprüfungen

6.2.1   Die tragenden und maschinellen Teile sind vor der Aufstellung auf ihren einwandfreien Zustand hin zu prüfen. Schadhafte Teile sind unverzüglich durch

einwandfreie zu ersetzen. Es ist darauf zu achten, dass die Anlage auch während des Auf- und Abbaues standsicher ist. Die Unterpallungen sind hinsichtlich der Standsicherheit regelmäßig zu überprüfen.

6.2.2 Fahr-, Schau- und Belustigungsgeschäfte sind mindestens täglich vor Betriebsbeginn auf ordnungsgemäße Beschaffenheit und betriebssicheren Zustand zu prüfen. Die wesentlichen Anschlüsse, die bewegten und maschinellen Teile sowie die Fahrschienen einschließlich der Befestigungen sind auch während des Betriebs regelmäßig zu beobachten; nötigenfalls ist der Betrieb einzustellen. Schäden sind sofort zu beseitigen. Die Oberflächen von Drehscheiben und Rutschbahnen sind auch während des Betriebs auf ordnungsgemäßen Zustand zu überprüfen; schadhafte Stellen sind unverzüglich auszubessern.

6.3 Rettungswege, Beleuchtung

6.3.1 Die Rettungswege sind freizuhalten und bei Dunkelheit während der Betriebszeit zu beleuchten.

6.3.2 Die Sicherheitsbeleuchtung ist bei Dunkelheit während der Betriebszeit zugleich mit der Hauptbeleuchtung einzuschalten. Die Hilfsbeleuchtung muss stets betriebsbereit sein.

6.4 Brandverhütung

6.4.1 In Fahrgeschäften, Belustigungsgeschäften und Schaugeschäften ist das Rauchen verboten. In Schaubuden, Zelten mit Szenenflächen während der Aufführung, in Zelten, die Reihenbestuhlung haben oder während der Vorführung verdunkelt werden, sowie in Zirkuszelten ist das Rauchen und die Verwendung von offenem Feuer verboten; das gilt nicht für Festzelte.

6.4.2 Scheinwerfer müssen von brennbaren Stoffen so weit entfernt sein, dass diese nicht entzündet werden können; insbesondere zu Vorhängen und Dekorationen aus brennbaren Stoffen ist ein Sicherheitsabstand von mindestens 1,50 m einzuhalten.

6.5 Brandsicherheitswache

6.5.1 Eine Brandsicherheitswache muss anwesend sein bei Veranstaltungen in
a) Fest- und Versammlungszelten mit mehr als 5000 Besuchenplätzen, sofern nicht für das Aufstellungsgelände eine Brandsicherheitswache zur Verfügung steht, und
b) Zirkuszelten mit mehr als 1500 Besucherplätzen.

6.5.2 Die Brandsicherheitswache wird von der öffentlichen Feuerwehr gestellt. Unterhält der Veranstalter eine Werkfeuerwehr, kann diese die Brandsicherheitswache übernehmen.

6.6 Benutzungseinschränkungen für Benutzer und Fahrgäste

6.6.1 Für die Benutzung durch Kinder gilt, vorbehaltlich einer anderslautenden Festlegung in der Ausführungsgenehmigung, Folgendes:

a) Fahrgeschäfte, ausgenommen Kinderfahrgeschäfte, dürfen von Kindern unter 8 Jahren nur in Begleitung Erwachsener benutzt werden. Fahrgeschäfte, bei denen es aufgrund der Bauart erforderlich ist, dass die Fahrgäste zu ihrer Sicherheit mitwirken, z. B. durch Festhalten, dürfen von Kindern unter 6 Jahren auch in Begleitung Erwachsener nicht benutzt werden. Schnelllaufende Fahrgeschäfte dürfen von Kindern unter 4 Jahren auch in Begleitung Erwachsener nicht benutzt werden.

b) Überschlagschaukeln und Fahrgeschäfte mit Gondeln, bei denen die Fahrgäste zeitweilig mit dem Kopf nach unten gerichtet sind, dürfen von Kindern unter 14 Jahren nicht benutzt werden.

c) Fliegerkarusselle dürfen von Kindern unter 6 Jahren nicht, von Kindern von 6 bis 10 Jahren nur dann benutzt werden, wenn die Sitze so eingerichtet sind, dass ein Durchrutschen mittels besonderer Vorkehrungen, z. B. Zurückhängen der Schließkette, verhindert wird.

d) Belustigungsgeschäfte mit bewegten Gehbahnen, Treppen und ähnlichen Bauteilen dürfen von Kindern unter 10 Jahren nicht benutzt werden.

e) Autofahrgeschäfte und Motorrollerbahnen mit einsitzigen Fahrzeugen dürfen von Kindern unter 14 Jahren nicht, sonstige Autofahrgeschäfte von Kindern unter 10 Jahren nur in Begleitung von Erwachsenen benutzt werden. Kinder müssen vor der Fahrt von den Bedienungspersonen mit Gurten gesichert werden.

f) Kinder unter 4 Jahren dürfen bei Kinderfahrzeugkarussellen nur Fahrzeuge mit umschlossenen Sitzen benutzen.

6.6.2 Sitzplätze in Fahrgeschäften dürfen jeweils nur von einer Person besetzt werden; das gilt auch für Kinder. Sitzplätze für zwei Erwachsene dürfen von höchstens drei Kindern besetzt werden, wenn es nach Art der Aufteilung und Ausbildung der Sitze sowie der Betriebsweise vertretbar ist.

6.6.3 Kinderfahrgeschäfte dürfen nur von Kindern benutzt werden.

6.6.4 Tiere sowie Schirme, Stöcke und andere sperrige oder spitze Gegenstände dürfen in Fahrgeschäfte und Belustigungsgeschäfte ausgenommen deren Zuschauerräume nicht mitgenommen werden.

6.6.5 Fahrgäste, die Schuhe mit Beschlägen (z. B. Nagelschuhe) oder mit spitzen Absätzen tragen, sind von der Benutzung von Drehscheiben und Rutschbahnen auszuschließen.

6.6.6 Schunkeln und rhythmisches Trampeln auf Podien sind zu untersagen.

6.6.7 Offensichtlich betrunkene Personen sind von der Benutzung von Fahr- und Belustigungsgeschäften auszuschließen.

6.7 Hinweisschilder

Auf Rettungswege, Benutzungsverbote oder Benutzungseinschränkungen ist durch augenfällige Schilder (vgl. Anhänge 1–3) hinzuweisen.

7 Besondere Betriebsvorschriften

7.1 Fahrgeschäfte allgemein

7.1.1 Fahrgeschäfte mit bewegten und/oder ausschwingenden Teilen müssen einen Sicherheitsabstand von mindestens 1 m von anderen baulichen Anlagen und festen Gegenständen haben. In der Nähe von Bäumen ist deren Bewegung, z. B. im Wind, zusätzlich zu berücksichtigen. Zu Starkstromfreileitungen ist ein Mindestabstand von 5 m einzuhalten.

7.1.2 Das Betreten der Zusteigpodien darf nur so vielen Personen gestattet werden, wie es der sichere Betrieb zulässt. Die Fahrzeuge oder Gondeln sind für das Ein- und Aussteigen genügend lange anzuhalten. Frei schwingende oder frei drehbare Gondeln sind während des Ein- und Aussteigens von den Bedienungspersonen festzuhalten.

7.1.3 Die Fahrgastsicherungen (Bügel, Gurte, Anschnallvorrichtungen usw.) und die Abschlussvorrichtungen am Einstieg von Fahrzeugen, Gondeln oder Sitzen (Türen, Bügel, Ketten usw.) sind durch die Bedienungspersonen vor jeder Fahrt zu schließen und auf ihre Wirksamkeit zu prüfen, sie sind bis zum Fahrtende geschlossen zu halten.
Fahrgeschäfte mit automatischer Verriegelung der Fahrgastsicherungen dürfen erst gestartet werden, wenn das Bedienungspersonal sich davon überzeugt hat, dass die Bügel fest am Körper anliegen und verriegelt sind.

7.1.4 Triebwerke, Fahrzeuge oder Gondeln dürfen nicht in Bewegung gesetzt werden, bevor
  – alle Fahrgäste Platz genommen haben,
  – die vorgeschriebenen Fahrgastsicherungen durchgeführt und
  – der Gefahrenbereich, nötigenfalls die Podien, geräumt wurden.

7.1.5 Das Auf- und Abspringen während der Fahrt, das Hinausstrecker der Arme oder Beine, das Hinauslehnen aus Fahrzeugen oder Gondeln, das Sitzen auf Bordwänden, das Stehen auf Sitzen oder das Stehen in Fahrzeugen oder Gondeln, die mit Sitzen ausgestattet sind, ist zu untersagen.

7.1.6 In schnelllaufenden Fahrgeschäften darf während der Fahrt nicht kassiert werden. In anderen Fahrgeschäften darf während der Fahrt nur kassiert werden, wenn die Fahrgäste das Fahrzeug nicht selbst lenken oder sich selbst oder Kinder nicht festhalten müssen.

7.1.7 Das Anfahren und Abbremsen muss mit mäßiger Beschleunigung oder Verzögerung erfolgen. Sind Fahrgäste besonderen Flieh- oder Druckkräften ausgesetzt, so ist eine Höchstfahrzeit einzuhalten, die bei zu erwartenden besonderen gesundheitlichen Belastungen nicht mehr als 200 Sekunden betragen darf.

7.2 Achterbahnen, Geisterbahnen

7.2.1 Der Abstand der Fahrzeuge ist so einzurichten, dass bei Störungen auf der Ablaufstrecke alle Fahrzeuge einzeln rechtzeitig angehalten werden können. Bei Stockwerksgeisterbahnen ohne automatische Streckensicherung und mit mehr als einem Wagen auf der Strecke muss eine Aufsichtsperson dafür sorgen, dass die Anlage bei Störungen unverzüglich stillgesetzt wird.

7.2.2 Bei Sturm, behinderter Sicht oder besonderen Witterungsverhältnissen, die ein sicheres Anhalten der Fahrzeuge mit den Bremsen und ein einwandfreies Durchfahren der Strecke gefährden, ist der Betrieb von Achterbahnen einzustellen; das gilt auch für Geisterbahnen, deren Strecken teilweise der Witterung ausgesetzt sind.

7.3 Autofahrgeschäfte, Motorrollerbahnen

7.3.1 Eine Aufsichtsperson muss von einer Stelle, die einen Überblick über die ganze Bahn gewährleistet, den gesamten Fahrbetrieb überwachen, die Signale geben und den Lautsprecher bedienen. Ist ein größerer Teil der Fahrbahn nicht zu überblicken, so muss eine weitere Aufsichtsperson diesen Teil der Fahrbahn überwachen und mit der ersten Person Verbindung halten.

7.3.2   Beginn und Ende jeder Fahrt sind durch akustisches Signal, z. B. Hupe, und ggf. durch Lautsprecher bekannt zu geben. Auf den Fahrbahnen befindliche Fahrzeuge mit Verbrennungsmotor dürfen erst bestiegen werden, wenn alle Fahrzeuge halten. Das Rückwärtsfahren ist zu untersagen.

7.3.3   Autofahrgeschäfte dürfen nur mit Fahrzeugen gleicher Antriebsart betrieben werden. Sie dürfen nur benutzt werden, solange die Fahrbahnen in genügend griffigem Zustand gehalten werden.

7.3.4   Autoskooter sind so zu betreiben, dass Augenverletzungen vermieden werden. Die Fahrzeuge sind täglich derart zu reinigen, dass Abriebpartikel des Netzes und der Stromabnehmer von Karossen und Sitzen entfernt werden (z. B. durch Abwischen mit feuchtem Lappen). Die Fahrbahnplatte ist mindestens täglich vor Betriebsbeginn nötigenfalls auch in Pausen, von Verschmutzungen zu reinigen. Vom Stromabnehmernetz ist Flugrost, der nach Abnutzung der Zinkschicht entsteht, unverzüglich zu entfernen. Beschädigungen, z. B. Löcher, Unregelmäßigkeiten an den Verbindungsnähten, sind sofort zu beseitigen. Stromabnehmerbügel sind mindestens täglich auf ihren einwandfreien Zustand zu prüfen. Die Kontaktbürsten sind täglich zu reinigen.

7.4   Schaukeln

7.4.1   Für höchstens drei nebeneinanderliegende Gondeln muss eine Bedienungsperson anwesend sein.

7.4.2   Nichtmotorisch betriebene Überschlagschaukeln, bei denen die Fahrgäste zeitweilig mit dem Kopf nach unten gerichtet sind, dürfen je Gondel nur von einer Person benutzt werden.

7.5   Karusselle

7.5.1   Bei Auslegerflugkarussellen, bei denen die Höhenbewegung der Ausleger durch die Fahrgäste selbst gesteuert wird, dürfen die Schaltvorrichtungen für die Höhenfahrt der Gondeln und des Mittelbaus erst nach dem Anfahren des Drehwerkes auf „Heben" gestellt werden. Zur Beendigung der Fahrt sind diese Schaltvorrichtungen so rechtzeitig auf „Senken" zu stellen, dass alle Gondeln und der Mittelbau bereits in der tiefsten Lage sind, bevor das Drehwerk anhält.

7.5.2   Bei Karussellen, bei denen die Sitz- oder Stehplätze gehoben oder gekippt und die Fahrgäste durch die Fliehkraft auf ihren Plätzen festgehalten werden, darf mit dem Heben oder Kippen erst begonnen werden, wenn die volle Drehzahl erreicht ist. Das Senken muss beendet sein, bevor die Drehzahl vermindert wird.

7.5.3   Bei Fliegerkarussellen ist darauf zu achten, dass die Fahrgäste nicht schaukeln, sich abstoßen, den Sitz in drehende Bewegung setzen oder sich weit hinausbeugen. Jeder Sitzplatz darf nur von einer Person besetzt werden; das gilt auch für Kinder.

7.6   Riesenräder

Die Gondeln müssen auch während der Teilfahrten so besetzt sein, dass das Rad gleichmäßig belastet wird.

7.7 Belustigungsgeschäfte

7.7.1 Die Stoßbanden von Drehscheiben sind während der Fahrt von Zuschauern freizuhalten. Fahrgäste, die von der Drehfläche abgerutscht sind, sind aufzufordern, die Rutschfläche zwischen Drehscheibe und Stoßbande unverzüglich zu verlassen. Kinder dürfen nicht gemeinsam mit Erwachsenen an Fahrten auf Drehscheiben teilnehmen.

7.7.2 Fahrgäste dürfen Rutschbahnen nur mit dicken Filz- oder Tuchunterlagen benutzen.

7.7.3 Bei Toboggans sind Kinder unter 8 Jähren stets, Erwachsene auf Wunsch, durch einen Helfer den Laufteppich hinauf zu begleiten; hierauf ist durch augenfällige Schilder am Anfang des Laufteppichs hinzuweisen. Am Ende des Laufteppichs müssen zwei Helfer ankommenden Personen Hilfe leisten. Am Anfang des Laufteppichs und am Anfang der Rutschbahn müssen Bedienungspersonen für Ordnung, insbesondere für genügenden Abstand sorgen.

7.7.4 Der Boden von Rotoren darf erst abgesenkt werden, wenn die festgesetzte Höchstdrehzahl erreicht ist; der Boden darf erst angehoben werden, wenn der Rotor zum Stillstand gekommen ist und die Fahrgäste sich von der Wand entfernt haben.

7.8 Schießgeschäfte

Die Bedienungspersonen haben
a) je Person in der Regel nicht mehr als zwei, bei Kindern in jedem Fall nur einen Schützen zu bedienen,
b) die Gewehre erst dann zu laden, wenn der Schütze jeweils an den Schießtisch herangetreten ist; die Mündung ist hierbei vom Schützen abgekehrt und bei der Übergabe nach oben zu halten,
c) dafür zu sorgen, dass die Gewehre und Geschosse nach Betriebsschluss sicher verwahrt werden.

Rettungszeichen nach DIN 4844-2:2001-02
Beispiele für mögliche Kombinationen nach Anhang A
(die mittleren Lichtkanten dürfen auch entfallen)

Farben der Schilder grün DIN 4844-1:2005-05
Kontrastfarbe für Symbole weiß
Randmaße nach DIN 825:2004-12

Schildgröße in mm a x b (DIN 825:2004-12)	Ausführung	für Sichtweiten bis (DIN 4844-1:2005-05)
74 x 148 148 x 297	innenbeleuchtet beleuchtet	15 m
148 x 297 297 x 594	innenbeleuchtet beleuchtet	30 m

Anhang 1	Schilder zur Kennzeichnung der Rettungswege	

Verbotszeichen nach DIN 4844-2:2001-02

Bild 1

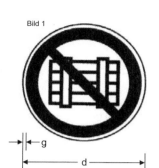

Lagern von Gegenständen auf
Rettungswegen im Freien verboten

Farbe des Schildes und Rand weiß
Kontrastfarbe für Symbol schwarz
Verbotszeichen rot DIN 4844-1:2005-05

Bild 2

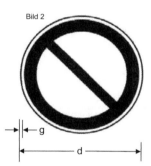

Abstellen von Kraftfahrzeugen auf
Rettungswegen im Freien verboten
(nach StVO)

Farbe des Schildes blau DIN 4844-1:2005-05
Rand weiß
Verbotszeichen rot DIN 4844-1:2005-05

Schildgröße in mm d (DIN 825:2004-12)	Rand in mm g	für Sichtweiten bis (DIN 4844-1:2005-05)
420 mm	10	15 m
841 mm	21	30 m

Anhang 2	Verbotsschilder auf Rettungswegen im Freien	

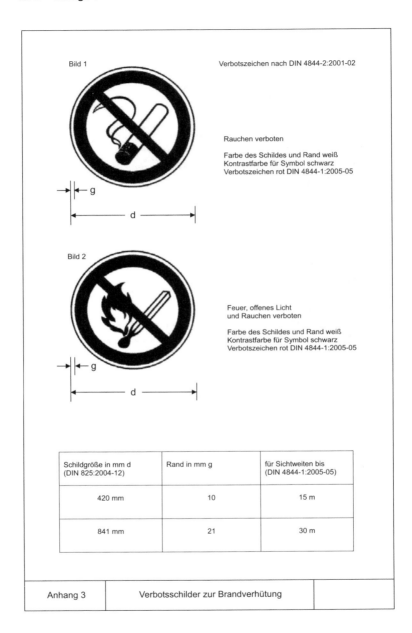

Bild 1 — Verbotszeichen nach DIN 4844-2:2001-02

Rauchen verboten

Farbe des Schildes und Rand weiß
Kontrastfarbe für Symbol schwarz
Verbotszeichen rot DIN 4844-1:2005-05

Bild 2

Feuer, offenes Licht
und Rauchen verboten

Farbe des Schildes und Rand weiß
Kontrastfarbe für Symbol schwarz
Verbotszeichen rot DIN 4844-1:2005-05

Schildgröße in mm d (DIN 825:2004-12)	Rand in mm g	für Sichtweiten bis (DIN 4844-1:2005-05)
420 mm	10	15 m
841 mm	21	30 m

Anhang 3	Verbotsschilder zur Brandverhütung	

Anlage 2
Fristen von Ausführungsgenehmigungen für Fliegende Bauten

– Fassung Februar 2007 –

Die in der nachfolgenden Tabelle enthaltenen Zeitspannen ermöglichen es, die Frist der Ausführungsgenehmigung und der Verlängerung der Geltungsdauer der Ausführungsgenehmigung auf den Zustand des Fliegenden Baues abzustellen. Die Höchstfrist kommt bei Bauten in Betracht, die selten aufgestellt werden oder sich bewährt haben und sich in einem guten Zustand befinden.

	Fliegender Bau			Ausführungsart		Höchstfrist/ Jahre
	1	**2**	**3**	**4**		**5**
1	Tribünen	Steh- und Sitzplatztribünen, Tribünen mit Überdachung		in Metallkonstruktion		5
				in Holzkonstruktion		3
2	Bühnen	Bühnen mit Überdachung, Bühnenpodeste				3
3	Reklametürme Container					5
4	Überdachungskonstruktion (seitlich geschlossen oder offen)	Zelthallen		Breite ≤ 10,0 m Höhe ≤ 5,0 m		5
		sonstige Zelthallen Zirkuszelte				3
		Membranbauten	z.B. Segelabspannungen u. ähnliches			2
5	Tragluftbauten					1 - 3
6	Fahrgeschäfte	Hochgeschäfte	schienengebunden	Achterbahn		2
				Loopingbahn		1
6.1		Wildwasserbahn				1
6.2		Geisterbahn	schienengebunden	eingeschossige Bauweise		2
				zweigeschossige Bauweise		1 - 2
6.3		Autofahrgeschäfte	nicht schienengebunden	Autoskooter mit elektr. Antrieb		2
				Autopisten mit Verbrennungsmotoren - eingeschossig - zweigeschossig		2 - 3
				Motorbootbahnen Motorrollerbahn		2
6.4		Kindereisenbahnen		ohne Überdachung		5
				mit Überdachung und Zubehör		3 - 5
6.5		Karusselle		Bodenkarussell		4
6.5.1			Kinderkarusselle	Fliegerkarussell Hängebodenkarussell Karussell mit hängenden Sitzen oder Figuren		3
				Karusselle (v ≤ 1 m/s)		5
				Karussell mit hydraulisch angehobenen Auslegern und Gondeln - Pressluftflieger -		2
6.5.2			Karusselle einfacher Bauart	Bodenkarussell		3 - 4
				Karusselle mit ausfliegenden Sitzen oder Gondeln	langsam laufend ≤ 3 m/s	3
				Karussell mit geneigtem Drehboden oder geneigter Auslegerebene	schnell laufend ≥ 3 m/s	2

Fliegender Bau		Ausführungsart		Höchst-frist/ Jahre
1	2	3	4	5
	Fahrgeschäfte		Auslegerflugkarussell ohne Schrägneigung	
			Berg- und Talbahn	
			Schräggeneigtes Drehwerk mit Gondeln	2
6.5.3		Karusselle komplizierter Bauart, schnelllaufend zum Teil mehrfache Drehbewegung	Schräggeneigtes Drehwerk (absenkbar) mit Gondeln	
			Absenkbares Drehwerk mit veränderbarer Schrägneigung	1
			Drehwerk mit hydraulisch gehobenen Auslegern, Drehkreuzen je Auslegerarm mit Gondeln	2
			Absenkbares exzentrisch gelagerter Drehkranz mit veränderbarer Schrägneigung gegenläufige Kreislaufbewegung	1
6.5.4		Karusselle neuartiger und komplizierter Bauart, Anlagen mit besonderen Dreh- und großen Hubbewegungen meist schnelllaufend, insbesondere mit chaotischen Bewegungsabläufen		1
6.6		Schaukeln	Kinderschiffschaukel	5
			Schiffschaukel und Überschlagschaukel	3
			Gegengewichtsschaukel z.B. Käfig- oder Loopingschaukel	2
			Riesenschaukel Riesen-Überschlagschaukel	1 - 2
6.7		Riesenräder	Riesenräder bis 14 Gondeln	3
			Riesenräder ab 15 Gondeln	2
7	Schaugeschäfte		Steilwand Globus	3
		Anlagen in Gebäuden und im Freien	Anlagen für artistische Vorführungen	3
8	Belustigungsgeschäfte		Drehscheiben Wackeltreppen u.a.	2
			Rutschbahn Tobbogan	3
			Irrgärten	
			Schlaghämmer	5
9	Ausspielungs- und Verkaufsgeschäfte		z.B. Verlosungen, Tombola, Imbissläden, Kioske	5
10	Schießgeschäfte			5
11	Gaststätten	ausklappbare Wagenkonstruktion mit Blenden, Gebäude	Gaststättenwagen	5
			übrige Anlagen	3

III 4 Verwaltungsvorschrift des Ministeriums für Verkehr und Infrastruktur über die brandschutztechnische Prüfung im baurechtlichen Verfahren (VwV Brandschutzprüfung)

vom 17. September 2012 (GABl. S. 865), geändert durch VwV vom 3. März 2015 (GABl. S. 82)

1. Ziele des Brandschutzes

Nach § 15 Abs. 1 der Landesbauordnung für Baden-Württemberg (LBO) sind bauliche Anlagen so anzuordnen und zu errichten, dass der Entstehung eines Brandes und der Ausbreitung von Feuer und Rauch (Brandausbreitung) vorgebeugt wird und bei einem Brand die Rettung von Menschen und Tieren sowie wirksame Löschmaßnahmen möglich sind.

2. Begutachtung durch den Bauverständigen

2.1 Im baurechtlichen Verfahren soll die Beurteilung der Frage, ob die Ziele des Brandschutzes eingehalten sind, nicht zuletzt im Interesse einer Verfahrensbeschleunigung grundsätzlich von der Baurechtsbehörde selbst über eine fachliche Begutachtung durch Bauverständige im Sinne von § 46 Abs. 4 LBO erfolgen.

2.2 Die Einholung einer Stellungnahme der Feuerwehr (Nummer 3.3) oder eines Sachverständigen (Nummer 4.3) ist nur erforderlich wenn
   – Bauverständige eine Begutachtung in angemessener Zeit nicht durchführen können,
   – nach Nummer 3.1 die Feuerwehr zu beteiligen ist,
   – nach Nummer 4.1 Sachverständige heranzuziehen sind.

3. Beteiligung der Feuerwehr

3.1 Die Beteiligung der Feuerwehr ist nach § 53 Abs. 4 Satz 2 LBO nur erforderlich, wenn ihr Aufgabenbereich berührt wird. Dies ist regelmäßig der Fall, wenn
   – besondere Anforderungen oder Erleichterungen nach § 38 Abs. 1 LBO,
   – Abweichungen, Ausnahmen oder Befreiungen nach § 56 LBO
   vorgesehen sind und dadurch die Durchführung von Löscharbeiten oder die Rettung von Menschen und Tieren berührt werden.

3.2 Die Durchführung von Löscharbeiten oder die Rettung von Menschen und Tieren können berührt werden durch Entscheidungen im Zusammenhang mit
   – der Löschwasserversorgung,
   – der Löschwasserrückhaltung,

- Anlagen und Einrichtungen für die Brandbekämpfung (wie Wandhydranten, Schlauchanschlussleitungen, Feuerlöschgeräte, Feuerlöschanlagen),
- Anlagen und Einrichtungen für den Rauch- und Wärmeabzug bei Bränden,
- der Sicherung des zweiten Rettungswegs über Rettungsgeräte der Feuerwehr,
- Anlagen und Einrichtungen für die Feuermeldung (wie Rauchmelder, Feuermelder) und für die Alarmierung im Brandfall oder
- betrieblichen Maßnahmen zur Brandverhütung und Brandbekämpfung sowie zur Rettung von Menschen und Tieren (wie Hausfeuerwehr, Brandschutzordnung, Feuerschutzübungen).

3.3 Ist der Aufgabenbereich der Feuerwehr berührt, ist zu beteiligen
- in den Stadtkreisen der Leiter der Gemeindefeuerwehr,
- in den übrigen Gemeinden die Leitung der Gemeindefeuerwehr, sofern sie mindestens die Befähigung für den gehobenen feuerwehrtechnischen Dienst hat, andernfalls die feuerwehrtechnischen Beamten der Landkreise.

4. Heranziehung von Sachverständigen

4.1 Ein besonderes Fachwissen für die brandschutztechnische Beurteilung ist regelmäßig erforderlich bei Sonderbauten im Sinne von § 38 Abs. 2 LBO, wenn
- für den Brandschutz bedeutsame Abweichungen, Ausnahmen oder Befreiungen (§ 56 LBO) oder besondere Anforderungen oder Erleichterungen (§ 38 Abs. 1 LBO) vorgesehen sind und
- bei einem Brand eine große Zahl von Menschen gefährdet ist.

4.2 Derartige Vorhaben sind insbesondere
- Krankenhäuser und ähnliche Einrichtungen,
- Einrichtungen zur Betreuung, Unterbringung oder Pflege von behinderten oder alten Menschen,
- Gemeinschaftsunterkünfte und Beherbergungsstätten mit mehr als 20 Gastzimmern, ausgenommen in Gebäuden der Gebäudeklassen 1 bis 3,
- Hochhäuser nach § 38 Abs. 2 Nr. 1 LBO, in denen neben Wohnungen auch Nutzungseinheiten mit nicht wohnungsähnlichen Nutzungen vorhanden sind,
- gewerbliche Anlagen von großer Ausdehnung mit übergroßen Brandabschnitten, erhöhter Brandgefahr oder erhöhter Gefahr für die Umgebung.

4.3 Bei diesen Vorhaben ist deshalb regelmäßig die Beteiligung von Sachverständigen nach § 47 Abs. 2 LBO erforderlich. Als Sachverständige können alle herangezogen werden, die die notwendige Ausbildung, Sachkunde und Erfahrung besitzen. In diesem Rahmen entscheidet die Baurechtsbehörde nach ihrem Ermessen, wen sie heranzieht. Als Sachverständige können beispielsweise herangezogen werden
- Bauverständige nach § 46 Abs. 5 LBO mit einer Berufserfahrung von mindestens vier Jahren in dieser Tätigkeit,
- Personen, die mindestens die Befähigung für den gehobenen feuerwehrtechnischen Dienst haben, mit einer Berufserfahrung von mindestens drei Jahren im vorbeugenden Brandschutz mit Einsatzdienst sowie feu-

erwehrtechnische Beamte gemäß § 23 Feuerwehrgesetz, die den erforderlichen Sachverstand haben,

– Personen, die von einer Industrie- und Handelskammer nach § 7 des Gesetzes über die Industrie- und Handelskammern in Baden-Württemberg als Sachverständige für Brandschutz bestellt sind; umfasst die Bestellung nur einen Teilbereich des Brandschutzes, ist von den erforderlichen Sachkenntnissen und Erfahrungen nur für diesen Teilbereich auszugehen,

– Personen, die in eine Fachliste für Brandschutz bei der Ingenieurkammer Baden-Württemberg oder der Architektenkammer Baden-Württemberg eingetragen sind.

4.4 Die Heranziehung eines Sachverständigen ist nicht erforderlich, wenn einzelne Angehörige der Behörde die Voraussetzungen nach Nummer 4.3 erfüllen und an der brandschutztechnischen Prüfung mitwirken.

4.5 Die Stellungnahme eines Sachverständigen nach § 47 Abs. 2 LBO ersetzt nicht die Stellungnahme der Feuerwehr als berührte Stelle nach § 53 Abs. 4 Satz 2 LBO (vgl. Nr. 3), die Stellungnahme von Sachverständigen ist – soweit sie erforderlich ist – der Feuerwehr im Rahmen der Anhörung als berührte Stelle vorzulegen.

5. Anforderung der Stellungnahme

Bei der Anforderung einer Stellungnahme ist der gewünschte Umfang der Begutachtung (siehe Anlage) hinreichend bestimmt festzulegen. Für die Abgabe der Stellungnahme ist eine angemessene Frist zu setzen. Zur Vermeidung von Verzögerungen kann für Bauherren und Entwurfsverfasser ein Gespräch mit der Baurechtsbehörde vor Einreichen der Bauvorlagen sinnvoll sein.

6. Rechtliche Bedeutung der Stellungnahme

Die Baurechtsbehörde ist an die Stellungnahme nicht gebunden; sie hat selbst zu entscheiden, ob sie den Anregungen und Bedenken folgt. Grundsätzlich ist die Stellungnahme jedoch nur auf Folgerichtigkeit und daraufhin zu prüfen, ob die vorgeschlagenen brandschutztechnischen Anforderungen in den baurechtlichen Vorschriften eine Rechtsgrundlage finden. Wird die brandschutztechnische Stellungnahme oder das Brandschutzkonzept als Fachplanung und Bauvorlage zur Genehmigung vorgelegt, so bleiben die Entwurfsverfasser dafür verantwortlich, dass der Fachplanungsbeitrag entsprechend den öffentlich-rechtlichen Vorschriften auf andere Fachplanungen und auf den Entwurf abgestimmt wird.

7. Außerkrafttreten

Diese Verwaltungsvorschrift tritt am 31. März 2022 außer Kraft.

Hinweise zu möglichen Inhalten einer brandschutztechnischen Stellungnahme nach Ziffer 4 bis 6

Die Baurechtsbehörde kann sich bei der Erstellung der brandschutztechnischen Stellungnahme insbesondere an der folgenden Liste orientieren.

1. **Allgemeines zum Bauvorhaben**
   ☐ Bezeichnung des Bauvorhabens
   ☐ Ortsangabe (Adresse, Flurstück) mit Erschließung
   ☐ Bauherr/ Bauherrin, ggf. Verantwortung für den Betrieb
   ☐ Brandschutzrelevante Merkmale der Umgebung (Einrichtungen mit erhöhter Brandgefahr oder mit besonderer Gefährdungslage im Brandfall)
   ☐ Bezug auf genau bezeichneten Planungsstand
   ☐ Bestimmungsgemäße Nutzung der Gesamtanlage
   ☐ Bestimmungsgemäße Nutzer (Zahl, Bestimmtheit, brandschutzrelevante Besonderheiten)
   ☐ Brandlasten (insbesondere auch von Lagerflächen)
   ☐ Darstellung und Erläuterung der Schutzziele (Personenschutz, Denkmal-/Sachwertschutz, Umweltschutz usw.)
   ☐ Rechtliche Anforderungen (Bauplanungs- und Bauordnungsrecht) (siehe auch Nr. 16)
   ☐ Besondere Zündquellen
   ☐ Besondere Gefahren, die im Brandfall ausgelöst werden
   ☐ Definition kritischer Punkte im Bauablauf zum Zeitraum und Meldepflichten
   ☐ Zusätzliche Bauvorlagen, besondere Pläne oder geeignete Darstellungsweisen für zu bestimmende Brandschutzmaßnahmen

2. **Flächen für die Feuerwehr**
   ☐ Objektspezifische Anforderungen an Zugänglichkeit
   ☐ Zu- und Durchgänge
   ☐ Zu- und Umfahrten
   ☐ Aufstell- und Bewegungsflächen
   ☐ Sicherstellung der Zugänglichkeit, ggf. gemäß Abstimmung mit Brandschutzdienststelle (z.B. Feuerwehrschlüsseldepot)
   ☐ Verknüpfung mit Belangen des Objektschutzes

3. **Löschmittelversorgung**
   ☐ Löschmittelbedarf
   ☐ Ggf. spezifische Anforderungen durch Brandschutzdienststelle
   ☐ Verwendbare Löschwasserentnahmestellen und deren Leistungsfähigkeit bzw. Dokumentation der Auskünfte des Wasserversorgungsunternehmens (ggf. Hydrantenplan aus Lageplan)
   ☐ Abgleich zwischen Löschwasserbedarf und -versorgung und geeignete Maßnahmen

4. **Löschmittelbeseitigung**
   ☐ Vorhandensein wassergefährdender Stoffe mit Angaben zu Menge, Wassergefährdungsklasse und Ort
   ☐ Anforderungen zur Löschmittelrückhaltung aus einschlägigen Regelwerken
   ☐ Ermittlung des erforderlichen Rückhaltevolumens bzw. Negativvermerk
   ☐ Maßnahmen zur Löschmittelrückhaltung (Rückhalteräume, Löschwasserbarrieren)

5. **Tragkonstruktion**
   ☐ Feuerwiderstand der tragenden und aussteifenden Bauteile (Gebäudeklasse)

6. **System der äußeren und inneren Abschottungen**
   ☐ Äußere Abschottungen (brandschutztechnisch begründete Abstandsregelungen, Gebäudeabschlusswände als Brandwände, Dachöffnungen bzw. -aufbauten)
   ☐ Abschottungssystem mit Größenangaben (Brandabschnitte, Brandbekämpfungsabschnitte, Rauchabschnitte, sowie sonstige abgetrennte Bereiche)

☐ Innere Brandwände und Trennwände mit Anordnung und Verlauf
☐ Maßnahmen gegen Brandausbreitung in vertikaler Richtung (Decken, Fassaden, geschossübergreifende Räume)
☐ Öffnungsabschlüsse in trennenden Bauteilen (Türen, Fenster usw.)
☐ Raumabschließende Feuerwiderstandsdauer trennender Bauteile
☐ Anforderungen an Baustoffe, Bekleidungen, Dämmstoffe, Fugen und Beläge von trennenden Bauteilen

7. Flucht- und Rettungswege
☐ Grundsystem der Evakuierung
☐ Nachweis 1. und 2. Rettungsweg für jede Nutzungseinheit in jedem Geschoss mit Aufenthaltsraum
☐ Länge des 1. Rettungswegs
☐ Durchgangsbreite und –höhe der Rettungswege
☐ Maßnahmen für besondere Personenkreise (u.a. Behinderte)
☐ Ausbildung der Rettungswege (notwendige Flure, notwendige Treppen, notwendige Treppenräume, Ausgänge)
☐ Türen und Fenster in Rettungswegen (Öffenbarkeit, elektrische Verriegelung, Feststellanlagen, Freilauftürschließer, automatische Schiebetüren, Erreichbarkeit anleiterbarer Stellen)
☐ Kennzeichnung und (Sicherheits-)Beleuchtung, ggf. Fluchtleitsystem

8. Höchstzulässige Nutzerzahl; nutzungsspezifische Gebäudeauslegung
☐ Analyse der geplanten Nutzung hinsichtlich des Auftretens größerer Personenzahlen
☐ Leistungsfähigkeit der Rettungswege bzw. des Evakuierungskonzepts mit maximalen Personenzahlen
☐ Sonstige brandschutzbedingte Nutzungsbeschränkungen (u.a. Lagerhöhe, Lagerflächengröße, Ausschmückungen bei Versammlungsstätten, Brandlastfreiheit von Rettungswegen, Verortung von Brandlasten)

9. Haustechnische Anlagen
☐ Haustechnische Versorgung mit Zentralen, zugeordneten versorgten Bereichen und ggf. Leistungskenndaten (insbesondere bei brennbaren Leitungen, brennbaren Medien oder gesundheitsgefährdenden elektrischen Spannungen)
☐ Schottung bei der Durchdringung von Bauteilen, an die Anforderungen bezüglich des Raumabschlusses gestellt werden
☐ Anforderungen an Schächte und Kanäle (ggf. auch Unterdecken und Systemböden)
☐ Aufzüge (mit Brandfallsteuerung bei Haltepunkten in mehr als einem Rauchabschnitt)
☐ Feuerwehraufzug
☐ Anforderungen an äußeren und inneren Blitzschutz mit Angabe der einzuhaltenden Regelwerke
☐ Feuerungsanlagen, Heizräume einschließlich Brennstofflagerung und Brennstoffleitungen
☐ Explosionsschutz (z.B. Pelletlagerung, Sauganlagen)
☐ Lüftungsanlage (Art und Umfang, Standort der Zentrale, versorgte Bereiche, Verhinderung von Brand- und Rauchausbreitung, Baustoffe, Brandfallsteuerung)

10. Rauch- und Wärmeabzug
☐ Erfordernis nach Bauordnungsrecht
☐ Grundsystem der Entrauchung und Wärmeableitung mit bauordnungsrechtlichen Anforderungen (z.B. für notwendige Treppenräume, Aufzugsschächte, Technikräume)
☐ Entrauchungsmaßnahmen mit zugrundeliegenden Bemessungsvorschriften (ggf. Funktionserhalt) und Brandszenario
☐ Querschnitt von natürlichen Entrauchungsmaßnahmen (mit Angabe der aerodynamisch wirksamen Fläche) bzw. Auslegungskriterien bei maschineller Entrauchung oder Differenzdrucksystemen
☐ Spezifische Anforderungen an Komponenten der Entrauchungsanlage (Temperaturbeständigkeit von Brandgasventilatoren, Entrauchungs- oder Jalousieklappen)

☐ Dimensionierung und Nachweis ausreichender Zuluftführung
☐ Auslösung und Steuerung

11. Brandmeldeanlagen und Alarmierungseinrichtungen
☐ Erfordernis nach Bauordnungsrecht
☐ Überwachungsumfang durch automatische (bzw. manuelle) Brandmelder, Regelwerke, ggf. Betriebsart (Aufschaltung zur Feuerwehr, Vermeidung von Fehlalarmen)
☐ Alarmierungsbereiche, Art der Alarmierung (z.B. Signal, Sprachalarm, optisch), ggf. Sprechstellen und Zuordnung von Sicherheitsklassen
☐ Anordnung von Zentralen, ggf. Unterzentralen, Feuerwehrtableaus, Feuerwehrbedienfeld und Auslöseeinrichtungen (manuell bzw. automatisch, Kenngröße der Melder: Rauch bzw. Temperatur)
☐ Szenarienabhängige Matrix oder Verknüpfungsplan
☐ Feuerwehr-Kommunikationssysteme (z.B. Gebäudefunkanlagen)
☐ Gegensprechanlage zur Kommunikation mit Einsatzkräften

12. Anlagen und Einrichtungen zur Brandbekämpfung
☐ Erfordernis nach Bauordnungsrecht, ggf. nach Arbeitsstättenrecht
☐ Definition des Schutzumfangs
☐ Wasser- oder Gaslöschanlagen mit Regelwerken (Schutzwert für Sprinkleranlagen)
☐ Standort und Auslegung von Wandhydranten; Löschwasseranlagen
☐ Erfordernis einer Druckerhöhungsanlage
☐ Grundzüge der Ausstattung mit Handfeuerlöschern (Regelwerke, Löschmittel)
☐ Sonderlöschmittel und Löschverfahren

13. Sicherheitsstromversorgung
☐ Erfordernis nach Bauordnungsrecht
☐ Zusammenstellung der anzuschließenden Verbraucher (u.a. Sicherheitsbeleuchtung) jeweils mit erforderlicher Betriebsdauer
☐ Anforderungen an Betriebsräume (z.B. für Batterien oder Stromerzeugungsaggregate)
☐ Funktionserhalt elektrischer Leitungsanlagen (z.B. Verteiler)

14. Feuerwehrpläne
☐ Erfordernis nach Bauordnungsrecht (DIN 14095)
☐ Besonderheiten des Brandschutzkonzepts, die für die Einsatzkräfte relevant sind

15. Betriebliche Maßnahmen zur Brandverhütung
☐ Bei Bauarbeiten (Dokumente für feuergefährliche Arbeiten, Schweißerlaubnis, Brandwache)
☐ Erfordernis von Brandschutzbeauftragten bzw. Sicherheitsingenieuren (Qualifikationsanforderung, Tätigkeitsbeschreibung)
☐ Erfordernis von betrieblichen Selbsthilfekräften
☐ Erfordernis einer Brandschutzordnung (DIN 14096) und deren Inhalt bzw. Umfang; Einweisung neuer Nutzer bzw. Mitarbeiter
☐ Erfordernis von Flucht- und Rettungswegplänen, ggf. mit Inhalt und Aushangsort
☐ Erfordernis und Anforderungen an Werkfeuerwehr, Betriebsfeuerwehr bzw. Hausfeuerwehr
☐ Maßnahmen zur Evakuierung bzw. Räumung des Gebäudes; Festlegung von Sammelplätzen; anzusetzende Übungen
☐ Besondere nutzungsbedingte Schutzmaßnahmen (z.B. Laborhygiene, Strahlenschutz)
☐ Weitere Maßnahmen zur Brandverhütung (selbstverlöschende Abfalleimer, Materialwahl ohne Kunststoff u.a.)
☐ Zusammenstellung der noch vorzulegenden Eignungsnachweise
☐ Zusammenstellung der bauordnungsrechtlichen Prüfanforderungen an technische Anlagen (nach „Prüfgrundsätzen", Qualifikation der Prüfenden, Fristen)
☐ Zusammenstellung von Wartungs- bzw. Turnusprüfungen (Fristen, Verantwortlichkeit)
☐ Pflichten der für den Betrieb Verantwortlichen

16. Abweichungen nach § 56 LBO und Erleichterungen nach § 38 LBO
- ☐ Vollständige Zusammenstellung im Abgleich zu den materiellen Anforderungen des Bauordnungsrechts mit den beabsichtigten ausgelichenden Maßnahmen
- ☐ Erläuterungen, wenn ausgleichende Maßnahmen nicht für erforderlich erachtet werden
- ☐ Hinweise auf ggf. notwendige Baulasten

17. Verwendete Rechenverfahren
- ☐ Rechenverfahren, die im Rahmen der Risikoanalyse für das Brandschutzkonzept oder einzelne Komponenten daraus verwendet wurden
- ☐ Nachweis von Anwendungsbereichen und Eignung der Rechenverfahren für die objektspezifische Geometrie, Brandszenarien
- ☐ Zusammenstellung der wesentlichen für die Berechnung erforderlichen Parameter
- ☐ Geeignete und nachvollziehbare Darstellung der Ergebnisse einschließlich relevanter Zwischenergebnisse

III 5 Verwaltungsvorschrift des Ministeriums für Verkehr und Infrastruktur über die Brandverhütungsschau (VwV Brandverhütungsschau)

Vom 17. September 2012 (GABl. S. 863), geändert durch VwV vom 3. März 2015 (GABl. S. 83)

1 Ziel der Brandverhütungsschau

1.1 Die Brandverhütungsschau dient der vorbeugenden Abwehr von Gefahren, die durch einen Brand entstehen können. Sie ist daher, soweit sich aus Nummer 3 nichts anderes ergibt, in allen baulichen Anlagen und Räumen durchzuführen, die wegen ihrer baulichen Beschaffenheit oder Nutzung in erhöhtem Maße brandgefährdet sind oder in denen bei Ausbruch eines Brandes eine größere Zahl von Personen gefährdet werden kann.

1.2 Bei der Brandverhütungsschau ist festzustellen, ob der Entstehung und Ausbreitung von Schadenfeuer im Interesse der Abwendung von Gefahren für Leben und Gesundheit in ausreichendem Maße vorgebeugt wird und bei einem Brand wirksame Lösch- und Rettungsarbeiten möglich sind (§ 15 Abs. 1 der Landesbauordnung – LBO). So ist festzustellen, ob

1.2.1 wegen baulicher oder anderer Mängel die Gefahr von Bränden besteht,

1.2.2 durch die Art der Nutzung die Gefahr von Bränden besteht,

1.2.3 brennbare Stoffe in solchem Umfang oder derart gelagert werden, dass die Gefahr von Bränden besteht,

1.2.4 die erforderlichen Brandabschnitte vorhanden sind und ob sie sich in vorschriftsmäßigem Zustand befinden,

1.2.5 die erforderlichen Rettungswege vorhanden sind und sicher benutzt werden können,

1.2.6 die erforderlichen Löschmittel, Löschgeräte und -anlagen sowie Feuermelde-/Brandmeldeeinrichtungen und Rauchabzugsanlagen vorhanden und einsatzfähig sind,

1.2.7 die Flächen für die Feuerwehr in erforderlichem Umfang vorhanden und nutzbar sind,

1.2.8 die Löschwasserversorgung ausreichend ist,

1.2.9 Maßnahmen zur Löschwasserrückhaltung erforderlich sind,

1.2.10 Brandschutzordnung, Feuerwehrpläne nach DIN 14095 und Evakuierungspläne, soweit erforderlich, vorhanden sind.

2 Der Brandverhütungsschau unterliegende Anlagen

Bauliche Anlagen und Räume, in denen eine Brandverhütungsschau durchzuführen ist, sind

2.1 Hochhäuser (Gebäude mit einer Höhe nach § 2 Absatz 4 Satz 2 LBO von mehr als 22 m),

2.2	Krankenhäuser und ähnliche Einrichtungen,
2.3	Einrichtungen zur Betreuung, Unterbringung oder Pflege von behinderten oder alten Menschen (ohne „betreutes Wohnen", das als Wohnung gewertet wird),
2.4	Gemeinschaftsunterkünfte und Beherbergungsstätten mit mehr als 20 Gastzimmern, ausgenommen in Einrichtungen, deren Rohfußbodenoberkante des höchstgelegenen Geschosses, in dem ein Aufenthaltsraum möglich ist, nicht mehr als 7 m über der Geländeoberfläche im Mittel liegt,
2.5	Schulen, Hochschulen und Einrichtungen mit ähnlichem Nutzeraufkommen, ausgenommen in Einrichtungen, deren Rohfußbodenoberkante des höchstgelegenen Geschosses, in dem ein Aufenthaltsraum möglich ist, nicht mehr als 7 m über der Geländeoberfläche im Mittel liegt,
2.6	Einrichtungen zur Betreuung oder Unterbringung von Kindern, ausgenommen in Einrichtungen, deren Rohfußbodenoberkante des höchstgelegenen Geschosses, in dem ein Aufenthaltsraum möglich ist, nicht mehr als 7 m über der Geländeoberfläche im Mittel liegt und deren Bruttogrundfläche nicht mehr als 400 m² beträgt (eine Einrichtung liegt auch vor, wenn mehr als sieben Kinder in anderen geeigneten Räumen als der Wohnung der Tagespflegeperson betreut werden),
2.7	in Untergeschossen liegende Räume von Verkaufsstätten, Gaststätten, Vergnügungsstätten, soweit sie für Besucher oder Kunden zugänglich sind,
2.8	Verkaufsstätten im Sinne der Verkaufsstättenverordnung,
2.9	Versammlungsstätten im Sinne der Versammlungsstättenverordnung, Discotheken,
2.10	geschlossene Großgaragen im Sinne der Garagenverordnung,
2.11	Gewerbebetriebe, in denen feuer- oder explosionsgefährliche Stoffe hergestellt oder in erheblichem Umfang verarbeitet werden,
2.12	Lagerräume und Lagerplätze mit mehr als 1 000 m² Nutzfläche zur Lagerung brennbarer Stoffe,
2.13	Gewerbliche Anlagen, in denen Stoffe gelagert, abgefüllt, umgeschlagen, hergestellt, verarbeitet oder verwendet werden, von denen im Brandfall Gefahren für die Umwelt ausgehen können,
2.14	Justizvollzugsanstalten und bauliche Anlagen für den Maßregelvollzug,
2.15	sonstige bauliche Anlagen und Räume, die einen vergleichbaren Gefährdungsgrad wie die Nummern 2.1 bis 2.14 aufweisen.

3 Der Brandverhütungsschau nicht unterliegende Anlagen

Abweichend von Nummer 2 ist eine Brandverhütungsschau nicht erforderlich, wenn davon ausgegangen werden muss, dass die erforderliche Sicherheit der Anlagen durch den Betreiber gewährleistet wird. Zu diesen Anlagen zählen:

3.1	Bauliche Anlagen des Bundes,
3.2	oberirdische Gebäude, die der Aufsicht der Bergbehörden unterliegen (§ 1 Abs. 2 Nr. 3 LBO),

4   Durchführung der Brandverhütungsschau

4.1   Die Brandverhütungsschau ist eine unverzichtbare Aufgabe der unteren Baurechtsbehörde (§ 47 Abs. 1 LBO). Zur Erfüllung dieser Aufgabe können Sachverständige herangezogen werden (§ 47 Abs. 2 LBO), die an der Brandverhütungsschau teilnehmen oder diese im Auftrag der Baurechtsbehörde durchführen. Die Beteiligung von Sachverständigen ist dann erforderlich, wenn Angehörige der Behörde die Voraussetzungen nach 4.2 nicht erfüllen. Die Durchführung im Auftrag der Baurechtsbehörde ist dann geboten, wenn die Baurechtsbehörde personell nicht in der Lage ist, die Brandverhütungsschau in den vorgesehenen Zeitabständen (vgl. hierzu Nr. 5.1) selbst durchzuführen.

4.2   Als Sachverständige kommen in Betracht:
- Bauverständige nach § 46 Abs. 5 LBO mit einer Berufserfahrung von mindestens acht Jahren in dieser Tätigkeit,
- Personen, die mindestens die Befähigung für den gehobenen feuerwehrtechnischen Dienst haben, mit einer Berufserfahrung von mindestens drei Jahren im vorbeugenden Brandschutz mit Einsatzdienst sowie feuerwehrtechnische Beamte gemäß § 23 Feuerwehrgesetz, die den erforderlichen Sachverstand haben,
- Personen, die von einer Industrie- und Handelskammer nach § 7 des Gesetzes über die Industrie- und Handelskammern in Baden-Württemberg als Sachverständige für Brandschutz bestellt sind; umfasst die Bestellung nur einen Teilbereich des Brandschutzes, ist von den erforderlichen Sachkenntnissen und Erfahrungen nur für diesen Teilbereich auszugehen,
- Personen, die in eine Fachliste für Brandschutz bei der Ingenieurkammer Baden-Württemberg oder der Architektenkammer Baden-Württemberg eingetragen sind.

Darüber hinaus können als Sachverständige alle herangezogen werden, die die notwendige Ausbildung, Sachkunde und Erfahrung besitzen. In diesem Rahmen entscheidet die Baurechtsbehörde nach ihrem Ermessen, wen sie heranzieht.

4.3   Wird bei der Durchführung der Brandverhütungsschau der Aufgabenbereich anderer Behörden oder Stellen berührt (z. B. Gewerbeaufsicht, Immissionsschutzbehörden), ist ihnen Gelegenheit zu geben, sich an der Brandverhütungsschau zu beteiligen.

4.4   Unterliegen bauliche Anlagen und Räume nach Nummer 2 auch einer Überprüfung durch andere Behörden oder einer Überprüfung im Auftrag anderer Behörden (z. B. durch die Wasserbehörden/Wasserwirtschaftsämter, Immissionsschutzbehörden oder die Gewerbeaufsichtsämter), sollen diese Überprüfungen gemeinsam mit der Brandverhütungsschau durchgeführt werden.

4.5   Die Brandverhütungsschau soll gleichzeitig mit den von den Baurechtsbehörden vorzunehmenden Prüfungen nach der Versammlungsstättenverordnung sowie mit der Feuerstättenschau nach dem Schornsteinfegergesetz durchgeführt werden.

4.6   Die Brandverhütungsschau ist bei baulichen Anlagen des Landes in enger Abstimmung mit der staatlichen Hochbauverwaltung durchzuführen. Sie umfasst mindestens die Bereiche, die von dieser Verwaltung als problematisch benannt werden.

4.7   Auslagen in der tatsächlichen Höhe für Sachverständige, die zur brandschutztechnischen Prüfung baulicher Anlagen des Landes von den Baurechtsbehörden herangezogen werden, trägt das Land. Bescheide sind an das zuständige staatliche Liegenschaftsamt zu richten.

5 Termin der Brandverhütungsschau

5.1 Die Brandverhütungsschau ist in Zeitabständen von höchstens fünf Jahren durchzuführen. Sie ist in kürzeren Zeitabständen durchzuführen, wenn es wegen der vorbeugenden Abwehr von Gefahren in bestimmten baulichen Anlagen und Räumen geboten erscheint.

5.2 Dem Eigentümer und dem Betreiber der baulichen Anlagen oder Räume soll der Termin der Brandverhütungsschau rechtzeitig bekannt gegeben werden.

6 Niederschrift

Über die Brandverhütungsschau ist eine Niederschrift zu fertigen, die die festgestellten Mängel enthält. Die Niederschrift ist kein Verwaltungsakt. Lediglich die Verfügung, welche die Beseitigung der Mängel bis zu einem festzulegenden Zeitpunkt fordert, stellt einen Verwaltungsakt dar und ist zwingend von der zuständigen Baurechtsbehörde zu verfassen. Niederschrift und Verfügung können auch in einem Schriftstück zusammengefasst werden. Allen Beteiligten sowie den zur Mängelbeseitigung Verpflichteten ist eine Ausfertigung zuzuleiten.

7 Mängelbeseitigung

Den zur Mängelbeseitigung Verpflichteten ist für die Beseitigung der festgestellten Mängel eine angemessene Frist zu setzen. Die Baurechtsbehörde kann in einer Nachschau überprüfen, ob die Mängelbeseitigung erfolgt ist.

8 Gebührenpflicht

Die Durchführung der Brandverhütungsschau ist gebührenpflichtig. Die Höhe der Gebühr ist in kommunalen Gebührensatzungen zu regeln.

9 Diese Verwaltungsvorschrift tritt am 1. April 2022 außer Kraft.

III 6 Verwaltungsvorschrift des Ministeriums für Verkehr und Infrastruktur über Flächen für Rettungsgeräte der Feuerwehr auf Grundstücken (VwV Feuerwehrflächen)

Vom 17. September 2012 (GABl. S. 859)

Der nach § 15 Abs. 3 LBO erforderliche unabhängige zweite Rettungsweg kann nach § 15 Abs. 5 LBO über eine mit Rettungsgeräten der Feuerwehr erreichbare Stelle der Nutzungseinheit führen. Sind tragbare Leitern als Rettungsgeräte vorgesehen, so sind die nach § 2 LBOAVO notwendigen Zu- und Durchgänge und die nach Abschnitt 4.3 erforderlichen Stellflächen vorzusehen und ständig freizuhalten. Sind Hubrettungsfahrzeuge als Rettungsgeräte erforderlich, so sind die nach § 2 LBOAVO notwendigen Zu- und Durchfahrten, Aufstell- und Bewegungsflächen vorzusehen, zu kennzeichnen und ständig freizuhalten.

1 Begriffe

1.1 Zugänge, Durchgänge
Zugänge sind Flächen auf dem Grundstück, die Grundstücksteile mit der öffentlichen Verkehrsfläche verbinden. Sie können auch überbaut sein (Durchgänge). Sie dienen zum Erreichen von Stellflächen mit Rettungs- und Löschgeräten.

1.2 Zufahrten, Durchfahrten
Zufahrten sind befestigte Flächen auf dem Grundstück, die mit der öffentlichen Verkehrsfläche direkt in Verbindung stehen. Sie können auch überbaut sein (Durchfahrten). Sie dienen zum Erreichen von Aufstell- und Bewegungsflächen mit Feuerwehrfahrzeugen.

1.3 Stellflächen
Stellflächen sind nicht überbaute Flächen auf dem Grundstück, die mit der öffentlichen Verkehrsfläche direkt oder über Zu- oder Durchgänge in Verbindung stehen. Sie dienen dem Einsatz von tragbaren Rettungsgeräten.

1.4 Aufstellflächen
Aufstellflächen sind nicht überbaute befestigte Flächen auf dem Grundstück, die mit der öffentlichen Verkehrsfläche direkt oder über Zu- oder Durchfahrten in Verbindung stehen. Sie dienen dem Einsatz von Hubrettungsfahrzeugen.

1.5 Bewegungsflächen
Bewegungsflächen sind befestigte Flächen auf dem Grundstück, die mit der öffentlichen Verkehrsfläche direkt oder über Zu- oder Durchfahrten in Verbindung stehen. Sie dienen dem Aufstellen von Feuerwehrfahrzeugen, der Entnahme und Bereitstellung von Geräten sowie der Entwicklung von Rettungs- und Löscheinsätzen. Zu- oder Durchfahrten sind keine Bewegungsflächen. Bewegungsflächen können gleichzeitig Aufstellflächen sein.

2 Zu- und Durchgänge

Zu- und Durchgänge sind nach § 2 Abs. 2 LBOAVO auszubilden.

2.1 Richtungsänderungen

Sind abweichend von § 2 Abs. 2 LBOAVO Richtungsänderungen erforderlich, so sind diese so auszuführen, dass der Transport des Rettungsgeräts (vierteilige Steckleiter mit 2,7 m Transportlänge bzw. dreiteilige Schiebleiter mit 5,6 m Transportlänge) auch durch Einsatzkräfte in voller Ausrüstung möglich bleibt. In Zweifelsfällen ist die Ausführung in Abstimmung mit der für den Brandschutz zuständigen Dienststelle festzulegen.

2.2 Steigungen

Müssen Steigungen überwunden werden, so sind diese für die Einsatzkräfte gut begehbar auszubilden (ab 20 % möglichst befestigt und ab 40 % möglichst mit Stufen). Liegen Steigungen und Höheneinschränkungen vor, so ist darauf zu achten, dass die Rettungsgeräte mit den in 2.1 genannten Transportlängen noch stehend transportiert werden können.

3 **Zu- und Durchfahrten**

Zu- und Durchfahrten sind nach § 2 Abs. 3 und 4 LBOAVO auszubilden.

3.1 Kurven in Zu- und Durchfahrten

Werden die Zufahrten nicht geradlinig geführt, so muss in Abhängigkeit vom Außenradius der Kurve die Breite der Zufahrt den in Bild 1 angegebenen Werten entsprechen. Dabei müssen vor und hinter Kurven auf einer Länge von mindestens 11 m Übergangsbereiche vorhanden sein. Zum Einbiegen von der öffentlichen Verkehrsfläche auf das Grundstück muss die Kurve nach Bild 1 für mindestens eine Anfahrrichtung vorhanden sein. Über die Planung ist Einvernehmen mit der örtlichen Straßenverkehrsbehörde herzustellen, soweit sie die öffentliche Verkehrsfläche betrifft.

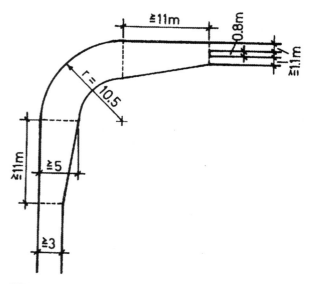

Bild 1: Kurven in Zu- und Durchfahrten

Außenradius der Kurve (m)		Breite mindestens (m)
10,5	bis 12	5,0
über 12	bis 15	4,5
über 15	bis 20	4,0
über 20	bis 40	3,5
über 40	bis 70	3,2
über 70		3,0

3.2 Fahrspuren
Geradlinig geführte Zu- oder Durchfahrten können außerhalb der Übergangsbereiche als Fahrspuren ausgebildet werden. Die beiden befestigten Streifen müssen voneinander einen Abstand von 0,8 m haben und mindestens je 1,1 m breit sein.

3.3 Längsneigungen
Zufahrten dürfen längs bis zu 10 % geneigt sein. Steilere Neigungen können im Einvernehmen mit der für den Brandschutz zuständigen Dienststelle zugelassen werden, wenn die Befahrbarkeit gewährleistet bleibt. Neigungswechsel sind in Durchfahrten sowie innerhalb eines Abstandes von 8 m vor und hinter Durchfahrten unzulässig. Sonstige Neigungswechsel sind mit einem Radius von 15 m auszurunden.

3.4 Stufen und Schwellen
Stufen und Schwellen im Zuge von Zu- oder Durchfahrten dürfen nicht höher als 8 cm sein. Eine Folge von Stufen oder Schwellen im Abstand von weniger als 10 m ist unzulässig. Im Bereich von Neigungswechseln nach Nummer 3.3 dürfen keine Stufen oder Schwellen sein.

3.5 Sperrvorrichtungen
Sperrvorrichtungen sind in Zu- oder Durchfahrten zulässig, wenn sie von der Feuerwehr geöffnet werden können. Vorzugsweise sind Verschlüsse zu verwenden, die mit dem Überflurhydrantenschlüssel nach DIN 3223 oder dem Feuerwehrbeil nach DIN 14924 geöffnet werden können. Im Einvernehmen mit der für den Brandschutz zuständigen Dienststelle können auch andere Schließsysteme zugelassen werden. Sperrpfosten dürfen im umgelegten Zustand nicht höher als 8 cm sein.

3.6 Bordsteinabsenkung
Die Zufahrtsmöglichkeit von der öffentlichen Verkehrsfläche ist durch Absenken des Bordsteins auf der gemäß 3.1 erforderlichen Länge deutlich zu machen.

3.7 Fahrbahnbegleitende Park- und Grünstreifen
Der öffentliche Verkehrsraum, insbesondere fahrbahnbegleitende Park- und Grünstreifen und die Fahrbahngeometrie müssen so gestaltet werden, dass eine Zufahrt zu den erforderlichen Feuerwehrflächen möglich ist (siehe auch 3.1). Über die erforderlichen verkehrsrechtlichen Anordnungen ist Einvernehmen mit der örtlichen Straßenverkehrsbehörde und mit der für den Brandschutz zuständigen Dienststelle herzustellen.

4 **Aufstellflächen und Stellflächen auf dem Grundstück**

Aufstellflächen müssen mindestens 5 m breit, mindestens 11 m lang und so angeordnet sein, dass alle zum Anleitern bestimmten Stellen von Hubrettungsfahrzeugen erreicht werden können.

4.1   Aufstellflächen für Hubrettungsfahrzeuge entlang der Außenwand
Aufstellflächen, die am Gebäude entlang geführt werden, müssen von der anzuleiternden Außenwand einen Abstand von mindestens 3 m haben. Dieser Abstand darf höchstens 9 m und bei Brüstungshöhen von mehr als 18 m höchstens 6 m betragen. Die Aufstellfläche soll mindestens 8 m über die letzte Anleiterstelle hinausreichen. Im Einvernehmen mit der für den Brandschutz zuständigen Dienststelle können andere Abstände festgelegt werden, wenn örtliche oder technische Gegebenheiten dies erfordern.

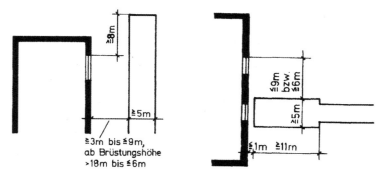

Bild 2: Aufstellflächen entlang der Außenwand bzw. rechtwinklig zur Außenwand

4.2   Aufstellflächen für Hubrettungsfahrzeuge rechtwinklig zur Außenwand
Rechtwinklig oder annähernd im rechten Winkel auf die anzuleiternde Außenwand zugeführte Aufstellflächen dürfen keinen größeren Abstand als 1 m zur Außenwand haben. Die Entfernung zwischen der seitlichen Begrenzung der Aufstellfläche und der entferntesten seitlichen Begrenzung der zum Anleitern bestimmten Stelle darf 9 m und bei Brüstungshöhen von mehr als 18 m 6 m nicht überschreiten.

4.3   Stellflächen für tragbare Leitern
Stellflächen für tragbare Leitern müssen mit einer Kante unmittelbar an die vertikale Projektion der anzuleiternden Stellen anschließen; dabei muss die Leiter mit Hilfseinrichtungen und 0,5 m seitlichem Lichtraum innerhalb der Stellfläche liegen. Die Stellfläche für die vierteilige Steckleiter (Standardrettungsgerät) muss mindestens 3 m × 3 m betragen. Die Fläche kann im Einvernehmen mit der für den Brandschutz zuständigen Dienststelle ausnahmsweise, insbesondere bei geringerer Rettungshöhe, verkleinert werden. Die Stellfläche für die dreiteilige Schiebleiter muss mindestens 4 m × 4 m betragen. Dabei muss für beide Leitertypen das Verlassen einer mit einem Anstellwinkel von 70° angestellten Leiter durch einen Raum von 0,5 m Tiefe hinter dem Leiterfuß möglich bleiben. Die Stellflächen für Leitern müssen einen sicheren Stand bieten; eine Befestigung ist nicht erforderlich. Die Stellfläche darf in der Richtung parallel zur Kante der zum Anleitern bestimmten Stelle keine Neigung aufweisen und im Übrigen darf die Neigung den Leiterfuß bei 70° Anstellwinkel nicht abrutschen lassen.

4.4   Freihalten des Anleiterbereichs
Zwischen den zum Anleitern bestimmten Stellen und den Aufstellflächen bzw. Stellflächen dürfen sich keine den Einsatz der Rettungsgeräte erschwe-

renden Hindernisse wie bauliche Anlagen, Bäume, Wasserflächen, Abgrabungen oder Aufschüttungen befinden.

4.5   Neigungen der Aufstellflächen
Aufstellflächen müssen in einer Ebene liegen und dürfen nicht mehr als 5 % geneigt sein.

5   Bewegungsflächen

Bewegungsflächen müssen für jedes nach Ausrückeordnung vorgesehene Fahrzeug 7 m × 12 m groß sein. Im Einvernehmen mit der für den Brandschutz zuständigen Dienststelle können ausnahmsweise auch kleinere Bewegungsflächen zugelassen werden. Vor und hinter Bewegungsflächen an weiterführenden Zufahrten sind mindestens 4 m lange Übergangsbereiche anzuordnen (siehe Bild 4). Bewegungsflächen müssen in einer Ebene liegen und dürfen in keiner Richtung mehr als 5 % geneigt sein. Bewegungsflächen für Löschfahrzeuge können innerhalb eines Radius von 50 m um die betreffende bauliche Anlage auch auf öffentlichen Flächen liegen.

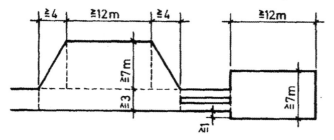

Bild 3: Bewegungsflächen

6   Befestigung[1]

6.1   Befestigung von Zu- oder Durchfahrten sowie Aufstell- und Bewegungsflächen
Zu- oder Durchfahrten sowie Aufstell- und Bewegungsflächen für die Feuerwehr sind so zu befestigen, dass sie von Feuerwehrfahrzeugen mit einer zulässigen Gesamtmasse von 16 t und einer Achslast von 10 t befahren werden können. Von Feuerwehrfahrzeugen befahrbare Decken sind für die Brückenklasse 16/16 nach DIN 1072: 1985–12, Tabelle 2 zu berechnen. Dabei ist jedoch nur ein Einzelfahrzeug in ungünstigster Stellung anzusetzen. Auf den umliegenden Flächen ist die gleichmäßig verteilte Last der Hauptspur in Rechnung zu stellen. Der nach DIN 1072 geforderte Nachweis für eine einzelne Achslast von 110 kN darf entfallen. Die Nutzlast darf als vorwiegend ruhend eingestuft werden, ein Schwingbeiwert muss deswegen nicht angesetzt werden. Zufahrten sind sicher begeh- und befahrbar herzu-

---

1   Dieses Anforderungsniveau entspricht sowohl der Technischen Baubestimmung DIN EN 1991–1–1/NA.3.3.3 (Eurocode 1), als auch der früheren Technischen Baubestimmung DIN 1055–3:2006–03.

stellen und so instand zu halten, dass sie jederzeit von der Feuerwehr erkennbar und benutzbar sind und eine Rutschgefahr (z. B. durch Humus, Schnee, Eis) ausgeschlossen ist.

6.2 Befestigung von Aufstellflächen
Aufstellflächen sind zusätzlich zu den Anforderungen nach 6.1 so zu befestigen, dass sie einer Flächenpressung (Bodenpressung) von mindestens 800 kN/m² standhalten.

6.3 Randbegrenzung befahrbarer Bereiche
Zufahrten und Aufstellflächen müssen eine stets deutlich erkennbare Randbegrenzung aufweisen. Dies kann eine bei allen Witterungsverhältnissen erkennbar befahrbare Fläche sein oder eine Markierung mit nicht mehr als 0,8 m Höhe (z. B. durch Bepflanzung oder durch Pfosten).

7 Hinweisschilder für den Brandschutz

Zu- oder Durchfahrten für Feuerwehrfahrzeuge sind durch Hinweisschilder mit der Aufschrift „Feuerwehrzufahrt" so zu kennzeichnen, dass diese Hinweise von der öffentlichen Verkehrsfläche aus sichtbar sind. Diese Hinweisschilder sind als amtlich angeordnet zu kennzeichnen. Im Einvernehmen mit der örtlichen Straßenverkehrsbehörde kann mit diesem Schild gleichzeitig ein Haltverbot nach StVO angeordnet werden. Aufstellflächen oder Bewegungsflächen für Feuerwehrfahrzeuge sind durch Hinweisschilder mit der Aufschrift „Fläche für die Feuerwehr" zu kennzeichnen. Diese Hinweisschilder müssen mindestens 210 mm × 594 mm groß sein. Zugänge oder Durchgänge für die Feuerwehr sind durch Hinweisschilder mit der Aufschrift „Feuerwehrzugang" zu kennzeichnen. Alle Hinweisschilder müssen der Norm DIN 4066 (Hinweisschilder für den Brandschutz) entsprechen und mindestens 148 mm × 420 mm groß sein.

8 Darstellung der Flächen im Lageplan

Nach § 4 Abs. 4 Nr. 5 e und f der Verfahrensverordnung zur Landesbauordnung (LBOVVO) sind die Zufahrten, Aufstell- und Bewegungsflächen unter Angabe ihrer Höhenlage im Lageplan darzustellen. Auch die Zu- und Durchgänge und die Stellflächen für tragbare Rettungsgeräte sollen im Lageplan dargestellt werden. Dargestellt werden sollen ferner die im öffentlichen Raum liegenden Flächen für die Feuerwehr. Alle Darstellungen sollen im Lageplan in einer geeigneten Genauigkeit vermaßt werden.

III 7 Fundstellen nicht abgedruckter Verwaltungsvorschriften

Bekanntmachung des Ministeriums für Umwelt, Klima und Energiewirtschaft im Einvernehmen mit dem Ministerium für Verkehr und Infrastruktur über die Liste der Technischen Baubestimmungen (LTB) (zuletzt vom 14. November 2014 (GABl. S. 738) – bzw. in der jeweils gültigen Fassung.

IV 1 Hinweise des Wirtschaftsministeriums über den baulichen Brandschutz in Krankenhäusern und baulichen Anlagen entsprechender Zweckbestimmung

vom 26. April 2007

Inhalt

V.   Zusätzliche Unterlagen
1.   Bauvorlagen und zusätzliche Angaben
2.   Flucht- und Rettungspläne
3.   Feuerwehrpläne
4.   Brandschutzordnung
VI. Prüfungen

I.   Anwendungsbereich

Diese Hinweise bilden ein Schutzkonzept für den Brandschutz bei der Errichtung von Krankenhäusern, baulichen Anlagen entsprechender Zweckbestimmung (z. B. Vorsorge- und Rehabilitationseinrichtungen und Pflegeheime) und Funktionsbereichen entsprechender Zweckbestimmung anderer baulicher Anlagen (z. B. Pflegebereiche in Alten- und Kinderheimen), an die nach § 38 LBO besondere Anforderungen gestellt oder Erleichterungen gestattet werden können.
Die Hinweise sind als ergänzende Planungshilfe zu verstehen.
Der Begriff „Krankenhäuser" umfasst im weiteren Text auch die in der Überschrift genannten baulichen Anlagen entsprechender Zweckbestimmung.
Bei der Frage, ob ein Vorhaben in den Bereich dieser Hinweise fällt, können verschiedene Aspekte eine Rolle spielen. Dies reicht von der allgemeinen brandschutztechnischen Situation bis zur Frage, inwiefern die sich in der Anlage bewegenden Personen körperlich eingeschränkt sind, ob es sich um einen stationären Aufenthalt handelt und ob eine gewisse Zahl an Plätzen überschritten wird. Als Anhaltspunkt ist eine Bettenzahl von sechs Patientenbetten anzusehen.
Abweichungen sind möglich, sofern dem Schutzziel der Regelungen entsprochen wird. Weitere Anforderungen können gestellt werden, soweit dies zur Erreichung des Schutzzieles erforderlich ist. Dies kann z. B. für geschlossene psychiatrische Abteilungen von Krankenhäusern oder Krankenhäuser bzw. -abteilungen innerhalb von Strafvollzugsanstalten erforderlich werden.
Für Pflege- und Behandlungsbereiche in Untergeschossen und für Geschosse deren Fußboden mehr als 22 Meter über der Geländeoberfläche liegen, können besondere Anforderungen gestellt werden.
Die Vorschriften der LBOAVO bleiben unberührt, soweit in diesen Hinweisen keine abweichenden Anforderungen gestellt werden.
Für bestehende bauliche Anlagen können diese Hinweise insoweit als Entscheidungshilfe herangezogen werden, ob die Voraussetzungen nach § 76 Abs. 1 LBO gegeben sind.

II.   Begriffe

Krankenhäuser
sind bauliche Anlagen, in denen durch ärztliche und pflegerische Hilfeleistung Krankheiten, Leiden oder Körperschäden festgestellt, geheilt oder gelindert werden sollen, Geburtshilfe geleistet wird und in denen die zu versorgenden Personen untergebracht und verpflegt werden können.

Vorsorge- und Reha-Einrichtungen
sind bauliche Anlagen, in denen durch ärztliche und therapeutische Hilfeleistung Krankheiten, Leiden oder Körperschäden geheilt oder gelindert werden

und in denen die zu versorgenden Personen untergebracht, verpflegt und behandelt werden können.

Pflegebereiche
sind Gebäude oder Gebäudeteile in denen Pflegeeinheiten untergebracht sind.

Pflegeeinheiten
sind Raumgruppen, in denen Kranke und sonstige Pflegebedürftige untergebracht, verpflegt und gepflegt werden.

Untersuchungs- und Behandlungsbereiche
sind Gebäude, Gebäudeteile oder Raumgruppen, in denen Krankheiten, Leiden oder Körperschäden festgestellt und/ oder behandelt werden.
Zu den Pflege-, Untersuchungs- und Behandlungsbereichen zählen auch zugehörige Nebenräume, wie Umkleide-, Wasch- und Pausenräume, Bereitschaftsräume für Ärzte, Pflegepersonal und sonstige Betriebsangehörige.

Großraumbereiche
sind zusammenhängende Raumgruppen ohne notwendige Flure.

Sonderbereiche
sind Bereiche, die ein besonders hohes Maß an Behandlung, Pflege oder Überwachung erfordern.

Brandschutzbereiche
dienen der horizontalen Rettung von Liegendkranken in geschützte benachbarte Bereiche.

Rauchabschnitte
dienen der Verhinderung der Rauchausbreitung im Brandfall über einen flächenmäßig bestimmten Bereich hinaus.

III. Anforderungen an die bauliche Ausführung

1. Wände, Decken, Dächer

1.1 Tragende und aussteifende Wände, Decken und Stützen
Diese Bauteile müssen folgendes Brandverhalten aufweisen:
- Keine Anforderungen bei obersten Geschossen, die weder Aufenthaltsräume, zugehörige Nebenräume noch Rettungswege enthalten,
- mindestens feuerhemmend bei Gebäuden mit nicht mehr als einem oberirdischen Geschoss außer in Untergeschossen, bei denen keine Außenwand vollständig über der festgelegten Geländeoberfläche liegt,
- mindestens feuerhemmend bei Gebäuden mit nicht mehr als zwei Geschossen ohne Pflege- sowie Untersuchungs- und Behandlungsbereiche,
- feuerbeständig bei sonstigen Gebäuden und in Untergeschossen nach dem 2. Unterpunkt zu III.1.1

1.2 Außenwände
Außenwände sind in den wesentlichen Teilen nichtbrennbar auszuführen; Baustoffe in Außenwänden dürfen nicht brennend abtropfen können, dies betrifft insbesondere auch die Dämmschicht. Die Außenbekleidung kann

schwer entflammbar (Baustoffklasse B1) ausgeführt werden, wenn es sich um einen Baukörper mit bis zu zwei oberirdischen Geschossen handelt.

1.3   Innenwände

1.3.1   Wände, die Rauchabschnitte, Brandschutzbereiche und Brandabschnitte bilden, müssen mindestens folgendes Brandverhalten aufweisen:
- Feuerhemmend zwischen Rauchabschnitten, wobei zur Abschnittsbildung notwendige Schotte über die Kenngröße „Rauch" zu steuern sind,
- Feuerbeständig zwischen Brandschutzbereichen, Sonderbereichen, Großraumbereichen, notwendigen Treppenräumen und Treppenraumerweiterungen,
- Brandwandeigenschaft zwischen Brandabschnitten.

1.3.2   Raumabschlüsse zwischen notwendigen Fluren und anderen Räumen müssen in ihren Bauteilen und Baustoffen mindestens folgende Eigenschaften aufweisen:
- bei Gebäuden mit nicht mehr als einem oberirdischen Geschoss nichtbrennbar,
- bei sonstigen Gebäuden mindestens feuerhemmend und nichtbrennbar.

1.4   Dämmstoffe und Bekleidungen
Dämmstoffe und Bekleidungen müssen folgendes Brandverhalten aufweisen:
- Nichtbrennbar an Wänden und Decken von Rettungswegen, in Räumen mit erhöhter Brand- und Explosionsgefahr, Installationsbereichen und in Dächern (mit Ausnahme der Dachhaut),
- schwerentflammbar an sonstigen Innenwänden und Decken.

1.5   Öffnungen in Decken
Geschosse in Pflege- und Behandlungsbereichen dürfen grundsätzlich nicht über offene Treppen oder andere Öffnungen miteinander in Verbindung stehen. Abweichungen, wie z. B. Eingangshallen, bedürfen weitergehender brandschutz-technischer Maßnahmen in Abstimmung mit der für den Brandschutz zuständigen Dienststelle. Hierbei dürfen durch diese offenen Bereiche grundsätzlich keine notwendigen Treppen geführt werden und die Begrenzung des Bereichs ist wie für einen Brandschutzbereich auszubilden.

1.6   Dächer
Das Tragwerk von Dächern über Aufenthaltsräumen, zugehörigen Nebenräumen und Rettungswegen muss mindestens feuerhemmend ausgebildet werden.

2.   Bereichsabgrenzungen für den Brandschutz

2.1   Brandabschnitte
Abweichend von § 7 Abs. 4 LBOAVO dürfen die Abstände der Brandwände bis zu 50 m betragen.
Größere Brandabschnitte sind möglich, wenn die Sicherheit durch weitergehende brandschutztechnische Maßnahmen gewährleistet ist.

2.2   Brandschutzbereiche
Soweit in Pflegebereichen eine Unterteilung in Brandabschnitte nicht erforderlich ist, sind Brandschutzbereiche herzustellen.
Geschosse in Pflegebereichen sind in mindestens zwei Brandschutzbereiche zu unterteilen.

Jeder Brandschutzbereich muss so bemessen sein, dass zusätzlich mindestens 30 v. H. der Betten des benachbarten Brandschutzbereiches vorübergehend aufgenommen werden können.

Jeder Brandschutzbereich muss mit einem anderen Brandschutzbereich und mit einem Treppenraum jeweils unmittelbar verbunden sein.

2.3 Rauchabschnitte

Brandabschnitte über 400 m² müssen in Rauchabschnitte von höchstens 400 m² unterteilt werden. Bei betriebsnotwendig größeren Rauchabschnitten sind Maßnahmen zu treffen, um die Rettung von Menschen sicherzustellen.

2.4 Großraumbereiche

Zusammenhängende Bereiche sind in Pflege-, Untersuchungs- und Behandlungsbereichen ohne notwendige Flure bis zu einer Grundfläche von 400 m² zulässig. Dies bedarf weitergehender brandschutztechnischer Maßnahmen. Insbesondere sind Räume, die der stationären Unterbringung von Pflegebedürftigen dienen, von dem Bereich, durch den im Brandfall die Evakuierung vorgesehen ist, durch eine feuerhemmende Wand und dichtschließende Türen abzutrennen.

In einem Großraumbereich ist von maximal 10 Pflegebedürftigen auszugehen. Weiterhin können insbesondere gefordert werden:

- erhöhte Personalverfügbarkeit für Erstmaßnahmen
- Maßnahmen zur Beschränkung der Verrauchung
- Löschanlage

2.5 Sonderbereiche

Sonderbereiche bedürfen weitergehender oder abweichender brandschutztechnischer Maßnahmen, die sich am Brandgefahrenpotential und der körperlichen und geistigen Verfassung der Nutzer orientieren.

Sonderbereiche sind insbesondere Bereiche der Intensivmedizin, der Quarantäne bei Infektionskrankheiten, der Akutdialyse und der Forensik.

3. Rettungswege in Gebäuden

3.1 Allgemeine Anforderungen

3.1.1 Art des Rettungswegs und Erreichbarkeit

Von jeder Stelle eines Aufenthaltsraumes müssen mindestens zwei voneinander unabhängige Rettungswege, die unmittelbar oder über eine notwendige Treppe ins Freie führen, vorhanden sein.

Mindestens einer dieser Rettungswege muss so beschaffen sein, dass das Freie oder ein Treppenraum mit einer notwendigen Treppe nach höchstens 30 Meter erreichbar ist. Soweit der erste Rettungsweg über eine notwendige Treppe führt, muss diese in einem Treppenraum angeordnet sein.

Der zweite Rettungsweg sollte möglichst entgegengesetzt zum ersten Rettungsweg angeordnet sein. Er kann auch unmittelbar aus einem Großraumbereich zu einer notwendigen Treppe oder in eine gleichartige benachbarte Nutzungseinheit führen, sofern von dort ein weiterer Rettungsweg jederzeit erreichbar ist. Außentreppen sind als zweiter baulicher Rettungsweg zulässig, sofern sie im Brandfall sicher benutzbar sind; diese Forderung ist regelmäßig bei einer im Bereich der Treppe geschlossenen Außenwand erfüllt.

3.1.2 Rettungswege und angelagerte Nutzungen

Rettungswege dürfen durch Foyers oder Hallen zu Ausgängen ins Freie geführt werden, wenn für jedes Geschoss mindestens ein weiterer von dem Foyer oder der Halle unabhängiger baulicher Rettungsweg vorhanden ist.

An Rettungswegen können Bereiche mit anderen Nutzungen, wie Empfangstheken oder Verkaufsräume, offen angeschlossen werden, wenn
- der Rettungsweg in Breite und Flucht unverändert fortgeführt wird,
- geeignete Maßnahmen den Rettungsweg als dauerhaft freizuhaltende Bewegungsfläche kennzeichnen und
- die mit anderen Nutzungen belegten Bereiche über eine Löschanlage verfügen, die geeignet ist, die potentiellen Brandherde zu erreichen und eine Rauchschürze in Verbindung mit einem Rauchabzug den Raucheintrag in den Rettungsweg weitgehend verhindert.

3.1.3 Rettungswege über Stichflure
Rettungswege über Stichflure sind dann zulässig, wenn
- die Länge der Rettungswege in diesem Flur maximal 10 m beträgt oder diese Länge 15 m beträgt, sofern der Stichflur vom Hauptflur durch eine Rauchschutztüre getrennt ist, und
- diese Flure an ihrem Ende durch unmittelbar ins Freie führende Fenster zu beleuchten und zu belüften sind.

3.1.4 Rettungswege sind durch beleuchtete Sicherheitszeichen dauerhaft und gut sichtbar zu kennzeichnen.

3.2 Treppen

3.2.1 Notwendige Treppen müssen aus nichtbrennbaren Baustoffen ausgebildet sein.

3.2.2 Die nutzbare Breite notwendiger Treppen und Treppenabsätze muss mindestens 1,20 m und darf höchstens 2,40 m betragen. Türflügel dürfen die nutzbare Breite der Treppenabsätze nicht einengen.

3.2.3 Treppen mit gewendeltem Lauf sind als notwendige Treppen unzulässig.

3.3 Treppenräume

3.3.1 Notwendige Treppenräume (§ 11 Abs. 1 LBOAVO), die nicht unmittelbar oder über einen möglichst kurzen Flur einen Ausgang ins Freie haben, sind zulässig, wenn die Treppenräume über einen Flur oder eine Halle (z. B. Eingangshalle) mit dem Freien verbunden sind, die den folgenden Anforderungen genügen:
- Entfernung von der untersten Treppenstufe bis zum Freien maximal 20 m,
- Abtrennung zum Treppenraum und gegenüber anderen Räumen mit feuerbeständigen Wänden,
- Türen zum Treppenraum und zu anderen Räumen mindestens feuerhemmend, rauchdicht und selbstschließend.

3.3.2 Notwendige Treppenräume, sowie alle innen liegenden Treppenräume müssen an der obersten Stelle eine rauchmeldergesteuerte Rauchabzugsvorrichtung mit einem freien Querschnitt von mindestens 1 m^2 haben oder es sind Maßnahmen zu treffen, die einen Raucheintritt verhindern.
Fenster dürfen als Rauchabzüge ausgebildet werden, wenn die Unterkante der Fenster mindestens 1,80 m über dem obersten Fußbodenniveau liegt.

3.4 Flure

3.4.1 Flure, in denen Kranke liegend befördert werden, müssen in Krankenhäusern und vergleichbaren Einrichtungen eine nutzbare Breite von mindestens 2,25 m haben, in Pflegeheimen und vergleichbaren Einrichtungen ist eine nutzbare Breite von 1,80 m ausreichend.

3.4.2   Die Mindestbreite der Flure darf durch Einbauten nicht eingeschränkt werden. Einbauten müssen überwiegend aus nichtbrennbaren Baustoffen bestehen; Einzelteile aus schwerentflammbaren Baustoffen können zugelassen werden.

3.4.3   Notwendige Flure, Sonder- und Großraumbereiche ohne öffenbare Fenster oder Oberlichter müssen so entraucht werden können, dass keine Gefahr für andere Räume oder andere Bereiche entsteht. Diese Einrichtungen dürfen nicht gleichzeitig der Be- und Entlüftung angrenzender Räume dienen.

3.5   Türen

3.5.1   Türen, durch die Kranke liegend befördert werden, müssen eine lichte Breite von mindestens 1,20 m haben.

3.5.2   Türen von notwendigen Fluren, notwendigen Treppenräumen und Türen, die ins Freie führen, müssen in Fluchtrichtung aufschlagen und dürfen keine Schwellen haben.

3.5.3   Schiebetüren sind in Rettungswegen unzulässig, dies gilt nicht für automatische Schiebetüren, die Rettungswege nicht beeinträchtigen.
Pendeltüren müssen in Rettungswegen Vorrichtungen haben, die ein Durchpendeln der Türen verhindern.

3.5.4   Abweichend von § 14 Abs. 4 LBOAVO sind im Zuge notwendiger Flure feuerhemmende, rauchdichte und selbstschließende Türen in Brandwänden zulässig, sofern die angrenzenden Flurwände in einem Bereich von 1,25 m auf beiden Seiten dieser Türen mindestens feuerhemmend sind, aus nichtbrennbaren Baustoffen bestehen und keine Öffnungen haben.

3.5.5   Türen mit den Eigenschaften rauchdicht und selbstschließend werden in Wänden gefordert, die Rauchabschnitte begrenzen.

3.5.6   Türen mit den Eigenschaften feuerhemmend, rauchdicht und selbstschließend werden in Wänden gefordert, die folgende Räume oder Bereiche begrenzen:
    – Brandschutzbereiche
    – Großraumbereiche
    – Sonderbereiche
    – Vorräume vor Aufzügen in Untergeschossen
    – notwendige Treppenräume

3.5.7   Türen, die selbstschließend sein müssen, dürfen offen gehalten werden, wenn sie Einrichtungen haben, die bei Raucheinwirkung ein selbsttätiges Schließen der Türen bewirken; sie müssen auch von Hand geschlossen werden können.

4.   Technische Einrichtungen

4.1   Aufzüge und Transportanlagen

4.1.1   Aufzüge müssen eine an die Brandmeldeanlage angeschlossene dynamische Brandfallsteuerung haben.
Ein geeignetes Signal muss im Gefahrenfall darauf hinweisen, dass ein Aufzug nicht in Betrieb ist.
Die Brandfallsteuerung muss über einen Schlüsselschalter übersteuert werden können.

4.1.2   In Untergeschossen sind vor Aufzügen Vorräume anzuordnen, die durch feuerbeständige Wände von Fluren und anderen Räumen zu trennen sind.

4.1.3   Schächte und Kanäle von Transportanlagen müssen feuerbeständig sein
        und sind so herzustellen, dass Feuer und Rauch in andere Geschosse nicht
        übertragen werden können.

4.2   Sicherheitsbeleuchtung
        Es muss eine Sicherheitsbeleuchtung vorhanden sein
        –   in notwendigen Fluren, notwendigen Treppenräumen, in Räumen zwi-
            schen notwendigen Treppenräumen und Ausgängen ins Freie und
        –   für Sicherheitszeichen im Zug von Rettungswegen.

4.3   Sicherheitsstromversorgungsanlagen
        Krankenhäuser müssen eine Sicherheitsstromversorgungsanlage haben,
        die bei Ausfall der Stromversorgung den Betrieb der sicherheitstechnischen
        Anlagen und Einrichtungen übernimmt, insbesondere der
        –   Sicherheitsbeleuchtung
        –   Feuerwehraufzüge
        –   Rauchabzugsanlagen
        –   Alarmierungsanlagen
        –   Brandmeldeanlagen
        –   Gebäudefunkanlagen
        –   Feuerlöschanlagen.

4.4   Blitzschutzanlagen
        Krankenhäuser müssen Blitzschutzanlagen haben, die auch die sicherheits-
        technischen Einrichtungen schützen (äußerer und innerer Blitzschutz).

5.   Feuerlösch- und Alarmierungseinrichtungen

5.1   Feuerlöscheinrichtungen

5.1.1   In jedem Geschoss sind geeignete Feuerlöscher in ausreichender Anzahl zu ins-
        tallieren. Die Feuerlöscher sind gut sichtbar und leicht zugänglich anzubringen.

5.1.2   Wandhydranten oder Steigleitungen können gefordert werden, wenn dies aus
        Gründen des Brandschutzes erforderlich ist. Diese sind dann in der Nähe der
        notwendigen Treppenräume gut sichtbar und leicht zugänglich zu installieren.

5.2   Alarmierungseinrichtungen
        Es sind geeignete Alarmierungsanlagen zu installieren, durch die das Perso-
        nal alarmiert werden kann.

5.3   Brandmeldeanlagen
        Es sind flächendeckende Brandmeldeanlagen mit automatischen und nichtauto-
        matischen Brandmeldern zu installieren (Vollschutz Kategorie I, Ausführung TM).

IV.   Einrichtungen für die Feuerwehr

1.   Flächen für Feuerwehr und Rettungsdienst

        Krankenhäuser müssen über Zufahrten, Aufstell- und Bewegungsflächen für
        die Feuerwehr verfügen. Diese Flächen sind stets freizuhalten; darauf ist
        dauerhaft und gut sichtbar hinzuweisen.

2.   Löschwasserversorgung

        Krankenhäuser müssen über eine ausreichende Löschwasserversorgung
        verfügen. Dazu sind im Bereich der Aufstell- und Bewegungsflächen der

Feuerwehr bzw. an den Zugängen zu den Rettungswegen Hydranten, vorzugsweise Überflurhydranten, anzuordnen.

3. Gebäudefunkanlagen

Wird die Funkkommunikation der Einsatzkräfte der Feuerwehr innerhalb der Gebäude durch die bauliche Anlage gestört, sind technische Einrichtungen zur Unterstützung des Funkverkehrs vorzusehen.

V. Zusätzliche Unterlagen

1. Bauvorlagen und zusätzliche Angaben

Über die üblichen Bauvorlagen hinaus sind grundsätzlich insbesondere folgende Unterlagen oder Angaben vorzulegen:
- die Zahl der Betten,
- die Zahl der Behandlungsplätze,
- erforderliche Rettungswege in Gebäuden und ihre Abmessungen,
- erforderliche Brandschutzeinrichtungen und ihre Dimensionierung,
- Nachweise über die erforderliche Bemessung der Brandschutzbereiche und der Brand- und Rauchabschnitte,
- Nachweise über eine ausreichende Löschwasserversorgung,
- Außenanlagenplan mit Zufahrten, Aufstell- und Bewegungsflächen für die Feuerwehr und
- besondere Pläne, Beschreibungen und Nachweise für die nach diesen Hinweisen geforderten technischen Einrichtungen.

2. Flucht- und Rettungspläne

Die Rettungswege und Brandschutzeinrichtungen sind in besondere Zeichnungen einzutragen, die als Aushang zur Information der Nutzer geeignet sein müssen.

3. Feuerwehrpläne

Feuerwehrpläne sind in Abstimmung mit der Feuerwehr bereitzustellen.

4. Brandschutzordnung

Es ist eine Brandschutzordnung aufzustellen und durch Aushang bekannt zu machen. In der Brandschutzordnung sind insbesondere die Erforderlichkeit und die Aufgaben eines Brandschutzbeauftragten und der Selbsthilfekräfte für den Brandschutz sowie die betrieblichen Maßnahmen festzulegen, die zur Rettung von Menschen erforderlich sind.
Das Personal ist bei Beginn des Arbeitsverhältnisses und danach mindestens jährlich zu unterweisen über
- die Lage und die Bedienung der Feuerlöscheinrichtungen und -anlagen, Rauchabzugsanlagen, Brandmelde- und Alarmierungsanlagen und der Brandmelder- und Alarmzentrale,

– die Brandschutzordnung, insbesondere über das Verhalten im Gefahrenfall und
– die Betriebsvorschriften.

VI. Prüfungen

1. Vor der ersten Inbetriebnahme hat der Betreiber des Krankenhauses die Rauchabzugseinrichtungen und die Feuerlösch-, Brandmelde- und Alarmierungsanlagen von Sachverständigen prüfen zu lassen. Dies gilt auch, wenn die Anlagen und Einrichtungen nach einer wesentlichen Änderung wieder in Betrieb genommen werden sollen. Die Prüfungen sind alle drei Jahre zu wiederholen.

2. Der Betreiber hat die brandschutztechnischen Belange der RLT-Anlagen vor der ersten Inbetriebnahme prüfen zu lassen. Die Prüfung ist mindestens alle drei Jahre zu wiederholen.

3. Der Betreiber hat die für die Aufrechterhaltung des Krankenhausbetriebes erforderlichen elektrischen Anlagen und Einrichtungen von einem Sachverständigen vor der ersten Inbetriebnahme prüfen zu lassen. Die Prüfung ist mindestens alle drei Jahre zu wiederholen. Abweichend hiervor genügt die Prüfung in Abständen von höchstens fünf Jahren, wenn der Betreiber sicherstellt, dass die Anlagen und Einrichtungen in der Zwischenzeit entsprechend den Bestimmungen des Verbandes Deutscher Elektrotechniker (VDE-Bestimmungen) durch Fachkräfte geprüft werden.

4. Für die Prüfungen hat der Betreiber die nötigen Vorrichtungen und fachlich geeignete Arbeitskräfte bereitzustellen und die erforderlichen Unterlagen bereitzuhalten.

5. Die Kosten dieser Prüfungen hat der Betreiber zu tragen.

6. Der Betreiber hat die bei diesen Prüfungen festgestellten Mängel unverzüglich beseitigen zu lassen. Er hat die Prüfberichte mindestens zehn Jahre aufzubewahren und der Baurechtsbehörde nach Aufforderung vorzulegen. Kommt der Betreiber der Aufforderung nicht nach, hat die Baurechtsbehörde das Recht, die entsprechenden Prüfungen auf Kosten des Betreibers durch Sachverständige durchführen zu lassen.
    Die Baurechtsbehörde kann im Einzelfall die Fristen für die Prüfungen verkürzen, wenn dies zur Abwehr drohender Verletzung von Recht oder Ordnung erforderlich ist.

7. Sachverständige sind insbesondere die nach der Bausachverständigenverordnung des Innenministeriums vom 15.7.86 (GBl. S. 305) (BauSVO) für die verschiedenen Sonderbauverordnungen anerkannten Sachverständigen mit ihren jeweiligen Spezialgebieten, die sinngemäß zu übertragen sind.

8. Nr. VI 1. bis 3. sind auf Krankenhäuser des Bundes, der Länder und der Gebietskörperschaften nicht anzuwenden. Die Prüfungen derartiger Krankenhäuser sind von den zuständigen Behörden dieser Körperschaften in eigner Verantwortung zu veranlassen, durchzuführen und zu überwachen.

IV 2 Verzeichnis der Prüfämter für Baustatik in Baden-Württemberg

Stand: 31. Dezember 2014 (GBl. S. 93)

1. Regierungspräsidium Tübingen
   Landesstelle für Bautechnik
   Konrad-Adenauer-Straße 20
   72072 Tübingen
   Telefon: (07071) 757-0
2. Prüfamt für Baustatik Friedrichshafen
   Charlottenstraße 12
   88045 Friedrichshafen
   Telefon: (07541) 203-4400
3. Prüfamt für Baustatik Stuttgart
   Eberhardstraße 33
   70173 Stuttgart
   Telefon: (0711) 216-0

Als Prüfämter sind für die bautechnische Prüfung von Windenergieanlagen in Baden-Württemberg folgende prüfende Stellen anerkannt:

4. Prüfamt für Standsicherheit
   TÜV Süd Industrie Service GmbH
   Zentralbereich Sonderbauten
   Abteilung Fliegende Bauten
   Westendstraße 199
   80686 München
   Telefon: (089) 5791-1971
5. Prüfstelle für Statik
   TÜV Nord Cert GmbH
   Langemarckstraße 20
   45141 Essen
   Telefon: (0201) 825-2446

IV 3 Verzeichnis der Prüfingenieure für Baustatik in Baden-Württemberg

Stand: 31. Dezember 2014 (GABl. S. 94)

lfd. Nr.	Name	Niederlassung	Straße Fernsprecher	Anerkannt für Fachrichtung Metallbau = 1 Massivbau = 2 Holzbau = 3	Geltungsdauer[1)
1.	**Angelmaier**, Volkhard Dipl.-Ing.	70469 Stuttgart	Heilbronner Straße 362 (0711) 2506-206	1 2	25. Januar 2027
2.	**Avak**, Ralf Prof. Dr.-Ing.	88400 Biberach	Hugo-Häring-Straße 26 (07351) 421548	2	26. Mai 2020
3.	**Bechert**, Achim Dipl.-Ing.	70188 Stuttgart	Von-Pistorius-Straße 6 A (0711) 1663-3	2	14. Juni 2026
4.	**Bißwurm**, Axel Dipl.-Ing.	68219 Mannheim	Besselstraße 16a (0621) 41949-32	1 2 3	03. November 2033
5.	**Bitzer**, Hans-A. Prof. Dr.-Ing.	72459 Albstadt	Am Schloß 10 (07431) 9577-0	1	05. August 2015
6.	**Blaß**, Hans-Joachim Prof. Dr.-Ing.	76227 Karlsruhe Zweigniederlassung: 72458 Albstadt-Ebingen	Pforzheimer Straße 15b (0721) 464719-0 Beethovenstraße 10 (07431) 59124-59	3	20. Februar 2023
7.	**Bock**, Peter Dipl.-Ing.	78479 Reichenau	Obere Rheinstraße 7c (07534) 9208-0	2	30. Januar 2029
8.	**Bornscheuer**, B.-F. Dr.-Ing.	70195 Stuttgart	Nöllenstraße 7 (0711) 69753-0	1 2	26. März 2022
9.	**Braun**, Hansjörg Dipl.-Ing.	75328 Schömberg	Hauptstraße 104 (07084) 9235-0	2	22. Juni 2015
10.	**Breinlinger**, Frank Dr.-Ing.	78532 Tuttlingen	Kanalstraße 1-4 (07461) 184-0	1 2	16. August 2025
11.	**Brenner**, Walter Dipl.-Ing.	73432 Aalen	Sauerbruchstraße 25 (07361) 9885-0	2	06. April 2019
12.	**Breuninger**, Ulrich Dr.-Ing.	70176 Stuttgart	Johannesstraße 75 (0711) 99341-12	1 2	27. Mai 2031
13.	**Broneske**, Jürgen Dipl.-Ing.	71638 Ludwigsburg	Bunzstraße 5 (07141) 97231-0	2	28. Juni 2030
14.	**Burmeister**, Albrecht Prof. Dr.-Ing.	70182 Stuttgart	Schützenstraße 13 (0711) 22833-30	1	27. November 2021
15.	**Denk**, Heiko Prof. Dr.-Ing.	78467 Konstanz	Turmstraße 20 (07531) 36108-0	2	17. September 2040
16.	**Deuchler**, Frank Dipl.-Ing. (FH)	68219 Mannheim	Besselstraße 16a (0621) 41949-0	2	01. Mai 2035
17.	**Drexler**, Frank-Ulrich Prof. Dipl.-Ing.	70195 Stuttgart Zweigniederlassung: 73312 Geislingen	Nöllenstraße 7 (0711) 69753-0 Rheinland Straße 41 (07331) 96110-60	1 2	19. November 2022

1) Nach § 16 Abs. 1 Ziff. 4 BauPrüfVO vom 10. Mai 2010 erlischt die Anerkennung mit Vollendung des 68. Lebensjahres.

lfd. Nr.	Name	Niederlassung	Straße Fernsprecher	Anerkannt für Fachrichtung Metallbau = 1 Massivbau = 2 Holzbau = 3	Geltungsdauer[1]
18.	Ebner, Mathias Dipl.-Ing.	77652 Offenburg	Im Seewinkel 16 (0781) 9138-0	1 2	24. Juni 2031
19.	Egner, Ralf Dr.-Ing.	79111 Freiburg	Burkheimer Straße 3 (0761) 384095-0	1 2	17. Januar 2031
20.	Eisele, Manfred Dipl.-Ing.	73760 Ostfildern	Felix-Wankel-Straße 6 (0711) 340170-3	2	09. Mai 2020
21.	Eisele, Steffen Dipl.-Ing.	70195 Stuttgart	Nöllenstraße 7 (0711) 69753-0	2	16. Juli 2030
22.	Erhardt, Rouven Dipl.-Ing.	75179 Pforzheim	Irma-Feldweg-Str. 8 (07231) 4574-0	3	28. Februar 2042
23.	Fecher, Martin Dipl.-Ing.	88085 Langenargen	Grubenstraße 9 (07543) 93310	2	27. Mai 2019
24.	Fichter, Wolfgang Prof. Dr.-Ing.	79104 Freiburg i. Br.	Karlstraße 51 (0761) 7059662	1 2	06. Mai 2022
25.	Fink, Roland Prof. Dr.-Ing.	71634 Ludwigsburg	Abelstraße 63 (07141) 9413-0	1 2	24. August 2027
26.	Forster, Magnus Dipl.-Ing.	73529 Schwäbisch Gmünd	Am Straßdorfer Berg 7 (07171) 92736-0	1 2	09. März 2025
27.	Friedhoff, Volker Dipl.-Ing.	70469 Stuttgart	Bludenzer Straße 6 (0711) 135776-28	2	06. April 2037
28.	Fritsch, Andreas Dipl.-Ing.	79104 Freiburg	Wölflinstraße 14 (0761) 3841509-0	2	02. Juli 2036
29.	Gass, Joachim Dipl.-Ing.	72160 Horb a. N.	Robert-Bosch-Straße 31 (07451) 5384-0	2	17. April 2029
30.	Gauger, Hans-Ulrich Dr.-Ing.	69121 Heidelberg-Handschuhsheim	Dossenheimer Landstraße 100 (06221) 389359-10	2	08. Februar 2023
31.	Gerold, Matthias Dipl.-Ing.	76133 Karlsruhe	Reinhold-Frank-Straße 48b (0721) 1819-200	2 3	16. April 2027
		Zweigniederlassung: 73760 Ostfildern	Felix-Wankel-Straße 6 (0711) 340170-3	3	
32.	Gugeler, Jochen Dr.-Ing.	70197 Stuttgart	Schwabstraße 43 (0711) 64871-0	1 2	11. Juni 2029
33.	Häussler, Hartmut Dipl.-Ing.	89171 Illerkirchberg	Rieslingweg 8 (07346) 9612-0	3	06. Mai 2033
34.	Häussler, Rainer Dipl.-Ing.	89171 Illerkirchberg	Rieslingweg 8 (07346) 9612-0	2	28. Mai 2038
35.	Hall, Konrad Dipl.-Ing. (FH)	70597 Stuttgart	Albstraße 14 (0711) 76750-0	2	16. März 2033
36.	Harich, Richard Prof. Dr.-Ing.	76646 Bruchsal	Asamstraße 5 (07251) 89417	2	27. November 2022

lfd. Nr.	Name	Niederlassung	Straße Fernsprecher	Anerkannt für Fachrichtung *Metallbau* = *1* *Massivbau* = *2* *Holzbau* = *3*	Geltungsdauer[1)
37.	**Hartmann**, Heiner Prof. Dr.-Ing.	70376 Stuttgart	Moselstraße 28 (0711) 50873980	3	15. Januar 2029
38.	**Hauer**, Markus Dr.-Ing.	76199 Karlsruhe	Rastatter Straße 25 (0721) 96401-0	2	09. August 2029
39.	**Held**, Karsten Dipl.-Ing.	70563 Stuttgart	Curiestraße 2 (0711) 97884-0	2	30. August 2038
40.	**Heller**, Dieter Dipl.-Ing. (FH)	89081 Ulm- Jungingen	Albstraße 3 (0731) 96734-0	2	29. Juni 2027
41.	**Höß**, Petra Dr.-Ing.	79115 Freiburg	Basler Straße 115 (0761) 211688-0	1 2	04. Januar 2030
42.	**Hofer**, Armin Dipl.-Ing.	70327 Stuttgart	Ulmer Straße 337 (0711) 63303011	2	30. September 2030
43.	**Hottmann**, Hermann Dr.-Ing.	73525 Schwäbisch Gmünd	Taubentalstraße 46/1 (07171) 92755-0	2	04. Juli 2025
44.	**Hummel**, Arnold Dipl.-Ing.	79111 Freiburg i. Br.	Burkheimer Straße 3 (0761) 384095-0	2	11. April 2027
45.	**Kienzle**, Berndt Dipl.-Ing.	76137 Karlsruhe	Bahnhofstraße 16 (0721) 93162-0	2	30. März 2019
46.	**Kist**, Waldemar Dipl.-Ing.	74821 Mosbach	Badgasse 10 (06261) 93690	2	19. Juli 2030
47.	**Knapp**, Roger Dipl.-Ing.	76593 Gernsbach	Langenackerstraße 2a (07224) 994937	1	05. Juni 2040
48.	**Kohler**, Wolfgang Dipl.-Ing.	70499 Stuttgart	Glemsgaustraße 12 (0711) 8205896-0	2	19. Januar 2030
49.	**Krämer**, Stephan Dipl.-Ing.	88400 Biberach	Meisenweg 47 (07351) 197387	2	27. August 2037
50.	**Krieger**, Bernhard Dipl.-Ing.	75175 Pforzheim	Liebeneckstraße 13 (07231) 96270	2	18. Januar 2036
51.	**Kürschner**, Kai Prof. Dr.-Ing.	70174 Stuttgart	Breitscheidstraße 10 (0711) 1285207-0	1	06. Juni 2041
52.	**Kuhlmann**, Ulrike Prof. Dr.-Ing.	73760 Ostfildern	Felix-Wankel-Straße 6 (0711) 340170-3	1 3	09. August 2025
53.	**Lippold**, Dieter Dipl.-Ing.	70188 Stuttgart	Haußmannstraße 78 (0711) 92377-0	2	01. Mai 2020
54.	**Maier**, Dietmar H. Dr.-Ing.	76133 Karlsruhe	Fritz-Erler-Str. 25 (0721) 8299-0	1 2	06. Februar 2021
55.	**Markwig**, Michael Dr.-Ing.	68165 Mannheim	Fahrlachstraße 18 (0621) 83337-0	1 2	21. Februar 2015
56.	**Mok**, Daniel Dr.-Ing.	70469 Stuttgart	Heilbronner Straße 362 (0711) 2506-0	2	26. März 2038

lfd. Nr.	Name	Niederlassung	Straße Fernsprecher	Anerkannt für Fachrichtung Metallbau = 1 Massivbau = 2 Holzbau = 3	Geltungsdauer[1)]
57.	Nißle, Karlheinz Dipl.-Ing.	71032 Böblingen	Bunsenstraße 80 (07031) 2177-0	2	14. Dezember 2027
		Zweigniederlassung: 73033 Göppingen	Schickhardtstraße 24 (07161) 91451-19		
58.	Pfeifer, Matthias Prof. Dipl.-Ing.	79189 Bad Krozingen	Litschgistraße 8 (07633) 90877-0	1 2	01. Mai 2023
59.	Rathgeb, Jürgen Dipl.-Ing.	73728 Esslingen	Schillerstraße 7 (0711) 939262-0	2	01. Februar 2032
60.	Rauschning, Erich Dipl.-Ing.	70176 Stuttgart	Rosenbergstraße 50/1 (0711) 6566079-0	2	09. Februar 2022
61.	Rehle, Norbert Dr.-Ing.	70197 Stuttgart	Reinsburgstraße 97 (0711) 933090-10	2	25. September 2030
62.	Retzepis, Ioannis Dr.-Ing.	76133 Karlsruhe	Karlstraße 46 (0721) 3508-0	1 2	26. Oktober 2029
63.	Rieger, Hugo Prof. Dr.-Ing.	74076 Heilbronn	Kreuzenstrasse 98 (07131) 203355-70	1 3	16. Juni 2022
64.	Rothfuß, Gerhard Dipl.-Ing.	73728 Esslingen	Schelztorstraße 44 (0711) 36550640	1	01. Oktober 2024
65.	Sättele, Jürgen Michael, Dr.-Ing.	70619 Stuttgart	Bockelstraße 146 (0711) 44990-0	2	02. Juli 2016
66.	Schäfer, Klaus Dipl.-Ing.	71063 Sindelfingen	Wettbachstraße 18 (07031) 6998-29	2	06. August 2025
67.	Schlüter, Franz- Hermann, Dr.-Ing.	76133 Karlsruhe	Stephanienstraße 102 (0721) 91319-0	2	26. September 2024
68.	Sigler, Wolfgang Dipl.-Ing.	72622 Nürtingen	Gerberstraße 18 (07022) 95197-0	2	28. Juni 2026
69.	Sobek, Werner Prof. Dr.-Ing.	70597 Stuttgart	Albstraße 14 (0711) 767500	1 2 3	15. Mai 2021
70.	Späh, Felix Dipl.-Ing.	68163 Mannheim	Ludwig-Beck-Straße 8 (0621) 83394-0	2	21. August 2031
71.	Spieth, Holger Dipl.-Ing. (FH)	72622 Nürtingen	Gerberstraße 18 (07022) 95197-16	2	13. Juni 2039
72.	Stech, Karl-Heinz Ph. D.	77855 Achern	Kastanienweg 10 (07841) 669766	1 2	21. Dezember 2034
73.	Steidle, Peter Prof. Dr.-Ing.	76287 Rheinstetten	Kastenwörthstraße 17 (0721) 9512885	2	11. Oktober 2022
74.	Steller, Frank Dipl.-Ing.	70435 Stuttgart	Schwieberdinger Straße 5 (0711) 365338-35	2	20. Februar 2026
75.	Stempniewski, Lothar Prof. Dr.-Ing.	78333 Stockach	Goethestraße 33 (07771) 9149-0	2	29. September 2026
76.	Strasser, Bernhard Dipl.-Ing.	79540 Lörrach	Rathausgasse 6 (07621) 1611613	2	03. Mai 2022

lfd. Nr.	Name	Niederlassung	Straße Fernsprecher	Anerkannt für Fachrichtung Metallbau = 1 Massivbau = 2 Holzbau = 3	Geltungsdauer[1]
77.	Ummenhofer, Thomas Prof. Dr.-Ing.	76131 Karlsruhe	Schönfeldstraße 8 (0721) 62685510	1 2	07. Februar 2032
78.	Wagner, Werner Prof. Dr.-Ing.	76199 Karlsruhe	Moosalbstraße 36 (0721) 95759-0	1 2	06. Mai 2020
		Zweigniederlassung: 77652 Offenburg	Griesheimer Straße 61a (0781) 968628-0		
79.	Weiler, Hans-Ulrich Dipl.-Ing.	73614 Schorndorf	Burgstraße 71 (07181) 4829369	1	10. November 2028
80.	Weischedel, Thilo Dipl.-Ing. (FH)	70597 Stuttgart	Felix-Dahn-Straße 10 (0711) 7586526-0	1 2	22. Januar 2030
81.	Wetzel, Roland Dipl.-Ing.	70188 Stuttgart	Haussmannstraße 78 (0711) 92377-0	2	12. Juli 2025
82.	Winter, Timo Dipl.-Ing.	76133 Karlsruhe	Fritz-Erler-Str. 25 (0721) 8299-78	2	10. Oktober 2043
83.	Wittemann, Klaus Dr.-Ing.	76135 Karlsruhe	Weinbrennerstraße 18 (0721) 984360	1 2	06. Februar 2030
84.	Wulle, Rainer Dipl.-Ing.	74076 Heilbronn	Kreuzenstrasse 98 (07131) 58995-10	2	30. September 2020
85.	Zimmermann, Frank Dipl.-Ing.	74074 Heilbronn	Schweinsbergstraße 11 (07131) 9818-0	2	28. April 2036

IV 4 Richtlinie über den baulichen Brandschutz im Industriebau* (Industriebaurichtlinie – IndBauRL)

Fassung Juli 2014 (GABl. S. 738)

Inhaltsverzeichnis

---

* Die Muster-Industriebau-Richtlinie wurde notifiziert gemäß Richtlinie 98/34/EG des Europäischen Parlaments und des Rates vom 22. Juni 1998 über ein Informationsverfahren auf dem Gebiet der Normen und technischen Vorschriften und der Vorschriften für die Dienste der Informationsgesellschaft (ABl. L 204 vom 21.7.1998, S. 37), zuletzt geändert durch Artikel 26 Absatz 2 der Verordnung (EU) Nr. 1025/2012 des Europäischen Parlaments und des Rates vom 25. Oktober 2012 (ABl. L 316 vom 14.11.2012, S. 12).

1. Ziel

Ziel dieser Richtlinie ist es, die Mindestanforderungen an den Brandschutz
von Industriebauten zu regeln, insbesondere an
- die Feuerwiderstandsfähigkeit der Bauteile,
- die Brennbarkeit der Baustoffe,
- die Größe der Brandabschnitte bzw. Brandbekämpfungsabschnitte,
- die Anordnung, Lage und Länge der Rettungswege.

Industriebauten, die den Anforderungen dieser Richtlinie entsprechen, erfüllen die Schutzziele des § 15 LBO.

2. Anwendungsbereich

Diese Richtlinie gilt für:
- Industriebauten nach Abschnitt 3.1, die keine Aufenthaltsräume in einer
Höhe von mehr als 22 m i. S. von § 2 Abs. 4 Satz 2 LBO haben.
- Industriebauten, die Aufenthaltsräume (§ 2 Abs. 7 LBO i. V. m. § 34 LBO)
in einer Höhe von mehr als 22 m i. S. von § 2 Abs. 4 Satz 2 LBO haben,
welche nur vorübergehend zu Wartungs- und Kontrollzwecken begangen werden.

Diese Richtlinie gilt nicht für Reinraumgebäude.

Für Industriebauten mit geringeren Brandgefahren, wie

- Industriebauten, die überwiegend offen sind, wie überdachte Freianlagen oder Freilager, oder die aufgrund ihres Verhaltens im Brandfall diesen gleichgestellt werden können,
- Industriebauten, die lediglich der Aufstellung technischer Anlagen dienen und die nur vorübergehend zu Wartungs- und Kontrollzwecken begangen werden, (Einhausungen, z. B. aus Gründen des Witterungs- oder Immissionsschutzes),

können Erleichterungen gestattet werden, wenn die bauordnungsrechtlichen Schutzziele erfüllt sind.

Weitergehende Anforderungen können gestellt werden z. B. für Regallager mit brennbarem Lagergut und einer Oberkante Lagerguthöhe von mehr als 9,0 m.

3. Begriffe

3.1 Industriebauten
Industriebauten sind Gebäude oder Gebäudeteile im Bereich der Industrie und des Gewerbes, die der Produktion (Herstellung, Behandlung, Verwertung, Verteilung) oder Lagerung von Produkten oder Gütern dienen. I. S. dieser Richtlinie ist die Grundfläche eines Industriebaus die Fläche zwischen den aufgehenden Umfassungsbauteilen und von Räumen innerhalb eines Industriebaus die Fläche zwischen deren Umfassungswänden.

3.2 Brandabschnitt
Ein Brandabschnitt ist der Bereich eines Gebäudes zwischen seinen Außenwänden und/oder den Wänden, die als Brandwände über alle Geschosse ausgebildet sind.

3.3 Brandabschnittsfläche
Die Brandabschnittsfläche ist die Grundfläche des Geschosses mit der größten Ausdehnung eines Brandabschnitts zwischen den aufgehenden Umfassungsbauteilen.

3.4 Brandbekämpfungsabschnitt
Ein Brandbekämpfungsabschnitt ist ein auf das kritische Brandereignis normativ bemessener, gegenüber anderen Gebäudebereichen brandschutztechnisch abgetrennter Gebäudebereich mit spezifischen Anforderungen an Wände und Decken, die diesen Brandbekämpfungsabschnitt begrenzen.

3.5 Grundfläche des Brandbekämpfungsabschnitts
Die Grundfläche des Brandbekämpfungsabschnitts ist die Grundfläche des untersten oberirdischen Geschosses bzw. der untersten Ebene des Brandbekämpfungsabschnitts, gemessen an der höchsten Stelle der Bodenplatte zwischen den aufgehenden Umfassungsbauteilen. Die Grundfläche tiefer liegender Bereiche, wie Gruben und Pressenkeller, werden der Grundfläche des Brandbekämpfungsabschnitts zugeschlagen.

3.6 Brandbekämpfungsabschnittsfläche
Die Brandbekämpfungsabschnittsfläche ist die Summe der Grundflächen von Geschossen und Ebenen des Brandbekämpfungsabschnitts zwischen den aufgehenden Umfassungsbauteilen.

3.7 Geschoss
Ein Geschoss umfasst alle auf gleicher Höhe liegenden, sowie in der Höhe versetzten Räume und Raumteile eines Brandabschnitts oder eines Brandbekämpfungsabschnitts. Geschosse werden durch Geschossdecken ge-

trennt, die raumabschließend und standsicher sein müssen. Die Grundfläche eines Geschosses ist die Fläche zwischen den aufgehenden Umfassungs-bauteilen oder Brandwänden eines Geschosses.

3.8 Ebene
Eine Ebene umfasst alle auf gleicher Höhe liegenden Räume oder Raumteile in einem Brandbekämpfungsabschnitt zwischen den Außenwänden oder den Wänden zur Trennung von Brandbekämpfungsabschnitten. Ebenen sind durch Decken getrennt, deren Standsicherheit brandschutztechnisch be-messen sein muss. Die Decken haben Öffnungen, nicht klassifizierte Ab-schlüsse oder Abschottungen. Bei der Ermittlung der Grundfläche der jewei-ligen Ebene werden die Flächen von Öffnungen und nicht klassifizierte Abschlüsse oder Abschottungen nicht angerechnet.

3.9 Einbauten
Einbauten umfassen einzelne auf gleicher Höhe liegende begehbare Bau-teile oberhalb des Fußbodens von Geschossen und Ebenen. Einbauten sind brandschutztechnisch nicht bemessen. Die Grundfläche von Einbauten ist die Fläche zwischen ihren Umfassungswänden bzw. den freien Rändern.

3.10 Erdgeschossige Industriebauten
Erdgeschossige Industriebauten sind Gebäude mit nicht mehr als einem oberirdischem Geschoss ohne Ebenen, deren Fußböden an keiner Stelle mehr als 1,0 m unter der Geländeoberfläche liegen.

3.11 Brandsicherheitsklassen
Brandsicherheitsklassen sind Klassierungsstufen, mit denen die unter-schiedliche brandschutztechnische Bedeutung von Bauteilen bewertet wird.

3.12 Sicherheitskategorien
Sicherheitskategorien sind Klassierungsstufen für die brandschutztechni-sche Infrastruktur. Sie ergeben sich aus den Vorkehrungen für die Brandmel-dung, der Art der Feuerwehr und der Art einer Feuerlöschanlage. Sie werden wie folgt unterschieden:
– Sicherheitskategorie K 1:
  Brandabschnitte oder Brandbekämpfungsabschnitte ohne besondere Maßnahmen für Brandmeldung und Brandbekämpfung
– Sicherheitskategorie K 2:
  Brandabschnitte oder Brandbekämpfungsabschnitte mit automatischer Brandmeldeanlage
– Sicherheitskategorie K 3.1:
  Brandabschnitte oder Brandbekämpfungsabschnitte mit automatischer Brandmeldeanlage in Industriebauten mit Werkfeuerwehr in mindestens Staffelstärke; diese Staffel muss aus hauptberuflichen Kräften bestehen.
– Sicherheitskategorie K 3.2:
  Brandabschnitte oder Brandbekämpfungsabschnitte mit automatischer Brandmeldeanlage in Industriebauten mit Werkfeuerwehr in mindestens Gruppenstärke
– Sicherheitskategorie K 3.3:
  Brandabschnitte oder Brandbekämpfungsabschnitte mit automatischer Brandmeldeanlage in Industriebauten mit Werkfeuerwehr mit mindes-tens 2 Staffeln
– Sicherheitskategorie K 3.4:
  Brandabschnitte oder Brandbekämpfungsabschnitte mit automatischer Brandmeldeanlage in Industriebauten mit Werkfeuerwehr mit mindes-tens 3 Staffeln

- Sicherheitskategorie K 4:
- Brandabschnitte oder Brandbekämpfungsabschnitte mit selbsttätiger Feuerlöschanlage

Bei Vorhandensein einer flächendeckenden halbstationären Feuerlöschanlage darf in den Sicherheitskategorien K 3.1 bis K 3.3 die jeweils nächst höhere Kategorie angesetzt werden, wenn die Werkfeuerwehr der Verwendung der Feuerlöschanlage zugestimmt hat.

3.13 Werkfeuerwehr

Werkfeuerwehr i. S. dieser Richtlinie ist eine nach § 19 FwG anerkannte Werkfeuerwehr, die jederzeit in spätestens 5 Minuten nach ihrer Alarmierung die Einsatzstelle erreicht; Einsatzstelle ist die Stelle des Industriebaus, von der aus vor Ort erste Brandbekämpfungsmaßnahmen vorgetragen werden.

4. Verfahren

4.1 Im Verfahren nach Abschnitt 6 wirdin Abhängigkeit
- von der Feuerwiderstandsfähigkeit der tragenden und aussteifenden Bauteile,
- von der brandschutztechnischen Infrastruktur der baulichen Anlage (ausgedrückt durch die Sicherheitskategorien) und
- der Anzahl der oberirdischen Geschosse

die zulässige Brandabschnittsfläche für einen Brandabschnitt ermittelt.

4.2 Im Verfahren nach Abschnitt 7 werden auf der Grundlage der Rechenverfahren nach DIN 18230-1
- die zulässige Fläche und
- die Anforderungen an die Bauteile nach den Brandsicherheitsklassen

für einen Brandbekämpfungsabschnitt bestimmt.

4.3 Anstelle der Verfahren nach den Abschnitten 6 und 7 können auch Methoden des Brandschutzingenieurwesens eingesetzt werden zum Nachweis, dass die Ziele nach Abschnitt 1 erreicht werden (§ 3 Abs. 3 Satz 3 LBO). Solche Nachweise sind nach Anhang 1 aufzustellen.

5. Allgemeine Anforderungen

5.1 Löschwasserbedarf

Für Industriebauten ist der Löschwasserbedarf im Benehmen mit der Brandschutzdienststelle unter Berücksichtigung der Flächen der Brandabschnitte oder Brandbekämpfungsabschnitte sowie der Brandlasten festzulegen. Hierbei ist auszugehen von einem Löschwasserbedarf über einen Zeitraum von zwei Stunden
- von mindestens 96 m³/h bei Abschnittsflächen bis zu 2.500 m² und
- von mindestens 192 m³/h bei Abschnittsflächen von mehr als 4.000 m².

Zwischenwerte können linear interpoliert werden.

Bei Industriebauten mit selbsttätiger Feuerlöschanlage genügt eine Löschwassermenge für Löscharbeiten der Feuerwehr von mindestens 96 m³/h über einen Zeitraum von einer Stunde.

5.2 Lage und Zugänglichkeit

5.2.1 Jeder Brandabschnitt und jeder Brandbekämpfungsabschnitt muss mit mindestens einer Seite an einer Außenwand liegen und von dort für die Feuerwehr zugänglich sein. Dies gilt nicht für Brandabschnitte und Brandbekämpfungsabschnitte, die eine selbsttätige Feuerlöschanlage haben.

5.2.2　Freistehende sowie aneinandergebaute Industriebauten mit einer Grundfläche von insgesamt mehr als 5.000 m² müssen eine für Feuerwehrfahrzeuge befahrbare Umfahrt haben. Umfahrten müssen die Anforderungen der VwV Feuerwehrflächen erfüllen.

5.2.3　Über die nach § 2 LBOAVO für die Feuerwehr erforderlichen Zufahrten, Durchfahrten und Aufstell- und Bewegungsflächen hinaus, sind auch die Umfahrten nach Abschnitt 5.2.2 ständig freizuhalten. Hierauf ist dauerhaft und leicht erkennbar hinzuweisen (Kennzeichnung).

5.3　Zweigeschossige Industriebauten mit Zufahrten
Wird bei einem zweigeschossigen Industriebau das untere Geschoss mit Bauteilen einschließlich der Decken feuerbeständig und aus nichtbrennbaren Baustoffen hergestellt und werden für beide Geschosse Zufahrten für die Feuerwehr angeordnet, dann kann das obere Geschoss wie ein erdgeschossiger Industriebau behandelt werden.

5.4　Geschosse und Ebenen unter der Geländeoberfläche

5.4.1　Geschosse von Brandabschnitten, deren Fußböden ganz oder teilweise mehr als 1 m unter der Geländeoberfläche liegen, sind durch raumabschließende, feuerbeständige Wände aus nichtbrennbaren Baustoffen in Abschnitte zu unterteilen, deren Grundfläche im ersten Untergeschoss nicht größer als 1.000 m² und in jedem tiefer gelegenen Geschoss nicht größer als 500 m² sein darf. Tragende und aussteifende Wände und Stützen sowie Decken müssen feuerbeständig sein.

5.4.2　Die Grundflächen von Brandbekämpfungsabschnitten, deren Fußböden ganz oder teilweise mehr als 1 m unter der Geländeoberfläche liegen, dürfen nicht größer als 1.000 m² im ersten unterirdischen Geschoss oder in der ersten unterirdischen Ebene und 500 m² in jedem tiefer gelegenen Geschoss oder Ebene sein.

5.4.3　Die Anforderungen nach 5.4.1 und 5.4.2 gelten nicht für Geschosse und Ebenen, wenn sie mindestens an einer Seite auf ganzer Länge für die Feuerwehr von außen ohne Hilfsmittel zugänglich sind.

5.4.4　Werden in Brandabschnitten nach 5.4.1 oder Brandbekämpfungsabschnitten nach 5.4.2 selbsttätige Feuerlöschanlagen angeordnet oder dienen diese Brandabschnitte oder Brandbekämpfungsabschnitte ausschließlich dem Betrieb von Wasserklär- oder Wasseraufbereitungsanlagen, dürfen die in den Abschnitten 5.4.1 und 5.4.2 festgelegten Flächenwerte auf das Dreieinhalbfache erhöht werden.

5.5　Einbauten
In Abhängigkeit der Sicherheitskategorie sind auf den Grundflächen von Geschossen und Ebenen maximal folgende Grundflächen von Einbauten zulässig:

Tabelle 1: max. Grundfläche einzelner Einbauten

Sicherheitskategorie	K 1	K 2	K 3.1	K 3.2	K 3.3	K 3.4	K 4
max. Grundfläche in m²	400	600	720	800	920	1.000	1.400

Bei der Ermittlung der Grundfläche von Einbauten werden Öffnungen innerhalb des Einbaus nicht abgezogen. Einbauten nach Tabelle 1 dürfen mehr-

fach nebeneinander angeordnet werden, wenn sie durch brandlastfreie Zonen von mindestens 5 m Breite (Freistreifen) getrennt sind; sie dürfen nicht übereinander angeordnet werden. In Summe dürfen deren Flächen jeweils nicht mehr als 25 %
- der Grundfläche des Geschosses,
- der Brandbekämpfungsabschnittsfläche,
- der Grundfläche der Ebene und
- des Teilabschnittes

betragen.

Einbauten sind so anzuordnen, dass die Feuerwehr geeignete Löschmaßnahmen von einem sicheren Standort aus vortragen kann.

5.6   Rettungswege

5.6.1   Zu den Rettungswegen in Industriebauten gehören insbesondere die Hauptgänge in den Produktions- und Lagerräumen, die Ausgänge aus diesen Räumen, die notwendigen Flure, die notwendigen Treppen und die Ausgänge ins Freie.

5.6.2   Für Industriebauten mit einer Grundfläche von mehr als 1.600 m² müssen in jedem Geschoss mindestens zwei möglichst entgegengesetzt liegende bauliche Rettungswege vorhanden sein. Dies gilt für Ebenen oder Einbauten mit einer Grundfläche von jeweils mehr als 200 m² entsprechend. Jeder Raum mit einer Grundfläche von mehr als 200 m² muss mindestens zwei Ausgänge haben.

5.6.3   Einer der Rettungswege nach 5.6.2 Satz 1 darf zu anderen Brandabschnitten oder zu anderen Brandbekämpfungsabschnitten oder über eine Außentreppe, über offene Gänge und/oder über begehbare Dächer auf das Grundstück führen, wenn diese im Brandfall ausreichend lang standsicher sind und die Benutzer durch Feuer und Rauch nicht gefährdet werden können. Bei Ebenen darf der zweite Rettungsweg auch über eine notwendige Treppe ohne notwendigen Treppenraum in eine unmittelbar darunterliegende Ebene oder ein unmittelbar darunterliegendes Geschoss führen, sofern diese Ebene oder dieses Geschoss Ausgänge in mindestens zwei sichere Bereiche hat.

Die Rettungswege aus im Produktions- oder Lagerraum eingestellten Räumen dürfen über den gleichen Produktions- oder Lagerraum führen. In diesem Fall sind die Räume oder Raumgruppen mit Aufenthaltsräumen offen auszuführen. Alternativ können sie durch Wände mit ausreichender Sichtverbindung abgetrennt werden. Bei geschlossenen Räumen mit mehr als 20 m² Grundfläche ist zusätzlich sicherzustellen, dass die dort anwesenden Personen im Brandfall rechtzeitig in geeigneter Weise gewarnt werden.

5.6.4   Von jeder Stelle eines Produktions- oder Lagerraumes soll mindestens ein Hauptgang nach höchstens 15 m Lauflänge erreichbar sein. Hauptgänge müssen mindestens 2 m breit sein; sie sollen geradlinig auf kurzem Wege zu Ausgängen ins Freie, zu notwendigen Treppenräumen, zu Außentreppen, zu Treppen von Ebenen und Einbauten, zu offenen Gängen, über begehbare Dächer auf das Grundstück, zu anderen Brandabschnitten oder zu anderen Brandbekämpfungsabschnitten führen. Diese anderen Brandabschnitte oder Brandbekämpfungsabschnitte müssen Ausgänge unmittelbar ins Freie oder zu notwendigen Treppenräumen mit einem sicheren Ausgang ins Freie haben.

5.6.5   Von jeder Stelle eines Produktions- oder Lagerraumes muss mindestens ein Ausgang ins Freie, ein Zugang zu einem notwendigen Treppenraum, zu ei-

ner Außentreppe, zu einem offenen Gang oder zu einem begehbaren Dach, ein anderer Brandabschnitt oder ein anderer Brandbekämpfungsabschnitt
- bei einer mittleren lichten Höhe von bis zu 5 m in höchstens 35 m Entfernung
- bei einer mittleren lichten Höhe von mindestens 10 m in höchstens 50 m Entfernung
erreichbar sein.
Bei Vorhandensein einer Alarmierungseinrichtung für die Nutzer (Internalarm) ist es zulässig, dass der Ausgang nach Satz 1
- bei einer mittleren lichten Höhe von bis zu 5 m in höchstens 50 m Entfernung
- bei einer mittleren lichten Höhe von mindestens 10 m in höchstens 70 m Entfernung
erreicht wird.
Bei mittleren lichten Höhen zwischen 5 m und 10 m darf zur Ermittlung der zulässigen Entfernung zwischen den vorstehenden Werten interpoliert werden.
Die Auslösung von Alarmierungseinrichtungen muss erfolgen bei Auslösen
- einer automatischen Brandmeldeanlage oder
- einer selbsttätigen Feuerlöschanlage.
Bei der selbsttätigen Feuerlöschanlage ist zusätzlich eine Handauslösung der Alarmierungseinrichtungen vorzusehen.
Liegt ein Ausgang ins Freie unter einem Vordach, beginnt das Freie erst am Rande des Vordachs. Unter mindestens zweiseitig offenen Vordächern ist eine zusätzliche Entfernung in der Tiefe des Vordachs, jedoch maximal 15 m, zulässig. Dies gilt nicht, wenn der Bereich unter dem Vordach einen eigenen Brandabschnitt oder Brandbekämpfungsabschnitt bildet.

5.6.6 Kontroll- und Wartungsgänge, die nur gelegentlich begangen werden und aus nicht brennbaren Baustoffen bestehen, dürfen über Steigleitern erschlossen werden. Die Steigleiter muss in einer Entfernung von maximal 100 m, bei nur einer Fluchtrichtung in maximal 50 m, erreicht werden können.

5.6.7 Die mittlere lichte Höhe einer Ebene ergibt sich als nach Flächenanteilen gewichtetes Mittel der lichten Höhe bis zur nächsten Decke oder dem Dach. Bei der Ermittlung der mittleren lichten Höhe nach Abschnitt 5.6.5 bleiben Einbauten sowie Ebenen mit einer maximalen Grundfläche nach Tabelle 1 unberücksichtigt.
Für Einbauten sowie Ebenen mit einer maximalen Grundfläche nach Tabelle 1 ist die mittlere lichte Höhe die der Ebene oder des Geschosses, über deren/dessen Fußboden sie angeordnet sind.

5.6.8 Die Entfernung nach Abschnitt 5.6.5 wird in der Luftlinie, jedoch nicht durch Bauteile gemessen. Die tatsächliche Lauflänge darf jedoch nicht mehr als das 1,5-fache der jeweiligen Entfernung betragen. Liegt eine Stelle des Produktions- oder Lagerraumes nicht auf der Höhe des Ausgangs oder Zugangs nach 5.6.5, so ist von der zulässigen Lauflänge das Doppelte der Höhendifferenz abzuziehen. Bei der Ermittlung der Entfernung nach 5.6.5 bleibt diese Höhendifferenz unberücksichtigt.

5.6.9 Bei Einbauten und Ebenen mit einer maximalen Grundfläche nach Tabelle 1 dürfen die Rettungswege über notwendige Treppen ohne notwendigen Treppenraum geführt werden, wenn sie in eine unmittelbar darunterliegende Ebene oder ein unmittelbar darunterliegendes Geschoss führen, sofern diese Ebene oder dieses Geschoss Ausgänge in mindestens zwei sichere

Bereiche hat und ein Ausgang in Entfernung nach 5.6.5 erreicht wird. Die Lauflänge auf dem Einbau oder der Ebene bis zu einer Treppe darf in diesen Fällen höchstens
- bei Brandbelastung in Brandbekämpfungsabschnitten < 15 kWh/m² 50 m
- bei Vorhandensein einer Alarmierungseinrichtung für die Nutzer, deren Auslösung über eine automatische Brandmeldeanlage oder eine selbsttätige Feuerlöschanlage mit zusätzlicher Handauslösung der Alarmierungseinrichtung, 35 m
- im Übrigen 25 m

betragen.

5.6.10 Notwendige Treppen müssen aus nichtbrennbaren Baustoffen bestehen. Wände notwendiger Treppenräume müssen den Anforderungen nach § 11 LBOAVO für die Gebäudeklasse 5 entsprechen.

5.7 Rauchableitung
Produktions-, Lagerräume und Ebenen mit jeweils mehr als 200 m² Grundfläche müssen zur Unterstützung der Brandbekämpfung entraucht werden können.

5.7.1 Rauchableitung aus Produktions- und Lagerräumen ohne Ebenen

5.7.1.1 Die Anforderung ist insbesondere erfüllt, wenn
- diese Räume Rauchabzugsanlagen haben, bei denen je höchstens 400 m² der Grundfläche mindestens ein Rauchabzugsgerät im Dach oder im oberen Raumdrittel angeordnet wird,
- die aerodynamisch wirksame Fläche dieser Rauchabzugsgeräte insgesamt mindestens 1,5 m² je 400 m² Grundfläche beträgt,
- je höchstens 1.600 m² Grundfläche mindestens eine Auslösegruppe für die Rauchabzugsgeräte gebildet wird sowie
- Zuluftflächen im unteren Raumdrittel von insgesamt mindestens 12 m² freiem Querschnitt vorhanden sind.

5.7.1.2 Die Anforderung ist insbesondere erfüllt für Produktions- und Lagerräume mit nicht mehr als 1.600 m² Grundfläche, wenn
- diese Räume entweder an der obersten Stelle Öffnungen zur Rauchableitung mit einem freien Querschnitt von insgesamt 1 v. H. der Grundfläche oder
- im oberen Drittel der Außenwände angeordnete Öffnungen, Türen oder Fenster mit einem freien Querschnitt von insgesamt 2 v. H. der Grundfläche haben

sowie Zuluftflächen in insgesamt gleicher Größe jedoch mit nicht mehr als 12 m² freiem Querschnitt vorhanden sind, die im unteren Raumdrittel angeordnet werden sollen.

5.7.1.3 Die Anforderung ist insbesondere auch erfüllt, wenn maschinelle Rauchabzugsanlagen vorhanden sind, bei denen je höchstens 400 m² der Grundfläche der Räume mindestens ein Rauchabzugsgerät oder eine Absaugstelle mit einem Luftvolumenstrom von 10.000 m³/h im oberen Raumdrittel angeordnet werden. Bei Räumen mit mehr als 1.600 m² Grundfläche genügt
- zu dem Luftvolumenstrom von 40.000 m³/h für die Grundfläche von 1.600 m² ein zusätzlicher Luftvolumenstrom von 5.000 m³/h je angefangene weitere 400 m² Grundfläche; der sich ergebende Gesamtvolumenstrom je Raum ist gleichmäßig auf die nach Satz 1 anzuordnenden Absaugstellen oder Rauchabzugsgeräte zu verteilen, oder
- ein Luftvolumenstrom von mindestens 40.000 m³/h je Raum, wenn sichergestellt ist, dass dieser Luftvolumenstrom im Bereich der Brand-

stelle auf einer Grundfläche von höchstens 1.600 m² von den nach Satz 1 anzuordnenden Absaugstellen oder Rauchabzugsgeräten gleichmäßig gefördert werden kann.

Die Zuluftflächen müssen im unteren Raumdrittel in solcher Größe und so angeordnet werden, dass eine maximale Strömungsgeschwindigkeit von 3 m/s nicht überschritten wird.

5.7.2 Rauchableitung aus Brandbekämpfungsabschnitten mit Ebenen in Produktions- und Lagerräumen

5.7.2.1 Die Anforderung ist insbesondere erfüllt, wenn
- diese Räume Rauchabzugsanlagen haben, bei denen je höchstens 400 m² der Dachfläche mindestens ein Rauchabzugsgerät im Dach angeordnet wird,
- die aerodynamisch wirksame Fläche dieser Rauchabzugsgeräte insgesamt mindestens 1,5 m² je 400 m² Brandbekämpfungsabschnittsfläche beträgt,
- je höchstens 1.600 m² Dachfläche mindestens eine Auslösegruppe für die Rauchabzugsgeräte gebildet wird,
- die Brandbekämpfungsabschnitte in Rauchabschnitte je ≤ 5.000 m² Brandbekämpfungsabschnittsfläche unterteilt werden sowie
- der freie Querschnitt aller Öffnungsflächen im Dach in allen Ebenen sowie als Zuluftfläche in der untersten Ebene vorhanden ist. Es dürfen nur Öffnungen in Ebenen mit einem freien Querschnitt von mindestens 1 m² angerechnet werden.

5.7.2.2 Die Anforderung ist insbesondere erfüllt für Ebenen mit Grundflächen von jeweils nicht mehr als 1.000 m² bzw. 1.600 m² bei Vorhandensein einer Werkfeuerwehr, wenn
- die Räume in den Außenwänden Öffnungen, Türen oder Fenster mit einem freien Querschnitt von insgesamt 2 v. H. der Grundfläche der jeweiligen Ebene haben und die Öffnungen, Türen oder Fenster im oberen Drittel der Außenwand angeordnet sind sowie
- Zuluftflächen in insgesamt gleicher Größe im unteren Raumdrittel oder in den darunter liegenden Ebenen vorhanden sind. Es dürfen nur Öffnungen in Ebenen mit einem freien Querschnitt von mindestens 1 m² angerechnet werden.

5.7.3 Rauchableitung in Produktions- und Lagerräumen mit selbsttätigen Feuerlöschanlagen

Die Anforderung ist auch erfüllt in Produktions- und Lagerräumen mit selbsttätigen Feuerlöschanlagen nach 5.8.1, wenn in diesen Räumen vorhandene Lüftungsanlagen automatisch bei Auslösen der selbsttätigen Feuerlöschanlagen so betrieben werden, dass sie nur entlüften und die Luftvolumenströme einschließlich Zuluft nach 5.7.1.3 erreicht werden, soweit es die Zweckbestimmung der Absperrvorrichtungen gegen Brandübertragung zulässt; in Leitungen zum Zweck der Entlüftung dürfen Absperrvorrichtungen nur thermische Auslöser haben. Abweichend von Satz 1 muss bei Vorhandensein einer automatischen Brandmeldeanlage der Sicherheitskategorien K 2 bis K 3.4 die Lüftungsanlage mit Auslösen der Brandmeldeanlage so betrieben werden. Auf die automatische Ansteuerung der Lüftungsanlage kann mit Zustimmung der Brandschutzdienststelle verzichtet werden.

5.7.4 Weitere Anforderungen an die Rauchableitung aus Produktions- und Lagerräumen

5.7.4.1 Anstelle von Öffnungen zur Rauchableitung ist die Rauchableitung über Schächte mit strömungstechnisch äquivalenten Querschnitten zulässig, wenn die Wände der Schächte raumabschließend und so feuerwiderstandsfähig wie die durchdrungenen Bauteile, mindestens jedoch feuerhemmend sowie aus nichtbrennbaren Baustoffen sind.

5.7.4.2 Fenster, Türen und mit Abschlüssen versehene Öffnungen zur Rauchableitung nach 5.7.1.2 und 5.7.2.2 müssen Vorrichtungen zum Öffnen haben, die von jederzeit zugänglichen Stellen aus leicht von Hand bedient werden können; sie können an einer jederzeit zugänglichen Stelle zusammengeführt werden. Geschlossene Öffnungen, die als Zuluftflächen dienen, müssen leicht geöffnet werden können. Dies gilt z. B. als erfüllt für Toranlagen, die in der Nähe einer Zugangstür liegen und auch bei Stromausfall, z. B. über Kettenzug, geöffnet werden können.

5.7.4.3 Rauchabzugsanlagen müssen automatisch auslösen und von Hand von einer jederzeit zugänglichen Stelle ausgelöst werden können. Geschlossene Öffnungen, die als Zuluftflächen dienen, müssen bei natürlichen Rauchabzugsanlagen leicht geöffnet werden können; Nr. 5.7.4.2 Satz 3 gilt entsprechend. Bei maschinellen Rauchabzugsanlagen muss die Zuluftführung durch automatische Ansteuerung spätestens gleichzeitig mit Inbetriebnahme der Anlage erfolgen.

5.7.4.4 Manuelle Bedienungs- und Auslösestellen sind mit einem Hinweisschild mit der Bezeichnung „RAUCHABZUG" und der Angabe des jeweiligen Raumes zu versehen. An den Stellen muss die Betriebsstellung der jeweiligen Anlage, der Fenster, Türen oder des Abschlusses erkennbar sein.

5.7.4.5 Maschinelle Rauchabzugsanlagen sind für eine Betriebszeit von 30 Minuten bei einer Rauchgastemperatur von 600°C auszulegen. Die Auslegung kann mit einer Rauchgastemperatur von 300°C erfolgen, wenn der ermittelte Luftvolumenstrom mindestens 40.000 m³/h je Raum beträgt. Maschinelle Lüftungsanlagen können als maschinelle Rauchabzugsanlagen betrieben werden, wenn sie die an diese gestellten Anforderungen erfüllen.

5.8 Feuerlöschanlagen

5.8.1 Selbsttätige Feuerlöschanlagen
Es dürfen nur selbsttätige, für das vorhandene Brandgut geeignete flächendeckende Feuerlöschanlagen in den Fällen der Abschnitte 5.6.5, 5.7.3, 7.5 sowie in der Sicherheitskategorie K 4 berücksichtigt werden.

5.8.2 Halbstationäre Feuerlöschanlagen
Halbstationäre Feuerlöschanlagen können angerechnet werden. Es dürfen flächendeckende halbstationäre Feuerlöschanlagen nur in Verbindung mit einer Werkfeuerwehr bei der Ermittlung der Sicherheitskategorien K 3.1 bis K 3.3 gem. 3.12 berücksichtigt werden, wenn diese unter Beachtung der allgemein anerkannten Regeln der Technik ausgelegt sind. Sie dürfen ferner nur in Ansatz gebracht werden, wenn eine automatische Branderkennung und -meldung nach Abschnitt 5.9 Absatz 1 vorhanden sind und eine Weiterleitung an eine ständig besetzte Stelle gegeben ist.

5.9 Brandmeldeanlagen
Es dürfen nur flächendeckende Brandmeldeanlagen mit automatischen Brandmeldern berücksichtigt werden, die mit technischen Maßnahmen zur Vermeidung von Falschalarmen ausgeführt und betrieben werden (automatische Brandmeldeanlagen). Brandmeldungen sind unmittelbar zur zuständigen Feuerwehralarmierungsstelle zu übertragen. Brandmeldeanlagen kön-

nen ohne besondere Maßnahmen zur Vermeidung von Falschalarmen ausgeführt werden, wenn die Brandmeldeanlage unmittelbar auf die Leitstelle der zuständigen Werkfeuerwehr aufgeschaltet ist.
In Brandabschnitten oder Brandbekämpfungsabschnitten, in denen durch ständige Personalbesetzung eine sofortige Brandentdeckung und Weitermeldung an die zuständige Feuerwehralarmierungsstelle sichergestellt ist, kann dies hinsichtlich der Branderkennung und -meldung einer automatischen Brandmeldeanlage gleichgesetzt werden. Dies gilt nicht, wenn eine automatische Brandmeldeanlage als Voraussetzung zur Verlängerung der Rettungswege nach 5.6.5 erforderlich ist.

5.10 Brandwände und Wände zur Trennung von Brandbekämpfungsabschnitten

5.10.1 § 7 Abs. 3 Satz 2 LBOAVO ist nicht anzuwenden.

5.10.2 Brandwände und Wände zur Trennung von Brandbekämpfungsabschnitten sind mindestens 0,5 m über Dach zu führen; darüber dürfen brennbare Teile nicht hinweggeführt werden. Bauteile mit brennbaren Baustoffen dürfen in diese Wände nur so weit eingreifen, dass der verbleibende Wandquerschnitt die erforderliche Feuerwiderstandsklasse aufweist. Für Leitungen, Leitungsschlitze und Schornsteine gilt Satz 2 entsprechend.

5.10.3 Im Bereich der Außenwände ist durch geeignete Maßnahmen eine Brandübertragung auf andere Brandabschnitte und Brandbekämpfungsabschnitte zu behindern.
Geeignete Maßnahmen sind z. B.:
– Ein mindestens 0,5 m vor der Außenwand vorstehender Teil der Brandwand oder der Wand, die Brandbekämpfungsabschnitte trennt, der einschließlich seiner Bekleidung aus nichtbrennbaren Baustoffen besteht,
– ein im Bereich der Brandwand oder der Wand, die Brandbekämpfungsabschnitte trennt, angeordneter Außenwandabschnitt mit einer Breite von mindestens 1,0 m, der einschließlich seiner Bekleidung aus nichtbrennbaren Baustoffen besteht.
Sofern die Außenwandbekleidung aus brennbaren Baustoffen durchlaufend angeordnet wird, gilt als geeignete Maßnahme eine auf beiden Seiten der Brandwand oder der Wand, die Brandbekämpfungsabschnitte trennt, auf einer Länge von jeweils 1,0 m angeordnete Wand in der Feuerwiderstandsklasse der trennenden Wand.

5.10.4 Anstelle einer inneren Brandwand sind zwei sich gegenüberstehende raumabschließende, feuerbeständige Wände aus nichtbrennbaren Baustoffen zulässig. Sie müssen voneinander unabhängig standsicher sein. Die diese Wände unterstützenden oder aussteifenden Bauteile sind mit der gleichen Feuerwiderstandsdauer auszuführen wie die tragenden Bauteile des zugeordneten Brandabschnitts.

5.10.5 Öffnungen in inneren Brandwänden sind zulässig, wenn sie auf die für die Nutzung erforderliche Zahl und Größe beschränkt sind und wenn sie feuerbeständige, dicht- und selbstschließende Abschlüsse haben. Öffnungen in Wänden zur Trennung von Brandbekämpfungsabschnitten sind nach Tabelle 6 zu verschließen. Die Abschlüsse, die aus betrieblichen Gründen offenzuhalten sind, müssen mit Feststellanlagen versehen werden, die bei Raucheinwirkung ein selbsttätiges Schließen bewirken.
Lichtdurchlässige Teilflächen müssen als Brandschutzverglasungen mindestens die Feuerwiderstandsfähigkeit wie die angrenzenden Wände haben und sich auf die für die Nutzung erforderliche Zahl und Größe beschränken.

5.10.6 Müssen Gebäude oder Gebäudeteile, die über Eck zusammenstoßen, durch eine Brandwand oder eine Wand, die Brandbekämpfungsabschnitte trennt, abgeschlossen oder unterteilt werden, so muss die Wand über die innere Ecke mindestens 5,0 m hinausragen. Dies gilt nicht, wenn die Gebäude oder Gebäudeteile in einem Winkel von mehr als 120° über Eck zusammenstoßen.

5.11 Feuerüberschlagsweg

Im Bereich der Außenwand ist eine vertikale Brandübertragung zwischen versetzt übereinander angeordneten Brandabschnitten nach Abschnitt 6 und zwischen Brandbekämpfungsabschnitten nach Abschnitt 7 durch geeignete Vorkehrungen zu behindern. Geeignete Vorkehrungen hierfür können sein:
- Mindestens 1,5 m weit auskragende ausreichend feuerwiderstandsfähige Bauteile,
- ausreichend feuerwiderstandsfähige Bauteile mit einer Höhe von mindestens 1,5 m zwischen Öffnungen.

Bei Brandabschnitten und Brandbekämpfungsabschnitten der Sicherheitskategorien K 3.1, K 3.2, K 3.3, K 3.4 und K 4 können die vorstehenden Werte auf 1,0 m reduziert werden.

Ausreichend feuerwiderstandsfähig sind Bauteile, wenn sie der Feuerwiderstandsfähigkeit der Decke entsprechen und einschließlich der Wärmedämmung aus nichtbrennbaren Baustoffen bestehen.

5.12 Außenwände und Außenwandbekleidungen

5.12.1 Nichttragende Außenwände, Oberflächen von Außenwänden und Außenwandbekleidungen einschließlich der Dämmstoffe und Unterkonstruktionen sind so auszubilden, dass eine Brandausbreitung auf und in diesen Bauteilen begrenzt ist. Dies gilt als erfüllt, wenn sie den Anforderungen des § 5 Abs. 1 bis 3 LBOAVO entsprechen. § 5 Abs. 4 LBOAVO ist nicht anzuwenden.

Nichttragende Außenwände dürfen aus schwerentflammbaren Baustoffen bestehen bei
- erdgeschossigen Industriebauten,
- Brandbekämpfungsabschnitten mit Ebenen mit einem Ausbreitungsfaktor $F_A = 1,7$ (Tabelle 4),
- Brandbekämpfungsabschnitten mit Ebenen mit einem Ausbreitungsfaktor $F_A \leq 1,0$ (Tabelle 4), wenn gegen die Brandausbreitung über die Außenwand besondere Vorkehrungen getroffen sind oder
- Brandabschnitten mit mehreren Geschossen, wenn gegen die Brandausbreitung über die Außenwand besondere Vorkehrungen getroffen sind.

Über § 5 Abs. 2 LBOAVO hinaus, dürfen schwerentflammbare Baustoffe nicht brennend abfallen oder abtropfen.

Diese Anforderungen gelten nicht für planmäßig als Wärmeabzugsflächen eingesetzte Bauteile.

5.12.2 Wenn der Abstand der Außenwand zur Grundstücksgrenze weniger als 5 m beträgt, muss die Außenwand aus nichtbrennbaren Baustoffen bestehen.

5.12.3 Um im Brandfall eine Übertragung von Feuer ins Gebäude, entlang der Außenwände oder über eine Brandwand hinweg in den benachbarten Abschnitt hinreichend lang zu verhindern, ist die Lagerung brennbarer Stoffe, z. B. Paletten, Verpackungsmaterial, Abfälle und Abfallbehälter, an Außenwänden und deren Öffnungen, etwa auf Rampen oder unter Vordächern, nur zulässig, wenn folgende Mindestabstände eingehalten werden:
- 5 m, wenn die Außenwand aus mindestens schwerentflammbaren Baustoffen besteht und
- 2,5 m, wenn die Außenwand aus nichtbrennbaren Baustoffen besteht.

Darüber hinaus ist die Lagerung brennbarer Stoffe vor Außenwänden ohne Abstand zulässig, wenn

a) die Außenwand einschließlich ihrer Öffnungsverschlüsse mindestens feuerbeständig und aus nichtbrennbaren Baustoffen ausgebildet ist oder

b) die bewertete Lagerfläche vor den Außenwänden von Industriebauten von der Brandabschnittsfläche bzw. von der Summe der bewerteten Grundflächen A_{bew} nach Abschnitt 7.4 abgezogen wird.

Zur Ermittlung der bewerteten Lagerfläche ist bei erdgeschossigen Industriebauten der Sicherheitskategorie K 1 die Grundfläche der Lagerung mit

– mindestens feuerhemmenden Außenwänden einschließlich ihrer Öffnungsverschlüsse aus nichtbrennbaren Baustoffen mit dem Faktor 0,2

– nichtbrennbaren Außenwänden mit dem Faktor 0,5

– schwerentflammbaren Außenwänden mit dem Faktor 1

zu multiplizieren.

Bei mehrgeschossigen Industriebauten oder Industriebauten mit mehr als einer Ebene ist der jeweilige Faktor zu verdoppeln.

Die nach b) zu ermittelnde bewertete Lagerfläche ist bei Industriebauten der Sicherheitskategorien K 2 – K 4 um die Hälfte zu reduzieren.

5.13 Dächer

5.13.1 Zusammenhängende Dachflächen von mehr als 2.500 m² sind so auszubilden, dass eine Brandweiterleitung innerhalb eines Brandabschnitts oder eines Brandbekämpfungsabschnitts über das Dach behindert wird. Dies gilt z. B. als erfüllt bei Dächern

– nach DIN 18234-1/DIN 18234-2 (Verzeichnis von Dächern),

– mit tragender Dachschale aus mineralischen Baustoffen (z. B. Stahl- und Porenbeton) oder

– mit Bedachungen aus nichtbrennbaren Baustoffen.

5.13.2 Im Bereich von Dachdurchdringungen ist bei Dächern nach 5.13.1 durch konstruktive Maßnahmen eine Brandweiterleitung bei einer Einwirkung eines Entstehungsbrandes von unten zu behindern. Dies gilt z. B. als erfüllt bei Dächern nach DIN 18234-1 und -2, wenn die Durchdringungen nach DIN 18234-3/ DIN 18234-4 (Verzeichnis von Durchdringungen) ausgebildet werden.

5.13.3 Die Anforderungen des Abschnitts 5.13.1 gelten nicht für erdgeschossige Lagerhallen mit einer Dachfläche bis zu 3.000 m², wenn im Lager ausschließlich nichtbrennbare Stoffe oder Waren (z. B. Sand, Salz, Klinker, Stahl) unverpackt oder so gelagert sind, dass die Verpackung und/oder die Lager-/Transporthilfsmittel (z. B. Paletten) nicht zur Brandausbreitung beitragen.

5.13.4 Die Anforderung nach § 27 Abs. 6 LBO (Harte Bedachung) gilt nicht für erforderliche Rauch- und Wärmeabzugsflächen.

5.14 Sonstige Brandschutzmaßnahmen, Gefahrenverhütung

5.14.1 Abhängig von der Art oder Nutzung des Betriebes müssen in Industriebauten geeignete Feuerlöscher und in Räumen, die einzeln eine Grundfläche von mehr als 1.600 m² haben, Wandhydranten für die Feuerwehr (Typ F) in ausreichender Zahl vorhanden sowie gut sichtbar und leicht zugänglich angeordnet sein. Auf Wandhydranten kann mit Zustimmung der Brandschutzdienststelle aus einsatztaktischen Gründen der Feuerwehr verzichtet werden. Statt Wandhydranten können in Brandabschnitten oder in Brandbekämpfungsabschnitten der Sicherheitskategorien K 3.1 bis K 3.4 und K 4 auch trockene Löschwasserleitungen zugelassen werden, wenn die Brandschutzdienststelle zustimmt. Neben der erforderlichen Löschwasserversorgung kann das Vorhalten anderer Löschmittel, wie Schaummittel oder Pulver, verlangt werden.

Werden Rettungs- und/oder Angriffswege über offene Gänge und/oder über begehbare Dächer auf das Grundstück geführt, sind Wandhydranten oder Entnahmestellen trockener Löschwasserleitungen an diesen Ausgängen vorzusehen.

An Einspeisestellen müssen Bewegungsflächen für Fahrzeuge der Feuerwehr vorgesehen werden, die nicht mehr als 15 m von der Einspeisestelle entfernt sein dürfen.

5.14.2 Im Einvernehmen mit der Brandschutzdienststelle sind für Industriebauten mit einer Summe der Grundflächen der Geschosse aller Brandabschnitte bzw. aller Brandbekämpfungsabschnittsflächen von insgesamt mehr als 2.000 m² Feuerwehrpläne anzufertigen und fortzuschreiben. In den Feuerwehrplänen ist die Feuerwiderstandsfähigkeit der tragenden und aussteifenden Bauteile darzustellen. Die Feuerwehrpläne sind der Feuerwehr zur Verfügung zu stellen.

5.14.3 Der Betreiber eines Industriebaus mit einer Summe der Grundflächen der Geschosse aller Brandabschnitte bzw. aller Brandbekämpfungsabschnittsflächen von insgesamt mehr als 5.000 m² hat einen geeigneten Brandschutzbeauftragten zu bestellen.

Der Brandschutzbeauftragte hat die Aufgabe, die Einhaltung des genehmigten Brandschutzkonzeptes und der sich daraus ergebenden betrieblichen Brandschutzanforderungen zu überwachen und dem Betreiber festgestellte Mängel zu melden. Die Aufgaben des Brandschutzbeauftragten sind im Einzelnen schriftlich festzulegen.

Der Name des Brandschutzbeauftragten und jeder Wechsel sind der Brandschutzdienststelle auf Verlangen mitzuteilen.

5.14.4 Der Betreiber eines Industriebaus hat im Einvernehmen mit der Brandschutzdienststelle in Abhängigkeit von der Art oder Nutzung des Betriebes, stets jedoch bei Industriebauten mit einer Summe der Grundflächen der Geschosse aller Brandabschnitte bzw. aller Brandbekämpfungsabschnittsflächen von insgesamt mehr als 2.000 m², eine Brandschutzordnung aufzustellen.

5.14.5 Die Betriebsangehörigen sind bei Beginn des Arbeitsverhältnisses und danach in Abständen von höchstens zwei Jahren über die Lage und die Bedienung der Feuerlöschgeräte, der Brandmelde- und Feuerlöscheinrichtungen sowie über die Brandschutzordnung zu belehren.

5.14.6 In Industriebauten mit einer Brandbekämpfungsabschnittsfläche von insgesamt mehr als 30.000 m² sind im Einvernehmen mit der Brandschutzdienststelle Vorkehrungen zu treffen, die eine Funkkommunikation der Feuerwehr ermöglichen.

5.14.7 In notwendigen Treppenräumen, in Räumen zwischen Treppenräumen und Ausgängen ins Freie, in notwendigen Fluren sowie innerhalb der erforderlichen Breite von Hauptgängen dürfen keine Gegenstände abgestellt werden.

6. Anforderungen an Baustoffe und Bauteile sowie an die Größe der Brandabschnitte im Verfahren ohne Brandlastermittlung

6.1 Grundsätze des Nachweises

6.1.1   Allgemeines
Die Größe der Brandabschnitte und die Anforderungen an Bauteile und Baustoffe werden auf der Grundlage von Tabellenwerten ermittelt (vereinfachtes Verfahren).

6.1.2   Geschosse mit Ebenen
Für Geschosse mit Ebenen kann der Brandschutz im Verfahren ohne Brandlastermittlung nicht nachgewiesen werden.

6.2   Zulässige Größe der Brandabschnittsfläche
Die zulässigen Größen der Brandabschnittsflächen bestimmen sich in Abhängigkeit von den Sicherheitskategorien K 1 bis K 4, von der Feuerwiderstandsfähigkeit der tragenden und aussteifenden Bauteile sowie von der Zahl der oberirdischen Geschosse nach Tabelle 2.

Tabelle 2: Zulässige Größe der Brandabschnittsflächen in m²

Sicherheits-kategorie	Anzahl der oberirdischen Geschosse								
	erdgeschossig		2geschossig			3geschossig		4geschossig	5geschossig
	Feuerwiderstandsfähigkeit der tragenden und aussteifenden Bauteile								
	aus nichtbrennbaren Baustoffen	Feuerhemmend	Feuerhemmend	Hochfeuerhemmend und aus nichtbrennbaren Baustoffen	Feuerbeständig und aus nichtbrennbaren Baustoffen	Hochfeuerhemmend und aus nichtbrennbaren Baustoffen	Feuerbeständig und aus nichtbrennbaren Baustoffen	Feuerbeständig und aus nichtbrennbaren Baustoffen	Feuerbeständig und aus nichtbrennbaren Baustoffen
K 1	1.800[1]	3.000	800[2)3]	1.600[2]	2.400	1.200[2)3]	1.800	1.500	1.200
K 2	2 700[1)4]	4.500[4]	1.200[2)3]	2.400[2]	3.600	1.800[2]	2.700	2.300	1.800
K 3.1	3.200[1]	5.400	1.400[2)3]	2.900[2]	4.300	2.100[2]	3.200	2.700	2.200
K 3.2	3.600[1]	6.000	1.600[2]	3.200[2]	4.800	2.400[2]	3.600	3.000	2.400
K 3.3	4.200[1]	7.000	1.800[2]	3.600[2]	5.500	2.800[2]	4.100	3.500	2.800
K 3.4	4.500[1]	7.500	2.000[2]	4.000[2]	6.000	3.000[2]	4.500	3.800	3.000
K 4	10.000	10.000	8.500	8.500	8.500	6.500	6.500	5.000	4.000

1)   Breite des Industriebaus ≤ 40 m und Wärmeabzugsfläche ≥ 5 % (siehe Anhang 2).

2)   Wärmeabzugsfläche ≥ 5 % (siehe Anhang 2).

3)   Für Gebäude der Gebäudeklassen 3 und 4 ergibt sich nach § 4 Abs. 1 Satz 1 Nr. 2 und 3 i. V. m. § 7 Abs. 1 Nr. 2 LBOAVO eine zulässige Größe von 1 600 m².

4)   Die zulässige Größe darf um 10 % überschritten werden, wenn in dem Brandabschnitt die Produktions- und Lagerräume Rauchabzugsanlagen haben, bei denen
    –   je höchstens 200 m² der Grundfläche ein oder mehrere Rauchabzugsgeräte mit insgesamt mindestens 1,5 m² aerodynamisch wirksamer Fläche im Dach angeordnet wird,
    –   je höchstens 1.600 m² Grundfläche mindestens eine Auslösegruppe für die Rauchabzugsgeräte gebildet wird,

- Zuluftflächen mit einem freien Querschnitt von mindestens 36 m² im unteren Raumdrittel vorhanden sind sowie
- die Anforderungen der Nrn. 5.7.4.3 und 5.7.4.4 erfüllt sind.

6.3 Anforderungen an die Baustoffe und Bauteile

6.3.1 Tragende und aussteifende Bauteile, Geschossdecken, Verschlüsse von Öffnungen in Geschossdecken sowie das Haupttragwerk des Daches (z. B. Binder) sind mit der Feuerwiderstandsfähigkeit nach Tabelle 2 herzustellen. Industriebauten – insbesondere solche mit Tragwerken ohne klassifiziertem Feuerwiderstand – müssen statisch konstruktiv so errichtet werden, dass bei Versagen von Bauteilen bei lokal begrenzten Bränden nicht ein plötzlicher Einsturz des Haupttragwerkes außerhalb des betroffenen Brandbereichs durch z. B. Bildung einer kinematischen Kette angenommen werden muss. Aus der Feuerwiderstandsfähigkeit nach Tabelle 2 ergeben sich die Feuerwiderstandsklassen gemäß den Anlagen 0.1.1 oder 0.1.2 der Bauregelliste A Teil 1. Aus der Anforderung zum Brandverhalten von Baustoffen nach Tabelle 2 ergeben sich die Baustoffklassen aus der Anlage 0.2.1 oder 0.2.2 der Bauregelliste A Teil 1.

6.3.2 Unterdecken einschließlich ihrer Aufhängungen sowie Deckenbekleidungen einschließlich ihrer Dämmstoffe und Unterkonstruktionen müssen aus nichtbrennbaren Baustoffen bestehen.

6.4 Besondere Anforderungen an Lagergebäude und an Gebäude mit zusammenhängenden Lagerbereichen

6.4.1 Bei Lagergebäuden und bei Gebäuden mit Lagerbereichen ohne selbsttätige Feuerlöschanlage ist in jedem Geschoss die Fläche jedes Brandabschnitts oder Lagerbereichs durch Freiflächen in Lagerabschnitte von höchstens 1.200 m² zu unterteilen. Die Freiflächen müssen bei einer Lagerguthöhe (Oberkante) von bis zu 4,5 m über mindestens 3,5 m und bei einer Lagerguthöhe (Oberkante Lagergut) von 7,5 m eine Breite von mindestens 5,0 m haben. Die Mindestbreiten der Freiflächen bei Lagerguthöhen zwischen 4,5 m und 7,5 m ergeben sich durch Interpolation.

6.4.2 In Lagergebäuden und Gebäuden mit Lagerbereichen müssen bei Lagerguthöhen (Oberkante Lagergut) von mehr als 7,5 m selbsttätige Feuerlöschanlagen angeordnet werden.

7. Anforderungen an Baustoffe und Bauteile sowie an die Größe der Brandbekämpfungsabschnitte unter Verwendung des Rechenverfahrens nach DIN 18230-1

7.1 Grundsätze des Nachweises

Auf der Grundlage der ermittelten Brandlasten und der bewerteten Wärmeabzugsflächen wird durch Rechenverfahren nach DIN 18230-1 aus dem globalen Nachweis oder aus dem Teilabschnittsnachweis

- die äquivalente Branddauer $t_ä$ insbesondere zur Bestimmung der zulässigen Fläche des Brandbekämpfungsabschnitts und
- die rechnerisch erforderliche Feuerwiderstandsdauer erf t_F zur Bestimmung der Anforderungen an die erforderliche Feuerwiderstandsfähigkeit der Bauteile entsprechend ihrer brandschutztechnischen Bedeutung gemäß ihrer Zuordnung zu den Brandsicherheitsklassen nach Abschnitt 7.2

für jeden Brandbekämpfungsabschnitt ermittelt.

Ergibt sich aus dem globalen Nachweis oder aus dem Teilabschnittsnachweis nach DIN 18230-1 für die Brandsicherheitsklasse SK_b3 eine höhere rechnerisch erforderliche Feuerwiderstandsdauer erf t_F als 90 Minuten, so darf nicht nach Abschnitt 7 verfahren werden.

Die Feuerwiderstandsfähigkeit der Bauteile (Tabelle 6) muss im jeweiligen Brandbekämpfungsabschnitt mindestens der rechnerisch erforderlichen Feuerwiderstandsdauer erf t_F entsprechen. Erdgeschossige Industriebauten sind ohne Anforderungen an die Feuerwiderstandsfähigkeit der tragenden und aussteifenden Bauteile zulässig, wenn sie den Anforderungen nach Abschnitt 7.6.1 oder 7.6.2 entsprechen.

Industriebauten – insbesondere solche mit Tragwerken ohne klassifiziertem Feuerwiderstand – müssen statisch konstruktiv so errichtet werden, dass bei Versagen von Bauteilen bei lokal begrenzten Bränden nicht ein plötzlicher Einsturz des Haupttragwerkes außerhalb des betroffenen Brandbereichs durch z. B. Bildung einer kinematischen Kette angenommen werden muss.

7.2   **Brandsicherheitsklassen**
Entsprechend ihrer brandschutztechnischen Bedeutung werden an die einzelnen Bauteile unterschiedliche Anforderungen gestellt. Dazu werden die Bauteile einer der nachfolgenden Brandsicherheitsklassen (SK_b3 bis SK_b1) zugeordnet.

Eine Zuordnung von Bauteilen ohne brandschutztechnische Bedeutung zu den Brandsicherheitsklassen (z. B. innere nichttragende Trennwände; Bauteile, die ausschließlich unmittelbar die Dachhaut tragen) ist im Rahmen dieses Nachweisverfahrens nicht erforderlich.

7.2.1   **Brandsicherheitsklasse SK_b3**
Entsprechend ihrer brandschutztechnischen Bedeutung werden an die nachfolgend genannten Bauteile hohe Anforderungen gestellt:
a)   Wände und Decken, die Brandbekämpfungsabschnitte zu den Seiten, nach oben und nach unten von anderen Brandbekämpfungsabschnitten trennen, Geschossdecken und Decken von Ebenen;
b)   Trennwände und Decken zur Abtrennung von Brandlasten nach DIN 18230-1 einschließlich ihrer Tragwerke;
c)   Tragende und aussteifende Bauteile, deren Versagen zum Einsturz der tragenden Konstruktion (Tragwerk, Gesamtkonstruktion) oder der Konstruktion des Brandbekämpfungsabschnitts führen kann;
d)   Lüftungsleitungen und dergleichen, die Brandbekämpfungsabschnitte überbrücken, einschließlich Brandschutzklappen;
e)   Installationsschächte und -kanäle, die Brandbekämpfungsabschnitte überbrücken;
f)   Feuerschutzabschlüsse, Rohrabschottungen, Kabelabschottungen und dergleichen in Bauteilen, die Brandbekämpfungsabschnitte trennen;
g)   Stützkonstruktion von Behältern mit $\Psi < 1$.

7.2.2   **Brandsicherheitsklasse SK_b2**
Entsprechend ihrer brandschutztechnischen Bedeutung werden an die nachfolgend genannten Bauteile mittlere Anforderungen gestellt:
a)   Bauteile, deren Versagen nicht zum Einsturz der tragenden Konstruktion (Tragwerk, Gesamtkonstruktion) oder der Konstruktion des Brandbekämpfungsabschnitts führen kann, wie nicht aussteifende Decken von Ebenen; dies gilt nicht für raumabschließende Bauteile wie Geschossdecken und Trennwände;

b) Bauteile des Dachtragwerkes, deren Versagen zum Einsturz der übrigen Dachkonstruktion des Brandbekämpfungsabschnitts führen kann, einschließlich ihrer Unterstützungen; dies gilt nicht für Bauteile des Dachtragwerks, wenn ihr Versagen zum Einsturz der tragenden Konstruktion oder der Konstruktion des Brandbekämpfungsabschnitts führt;

c) Lüftungsleitungen und dergleichen, die Bauteile mit geforderter Feuerwiderstandsfähigkeit überbrücken, einschließlich Brandschutzklappen;

d) Installationsschächte und -kanäle, die Bauteile mit geforderter Feuerwiderstandsfähigkeitüberbrücken;

e) Feuerschutzabschlüsse, Rohrabschottungen, Kabelabschottungen und dergleichen in trennenden Bauteilen mit geforderter Feuerwiderstandsfähigkeit.

7.2.3 Brandsicherheitsklasse SK_b1
Entsprechend ihrer brandschutztechnischen Bedeutung werden an Bauteile des Dachtragwerkes, sofern das Versagen einzelner Bauteile nicht zum Einsturz der übrigen Dachkonstruktion des Brandbekämpfungsabschnitts führt, geringe Anforderungen gestellt.

7.2.4 Bauteile des Dachtragwerkes, deren Versagen nicht zum Einsturz der übrigen Dachkonstruktion des Brandbekämpfungsabschnitts führt, werden keiner Brandsicherheitsklasse zugeordnet, sofern das Dach zur Brandbekämpfung nicht begangen werden muss.

7.2.5 Eine brandschutztechnische Bemessung der Bauteile des Dachtragwerkes ist nicht erforderlich, wenn es vom übrigen Brandbekämpfungsabschnitt durch eine Geschossdecke (SK_b3) brandschutztechnisch abgetrennt ist und im Dachtragwerk keine zusätzlichen Brandlasten vorhanden sind.

7.2.6 Eine brandschutztechnische Bemessung für Einbauten ist nicht erforderlich.

7.3 Anforderungen an Bauteile zur Trennung von Brandbekämpfungsabschnitten
Die nachfolgenden Anforderungen gelten für obere, seitliche und untere Bauteile, die Brandbekämpfungsabschnitte voneinander trennen und für Bauteile, die diese trennenden Bauteile tragen, aussteifen oder überbrücken.

7.3.1 Bauteile zur Trennung von Brandbekämpfungsabschnitten müssen so beschaffen sein, dass sie bei einem Brand ihre Standsicherheit nicht verlieren und die Ausbreitung von Feuer und Rauch auf andere Brandbekämpfungsabschnitte ausreichend lang verhindern.
Bauteile, die trennende Bauteile unterstützen und/oder aussteifen, müssen so beschaffen sein, dass sie bei einem Brand ihre Standsicherheit nicht verlieren.
Bauteile, die trennende Bauteile überbrücken, müssen so beschaffen sein, dass durch sie bei einem Brand eine Ausbreitung von Feuer und Rauch auf andere Brandbekämpfungsabschnitte verhindert wird.

7.3.2 Wände zur Trennung von Brandbekämpfungsabschnitten müssen in der Bauart von Brandwänden errichtet werden. Bauteile, die eine Trennwand zwischen Brandbekämpfungsabschnitten aussteifen, unterstützen oder überbrücken, müssen feuerbeständig sein. Dies ist nicht erforderlich für aussteifende Bauteile, wenn sie redundant in beiden angrenzenden Brandbekämpfungsabschnitten vorhanden sind und die Funktionsfähigkeit der Trennwand beim Versagen der Aussteifung auf der brandbeanspruchten Seite durch konstruktive Maßnahmen gewährleistet ist.

7.3.3   Decken zur Trennung von Brandbekämpfungsabschnitten und Bauteile, die diese Decken unterstützen, aussteifen und/oder überbrücken, sind nach Tabelle 6, Spalte 2 zu bemessen. Ihre erforderliche Feuerwiderstandsdauer erf t_F muss mindestens der äquivalenten Branddauer $t_ä$ entsprechen. Die rechnerisch erforderliche Feuerwiderstandsdauer erf t_F für unterstützende Bauteile ergibt sich für den Brandbekämpfungsabschnitt, in dem sie eingebaut sind.

7.4   Zulässige Größen von Brandbekämpfungsabschnitten
Die zulässige Größe von Brandbekämpfungsabschnitten ergibt sich in Abhängigkeit der Sicherheitskategorie K1 bis K4 und der äquivalenten Branddauer $t_ä$ aus der Summe der bewerteten Grundflächender einzelnen Geschosse und Ebenen.
Hierzu sind die Grundflächen der einzelnen Geschosse und Ebenen A_i mit den Faktoren F_H und F_A zu bewerten. Dabei bewertet der Faktor F_H die Höhe der Grundfläche A_i über dem Bezugsniveau gemäß Tabelle 3. Der Faktor F_A berücksichtigt die Gefahr der vertikalen Brandausbreitung gemäß Tabelle 4 in Abhängigkeit der Ausführung von Öffnungen in den Grundflächen der Ebenen.
Die Summe der bewerteten Grundflächen der einzelnen Geschosse und Ebenen A_i darf den Wert zul A_{bew} gemäß Tabelle 5 nicht überschreiten.

$$zul A_{bew} > A_G \cdot F_{H1} \cdot F_{A1} + \sum_{i=2}^{n} A_{Ei} \cdot F_{Hi} \cdot F_{Ai}$$

mit A_G =   Grundfläche des Brandbekämpfungsabschnitts
mit A_{Ei} =   Grundfläche des Geschosses i oder der Ebene i
mit i =   Laufindex für weitere Geschosse und Ebenen
mit n =   Anzahl der Geschosse und Ebenen
Zwischenwerte in den Tabellen dürfen linear interpoliert werden.

Tabelle 3: Faktor F_H zur Bewertung der Grundflächen der Geschosse bzw. Ebenen oberhalb des Bezugsniveaus

Abstand zum Bezugsniveau	0 m	5 m	10 m	15 m	20 m
Faktor F_H Über oder gleich Bezugsniveau	1,0	1,1	1,2	1,3	1,4

Als Bezugsniveau ist dabei die Geländeoberfläche an dem Gebäudezugang anzusetzen, von dem aus die Feuerwehr die Brandbekämpfung durchführt. Liegen Brandbekämpfungsabschnitte vollständig unter der Geländeoberfläche, so gilt Abschnitt 5.4. Bei Höhenversätzen in der Grundfläche des Brandbekämpfungsabschnitts ist F_{H1} als gewichtetes Mittel zu ermitteln. Liegt der Fußboden der Ebene oder des Geschosses unterhalb des Bezugsniveaus, ist jeweils das Doppelte des Wertes nach Tabelle 3 anzusetzen.

Tabelle 4: Faktoren F_A zur Berücksichtigung der Art des Öffnungsverschlusses der jeweiligen Ebene

Öffnungen	durch Bauteile nach SK_b3 geschlossen	durch Bauteile mit nicht-brennbaren Baustoffen geschlossen	ohne Verschluss
Faktor F_A	0,4	0,7*	1,7

*   Sofern der Anteil der mit nichtbrennbaren Bauteilen geschlossenen Flächen den Wert von 10 % der jeweiligen Ebene überschreitet, ist der Faktor F_A = 1,7 anzusetzen.

Bei der Bewertung der Flächen ist die Grundfläche des Brandbekämpfungs-abschnitts mit dem Faktor $F_{A1} = 1{,}0$ anzusetzen. Ist die Ebene mit der größten Ausdehnung nicht die Grundfläche des Brand-bekämpfungsabschnitts, ist stattdessen der Faktor $F_{Ai} = 1{,}0$ für die Ebene mit der größten Ausdehnung anzusetzen.

Tabelle 5: Zulässige Summe der bewerteten Grundflächen der Geschosse und Ebenen eines Brandbekämpfungsabschnitts zul A_{bew} in m²

Sicherheits-kategorie	äquivalente Branddauer $t_ä$ in Minuten				
	≤ 5	15	30	60	≥ 90
K1	30.000	20.000	12.000	6.000	4.000
K2	50.000	30.000	18.000	9.000	6.000
K3.1	60.000	36.000	21.600	10.800	7.200
K3.2	67.000	40.000	24.000	12.000	8.000
K3.3	77.000	46.000	27.600	13.800	9.200
K3.4	85.000	50.000	30.000	15.000	10.000
K4	120.000	70.000	42.000	21.000	14.000

Die tatsächliche Grundfläche jedes einzelnen Geschosses oder jeder einzel-nen Ebene darf 75 % des Wertes zul A_{bew} nicht überschreiten.

7.5 Zusätzliche Anforderungen an Brandbekämpfungsabschnittsflächen mit ei-ner Größe von mehr als 60.000 m²

Brandbekämpfungsabschnittsflächen, die größer als 60.000 m² sind, sind nur zulässig in erdgeschossigen Industriebauten, und wenn

– ihre rechnerische Brandbelastung nicht mehr als 100 kWh/m² beträgt und
– eine Werkfeuerwehr vorhanden ist.

Dabei sind in Abhängigkeit von der Hallenhöhe folgende Flächengrößen zu-lässig:

– bis zu 90.000 m² bei einer lichten Raumhöhe von mehr als 7,0 m,
– bis zu 120.000 m² bei einer lichten Raumhöhe von mehr als 12,0 m.

Dabei sind folgende Anforderungen zu erfüllen:

– Bei einer rechnerischen Brandbelastung von mehr als 15 kWh/m² ist eine selbsttätige Feuerlöschanlage anzuordnen.
– Brandbekämpfungsabschnitte ohne selbsttätige Feuerlöschanlage müs-sen für Fahrzeuge der Feuerwehr befahrbar sein.
– Die Brandbekämpfungsabschnitte müssen durch geeignete automati-sche Brandmeldeanlagen überwacht sein.
– Innerhalb der Brandbekämpfungsabschnitte sind Vorkehrungen für die Alarmierung des Personals und für die Brandbekämpfung (Selbsthilfe-einrichtungen) ausreichend anzuordnen. Die Löschwassermenge im Brandbekämpfungsabschnitt muss mindestens 192 m³/h betragen.

Dabei sind in Brandbekämpfungsabschnitten ohne selbsttätige Feuerlösch-anlagen rechnerische Brandbelastungen bis zu 45 kWh/m² zulässig, wenn die zugeordneten Flächen nicht mehr als 400 m² betragen.

In allen Brandbekämpfungsabschnitten sind zulässig:

– Konzentrierte Brandbelastungen bis zu 200 kWh/m², wenn diese sich für eine Fläche von nicht mehr als 10 m² ergeben,

– rechnerische Brandbelastungen bis zu 200 kWh/m², wenn die zugeordneten Flächen nicht mehr als 400 m² betragen und hierfür eine geeignete
selbsttätige Feuerlöschanlage angeordnet ist.
Diese Flächen müssen untereinander einen Abstand von mindestens 6,0 m
einhalten.

7.6   Anforderungen an die Bauteile

7.6.1   Brandbekämpfungsabschnitte mit Bemessung der Bauteile
        Die Anforderungen an die Baustoffe und Bauteile bestimmen sich nach Ta-
        belle 6.

Tabelle 6: Anforderungen an die Baustoffe und Bauteile

1	2	3	4
erf t_F nach DIN 18230-1 in Minuten	Feuerwiderstandsfähigkeit von 1. Decken, die Brandbekämpfungsabschnitte trennen und Bauteile, die diese Decken tragen, aussteifen oder überbrücken 2. Abschlüssen von Öffnungen in Bauteilen nach Nr. 1 und in Brandbekämpfungsabschnitts-trennwänden 3. Lüftungsleitungen, Installationsschächten und -kanälen oder Vorkehrungen gegen Brandübertragung bei Leitungen, Lüftungsleitungen, Installationsschächten und -kanälen ohne Feuerwiderstandsfähigkeit, die Brandbekämpfungsabschnitte überbrücken	Feuerwiderstandsfähigkeit von 1. Bauteilen in der Brandsicherheitsklasse SK_b3, die nicht in Zeile 1, Spalte 2, Nr. 1 einzuordnen sind 2. Abschlüssen von Öffnungen in Geschossdecken mit Feuerwiderstandsfähigkeit 3. Lüftungsleitungen, Installationsschächten und -kanälen oder Vorkehrungen gegen Brandübertragung bei Leitungen, Lüftungsleitungen, Installationsschächten und -kanälen ohne Feuerwiderstandsfähigkeit, die Geschossdecken mit Feuerwiderstandsfähigkeit überbrücken	Feuerwiderstandsfähigkeit von 1. Bauteilen 2. Abschlüssen von Öffnungen in Bauteilen mit Feuerwiderstandsfähigkeit 3. Lüftungsleitungen, Installationsschächten und -kanälen oder Vorkehrungen gegen Brandübertragung bei Leitungen, Lüftungsleitungen, Installationsschächten und -kanälen ohne Feuerwiderstandsfähigkeit, die Bauteile mit Feuerwiderstandsfähigkeit überbrücken in der Brandsicherheitsklasse SK_b2 und SK_b1
≤ 15	zu 1. feuerhemmend- und aus nichtbrennbaren Baustoffen zu 2. feuerhemmend, dicht- und selbstschließend zu 3. feuerhemmend	keine Anforderungen[3]	keine Anforderungen[3]
> 15 bis ≤ 30	zu 1. feuerhemmend- und aus nichtbrennbaren Baustoffen	zu 1. feuerhemmend- und in den wesentlichen Teilen aus nichtbrennbaren Baustoffen[1]	zu 1. feuerhemmend

1	2	3	4
	zu 2. feuerhemmend, dicht- und selbstschließend zu 3. feuerhemmend	zu 2. feuerhemmend, dicht- und selbstschließend zu 3. feuerhemmend	zu 2. feuerhemmend, dicht- und selbstschließend zu 3. feuerhemmend
> 30 bis ≤ 60	zu 1. hochfeuerhemmend und aus nichtbrennbaren Baustoffen	zu 1. hochfeuerhemmendund in den wesentlichen Teilen aus nichtbrennbaren Baustoffen[1]	zu 1. hochfeuerhemmend und aus brennbaren Baustoffen
	zu 2. hochfeuerhemmend, dicht- und selbstschließend zu 3. hochfeuerhemmend	zu 2. hochfeuerhemmend, dicht- und selbstschließend zu 3. hochfeuerhemmend	zu 2. hochfeuerhemmend, dicht- und selbstschließend zu 3. hochfeuerhemmend
> 60[2]	zu 1. feuerbeständig und aus nichtbrennbaren Baustoffen	zu 1.feuerbeständig	zu 1. feuerbeständig und aus brennbaren Baustoffen
	zu 2. feuerbeständig, dicht- und selbstschließend zu 3. feuerbeständig	zu 2. feuerbeständig, dicht- und selbstschließend zu 3. feuerbeständig	zu 2. feuerbeständig, dicht- und selbstschließend zu 3. feuerbeständig

1) Für Bauteile in Industriebauten bis zu 2 Geschossen und maximal 1 Ebene je Brandbekämpfungsabschnitt feuerhemmend bzw. hochfeuerhemmend und aus brennbaren Baustoffen.

2) Die Werte der Spalten 2 bis 4 gelten auch für eine rechnerisch erforderliche Feuerwiderstandsdauer erf t_F von mehr als 90 Minuten, die sich insbesondere aus einem Teilflächennachweis ergeben können.

3) Zu Zeile 1 Spalte 4 Nr. 3: Der Raum zwischen solchen Leitungen, Schächten oder Kanälen und dem umgebenden Bauteil ist jedoch mit Baustoffen aus Mineralfasern oder mit im Brandfall aufschäumenden Baustoffen vollständig zu verschließen. Der lichte Abstand zwischen solchen Leitungen, Schächten oder Kanälen und dem umgebenden Bauteil darf bei Verwendung von Baustoffen aus Mineralfasern nicht mehr als 50 mm, bei Verwendung von im Brandfall aufschäumenden Baustoffen nicht mehr als 15 mm betragen. Die Mineralfasern müssen eine Schmelztemperatur von mindestens 1.000 °C aufweisen. Werden Hüllrohre verwendet, müssen diese nichtbrennbar sein; Sätze 1 bis 3 gelten entsprechend.

Aus der Feuerwiderstandsfähigkeit nach Tabelle 6 ergeben sich die Feuerwiderstandsklassen gemäß den Anlagen 0.1.1 oder 0.1.2 der Bauregelliste A Teil 1. Aus der Anforderung zum Brandverhalten von Baustoffen nach Tabelle 6 ergeben sich die Baustoffklassen aus der Anlage 0.2.1 oder 0.2.2 der Bauregelliste A Teil 1.

7.6.2 Brandbekämpfungsabschnittsflächen ohne Bemessung der Bauteile
Erdgeschossige Industriebauten ohne Ebenen sind, sofern es sich nicht bereits aus den Regelungen nach Abschnitt 7.6.1 ergibt, ohne Anforderungen an die Feuerwiderstandsfähigkeit der tragenden und aussteifenden Bauteile zulässig, wenn die tatsächliche Fläche des Brandbekämpfungsabschnitts nicht größer, die Wärmeabzugsflächen (in von 100 bezogen auf die Fläche des Brandbekämpfungsabschnitts) nicht kleiner und die Breite des Industriebaus nicht größer sind als die Werte der Tabelle 7 und bei der Berechnung nach DIN 18230-1 eine äquivalente Branddauer von weniger als 90 min berechnet wird. Dies gilt nicht für Bauteile nach Abschnitt 7.3.2.

Tabelle 7: Zulässige Größe der Brandbekämpfungsabschnittsfläche erdgeschossiger Industriebauten ohne Anforderungen an die Feuerwiderstandsfähigkeitder tragenden und aussteifenden Bauteile in m²

Sicherheitskategorie	äquivalente Branddauer $t_ä$ in Min.			
	15	30	60	90
K 1	9.000	5.500	2.700	1.800
K 2	13.500[2)	8.000[2)	4.000[2)	2.700[2)
K 3.1	16.000	10.000	5.000	3.200
K 3.2	18.000	11.000	5.400	3.600
K 3.3	20.700	12.500	6.200	4.200
K 3.4	22.500	13.500	6.800	4.500
K 4	30.000[1)	20.000[1)	10.000[1)	10.000[1)
Mindestgröße der Wärmeabzugsflächen in % nach DIN 18230-1	1	2	3	4
Zulässige Breite des Industriebaus in m	80	60	50	40

1) Die Anforderungen hinsichtlich der Wärmeabzugsflächen und der Breite des Industriebaus gelten nicht für Brandbekämpfungsabschnitte der Sicherheitskategorie K 4.
2) Die zulässige Größedarf um 10 % überschritten werden, wenn in dem Brandbekämpfungsabschnitt die Produktions- und Lagerräume Rauchabzugsanlagen haben, bei denen
   – je höchstens 200 m² der Grundfläche mindestens ein oder mehrere Rauchabzugsgeräte mit mindestens insgesamt 1,5 m² aerodynamisch wirksamer Fläche im Dach angeordnet sind,
   – je höchstens 1.600 m² Grundfläche mindestens eine Auslösegruppe für die Rauchabzugsgeräte gebildet wird,
   – Zuluftflächen mit einem freien Querschnitt von mindestens 36 m² im unteren Raumdrittel vorhanden sind sowie
   – die Anforderungen der Nrn. 5.7.4.3 und 5.7.4.4 erfüllt sind.

Zwischenwerte dürfen linear interpoliert werden.

7.7   Sonstige Anforderungen

7.7.1   Brandbekämpfungsabschnitte mit einer Grundfläche von mehr als 10.000 m² sind durch für die Feuerwehr zugängliche Verkehrswege in Flächen von höchstens 10.000 m² zu unterteilen. Diese Verkehrswege müssen eine Mindestbreite von 5,0 m haben und möglichst geradlinig zu Ausgängen führen. Bei Vorhandensein einer Werkfeuerwehr, einer selbsttätigen Feuerlöschanlage und bei einer rechnerischen Brandbelastung von weniger als 100 kWh/m² beträgt die Mindestbreite 3,5 m.

7.7.2   Für den Fall geringer Brandbelastungen von bis zu 15 kWh/m² auf Einbauten in Brandbekämpfungsabschnitten, wie z. B. bei Wartungs- und Montageflächen oder Verkehrswegen, bestehen keine Einschränkungen hinsichtlich deren Grundfläche und Anordnung.

8.   Zusätzliche Bauvorlagen

Die Bauvorlagen müssen, soweit erforderlich, zusätzlich zu den im Anhang zur VwV Brandschutzprüfung genannten Angabenfolgende Angaben erhalten:

- zur Zuordnung des Industriebaus zu den Sicherheitskategorien
- über das gewählte Verfahren nach Abschnitt 6, 7 oder Anhang 1
- Lagerbereiche unter Vordächern, vor Außenwänden und auf Freiflächen beim Nachweis nach Abschnitt 6
- zur Größe der Brandabschnitte, Flächen und Lage von Einbauten in den Geschossen, Lage der Brandwände und zu den Freiflächen nach 6.4.1 beim Nachweis nach Abschnitt 7
- zur Berechnung nach DIN 18230-1 mit den Unterlagen zur Dokumentation mit den festgelegten Eingangsparametern, insbesondere der rechnerischen Brandbelastung nach DIN 182301
- Größe der Brandbekämpfungsabschnitte, Höhenlage und Flächen der Ebenen, Fläche und Lage von Einbauten innerhalb der Brandbekämpfungsabschnitte

9. Pflichten des Betreibers

Änderungen der brandschutztechnischen Infrastruktur sowie eine Erhöhung der Brandlast erfordern eine Überprüfung des Brandschutzkonzeptes. Ergibt sich daraus eine niedrigere Sicherheitskategorie, eine höhere äquivalente Branddauer $t_\ddot{a}$ oder eine höhere rechnerisch erforderliche Feuerwiderstandsdauer erf t_F, so liegt eine Nutzungsänderung vor. Solche Nutzungsänderungen bedürfen dann eines Bauantrages und einer Baugenehmigung, wenn sich aus ihnen höhere Anforderungen ergeben. Dies gilt auch bei Änderungen und Ergänzungen des Brandschutzkonzeptes nach Erteilung der Baugenehmigung.

Grundsätze für die Aufstellung von Nachweisen mit Methoden des Brandschutzingenieurwesens

1. Grundsätze des Nachweises

Auf der Grundlage von Methoden des Brandschutzingenieurwesens wird durch wissenschaftlich anerkannte Verfahren (z. B. Wärmebilanzrechnungen) nachgewiesen, dass für sicherheitstechnisch erforderliche Zeiträume
– die vorhandenen Rettungswege benutzbar sind,
– eine wirksame Brandbekämpfung möglich ist,
– die Standsicherheit der Bauteile gewährleistet ist.
Die in den sicherheitstechnisch erforderlichen Zeiträumen einzuhaltenden Sicherheitskriterien sind aufgrund anerkannter Kriterien des Brandschutzes und/oder anhand bestehender Vorschriften festzulegen. Diese Sicherheitskriterien können u. a. sein:
– Einhaltung einer raucharmen Schicht mit
    – einer zulässigen Höchsttemperatur
    – einer erforderlichen Mindestdicke
    – einer einzuhaltenden Kohlendioxidkonzentration
– Einhaltung bestimmter Grenzwerte in der Rauchgasschicht bezüglich
    – zulässiger Höchsttemperatur
    – erforderlicher Sauerstoffkonzentration
    – zulässiger Kohlendioxidkonzentration
    – zulässiger Kohlenmonoxydkonzentration
– Einhaltung der Tragfähigkeit unter den ermittelten Temperaturbelastungen für einzelne Bauteile und die Tragkonstruktion
– Einhaltung bestimmter Grenzwerte für die Wärmestrahlung
    – innerhalb des Brandraumes
    – außerhalb des Brandraumes

2. Voraussetzungen für den Nachweis

Für den betrachteten Industriebau müssen aufgrund der vorgesehenen Nutzung die Brandszenarien festlegbar sein, welche insbesondere
– der Nutzung entsprechen und
– auf der sicheren Seite liegende Brandwirkungen ergeben.
Die Mindestvoraussetzungen für die Festlegung von Brandszenarien sind insbesondere Angaben über
– Art und Menge der brennbaren Stoffe sowie Brandbelastungen,
– physikalische Kennwerte der brennbaren Stoffe (z. B. Heizwert, spez. Abbrandgeschwindigkeit, Brandausbreitungsgeschwindigkeit),
– physikalische Kennwerte der Bauteile (z. B. Wärmeleitung, Dichte, Wärmekapazität, Festigkeit, EModul, thermische Dehnung),
– Brandherdgröße und maximale Größe der Brandflächen,
– Wirksamkeit der brandschutztechnischen Infrastruktur.
Soweit für die Nutzung unter Berücksichtigung der Schutzziele anerkannte Brandszenarien und die zugehörigen physikalischen Kennwerte (z. B. im Rahmen von Normen, Eurocodes) veröffentlicht sind, dürfen diese zur Anwendung kommen.

Die Berechnungen (z. B. Wärmebilanzrechnungen und/oder Bauteilberechnungen) dürfen nur mit anerkannten Rechenverfahren durchgeführt werden. Anerkannte Rechenverfahren sind Verfahren, welche in Bezug auf die zu ermittelnden Sicherheitskriterien nachweislich eine vollständige Beschreibung gemäß den o. g. Mindestvoraussetzungen ermöglichen. Als anerkannt gelten Rechenverfahren, die hinsichtlich ihrer physikalischen Grundlagen vollständig veröffentlicht und in Hinblick auf die zu beschreibenden Brandwirkungen nachweislich validiert sind. Sie müssen eine Beschreibung eines dynamischen Brandgeschehens ermöglichen.

3. Nachweisführung und Dokumentation

Die Sicherheitskriterien und die Zeiträume zur Einhaltung der Sicherheitskriterien sind mit den zuständigen Behörden festzulegen. Auf der Grundlage dieser Sicherheitskriterien sind in den betrachteten Industriebauten die relevanten Brandszenarien festzulegen. Es ist nachzuweisen, dass die Sicherheitskriterien

– generell im Industriebau
– partiell in relevanten Raumbereichen

eingehalten werden.
Der Nachweis muss vollständig, nachvollziehbar und überprüfbar sein.

Anrechenbare Wärmeabzugsflächen nach Abschnitt 6, Tabelle 2

Folgende Flächen dürfen ohne weiteren Nachweis als Wärmeabzugsflächen angesetzt werden:
– Ständig vorhandene Flächen von Öffnungen im Dachbereich oder in Wandbereichen, die ins Freie führen
– Flächen von Rauch- und Wärmeabzugsgeräten nach DIN EN 12101-2
– Flächen von Toren, Türen und Lüftungseinrichtungen, die ins Freie führen und die von außen ohne Gewaltanwendung geöffnet werden können
– Flächen von Öffnungen mit Abschlüssen oder Einrichtungen aus Kunststoffen mit einer Schmelztemperatur $\leq 300\ °C$
– Flächen von Öffnungen mit Verglasungen, die bei Brandeinwirkung ganz oder teilweise zerstört werden, wie:
  – Verglasungen mit Einfach-Fensterglas
  – Verglasungen mit handelsüblichem Zweischeibenisolierglas
– Flächen von Öffnungen, die mit Materialien abgedeckt oder verschlossen sind, die bei Brandeinwirkung zerstört werden

Als Wärmeabzugsfläche gilt jeweils:
– die lichte freiwerdende Öffnung
– bei Rauch- und Wärmeabzugsgeräten die geometrisch freie Fläche der Eintrittsöffnung
– bei nach DIN 18232-4 geprüften Wärmeabzügen die jeweils bei der Prüfung festgestellte Wärmeabzugsfläche
– in anderen Fällen vereinfacht auch 85 % der Fläche, die sich aus den Rohbaumaßen ergibt

Verglasungen, deren Zerstörung im Brandfall nicht zu erwarten ist oder die im Brandfall nicht geöffnet werden können, wie z. B.:
– Brandschutzverglasungen
– Angriffshemmende Verglasungen
– Verglasungen mit Drahtglas
– Verbundsicherheitsglas

dürfen nicht angerechnet werden.

IV 5 Richtlinie über brandschutz-technische Anforderungen an Lüftungsanlagen (Lüftungsanlagen-Richtlinie – LüAR)[1]

Fassung November 2006 (GABl. 2006, S. 836)

Inhalt

---

[1] Erstellt auf Grundlage der M-LüAR, Fassung September 2005. Die Verpflichtungen aus der Richtlinie 98/34/EG des Europäischen Parlaments und des Rates vom 22. Juni 1998 über ein Informationsverfahren auf dem Gebiet der Normen und technischen Vorschriften und der Vorschriften für die Dienste der Informationsgesellschaft (Abl. EG Nr. L 204 S. 37), geändert durch die Richtlinie 98/48/EG des Europäischen Parlamentes und des Rates vom 20. Juli 1998 (Abl. EG Nr. L 217 S. 18), sind beachtet worden.

1   Geltungsbereich

Diese Richtlinie gilt für den Brandschutz von Lüftungsanlagen, an die Anforderungen nach § 31 LBO i. V. mit § 15 LBOAVO gestellt werden.

Sie gilt nicht für mit Luft arbeitende Transportanlagen (z. B. Späneabsaugung, Rohrpostanlagen).

Die erforderlichen Verwendbarkeitsnachweise für Bauprodukte oder Anwendbarkeitsnachweise für Bauarten, die zur Errichtung von Lüftungsanlagen verwendet werden, richten sich nach den Regelungen der §§ 17 ff. LBO i. V. m. den Bauregellisten[2] in der jeweils geltenden Fassung. Die Zuordnung gleichwertiger europäischer Klassifizierungen zu den nationalen Anforderungen an die Feuerwiderstandsfähigkeit ist in den Bauregellisten bestimmt.

2   Begriffe

Lüftungsanlagen i. S. dieser Richtlinie sind auch Klimaanlagen, raumlufttechnische Anlagen und Warmluftheizungen.

Lüftungsanlagen bestehen aus Lüftungsleitungen und allen zu ihrer Funktion erforderlichen Bauteilen und Einrichtungen.

Lüftungsleitungen bestehen aus allen von Luft durchströmten Bauteilen, wie Lüftungsrohren, formstücken, schächten und kanälen, Schalldämpfern, Ventilatoren, Luftaufbereitungseinrichtungen, Absperrvorrichtungen gegen die Übertragung von Feuer und Rauch (Brandschutzklappen) und Absperrvorrichtungen gegen Rauchübertragung (Rauchschutzklappen) sowie aus ihren

---

2   DIBt Mitteilungen des Deutschen Instituts für Bautechnik zu Bauregellisten A und B und Liste C in der jeweils geltenden Fassung, Vertrieb: Verlag Ernst & Sohn, Berlin.

Verbindungen, Befestigungen, Dämmschichten, brandschutztechnischen Ummantelungen, Dampfsperren, Folien, Beschichtungen und Bekleidungen.

3   Anforderungen an das Brandverhalten von Baustoffen

3.1   Grundlegende Anforderungen
Gemäß § 15 Abs. 2 LBOAVO müssen Lüftungsleitungen sowie deren Bekleidungen und Dämmstoffe aus nichtbrennbaren Baustoffen bestehen. Brennbare Baustoffe sind zulässig, wenn ein Beitrag der Lüftungsleitung zur Brandentstehung und Brandweiterleitung nicht zu befürchten ist. Bei der Kombination von Baustoffen ist auf die Verbundwirkung gemäß den Hinweisen in den Verwendbarkeitsnachweisen zu achten.

3.2   Verwendung brennbarer Baustoffe

3.2.1   Lüftungsleitungen
Die Verwendung schwerentflammbarer Baustoffe ist zulässig für
1. Lüftungsleitungen, die nicht durch Bauteile hindurchgeführt werden, für die eine Feuerwiderstandsfähigkeit aus Gründen des Raumabschlusses vorgeschrieben ist,
2. Lüftungsleitungen mit Brandschutzklappen am Durchtritt durch Bauteile, für die eine Feuerwiderstandsfähigkeit aus Gründen des Raumabschlusses vorgeschrieben ist; die Brandschutzklappen müssen mindestens feuerhemmend sein; die höheren Anforderungen an die Feuerwiderstandsfähigkeit aufgrund der Abschnitte 4 bis 6 bleiben unberührt oder
3. Lüftungsleitungen, die mindestens feuerhemmend sind (schwerentflammbare Baustoffe jedoch nur für die innere Schale) sowie für Lüftungsleitungen, die in einem mindestens feuerhemmenden Schacht verlegt sind; die höheren Anforderungen an die Feuerwiderstandsfähigkeit aufgrund der Abschnitte 4 bis 6 bleiben unberührt.
Abweichend von Satz 1 Nr. 1 und 2 sind brennbare Baustoffe nicht zulässig für Lüftungsleitungen
1. in notwendigen Treppenräumen, in Räumen zwischen den notwendigen Treppenräumen und den Ausgängen ins Freie, in notwendigen Fluren, es sei denn, diese Leitungen sind mindestens feuerhemmend oder
2. über Unterdecken, die tragende Bauteile brandschutztechnisch schützen müssen.
Abweichend von Satz 1 Nr. 1 bis 3 sind brennbare Baustoffe nicht zulässig für Lüftungsleitungen, in denen
1. Luft mit Temperaturen von mehr als 85 °C gefördert wird oder
2. sich im besonderen Maße brennbare Stoffe ablagern können (z.B. Abluftleitungen für gewerbliche Küchen, Raumlüftungsanlagen in holzverarbeitenden Betrieben).

3.2.2   Beschichtungen und Bekleidungen sowie Dämmschichten
Für Dämmschichten, Dampfsperren, Folien, Beschichtungen und Bekleidungen für Lüftungsleitungen gilt Abschnitt 3.2.1 sinngemäß. Anstelle schwerentflammbarer Baustoffe dürfen für Dampfsperren, Folien und Beschichtungen mit einer Dicke von nicht mehr als 0,5 mm Baustoffe verwendet werden, die im eingebauten Zustand normalentflammbar sind.
Aus brennbaren Baustoffen bestehende Dampfsperren, Folien und Beschichtungen mit einer Dicke von nicht mehr als 0,5 mm dürfen durch Bauteile, für die eine Feuerwiderstandsfähigkeit aus Gründen des Raumabschlusses vorgeschrieben ist, hindurchgeführt werden.

3.2.3 Lokal begrenzte und kleine Bauteile von Lüftungsanlagen

Für lokal begrenzte Bauteile, wie in Einrichtungen zur Förderung und Aufbereitung der Luft und zur Regelung der Lüftungsanlage sowie für kleine Teile, wie Bedienungsgriffe, Dichtungen, Lager, Messeinrichtungen dürfen brennbare Baustoffe verwendet werden.

Dies gilt auch für elektrische und pneumatische Leitungen, soweit sie außerhalb von Lüftungsleitungen liegen und den zur Lüftungsanlage gehörenden Einrichtungen in Lüftungsleitungen von außen auf kürzestem Wege zugeführt sind.

Ein- und Auslässe von Lüftungsleitungen dürfen aus brennbaren Baustoffen bestehen.

3.2.4 Übrige Bauteile und Einrichtungen von Lüftungsanlagen

Für die übrigen Bauteile und Einrichtungen dürfen brennbare Baustoffe nur nach Maßgabe der Anforderungen der nachfolgenden Abschnitte 5.2.3, 6.2 und 6.4.4 sowie der entsprechenden schematischen Darstellungen verwendet werden.

4 Anforderungen an die Feuerwiderstandsfähigkeit von Lüftungsleitungen und Absperrvorrichtungen von Lüftungsanlagen

Die Anforderungen des § 15 Abs. 1 und 2 LBOAVO gelten als erfüllt, wenn die Anforderungen der folgenden Abschnitte 5 bis 8 eingehalten werden und die Lüftungsanlagen entsprechend den schematischen Darstellungen der Bilder 1 bis 6 nach Maßgabe der Bildunterschriften ausgebildet werden.

Dabei gilt, dass die Feuerwiderstandsfähigkeit der Brandschutzklappen der vorgeschriebenen Feuerwiderstandsfähigkeit der Bauteile, die von den Lüftungsleitungen durchdrungen werden, entsprechen muss (in feuerhemmenden Bauteilen Klappen der Klassifizierung – K30, in hochfeuerhemmenden Bauteilen Klappen – K60 und in feuerbeständigen Bauteilen Klappen – K90) oder die Feuerwiderstandsfähigkeit der Lüftungsleitungen bei erforderlicher Ausführung in feuerwiderstandsfähiger Bauart der höchsten vorgeschriebenen Feuerwiderstandsfähigkeit der von ihnen durchdrungenen raumabschließenden Bauteile entsprechen muss.

In notwendigen Fluren mit feuerhemmenden Wänden genügen anstelle von feuerhemmenden Lüftungsleitungen Lüftungsleitungen aus Stahlblech, ohne Öffnungen, mit Abhängern aus Stahl, vgl. Bild 3.1 und Bild 3.2.

5 Anforderungen an die Installation von Lüftungsleitungen

5.1 Auswahl und Anordnung der Bauteile

5.1.1 Lüftungsleitungen mit erhöhter Brand, Explosions- oder Verschmutzungsgefahr

Lüftungsleitungen, in denen sich in besonderem Maße brennbare Stoffe ablagern können (z. B. Abluftleitungen von Dunstabzugshauben in Wohnungsküchen) oder die der Lüftung von Räumen mit erhöhter Brand- oder Explosionsgefahr dienen, dürfen untereinander und mit anderen Lüftungsleitungen nicht verbunden sein, es sei denn, die Übertragung von Feuer und Rauch ist durch geeignete Brandschutzklappen verhindert.

Abluftleitungen aus Stahlblech von Dunstabzugshauben in Wohnungsküchen dürfen gemeinsam in einem feuerwiderstandsfähigen Schacht (Feuerwiderstandsfähigkeit gemäß Abschnitt 4) verlegt sein; die Schächte dürfen keine anderen Leitungen enthalten.

5.1.2 Mündungen von Außenluft- und Fortluftleitungen

Außenluft- und Fortluftöffnungen (Mündungen) von Lüftungsleitungen, aus denen Brandgase ins Freie gelangen können, müssen so angeordnet oder ausgebildet sein, dass durch sie Feuer oder Rauch nicht in andere Geschosse, Brandabschnitt, Nutzungseinheiten, notwendige Treppenräume, Räumen zwischen den notwendigen Treppenräumen und den Ausgängen ins Freie oder notwendige Flure übertragen werden können. Dies gilt durch Einhaltung einer der folgenden Anforderungen als erfüllt:

1. Mündungen müssen von Fenstern, anderen Außenwandöffnungen und von Außenwänden mit brennbaren Baustoffen und entsprechenden Verkleidungen mindestens 2,5 m entfernt sein; dies gilt nicht für die Holzlattung hinterlüfteter Fassaden.

Ein Abstand zu Fenstern und anderen ähnlichen Öffnungen in Wänden ist nicht erforderlich, wenn diese Öffnungen gegenüber der Mündung durch 1,5 m auskragende, feuerwiderstandsfähige (entsprechend den Decken) und öffnungslose Bauteile aus nichtbrennbaren Baustoffen geschützt sind. Die Mündungen von Lüftungsleitungen über Dach müssen Bauteile aus brennbaren Baustoffen mindestens 1 m überragen oder von diesen – waagerecht gemessen – 1,5 m entfernt sein. Diese Abstände sind nicht erforderlich, wenn diese Baustoffe von den Außenflächen der Lüftungsleitungen bis zu einem Abstand von mindestens 1,5 m gegen Brandgefahr geschützt sind (z. B. durch eine mindestens 5 cm dicke Bekiesung oder durch mindestens 3 cm dicke, fugendicht verlegte Betonplatten).

2. Die Mündungen von Lüftungsleitungen sind durch Brandschutzklappen gesichert.

5.1.3 Zuluftanlagen

Über Zuluftanlagen darf kein Rauch in das Gebäude übertragen werden. Die Übertragung von Rauch über die Außenluft ist durch Brandschutzklappen mit Rauchauslöseeinrichtungen oder durch Rauchschutzklappen zu verhindern.

Auf die Anordnung der Klappen kann verzichtet werden, wenn das Ansaugen von Rauch aufgrund der Lage der Außenluftöffnung ausgeschlossen werden kann.

5.1.4 Umluftanlagen

Bei Lüftungsanlagen mit Umluft muss die Zuluft gegen Eintritt von Rauch aus der Abluft durch Brandschutzklappen mit Rauchauslöseeinrichtungen oder durch Rauchschutzklappen geschützt sein.

Die Rauchauslöseeinrichtungen hierzu können in der Umluftleitung oder in der Abluftleitung angeordnet werden. Sie können jedoch auch in der Zuluftleitung nach Zusammenführung von Außenluft und Umluft angeordnet sein, wenn hierdurch gleichzeitig die Außenluftansaugung gegen Raucheintritt gesichert werden soll. Die Anordnung der Rauchauslöseeinrichtungen darf deren Wirksamkeit durch Verdünnungseffekte nicht beeinträchtigen.

Bei Ansprechen der Rauchauslöseeinrichtungen müssen die Ventilatoren abgeschaltet werden, soweit der Weiterbetrieb nicht der Rauchausbreitung entgegenwirkt.

5.1.5 Lüftungsleitungen und andere Installationen

Im luftführenden Querschnitt von Lüftungsleitungen dürfen nur Einrichtungen von Lüftungsanlagen und zugehörige Leitungen vorhanden sein. Diese Leitungen dürfen keine brennbaren oder toxischen Stoffe (z. B. Brennstoffe, organische Wärmeträger oder Flüssigkeiten für hydraulische Systeme) und keine Stoffe mit Temperaturen von mehr als 110 °C führen; zulässig sind jedoch Leitungen, die Lufterhitzern von außen Wärmeträger mit höheren Temperaturen auf dem kürzesten Wege zuführen.

In Schächten und Kanälen der Feuerwiderstandsklasse L 30/60/90 gemäß DIN 4102-4:1994-03, Abschnitte 8.5.1 bis 8.5.6 dürfen neben den Lüftungsleitungen auch Leitungen für Wasser, Abwasser und Wasserdampf bis 110 °C sowie für Druckluft verlegt werden, wenn sie einschließlich eventuell vorhandener Dämmschichten aus nichtbrennbaren Baustoffen bestehen. Zwischen Schacht und Lüftungszentrale ist keine brandschutztechnische Abtrennung notwendig (siehe Bild 1.2, Anordnung 2).

Darüber hinaus sind in Schächten und Kanälen, deren Wände der Feuerwiderstandsklasse F30/60/90 (Feuerwiderstandsfähigkeit gemäß Abschnitt 4) entsprechen und deren Öffnungen in diesen Wänden dichte Verschlüsse (z. B. mit umlaufendem Anschlag) mit derselben Feuerwiderstandsfähigkeit wie die Wände haben, neben den Lüftungsleitungen auch andere (z. B. brennbare) Installationen zulässig, wenn alle ein- und ausführenden Lüftungsleitungen an den Durchtrittsstellen (auch zur Lüftungszentrale) durch Brandschutzklappen K30/60/90 (Feuerwiderstandsfähigkeit gemäß Abschnitt 4, ohne Zusatzkennzeichnung für eine einschränkende Verwendung) gesichert sind (siehe Bild 1.2, Anordnung 1).

Die Notwendigkeit brandschutztechnischer Maßnahmen für diese anderen Installationen bleibt unberührt.

5.2 Verlegung von Lüftungsleitungen

5.2.1 Alle Leitungsabschnitte

5.2.1.1 Begrenzung von Kräften
Lüftungsleitungen sind so zu führen oder herzustellen, dass sie infolge ihrer Erwärmung durch Brandeinwirkung keine erheblichen Kräfte auf tragende oder notwendig feuerwiderstandsfähige Wände und Stützen ausüben können.

Dies ist erfüllt, wenn ausreichende Dehnungsmöglichkeiten, bei Lüftungsleitungen aus Stahl ca. 10 mm pro lfd. Meter Leitungslänge, vorhanden sind. Bei anderen Baustoffen der Lüftungsleitungen, wie hochlegierten Stählen und Nichteisenmetallen, ist deren Längenausdehnungskoeffizient zu berücksichtigen.

Bei zweiseitig fester Einspannung der Leitungen ist Satz 1 erfüllt, wenn:
1. der Abstand zwischen zwei Einspannstellen nicht mehr als 5 m beträgt,
2. die Leitungen so ausgeführt werden, dass sie keine erhebliche Längssteifigkeit besitzen (z. B. Spiralfalzrohre mit Steckstutzen bis 250 mm Durchmesser oder Flexrohre),
3. durch Winkel und Verziehungen in den Lüftungsleitungen auftretende Längenänderungen durch Leitungsverformungen (z. B. Ausknickungen) aufgenommen werden (siehe Bild 5) oder
4. Kompensatoren (z. B. Segeltuchstutzen) verwendet werden (Reaktionskraft < 1 kN).

5.2.1.2 Durchführung durch feuerwiderstandsfähige, raumabschließende Bauteile
Leitungsabschnitte, die brandschutztechnisch zu trennende Abschnitte überbrücken, sind in der höchsten vorgeschriebenen Feuerwiderstandsfähigkeit der durchdrungenen raumabschließenden Bauteile auszuführen; andernfalls sind Absperrvorrichtungen in den Bauteilen vorzusehen (Schematische Dar-

stellungen 1.1 (Bild 1.1 bis Bild 1.4) und 1.2). Absperrvorrichtungen dürfen außerhalb dieser Bauteile nur installiert werden, wenn der Verwendbarkeitsnachweis dies zulässt.
Soweit Lüftungsleitungen ohne Brandschutzklappen durch raumabschließende Bauteile, für die eine Feuerwiderstandsfähigkeit vorgeschrieben ist, hindurchgeführt werden dürfen, sind die verbleibenden Öffnungsquerschnitte mit geeigneten nichtbrennbaren mineralischen Baustoffen dicht und in der Dicke dieser Bauteile zu verschließen. Ohne weiteren Nachweis gelten Stopfungen aus Mineralfasern mit einem Schmelzpunkt 1000 °C bis zu einer Spaltbreite des verbleibenden Öffnungsquerschnittes von höchstens 50 mm als geeignet. Durch weitere Installationen darf die Stopfung nicht gemindert werden.

Bei feuerwiderstandsfähigen Lüftungsleitungen muss die Feuerwiderstandsfähigkeit der Leitungen auch in den feuerwiderstandsfähigen, raumabschließenden Bauteilen gegeben sein.

5.2.1.3 Abstände zu brennbaren Baustoffen
Leitungsabschnitte, deren äußere Oberflächen im Betrieb Temperaturen von mehr als 85 °C erreichen können, müssen von flächig angrenzenden, ungeschützten Bauteilen mit brennbaren Baustoffen einen Abstand von mindestens 40 cm einhalten.

5.2.2 Leitungsabschnitte, die feuerwiderstandsfähig sein müssen
Feuerwiderstandsfähige Leitungsabschnitte müssen an Bauteilen mit entsprechender Feuerwiderstandsfähigkeit befestigt sein.

5.2.3 Leitungen im Freien
Leitungsabschnitte im Freien, die von Brandgasen durchströmt werden können, müssen
1. feuerwiderstandsfähig sein gemäß Abschnitt 4 Satz 2 zweiter Halbsatz oder
2. aus Leitungsbauteilen aus Stahlblech bestehen, wenn ein Abstand von mindestens 40 cm zu Bauteilen aus brennbaren Baustoffen eingehalten ist; der Abstand braucht nur 20 cm zu betragen, wenn die brennbaren Baustoffe durch eine mindestens 2 cm dicke Schicht aus mineralischen, nichtbrennbaren Baustoffen gegen Entflammen geschützt sind.
Abweichend davon dürfen auf Flachdächern Leitungsabschnitte, die im Brandfall von Brandgasen durchströmt werden, aus schwerentflammbaren Baustoffen ausgeführt werden, wenn
1. sie gegen Herabfallen, auch im Hinblick auf den Brandfall, gesichert sind,
2. der Abstand von Bauteilen aus brennbaren Baustoffen mindestens 1,5 m beträgt, sofern nicht diese Baustoffe bis zu diesem Abstand gegen Entflammen geschützt sind und
3. die Dachoberfläche aus brennbaren Baustoffen unterhalb des Leitungsabschnitts in einer Breite von jeweils 1,5 m – bezogen auf die Außenkante – gegen Entflammen geschützt ist (z. B. durch eine mindestens 5 cm dicke Bekiesung oder durch mindestens 3 cm dicke, fugendicht verlegte Betonplatten).

5.2.4 Lüftungsleitungen oberhalb von Unterdecken
Werden Lüftungsleitungen oberhalb von Unterdecken, für die als selbstständiges Bauteil eine Feuerwiderstandsfähigkeit gefordert wird, verlegt, so sind diese Lüftungsleitungen so zu befestigen, dass sie auch im Brandfall nicht herabfallen können (siehe DIN 4102-4:1994-03, Abschnitt 8.5.7.5).

5.2.5 Brandschutz im Dachraum
Führen Lüftungsleitungen durch einen Dachraum, müssen bei der Durchdringung einer Decke, die feuerwiderstandsfähig sein muss, zwischen oberstem Geschoss und Dachraum

1. Absperrvorrichtungen eingesetzt werden (Bild 2.1),
2. die Teile der Lüftungsanlage im Dachraum mit einer feuerwiderstandsfähigen Umkleidung (bei Leitungen, die ins Freie führen, bis über die Dachhaut) versehen werden oder
3. die Lüftungsleitungen selbst feuerwiderstandsfähig ausgebildet sein.

6 Einrichtungen zur Luftaufbereitung und Lüftungszentralen

6.1 Lufterhitzer
Bei Lufterhitzern, deren Heizflächentemperaturen mehr als 160 °C erreichen können, muss ein Sicherheitstemperaturbegrenzer im Abstand von 50 cm bis 100 cm in Strömungsrichtung hinter dem Lufterhitzer in die Lüftungsleitung eingebaut werden, der den Lufterhitzer bei Erreichen einer Lufttemperatur von 110 °C selbsttätig abschaltet.
Bei direkt befeuerten Lufterhitzern muss zusätzlich ein Strömungswächter vorhanden sein, der beim Nachlassen oder Ausbleiben des Luftstroms die Beheizung selbsttätig abschaltet, es sei denn, dass die Anordnung des Sicherheitstemperaturbegrenzers auch in diesen Fällen die rechtzeitige Abschaltung der Beheizung gewährleistet.

6.2 Filtermedien, Kontaktbefeuchter und Tropfenabscheider
Bei Filtermedien, Kontaktbefeuchtern und Tropfenabscheidern aus brennbaren Baustoffen muss durch ein im Luftstrom nachgeschaltetes engmaschiges Gitter oder durch eine geeignete nachgeschaltete Luftaufbereitungseinrichtung aus nichtbrennbaren Baustoffen sichergestellt sein, dass brennende Teile nicht vom Luftstrom mitgeführt werden können.

6.3 Wärmerückgewinnungsanlagen
Bei Wärmerückgewinnungsanlagen ist die Brandübertragung zwischen Abluft und Zuluft durch installationstechnische Maßnahmen (z. B. getrennter Wärmeaustausch über Wärmeträger bei Zu- und Abluftleitungen, Schutz der Zuluftleitung durch Brandschutzklappen mit Rauchauslöseeinrichtungen oder durch Rauchschutzklappen) oder andere geeignete Vorkehrungen auszuschließen.

6.4 Lüftungszentralen für Ventilatoren und Luftaufbereitungseinrichtungen

6.4.1 Grundlegende Anforderung
Innerhalb von Gebäuden müssen Ventilatoren und Luftaufbereitungseinrichtungen in besonderen Räumen (Lüftungszentralen) aufgestellt werden, wenn an die Ventilatoren oder Luftaufbereitungseinrichtungen in Strömungsrichtung anschließende Leitungen in mehrere Geschosse (nicht in Gebäuden geringer Höhe) oder Brandabschnitt führen.
Diese Räume können selbst luftdurchströmt sein (Kammerbauweise). Die Lüftungszentralen dürfen nicht anderweitig genutzt werden.

6.4.2 Bauteile, Fußböden und Öffnungen der Lüftungszentralen
Tragende, aussteifende und raumabschließende Bauteile zu anderen Räumen müssen der höchsten notwendigen Feuerwiderstandsfähigkeit der Decken und Wände entsprechen, durch die Lüftungsleitungen von der Lüf-

tungszentrale aus hindurchgeführt werden; dabei bleiben Kellerdecken unberücksichtigt.

Andere Wände und Decken sowie Fußböden müssen aus nichtbrennbaren Baustoffen bestehen oder durch mindestens 2 cm dicke Schichten aus mineralischen, nichtbrennbaren Baustoffen gegen Entflammen geschützt sein. Öffnungen in den Wänden zu anderen Räumen müssen durch mindestens feuerhemmende dicht- und selbstschließende Abschlüsse geschützt sein; die Abschlüsse zu notwendigen Treppenräumen müssen zusätzlich rauchdicht sein.

Lüftungszentralen dürfen keine Öffnungen zu Aufenthaltsräumen haben.

6.4.3 Ausgänge von Lüftungszentralen

Von jeder Stelle der Lüftungszentrale muss in höchstens 35 m Entfernung ein Ausgang zu einem Flur in der Bauart notwendiger Flure, zu Treppenräumen in der Bauart notwendiger Treppenräume oder unmittelbar ins Freie erreichbar sein.

6.4.4 Lüftungsleitungen in Lüftungszentralen

Lüftungsleitungen in Lüftungszentralen müssen
1. aus Stahlblech (nicht mit brennbaren Dämmschichten) hergestellt sein,
2. der Feuerwiderstandsfähigkeit der Decken und Wände der Lüftungszentrale zu anderen Räumen entsprechen oder
3. am Ein- und Austritt der Lüftungszentrale (ausgenommen Fortluft- oder Außenluftleitungen, die unmittelbar ins Freie führen) Brandschutzklappen mit einer Feuerwiderstandsfähigkeit entsprechend Abschnitt 6.4.2 Satz 1 haben; die Brandschutzklappen müssen mit Rauchauslöseeinrichtungen ausgestattet sein.

Die Verwendung von Lüftungsleitungen aus schwerentflammbaren Baustoffen in Lüftungszentralen ist ohne Einhaltung der Anforderungen nach Satz 1 Nr. 2 und 3 zulässig, wenn (siehe auch Bild 4):
1. die Lüftungszentrale im obersten Geschoss liegt,
2. die Lüftungszentrale im Dach eine selbsttätig öffnende, durch Rauchmelder in der Lüftungszentrale auslösende Rauchabzugseinrichtung hat; deren freier Querschnitt mindestens das 2,5-fache des lichten Querschnitts der größten in die Lüftungszentrale eingeführten Abluftleitung haben muss,
3. die Lüftungsleitungen durch das Dach der Lüftungszentrale unmittelbar ins Freie geführt werden und
4. in der Lüftungszentrale Bauteile von Lüftungsleitungen aus brennbaren Baustoffen gegenüber entsprechenden Bauteilen anderer Lüftungsleitungen gegen Entflammen geschützt sind entweder durch
   a) einen Abstand von mindestens 40 cm zwischen den entsprechenden Bauteilen beider Leitungen
   b) einen mindestens 2 cm dicken Strahlungsschutz aus mineralischen nichtbrennbaren Baustoffen dazwischen oder
   c) andere mindestens gleich gut schützende Bauteile.

7 **Besondere Bestimmungen für Lüftungsanlagen nach DIN 18017-3:1990-08**

In Lüftungsanlagen nach DIN 18017-3:1990-08 dürfen Absperrvorrichtungen gegen Brandübertragung der Feuerwiderstandsklassen K30/K60/K90-18017 verwendet werden (siehe Bilder 6.1 und 6.2), um im Zusammenwirken mit den Bauteilen der Lüftungsanlagen nach DIN 18017-3:1990-08 zu verhindern, dass Feuer und Rauch in andere Geschosse übertragen werden. Die Absperrvorrichtungen sind zur Verhinderung einer Brandübertragung innerhalb von Geschossen nicht zulässig (z. B. bei der Überbrückung von Flur- oder Trennwänden).

Die Absperrvorrichtungen dürfen über den Anwendungsbereich von DIN 18017-3:1990-08 hinaus auch für Abluftanlagen von Toiletten und Bädern in nicht zu Wohnzwecken genutzten Gebäuden sowie nach Maßgabe bauaufsichtlicher Verwendbarkeits- oder Anwendbarkeitsnachweise in Anlagen zur Entlüftung innenliegender Wohnungsküchen und Kochnischen verwendet werden.

Die Absperrvorrichtungen und zugehörige Lüftungsleitungen müssen über die Bestimmungen der jeweiligen Verwendbarkeits- oder Anwendbarkeitsnachweise hinaus im Übrigen folgenden Anforderungen entsprechen:

1. Vertikale feuerwiderstandsfähige Lüftungsleitungen (Hauptleitungen) müssen aus nichtbrennbaren Baustoffen bestehen und eine Feuerwiderstandsklasse haben (L30/L60/L90 oder F30/F60/F90 oder europäisch hierzu gleichwertige Klassifizierung), die der Feuerwiderstandsfähigkeit der durchdrungenen Decken entspricht.

2. Schächte für Lüftungsleitungen müssen aus nichtbrennbaren Baustoffen bestehen und eine Feuerwiderstandsklasse haben (L30/L60/L90 oder F30/F60/F90 oder europäisch hierzu gleichwertige Klassifizierung), die der Feuerwiderstandsfähigkeit der durchdrungenen Decken entspricht.

3. Hauptleitungen im Innern von feuerwiderstandsfähigen Schächten sowie gegebenenfalls außerhalb der Schächte liegende Anschlussleitungen zwischen Absperrvorrichtung und luftführender Hauptleitung müssen aus Stahlblech bestehen. Die Anschlussleitungen zwischen Schachtwandung und außerhalb des Schachtes angeordneten Absperrvorrichtungen dürfen jeweils nicht länger als 6 m sein; die Anschlussleitungen dürfen keine Bauteile mit geforderter Feuerwiderstandsfähigkeit überbrücken. Anschlussleitungen innerhalb von Schächten müssen aus nichtbrennbaren Baustoffen bestehen.

4. der Querschnitt der Absperrvorrichtungen (Anschlussquerschnitt) darf maximal 350 cm^2 betragen.

Luftführende Hauptleitungen dürfen einen maximalen Querschnitt von 1000 cm^2 nicht überschreiten.

Sie dürfen

1. als feuerwiderstandsfähige Lüftungsleitungen oder als feuerwiderstandsfähiger Schacht ausgebildet werden; innerhalb dieser luftführenden Hauptleitung dürfen keine Installationen verlegt sein und die Absperrvorrichtungen müssen im Wesentlichen aus nichtbrennbaren Baustoffen bestehen (Bild 6.2.1),

2. in einem feuerwiderstandsfähigen Schacht bis 1000 cm^2 Querschnitt verlegt werden; die Absperrvorrichtung muss im Wesentlichen aus nichtbrennbaren Baustoffen bestehen; weitere Installationen im Schacht sind unzulässig (Bild 6.2.2); oder

3. in einem feuerwiderstandsfähigen Schacht größer 1000 cm^2 Querschnitt verlegt werden, wenn der Restquerschnitt zwischen Schacht und luftführender Hauptleitung mit einem mindestens 100 mm dicken Mörtelverguss in der Ebene der jeweiligen Geschossdecke vollständig verschlossen ist; weitere Installationen sind nur aus nichtbrennbaren Baustoffen für nichtbrennbare Medien zulässig (Bild 6.2.3.). Die Notwendigkeit

brandschutztechnischer Maßnahmen für diese weiteren Installationen bleibt unberührt.
Der Anschluss von Dunstabzugshauben an Lüftungsanlagen mit Absperrvorrichtungen der Feuerwiderstandsklassen K30/K60/K90-18017 darf nur entsprechend den Bestimmungen der Verwendbarkeits- oder Anwendbarkeitsnachweise für die Absperrvorrichtungen erfolgen. Diese Absperrvorrichtungen können ferner in Anlagen der Bauart nach DIN 18017-3:1990-08 verwendet werden, bei denen die Zuluft über Leitungen herangeführt wird, wie auch in diesen Zuluftleitungen selbst.

8 Abluftleitungen von gewerblichen oder vergleichbaren Küchen, ausgenommen Kaltküchen

8.1 Baustoffe und Feuerwiderstandsfähigkeit der Abluftleitungen
Abluftleitungen müssen aus nichtbrennbaren Baustoffen bestehen. Sie müssen vom Austritt aus der Küche an mindestens die Feuerwiderstandsklasse L 90 oder eine europäisch hierzu gleichwertige Klassifizierung aufweisen, sofern die Ausbreitung von Feuer und Rauch nicht auf andere Weise, z. B. durch Absperrvorrichtungen, für die ein bauaufsichtlicher Verwendbarkeitsnachweis für diesen Zweck vorliegt, verhindert wird.
Für Leitungsabschnitt im Freien gilt Abschnitt 5.2.3 sinngemäß.

8.2 Ventilatoren
Ventilatoren müssen so ausgeführt und eingebaut sein, dass sie leicht zugänglich sind und leicht kontrolliert und gereinigt werden können. Sie müssen von der Küche aus abgeschaltet werden können. Die Antriebsmotoren müssen sich außerhalb des Abluftstromes befinden.

8.3 Fettdichtheit der Abluftleitungen
Durch die Wandungen der Abluftleitungen darf weder Fett noch Kondensat austreten können. Lüftungsleitungen aus Blech mit gelöteten, geschweißten oder mittels dauerelastischem und gegen chemische und mechanische Beanspruchung unempfindlichem Dichtungsmaterial hergestellten Verbindungsstellen können als fettdicht angesehen werden.

8.4 Vermeidung von Verschmutzungen; Reinigungsöffnungen
Innerhalb einer Küche kann die Abluft mehrerer Abzugseinrichtungen zusammen- und über eine Lüftungsleitung aus der Küche abgeführt werden.
In oder unmittelbar hinter Abzugseinrichtungen, wie Hauben oder Lüftungsdecken, sind geeignete Fettfilter oder andere geeignete Fettabscheideeinrichtungen anzuordnen. Filter und Abscheider müssen einschließlich ihrer Befestigungen aus nichtbrennbaren Baustoffen bestehen. Filter müssen leicht ein- und ausgebaut werden können. Die innere Oberfläche der Abluftleitungen muss leicht zu reinigen sein. Leitungen mit profilierten Wandungen, wie flexible Rohre, und Leitungen aus porösen oder saugfähigen Baustoffen sind unzulässig.
Die Abluftleitungen müssen an jeder Richtungsänderung, vor und hinter den Absperrvorrichtungen und in ausreichender Anzahl in gerade geführten Leitungsabschnitten Reinigungsöffnungen haben.
Im Bereich der Fettfilter und anderer Fettabscheideeinrichtungen sind Reinigungsöffnungen erforderlich, sofern nicht eine Reinigung dieses Leitungsbereiches von der Abzugseinrichtung aus möglich oder durch technische Maßnahmen eine ausreichende Reinigung sichergestellt ist.

Die Abmessung der Reinigungsöffnungen muss mindestens dem lichten Querschnitt der Abluftleitung entsprechen; es genügt jedoch ein lichter Querschnitt von 3600 cm^2.
Die Abluftleitungen müssen an geeigneter Stelle Einrichtungen zum Auffangen und Ablassen von Kondensat und Reinigungsmittel haben.

9 **Gemeinsame Abführung von Küchenabluft und Abgas aus Feuerstätten**

9.1 Grundlegende Anforderungen
Nach § 15 Abs. 3 LBOAVO dürfen Lüftungsleitungen nicht in Schornsteine eingeführt werden. Eine gemeinsame Benutzung von Lüftungsleitungen zur Lüftung und zur Ableitung der Abgase von Gasfeuerstätten ist zulässig, wenn keine Bedenken wegen der Betriebssicherheit und des Brandschutzes bestehen.

9.2 Küchenabluft und Abgas aus Feuerstätten für gasförmige Brennstoffe
Zulässig i. S. von Abschnitt 9.1 ist die Abführung der Abgase von Küchen-Gasgeräten über die Abzugseinrichtungen und Abluftleitungen der Küchen, sofern hierbei nach der technischen Regel des DVGW „Arbeitsblatt G 634: September 1998 – Installation von Gasgeräten in gewerblichen Küchen in Gebäuden" verfahren wird.

10 **Anforderungen an Lüftungsanlagen in baulichen Anlagen und Räumen besonderer Art oder Nutzung**

Die Anforderungen der vorstehenden Abschnitte 3 bis 9 entsprechen in der Regel den brandschutztechnischen Erfordernissen für Lüftungsanlagen in baulichen Anlagen und Räumen besonderer Art oder Nutzung.
Bei Lüftungsanlagen für
1. Gebäude oder Räume mit großen Menschenansammlungen,
2. Gebäude oder Räume für kranke oder behinderte Menschen,
3. Räume mit erhöhter Brand- oder Explosionsgefahr
ist zu prüfen, ob zusätzliche oder andere brandschutztechnische Maßnahmen notwendig werden, z. B. zusätzliche Rauchauslöseeinrichtungen für Brandschutzklappen zur Verhinderung der Rauchübertragung. Die Anordnung der Rauchauslöseeinrichtungen darf deren Wirksamkeit durch Verdünnungseffekte nicht beeinträchtigen.

Schematische Darstellungen

1 Durchführung von Lüftungsleitungen durch raumabschließende Bauteile

1.1. Durchführung vertikaler Lüftungsleitungen durch raumabschließende Decken, an die Anforderungen hinsichtlich der Feuerwiderstandsfähigkeit gestellt werden

Bild 1.1: Schottlösung

Brandschutzklappen an den Durchdringungsstellen der feuerwiderstandsfähigen Decken

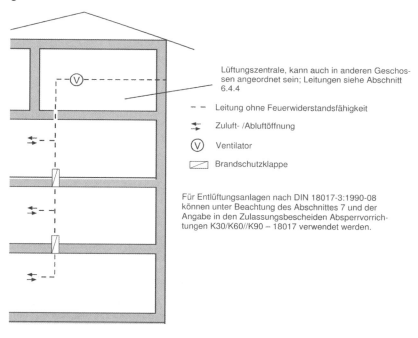

Lüftungszentrale, kann auch in anderen Geschossen angeordnet sein; Leitungen siehe Abschnitt 6.4.4

– – Leitung ohne Feuerwiderstandsfähigkeit

Zuluft- /Abluftöffnung

(V) Ventilator

Brandschutzklappe

Für Entlüftungsanlagen nach DIN 18017-3:1990-08 können unter Beachtung des Abschnittes 7 und der Angabe in den Zulassungsbescheiden Absperrvorrichtungen K30/K60//K90 – 18017 verwendet werden.

Bild 1.2: Schachtlösung

Brandschutzklappen an den Durchdringungsstellen der feuerwiderstandsfähigen Schachtwände

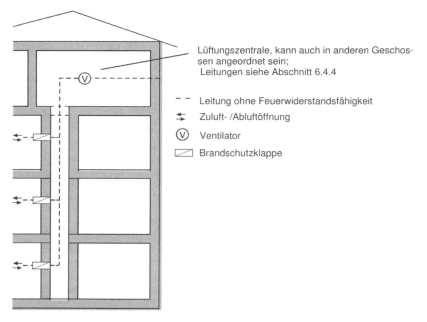

Lüftungszentrale, kann auch in anderen Geschossen angeordnet sein; Leitungen siehe Abschnitt 6.4.4

─ ─ Leitung ohne Feuerwiderstandsfähigkeit

⇥ Zuluft- /Abluftöffnung

Ⓥ Ventilator

▨ Brandschutzklappe

Folgende Anordnungen sind zulässig:
1) feuerwiderstandsfähiger Schacht aus Wänden der Feuerwiderstandsklasse F30/F60/F90 aus nichtbrennbaren Baustoffen z. B. nach DIN 4102 Teil 4 oder
2) feuerwiderstandsfähiger Schacht gemäß L-Klassifikation oder
3) selbstständige feuerwiderstandsfähige Lüftungsleitung der Klassifikation L30/L60/L90 (Schacht = luftführende Hauptleitung)
und jeweils Brandschutzklappen K30/K60/K90[3] bei Abzweigen in den Geschossen an den Durchtrittsstellen durch den Schacht bzw. an den Anschlussstellen der Lüftungsleitung.

zu 1) Der Schacht aus F-Bauteilen bildet brandschutztechnisch einen eigenen Abschnitt im Gebäude, in dem auch andere Installationen zulässig sind. Diese Installationen dürfen auch aus brennbaren Baustoffen bestehen oder brennbare Medien führen, wenn alle Ein- und Ausführungen von Lüftungsleitungen (also auch die zur Lüftungszentrale) durch Brandschutzklappen K30/K60/K90 geschützt sind (siehe auch Abschnitt 5.1.4). Schacht-Zugangstüren müssen die gleiche Feuerwiderstandsfähigkeit (z. B. T30/T60/T90) wie die Schachtwände erfüllen und zu notwendigen Rettungswegen zudem rauchdicht sein.

---

3 Für Entlüftungsanlagen nach DIN 18017-3:1990-08 können unter Beachtung des Abschnitts 7 und der Angaben in den Zulassungsbescheiden für die Lösungen b) und c) Absperrvorrichtungen K30/K60/K90-18017 verwendet werden.

zu 2) Der Schacht gemäß L-Klassifikation lässt neben den Lüftungsleitungen nur nichtbrennbare Installationen mit nichtbrennbaren Medien bis 110 °C zu (siehe auch Abschnitt 5.1.5). Zwischen Schacht und Lüftungszentrale ist keine brandschutztechnische Abtrennung notwendig.

zu 3) In feuerwiderstandsfähigen Lüftungsleitungen selbst dürfen nur Einrichtungen von Lüftungsanlagen und zugehörige Leitungen eingebaut werden.

Bild 1.3: Lüftungsanlagen mit getrennten Haupt- und getrennten Außenluft-oder Fortluftleitungen ohne Absperrvorrichtungen

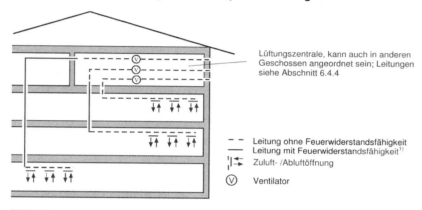

Lüftungszentrale, kann auch in anderen Geschossen angeordnet sein; Leitungen siehe Abschnitt 6.4.4

– – Leitung ohne Feuerwiderstandsfähigkeit
—— Leitung mit Feuerwiderstandsfähigkeit[1]
Zuluft- /Abluftöffnung

Ⓥ Ventilator

1 Die Feuerwiderstandsfähigkeit der Leitungen muss auch in den Durchdringungen der Decken oder Wände gegeben sein.

Bild 1.4: Lüftungsanlagen mit getrennten Hauptleitungen und gemeinsamer Außenluft- oder Fortluftleitung mit Rauchschutzklappe

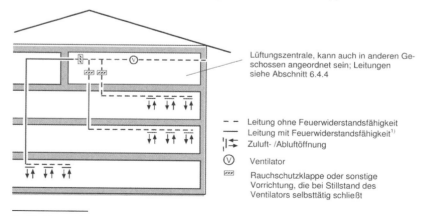

Lüftungszentrale, kann auch in anderen Geschossen angeordnet sein; Leitungen siehe Abschnitt 6.4.4

– – Leitung ohne Feuerwiderstandsfähigkeit
—— Leitung mit Feuerwiderstandsfähigkeit[1]
Zuluft- /Abluftöffnung

Ⓥ Ventilator

Rauchschutzklappe oder sonstige Vorrichtung, die bei Stillstand des Ventilators selbsttätig schließt

1 Die Feuerwiderstandsfähigkeit der Leitungen muss auch in den Durchdringungen der Decken oder Wände gegeben sein.

1.2 Durchführung horizontaler Lüftungsleitungen durch raumabschließende Wände, an die Anforderungen hinsichtlich der Feuerwiderstandsfähigkeit gestellt werden. Die in den Bildern 1.1 bis 1.4 dargestellten Lösungen gelten für Lüftungsanlagen, ausgenommen Lüftungsanlagen nach DIN 18017-3:1990-08, mit horizontal geführten Leitungen, die feuerwiderstandsfähige raumabschließende Wände durchdringen, entsprechend.
Die Bilder 1.1 bis 1.4 sind in diesen Fällen als Horizontalschnitte durch das Gebäude anzuwenden.
Die Regelungen der Leitungsdurchführung durch feuerwiderstandsfähige Wände notwendiger Flure sind in den Bildern 3.1 und 3.2 enthalten.

2   Brandschutz im Dachraum

Führen Lüftungsleitungen durch einen Dachraum, müssen bei der Durchdringung einer Decke, die feuerwiderstandsfähig sein muss, zwischen oberstem Geschoss und Dachraum
1. Absperrvorrichtungen eingesetzt werden (Bild 2.1),
2. die Teile der Lüftungsanlage im Dachraum mit einer feuerwiderstandsfähigen Umkleidung (bei Leitungen, die ins Freie führen, bis über die Dachhaut) versehen werden oder
3. die Lüftungsleitungen selbst feuerwiderstandsfähig ausgebildet sein.

Bild 2.1: Schottlösung

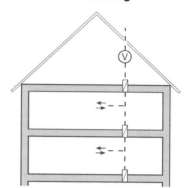

- – – Leitung ohne Feuerwiderstandsfähigkeit
- ←→ Zuluft- /Abluftöffnung
- Ⓥ Ventilator
- ▨ Brandschutzklappe

Bild 2.2: Schachtlösung

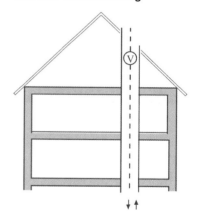

- – – Leitung ohne Feuerwiderstandsfähigkeit
- Ⓥ Ventilator
- ═ feuerwiderstandsfähige Umkleidung
- ←→ Zuluft- / Abluftöffnung

3   **Leitungsführung durch raumabschließende Wände notwendiger Flure, an die Anforderungen hinsichtlich der Feuerwiderstandsfähigkeit gestellt werden**

Bild 3.1: notwendiger Flur unbelüftet

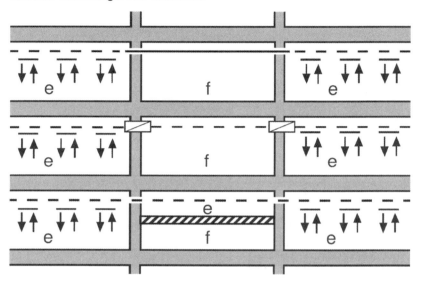

f   notwendiger Flur

e   von f brandschutztechnisch getrennte Bereiche

– –   Leitung ohne Feuerwiderstandsfähigkeit

——   Leitung mit Feuerwiderstandsfähigkeit; in Fluren mit feuerhemmenden Wänden siehe bei Stahlblechleitungen Abschnitt 4 der Richtlinie[1]

↓↑   Zuluft-/Abluftöffnung

▱   Brandschutzklappe

▨▨   Decke mit entsprechender Feuerwiderstandsfähigkeit bei Beanspruchung von oben und unten; die Decke schließt die Leitung vollständig gegen das Innere des Brandabschnitts bzw. Rettungsweges ab

---

1   Die Feuerwiderstandsfähigkeit der Leitungen muss auch in den Durchdringungen der Decken oder Wände gegeben sein.

Bild 3.2: notwendiger Flur belüftet

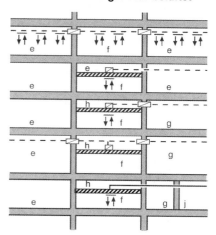

f   notwendiger Flur

e, g, h, j von f brandschutztechnisch getrennte Bereiche

– –   Leitung ohne Feuerwiderstandsfähigkeit

——   Leitung mit Feuerwiderstandsfähigkeit; in Fluren mit feuerhemmenden Wänden siehe bei Stahlblech gem. Abschnitt 4 der Richtlinie[1]

↓↑   Zuluft-/Abluftöffnung

     Brandschutzklappe

     Unterdecke mit Feuerwiderstandsfähigkeit bei Beanspruchung von oben und unten; die Unterdecke schließt die Leitung vollständig gegen das Innere des Brandabschnitts bzw. Rettungsweges ab

     Brandschutzklappe zum Einbau in feuerwiderstandsfähige Unterdecken

---

1 Die Feuerwiderstandsfähigkeit der Leitungen muss auch in den Durchdringungen der Decken oder Wände gegeben sein.

4   Abluftanlagen mit Leitungen und Ventilatoren aus brennbaren Baustoffen ohne Absperrvorrichtungen (z. B. für Laborabluft; siehe auch Abschnitt 6.4.4)

Bild 4: Lüftungsleitungen nach Abschnitt 6.4.4 Satz 2

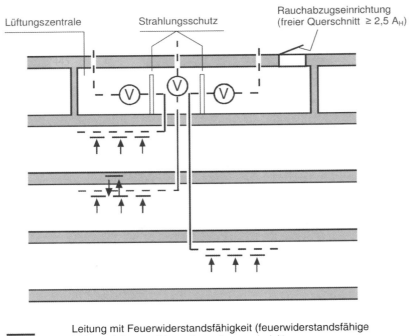

Leitung mit Feuerwiderstandsfähigkeit (feuerwiderstandsfähige Lüftungsleitung mit brennbarer Innenschale)[1]

Leitung ohne Feuerwiderstandsfähigkeit, aus schwerentflammbaren Baustoffe

Abluftöffnung

Ventilator

A_H lichter Querschnitt der größten Einzelleitung

---

1   Die Feuerwiderstandsfähigkeit der Leitungen muss auch in den Durchdringungen der Decken oder Wände gegeben sein.

5 **Begrenzung der Krafteinleitung durch Lüftungsleitungen in Bauteile des Gebäudes im Brandfall durch Winkel und Verziehungen (siehe auch Abschnitt 5.2.1.1)**

Bild 5.1: Begrenzung der Krafteinleitung mit Leitungsverziehung

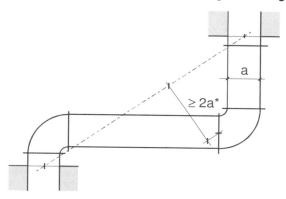

Bild 5.2: Begrenzung der Krafteinleitung mit Bogen

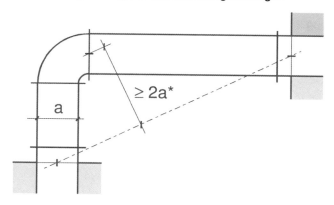

a Kantenlänge des Lüftungskanals oder Durchmesser der Lüftungsleitung
* Es gilt die entfernteste Verbindungsstelle zwischen Bogen und Leitung.

Beispielhafte Darstellung von Winkel und Verziehungen, die in den Lüftungsleitungen auftretende Längenänderungen durch Leitungsverformungen z. B. durch Ausknickungen aufnehmen

6　　Besondere Bestimmungen für Lüftungsanlagen nach DIN 18017-3:1990-08

Bild 6.1: Beispiel für Schottlösung
maximaler Anschlussquerschnitt der Absperrvorrichtungen: 350 cm²

luftführende
Hauptleitung
aus nichtbrenn-
baren Baustoffen

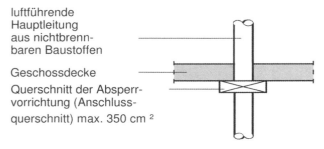

Geschossdecke

Querschnitt der Absperr-
vorrichtung (Anschluss-
querschnitt) max. 350 cm ²

6.2 Schachtlösung für Lüftungsanlagen nach DIN 18017-3:1990-08

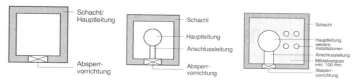

Bild 6.2.1   **Bild 6.2.2**   **Bild 6.2.3**

	Bild 6.2.1	Bild 6.2.2	Bild 6.2.3
Schacht:	– F30/F60/F90 oder L30/L60/L90 – Querschnitt maximal 1000 cm²	– F30/F60/F90 oder L30/L60/L90 – Querschnitt maximal 1000 cm²	– F30/F60/F90 oder L30/L60/L90 – Querschnitt beliebig, auch > 1000 cm² – Mörtelverguss des freien Schachtquerschnittes mindestens 100 mm dick
Hauptleitung:	Schacht = Hauptleitung	– Querschnitt ohne Begrenzung, unter Beachtung des zulässigen Schachtquerschnittes, – Stahlblech	– Querschnitt maximal 1000 cm², – Stahlblech
Absperrvorrichtung:	– Im Wesentlichen aus nichtbrennbaren Baustoffen, – Querschnitt maximal 350 cm²	– Im Wesentlichen aus nichtbrennbaren Baustoffen, – Querschnitt maximal 350 cm²	– brennbare Baustoffe auch für wesentliche Teile der Absperrvorrichtung zulässig, – Querschnitt maximal 350 cm²
Anschlussleitung:	– – – –	– aus nichtbrennbaren Baustoffen	– aus nichtbrennbaren Baustoffen
Weitere Installationen	– nicht zulässig	– nicht zulässig	– nur aus nichtbrennbaren Baustoffen und – nur für nichtbrennbare Medien

IV 6 Richtlinie über brandschutz-technische Anforderungen an Leitungsanlagen[1] (Leitungsanlagen-Richtlinie – LAR)

Fassung November 2006 (GABl. 2006, S. 859)

Inhalt:

1   Geltungsbereich

Diese Richtlinie gilt für

a) Leitungsanlagen in notwendigen Treppenräumen, in Räumen zwischen notwendigen Treppenräumen und Ausgängen ins Freie, in notwendigen Fluren ausgenommen in offenen Gängen vor Außenwänden,

b) die Führung von Leitungen durch raumabschließende Bauteile (Wände und Decken),

c) den Funktionserhalt von elektrischen Leitungsanlagen im Brandfall.

---

1 Erstellt auf Grundlage der MLAR, Fassung November 2005.
  Die Verpflichtungen aus der Richtlinie 98/34/EG des Europäischen Parlaments und des Rates vom 22. Juni 1998 über ein Informationsverfahren auf dem Gebiet der Normen und technischen Vorschriften und der Vorschriften für die Dienste der Informationsgesellschaft (Abl. EG Nr. L 204 S. 37), zuletzt geändert durch die Richtlinie 98/48/EG des Europäischen Parlamentes und des Rates vom 20. Juli 1998 (Abl. EG Nr. L 217 S. 18), sind beachtet worden.

Sie gilt nicht für Lüftungs- und Warmluftheizungsanlagen. Für Lüftungsanlagen ist die Richtlinie über die brandschutztechnischen Anforderungen an Lüftungsanlagen (LüAR) zu beachten. Die Richtlinie über brandschutztechnische Anforderungen an hochfeuerhemmende Bauteile in Holzbauweise (HFHHolzR) bleibt unberührt.

2 Begriffe

2.1 Leitungsanlagen

sind Anlagen aus Leitungen, insbesondere aus elektrischen Leitungen oder Rohrleitungen, sowie aus den zugehörigen Armaturen, Hausanschlusseinrichtungen, Messeinrichtungen, Steuer- Regel- und Sicherheitseinrichtungen, Netzgeräten, Verteilern und Dämmstoffen für die Leitungen. Zu den Leitungen gehören deren Befestigungen und Beschichtungen. Lichtwellenleiter-Kabel und elektrische Kabel gelten als elektrische Leitungen.

2.2 Elektrische Leitungen mit verbessertem Brandverhalten

sind Leitungen, die die Prüfanforderungen nach DIN 4102-1:1998-05 in Verbindung mit DIN 4102-16:1998-05 Baustoffklasse B 1 (schwerentflammbare Baustoffe), auch in Verbindung mit einer Beschichtung, erfüllen und eine nur geringe Rauchentwicklung aufweisen.

2.3 Medien

Im Sinne dieser Richtlinie sind Flüssigkeiten, Dämpfe, Gase und Stäube.

3 Leitungsanlagen in Rettungswegen

3.1 Grundlegende Anforderungen

3.1.1 Nach § 28 Abs. 1 LBO müssen Treppenräume, Ein- und Ausgänge und Flure so ausgebildet sein, dass sie die erforderlichen Rettungswege bieten. Um diese Anforderungen zu erfüllen, müssen Leitungsanlagen in
a) notwendigen Treppenräumen gemäß § 28 Abs. 3 LBO,
b) Räumen zwischen notwendigen Treppenräumen und Ausgängen ins Freie gemäß § 11 Abs. 1 und
c) notwendigen Fluren gemäß § 12 Abs. 1 LBOAVO
den Anforderungen der Abschnitte 3.1.2 bis 3.5.6 entsprechen.

3.1.2 Leitungsanlagen dürfen in tragende, aussteifende oder raumabschließende Bauteile sowie in Bauteile von Installationsschächten und kanälen nur so weit eingreifen, dass die erforderliche Feuerwiderstandsfähigkeit erhalten bleibt.

3.1.3 In Sicherheitstreppenräumen gemäß § 15 Abs. 3 LBO und in Räumen zwischen Sicherheitstreppenräumen und Ausgängen ins Freie sind nur Leitungsanlagen zulässig, die ausschließlich der unmittelbaren Versorgung dieser Räume oder der Brandbekämpfung dienen.

3.2 Elektrische Leitungsanlagen

3.2.1 Elektrische Leitungen müssen
a) einzeln oder nebeneinander angeordnet voll eingeputzt,
b) in Schlitzen von massiven Bauteilen, die mit mindestens 15 mm dickem mineralischem Putz auf nichtbrennbarem Putzträger oder mit mindestens 15 mm dicken Platten aus mineralischen Baustoffen verschlossen werden,

c) innerhalb von mindestens feuerhemmenden Wänden in Leichtbauweise, jedoch nur Leitungen, die ausschließlich der Versorgung der in und an der Wand befindlichen elektrischen Betriebsmitteln dienen,

d) in Installationsschächten und kanälen nach Abschnitt 3.5,

e) über Unterdecken nach Abschnitt 3.5,

f) in Unterflurkanälen nach Abschnitt 3.5 oder

g) in Systemböden (siehe hierzu die Richtlinie über brandschutztechnische Anforderungen an Systemböden)

verlegt werden.

Sie dürfen offen verlegt werden, wenn sie

a) nichtbrennbar sind (z. B. Leitungen nach DIN EN 60702-1 (VDE 0284 Teil 1): 2002-11),

b) ausschließlich der Versorgung der Räume und Flure nach Abschnitt 3.1.1 dienen oder

c) Leitungen mit verbessertem Brandverhalten sind in notwendigen Fluren von Gebäuden geringer Höhe, deren Nutzungseinheiten eine Fläche von jeweils 200 m² nicht überschreiten, und die keine baulichen Anlagen und Räume besonderer Art oder Nutzung sind.

Außerdem dürfen in notwendigen Fluren einzelne kurze Stichleitungen offen verlegt werden. Werden für die offene Verlegung nach Satz 2 Elektro-Installationskanäle oder -rohre (siehe DIN EN 50085-1 (VDE 0604 Teil 1):1998-04 und DIN EN 50086-1 (VDE 0605 Teil 1):1994-05) verwendet, so müssen diese aus nichtbrennbaren Baustoffen bestehen.

3.2.2 Messeinrichtungen und Verteiler

Messeinrichtungen und Verteiler sind abzutrennen gegenüber

a) notwendigen Treppenräumen und Räumen zwischen notwendigen Treppenräumen und Ausgängen ins Freie durch mindestens feuerhemmende Bauteile aus nichtbrennbaren Baustoffen; Öffnungen in diesen Bauteilen sind durch mindestens feuerhemmende Abschlüsse mit umlaufender Dichtung zu verschließen;

b) notwendigen Fluren durch Bauteile aus nichtbrennbaren Baustoffen mit geschlossenen Oberflächen; Öffnungen in diesen Bauteilen sind mit Abschlüssen aus nichtbrennbaren Baustoffen mit geschlossenen Oberflächen zu verschließen.

3.3 Rohrleitungsanlagen für nichtbrennbare Medien

3.3.1 Die Rohrleitungsanlagen einschließlich der Dämmstoffe aus nichtbrennbaren Baustoffen – auch mit brennbaren Dichtungs- und Verbindungsmitteln und mit brennbaren Rohrbeschichtungen bis 0,5 mm Dicke – dürfen offen verlegt werden.

3.3.2 Die Rohrleitungsanlagen aus brennbaren Baustoffen oder mit brennbaren Dämmstoffen müssen

a) in Schlitzen von massiven Wänden, die mit mindestens 15 mm dickem mineralischem Putz auf nichtbrennbarem Putzträger oder mit mindestens 15 mm dicken Platten aus mineralischen Baustoffen verschlossen werden,

b) in Installationsschächten und kanälen nach Abschnitt 3.5,

c) über Unterdecken nach Abschnitt 3.5,

d) in Unterflurkanälen nach Abschnitt 3.5 oder

e) in Systemböden

verlegt werden.

3.4 Rohrleitungsanlagen für brennbare oder brandfördernde Medien

3.4.1 Die Rohrleitungsanlagen müssen einschließlich ihrer Dämmstoffe aus nicht-brennbaren Baustoffen bestehen. Dies gilt nicht
  a) für deren Dichtungs- und Verbindungsmittel,
  b) für Rohrbeschichtungen bis 0,5 mm Dicke,
  c) für Rohrbeschichtungen bis 2 mm Dicke bei Rohrleitungsanlagen, die nach Abschnitt 3.4.2 Satz 1 verlegt sind.

3.4.2 Die Rohrleitungsanlagen müssen
  a) einzeln mit mindestens 15 mm Putzüberdeckung voll eingeputzt oder
  b) in Installationsschächten oder kanälen nach Abschnitt 3.5.1 in Verbindung mit 3.5.5 verlegt
  werden.
  Sie dürfen in notwendigen Fluren auch offen verlegt werden. Dichtungen von Rohrverbindungen müssen wärmebeständig sein.

3.4.3 Gaszähler sind in notwendigen Treppenräumen und in Räumen zwischen notwendigen Treppenräumen und Ausgängen ins Freie nicht zulässig. Gaszähler müssen in notwendigen Fluren
  a) thermisch erhöht belastbar sein,
  b) durch eine thermisch auslösende Absperreinrichtung geschützt sein oder
  c) durch mindestens feuerbeständige Bauteile aus nichtbrennbaren Baustoffen abgetrennt sein; Öffnungen in diesen Bauteilen sind mit mindestens feuerbeständigen Abschlüssen zu verschließen; die Abschlüsse müssen mit umlaufenden Dichtungen versehen sein.

3.5 Installationsschächte und kanäle, Unterdecken und Unterflurkanäle

3.5.1 Installationsschächte und kanäle müssen – einschließlich der Abschlüsse von Öffnungen – aus nichtbrennbaren Baustoffen bestehen und eine Feuerwiderstandsfähigkeit haben, die der höchsten notwendigen Feuerwiderstandsfähigkeit der von ihnen durchdrungenen raumabschließenden Bauteile entspricht. Die Abschlüsse müssen mit einer umlaufenden Dichtung dicht schließen. Die Befestigung der Installationsschächte und kanäle ist mit nichtbrennbaren Befestigungsmitteln auszuführen.

3.5.2 Abweichend von Abschnitt 3.5.1 genügen in notwendigen Fluren Installationsschächte, die keine Geschossdecken überbrücken, und Installationskanäle (einschließlich der Abschlüsse von Öffnungen), die mindestens feuerhemmend sind und aus nichtbrennbaren Baustoffen bestehen.

3.5.3 Unterdecken müssen – einschließlich der Abschlüsse von Öffnungen – aus nichtbrennbaren Baustoffen bestehen und bei einer Brandbeanspruchung sowohl von oben als auch von unten in notwendigen Fluren mindestens feuerhemmend sein und in notwendigen Treppenräumen und in Räumen zwischen notwendigen Treppenräumen und Ausgängen ins Freie mindestens der notwendigen Feuerwiderstandsfähigkeit der Decken entsprechen. Die besonderen Anforderungen hinsichtlich der brandsicheren Befestigung der im Bereich zwischen den Geschossdecken und Unterdecken verlegten Leitungen sind zu beachten.

3.5.4 In notwendigen Fluren von Gebäuden geringer Höhe, deren Nutzungseinheiten eine Fläche von jeweils 200 m^2 nicht überschreiten und die keine baulichen Anlagen und Räume besonderer Art oder Nutzung sind, brauchen Installationsschächte, die keine Geschossdecken überbrücken, Installationskanäle und Unterdecken (einschließlich der Abschlüsse von Öffnungen) nur aus nichtbrennbaren Baustoffen mit geschlossenen Oberflächen zu bestehen. Einbauten, wie Leuchten und Lautsprecher, bleiben unberücksichtigt.

3.5.5 Installationsschächte und kanäle für Rohrleitungsanlagen nach Abschnitt 3.4.1 sind mit nichtbrennbaren Baustoffen formbeständig und dicht zu verfüllen oder müssen abschnittsweise oder im Ganzen be- und entlüftet werden. Die Be- und Entlüftungsöffnungen müssen mindestens 10 cm² groß sein. Sie dürfen nicht in notwendigen Treppenräumen und nicht in Räumen zwischen notwendigen Treppenräumen und Ausgängen ins Freie angeordnet werden.

3.5.6 Estrichbündig oder -überdeckt angeordnete Unterflurkanäle für die Verlegung von Leitungen müssen in notwendigen Treppenräumen, in Räumen zwischen notwendigen Treppenräumen und Ausgängen ins Freie sowie in notwendigen Fluren eine obere Abdeckung aus nichtbrennbaren Baustoffen haben. Sie dürfen keine Öffnungen haben, ausgenommen in notwendigen Fluren Revisions- oder Nachbelegungsöffnungen mit dichtschließenden Verschlüssen aus nichtbrennbaren Baustoffen.

4   Führung von Leitungen durch raumabschließende Bauteile (Wände und Decken)

4.1   Grundlegende Anforderungen

4.1.1   Gemäß § 15 Abs. 1 LBOAVO dürfen Leitungen aller Art durch Brandwände, Wände nach § 8 Abs. 8, Treppenraumwände, Wände notwendiger Flure sowie durch feuerbeständige Wände und Decken nur hindurchgeführt werden, wenn eine Übertragung von Feuer und Rauch nicht zu befürchten ist; dies gilt nicht für Wände und Decken innerhalb von Wohnungen sowie für Decken in Wohngebäuden geringer Höhe mit nicht mehr als 2 Wohnungen und in land- und forstwirtschaftlichen Betriebsgebäuden mit Aufenthaltsräumen. Diese Voraussetzungen sind erfüllt, wenn die Leitungsdurchführungen den Anforderungen der Abschnitte 4.1 bis 4.3 entsprechen.

4.1.2   Die Leitungen müssen
        a) durch Abschottungen geführt werden, die mindestens die gleiche Feuerwiderstandsfähigkeit aufweisen wie die raumabschließenden Bauteile oder
        b) innerhalb von Installationsschächten oder kanälen geführt werden, die – einschließlich der Abschlüsse von Öffnungen – mindestens die gleiche Feuerwiderstandsfähigkeit aufweisen wie die durchdrungenen raumabschließenden Bauteile und aus nichtbrennbaren Baustoffen bestehen.

4.1.3   Der Mindestabstand zwischen Abschottungen, Installationsschächten oder kanälen sowie der erforderliche Abstand zu anderen Durchführungen (z. B. Lüftungsleitungen) oder anderen Öffnungsverschlüssen (z. B. Feuerschutztüren) ergibt sich aus den Bestimmungen der jeweiligen Verwendbarkeits- oder Anwendbarkeitsnachweise; fehlen entsprechende Festlegungen, ist ein Abstand von mindestens 50 mm erforderlich.

4.2   Erleichterungen für die Leitungsdurchführung durch feuerhemmende Wände Abweichend von Abschnitt 4.1.2 dürfen durch feuerhemmende Wände – ausgenommen solche notwendiger Treppenräume und Räume zwischen notwendigen Treppenräumen und den Ausgängen ins Freie –
        a) elektrische Leitungen,
        b) Rohrleitungen aus nichtbrennbaren Baustoffen – auch mit brennbaren Rohrbeschichtungen bis 2 mm Dicke –
        geführt werden, wenn der Raum zwischen den Leitungen und dem umgebenden Bauteil aus nichtbrennbaren Baustoffen mit nichtbrennbaren Baustoffen

oder mit im Brandfall aufschäumenden Baustoffen vollständig ausgefüllt wird. Bei Verwendung von Mineralfasern müssen diese eine Schmelztemperatur von mindestens 1 000 °C aufweisen. Bei Verwendung von aufschäumenden Dämmschichtbildnern und von Mineralfasern darf der Abstand zwischen der Leitung und dem umgebenden Bauteil nicht mehr als 50 mm betragen.

4.3   Erleichterungen für einzelne Leitungen

4.3.1   Einzelne Leitungen ohne Dämmung in gemeinsamen Durchbrüchen für mehrere Leitungen
Abweichend von Abschnitt 4.1 dürfen einzelne
a) elektrische Leitungen,
b) Rohrleitungen mit einem Außendurchmesser bis 160 mm aus nicht-brennbaren Baustoffen ausgenommen Aluminium und Glas –, auch mit Beschichtung aus brennbaren Baustoffen bis zu 2 mm Dicke,
c) Rohrleitungen für nichtbrennbare Medien und Installationsrohre für elektrische Leitungen mit einem Außendurchmesser bis 32 mm aus brennbaren Baustoffen, Aluminium oder Glas
über gemeinsame Durchbrüche durch die Wände und Decken geführt werden. Dies gilt nur, wenn
a) der lichte Abstand der Leitungen untereinander bei Leitungen nach Satz 1 Buchstabe a und b mindestens dem einfachen, nach Satz 1 Buchstabe c mindestens dem fünffachen des größeren Leitungsdurchmessers entspricht,
b) der lichte Abstand zwischen einer Leitung nach Satz 1 Buchstabe c und einer Leitung nach Satz 1 Buchstaben a oder b mindestens dem größeren der sich aus der Art und dem Durchmesser der beiden Leitungen ergebenden Abstandsmaße (Satz 2 Buchstabe a) entspricht,
c) die feuerbeständige Wand oder Decke eine Dicke von mindestens 80 mm, die hochfeuerhemmende Wand oder Decke eine Dicke von mindestens 70 mm, die feuerhemmende Wand oder Decke eine Dicke von mindestens 60 mm hat und
d) der Raum zwischen den Leitungen und den umgebenden Bauteilen mit Zementmörtel oder Beton in der vorgenannten Mindestbauteildicke vollständig ausgefüllt wird.

4.3.2   Einzelne Leitungen ohne Dämmung in jeweils eigenen Durchbrüchen oder Bohröffnungen
Abweichend von Abschnitt 4.1 gelten die Vorgaben des Abschnitts 4.3.1. Es genügt jedoch, den Raum zwischen der Leitung und dem umgebenden Bauteil oder Hüllrohr aus nichtbrennbaren Baustoffen mit Baustoffen aus Mineralfasern oder mit im Brandfall aufschäumenden Baustoffen vollständig zu verschließen. Der lichte Abstand zwischen der Leitung und dem umgebenden Bauteil oder Hüllrohr darf bei Verwendung von Baustoffen aus Mineralfasern nicht mehr als 50 mm, bei Verwendung von im Brandfall aufschäumenden Baustoffen nicht mehr als 15 mm betragen. Die Mineralfasern müssen eine Schmelztemperatur von mindestens 1 000 °C aufweisen.

4.3.3   Einzelne Rohrleitungen mit Dämmung in Durchbrüchen oder Bohröffnungen
Abweichend von Abschnitt 4.1 dürfen einzelne Rohrleitungen nach Abschnitt 4.3.1 Satz 1 Buchstaben b und c mit Dämmung in gemeinsamen oder eigenen Durchbrüchen oder Bohröffnungen durch Wände und Decken geführt werden, wenn
a) die feuerbeständige Wand oder Decke eine Dicke von mindestens 80 mm, die hochfeuerhemmende Wand oder Decke eine Dicke von min-

destens 70 mm, die feuerhemmende Wand oder Decke eine Dicke von
mindestens 60 mm hat,

b) die Restöffnung in der Wand oder Decke entsprechend Abschnitt 4.3.1
oder 4.3.2 bemessen und verschlossen ist,

c) die Dämmung im Bereich der Leitungsdurchführung aus nichtbrennbaren Baustoffen mit einer Schmelztemperatur von mindestens 1 000 °C
besteht, auch mit Umhüllung aus brennbaren Baustoffen bis 0,5 mm Dicke und

d) der lichte Abstand, gemessen zwischen den Dämmschichtoberflächen
im Bereich der Durchführung, mindestens 50 mm beträgt; das Mindestmaß von 50 mm gilt auch für den Abstand der Rohrleitungen zu elektrischen Leitungen.

Bei Rohrleitungen mit Dämmungen aus brennbaren Baustoffen außerhalb
der Durchführung ist eine Umhüllung aus Stahlblech oder beidseitig der
Durchführung auf eine Länge von jeweils 500 mm eine Dämmung aus nichtbrennbaren Baustoffen anzuordnen.

4.3.4 Einzelne Rohrleitungen mit oder ohne Dämmung in Wandschlitzen oder mit
Ummantelung

Abweichend von Abschnitt 4.1 dürfen einzelne Rohrleitungen mit einem Außendurchmesser bis 160 mm

a) aus nichtbrennbaren Baustoffen – ausgenommen Aluminium und Glas –
(auch mit brennbaren Beschichtungen) oder

b) aus brennbaren Baustoffen, Aluminium oder Glas für nichtbrennbare
Flüssigkeiten, Dämpfe oder Stäube

durch die Decken geführt werden. Dies gilt nur, wenn sie in den Geschossen
durchgehend

a) in eigenen Schlitzen von massiven Wänden verlegt werden, die mit mindestens 15 mm dickem mineralischem Putz auf nichtbrennbarem Putzträger oder mit mindestens 15 mm dicken Platten aus nichtbrennbaren
mineralischen Baustoffen verschlossen werden, wobei die verbleibenden Wandquerschnitte die erforderliche Feuerwiderstandsdauer behal-
ten müssen, oder

b) einzeln derart in Wandecken von massiven Wänden verlegt werden,
dass sie mindestens zweiseitig von den Wänden und im Übrigen von
Bauteilen aus mindestens 15 mm dickem mineralischem Putz auf nichtbrennbarem Putzträger oder aus mindestens 15 mm dicken Platten aus
nichtbrennbaren mineralischen Baustoffen vollständig umschlossen
sind.

Die von diesen Rohrleitungen abzweigenden Leitungen dürfen offen verlegt
werden, sofern sie nur innerhalb eines Geschosses geführt werden.

5 Funktionserhalt von elektrischen Leitungsanlagen im Brandfall

5.1 Grundlegende Anforderungen

5.1.1 Die elektrischen Leitungsanlagen für bauordnungsrechtlich vorgeschriebene
sicherheitstechnische Anlagen und Einrichtungen müssen so beschaffen
oder durch Bauteile abgetrennt sein, dass die sicherheitstechnischen Anlagen und Einrichtungen im Brandfall ausreichend lang funktionsfähig bleiben
(Funktionserhalt). Dieser Funktionserhalt muss bei möglicher Wechselwir-
kung mit anderen Anlagen, Einrichtungen oder deren Teilen gewährleistet
bleiben.

5.1.2 An die Verteiler der elektrischen Leitungsanlagen für bauordnungsrechtlich vorgeschriebene sicherheitstechnische Anlagen und Einrichtungen dürfen auch andere betriebsnotwendige sicherheitstechnische Anlagen und Einrichtungen angeschlossen werden. Dabei ist sicherzustellen, dass die bauaufsichtlich vorgeschriebenen sicherheitstechnischen Anlagen und Einrichtungen nicht beeinträchtigt werden.

5.2 Funktionserhalt

5.2.1 Der Funktionserhalt der Leitungen ist gewährleistet, wenn die Leitungen
   a) die Prüfanforderungen der DIN 4102-12:1998-11 (Funktionserhaltsklasse E30 bis E90) erfüllen oder
   b) auf Rohdecken unterhalb des Fußbodenestrichs mit einer Dicke von mindestens 30 mm oder
   c) im Erdreich
   verlegt werden.

5.2.2 Verteiler für elektrische Leitungsanlagen mit Funktionserhalt nach Abschnitt 5.3 müssen
   a) in eigenen, für andere Zwecke nicht genutzten Räumen untergebracht werden, die gegenüber anderen Räumen durch Wände, Decken und Türen mit einer Feuerwiderstandsfähigkeit entsprechend der notwendigen Dauer des Funktionserhaltes und – mit Ausnahme der Türen – aus nichtbrennbaren Baustoffen abgetrennt sind,
   b) durch Gehäuse abgetrennt werden, für die durch einen bauaufsichtlichen Verwendbarkeitsnachweis die Funktion der elektrotechnischen Einbauten des Verteilers im Brandfall für die notwendige Dauer des Funktionserhaltes nachgewiesen ist oder
   c) mit Bauteilen (einschließlich ihrer Abschlüsse) umgeben werden, die eine Feuerwiderstandsfähigkeit entsprechend der notwendigen Dauer des Funktionserhaltes haben und (mit Ausnahme der Abschlüsse) aus nichtbrennbaren Baustoffen bestehen, wobei sichergestellt werden muss, dass die Funktion der elektrotechnischen Einbauten des Verteilers im Brandfall für die Dauer des Funktionserhaltes gewährleistet ist.

5.3 Dauer des Funktionserhaltes

5.3.1 Die Dauer des Funktionserhaltes der Leitungsanlagen muss mindestens 90 Minuten betragen bei
   a) Wasserdruckerhöhungsanlagen zur Löschwasserversorgung,
   b) maschinellen Rauchabzugsanlagen und Rauchschutz-Druckanlagen für notwendige Treppenräume in Hochhäusern sowie für bauliche Anlagen und Räume besonderer Art oder Nutzung, für die solche Anlagen im Einzelfall verlangt werden; abweichend hiervon genügt für Leitungsanlagen, die innerhalb dieser Treppenräume verlegt sind, eine Dauer von 30 Minuten,
   c) Bettenaufzügen in Krankenhäusern und anderen baulichen Anlagen mit entsprechender Zweckbestimmung und Feuerwehraufzügen; ausgenommen sind Leitungsanlagen, die sich innerhalb der Fahrschächte oder der Triebwerksräume befinden.

5.3.2 Die Dauer des Funktionserhaltes der Leitungsanlagen muss mindestens 30 Minuten betragen bei
   a) Sicherheitsbeleuchtungsanlagen; ausgenommen sind Leitungsanlagen, die der Stromversorgung der Sicherheitsbeleuchtung nur innerhalb eines Brandabschnitts in einem Geschoss oder nur innerhalb eines Treppenraumes dienen; die Grundfläche je Brandabschnitt darf höchstens 1.600 m^2 betragen,

b) Personenaufzügen mit Brandfallsteuerung; ausgenommen sind Leitungsanlagen, die sich innerhalb der Fahrschächte oder der Triebwerksräume befinden,

c) Brandmeldeanlagen einschließlich der zugehörigen Übertragungsanlagen; ausgenommen sind Leitungsanlagen in Räumen, die durch automatische Brandmelder überwacht werden, sowie Leitungsanlagen in Räumen ohne automatische Brandmelder, wenn bei Kurzschluss oder Leitungsunterbrechung durch Brandeinwirkung in diesen Räumen alle an diese Leitungsanlage angeschlossenen Brandmelder funktionsfähig bleiben,

d) Anlagen zur Alarmierung und Erteilung von Anweisungen an Besucher und Beschäftigte, sofern diese Anlagen im Brandfall wirksam sein müssen; ausgenommen sind Leitungsanlagen, die der Stromversorgung der Anlagen nur innerhalb eines Brandabschnitts in einem Geschoss oder nur innerhalb eines Treppenraumes dienen; die Grundfläche je Brandabschnitt darf höchstens 1.600 m² betragen,

e) natürlichen Rauchabzugsanlagen (Rauchableitung durch thermischen Auftrieb); ausgenommen sind Anlagen, die bei einer Störung der Stromversorgung selbsttätig öffnen, sowie Leitungsanlagen in Räumen, die durch automatische Brandmelder überwacht werden und das Ansprechen eines Brandmelders durch Rauch bewirkt, dass die Anlage selbsttätig öffnet,

f) maschinellen Rauchabzugsanlagen und Rauchschutz-Druckanlagen in anderen Fällen als nach Abschnitt 5.3.1.

IV 7 Richtlinie über brandschutz-technische Anforderungen an hochfeuerhemmende Bauteile in Holzbauweise – HFHHolzR (Fassung August 2005)[1]

Inhalt

1 Geltungsbereich

Diese Richtlinie gilt für Gebäude, deren tragende, aussteifende oder raumabschließende Teile aus Holz oder Holzwerkstoffen bestehen, die nach baurechtlichen Vorschriften

---

1 Erstellt auf Grundlage der Muster-HFHHolzR, Fassung Juli 2004.
Die Verpflichtungen aus der Richtlinie 98/34/EG des Europäischen Parlaments und des Rates vom 22. Juni 1998 über ein Informationssystem auf dem Gebiet der Normen und technischen Vorschriften (ABl. EG Nr. L 204 S. 37), zuletzt geändert durch die Richtlinie 98/48/EG des Europäischen Parlaments und des Rates vom 20. Juli 1998 (ABl. EG Nr. L 217 S. 18) sind beachtet worden.

- hochfeuerhemmend sein müssen,
- allseitig eine brandschutztechnisch wirksame Bekleidung aus nicht-brennbaren Baustoffen haben müssen und
- deren Dämmstoffe nur aus nichtbrennbaren Baustoffen bestehen dürfen (§ 3 Abs. 2 LBOAVO).

Die Richtlinie gilt für Holzbauweisen, die einen gewissen Grad der Vorfertigung haben wie Holztafel, Holzrahmen- und Fachwerkbauweise; sie gilt nicht für Holz-Massivbauweisen wie Brettstapel- und Blockbauweise, ausgenommen Brettstapeldecken.

2   Allgemeines

Die Richtlinie stellt brandschutztechnische Anforderungen, die sich insbesondere beziehen auf
- die Baustoffe,
- die Brandschutzbekleidung,
- die konstruktive Ausbildung der Wand- und Deckenbauteile, Stützen und Träger einschließlich ihrer Anschlüsse,
- die Öffnungen für Türen, Fenster und sonstige Einbauten und
- die Installationsführungen.

Durch diese Anforderungen sollen
- ein Brennen der tragenden und aussteifenden Holzkonstruktionen,
- die Einleitung von Feuer und Rauch in die Wand- und Deckenbauteile über Fugen, Installationen oder Einbauten sowie eine Brandausbreitung innerhalb dieser Bauteile und
- die Übertragung von Feuer und Rauch über Anschlussfugen von raumabschließenden Bauteilen in angrenzende Nutzungseinheiten oder Räume

verhindert werden.

Die Richtlinie regelt außerdem die Überwachung der Herstellung und der Ausführung der Bauteile.

3   Anforderungen an Wand- und Deckenbauteile, Stützen und Träger

3.1   Baustoffe

3.1.1   Holz
Bauschnittholz muss mindestens den Anforderungen der Sortierklasse S 10 nach DIN 4074-1: 2003-06 genügen. Die Holzfeuchte muss 15 ± 3 % betragen. Die Maßhaltigkeit der Querschnitte darf ± 1 mm bei der Messbezugsfeuchte von 15 % nicht überschreiten (Toleranzklasse 2 nach DIN EN 336: 2003-09).

3.1.2   Dämmstoffe
Es sind Dämmstoffe aus nichtbrennbaren Baustoffen mit einem Schmelzpunkt > 1000 °C gemäß DIN 4102-17: 1990-12 zu verwenden. Fugen von stumpf gestoßenen, einlagigen Dämmschichten müssen dicht sein. Bei zweilagigen Dämmschichten sind die Stöße zu versetzen.

3.1.3   Folien
Normalentflammbare Folien für die Bauteilabdichtung zur Erzielung einer Wind- bzw. Luftdichtheit sowie Dampfbremsen sind zulässig.

3.2   Brandschutzbekleidung
Die Brandschutzbekleidung muss eine Entzündung der tragenden einschließlich der aussteifenden Bauteile aus Holz oder Holzwerkstoffen wäh-

rend eines Zeitraumes von mindestens 60 Minuten verhindern und als $K^2 60^2$ nach DIN EN 13501-2 klassifiziert sein (brandschutztechnisch wirksame Bekleidung nach § 3 Abs. 2 LBOAVO).

Die Brandschutzbekleidung muss allseitig und durchgängig aus nichtbrennbaren Baustoffen bestehen. Sie ist mit Fugenversatz, Stufenfalz oder Nut- und Federverbindungen auszubilden.

3.3 Bauteile

3.3.1 Allgemeines
Hochfeuerhemmende Bauteile mit einer Brandschutzbekleidung müssen auf der Grundlage der Ergebnisse aus Feuerwiderstandsprüfungen als REI 60, R 60 bzw. EI 60 nach DIN EN 13501-2 klassifiziert sein.

Hochfeuerhemmende Wände, die anstelle von Brandwänden zulässig sind, und hochfeuerhemmende Wände notwendiger Treppenräume mit einer Brandschutzbekleidung müssen auf der Grundlage der Ergebnisse aus Feuerwiderstandsprüfungen als REI-M 60 bzw. EI-M 60 nach DIN EN 13501-2 klassifiziert sein.

3.3.2 Wände und Wandscheiben
Hochfeuerhemmende Wände und Wandscheiben sind mit allseitiger Brandschutzbekleidung nach Abschnitt 3.2 herzustellen. Sie sind mit umlaufenden Rahmenhölzern und einer formschlüssig verlegten, hohlraumfüllenden Dämmung aus Dämmstoffen nach Abschnitt 3.1.2 auszuführen.

3.3.3 Decken
Hochfeuerhemmende Decken sind an ihrer Unterseite mit einer Brandschutzbekleidung nach Abschnitt 3.2 herzustellen. Decken in Holzrahmen- oder Holztafelbauweise sind umlaufend mit Holzprofilen (sog. Verblockung, s. Bild 1) auszuführen, die zwischen die Deckenbalken oder die Rippen einzubauen sind.

Zwischen den Deckenbalken oder rippen muss ein Dämmstoff nach Abschnitt 3.1.2 flankenformschlüssig verlegt werden.

Der Fußbodenaufbau (schwimmender Estrich oder schwimmender Fußboden, Trockenestrichelemente) muss einschließlich seiner Anschlussfugenausbildung die Anforderungen an die Brandschutzbekleidung nach Abschnitt 3.2 entsprechend erfüllen. Dies gilt als erfüllt bei Verwendung eines auf mindestens 20 mm dicken, nichtbrennbaren Dämmstoffen verlegten, mindestens 30 mm dicken schwimmenden Estrichs aus nichtbrennbaren Baustoffen oder mehrlagigen Trockenestrichelementen aus insgesamt mindestens 25 mm dicken, nichtbrennbaren Gipskarton- oder Gipsfaserplatten, wenn umlaufend Randstreifen aus nichtbrennbaren Baustoffen verwendet werden.

3.3.4 Stützen und Träger
Hochfeuerhemmende Stützen und Träger sind mit allseitiger Brandschutzbekleidung nach Abschnitt 3.2 herzustellen.

3.4 Anschlüsse von Stützen, Trägern, Wand- und Deckenbauteilen

3.4.1 Allgemeines
Im Anschlussbereich sind die Brandschutzbekleidungen der Bauteile nach Abschnitt 3.3 mit Fugenversatz, Stufenfalz oder Nut- und Federverbindun-

---

2 Die Klassen für die Brandschutzwirkung von Bekleidungen gemäß Entscheidung der Europäischen Kommission 2003/629/EG sind in der DIN EN 13501-2 noch nicht berücksichtigt. Bis zu einer entsprechenden Anpassung sind die Regelungen der Bauregelliste A Teil 2 zu beachten.

gen so auszubilden, dass keine durchgängigen Fugen entstehen (s. Bild 3). Außerdem sind die Anschlüsse so auszuführen, dass die Brandschutzbekleidung bei durch Brandeinwirkung entstehenden Verformungen nicht aufreißt. Dazu sind die Bauteile nach Abschnitt 3.3 im Anschlussbereich in Abständen von höchstens 500 mm mit Schrauben zu verbinden, die einen Schaftdurchmesser von mindestens 12 mm haben und eine Einschraubtiefe von mindestens 70 mm aufweisen müssen. Alternativ können Schrauben oder Gewindestangen mit einem Mindestdurchmesser von 8 mm eingesetzt werden, wenn der Abstand der Verbindungsmittel nicht mehr als 500 mm beträgt und die erforderliche Verbindungskraft von mindestens 0,85 kN/lfm (unter Normaltemperatur) nachgewiesen ist. Fugen sind mit nichtbrennbaren Baustoffen zu verschließen (z. B. Verspachtelung oder Deckleisten).

Die Anschlüsse von Wänden und Decken mit einer geringeren Feuerwiderstandsfähigkeit als hochfeuerhemmend an Bauteile nach Abschnitt 3.3 müssen so erfolgen, dass die Brandschutzbekleidung dieser Bauteile nicht unterbrochen wird (s. Bilder 4 und 6).

3.4.2   Anschlüsse von Wänden an Wände
Die Anschlüsse sind so auszubilden, dass die jeweiligen Stiele in den Wänden miteinander verschraubt werden können, ggf. sind zusätzliche Stiele einzubauen. Die Stiele der Wandkonstruktionen sind in Abständen von höchstens 500 mm kraftschlüssig miteinander zu verschrauben (s. Bild 5). Abweichend von Abschnitt 3.4.1 kann anstelle eines Fugenversatzes der Brandschutzbekleidung in der Fuge ein mindestens 20 mm dicker Streifen aus Dämmstoffen nach Abschnitt 3.1.2 komprimiert eingebaut werden (s. Bild 5).

3.4.3   Anschlüsse von Wänden und Stützen an Decken
Bei Anschlüssen von Wänden an Decken sind die Deckenbalken und die Verblockung mit den umlaufenden Rahmenhölzern der Wände in Abständen von höchstens 500 mm zu verschrauben (s. Bild 1). Dieser Abstand gilt auch für den Anschluss von Decken an vertikal durchlaufende Wände (Spannrichtung der Deckenbalken parallel zum Rahmenholz der Wandkonstruktion) (s. Bild 2). In den vertikalen Fugen zwischen den Wand- und Deckenbauteilen muss ein mindestens 20 mm dicker Streifen aus Dämmstoffen nach Abschnitt 3.1.2 komprimiert eingebaut werden.

3.5   Öffnungen für Türen, Fenster und sonstige Einbauten
Werden in hochfeuerhemmenden Bauteilen Öffnungen für Einbauten wie Fenster, Türen, Verteiler und Lampenkästen hergestellt, ist die Brandschutzbekleidung in den Öffnungsleibungen mit Fugenversatz, Stufenfalz oder Nut- und Federverbindungen auszuführen (s. Bild 7). Werden an den Verschluss der Öffnungen brandschutztechnische Anforderungen gestellt wie an Feuerschutzabschlüsse, Brandschutzverglasungen, Rohr- oder Kabelabschottungen und Brandschutzklappen, muss ein entsprechender baurechtlicher Verwendbarkeits- bzw. Anwendbarkeitsnachweis vorliegen, der den Einbau dieser Abschlüsse in hochfeuerhemmende Bauteile nach Abschnitt 3.3 regelt.

4   Installationen

4.1   Allgemeines
Installationen (Leitungs- und Lüftungsanlagen) dürfen nicht in hochfeuerhemmenden Bauteilen geführt werden. Sie sind vor Wänden bzw. unterhalb von Decken (s. Bild 8) oder in Schächten und Kanälen zu führen.

Für Öffnungen in hochfeuerhemmenden Wänden und Decken zur Durchführung von Schächten, Kanälen und von Installationen gilt Abschnitt 3.5 entsprechend.

4.2 Elektrische Leitungen[3]

Abweichend von Abschnitt 4.1 Satz 1 dürfen einzelne Leitungen oder einzelne Hüllrohre aus nichtbrennbaren Baustoffen mit bis zu drei Leitungen, die zur Versorgung des angrenzenden Raumes innerhalb derselben Nutzungseinheit dienen, innerhalb von Wänden und Decken geführt werden. Bei Durchführung der Leitungen durch die Brandschutzbekleidung sind die verbleibenden Hohlräume in der Brandschutzbekleidung mit nichtbrennbaren Baustoffen zu verspachteln.

Abweichend von Abschnitt 4.1 Satz 1 dürfen einzelne Hohlwanddosen zum Einbau von Steckdosen, Schaltern und Verteilern eingebaut werden, wenn der Abstand zum nächsten Holzständer bzw. zur nächsten Holzrippe mindestens 150 mm beträgt. Gegenüberliegende Hohlwanddosen müssen gefachversetzt eingebaut werden (s. Bild 9). Sie müssen innerhalb des Wandhohlraumes vollständig von Dämmstoffen nach Abschnitt 3.1.2 umhüllt werden, wobei der hohlraumfüllende Dämmstoff im Bereich der Hohlwanddosen auf eine Mindestdicke von 30 mm gestaucht werden darf.

Die Absätze 1 und 2 gelten für Treppenraumwände nur für Leitungen, die ausschließlich der Versorgung des Treppenraums dienen; sie gelten nicht für hochfeuerhemmende Stützen und Träger nach Abschnitt 3.3.4 und Wände, die anstelle von Brandwänden zulässig sind.

5   Verwendbarkeits- und Übereinstimmungsnachweis für die Bauteile nach Abschnitt 3.3

5.1 Verwendbarkeitsnachweis

Für die Bauteile nach Abschnitt 3.3 ist nach Maßgabe der Bauregelliste A Teil 2 als baurechtlicher Verwendbarkeitsnachweis (§ 17 Abs. 3 LBO) ein allgemeines baurechtliches Prüfzeugnis erforderlich, das sich auf die Brandschutzbekleidung, die Feuerwiderstandsfähigkeit einschließlich der Elementfugen und auf die brandschutztechnischen Anforderungen dieser Richtlinie bezieht.

5.2 Übereinstimmungsnachweis

Für die Herstellung der Bauteile nach Abschnitt 3.3 ist als Übereinstimmungsnachweis ein Übereinstimmungszertifikat (§ 24 LBO) erforderlich.

6   Bauausführung

Bauarbeiten nach dieser Richtlinie dürfen nur durch Unternehmen ausgeführt werden, die für diese Arbeiten geeignet sind (§ 44 LBO). Die prüfende Stelle nach § 3 BauPrüfVO hat im Rahmen der Überwachung der Bauausführung nach § 5 BauPrüfVO zusätzlich die ordnungsgemäße Bauausführung nach dieser Richtlinie zu überwachen und zu bescheinigen.

---

3 Lichtwellenleiter-Kabel und elektrische Kabel gelten als elektrische Leitungen (vgl. Nr. 2.1 der LAR Fassung März 2000).

Prinzipdarstellungen Bilder 1 bis 9

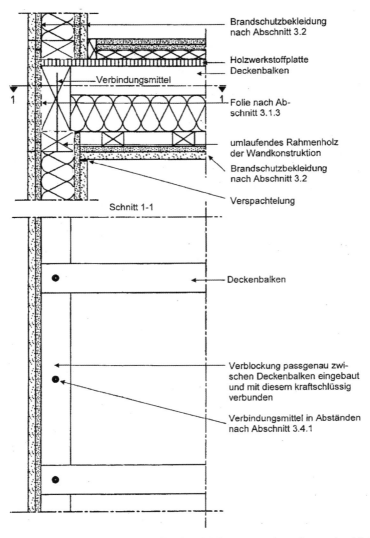

Bild 1: Anschluss Decke nach Abschn. 3.3.3 an tragende und raumabschließende Wand nach Abschn. 3.3.2 mit Brandschutzbekleidung nach Abschn. 3.2 (z. B. Treppenraumwand, Außenwand – Spannrichtung der Deckenbalken senkrecht zur Wand)

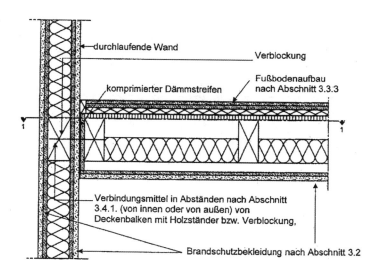

durchlaufende Wand

Verblockung

komprimierter Dämmstreifen

Fußbodenaufbau
nach Abschnitt 3.3.3

Verbindungsmittel in Abständen nach Abschnitt
3.4.1. (von innen oder von außen) von
Deckenbalken mit Holzständer bzw. Verblockung,

Brandschutzbekleidung nach Abschnitt 3.2

Schnitt 1-1

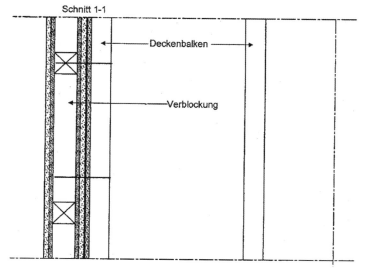

Deckenbalken

Verblockung

Bild 2: Anschluss Decke nach Abschn. 3.3.3 an durchlaufende raumabschließende
Wand nach Abschn. 3.3.2 (Treppenraumwand, Außenwand, auch nichttragend –
Spannrichtung der Deckenbalken parallel zur Wand)

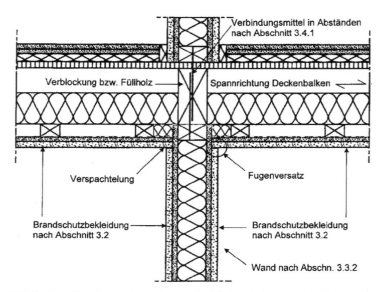

Bild 3: Anschluss tragende und raumabschließende Wand nach Abschn. 3.3.2 an Decke nach Abschn. 3.3.3 (Spannrichtung der Deckenbalken senkrecht zur Wand)

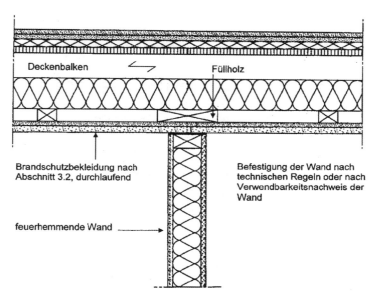

Deckenbalken Füllholz

Brandschutzbekleidung nach
Abschnitt 3.2, durchlaufend

Befestigung der Wand nach
technischen Regeln oder nach
Verwendbarkeitsnachweis der
Wand

feuerhemmende Wand

Bild 4: Anschluss einer feuerhemmenden, raumabschließenden, nichttragenden Wand (z. B. Flurwand mit Anforderung feuerhemmend) an eine Decke nach Abschnitt 3.3.3

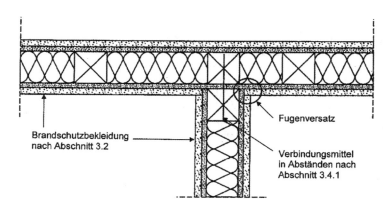

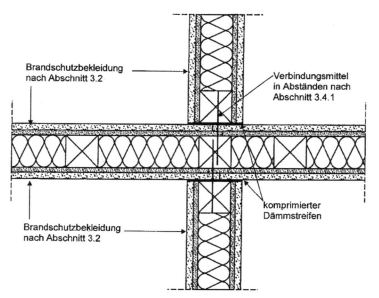

Bild 5: Anschluss von tragenden, raumabschließenden Wänden nach Abschnitt 3.3.2 an durchlaufende Wand mit zusätzlichem Stiel zur Sicherung der Verblockung nach Abschnitt 3.4.2

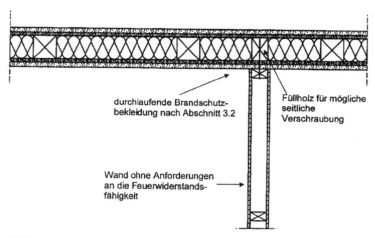

Bild 6: Anschluss einer Wand ohne geforderte Feuerwiderstandsfähigkeit an eine Wand nach Abschnitt 3.3.2

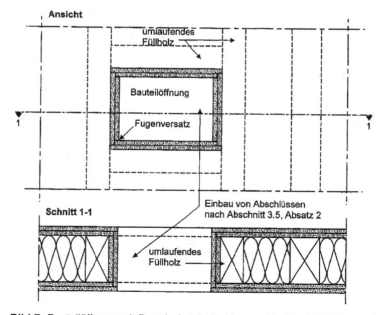

Bild 7: Bauteilöffnung mit Brandschutzbekleidung nach Abschnitt 3.2 zum Einbau von Türen, Fenstern und sonstigen Einbauten nach Abschnitt 3.5 Darstellung der Ausführung des Fugenversatzes

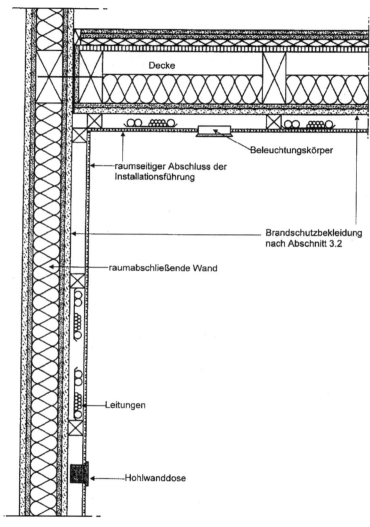

Bild 8: Installationsführung

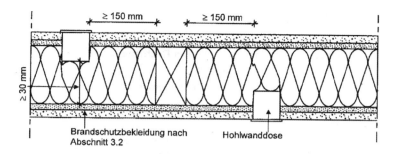

Bild 9: Einbau einzelner Hohlwanddosen nach Abschnitt 4.2, Satz 1

V Fundstellenverzeichnis

Gesetze und Rechtsverordnungen aus anderen Rechtsgebieten, die bauordnungsrechtlich von Bedeutung sind

(Angabe mit Rechtsstand im Juli 2015, sonst in der jeweils geltenden Fassung)

1 Städtebaurecht

Baugesetzbuch (BauGB) i. d. F. vom 23. September 2004 (BGBl. I S. 2414), zuletzt geändert durch Gesetz vom 20. November 2014 (BGBl. I S. 1748)

Ausführungsgesetz zum Baugesetzbuch (AGBauGB) vom 23. Juni 2009 (GBl. S. 251)

Verordnung der Landesregierung und des Ministeriums für Verkehr und Infrastruktur zur Durchführung des Baugesetzbuchs (BauGB-DVO) vom 2. März 1998 (GBl. S. 185), zuletzt geändert durch Verordnung vom 25. Januar 2012 (GBl. S. 65, 90)

Verordnung über die bauliche Nutzung der Grundstücke (Baunutzungsverordnung – BauNVO) i. d. F. der Bekanntmachung vom 23. Januar 1990 (BGBl. I S. 132), zuletzt geändert durch Gesetz vom 11. Juni 2013 (BGBl. I S. 1548)

Verordnung über die Ausarbeitung der Bauleitpläne sowie über die Darstellung des Planinhalts (Planzeichenverordnung) vom 18. Dezember 1990 (BGBl. I 1991 S. 58), geändert durch Gesetz vom 22. Juli 2011 (BGBl. I S. 1509)

Verordnung über die Grundsätze für die Ermittlung der Verkehrswerte von Grundstücken (Immobilienwertermittlungsverordnung – ImmoWertV) vom 19. Mai 2010 (BGBl. I S. 639)

2 Raumordnung und Landesplanung

Raumordnungsgesetz (ROG) vom 22. Dezember 2008 (BGBl. I S. 2986), zuletzt geändert durch Gesetz vom 31. Juli 2009 (BGBl. I S. 2585)

Landesplanungsgesetz (LPlG) i. d. F. vom 10. Juli 2003 (GBl. S. 385), zuletzt geändert durch Art. 14 des Gesetzes vom 23. Juni 2015 (GBl. S. 585, 614)

3 Verkehrsrecht

Bundesfernstraßengesetz i. d. F. vom 28. Juni 2007 (BGBl. I S. 1206), zuletzt geändert durch Gesetz vom 31. Mai 2013 (BGBl. I S. 1388)

Straßengesetz für Baden-Württemberg (Straßengesetz – StrG) i. d. F. vom 11. Mai 1992 (GBl. S. 330), zuletzt geändert durch Gesetz vom 14. Januar 2014 (GBl. S. 49, 51)

Luftverkehrsgesetz i. d. F. vom 10. Mai 2007 (BGBl. S. 2942), zuletzt geändert durch Gesetz vom 24. Mai 2015 (BGBl. I S. 538)

Landeseisenbahngesetz (LEisenbG) vom 8. Juni 1995 (GBl. S. 417), zuletzt geändert durch Verordnung vom 25. Januar 2012 (GBl. S. 65, 72)

4   Natur, Landschafts- und Denkmalschutzrecht

Gesetz über Naturschutz und Landschaftspflege (Bundesnaturschutzgesetz – BNatSchG) i. d. F. vom 29. Juli 2009 (BGBl. I S. 2542), zuletzt geändert durch Gesetz vom 7. August 2013 (BGBl. I S. 3154)

Gesetz zum Schutz der Natur, zur Pflege der Landschaft und über die Erholungsvorsorge in der freien Landschaft (Naturschutzgesetz – NatSchG) vom 14. Juli 2015 (GBl. S. 585)

Waldgesetz für Baden-Württemberg (Landeswaldgesetz – LWaldG) i. d. F. vom 31. August 1995 (GBl. S. 685), zuletzt geändert durch Gesetz vom 23. Juni 2015 (GBl. S. 585, 613)

Gesetz zum Schutz der Kulturdenkmale (Denkmalschutzgesetz – DSchG) i. d. F. vom 6. Dezember 1983, zuletzt geändert durch Gesetz vom 9. Dezember 2014 (GBl. S. 686)

5   Atomrecht

Gesetz über die friedliche Verwendung der Kernenergie und den Schutz gegen ihre Gefahren (Atomgesetz) i. d. F. vom 15. Juli 1985 (BGBl. I S. 1565), zuletzt geändert durch Gesetz vom 17. Juli 2015 (BGBl. I S. 1324)

6   Wasserrecht

Gesetz zur Ordnung des Wasserhaushaltes (Wasserhaushaltgesetz – WHG) i. d. F. vom 11. August 2010 (BGBl. I S. 1163), zuletzt geändert durch Art. 2 des Gesetzes vom 15. November 2014 (BGBl. I S. 1724)

Wassergesetz für Baden-Württemberg (WG) vom 3. Dezember 2013 (GBl. S. 389)

Verwaltungsvorschrift des Umweltministeriums über die Abwasserbeseitigung im ländlichen Raum vom 18. August 2005 (GBl. S. 711)

7   Umweltschutzrecht

Gesetz zum Schutz vor schädlichen Umwelteinwirkungen durch Luftverunreinigungen, Geräusche, Erschütterungen und ähnliche Vorgänge (Bundes-Immissionsschutzgesetz – BImSchG) i. d. F. vom 17. Mai 2013 (BGBl. I S. 1275), geändert durch Art. 1 des Gesetzes vom 20. November 2014 (BGBl. I S. 1740)

Erste Verordnung zur Durchführung des Bundes-Immissionsschutzgesetzes (Verordnung über kleine und mittlere Feuerungsanlagen – 1. BImSchV) vom 26. Januar 2010 (BGBl. I 2010 S. 38)

Vierte Verordnung zur Durchführung des Bundes-Immissionsschuzgesetzes (Verordnung über genehmigungsbedürftige Anlagen – 4. BImSchV vom 2. Mai 2013 (BGBl. I S. 973, 3756), geändert durch Verordnung vom 28. April 2015 (BGBl. I S. 670)

Vierundzwanzigste Verordnung zur Durchführung des Bundes-Immissionsschutzgesetzes (Verkehrswege. Schallschutzmaßnahmenverordnung –

24. BImSchV) vom 4. Februar 1997 (BGBl. I S. 172, ber. S. 1253), geändert durch Verordnung vom 23. September 1997 (BGBl. I S. 2329)

Gesetz über die Vermeidung und Entsorgung von Abfällen und die Behandlung von Altlasten in Baden-Württemberg (Landesabfallgesetz – LAbfG) vom 14. Oktober 2008 (GBl. S. 370), geändert durch Gesetz vom 23. Dezember 2009 (GBl. S. 809)

Gesetz zum Schutz gegen Fluglärm (FluLärmG) vom 31. Oktober 2007 (BGBl. I S. 2550)

Erste Verordnung zur Durchführung des Gesetzes zum Schutz gegen Fluglärm (Verordnung über die Datenerfassung und das Berechnungsverfahren für die Festsetzung von Lärmschutzbereichen – 1. FlugLSV) vom 27. Dezember 2008 (BGBl. I S. 2980)

Zweite Verordnung zur Durchführung des Gesetzes zum Schutz gegen Fluglärm (Flugplatz-Schallschutzmaßnahmenverordnung – 2. FlugLSV) vom 8. September 2009 (BGBl. S. 2992)

Verordnung der Landesregierung über die Festsetzung des Lärmschutzbereichs für den Verkehrsflughafen Stuttgart vom 20. Dezember 2010 (GBl. S. 1126)

Verordnung der Landesregierung über die Festsetzung des Lärmschutzbereichs für den Verkehrsflughafen Friedrichshafen vom 20. Dezember 2010 (GBl. S. 1223)

Verordnung der Landesregierung über die Festsetzung des Lärmschutzbereichs für den Verkehrsflughafen Karlsruhe/Baden-Baden vom 20. Dezember 2010 (GBl. S. 1187)

Verordnung der Landesregierung über die Festsetzung des Lärmschutzbereichs für den Verkehrslandeplatz Mannheim vom 20. Dezember 2010 (GBl. S. 1238)

Gesetz zum Schutz des Bodens (Bodenschutzgesetz – BodSchG) vom 17. März 1998 (BGBl. I S. 502), zuletzt geändert durch Gesetz vom 9. Dezember 2004 (BGBl. I S. 3214)

Gesetz über die Umweltverträglichkeitsprüfung (UVPG) i. d. F. vom 24. Februar 2010 (BGBl. I S. 94), zuletzt geändert durch Art. 10 des Gesetzes vom 25. Juli 2013 (BGBl. I S. 2749)

Klimaschutzgesetz vom 23. Juli 2013 (GBl. S. 229)

Landesgesetz über die Umweltverträglichkeitsprüfung (LUVPG) vom 19. November 2002 (GBl. S. 428), zuletzt geändert durch Gesetz vom 3. Dezember 2013 (GBl. S. 389)

8   Energieeinsparung

Gesetz zur Einsparung von Energie in Gebäuden (Energieeinsparungsgesetz – EnEG) in der Fassung vom 1. September 2005 (BGBl. I S. 2684), zuletzt geändert durch Gesetz vom 4. Juli 2013 (BGBl. I S. 2197)

Gesetz zur Nutzung erneuerbarer Wärmenergie in Baden-Württemberg (Erneuerbare-Wärme-Gesetz – EWärmeG) vom 17. März 2015 (GBl. S. 151)

Gesetz zur Förderung Erneuerbarer Energien im Wärmebereich (Erneuerbare-Energien-Wärmegesetz – EEWärmeG) vom 7. August 2008 (BGBl. I S. 1658),

zuletzt geändert durch Art. 14 des Gesetzes vom 21. Juli 2014 (BGBl. I
S. 1066)

9   Gewerberecht

Gewerbeordnung i. d. F. vom 22. Februar 1999 (BGBl. I S. 202), zuletzt geändert durch Gesetz vom 3. Juli 2015 (BGBl. I S. 1114)

Gesetz über die Bereitstellung von Produkten auf dem Markt (Produktsicher-
heitsgesetz-ProdSG) vom 8. November 2011 (BGBl. I S. 2178, 2179; 2012:
S. 131)

Verordnung über Sicherheit und Gesundheitsschutz bei der Verwendung
von Arbeitsmitteln (Betriebssicherheitsverordnung – BetrSichV) vom 3. Februar 2015 (BGBl. I S. 49), zuletzt geändert durch Verordnung vom 13. Juli
2015 (BGBl. I S. 1187)

Verordnung über Sicherheit und Gesundheitsschutz auf Baustellen (Baustel-
lenverordnung – BaustellV) vom 10. Juni 1998 (BGBl. I S. 1283), geändert
durch Verordnung vom 23. Dezember 2004 (BGBl. I S. 3758)

Verordnung über Arbeitsstätten (Arbeitsstättenverordnung – ArbstättV) vom
12. August 2004 (BGBl. I S. 2179), zuletzt geändert durch Verordnung vom
19. Juli 2010 (BGBl. I S. 960)

Gaststättengesetz vom i. d. F. vom 20. November 1998 (BGBl. I S. 3418),
zuletzt geändert durch Art. 10 des Gesetzes vom 7. September 2007
(BGBl. I S. 2246)

Verordnung der Landesregierung zur Ausführung des Gaststättengesetzes
(Gaststättenverordnung – GastVO) i. d. F. vom 18. Februar 1991 (GBl.
S. 196, ber. GBl. 1992, S. 227), zuletzt geändert durch Gesetz vom 20. No-
vember 2012 (GBl. S. 604, 623)

10   Bauberufsrecht

Architektengesetz (ArchG) i. d. F. vom 28. März 2011 (GBl. S. 152), geändert
durch Art. 1 des Gesetzes vom 29. Juli 2014 (GBl. S. 378)

Ingenieurgesetz (IngG) vom 30. März 1971 (GBl. S. 105), zuletzt geändert
durch Art. 2 des Gesetzes vom 29. Juli 2014 (GBl. S. 379)

11   Nachbarrecht

Gesetz über das Nachbarrecht i. d. F. vom 8. Januar 1996 (GBl. S. 53), zuletzt geändert durch Gesetz vom 4. Februar 2014 (GBl. S. 65)

12   Gebührenrecht

Landesgebührengesetz (LGebG) vom 14. Dezember 2004 (GBl. S. 895), zuletzt geändert durch Gesetz vom 19. Dezember 2013 (GBl. S. 491)

Kommunalabgabengesetz (KAG) vom 17. März 2005 (GBl. S. 206), zuletzt
geändert durch Gesetz vom 19. Dezember 2013 (GBl. S. 491)

Verordnung des Ministeriums für Verkehr und Infrastruktur über die Festsetzung der Gebührensätze für öffentliche Leistungen staatlicher Behörden für
den Geschäftsbereich des Ministeriums für Verkehr und Infrastruktur (Gebührenverordnung MVI – GebVOMVI) vom 17. April 2012 (GBl. S. 266), zuletzt geändert durch Art. 4 der Verordnung vom 29. Januar 2015 (GBl. S. 96)

Verordnung über die Honorare für Leistungen der Architekten und der Ingenieure (Honorarordnung für Architekten und Ingenieure – HOAI) vom 10. Juli
2013 (BGBl. I S. 2276)

13   Wohnungsbaurecht

Gesetz über die soziale Wohnraumförderung (Wohnraumförderungsge-
setz – WoFG) vom 13. September 2001 (BGBl. I S. 2376), zuletzt geändert
durch Gesetz vom 29. Juni 2015 (BGBl. I S. 1061)

Verordnung über wohnungswirtschaftliche Berechnungen (2. Berechnungs-
verordnung) i. d. F. vom 12. Oktober 1990 (BGBl. I S. 2178), zuletzt geändert
durch Gesetz vom 23. November 2007 (BGBl. I S. 2614)

Gesetz zur Sicherung der Zweckbestimmung von Sozialwohnungen – Woh-
nungsbindungsgesetz – i. d. F. vom 13. September 2001 (BGBl. I S. 2404),
zuletzt geändert durch Art. 2 des Gesetzes vom 9. November 2012 (BGBl. I
S. 2291)

Gesetz über das Wohnungseigentum und das Dauerwohnrecht – Wohnungseigentumsgesetz – vom 15. März 1951 (BGBl. I S. 175), zuletzt geändert durch Art. 4 des Gesetzes vom 5. Dezember 2014 (BGBl. I S. 1962)

Gesetz über das Verbot der Zweckentfremdung von Wohnraum (Zweckent-
fremdungsverbotsgesetz – ZwEWG) vom 19. Dezember 2013 (GBl. S. 484)

14   Verwaltungsrecht

Verwaltungsgerichtsordnung i. d. F. vom 19. März 1991 (BGBl. I S. 686), zuletzt geändert durch Gesetz vom 17. Juli 2015 (BGBl. I S. 1322)

Landesverwaltungsgesetz (LVG) vom 14. Oktober 2008 (GBl. 2008 S. 313,
314), zuletzt geändert durch Gesetz vom 23. Juli 2015 (GBl. S. 585, 614)

Landesverwaltungsverfahrensgesetz (LVwVfG) vom 12. April 2005 (GBl.
S. 350), zuletzt geändert durch Gesetz vom 12. Mai 2015 (GBl. S. 324)

Landesverwaltungszustellungsgesetz (LVwZG) vom 3. Juli 2007 (GBl.
S. 293), zuletzt geändert durch Gesetz vom 30. Juli 2009 (GBl. S. 364)

Gesetz über Ordnungswidrigkeiten (OWiG) i. d. F. vom 1975 (BGBl. I S. 80),
zuletzt geändert durch Gesetz vom 13. Mai 2015 (BGBl. I S. 706)

Landesgesetz über Ordnungswidrigkeiten (Landesordnungswidrigkeitenge-
setz – LOWiG) vom 8. Februar 1978 (GBl. S. 102), zuletzt geändert durch
Art. 4 des Gesetzes vom 4. Mai 2009 (GBl. S. 195, 198)

Gemeindeordnung für Baden-Württemberg (Gemeindeordnung – GemO)
i. d. F. vom 24. Juli 2000 (GBl. S. 582, ber. S. 698), zuletzt geändert durch
Gesetz vom 16. April 2013 (GBl. S. 55)

Gesetz über kommunale Zusammenarbeit (GKZ) i. d. F. vom 16. September 1974 (GBl. S. 408, ber. 1975 S. 460, 1976 S. 408), zuletzt geändert durch Art. 5 des Gesetzes vom 16. April 2013 (GBl. S. 55, 57)

15 Sonstige Rechtsgebiete

Verordnung des Ministeriums für Arbeit und Soziales zur baulichen Gestaltung von Heimen und zur Verbesserung der Wohnqualität in den Heimen Baden-Württembergs (LHeimBauVO) vom 18. April 2011 (GBl. S. 197)

Gesetz über die Statistik der Bautätigkeit im Hochbau und die Fortschreibung des Wohnungsbestandes (Hochbaustatistikgesetz – HBauStatG) vom 5. Mai 1998 (BGBl. I S. 869), zuletzt geändert durch Art. 5a des Gesetzes vom 12. April 2011 (BGBl. I S. 619)

Bundesberggesetz (BBergG) vom 13. August 1980 (BGBl. I S. 1310), zuletzt geändert durch Art. 4 des Gesetzes vom 7. August 2013 (BGBl. I S. 3154)

Feuerwehrgesetz (FWG) vom 2. März 2010 (GBl. S. 333)

Verordnung über die Kehrung und Überprüfung von Anlagen (Kehr- und Überprüfungsordnung – KÜO) vom 16. Juni 2009 (BGBl. I S. 1292), zuletzt geändert durch Art. 1 der Verordnung vom 8. April 2013 (BGBl. I S. 760)

Gesetz zur Durchführung der Verordnung (EU) Nr. 305/2011 zur Festlegung harmonisierter Bedingungen für die Vermarktung von Bauprodukten und zur Umsetzung und Durchführung anderer Rechtsakte der Europäischen Union in Bezug auf Bauprodukte (Bauproduktengesetz – BauPG) vom 5. Dezember 2012 (BGBl. I S. 2449, 2450)

Stichwortverzeichnis

Es werden die Seitenzahlen angegeben.

Stichwortverzeichnis

Stichwortverzeichnis

Stichwortverzeichnis

3. Auflage . Loseblattausgabe
Gesamtwerk – 22. Lieferung
Stand: November 2014
Ca. 4.720 Seiten inkl. 3 Ordner. € 259,99
ISBN 978-3-17-017630-0
Kommentar

Loseblattwerke werden zur Fortsetzung
geliefert. Eine Abbestellung ist jederzeit
möglich. Auf Wunsch auch als Einmalbezug.

Neuenfeld/Baden/Dohna/Groscurth

Handbuch des Architektenrechts
Band 1: Allgemeine Grundlagen
Band 2 und 3: Verordnungstext und Kommentar

Das Handbuch des Architektenrechts schließt – mit Blick auf die Rolle des Architekten und Ingenieurs – die gesamte Bandbreite des privaten Baurechts ein und ist konzeptionell in seinen verschiedenen Fachbeiträgen des 1. Bandes auf eine möglichst umfassende Einarbeitung aller relevanten Entscheidungen, Bücher und Aufsätze angelegt. Das Handbuch enthält dort u. a. detaillierte Erläuterungen zu den allgemeinen Grundlagen des Vertragsrechts für Architekten und Ingenieure, dem Urheberrecht, dem Versicherungsrecht für Architekten und Ingenieure und dem Architektenwettbewerbsrecht.

In den Bänden 2 und 3 wird die Honorarordnung für Architekten und Ingenieure (HOAI) ausführlich kommentiert, wobei nicht nur die aktuelle Fassung berücksichtigt wird, sondern auch die für Altverträge gültigen Fassungen der HOAI. Seit der 19. Lieferung wird parallel zu den vollständigen Kommentierungen der alten Fassungen das Erläuterungswerk zur HOAI 2013 aufgebaut. Weil die bisherigen Fassungen der HOAI noch auf Jahre hinaus nicht nur für Altverträge Bedeutung haben, sondern auch die bisherige Rechtsprechung und Literatur weiterhin das Verständnis der Neufassungen prägen wird, enthält der Kommentarteil die Kommentierungen parallel.

Leseproben und weitere Informationen unter www.kohlhammer.de

W. Kohlhammer GmbH
70549 Stuttgart

Hornung/Imig/Rist
Baugesetzbuch/
Landesbauordnung
für Baden-Württemberg
Sammlung der wesentlichen
Vorschriften für den Praktiker

12., überarbeitete Auflage 2015
600 Seiten. Kart. € 44,99
ISBN 978-3-17-028801-0
Textausgabe

Hornung/Imig/Rist

Baugesetzbuch/Landesbauordnung
für Baden-Württemberg
Sammlung der wesentlichen Vorschriften
für den Praktiker

Diese Vorschriftensammlung fasst die wesentlichen Bestimmungen zusammen, auf die der Baupraktiker bei seiner täglichen Arbeit angewiesen ist. Sie berücksichtigt dabei die zahlreichen aktuellen Rechtsänderungen. Das Werk enthält zum einen die Novelle des Baugesetzbuchs durch das am Ende 2014 in Kraft getretene „Gesetz über Maßnahmen im Bauplanungsrecht zur Erleichterung der Unterbringung von Flüchtlingen" sowie die verschiedenen Fassungen der Baunutzungsverordnung. Sie umfasst zum anderen aus dem Bauordnungsrecht die jüngste umfassende Novellierung der Landesbauordnung 2015, die damit einhergehende Änderung der Ausführungsverordnung sowie die Verfahrensverordnung, die Feuerungsverordnung und die Garagenverordnung. Ferner sind die wichtigsten Bestimmungen anderer, das Baurecht berührender Rechtsgebiete abgedruckt, so aus dem Denkmalschutzrecht, dem Naturschutzrecht mit dem 2013 geänderten Naturschutzgesetz und dem Gesetz über die Umweltverträglichkeitsprüfung, dem umfassend novellierten Energieeinsparrecht mit der Energieeinsparverordnung 2014 sowie dem ebenfalls 2014 erheblich geänderten privaten Nachbarrecht.

Leseproben und weitere Informationen unter www.kohlhammer.de

W. Kohlhammer GmbH
70549 Stuttgart